Ernst Mayr
Eine neue Philosophie der Biologie

Ernst Mayr

Eine neue
Philosophie
der Biologie

Vorwort von Hubert Markl

Aus dem Englischen von
Inge Leipold

Piper
München Zürich

Die diesem Buch zugrundeliegende Originalausgabe
erschien unter dem Titel
»Toward a New Philosophy of Biology«
1988 bei The Belknap Press of Harvard University Press,
Cambridge, Massachusetts, und London.

Die Auswahl der Texte für die deutsche Ausgabe
hat der Autor vorgenommen, der einige Texte überarbeitet,
erweitert und außerdem die Bibliographie
auf den neuesten Stand gebracht hat.
Die Texte »Ursache und Wirkung in der Biologie« und
»Teleologisch und teleonomisch: eine neue Analyse«
wurden Ernst Mayrs Buch »Evolution und die Vielfalt des Lebens«
(übersetzt von Karin de Sousa Ferreira), Springer-Verlag,
Berlin Heidelberg New York 1979, entnommen.
Der Abdruck erfolgt mit freundlicher Genehmigung
des Springer Verlags. Neu aufgenommen
wurde der Text »Spezies – warum und wie?«
Die Originalfassung erschien in *Biology and Philosophy* 3 (1988).

INHALT

Vorwort von Hubert Markl   I
Vorbemerkung   XIII

Teil I Philosophie   7

Einführung   7
1 Ist die Biologie eine autonome Wissenschaft?   16
2 Ursache und Wirkung in der Biologie   36
3 Teleologisch und teleonomisch: eine neue Analyse . . .   51
4 Wie wahrscheinlich ist extraterrestrisches
  intelligentes Leben?   87
5 Der Ursprung der menschlichen Ethik   98

Teil II Natürliche Auslese   119

Einführung   119
6 Analyse des Konzepts der natürlichen Auslese   121
7 Philosophische Aspekte der natürlichen Auslese   146

Teil III Adaptation   159

Einführung   159
8 Adaptation und Selektion   166
9 Zur Durchführung des adaptationistischen Programms .   185

Teil IV Die Art (Spezies)   199

Einführung   199
10 Die Kategorie Spezies   202
11 Zur Ontologie des Taxons Spezies   226
12 Spezies – warum und wie?   255

Teil V Die Artbildung (Speziation) 269

Einführung 269
13 Speziationsprozesse bei Tieren 275
14 Die Entwicklung von Artenschwärmen bei Fischen . . 300

Teil VI Makroevolution 319

Einführung 319
15 Erklärt Mikroevolution die Makroevolution? 323
16 Die Einheit des Genotyps 347
17 Speziation und Makroevolution 366
18 Speziationsevolution durch punktierte Gleichgewichte 388

Bibliographie 427

Namenregister 457

Sachregister 465

VORWORT

von Hubert Markl

Ernst Mayr ist mit seinen 87 Jahren nicht nur einer der ältesten und dennoch zugleich wissenschaftlich aktivsten Evolutionsbiologen, er ist ganz unbestritten auch der bedeutendste und mit seinem umfangreichen wissenschaftlichen Werk einflußreichste unter ihnen. Viele Biologen sehen in ihm den Gelehrten, der mehr als jeder andere seit Charles Darwin unsere Vorstellungen über eine der Grundfragen der Biologie geprägt hat: die Entstehung neuer an ihre Umwelt angepaßter Arten von Lebewesen. Gewiß, andere Forscher haben uns mehr über die Zeugnisse der Entwicklungsgeschichte des Lebens auf unserem Planeten gelehrt, über die genetischen Grundlagen der Artentwicklung und Arterhaltung, über die mathematischen Methoden der Analyse von Evolutionsprozessen in Lebensgemeinschaften oder über die frühesten Entwicklungsstufen der Lebensentstehung. Aber keiner von ihnen allen seit Darwin hat mit so umfassender synthetischer Kraft die für die Grundvorgänge des Evolutionsgeschehens gültigen Schlußfolgerungen aus all den verschiedenartigen evolutionsbiologischen Einzelstudien gezogen; keiner hat die Beweise für die Tatsachen der Evolution mit mehr Überzeugungskraft und Allgemeinverständlichkeit darzustellen gewußt; und keiner hat so unermüdlich wie er daran gearbeitet, den profunden Beitrag zu erklären, den die Evolutionsbiologie und nur sie zu einem rationalen Verständnis der lebendigen Wirklichkeit unter Einschluß des Menschen selbst zu leisten vermag. Daß er dies zugleich in glänzendem literarischen Stil zu tun versteht, wird jedenfalls der genußvoll erfahren, der seine Arbeiten im englischen Original liest – und dabei schreibt so ein geborener Deutscher! (Übersetzungen sind immer Glückssache: glücklich der Autor, der Übersetzer findet, die sich die kongeniale Übertragung zur Sache zu machen vermögen.)

Ernst Mayrs Leistungen lassen sich nur im entsprechenden wissenschaftshistorischen Rahmen angemessen einschätzen. Er hat diese Aufgabe seinen Biographen sehr erleichtert. Denn 1982 veröffentlichte er sein monumentales Werk *The Growth of Biological Thought* (Deutsch: Die Entwicklung der biologischen Gedankenwelt, Berlin 1984), in dem er die Geschichte der Erklärungsversuche für die Erscheinungsvielfalt des Lebens ebenso blendend wie kompetent beschreibt. Zugleich begründet und verankert er darin seine eigenen Beiträge zu dieser Entwicklung aus einem halben Jahrhundert. Die Autorität und literarische Brillanz, mit der Mayr sein eigenes Denken und Handeln rückblickend in den größeren historischen Rahmen fügt, erinnern durchaus an Bismarck oder Churchill. Und die Einsichten des Biologen sind gewiß nicht geringer einzuschätzen als jene der Politiker. Im Gegenteil: Gerade in der jetzt global stattfindenden biologischen Revolution sind die Kenntnisse der evolutionären Basis des Lebens für jeden denkenden Bürger wichtig.

Der Zugang des am 5. Juli 1904 in Kempten geborenen Ernst Mayr zur lebendigen Natur kann nur ganz wörtlich, im biographischen Sinn begriffen werden. Nach dem Medizinstudium bis zum Physikum in Greifswald promovierte er schon mit 21 Jahren in Berlin in Zoologie. Gleich danach nahm er – wie vor ihm die Begründer der Evolutionstheorie, Charles Darwin und Alfred Russel Wallace – als junger Mann die entscheidenden Natureindrücke während langer Forschungsreisen in der Wildnis tropischer Inseln auf.

Zwar wird selten darauf hingewiesen, aber die biologische Feldforschung auf Inseln gab die entscheidenden Impulse für die Entwicklung der Evolutionsbiologie. Nirgends empfing Darwin mehr Anregungen für seine Evolutionstheorie als auf den vielen Inseln und Inselgruppen, die er an Bord des Vermessungsschiffes »Beagle« auf der Weltumsegelung von 1831 bis 1836 anlief – von den Kapverden über die Galápagos-Inseln bis zu den pazifischen Riff-Atollen. Denn nirgends läßt sich die Verbreitung und Unterschiedlichkeit von Arten zwangloser aus der Evolutionsgeschichte erklären als auf Inseln. Sie sind bis heute die Freilandlabors der Evolutionsbiologie geblieben – ja: bald wird es »Natur« in unserer Kulturlandschaft ohnehin nur noch als »Inseln« geben. Für Ernst Mayr jedenfalls spielte die »Verinselung«, die geographische Isolation von Lebewesengruppen (Populationen) stets eine entscheidende Rolle.

Vor allem die Vogelwelt auf Inseln erregte die besondere Aufmerksamkeit der Evolutionsforscher. Auch Mayr machte seinen entscheidenden Schritt auf diesem Gebiet: Er arbeitete von 1928 bis 1930 bei mehreren großen Expeditionen nach Neuguinea und zu den östlich davon gelegenen Salomon-Inseln vorwiegend als Ornithologe an der Erforschung der damals noch wenig bekannten dortigen Vogelwelt. Einige seiner wichtigsten Arbeiten widmete er der indopazifischen Vogelfauna; drei Bücher zum Thema veröffentlichte er während seiner Zeit als Konservator am Amerikanischen Museum für Naturgeschichte in New York von 1932 bis 1953 (danach ging er als Professor an die Harvard-Universität, wo er 1975 emeritiert wurde).

Bei seinen Studien beschäftigte sich der Zoologe immer eingehender mit einer der entscheidenden Fragen der Wissenschaft vom Leben: Wie grenzen sich Organismenarten ab? Wie entstehen neue Spezies? Um zu verstehen, wie schwierig die Suche nach einer Antwort darauf vor einem halben Jahrhundert war, ist ein etwas weiterer Ausflug in die Geschichte der Biologie nötig.

Vor allem fünf Kennzeichen des Lebens forderten eine Erklärung heraus, seit sich Wissenschaftler – beginnend mit Aristoteles – methodisch und rational mit der lebendigen Natur befaßten: Gestalthaftigkeit, Verschiedenartigkeit, Ordnung, Angepaßtheit und Erneuerungsvermögen.

Erstens: Lebewesen weisen immer charakteristische, wiedererkennbare Formen auf. Ihre Gestalten kennzeichnen sie als Angehörige einer bestimmten Spezies, auch wenn die Merkmale der einzelnen Individuen einer Art variieren.

Zweitens: Zugleich gibt es Millionen verschiedener Arten von Tieren, Pflanzen und Mikroben, die mehr oder weniger klar voneinander getrennt sind.

Drittens: Diese Artenvielfalt läßt sich jedoch fast zwanglos in ein *Systema naturae* einordnen, wie es der schwedische Naturforscher Carl von Linné (1707 bis 1778) als erster zeigte. In ihm erhalten alle Arten nach abgestufter Ähnlichkeit einen Platz zugewiesen, in Gattungen, Familien, Ordnungen, Klassen und Stämmen.

Viertens: Der Artenreichtum ist mehr als ein buntes, wenn auch ordentliches Formenspiel. Er repräsentiert nämlich einen schier unerschöpflichen Schatz an Anpassungsvielfalt, da jede Spezies in eine ganz bestimmte Umweltnische paßt. Die auffallende Zweckmäßigkeit, mit der alle Lebensformen für bestimmte Daseinsbedingungen ausgerüstet sind, hat nicht nur Biologen und Philosophen bis heute immer wieder tief beeindruckt. Sie mußte auch, vor allem für die Physikotheologen des 18. und 19. Jahrhunderts, als das überzeugendste Argument für das Wirken göttlicher Gestaltung dienen – ganz im Sinne von Leibnizens »bester aller möglichen Welten«.

Fünftens: Die bewunderte Angepaßtheit konnte allerdings nie ganz losgelöst von der Herkunft und Entwicklung der Organismen betrachtet werden. Denn die Fähigkeit des Lebens zur identischen Erneuerung der Gestalten in der Fortpflanzung bringt für jedermann sichtbar die Entfaltung ungeformter Keime zu funktionsfähig angepaßten Lebewesen mit sich.

Bei der Erklärung dieser Lebensphänomene hatte sich bis in die Mitte des letzten Jahrhunderts eine bewährte Arbeitsteilung eingespielt: Die Naturwissenschaftler beschrieben die Organismen und klärten deren Lebensfunktionen auf, während die Theologen die Zweckmäßigkeit mit dem teleologischen Rückgriff auf den allmächtigen Schöpfer deuteten (der teleologische Gottesbeweis schließt von der Zweckmäßigkeit der Welt auf eine zwecksetzende göttliche Vernunft).

Erst Darwin gelang mit seiner Evolutionstheorie die entscheidende Wende in ein Neuland des Denkens. Er – und wenig später Wallace – hatte entdeckt, daß die natürliche Auslese unter den erblich variierenden einzelnen Individuen einer Art die zweckmäßige Anpassung von Lebewesen an ihre jeweiligen Daseinsbedingungen auf nachprüfbare Weise zu erklären vermag: Da auch Organismen derselben Spezies um die stets knappen Lebensgüter wie etwa Nahrung konkurrieren, haben die zufällig etwas besser angepaßten Individuen eine größere Chance, ihren Nachwuchs durchzubringen.

Damit wies Darwin einen Weg zur naturwissenschaftlichen Erforschung des vielleicht größten aller Rätsel des Lebens: Warum Lebewesen so gut ihrer Umwelt angepaßt sind.

In seinem Hauptwerk »Die Entstehung der Arten« belegte Darwin die Abstammungsverwandtschaft aller Lebewesen und lieferte auch eine Erklärung dafür, wie die Anpassungen zustande kommen. Ausgerechnet auf die Titelfrage nach dem Ursprung neuer Arten bot er jedoch nur vage Vorstellungen als Antwort – eine in den folgenden Jahrzehnten beinahe verhängnisvolle Schwäche seiner Abstammungstheorie: Es mehrten sich die Zweifel, ob mit der Selektion, mit der natürlichen Auswahl tatsächlich die Entstehung neuer Arten erklärt werden könne.

Als um die Jahrhundertwende die Mendelschen Erbgesetze wiederentdeckt wurden und die genetische Experimentalforschung Erbveränderungen – Mutationen – fand, bot sich ein neuer Mechanismus für die Entstehung von Arten an: die plötzliche Geburt einer nagelneuen Spezies durch einen großen Mutationssprung über alle Artengrenzen hinweg. Solch ein Sprung bedeutet freilich – wie alle anderen derartigen Saltationstheorien bis heute – eine eklatante Verletzung des »Satzes vom zureichenden Grund«. Wie sollte denn – ohne Selektion – die Angepaßtheit der neu entsprungenen Arten an ihre Umweltnische zustande kommen?

So wenig befriedigend war der Stand der Evolutionsforschung, als sich Ernst Mayr für die Entstehung der Arten zu interessieren begann. Damals herrschte, wie er sich erinnert, eine tiefe Kluft zwischen den auf exakte Experimente ausgerichteten Laborgenetikern und den Biologen, die draußen in der Natur dem Geheimnis der Lebensvielfalt auf die Spur kommen wollten.

Diese Diskrepanz beruhte vor allem auf den unzureichenden, ja falschen Vorstellungen von den Gesetzmäßigkeiten der Vererbung. Dabei hatte schon Gregor Mendel den richtigen Weg gewiesen: Die Erbfaktoren beider Eltern mischen sich bei der sexuellen Befruchtung nicht untrennbar wie Flüssigkeiten, sondern Ei- und Samenzelle bringen jeweils einen Satz beständiger Erbpartikel (Gene) mit; die mütterlichen und väterlichen Erbeigenschaften werden bei der Bildung der Ei- und Samenzellen der neuen Generation – und das ist wesentlich – zufallsgemäß verteilt. Kein durch sexuelle Fortpflanzung gezeugter Nachkomme ist eine einfache Kopie der Eltern, sondern das Produkt eines völlig neuen, einzigartigen Arrangements von jeweils der Hälfte der mütterlichen und der väterlichen Erbanlagen.

V

Die Experimentalgenetiker erkannten die volle Bedeutung dieses Vorgangs für die Evolution der Arten Anfang des Jahrhunderts. Bald danach ergab die genauere Analyse genetischer Mutationen, daß die vermuteten großen Merkmalssprünge nicht nur selten sind, sondern auch praktisch immer verheerende Auswirkungen für den Träger haben. Mutanten mit geringfügig verändertem Erbgut kommen hingegen durchaus häufig vor und können auch gute Überlebenschancen haben. Schließlich erkannten die Forscher, daß es nicht etwa für jedes Merkmal ein einziges jeweils zuständiges »Programm-Gen« gibt, sondern die meisten Merkmale von vielen Erbgut-Einheiten beeinflußt werden (und umgekehrt ein Gen meist viele Merkmale betrifft).

Die Erkenntnisse der Genetiker erlauben heute drei fundamentale Aussagen über die Evolution des Lebens:

Erstens ist der Beitrag beider Geschlechter in der Fortpflanzung genetisch gleichwertig – im Gegensatz zu dem, was dazu in den Jahrtausenden zuvor gelehrt worden war.

Zweitens ist jedes sexuell entstandene Lebewesen genetisch einzigartig. Da jeder vielzellige Organismus -zigtausende von Genen besitzt, ist die Zahl der möglichen Kombinationen jener »Allele« genannten Zustandsformen der Gene astronomisch hoch: Selbst bei einer einzigen Spezies übertrifft sie die Summe aller Atome im Weltall. Das heißt zugleich, daß alle Individuen aller Spezies, die es je gab, nur eine verschwindend kleine Auswahl, nur ein Tropfen aus dem Meer der Lebensmöglichkeiten sind. Und schließlich zeigt dieses unfaßbare Potential an Möglichkeiten, daß der Ablauf der Evolution des Lebens auf der Erde ein historisch einzigartiger Prozeß ist, der sich selbst bei gleichartigen Ausgangsbedingungen nicht identisch wiederholen könnte.

Dies macht verständlich, wie niemand nachdrücklicher als Ernst Mayr betonte, warum die Physik und die Chemie des Unbelebten zu allgemeinen »Naturgesetzen« vordringen konnten, die Prognosen künftiger Entwicklungen erlauben. Die Biologie kann dagegen bestenfalls regelhafte Trends der Vergangenheit aus den Rahmenbedingungen des Evolutionsgeschehens erkennen. Zwar gehorchen alle Lebensvorgänge den Naturgesetzen. Aber sie werden dadurch so wenig im Detail bestimmt wie ein Musikstück durch die gesetzmäßigen akustischen Eigenschaften der Instrumente oder des Konzertsaals. Organismen, also auch wir, gehorchen Naturgesetzen, ohne durch sie determiniert zu sein – eine Freiheit, die wir dem so vielgeschmähten Zufall nicht zuletzt bei der geschlechtlichen Vermehrung verdanken. Oder, griffig formuliert: Sex macht frei.

Drittens ist das genetische Leistungs- und Anpassungspotential einer Art nie durch ein Einzelwesen, nie durch einen »Idealtyp« gekennzeichnet, sondern allein durch den genetischen Gesamtbesitz der jeweiligen Population. Diese Aussage zielt direkt auf die Entstehung neuer Arten und damit auf das Leitmotiv der Forschung von Ernst Mayr. Mehr als jedem anderen Biologen verdanken wir ihm die Einsicht, daß jede Spezies eine Gen-Wirtschaftsgemeinschaft ist: In jeder Generation werden die »Aktien« des gemeinsamen Erb-Kapitals in neuen Individual-Portefeuilles zusammengestellt. Deshalb ist es notwendig, den Vermehrungserfolg der jeweils einzelnen Gene im Laufe der Generationen quantitativ zu verfolgen, wie es die Populationsgenetiker auch tun. Nur so läßt sich das genetische Geschehen im Lauf der Evolution erkennen, selbst wenn in jeder Generation nicht etwa Einzel-Gene, sondern stets nur zusammenwirkende Gen-Kombinate von der natürlichen Auslese betroffen sind. Das einzelne Lebewesen muß sich in der Selektion bewähren, wie Ernst Mayr immer wieder betont, doch der Erfolg von Generation zu Generation wird für die Gene bilanziert: Sie allein sind – anders als die sich sexuell fortpflanzenden Individuen – zur identischen Selbstvermehrung fähig.

Mayrs Erkenntnis leitete eine grundsätzliche Wende im Denken über die lebende Natur ein. Die Essenz einer biologischen Art ist in keinem Individuum, in keiner reinen Rasse und auch nicht im Mittelwert von Merkmalsverteilungen normiert (obwohl Systematiker bei ihrer Identifikationsarbeit durchaus »Typen« als Arbeitshilfe brauchen). Das wahre Wesen jeder Spezies ist die gesamte Fülle ihrer Varianten, ihr ganzes gemeinsames Erbgut.

Diese scheinbar so abstrakte Aussage revolutionierte unsere Sicht der Arten, inklusive unserer Spezies *Homo sapiens.* Darwin hat diese Wende intuitiv eingeleitet, Mendel wies den Weg zu ihrer wissenschaftlichen Begründung, Mayr zog folgerichtiger als jeder andere daraus die Schlüsse für unsere Naturerkenntnis – zum Beispiel und vor allem diese:

Jede Ideologie von der »Reinheit« eines Typs, einer Rasse oder einer Art hat nichts mit dem darwinschen Verständnis der Natur zu tun. Im Gegenteil, die Evolutionsbiologie begründet zwingend, daß in der Vielfalt und Unterschiedlichkeit der Anlagen und Individuen einer Spezies ihr wahrer Wert, ihr wirkliches Leistungsvermögen, ihr ganzer Reichtum liegt. Grundsätzlich ist jedes Individuum von Beginn an ein gleichwertiger Versuch, die genetischen Möglichkeiten einer Art zu verwirklichen. Der Lebenserfolg läßt sich erst in der Daseinsbewährung nachträglich erkennen.

Wer reine Rasse sagt, sagt Nutztier Mensch. Die Betonung der genetischen Unterschiedlichkeit aller Individuen kann in keiner Weise eine vorgegebene Ungleichwertigkeit begründen, selbst wenn – nachträglich gesehen – ihr Lebenserfolg durchaus verschieden ist. Rassismus und Chauvinismus, Sozialdarwinismus, Herrenmenschenzucht und Ausmerzung des »Abartigen« sind nicht Konsequenzen der Evolutionsbiologie: Sie sind deren Perversion aus Unverstand oder böser Absicht.

Gerade durch die Arbeiten Ernst Mayrs gilt diese Einsicht unter ausreichend unterrichteten Biologen als eine Selbstverständlichkeit. Die Kenntnis davon ist aber auch für jeden denkenden Menschen wichtig, da jeder – und wer wüßte das besser als Deutsche und Juden – die entsetzlichen Folgen absichtsvoller Unkenntnis zu tragen hat.

Deshalb sollte auch Schluß sein damit, Forschungsergebnisse, Theorien und Hypothesen der Evolutionsbiologie als »Darwinismus« zu verunglimpfen: Evolutionsbiologie ist keine Weltanschauung, kein Totalerklärungsversuch und schon gar kein System zur Begründung oder Rechtfertigung menschlichen Handelns. Die Evolutionsbiologie kann auch, wie zuvor begründet, keine »ehernen Gesetze der Natur« liefern, denen der Mensch zu folgen hätte. Wir wären froh, wenn wir wenigstens einige der Regeln verstehen könnten, nach denen die Entwicklungsgeschichte der Lebewesen verlief. Wir sollten daher so wenig vom »Darwinismus« sprechen wie von einem »Einsteinismus«, wenn es um die Relativitätstheorie geht, oder von einem »Heisenbergismus«, wenn die Quantentheorie gemeint ist.

Die Synthese aus Darwins alten, richtigen Einsichten und den neuen Erkenntnissen vor allem der Genetik wurde in den dreißiger Jahren möglich. Daran hatten viele Forscher Anteil. Doch keiner trug mehr zur Ausformung der »Neuen Synthese« bei als Ernst Mayr. Sein 1942 erschienenes Buch »Systematik und der Ursprung der Arten« legte die Grundsteine, auf denen er bis 1963 mit dem Werk »Artbegriff und Evolution« ein stattliches Gebäude errichten konnte. Es hat im wesentlichen bis heute Bestand.

Mayr begründete einen biologischen Artbegriff, der eine Spezies als eine durch sexuelle Fortpflanzung zusammengehaltene Erbgutgemeinschaft auffaßt. Die Art ist durch Fortpflanzungsschranken von anderen Spezies isoliert. Ihr Anlagenpotential erlaubt es ihr, eine ganz bestimmte ökologische Nische in der Natur zu besetzen. Mayrs Einsichten wirkten ungeheuer befruchtend auf die Biologie, weil sie den Artbegriff von einer bloß beschreibenden Funktion als Ordnungskategorie befreiten: Er wertete den Artbegriff zu einem durch Herkunfts- und Existenzbedingungen begründeten genetischen Konzept für Lebewesengemeinschaften auf.

Dieses genetische Populationskonzept forderte die Überprüfung von evolutionären Hypothesen dort heraus, wo solche Hypothesen getestet gehören – nämlich in der Natur: Welche Einzelheiten der Fortpflanzung halten eine Spezies zusammen? Worauf beruht die Aufteilung in vielgestaltige (»polymorphe«) Rassen? Worin bestehen und woher kommen die Fortpflanzungsschranken zwischen Arten, vor allem zwischen eng verwandten Spezies?

Auch zur Klärung des Rätsels, wie neue Arten in der Natur entstehen können, trug Ernst Mayr entscheidend bei. Er konnte überzeugend belegen, daß der längerdauernden geographischen Trennung von Populationen die größte Bedeutung bei der Entstehung isolierter Fortpflanzungsgemeinschaften – und schließlich neuer Spezies – zukommt. Dieser Vorgang, in der Fachsprache »allopatrische Artbildung« genannt, gilt nicht uneingeschränkt. Aber das konnte am wenigsten Ernst Mayr überraschen, der gelernt hat, warum in der Natur Regeln selten ohne Ausnahme gelten.

Seit den sechziger Jahren betonte der große Evolutionsbiologe zunehmend, daß vor allem kleine, randständige Absprengsel von

Populationen – kleine »Gründergruppen« – die wohl wichtigste Bedingung einer schnellen Differenzierung von Arten sind. Die evolutionäre Veränderung verläuft also nicht in allen Entwicklungslinien und Populationen gleich schnell – eine Einsicht, die durch die Fossilienfunde der Paläontologen oft belegt worden ist. Das erklärt auch, warum gerade erfolgreiche Spezies mit sehr vielen Individuen im Anpassungswandel stagnieren, während kleine Teilgruppen zu raschen evolutiven Veränderungen fähig sind. Diese von Ernst Mayr schon lange erwogenen Hypothesen werden heute von anderen Biologen unter der Bezeichnung »Punktualismus« (englisch: *punctuated equilibrium*, »unterbrochenes Gleichgewicht«) als nagelneue Evolutionstheorie vermarktet – und manchmal gar zur Steigerung des Aufsehens als »Überwindung Darwins« hochgejubelt.

Die derzeit sehr lebendige Diskussion unter Fachleuten verdeutlicht allerdings, daß die Evolutionsforschung auch mit Ernst Mayrs Werk nicht zum kanonisierten Abschluß kam; er selbst wäre der letzte, der so dächte. Offene Fragen gibt es genug: Wie verhält sich die kontinuierliche Fortentwicklung einer Stammlinie zu den mit Artabspaltungen verbundenen Veränderungen? Und was geschieht eigentlich wirklich bei der Entstehung einer neuen Art auf der Ebene der Gene und der durch sie gesteuerten Entwicklung eines Organismus, der »Epigenese«? Ernst Mayr spricht dabei von »genetischen Revolutionen«, auch von der »Schrittmacherfunktion der Verhaltensanpassung« für die genetische Verankerung neuer Adaptationen – und weiß zugleich, daß dies keine Antworten, sondern Metaphern sind, die auf klärungsbedürftige Probleme hinweisen.

Die Frage freilich, wie denn aus einer Art in kontinuierlicher Fortpflanzung je eine andere werden könne, ist ein Scheinproblem – auch und gerade, weil sie manchen von der idealistischen Tradition geprägten Denkern Schwierigkeiten bereitet: Das ist die Folge einer typologischen Fiktion. In der Natur existierende, wirkliche Spezies sind nämlich, von ihrem Dasein her (»ontologisch«) gesehen, Individuen; alle diese Art-Individuen werden von Systematikern aus Ordnungsgründen in der Kategorie »Spezies« zusammengefaßt. Jedes einzelne Art-Individuum hat – wie auch jedes Einzelwesen – nur die ihm eigenen, historisch gewordenen Eigenschaften, es hat einen Anfang und ein (wenn auch nicht vorbestimmtes) Ende. Wie ein Kind ist auch eine neue Lebewesen-Art zwar durch die Fortpflanzung mit ihrer »Eltern-Spezies« verbunden, zugleich aber von Anbeginn ihrer Existenz ein eigenständiges Individuum.

Ernst Mayr ist als Mann von deutlich ausgesprochenen Überzeugungen bekannt, der Argumente wirksam einzusetzen weiß. Wer wie er ebenso deutliche wie bedeutende Behauptungen wagt, dem bleibt Irrtum sowenig erspart wie Widerspruch. Freilich sollten manche der eher minderen Beihirsche der Evolutionsbiologie, die sich bevorzugt Forscher wie Darwin oder Mayr als Fegebäume wählen, mitunter daran erinnert werden, daß sie sich in diesem Gebiet nicht so fröhlich tummeln könnten, wenn nicht die Platzhirsche zuvor das Dickicht irreführender Vorstellungen gelichtet hätten. Selbstverständlich zwingt der Einfluß großer Denker zu doppelt scharfer Prüfung ihrer Hypothesen. Doch möchte man sich manchmal wünschen, daß gerade die Kritiker der Evolutionstheorie mit Argumenten aufwarteten, die dem Maß von kritisierten Forschern wie Ernst Mayr entsprechen, anstatt das wissenschaftlich längst Verdaute immer von neuem wiederzukäuen.

Ernst Mayrs Lebenswerk als Forscher und akademischer Lehrer hat aber nicht nur der Beantwortung evolutionsbiologischer Fragen und der Verbreitung evolutionärer wissenschaftlicher Einsichten gegolten. Mit zunehmenden Jahren – und das heißt eben vor allem: zunehmend vertieftem Einblick in und erweitertem Überblick über sein Forschungsgebiet – war er mit immer mehr Nachdruck bemüht, deutlich zu machen, daß die Evolutionsbiologie nicht nur im engeren Sinne biologische Probleme löst, sondern darüber hinaus unser ganzes rationales Denken über die Welt – was man gemeinhin als Philosophie bezeichnet – auf einzigartige Weise verändert und bereichert. Dies betrifft vor allem das philosophische Verständnis des Wissenschaftsprozesses selbst. Allzulang war die Wissenschaftsphilosophie nahezu vollständig von der »Musterdisziplin« Physik, ihren Forschungsmethoden und Erklärungsprinzipien beherrscht. Gewiß, niemand wird leugnen, daß die physikalisch-chemischen Methoden, die Wirklichkeit der Welt zu analysieren und rational begreiflich zu machen, seit Beginn der Neuzeit eindrucksvoll erfolgreich waren. Dennoch bleibt es ebenso richtig – und dies ist die Hauptaussage, die sich wie ein roter Faden auch durch die hier vorgelegten Aufsätze von Ernst Mayr zieht –, daß es einen ganz wesentlichen Bereich der Wirklichkeit gibt, dem wir eben auch selbst angehören, nämlich den Bereich der lebendigen Organismenwelt, in dem zwar alles Geschehen ebenfalls den Gesetzmäßigkeiten der unbelebten Natur gehorcht, in dem aber darüber hinaus ganz neue, einzigartig lebenstypische Phänomene – z. B. der zweckmäßigen Organisation und zielgerichteten Funktionsweise – auftreten, die sich nicht einfach auf physikalische oder chemische Grundlagen zurückführen lassen, sondern nach einer eigenständigen, eben biologischen, vor allem aber evolutionsbiologischen Analyse und Erklärung verlangen. Indem es dies in immer neuen Beispielen und Darlegungen eindrucksvoll überzeugend erläutert, wird Ernst Mayrs Alterswerk immer mehr zu einem wichtigen Beitrag zu einer erweiterten Wissenschaftsphilosophie und darüber hinaus zu einem erweiterten, vertieften philosophischen Verständnis der Welt, die uns hervorgebracht hat, und damit auch unserer eigenen Natur.

VORBEMERKUNG

Jahrhunderte lang, etwa von Galileo, Descartes und Newton bis zur Mitte des zwanzigsten Jahrhunderts, war die Wissenschaftsphilosophie von Logik, Mathematik und Physik dominiert gewesen. Typologisches Denken (Essentialismus), Derterminismus, ein Vertrauen auf das Walten von universalen Gesetzen und auf die Möglichkeit von absolut verläßlichen Voraussagen kennzeichneten diese Einstellung. Nur die Methodik und die Befunde der Physiologie ließen sich bis zu einem gewissen Grade mit der physikalischen Wissenschaftsphilosophie vereinbaren.

Die Veröffentlichung von Darwins *Origin* im Jahre 1859 führte zu einem unvermeidlichen Bruch, denn nicht ein einziges der großen Konzepte der Darwinschen Evolutionstheorien folgte den Vorschriften des Physikalismus. Determiniertheit in der Biologie und deshalb auch Voraussehbarkeit waren bestenfalls probabilistisch. Universalgesetze wie die, auf denen die physikalischen Theorien basierten, gab es in der Biologie so gut wie keine. Und all das, was die Biologie besonders kennzeichnete, wie Einzigartigkeit, Populationsdenken, die Dualität von Genotyp und Phänotyp und vieles mehr, gab es in den exakten Naturwissenschaften nicht. Am wichtigsten aber war: Was lebende Wesen vor allem charakterisiert, das historische Element, repräsentiert durch das ererbte genetische Programm, fehlte in der physikalistischen Wissenschaftsphilosophie völlig. Wie Max Delbrück 1949 so richtig bemerkte, trägt jeder Organismus die Information in sich, die seine Vorfahren während der vergangenen drei Billionen Jahre erworben hatten. Merkwürdigerweise sträubten sich aber fast alle führenden Wissenschaftsphilosophen, die unvermeidlichen Konsequenzen aus dieser Situation zu ziehen. Statt einzusehen, daß nicht alle Wissenschaften in ihren philosophischen Grundlagen wie die Physik sein müssen, versuchten sie die Biologie auf diejenigen der Physik zu »reduzieren«.

Von Whewell und Herschel bis zu Carnap, Nagel, Hempel und – bis zu den 1970ern – sogar Popper verteidigten die Philosophen eine physikalistische Wissenschaftsphilosophie, obwohl es immer klarer wurde, wie wenig eine solche der Ideenwelt der Biologie, und vor allem der Evolutionsbiologie, gerecht wurde.

In der Folgezeit entwickelten sich zwei Strategien, um das Anderssein der biologischen Gedankenwelt herauszustellen. Philosophen wie Whitehead, Polanyi, Birch, Jonas, Koestler und andere ähnlich gesinnte kehrten der reinen Wissenschaft den Rükken. Sie versuchten materialistische durch metaphysische Erklärungen zu »ergänzen«. Ihre Erklärungen wurden vitalistisch, teleologisch und bezogen sich sehr oft letzten Endes auf Gott. Sie verließen den Boden der Wissenschaft und suchten ihr Heil bei übernatürlichen Kräften. Obwohl manche ihrer Schriften viel gelesen wurden, sagten sie den wirklichen Wissenschaftlern nicht zu, ebensowenig einer Gruppe von jungen Wissenschaftsphilosophen. Beckner, Ruse und Hull schrieben Philosophien der Biologie, und eine neue Generation von Philosophen wandte ihre Aufmerksamkeit vor allem der Evolution zu: Beatty, Brandon, Burian, Munson, Rosenberg, Sober und M. Williams, um nur einige Namen zu nennen. Gleichzeitig fing eine Reihe von Biologen wie Rensch, Dobzhansky, Simpson, Bock, Ghiselin und ich selbst an, über Themen der Philosophie der Biologie zu schreiben. Selbst eine neue Zeitschrift *Biology and Philosophy* wurde gegründet (1985).

Diese neue Entwicklung war nicht nur dadurch charakterisiert, daß sie rein biologische Phänomene in Betracht zog wie Leben, Auslese, codierte Information, Teleonomie, sondern auch durch eine ganz andere Fragestellung und Betonung. Die Bedeutung von Gesetzen ist ein Beispiel. In den meisten klassischen Wissenschaftsphilosophien erfolgt eine Erklärung dadurch, daß man Ereignisse oder Abläufe mit Gesetzen verknüpft. Obwohl Gesetze auch in der Biologie vorkommen, vor allem in Physiologie und Ontogenie, fehlt den meisten Regelmäßigkeiten in der Welt des Lebens die Universalität der Gesetze der Physik.

Was die neue Philosophie der Biologie besonders charakterisiert, ist die Schlüsselstellung von Begriffen (Ideen). Auf die Wichtigkeit von Begriffen (*concepts*) aufmerksam zu machen, war eins der Hauptziele meiner *Entwicklung der biologischen Gedankenwelt* (1984). Gleichzeitig war dies auch die größte Schwierigkeit dieser neuen Philosophie. Denn bei fast allen diesen Begriffen bestehen Unklarheiten und Kontroversen, vor allem in der Evolutionsbiologie, die bei weitem die reichhaltigste Quelle von grundlegenden biologischen Prinzipien ist.

Diese Situation war der Anstoß zu dem vorliegenden Buch. Es untersucht in einer tiefgehenden Analyse alle wichtigen Konzepte und Kontroversen der Evolutionsbiologie und versucht zu zeigen, welche Rolle die dadurch geklärten Prinzipien in der Wissenschaftsphilosophie spielen oder spielen sollten. Der Grund, warum das so wichtig ist, liegt darin, daß jedes der Themen sich ganz unmittelbar auch auf den Menschen bezieht, selbst wo das nicht ausdrücklich erwähnt ist. Man kann sich keine eigene Lebensphilosophie erarbeiten, ohne die Ergebnisse der Evolutionsbiologie zu berücksichtigen. Nicht daß ich behaupten würde, eine Lebensphilosophie sei eine direkte Konsequenz der wissenschaftlichen Erkenntnisse, aber sie hat wenig Validität, wenn sie in Widerspruch zu den wissenschaftlichen Befunden steht.

Es wird manchmal behauptet, eine Anerkennung der Eigenständigkeit der Begriffe der Biologie würde die »Einheit« der Wissenschaft zerstören. Das würde nur dann zutreffen, wenn man Wissenschaft mit Physik identifiziert. Natürlich gibt es eine Einheit der Wissenschaft, aber sie umfaßt alle echten Wissenschaften, nicht nur die Physik.

Die Philosophie der Biologie ist zur Zeit in einem beneidenswerten Zustand. Sie ist von jungen Wissenschaftsphilosophen entdeckt worden und ist, wie es in der gegenwärtigen Literatur offensichtlich ist, in ein äußerst aktives Stadium eingetreten.

Die Philosophie der Biologie ist für den Biologen genauso wichtig wie für den Philosophen. Nichts kann da einen schnelleren Fortschritt gewährleisten als ein enges Zusammenarbeiten der beiden Gruppen. Ich hoffe, daß das vorliegende Buch einen wichtigen Beitrag zu dieser Zusammenarbeit liefert.

Mit drei Ausnahmen sind alle Kapitel dem Essay-Band *Toward a New Philosophy of Biology* entnommen.

Cambridge, Mass., im Sommer 1991   Ernst Mayr

Teil I
PHILOSOPHIE

Einführung

Für meine Promotion an der Universität Berlin mußte ich eine Prüfung in Philosophie ablegen. In meiner Laufbahn als Biologe habe ich mich seitdem immer auch mit Philosophie beschäftigt und im Verlauf der letzten fünfundzwanzig Jahre versucht, selbst einige Beiträge auf diesem Gebiet beizusteuern (Mayr 1969; 1976). Eines meiner Hauptanliegen war zu zeigen, in welchem Maße die Biologie in Werken, die den Anspruch erheben, eine Philosophie der Wissenschaft zu bieten, vernachlässigt wird. Seit den zwanziger bis in die sechziger Jahre haben die logischen Positivisten und Physikalisten, die auf dem Gebiet der Wissenschaftstheorie den Ton angaben, wenig Interesse und noch weniger Verständnis für Biologie aufgebracht, einfach weil sie nicht in ihre Methodologie paßte. Ihr Bemühen, alle wissenschaftlichen Probleme durch reine Logik und präzise Messungen zu lösen, waren, wenn nicht völlig irrelevant, so doch zumindest unproduktiv, sobald man sie auf biologische Phänomene anwandte.

Die Annahme, daß es eigentlich möglich sein müßte, die Theorien und Konzeptionen aller anderen Wissenschaften, einschließlich der Biologie, auf die der Physik zu »reduzieren«, dominierte seit den Tagen Galileis und Descartes' offensichtlich nicht nur die Philosophie, sondern die gesamte Wissenschaft. Je weiter jedoch im Verlauf der letzten zweihundert Jahre die Erforschung biologischer Systeme fortschritt, desto deutlicher kristallisierte sich heraus, wie verschieden belebte und unbelebte Systeme sind, und zwar ganz unabhängig davon, wie komplex das unbelebte System oder wie einfach der Organismus ist. Versuche, biologische Systeme auf das Niveau einfacher physicochemischer Prozesse zu »reduzieren«, schlugen fehl, weil dabei diese Systeme ihre spezifisch biologischen Eigenschaften verloren. Lebende Systeme ha-

7

ben, wie wir in Essay 1 sehen werden, zahlreiche Eigenschaften, die sich in der unbelebten Welt schlichtweg nicht finden.

In einer ausgewogenen Philosophie der Wissenschaft müssen diese Eigenheiten der Organismen gebührend berücksichtigt werden. Die neue Generation von Wissenschaftstheoretikern ist sich dessen voll und ganz bewußt. Im Gegensatz dazu scheinen einige Angehörige der älteren Generation anzunehmen, jeglicher Hinweis auf die Autonomie der Biologie stelle einen Versuch dar, durch die Hintertür wieder die Philosophie des Vitalismus einzuführen. Es ist daher mit allem Nachdruck zu betonen, daß der moderne Biologe die Vorstellung, in lebenden Organismen gäbe es irgendeine wie auch immer geartete »Lebenskraft«, die nicht den Gesetzen der Physik und Chemie unterliegt, strikt ablehnt. Alle in Organismen ablaufenden Prozesse, von der Wechselwirkung der Moleküle bis hin zu den komplexen Funktionen des Gehirns und anderer Organe, sind diesen physikalischen Gesetzen unterworfen. Der Punkt, in dem sich Organismen von unbelebter Materie unterscheiden, ist die Organisation ihrer Systeme und insbesondere das Vorhandensein codierter Information.

Der größte Fortschritt auf diesem Gebiet war die Erkenntnis, daß Organismen dualistischer Natur sind. Sie bestehen aus (1) einem in den Nucleinsäuren repräsentierten genetischen Programm, bei Eukaryonten weitgehend im Zellkern (Genotyp), und einem räumlich dimensionierten Körper oder Soma (Phänotyp), der entsprechend den Anweisungen des genetischen Programms geformt wird. Die gesamte Ontogenese wie auch die physiologischen Prozesse und das Verhalten der Organismen werden unmittelbar oder mittelbar durch die in den Genen codierte Information kontrolliert (Essay 2). In keinem einzigen (außer einem von Menschen verfertigten) unbelebten System gibt es irgend etwas, das dem Genotyp entspricht, einem System, das im Verlauf der Milliarden von Jahren, seit es auf dieser Erde Leben gibt, lebenswichtige Informationen selektiv gespeichert hat.

Es bedurfte der Entwicklung ganz neuer Disziplinen – Evolutionsbiologie und Genetik –, ehe der jahrhundertealte Streit zwischen Mechanisten und ihren Kontrahenten beigelegt werden konnte. Zum Leidwesen beider Lager stellte sich heraus, daß in gewissem Maße auch die jeweils andere Seite recht hatte. Die Erkenntnis, daß alle Prozesse in lebenden Organismen strikt den Gesetzen der Physik und Chemie gehorchen – daß es keinerlei wie immer geartete »Lebenskräfte« jenseits des Geltungsbereichs der Naturwissenschaften gibt –, bedeutete, daß die Mechanisten recht hatten. Die Entdeckung, daß es in der unbelebten Natur nichts gibt, das dem System codierter Information bei lebenden Organismen entspricht, besagte jedoch, daß auch die Anti-Mechanisten recht hatten. Diese Dualität Genotyp–Phänotyp bei jedem belebten Organismus ist der Grund, weshalb es in der Biologie nicht genügt, bei der Untersuchung eines bestimmten Phänomens nach einer einzelnen Ursache zu suchen – wie dies ja bei den physikalischen Wissenschaften oft möglich ist.

In Essay 2 betone ich die Notwendigkeit, zwischen zwei allen Phänomenen oder Prozessen in Organismen zugrundeliegenden Verursachungen zu unterscheiden. Früher bezeichnete man sie oft als *unmittelbare* und als *grundlegende* Ursachen. Die unmittelbaren Ursachen umfassen Antworten auf Fragen nach dem »Wie?«; sie sind für alle physiologischen und Entwicklungsprozesse in einem lebenden Organismus verantwortlich; ihr Geltungsbereich ist der Phänotypus. Die grundlegenden oder evolutionären Ursachen beinhalten die Antworten auf die Fragen nach dem »Warum?« und liefern die historische Erklärung für das Auftreten dieser Phänomene; ihr Geltungsbereich ist der Genotypus. Beispielsweise hat T. H. Morgan (1932), als er behauptete, man könne sexuellen Dimorphismus mittels einer Untersuchung der physiologischen – einschließlich der hormonellen – Faktoren, die diesen Dimorphismus verursachen, voll und ganz erklären, die grundlegenden Ursachen völlig außer acht gelassen. Einzig und allein evolutionäre Aussagen jedoch können die Tatsache erklären, warum manche Spezies einen ausgeprägten, andere einen leichten oder aber gar keinen sexuellen Dimorphismus aufweisen. Viele berühmte Kontroversen in den verschiedensten Bereichen der Biologie sind darauf zurückzuführen, daß den jeweiligen Kontrahenten nicht klar war, daß der eine von ihnen an unmittelbaren, der andere an evolutionären Ursachen interessiert war.

Daß man klar und deutlich zwei Typen von Verursachung in Organismen erkannte, trug dazu bei, ein wichtiges Problem der Biologie zu lösen, das Problem der Teleologie. Was ist Teleologie und inwieweit ist sie als Konzeption gültig? Dies waren seit Aristoteles brennende Fragen. Kant gründete seine Erklärung biologischer Phänomene, vor allem der Vollkommenheit der verschiedenen Arten der Anpassung, auf die Konzeption der Teleologie (Löw 1980) – auf die Vorstellung, daß Organismen in Hinblick auf irgendeinen Zweck erschaffen worden sind. Die Teleologie war auch das Hauptargument einiger der erbittertsten Gegner Darwins (Sedgwick und von Baer). Und die zahlreichen autogenetischen Theorien der Evolution, etwa Orthogenese (Eimer), Nomogenese (Berg), Aristogenese (Osborn) und das Omega-Prinzip (Teilhard de Chardin) basierten alle auf einer teleologischen Weltsicht. In der Tat gehen, wie Jacques Monod (1971) zu Recht hervorhob, fast alle bedeutenden Ideologien der Vergangenheit wie auch der Gegenwart von dem Glauben an eine Teleologie aus.

Ich bin überzeugt, daß die allgemeine Verwirrung auf diesem Gebiet darauf zurückzuführen ist, daß man es versäumte, zwischen sehr unterschiedlichen Prozessen und Phänomenen zu unterscheiden, die alle mit dem Etikett »teleologisch« versehen wurden. In Essay 3 zeige ich, daß mit dem Wort *teleologisch* vier ganz und gar unterschiedliche Phänomene und Prozesse bezeichnet wurden. Wenn man die sogenannten teleologischen Phänomene auf diese vier Kategorien verteilt und für jede eine angemessene Terminologie einführt, ist es möglich, eine jede gesondert zu untersuchen und zu zeigen, daß drei davon sich wissenschaftlich erklären lassen. Andererseits hat man keinerlei Beweis für die Existenz der vierten Kategorie, der kosmischen Teleologie.

Die wichtigste Schlußfolgerung aus den neueren Forschungen zur Teleologie ist die, daß es unzulässig ist, aus der Existenz *teleonomischer* Prozesse (derjenigen Prozesse, die durch die körpereigene DNA des Organismus gesteuert oder determiniert werden) und *teleomatischer* Prozesse (derjenigen Prozesse, die aus physikalischen Gesetzen folgen) auf die Existenz einer kosmischen Teleologie zu schließen. Es existieren weder ein Programm noch ein Gesetz, die in der Lage wären, biologische Evolution teleologisch zu erklären oder vorherzusagen: Darüber hinaus besteht – seit 1859 – kein Bedarf mehr an einer teleologischen Erklärung: der Darwinsche Mechanismus der natürlichen Auslese mit seinen Zufälligkeitsaspekten und Einschränkungen ist völlig ausreichend.

Wollte man für die Widerlegung des Konzepts einer kosmischen Teleologie eine einzelne Person verantwortlich machen, dann wäre dies Charles Darwin. Natürliche Auslese kann, wie er in seinem *Origin* (*Ursprung*) gezeigt hat, all die Phänomene erklären, für die man bis zu diesem Zeitpunkt das Prinzip der Finalität heranziehen mußte. Für einige Zeitgenossen Darwins, etwa Adam Sedgwick, K. E. von Baer und Louis Agassiz, war diese Schlußfolgerung jedoch völlig inakzeptabel. Und sogar heute noch, hundertdreißig Jahre danach, gibt es Philosophen, die nicht nur an der Existenz eines teleologischen Prinzips in dieser unserer Welt festhalten, sondern darüber hinaus nicht einmal in der Lage zu sein scheinen, eine Philosophie des Lebens zu entwickeln, die ohne Teleologie auskommt.

Die Genetik hat gezeigt, daß scheinbar zielgerichtete Prozesse in einem lebenden Organismus (teleonomische Prozesse) eindeutig eine materielle Grundlage haben und durch ein codiertes genetisches Programm kontrolliert werden. Seltsamerweise haben Philosophen, die von der Logik, Physik oder Mathematik ausgehen, offenbar beträchtliche Schwierigkeiten, die Konzeption des codierten Programms zu verstehen und zu akzeptieren. Da der Begriff *Programm* aus dem Bereich der Informatik übernommen wurde, wird er gelegentlich als Anthropomorphismus abgelehnt. Die Verwendung dieses Terminus in der Biologie ist jedoch vollauf gerechtfertigt (Beniger 1986). Obwohl sich der Mechanismus, wie die DNA Information speichert und codiert, natürlich von der Funktionsweise eines Computers unterscheidet, ist das Grundprinzip bemerkenswert ähnlich, wie Forschungen in der Molekularbiologie gezeigt haben.

Wenn wir für einen Augenblick zu dem Streit zwischen Physikalisten und Biologen zurückkehren, so ist festzuhalten, daß im Verlauf der letzten hundertundfünfzig Jahre die Fortschritte nicht nur in der Biologie, sondern auch in der Physik sehr dazu beigetragen haben, die Kluft zwischen den beiden Lagern kleiner werden zu lassen. Viele Vorstellungen der klassischen Mechanik und der traditionellen Wissenschaftstheorie, die von den Biologen in Frage gestellt wurden, etwa der rigorose Determinismus (versus hohe Häufigkeit der Wahrscheinlichkeiten), die Vorhersagbarkeit aller Prozesse oder die Allgemeingültigkeit von Gesetzen, sind mittlerweile von der modernen Physik entweder ganz aufgegeben oder aber zumindest in ihrer Anwendbarkeit eingeschränkt worden.

Die klassische Physik war streng deterministisch. Der etwas prahlerische Ausspruch Laplaces, er könne den künftigen Verlauf der Geschehnisse auf der Erde *ad infinitum* vorhersagen, wenn er über einen kompletten Katalog der gegenwärtigen Situation verfüge, war bezeichnend für diese Einstellung. Und so ist es nicht weiter überraschend, daß die natürliche Auslese mit ihrer Betonung des Zufälligkeitscharakters der Variation für Physiker nicht gerade angenehm war. Deshalb bezeichnete John Herschel sie als das »Gesetz des Drunter und Drüber«. Die moderne Physik ist – theoretisch – von diesem Determinismus abgerückt, aber dennoch denken Physiker immer noch viel deterministischer als Biologen.

Die divergierenden Positionen, die die meisten Physiker und Biologen in bezug auf die Wahrscheinlichkeit von Leben – vor allem von intelligentem Leben – auf anderen Planeten einnehmen, spiegeln diesen Widerspruch auf recht amüsante Weise wider. Physiker tendieren zu der Argumentation, daß es – falls noch irgendwo anders im Universum Leben entstanden ist (und die meisten von ihnen glauben, daß dies millionenfach geschehen sein könnte) – praktisch als sicher gelten kann, daß sich in vielen oder den meisten Fällen intelligente Wesen entwickelt haben. Da Reisen durch das All zu anderen Sonnensystemen und anderen Galaxien unmöglich sind, starteten 1959 einige Radioastronomen ein Projekt, um mittels Signalen mit möglicherweise existierenden extraterrestrischen Wesen zu kommunizieren. Tausende Arbeitsstunden und Hunderttausende, wenn nicht gar Millionen Dollar wurden der Suche nach extraterristischer Intelligenz (SETI) geopfert. Auch wenn diese Kosten im Vergleich zu anderen NASA-Projekten minimal sind, bezweifeln doch allmählich einige Wissenschaftler den Sinn des ganzen Unternehmens.

In Essay 4 betrachte ich das SETI-Projekt vom Standpunkt des Biologen aus, um zu zeigen, daß jeder einzelne Schritt in Richtung auf eine Evolution intelligenten Lebens auf der Erde in hohem Maße unwahrscheinlich und die Evolution der Spezies Mensch das Ergebnis einer Abfolge Tausender solcher höchst unwahrscheinlicher Schritte war. Es ist wahrlich ein Wunder, daß der Mensch je

»passiert« ist, und es wäre ein noch größeres Wunder, wenn eine solche Serie von Unwahrscheinlichkeiten sich irgendwo wiederholt hätte. Die eigentliche Botschaft dieses Essays ist es, die Aufmerksamkeit auf die Unterschiedlichkeit der Psychologie von exakten Wissenschaftlern und von Evolutionisten zu lenken. Dieser Unterschied ist selbstverständlich nicht genereller Art. Es gibt einige Biologen, vor allem Molekularbiologen, die glauben, daß die Wahrscheinlichkeit extraterrestrischer Intelligenz groß genug ist, um die Suche danach zu rechtfertigen; andererseits haben einige Physiker mit allem Nachdruck auf die unglaublich hohe Unwahrscheinlichkeit eines Erfolgs dieses Unternehmens hingewiesen. Die Argumentation dieser Physiker ist allerdings ganz anderer Art als die eines Biologen, wie ich es bin. Sie stellen nicht so sehr die Wahrscheinlichkeit der Existenz extraterrestrischer Intelligenz in Frage, sondern ziehen vielmehr die Möglichkeit in Zweifel, lange genug ausreichend viele Richtstrahlen aussenden zu können, um eine Antwort wahrscheinlich zu machen, oder aber sie lenken die Aufmerksamkeit auf die extrem kurze Dauer von Zivilisationen im Vergleich zur astronomischen Zeit. Die unterschiedliche Art und Weise, wie Naturwissenschaftler und Biologen dieses Problem angehen, könnte für den Philosophen von beträchtlichem Interesse sein.

In Essay 5 begebe ich mich auf ein Gebiet, auf das selbst Engel sich kaum vorwagen würden – es geht um den Ursprung der menschlichen Ethik. Es gibt Unmengen neuerer Abhandlungen zu diesem höchst kontroversen Thema; ich habe mich lediglich mit einem Bruchteil davon beschäftigt. Da ich auf dem Gebiet der Ethik alles andere als eine Autorität bin, war es keineswegs meine Absicht, in diesem Essay definitive Antworten zu geben. Ich habe mich vielmehr bemüht, einige bislang vernachlässigte Aspekte aufzugreifen und auf offene Fragen hinzuweisen.

Auf die am häufigsten gestellte Frage: Welcher Anteil der menschlichen Ethik ist Teil des Primatenerbes der Menschheit, gibt es keine einfache Antwort. Wenn das Individuum ein Objekt der Selektion ist, das heißt, wenn die natürliche Auslese nur das belohnt, was für das Individuum von Vorteil ist, dann bleibt es ein Rätsel, wie sich irgendeine Art von Altruismus, der über Elternliebe hinausgeht, entwickeln konnte. Für Darwin stellte der Ursprung der Ethik des Menschen ein ungeheures Problem dar. In den Augen der Anhänger einer Naturreligion war die menschliche Moral in der Schöpfung inbegriffen. Der Versuch, an die Stelle von Gottes Plan den streng materiellen Prozeß natürlicher Auslese zu setzen, entzog, laut Sedgwick und anderen, der Moralität ihre eigentliche Grundlage. Seit Darwin gab es immer wieder Bestrebungen, die menschliche Ethik entweder aus der Evolution abzuleiten oder aber zumindest zu zeigen, daß kein Widerspruch zwischen den Lehren Darwins und der Entstehung der menschlichen Ethik besteht.

Anscheinend erfordert jede annehmbare Lösung die Anerkennung der Tatsache, daß die Spezies Mensch wirklich einzigartig ist, und zwar insofern, als sie über eine Kultur verfügt und infolgedessen in der Lage ist, ethische Normen von Generation zu Generation weiterzugeben, ohne daß sie in Genen chiffriert werden. Allerdings kommt der Genetik dabei durchaus eine gewisse Bedeutung zu, da es ja den im Verlauf der Evolution entstandenen selbstsüchtigen Altruismus gibt, der zu der alles einschließenden Fitness gehört (Essay 5), und weil es, wie Waddington (1960) gezeigt hat, eine Belohnung für die Evolution eines offenen Verhaltensprogramms gegeben haben muß, das in der Lage war, kulturell übermittelte ethische Normen zu akzeptieren.

Die Kontroversen um die Soziobiologie haben den alten Streit erneut aufbrechen lassen. Der Menge der neueren Literatur zu diesem Thema und der anscheinenden Unversöhnlichkeit der gegensätzlichen Auffassungen nach zu schließen, sind wir nach wie vor weit von einer Lösung der Frage entfernt, welche Rolle der Genetik in bezug auf die menschliche Ethik zukommt. Ich hoffe, es ist mir gelungen, einige der Probleme ein wenig präziser zu formulieren, als es die etwas leidenschaftlicheren Autoren bislang getan haben. Es handelt sich hier um einen der vielen Bereiche der Philosophie, in denen es von größter Bedeutung ist, klar definierte Fragen zu stellen. Soviel steht fest: Das Problem Evolution und Ethik kann nur mittels einer äußerst sorgfältigen Analyse der zugrundeliegenden biologischen Prozesse geklärt werden.

In anderen Kapiteln des vorliegenden Buches setze ich mich mit weiteren Problemen einer philosophischen Grundlegung der Biologie auseinander. Fast alle greifen Fragen auf, die in den herkömmlichen Werken über Wissenschaftstheorie nur am Rande oder gar nicht behandelt werden. Eine breiter angelegte, angemessenere Philosophie der Wissenschaft erfordert jedoch die Entwicklung einer kritischen Philosophie der Biologie. Eine Reihe von Philosophen hat versucht, diese Lücke zu füllen; dazu gehören unter anderen Ruse (1973), Hull (1974), Rosenberg (1985), Sattler (1986) und Smith (1976). So begrüßenswert die Abhandlungen dieser Philosophen auch sind, lassen sie doch die Ausgewogenheit und Weitsicht vermissen, die wünschenswert wären. Vielleicht wird diese Art von Synthese erst möglich, wenn einzelne Bereiche der Biologie so maßstabsetzend behandelt worden sind, wie Brandon und Sober dies hinsichtlich der natürlichen Auslese geleistet haben (Essay 6). Ich hoffe, diese Sammlung von Essays ist ein weiterer Schritt auf diesem Weg.

1 Ist die Biologie
eine autonome Wissenschaft?

Am Beginn sämtlicher neueren Arbeiten zu einer Philosophie der Biologie steht die Frage: Welcher Status kommt der Biologie innerhalb der Wissenschaften insgesamt zu? Laut Rosenberg ist die »vorrangigste, naheliegendste, am häufigsten gestellte und kontroverseste Frage, der sich die Theorie der Biologie konfrontiert sieht, die, ob und inwiefern die Biologie sich von den anderen Naturwissenschaften unterscheidet« (1985: 13). Diese Auseinandersetzung über den Stellenwert der Biologie wird zwischen zwei recht unterschiedlichen Lagern ausgetragen. Die eine Seite behauptet, die Biologie unterscheide sich hinsichtlich ihrer Prinzipien und Methoden *nicht* von der Physik; weitere Forschungen, insbesondere auf dem Gebiet der Molekularbiologie, würden mit der Zeit zu einer Reduktion der gesamten Biologie auf die Physik führen. So warf beispielsweise Ruse (1973) die Frage auf, »ob wir uns auf den Tag, an dem Biologie als eigenständige Disziplin verschwindet, freuen sollen oder nicht«. Die Gegenseite behauptet, der Biologie stehe durchaus der Status einer autonomen Wissenschaft zu, da sie sich hinsichtlich ihres Gegenstandes, ihres Begriffssystems und ihrer Methodologie grundlegend von der Physik unterscheide (Ayala 1968).

Diese Kontroverse ist teilweise auf eine unterschiedliche Interpretation des Wortes *Autonomie* zurückzuführen. Könnte man die Geltungsbereiche der exakten Wissenschaften und der Biologie auf einer Karte einzeichnen, so würde sich ein ziemlich großer Bereich ergeben, in dem sie sich überlappen, vor allem auf der molekularen Ebene, wo die Gesetze der Physik und Chemie dominieren. Spricht dies gegen eine Autonomie der Biologie? Für diejenigen, die Autonomie als eine rigorose Trennung der Wissenschaften voneinander definieren, widerspricht dieser wichtige Bereich der Überschneidungen dem Anspruch auf Autonomie. Auf der anderen Seite weisen die Vertreter des entgegengesetzten Standpunkts auf die ebenso wichtigen Zonen hin, die *nicht* von der Physik und Chemie überlappt werden, und bestehen darauf, daß nur eine autonome Wissenschaft sich angemessen mit ihnen befassen kann.

Diese unglückselige Kontroverse ist ein Ergebnis der Geschichte. Als nach dem Mittelalter im Wirken Galileis, Newtons und – später – Lavoisiers die Wissenschaft zu neuem Leben erwachte, handelte es sich dabei fast ausschließlich um eine Weiterentwicklung der Physik und Chemie. Biologie als Wissenschaft schlummerte sozusagen noch und erwachte erst in den 1830er und 1840er Jahren zum Leben. Für die Philosophen – von Bacon und Descartes bis hin zu Locke und Kant – stellte die Physik, insbesondere die Mechanik, das Paradigma von Wissenschaft dar. Die richtige Art und Weise, die Natur zu untersuchen, bestand laut dieser Auffassung darin, Phänomene in Begriffen von Bewegungen und Kräften zu definieren, die universal gültigen Gesetzen gehorchten – das heißt Gesetzen, die in keiner Weise an Zeit und Raum gebunden waren oder irgendwelchen Ausnahmen unterlagen. Derlei deterministische Gesetze gestatteten eine eindeutige Vorhersage zukünftiger Ereignisse, sobald man erst einmal die gegenwärtigen Bedingungen verstanden hatte. Die Rolle des Zufalls bei Prozessen, die in der Natur ablaufen, ignorierte man völlig. Folglich betrachtete man das kontrollierte Experiment als die einzige seriöse wissenschaftliche Methode, während Beobachtung und Vergleich als weit weniger wissenschaftlich galten.

Jedermann war bereit zuzugeben, daß der Biologie die Allgemeingültigkeit und Vorhersagbarkeit fehlten, die offenbar für das Studium der unbelebten Welt charakteristisch waren. Da – soweit man wußte – Leben nur auf der Erde existierte, waren alle Aussagen und Verallgemeinerungen, die man hinsichtlich lebender Organismen machen konnte, anscheinend an Raum und Zeit gebunden. Um das Ganze noch schlimmer zu machen, schien es von derlei Aussagen immer Ausnahmen zu geben. Erklärungen beruhten normalerweise nicht auf universalen Gesetzen, sondern waren eher pluralistisch. Kurz gesagt, die Theorien der Biologie verstießen gegen jeglichen Kanon »wahrer Wissenschaft«, wie ihn die Philosophen aus den Methoden und Prinzipien der klassischen Physik abgeleitet hatten.

Auch nachdem der begriffliche Rahmen der Physik sich im Laufe des 18. und 19. Jahrhunderts ziemlich grundlegend verändert hatte, blieb in der Wissenschaftsphilosophie nach wie vor ein mechanistischer Ansatz vorherrschend. Infolgedessen betrachtete man die Biologie als »mindere« Wissenschaft, als eine Tätigkeit, die, folgt man dem Physiker Ernest Rutherford, nicht viel besser war als »Briefmarkensammeln«. Sie war bestenfalls eine zweitklassige, »provinzielle« Wissenschaft.

Auf die Behauptungen der Physiker und Philosophen reagierten die Biologen auf dreierlei Weise. Viele von ihnen, insbesondere jene, die sich mit Physiologie und anderen Zweigen der funktionellen Biologie befaßten, übernahmen eine physikalistische Einstellung und versuchten, alle biologischen Prozesse in Begriffen von Bewegungen und Kräften zu erklären. Alles war mechanistisch, alles war deterministisch, und es blieb kein unerklärbarer Rest übrig. Jacques Loeb, Carl Ludwig und Julius Sachs waren die vielleicht wichtigsten Vertreter der physikalistischen Biologie. So fruchtbar dieser Ansatz auch war – namentlich in der Physiologie –, ließ er doch eine große Anzahl von Phänomenen der belebten Welt unerklärt.

Im Gegensatz dazu hatten andere Biologen das Gefühl, daß ein lebender Organismus über einen wesentlichen Bestandteil verfügt, der ihn von der unbelebten Materie unterscheidet. Diese Leute wurden normalerweise unter der Bezeichnung *Vitalisten* in einen Topf geworfen, obwohl sie, wie wir noch sehen werden, sehr unterschiedliche Ansichten darüber vertraten, um was es sich bei diesem Bestandteil handelte.

Die Mehrzahl der Biologen kümmerte sich jedoch überhaupt nicht um die philosophischen Probleme des Wesens von Leben; sie konzentrierten sich vielmehr darauf, neue Entdeckungen zu machen und neue Theorien auszuarbeiten. Das Ergebnis war eine noch nie dagewesene Blütezeit von Evolutionsbiologie, Ökologie, Ethologie, Populationsgenetik, Zytologie und zahlreichen anderen biologischen Fachgebieten. Jeder dieser Bereiche hatte seine eigene Terminologie, Methodologie und sein eigenes konzeptuelles System und unterhielt kaum Kontakte zu den übrigen Spezialgebieten oder den exakten Wissenschaften. Vor allem unter den Philosophen machte sich die Sorge breit, die Wissenschaft als Ganzes könnte verlorengehen und an ihre Stelle würde eine Vielzahl unabhängiger, eigenständiger Einzelwissenschaften treten.

Um dieser Bedrohung entgegenzuwirken, machte man sich an eine Vereinheitlichung der Wissenschaft.

Aber wie konnte man zu einer solchen Einheit der Wissenschaft gelangen? Es gab offenbar zwei relativ weitgefaßte Möglichkeiten:

(1) Alle Wissenschaften auf den gemeinsamen Nenner der exakten Wissenschaften zu bringen; mit anderen Worten, wie einige Philosophen es ausdrückten, »alle Wissenschaften auf die Physik zu reduzieren«.

(2) Sich eine neue, breiter angelegte Konzeption von Wissenschaft zu eigen zu machen, die nicht nur den exakten Wissenschaften gerecht wurde, sondern auch den Wissenschaften vom Leben.

Aus den Untersuchungen der modernen Wissenschaftsphilosophen ergab sich ganz eindeutig, daß die Forderung nach einer Autonomie der Biologie völlig von dem Erfolg der postulierten Reduktion abhängt. Was wir daher brauchen, ist eine Antwort auf die Frage: »Können die Phänomene, Gesetze und Begriffe der Biologie mit Erfolg auf diejenigen der Physik reduziert werden?« Wenn eine solche Reduktion sich als unmöglich erweist, dann ergibt sich die Autonomie der Biologie sozusagen ganz von selbst.

In den 1960er und den frühen 1970er Jahren gab es eine ganze Reihe kompromißloser Reduktionisten (Schaffner 1967a, b; Ruse 1973), aber ihre Zahl ist im Verlauf der letzten zehn Jahre stark zurückgegangen. Für die Zeit nach 1980 ist mir lediglich ein einziger Reduktionist im strengen Sinn des Wortes bekannt. Ein Problem im reduktionistischen Lager war, daß der Begriff *Reduktion* von verschiedenen Autoren in ganz unterschiedlichen Bedeutungen verwandt wurde. Es lassen sich im wesentlichen drei Arten von Reduktion unterscheiden (Mayr 1982; 59–63; Ayala 1974; 1977):

(1) Der Begriff *konstitutive Reduktion* wurde auf jede Aufgliederung von Phänomenen, Ereignissen und Prozessen in ihre Bestandteile, aus denen sie sich zusammensetzen, angewandt.

Gegen eine solche Analyse hat der moderne Biologe durchaus nichts einzuwenden, da er die Tatsache nicht anzweifelt, daß alle organischen Prozesse letztlich auf physikochemische Prozesse reduziert und durch sie erklärt werden können. Keiner der Abläufe oder Prozesse, auf die man in der Welt lebender Organismen trifft, steht in einem wie auch immer gearteten Widerspruch zu einer physikochemischen Erklärung auf der Ebene der Atome und Moleküle. Umstritten sind jedoch die beiden anderen Formen von Reduktion, die erklärende Reduktion und die Theorien-Reduktion.

(2) Die *erklärende Reduktion* behauptet, daß man alle Phänomene und Prozesse auf höheren hierarchischen Ebenen in Begriffen der Aktionen und Interaktionen der Einzelbestandteile auf dem niedrigsten hierarchischen Niveau erklären kann. Im Gegensatz dazu behaupten die Organizisten, daß sich auf höheren hierarchischen Ebenen neue Eigenschaften und Fähigkeiten herausbilden, die man einzig und allein anhand der Einzelbestandteile auf genau diesen Ebenen erklären kann. Beispielsweise wäre es sinnlos, den Luftstrom über der Tragfläche eines Flugzeugs mittels Elementarteilchen zu erklären. Fast alle Probleme, mit denen ein Biologe sich befaßt, beziehen sich auf ein hochgradig komplexes System, dessen Komponenten im allgemeinen einige hierarchische Stufen über der Ebene liegen, die der Physiker untersucht.

(3) Schließlich gibt es noch die *Theorien-Reduktion*, die behauptet, daß die in der Biologie formulierten Theorien und Gesetze nur Spezialfälle von Theorien und Gesetzen in der Physik darstellen und daß man diese biologischen Theorien folglich auf physikalische Theorien reduzieren kann. Alle Autoren, die sich in den letzten Jahren mit dieser Behauptung auseinandergesetzt haben – einschließlich einiger ehemaliger Reduktionisten –, sind zu dem Schluß gekommen, daß eine solche Theorien-Reduktion im Grunde genommen nicht möglich ist (Mayr 1982). Es steht fest, daß die Theorien-Reduktion selbst in der Physik nur zum Teil erfolgreich und in der Biologie ausgesprochen erfolglos war. In der Tat ist es nie gelungen, eines der komplexen biologischen

Gesetze auf die einzelnen Prozesse, die dabei ablaufen, zu reduzieren und mit deren Hilfe zu erklären (Mainx 1955).

Als Beweis für eine erfolgreiche Reduktion werden gelegentlich die überwältigenden Erfolge auf dem Gebiet der Molekularbiologie ins Feld geführt, aber in diesen Fällen handelt es sich um eine konstitutive Reduktion; zudem sind sie fast ausschließlich auf die funktionelle Biologie beschränkt. Der Hauptvertreter der Theorien-Reduktion war Ernest Nagel (1961), aber die meisten anderen Wissenschaftsphilosophen (Feyerabend, Kuhn und Kitcher) haben seiner Argumentation heftig widersprochen.

Ich denke, man kann – ohne unfair zu sein – sagen, daß der Versuch, die Wissenschaft durch eine Reduktion der Biologie auf die Physik zu vereinheitlichen, fehlgeschlagen ist; darauf haben Popper (1974), Beckner (1974), Kitcher (1984) und andere hingewiesen. Glücklicherweise haben im Verlauf der letzten Jahrzehnte Veränderungen sowohl in der Physik wie auch in der Biologie stattgefunden, die letztendlich eine Vereinheitlichung der beiden Wissenschaften auf einer ganz anderen, viel breiteren Grundlage sehr viel leichter machen werden.

Zu den Veränderungen in der Physik gehört unter anderem ein Abrücken von dem strengen Determinismus der klassischen Physik (Mayr 1985). Die Wissenschaftler erkennen mittlerweile an, daß die meisten physikalischen Gesetze keine universale Gültigkeit haben, sondern eher statistischer Natur sind, und daß daher Vorhersagen in den meisten Fällen lediglich eine bestimmte Wahrscheinlichkeit ausdrücken. Sie haben auch erkannt, daß im ganzen Universum – und zwar auf allen Ebenen, von Elementarteilchen bis hin zu Wettersystemen, Meeresströmungen und Galaxien – stochastische Prozesse ablaufen. Im Rahmen der Untersuchung dieser Prozesse wurde die Beobachtung in den Rang einer gültigen wissenschaftlichen Methode erhoben, wenn es nämlich schwierig oder sogar unmöglich war, ein Experiment durchzuführen, beispielsweise in der Meteorologie und in der Kosmologie. Und schließlich erkennen die Physiker allmählich an, daß die Ausarbeitung von Begriffen ein ebenso wirksames Instrument für das Verständnis physikalischer Phänomene sein kann wie die Formulierung von Gesetzen.

Die Veränderungen in der Biologie waren womöglich noch durchgreifender (Mayr 1985). Die Physiologie hat ihre Vorrangstellung als das Paradigma der Biologie im Jahre 1859 eingebüßt, als Darwin die Evolutionstheorie begründete. Als sich Verhaltensbiologie, Ökologie, Populationsbiologie und andere Teilbereiche der modernen Biologie entwickelten, wurde immer offenkundiger, wie ungeeignet die Mechanik als Paradigma für die Wissenschaft Biologie ist. Zur gleichen Zeit, als ein ausschließlich physikalistischer Ansatz bei der Untersuchung von Organismen in Frage gestellt wurde, nahm auch der Einfluß der Vitalisten ab, da immer mehr Biologen erkannten, daß alle Prozesse in lebenden Organismen mit den Gesetzen der Physik und Chemie in Einklang stehen und daß die Unterschiede zwischen unbelebter Materie und belebten Organismen nicht auf einen Unterschied hinsichtlich des Substrats zurückzuführen sind, sondern auf eine andere Organisation von Materie in lebenden Systemen.

Im 18. und 19. Jahrhundert wurde ein jeder, der das mechanistische Dogma nicht anerkannte, daß Materie in Bewegung eine ausreichende Erklärungsgrundlage für alle Aspekte des Lebens ist und daß es sich bei Organismen schlichtweg um Maschinen handelt, als *Vitalist* abgestempelt. Allen, die diese Bewertung ablehnten, war die Überzeugung gemeinsam, daß ein lebender Organismus über irgendeinen Bestandteil verfügt, durch den er sich eindeutig von lebloser Materie unterscheidet. Wenn es Meinungsverschiedenheiten gab, dann in der Interpretation dieses Bestandteils.

Der klassische Vitalist führte Leben darauf zurück, daß der Organismus etwas Greifbares, ein reales Ding besitzt, ob man es nun als Lebenssaft, Lebenskraft oder *Entelechie* bezeichnet. Er glaubte, daß diese Lebenskraft außerhalb des Geltungsbereichs der physikochemischen Gesetze liegt; in der Tat sind die Veröffentlichungen einiger Vitalisten reichlich metaphysisch angehaucht. Alle Versuche, das Vorhandensein dieser Lebenskraft zu beweisen, schlugen fehl, und ein solcher Beweis war auch nicht mehr nötig, als die Phänomene, die man damit erklären wollte, schließlich auf andere Weise, etwa mit Hilfe des genetischen Programms, begründet wurden.

Andere Biologen stimmten mit den Vitalisten darin überein,

daß Organismen über eine einzigartige Eigenschaft verfügen, die in allen Teilen des Körpers vorhanden ist, eine Eigenschaft, die mit dem Tod verlöscht. Ihr schrieben sie alles zu, was lebende Körper von unbelebter Materie unterscheidet, insbesondere den formgebenden Prozeß der Ontogenese. Allerdings lehnten diese Autoren die Vorstellung ab, daß es sich dabei um eine immaterielle Kraft handle; sie betrachteten Leben eher als eine Organisationseigenschaft bestimmter materieller Systeme. In Ermangelung eines passenden Begriffs nannten einige dieser Autoren – etwa der berühmte Physiologe Johannes Müller – diese lebenspendenden Eigenschaften *Lebenskraft*, aber es besteht, wie Max Delbrück (1971) dargelegt hat, eine auffällige Analogie zwischen den postulierten Eigenschaften der *Lebenskraft* bei vielen Autoren seit Aristoteles und den tatsächlichen Eigenschaften des genetischen Programms (DNA).

Diese zweite Gruppe von Biologen könnte man als *Organizisten* bezeichnen. Auf jeden Fall ist es einigermaßen irreführend, wenn man sie als *Vitalisten* etikettiert. Wer dies tut und auf der strengen Definition von Organismen als Materie in Bewegung besteht, muß jeden, der die Existenz des genetischen Programms anerkennt, als Vitalisten bezeichnen. Aber in den Arbeiten von Alistair Hardy, Sewall Wright und Charles Birch, die anscheinend an eine Art immaterielles Prinzip in Organismen glauben, läßt sich immer noch ein Nachhall vitalistischen Denkens feststellen.

Seltsamerweise waren vitalistische Ideen bei gewissen Nicht-Biologen weit verbreitet, deren vereinfachende Vorstellungen über das Wesen physikochemischer Systeme sie zu einem vitalistischen Denken verleiteten (Crick 1966). Einige führende Vertreter der Quantenmechanik, beispielsweise Bohr, Schroedinger, Heisenberg und Pauli, behaupteten, eines Tages würde irgend jemand in Organismen physikalische Gesetze entdecken, die anders wirken als die in lebloser Materie. Und in der Tat – als Max Delbrück von der Physik zur Biologie überwechselte, war eines seiner ursprünglichen Ziele die Entdeckung solcher Gesetzmäßigkeiten.

Die Emanzipation der Biologie

Die Begründung und Verwirklichung der Autonomie der Biologie war ein langer und schmerzhafter Prozeß. Er erforderte nicht nur eine Loslösung von Standardvorstellungen des Physikalismus – etwa Essentialismus und Determinismus –, sondern darüber hinaus auch von einigen metaphysischen Konzepten, zu denen bestimmte Biologen tendierten, die zwar intuitiv spürten, daß der Biologie ein gesonderter Status zukam, diesen aber metaphysischen Faktoren wie Vitalismus oder Teleologie zuschrieben. Noch heute begnügen sich viele Angriffe gegen die Vorstellung, daß die Biologie eine unabhängige Wissenschaft ist, mit einer Widerlegung des Vitalismus, als sei dieser nach wie vor Teil des begrifflichen Systems der modernen Biologie. Daß einige frühe »Autonomisten«, beispielsweise Bertalanffy (1949), ihre Einstellung mit derart verschwommenen Argumenten wie Dynamik, Energiegradienten, formgebende Bewegungen und so fort erhärteten, trug nicht gerade zur Glaubwürdigkeit dieser neuen Strömung bei. Trotz dieser Handikaps nahmen die Beweise zugunsten einer Eigenständigkeit der Biologie im Laufe der letzten Jahre exponentiell zu.

Die Komplexität lebender Systeme

Charakteristisch für lebende Systeme ist eine auffällig komplexe Organisation, die sie in die Lage versetzt, auf äußere Reize zu reagieren, Energie zu binden oder freizusetzen (Stoffwechsel), zu wachsen, sich zu differenzieren und zu replizieren. Darüber hinaus besitzen biologische Systeme die bemerkenswerte Eigenschaft, daß sie offene Systeme sind, die trotz der großen Menge von Input und Output ein stabiles Gleichgewicht bewahren. Diese Homöostase wird durch ausgeklügelte Kontrollmechanismen ermöglicht, die man in dieser Präzision bei unbelebten Systemen nicht kennt.

Diese Komplexität wurde oft als *das* Charakteristikum lebender Systeme hervorgehoben. In Wirklichkeit stellt Komplexität an sich keinen Unterschied zwischen lebenden und unbelebten Systemen dar. Das Wettersystem der Erde oder irgendeine beliebige

Galaxie sind ebenfalls hochkomplexe Systeme. Im allgemeinen sind jedoch organische Systeme um etliche Größenordnungen komplexer als die Systeme unbelebter Objekte. Sogar auf der molekularen Ebene unterscheiden sich die Makromoleküle, die für lebende Wesen charakteristisch sind, im Prinzip nicht von den Molekülen mit niedrigerem Molekulargewicht, aus denen in der Regel die unbelebte Natur zusammengesetzt ist; allerdings sind sie viel größer und viel komplexer. Diese Komplexität verleiht ihnen ganz außergewöhnliche Eigenschaften, die in der unbelebten Natur nicht anzutreffen sind.

Die Komplexität belebter Systeme läßt sich auf allen Ebenen feststellen, vom Zellkern über die Zelle und alle Organsysteme (Niere, Leber, Gehirn) bis hin zu Individuum, Spezies, Ökosystem und Gesellschaft. Die hierarchische Struktur innerhalb eines individuellen Organismus ergibt sich aus der Tatsache, daß die Einheiten auf der einen Ebene zu neuen Einheiten auf der nächsthöheren Ebene zusammengefaßt werden – Zellen zu Gewebe, Gewebe zu Organen und Organe zu funktionellen Systemen.

Um keine Zweifel aufkommen zu lassen – auch in der unbelebten Welt gibt es hierarchische Organisation: Elementarteilchen bilden Atome, die sich ihrerseits zu Molekülen und schließlich zu Kristallen und so weiter zusammenfügen. Aber die Hierarchie im unbelebten Bereich liegt um einige Größenordnungen unter der der ontogenetischen Entwicklung, wie das Wachstum des Schwanzes bei einem Pfau oder die Organisation des zentralen Nervensystems zeigen.

Systeme auf einer jeden hierarchischen Ebene haben zwei Eigenschaften. Sie verhalten sich als Ganze (so als handelte es sich bei ihnen um homogene Entitäten), und ihre charakteristischen Eigenschaften können nicht (nicht einmal theoretisch) aus einer noch so genauen Kenntnis der einzelnen Komponenten – einzeln oder kombiniert betrachtet – abgeleitet werden. Mit anderen Worten: Wenn ein solches System aus seinen Einzelbestandteilen gebildet wird, entstehen neue Eigenschaften des Ganzen, die man aufgrund einer Kenntnis der Ausgangsbestandteile nicht hätte vorhersagen können. Diese *Emergenz* neuer Eigenschaften läßt sich auch in der unbelebten Welt feststellen, aber nur Organismen weisen eine derart dramatische Emergenz neuer Charakteristika auf jeder hierarchischen Ebene des Systems auf. In hierarchisch organisierten biologischen Systemen lassen sich sogar Verursachungen nach unten feststellen (Campbell 1974).

Organisation zu Populationen

Nach Plato war das westliche Denken mehr als 2000 Jahre lang vom Essentialismus geprägt. In den Augen Platos und seiner Nachfolger bestehen variable Klassen von Entitäten aus den unvollkommenen Widerspiegelungen einer unveränderlichen Anzahl von konstanten, diskontinuierlichen *eide* oder Essenzen. Sehr anschaulich illustriert dies Platos Allegorie von den Schatten auf der Wand einer Höhle. Dieses Konzept paßt zu Klassen von unbelebten Objekten, etwa zur Klasse der Stühle oder zur Klasse der Seen – Objekte, die in keiner besonderen Beziehung zueinander stehen, außer daß sie auf die gleiche Weise definiert werden (siehe Essay 11).

Im Jahre 1859 führte Darwin die völlig neue Vorstellung variabler, aus einzigartigen Individuen bestehender Populationen ein. Für diejenigen, die den Populationsgedanken akzeptiert haben, stellt die Unterschiedlichkeit von Individuen innerhalb einer Population die Realität der Natur dar, während der Durchschnittswert (der »Typus«) nichts weiter als eine statistische Abstraktion ist. Biopopulationen unterscheiden sich grundlegend von den Klassen unbelebter Objekte, nicht nur wegen ihrer Neigung zu Variation, sondern auch aufgrund ihrer inneren Kohäsion und weil sie den Einschränkungen von Raum und Zeit unterliegen. In der unbelebten Natur gibt es nichts den Biopopulationen Entsprechendes, und das erklärt vielleicht, weshalb es Philosophen, die von der Mathematik oder Physik herkommen, offenbar sehr schwer fällt, diese Vorstellung zu begreifen (siehe Essay 11). Die Fähigkeit, sich vom essentialistischen auf das Populationsdenken umstellen zu können, machte die Theorie der Evolution durch natürliche Auslese überhaupt erst möglich.

Das Konzept der Biopopulationen ermöglichte es auch zu erkennen, daß es in der Natur zwei völlig verschiedene Arten von Evolution gibt, die Lewontin (1983) als Entwicklungs-(Transformations-)Evolution und als Variations-Evolution bezeichnet.

Jede Veränderung innerhalb eines Objekts oder Systems, die lediglich eine Folge seines inneren Potentials ist, etwa die Verwandlung von einem weißen Stern zu einem roten Stern, ist Entwicklungs-Evolution. Sie beruht einzig und allein auf dem Wirken teleomatischer (physikalischer) Prozesse. Im Gegensatz dazu handelt es sich bei der Evolution von Organismen um Variations-Evolution; sie beruht auf der Auslese bestimmter Entitäten aus äußerst variablen Populationen einzigartiger Individuen und dem Entstehen neuer Variation in jeder Generation.

Die Feststellung, daß alle Mitglieder einer Population einzigartig sind, bedeutet nicht, daß sie sich in allen Punkten voneinander unterscheiden. Im Gegenteil, sie können hinsichtlich der meisten Eigenschaften übereinstimmen, wie dies beispielsweise bei Menschen gleicher Rasse der Fall ist. Dennoch verfügt ein jeder Angehöriger einer Spezies über eine einzigartige Kombination charakteristischer Eigenschaften, die sich bei keinem anderen Individuum findet.

Zwar ist Einzigartigkeit besonders charakteristisch für die belebte Welt, aber sie trifft nicht nur für diese zu. Jeder Berg ist einzigartig; das gleiche gilt für jedes Wettersystem, für jeden Planeten und für jeden Stern. Allerdings beschränkt sich eine solche Einzigartigkeit in der unbelebten Welt auf komplexe Systeme, während die einzelnen Bestandteile dieser Systeme (Elementarteilchen, Atome, Moleküle und Kristalle) aus identischen Bausteinen bestehen. In der belebten Welt läßt sich Einzigartigkeit auch auf der molekularen Ebene, in Form der DNA und RNA, feststellen.

Das genetische Programm

Organismen sind aus dem Grund auf der molekularen Ebene einzigartig, weil sie – im Gegensatz zu unbelebter Materie – über einen Mechanismus zur Speicherung historisch erworbener Information verfügen. Möglicherweise hat es zum Zeitpunkt der Entstehung des Lebens einen Zwischenzustand gegeben, aber zumindest in den letzten drei Milliarden Jahren war dieser Unterschied zwischen belebter und unbelebter Materie vollständig. Alle Organismen besitzen ein genetisches Programm, das sich im Lauf der

Geschichte entwickelt hat und in der DNA des Kerns (bei einigen Viren der RNA) codiert ist. In der unbelebten Welt – außer bei vom Menschen produzierten Maschinen – gibt es nichts Vergleichbares. Das Vorhandensein dieses Programms verleiht Organismen eine sonderbare Dualität, bestehend aus einem Genotyp und einem Phänotyp. Der Genotyp (der sich hinsichtlich seiner Komponenten – abgesehen von gelegentlichen Mutationen – nicht verändert) wird von Generation zu Generation weitergegeben, aber, aufgrund der Rekombination (Essay 6), in immer neuen Variationen. In Wechselwirkung mit der Umwelt bestimmt der Genotyp die Herausbildung des Phänotyps, das heißt des sichtbaren Organismus, den wir sehen und den wir untersuchen.

Der Genotyp (das genetische Programm) ist das Ergebnis einer geschichtlichen Entwicklung, die zum Ursprung des Lebens zurückreicht und daher die »Erfahrungen« aller Vorfahren in sich birgt, wie Delbrück (1949) dies ganz richtig formuliert hat. Und eben dies macht Organismen zu historischen Phänomenen. Der Genotyp befähigt sie außerdem zu zielgerichteten (teleonomischen) Prozessen und Aktivitäten, eine Fähigkeit, die in der unbelebten Welt völlig fehlt.

Da jedes genetische Programm eine einzigartige Kombination von Tausenden unterschiedlicher Gene darstellt, kann man Unterschiede zwischen den einzelnen Programmen nicht quantitativ, sondern nur qualitativ ausdrücken. Qualität wird somit einer der dominierenden Aspekte lebender Organismen und ihrer charakteristischen Eigenschaften. Qualitative Unterschiede werden besonders deutlich sichtbar, wenn man Eigenschaften und Verhaltensweisen verschiedener Arten vergleicht, ob es sich nun um ihr Balzverhalten, ihre Pheromone, die Besetzung von Nischen oder irgendwelche andere Besonderheiten handelt, die für eine bestimmte Spezies charakteristisch sind.

Komparative versus experimentelle Methode

Seit jeher war das Experiment das wichtigste Hilfsmittel der exakten Wissenschaften, und einige Philosophen behaupteten sogar, es sei die einzige legitime wissenschaftliche Methode. In Wirklichkeit waren Beobachtung und Vergleich in naturwissenschaftlichen

Bereichen wie Astronomie, Geologie, Ozeanographie und Meteorologie äußerst erfolgreich. Und in der Biologie, wo Beobachtung und Vergleich immer von immenser Bedeutung waren, wurden experimentelle Methoden in das methodologische Repertoire vieler Disziplinen – einschließlich Ökologie und Verhaltensforschung – integriert, die ursprünglich überwiegend anhand von Beobachtungen gearbeitet hatten.

Man kann die Rolle, die die experimentelle und die komparative Methode in der Biologie spielen, nur begreifen, wenn man erkennt, daß Biologie eigentlich zwei voneinander ziemlich verschiedene Untersuchungsbereiche umfaßt. Der erste ist die Biologie der unmittelbaren Ursachen (allgemein gesagt: die funktionale Biologie); bei dem zweiten handelt es sich um die Biologie der mittelbaren Ursachen (Evolutionsbiologie; siehe Essay 2).

In der Physik gibt es nichts, das der Biologie der evolutionären Ursachen entspricht. Die Behauptung, daß die Entstehung von Galaxien oder der radioaktive Zerfall biologischen Prozessen entsprechen, ist schlichtweg falsch. Die Evolution bei Galaxien ist transformationeller, nicht variativer Art (Lewontin 1983), und der von physikalischen Gesetzen kontrollierte radioaktive Zerfall ist ein teleomatischer Prozeß und nicht ein teleonomischer, wie Nagel (1977) behauptet hat.

Zu Beginn unseres Jahrhunderts gab es praktisch keinerlei Erfahrungsaustausch zwischen der Biologie der unmittelbaren und der der mittelbaren Ursachen. Wie wir gesehen haben, waren die Funktionsbiologen eher Physikalisten und Induktionisten: ihnen galt einzig und allein das Experiment als wissenschaftliche Methode. Die Evolutionsbiologen hingegen tendierten eher zu einem entgegengesetzten Standpunkt, da sie ja von Beobachtung und Vergleich abhängig waren. Mittlerweile haben die Biologen erkannt, daß funktionelle und evolutionäre Fragestellungen gleichermaßen legitim sind, auch wenn sie einen jeweils ganz anderen Ansatz erfordern. Kein biologisches Phänomen läßt sich erschöpfend erklären, wenn man nicht beide Gruppen von Verursachungen untersucht hat.

Allgemein ausgedrückt heißt dies: Funktionsbiologie befaßt sich mit dem Decodieren des genetischen Programms und mit den Reaktionen eines Organismus auf seine Umwelt, vom Augenblick

der Befruchtung bis zum Augenblick des Todes. Die Evolutionsbiologie hingegen beschäftigt sich mit der Geschichte genetischer
Programme und mit den Veränderungen, die sie seit der Entstehung von Leben durchgemacht haben. Ein Philosoph, der nicht
erkennt, wie verschieden diese beiden so wichtigen Aspekte der
Biologie sind, wird zu Schlußfolgerungen gelangen, die bestenfalls
unvollständig, wahrscheinlich aber falsch sind.

Die Bedeutung von Begriffen in der Biologie

Das begriffliche System der Biologie ist völlig anders als das der
Physik und kann nicht auf dieses reduziert werden. Die Rolle, die
biologische Prozesse wie Meiose (Reduktionsteilung), Gastrulation (Gastrulabildung) und Beuteerwerb im Leben eines Organismus spielen, läßt sich nicht unter Bezugnahme nur auf physikalische Gesetze oder chemische Reaktionen beschreiben, obwohl
physikochemische Mechanismen dabei durchaus eine Rolle spielen. Die umfassenderen Prozesse, die diese biologischen Begriffe
beschreiben, gibt es außerhalb des Bereichs der belebten Welt
schlicht und einfach nicht. Daher kann derselbe Vorgang im Rahmen verschiedener Begriffssysteme völlig unterschiedliche Bedeutungen haben. Beispielsweise kann man das Werben des
Männchens mit Hilfe der Sprache und des begrifflichen Systems
der Physik beschreiben (Fortbewegung, Energieumsetzung,
Stoffwechselprozesse und so fort); man kann es jedoch auch innerhalb des begrifflichen Systems der Verhaltens- und Fortpflan-
zungsbiologie beschreiben. Und letztere Beschreibung und Erklärung läßt sich nicht auf physikalische Theorien reduzieren. Biologische Phänomene wie Spezies, Wettbewerb, Mimikry, Territorium, Migration und Winterschlaf gehören zu den Tausenden von
Beispielen für organische Phänomene, bei denen eine rein physikalische Beschreibung bestenfalls unvollständig, wenn nicht
schlichtweg irrelevant ist (Mayr 1982; 62–63). Lange Zeit waren
Begriffe in der Physik eher vernachlässigt worden. Ihre Bedeutung wurde, unter der Bezeichnung *Themata*, erst kürzlich von
Holton (1973) hervorgehoben.

Gesetze versus Theorien

Die vielleicht beste Möglichkeit, den erkenntnistheoretischen Unterschied zwischen Physik und Biologie zu demonstrieren, besteht wohl darin, die unterschiedliche Rolle von Gesetzen in den beiden Wissenschaften hervorzuheben. In der klassischen Physik galten Gesetze als universell gültig, und Poppers Prinzip der Falsifizierbarkeit ging von dieser Vorstellung aus. Bis gegen Ende des 19. Jahrhunderts neigten die Biologen ebenfalls dazu, alle Phänomene und Prozesse als durch das Wirken von Gesetzmäßigkeiten bedingt zu erklären. In seinem Werk *Origin of Species* (*Entstehung der Arten*) bezieht sich Darwin auf 490 Seiten nicht weniger als 106mal auf Gesetze, die bestimmte biologische Prozesse regulieren.

Heutzutage wird das Wort *Gesetz* in den meisten Veröffentlichungen zum Thema Evolution – wenn überhaupt – sparsam verwendet. Verallgemeinerungen in der modernen Biologie sind eher statistischer Natur; sie drücken eher eine bestimmte Wahrscheinlichkeit aus, und es gibt oft viele Ausnahmen. Zudem gelten biologische Verallgemeinerungen meistens für geographisch oder auf irgendeine andere Weise abgegrenzte Bereiche. Man kann aus der Untersuchung von Vögeln, Regenwäldern, Süßwasserplankton oder des zentralen Nervensystems gewisse Verallgemeinerungen ableiten, aber sie haben einen so begrenzten Anwendungsbereich, daß die Verwendung des Wortes *Gesetz* – im Sinne der Gesetzmäßigkeit in der Physik – fragwürdig ist.

Gleichzeitig wurden einige recht einleuchtende biologische *Theorien* über die Mechanismen der Vererbung, die grundlegenden Prozesse evolutionären Wandels und bestimmte physiologische Phänomene von der Ebene der Moleküle bis hin zu der von Organen formuliert. Laut Munson (1975: 433) sind diese Theorien der Biologie »hinsichtlich Geltungsbereich, Aussagekraft und Beweisgrundlage anscheinend denen der Physik vergleichbar«. Dennoch ist jeder, der sich eingehender mit Biologie befaßt, von der Tatsache beeindruckt, daß es in der Biologie kaum eine Theorie gibt, für die nicht etliche Ausnahmen gelten.

Bei den sogenannten Gesetzen der Biologie handelt es sich nicht um die allgemeingültigen Gesetze der klassischen Physik, sondern ganz einfach um Verallgemeinerungen auf einem sehr hohen Niveau. Wie Kitcher (Manuskript) es formuliert hat: »Es gibt eine Reihe von Wissenschaften, die sehr gut ohne irgendwelche Feststellungen, die man eindeutig als Gesetze bezeichnen kann, auskommen.«

In der Physik gilt das Axiom, daß ein gegebener Prozeß oder Zustand durch ein einziges Gesetz oder eine einzige Theorie erklärbar sein muß. Im Gegensatz dazu gibt es in den Wissenschaften vom Leben oft verschiedene Formen von Pluralismus. Eine bestimmte Art der Anpassung beispielsweise kann über unterschiedliche evolutionäre Entwicklungen erreicht worden sein (Bock 1959). Ein Zustand der Angepaßtheit des Phänotyps eines Individuums kann auf einer speziellen Reaktion im Rahmen der Reaktionsnorm beruhen – oder aber er war eindeutig vom Genotyp bedingt. Die Reaktion eines komplexen Systems ist praktisch nie eine eindeutige Reaktion auf einen einzelnen äußeren Faktor, sondern eher die kombinierte Reaktion auf mehrere Faktoren, und das Endergebnis eines evolutionären Prozesses kann einen Kompromiß zwischen mehreren Selektionskräften darstellen. Der Biologe darf bei der Suche nach Ursachen diese potentielle Vielfalt nie außer acht lassen.

Voraussagen

Der Glaube an universelle, deterministische Gesetze impliziert einen Glauben an absolute Vorhersagbarkeit. Daher war in der Physik der klassische Prüfstein des Werts einer Theorie, inwieweit man damit Vorhersagen machen konnte. In der Biologie macht die Vielfältigkeit von Verursachungen und Lösungen die Vorhersage zu einer Sache der Wahrscheinlichkeit, wenn denn derlei Vorhersagen überhaupt möglich sind. Voraussage im umgangssprachlichen Sinn, das heißt das Voraussagen zukünftiger Ereignisse, ist in der Biologie ebenso mit Unsicherheiten behaftet wie in der Meteorologie und anderen naturwissenschaftlichen Bereichen, in denen es um komplexe Systeme geht (Mayr 1985: 49–50). Wie Scriven hervorgehoben hat, ist in der Biologie die Möglichkeit, Vorhersagen zu treffen, keine Voraussetzung für den Wert einer biologischen Theorie (siehe auch meine Anmer-

32

kung S. 50). Wenn man von Voraussagen spricht, muß man immer den Unterschied zwischen zeitlichen und logischen Voraussagen im Auge behalten.

Teleologie

Seit der griechischen Antike waren Philosophen und Theologen immer wieder von der Vielzahl scheinbar zielgerichteter Prozesse in der belebten Materie beeindruckt – das Wachstum eines Organismus vom Ei zum ausgewachsenen Wesen, die jährlichen Wanderungen von Tieren, die Vollkommenheit des Auges oder anderer Organe. Der Glaube, daß es bei den Prozessen, die in der Natur ablaufen, ein Ziel, einen vorbestimmten Endpunkt gibt, wurde als *Teleologie* bezeichnet. Wie sich aber schließlich herausgestellt hat, wurde dieser Terminus auf vier ganz verschiedene und voneinander unabhängige Phänomene angewandt, und das hat beträchtliche Verwirrung gestiftet (siehe Essay 3).

Natürliche Auslese ist kein teleologischer, sondern eindeutig ein *A-posteriori*-Prozeß (siehe Essay 6). Anpassung – als das Ergebnis eines Ausleseprozesses – ist ein Zustand, der in der unbelebten Welt nicht vorkommt. Das Abschleifen und Abrunden eines Kieselsteins macht ihn nicht angepaßter für seine Existenz in einem Flußbett. Schnee ist keine Anpassung von Wasser an niedrigere Temperaturen. Hingegen haben viele arktische Tiere (Schneehühner, Schneehasen) Anpassungsmechanismen dafür entwickelt, daß sie mit ihren Füßen nicht im Schnee einsinken (Mayr 1982: 47–52, 69–72). Da Anpassung ein Ergebnis aus der Vergangenheit ist und nicht eine Vorwegnahme von Zukünftigem, läßt sich die Bezeichnung »teleologisch« nicht darauf anwenden.

Die Autonomie der Biologie und die Einheit der Wissenschaft

Die eben aufgezählten einzigartigen Charakteristika der Biologie als Wissenschaft erklären, warum Versuche, Biologie und die dazugehörigen Theorien auf die Physik zu reduzieren, fehlschlagen mußten. Bedeutet dies, daß eine Vereinheitlichung der Wissenschaft unmöglich ist? Durchaus nicht. Es bedeutet lediglich, daß eine solche Vereinheitlichung nicht mittels einer Reduktion der

Biologie auf die Physik erreicht werden kann. Wir müssen vielmehr nach einer neuen Grundlage einer solchen Vereinheitlichung suchen.

Und wie könnte diese aussehen? G. G. Simpson (1964) hat eine in gewisser Weise extreme Auffassung vorgeschlagen:

> Wenn man darauf besteht, daß die Untersuchung von Organismen Grundregeln erfordert, die zu denen der Physik hinzukommen, so impliziert dies keineswegs eine dualistische oder vitalistische Betrachtungsweise der Natur. Leben... wird damit nicht notwendigerweise als nicht-physisch oder nicht-materiell aufgefaßt. Es ist lediglich so, daß lebende Dinge seit... Milliarden Jahren historischen Prozessen unterliegen... Die Endprodukte solcher Prozesse sind Systeme, die sich in ihrer Beschaffenheit von allen nicht belebten Systemen unterscheiden und nahezu unvergleichbar komplizierter sind. Sie sind von ihrem Wesen her deswegen nicht weniger materiell oder physisch. Der springende Punkt ist, daß sich zwar *alle* uns bekannten materiellen Abläufe und Erklärungsprinzipien auf Organismen anwenden lassen, aber nur eine begrenzte Anzahl von ihnen auf unbelebte Systeme zutrifft. Biologie ist daher diejenige Wissenschaft, die im Zentrum aller Wissenschaften steht, und eben hier, in dem Bereich, in dem alle Prinzipien aller Wissenschaften sich verkörpern, kann Wissenschaft wirklich vereinheitlicht werden.

Wahrscheinlich ist es gar nicht nötig, sich diese weitreichenden Forderungen zu eigen zu machen. Auf jeden Fall hat Simpson ganz klar und deutlich die Richtung gezeigt, die wir einschlagen müssen. Ich glaube, daß eine Vereinheitlichung der Wissenschaft in der Tat möglich ist, sofern wir bereit sind, den Wissenschaftsbegriff so weit auszudehnen, daß er die Grundprinzipien und Begriffe nicht nur der exakten Wissenschaften, sondern auch der Biologie umfaßt. Eine solche neue Wissenschaftsphilosophie wird sich auch an ein weit größeres Vokabular gewöhnen müssen – an ein Vokabular, das auch Begriffe wie Biopopulation, Teleonomie und Programm einschließt. Sie wird ihre Verpflichtung auf einen starren Essentialismus und Determinismus zugunsten einer umfassenden Anerkennung stochastischer Prozesse, eines Pluralismus von Ursachen und Wirkungen, der hierarchischen Organisation eines Großteils der Natur, der Emergenz noch nie dagewesener Eigenschaften auf höheren hierarchischen Ebenen, der inneren Kohäsion komplexer Systeme und vieler anderer Konzepte, die die klassische Wissenschaftstheorie nicht kannte – oder zumindest nicht gebührend berücksichtigt hat –, aufgeben müssen.

Vor einiger Zeit hat der Physiker C. P. Snow die unüberbrückbare Kluft zwischen Natur- und Humanwissenschaften sehr anschaulich beschrieben. Wenn Biologen, Physiker und Philosophen zusammenarbeiten und eine einheitliche Wissenschaft auf breiter Grundlage entwickeln, in der sowohl die belebte als auch die unbelebte Welt ihren Platz haben, dann werden wir eine bessere Ausgangsposition haben, von der aus wir Brücken zu den Humanwissenschaften schlagen können; dies läßt auch hoffen, daß wir die unglückselige Spaltung in unserer Kultur überwinden. So paradox dies auch scheinen mag – wenn man die Autonomie der Biologie anerkennt, ist dies ein erster Schritt zu einer solchen Vereinheitlichung und Versöhnung.

Anmerkung

Dieser Essay geht auf einen überarbeiteten Gastvortrag zurück, den ich am 15. Oktober 1985 an der Cornell University, N. Y., gehalten habe. Erstveröffentlichung.

2 Ursache und Wirkung in der Biologie

Als Berufsbiologe kann ich, so meine ich, keine Analyse von Ursache und Wirkung unternehmen, wie ein Logiker sie durchführen würde. Ich möchte mich statt dessen mit den besonderen Schwierigkeiten befassen, die der klassische Begriff der Kausalität in der Biologie mit sich bringt. Seit den ersten Bemühungen um ein einheitliches Konzept der Kausalität haben alle, die sich mit der Frage beschäftigt haben, unter diesen Schwierigkeiten gelitten. Descartes' grob mechanistische Interpretation des Lebens sowie das logische Extrem, zu dem Holbach und de la Mettrie seine Gedanken weiterführten, mußten zwangsläufig zu einer Reaktion führen, in deren Folge vitalistische Theorien aufkamen, die mehr oder minder bis heute populär geblieben sind. Ich brauche aus der Reihe der prominenten Autoren der jüngeren Vergangenheit nur Namen wie Driesch (*Entelechie*), Bergson (*élan vital*) und Lecomte du Noüy zu erwähnen. Zwar mögen diese Autoren in Einzelheiten differieren, doch stimmen sie alle in der Behauptung überein, Lebewesen und Lebensvorgänge ließen sich nicht im Sinne physikalischer und chemischer Phänomene kausal erklären. Unsere Aufgabe ist es nun zu fragen, ob diese These gerechtfertigt ist, und, wenn wir diese Frage mit nein beantworten, die Quelle des Mißverständnisses zu lokalisieren.

Man darf davon ausgehen, daß die Kausalität, gleichgültig wie man sie definiert, drei Elemente umfaßt: (1) eine Erklärung vergangener Ereignisse (*A-posteriori*-Kausalität), (2) eine Voraussage zukünftiger Ereignisse und (3) eine Interpretation teleologischer – »zielgerichteter« – Phänomene. Die drei Aspekte der Kausalität (Erklärung, Voraussage und Teleologie) müssen die Kardinalpunkte jeder Erörterung der Kausalität darstellen und sind als solche sehr richtig von Nagel (1965) herausgestellt worden.

Die Biologie kann einen bedeutenden Beitrag zu allen drei Aspekten leisten. Doch ehe ich mich im einzelnen damit auseinandersetze, welches diese Beiträge sind, will ich noch einige Worte über die Biologie als Wissenschaft sagen.

36

Funktionale Biologie und Evolutionsbiologie

Das Wort *Biologie* erweckt die Vorstellung einer einheitlichen und in sich geschlossenen Wissenschaft. Doch neuere Entwicklungen haben zunehmend deutlicher gemacht, daß die Biologie ein äußerst komplexes Feld ist – ja, daß das Wort *Biologie* zwei weitgehend getrennte Gebiete bezeichnet, die sich, was Methode, Fragestellung und Grundbegriffe betrifft, erheblich voneinander unterscheiden. Sobald man über das Niveau der rein deskriptiven, strukturellen Biologie hinausgeht, trifft man auf zwei sehr verschiedene Bereiche, die als funktionale Biologie und Evolutionsbiologie bezeichnet werden können. Sicherlich gibt es zwischen beiden viele Berührungspunkte und Überschneidungen: Jeder Biologe, der auf einem dieser Gebiete arbeitet, muß das andere kennen und verstehen, wenn er nicht ein engstirniger Spezialist sein will. Doch bei seiner eigenen Forschungsarbeit wird er sich vorrangig mit den Problemen entweder des einen oder des anderen Gebietes befassen. Wir können nicht Ursache und Wirkung in der Biologie diskutieren, ohne zuvor diese beiden Gebiete genau umrissen zu haben.

Der Funktionsbiologe befaßt sich im wesentlichen mit der Wirkungsweise und den wechselseitigen Beziehungen struktureller Elemente, von den Molekülen bis hin zu Organen und ganzen Individuen. Die Frage, die er immer wieder stellt, lautet: »Wie?« Wie arbeitet etwas, wie funktioniert es? Der Funktionsanatom, der ein Gelenk untersucht, bedient sich der gleichen Methode und Vorgehensweise wie der Molekularbiologe, der die Wirkungsweise eines DNA-Moleküls bei der Übertragung genetischer Information studiert. Der Funktionsbiologe versucht, die spezielle Komponente, die er untersucht, zu isolieren, und befaßt sich bei seinen Untersuchungen gewöhnlich jeweils nur mit einem einzelnen Lebewesen, einem einzelnen Organ, einer einzelnen Zelle oder einem einzelnen Teil einer Zelle. Er versucht, alle Variablen auszuschalten oder unter Kontrolle zu bringen und wiederholt seine Experimente unter konstanten oder geplant wechselnden Bedingungen so lange, bis er die Funktion des untersuchten Elementes geklärt zu haben glaubt. Die Haupttechnik des Funktionsbiologen ist das Experiment, und er geht im wesentlichen genauso an seine Aufgabe heran wie der Physiker und der Chemiker. Ja, er kann, wenn er das untersuchte Phänomen gut genug von den Komplikationen des Organismus isoliert, sogar das Ideal eines rein physikalischen oder chemischen Experiments erreichen. Ungeachtet gewisser Grenzen, die dieser Methode gesetzt sind, muß man dem Funktionsbiologen zustimmen, daß eine solche vereinfachte Methode für das Erreichen seiner speziellen Ziele eine absolute Notwendigkeit ist. Der spektakuläre Erfolg der biochemischen und biophysikalischen Forschung beweist die Berechtigung dieses direkten, wenn auch deutlich zu stark vereinfachenden Vorgehens.

Der Evolutionsbiologe wendet nicht nur andere Methoden an, er interessiert sich auch für andere Probleme. Seine Hauptfrage lautet: »Warum?« Wenn wir »warum« fragen, müssen wir uns stets der Zweideutigkeit dieses Wortes bewußt sein. Es kann bedeuten »wieso, wie kam es dazu?«, aber es kann auch für das finale »wofür, wozu?« stehen. Es liegt auf der Hand, daß der Evolutionsbiologe das historische »wie kam es dazu« im Sinn hat, wenn er »warum« fragt. Jeder Organismus, ob ein einzelnes Lebewesen oder eine Art, ist das Produkt einer langen Geschichte, einer Geschichte, die mehr als drei Milliarden Jahre zurückreicht. Wie Max Delbrück (1949: 173) sagte: »Ein erfahrener Physiker, der zum ersten Mal die Probleme der Biologie kennenlernt, findet es unfaßbar, daß es in der Biologie keine ›absoluten Phänomene‹ gibt. Alles ist zeitgebunden und raumgebunden. Das Tier, die Pflanze oder der Mikroorganismus, mit dem er arbeitet, ist nichts als ein Glied in einer Evolutionskette sich wandelnder Formen, von denen keine eine bleibende Gültigkeit besitzt.« Es gibt in einem Organismus kaum eine Struktur oder Funktion, die man völlig verstehen kann, solange man diesen geschichtlichen Hintergrund nicht mit in Betracht zieht. Die Ursachen für die bestehenden Merkmale, und vor allem für die Adaptationen, von Organismen herauszufinden, ist die Hauptaufgabe des Evolutionsbiologen. Er ist von der enormen Vielseitigkeit der organischen Welt beeindruckt. Er möchte erstens die Gründe für diese Mannigfaltigkeit kennenlernen und zweitens herausfinden, auf welche Weise sie entstanden ist. Er erforscht die Kräfte, welche die Änderungen in Faunen und Floren hervorrufen (wie sie zum Teil durch die Paläontologie belegt sind), und die einzelnen Schritte, mit denen sich die wunderbaren Adaptationen entwickelt haben, die für jeden Aspekt der organischen Welt so bezeichnend sind.

Wir können uns der Sprache der Informatik bedienen, um diese beiden Gebiete der Biologie noch auf eine andere Weise zu charakterisieren. Der Funktionsbiologe befaßt sich mit allen Aspekten des Entzifferns der Information, die im DNA-Programm der befruchteten Zygote kodifiziert ist. Der Evolutionsbiologe dagegen interessiert sich für das Entstehen dieser Informationsprogramme und für die Gesetzmäßigkeiten, die für die Veränderungen dieser Programme von Generation zu Generation verantwortlich sind. Mit anderen Worten: er will die Ursachen dieser Veränderungen feststellen.

Viele der alten Argumente der biologischen Philosophie lassen sich mit Hilfe der Terminologie des genetischen Programms sehr viel präziser ausdrücken. Beispielsweise wird, wie Schmalhausen in Rußland und ich selbst unabhängig voneinander dargelegt haben, die Vererbung erworbener Merkmale völlig undenkbar, wenn man zeigt, daß sich diese Theorie auf die Möglichkeit der Übertragung genetischer Information von einem peripheren Phänotypus auf die Keimzellen-DNA stützt. Da eine solche Übertragung von Proteinen auf Nucleinsäuren unmöglich ist, ist auch eine Vererbung erworbener Merkmale unmöglich.

Doch machen wir uns kein falsches Bild von diesen Programmen! Es ist typisch für sie, daß die Instruktionen nur zum Teil unabänderlich sind. Erscheinungen wie Lernen, Gedächtnis, nicht-genetisch gesteuerte strukturelle Veränderungen und die Regeneration zeigen, wie »offen« diese Programme sind. Aber selbst hier bestehen spezifische Bedingungen, beispielsweise hinsichtlich dessen, was »gelernt« werden kann, in welchem Stadium des Lebenszyklus »Lernen« stattfindet, und wie lange ein Erinnerungsengramm erhalten bleibt. Das Programm kann also teilweise ziemlich unspezifisch sein, und doch ist der Bereich der möglichen Variation selbst in den Spezifikationen des Programms enthalten. Daher sind die Programme teilweise höchst spezifisch, während sie in anderen Beziehungen lediglich »Reaktionsnormen« oder allgemeine Fähigkeiten und Möglichkeiten spezifizieren.

Wir wollen diese Dualität der Programme durch den Unterschied zwischen zwei Vogelarten in bezug auf die Arterkennung illustrieren. Der junge Kuckuck wird von Pflegeeltern aufgezogen – nehmen wir einmal an, im Nest eines Rotkehlchens oder Rohrsängers. Wenn er erwachsen ist, paart er sich mit einem anderen Kuckuck, obwohl er in seiner Jugend nie einen gesehen hatte. Im Gegensatz dazu wird eine junge Gans, nachdem sie aus dem Ei geschlüpft ist, den ersten sich bewegenden (und am besten auch rufenden) Gegenstand, dem sie folgen und auf den sie geprägt werden kann, als Eltern akzeptieren. Im Programm enthalten ist im einen Fall eine definitive *Gestalt*, im anderen lediglich die Fähigkeit, auf eine Gestalt geprägt zu werden. Ähnliche Unterschiede in der Detailliertheit des ererbten Programms kommen überall in der organischen Welt vor (s. Essay 1).

Kausalität

Kehren wir nun zu unserem Hauptthema zurück und fragen wir: Ist Ursache in der funktionalen Biologie dasselbe wie in der Evolutionsbiologie?

Max Delbrück (1949, S. 173) hat uns daran erinnert, daß Helmholtz vor gar nicht so langer Zeit, nämlich 1870, forderte, »das Verhalten lebender Zellen sei im Sinne der Bewegungen von Molekülen, die unter bestimmten feststehenden Kräftegesetzen handeln, zu erklären«. Heute, so bemerkt Delbrück sehr richtig, können wir nicht einmal das Verhalten eines einzigen Wasserstoffatoms erklären. »Jede lebende Zelle«, so sagt er weiter, »trägt die Erfahrungen einer Milliarde von Jahren des Experimentierens seitens ihrer Vorfahren in sich.«

Ich möchte die Schwierigkeiten, mit denen der Begriff der Kausalität in der Biologie zu kämpfen hat, durch ein Beispiel erläutern. Fragen wir einmal: Was ist die Ursache des Vogelzuges? Oder genauer: Warum begann der Baumsänger auf meinem Sommersitz in New Hampshire seinen Flug nach Süden in der Nacht des 25. August? Ich kann für diesen Flug vier gleichermaßen legitime Gründe aufzählen.

1. *Eine ökologische Ursache.* Der Baumsänger ist ein Insekten-fresser; er muß fortziehen, weil er verhungern würde, wenn er in New Hampshire zu überwintern versuchte.

2. *Eine genetische Ursache.* Der Baumsänger hat im Verlauf der Evolution seiner Art eine genetische Konstitution erworben, die ihn in angemessener Weise auf die Anreize der Umwelt reagieren läßt. Der gerade neben ihm nistenden Zwergohreule fehlt diese Konstitution, und sie reagiert nicht auf diese Reize. Infolgedessen ist sie ein Standvogel.

3. *Eine innere physiologische Ursache.* Der Baumsänger flog nach Süden, weil sein Fortziehen durch den Photoperiodismus reguliert wird. Er reagiert auf die Abnahme der Tageslänge und ist, sobald die Zahl der Tageslichtstunden unter ein bestimmtes Niveau sinkt, zum Fortziehen bereit.

4. *Eine äußere physiologische Ursache.* Schließlich flog der Sänger am 25. August deshalb fort, weil an jenem Tag eine von Nordwinden begleitete, kalte Luftmasse über unseren Raum hinwegzog. Der plötzliche Temperatursturz und die damit zusammenhängen-den Wetterbedingungen veranlaßten den Vogel, der sich bereits in einem Zustand allgemeiner physiologischer Wanderbereitschaft befand, an diesem speziellen Tag aufzubrechen.

Wenn wir uns diese vier Gründe für das Fortfliegen des Vogels noch einmal ansehen, so erkennen wir sofort, daß es eine Gruppe direkter Ursachen für den Vogelzug gibt, die die Wechselwirkung zwischen dem physiologischen Zustand des Vogels und dem Photoperiodismus sowie dem Temperaturabfall umfaßt. Wir können diese die *unmittelbaren* Gründe des Vogelzuges nennen. Die ande-ren beiden Ursachen, der Futtermangel im Winter und die geneti-sche Disposition des Vogels, sind die *mittelbaren* oder evolutionä-ren Gründe, Gründe, die eine Geschichte haben und im Verlauf vieler tausender Generationen der Auslese in das Programm des Baumsängers aufgenommen worden sind. Es liegt auf der Hand, daß der Funktionsbiologe sich mit der Untersuchung der unmittel-baren Ursachen befassen wird, während der Evolutionsbiologe sich der Analyse der evolutionären Gründe zuwendet. Dasselbe gilt für fast alle biologischen Phänomene, die zu untersuchen wir uns vornehmen. Es gibt immer eine Gruppe unmittelbarer und eine Gruppe mittelbarer Ursachen: für ein vollständiges Verständnis eines gegebenen Phänomens müssen beide erklärt und interpretiert werden.

Diese Unterschiede lassen sich noch auf eine andere Weise ausdrücken: Man kann sagen, die unmittelbaren Ursachen sind für die Reaktionen des Individuums (und seiner Organe) auf direkte Einwirkungen von Umweltfaktoren verantwortlich, während die evolutionären Ursachen für die Herausbildung des speziellen, in der DNA aufgezeichneten Informationsprogramms verantwortlich sind, mit der jedes Individuum jeder Art ausgestattet ist. Der Logiker wird sich vermutlich kaum mit diesen Unterschieden aufhalten. Der Biologe jedoch weiß, daß viele hitzige Auseinandersetzungen über die »Ursache« einer bestimmten biologischen Erscheinung hätten vermieden werden können, wenn die beiden Opponenten sich darüber klar geworden wären, daß der eine von ihnen die unmittelbaren, der andere dagegen die mittelbaren Ursachen meinte. Ich kann dies vielleicht mit einem Zitat aus Loeb (1916) erläutern: »Die früheren Autoren erklärten das Wachstum der Beine der Frosch- oder Krötenlarven mit einer Anpassung an das Leben auf dem Land. Wir wissen dank Gudernatsch, daß sich das Wachstum der Beine zu jeder beliebigen Zeit, selbst bei der jüngsten Kaulquappe, die nicht an Land leben kann, durch Füttern des Tieres mit Schilddrüsenextrakt erzeugen läßt.« Daß das Verfüttern von Schilddrüsenmaterial bei Fischen kein Beinwachstum veranlaßt, erwähnt Loeb nicht.

Teleologie

Keine Erörterung der Kausalität ist vollständig, die sich nicht mit dem Problem der Teleologie auseinandersetzt. Dieses Problem nahm seinen Anfang mit der Klassifikation der Ursachen durch Aristoteles, der eine Kategorie der »Endursachen« anerkannte. Diese Kategorie beruht auf der Beobachtung der geordneten und zweckmäßigen Entwickulng des Individuums vom Ei bis hin zum

»End«stadium des Erwachsenseins, schließt aber auch die Entwicklung der gesamten Welt von ihren Uranfängen (Chaos?) zu ihrer gegenwärtigen Ordnung ein. Die *causa finalis* ist als »die verantwortliche Ursache für das ordnungsgemäße Erreichen eines vorgegebenen Endziels« definiert. Alles zielgerichtete Verhalten ist als »teleologisch« klassifiziert worden, ebenso jedoch auch viele andere Erscheinungen, die ihrer Natur nach nicht unbedingt zielgerichtet sind.

Von Aristoteles bis zur Jetztzeit ist das Problem der Teleologie umstritten geblieben. Die schließliche Lösung des Problems war, daß man nicht alle zielstrebigen oder endgerichteten Vorgänge in der Natur gleich behandeln darf. Warum man das nicht tun kann, ist in Essay 3 ausführlich dargestellt.

Das Problem der Voraussage

Das letzte große Problem im Zusammenhang mit der Kausalität in der Biologie ist das der Voraussage. In der klassischen Kausalitätstheorie war der Voraussagewert einer kausalen Erklärung der Prüfstein für ihre Güte. Diese Ansicht wird noch in Bunges modernem Standardwerk aufrechterhalten (1959:30): »Eine Theorie kann in dem Maße voraussagen, wie sie beschreiben und erklären kann.« Natürlich ist Bunge Physiker: kein Biologe hätte eine solche Feststellung getroffen. Die Theorie der natürlichen Auslese kann mit beachtlicher Genauigkeit Phänomene beschreiben und erklären, aber sie kann keine verläßlichen Voraussagen machen, es sei denn solche banalen und zirkulären, wie »die besser angepaßten Individuen werden im Durchschnitt mehr Nachkommenschaft hinterlassen«. Wie Scriven (1959:477) ganz richtig betont hat, besteht einer der wichtigsten Beiträge, den die Evolutionsbiologie zur Philosophie geleistet hat, darin, daß sie die Unabhängigkeit von Erklärung und Voraussage nachgewiesen hat.[1]

Auch wenn die Voraussage keine untrennbare Begleiterscheinung der Kausalität ist, ist jeder Wissenschaftler nichtsdestoweniger glücklich, wenn seine kausalen Erklärungen zugleich einen hohen Voraussagewert haben. Wir können in der Biologie zahlreiche verschiedene Voraussagekategorien unterscheiden. Es ist in der

Tat gar nicht klar, wie der Begriff »Voraussage« in der Biologie überhaupt zu definieren ist. Ein fähiger Tiergeograph kann mit großer Genauigkeit voraussagen, welche Tiere man auf einer zuvor unerforschten Gebirgskette oder Insel vorfinden wird. Gleichermaßen kann ein Paläontologe mit einem hohen Grad an Wahrscheinlichkeit voraussagen, welche Typen von Fossilien in einem neu erschlossenen geologischen Horizont zu erwarten sind. Ist ein solches richtiges Erraten der Resultate vergangener Ereignisse echte Voraussage? Ähnliche Zweifel überkommen uns bei taxonomischen Voraussagen, wie sie im nächsten Absatz erörtert werden. Der Ausdruck *Voraussage* wird jedoch sicherlich zu Recht verwendet, wenn er sich auf zukünftige Ereignisse bezieht. Ich möchte, um den Bereich des Voraussagbaren zu umreißen, vier Beispiele anführen:

1. *Die Voraussage in der Klassifikation.* Wenn ich eine Fruchtfliege auf der Grundlage ihrer Borstenanordnung und der Proportionen von Gesicht und Auge als Angehörige von *Drosophila melanogaster* identifiziert habe, so kann ich zahlreiche strukturelle und verhaltensmäßige Merkmale »voraussagen«, die ich bei der Untersuchung anderer Aspekte dieses Individuums finden werde. Wenn ich eine neue Art mit den diagnostischen Schlüsselmerkmalen des Genus *Drosophila* entdecke, so kann ich sofort eine ganze Reihe biologischer Charaktere dieser Art »prophezeien«.

2. *Die Voraussage der meisten physikalisch-chemischen Phänomene auf der Ebene des Moleküls.* Voraussagen von sehr großer Genauigkeit lassen sich hinsichtlich der meisten biochemischen Abläufe in Organismen (beispielsweise metabolischer Abläufe) sowie hinsichtlich biophysikalischer Phänomene in einfachen Systemen (z. B. der Wirkung von Licht, Wärme und Elektrizität in der Physiologie) machen.

Bei den Beispielen (1) und (2) ist der Voraussagewert kausaler Aussagen gewöhnlich sehr hoch. Doch gibt es in der Biologie zahlreiche andere Verallgemeinerungen oder kausale Aussagen, deren Voraussagewert nur gering ist. Dies gilt u. a. für die folgenden Beispiele:

3. *Die Voraussage über das Ergebnis komplexer ökologischer Wechselbeziehungen.* Die Feststellung, »ein verlassener ehemaliger Weidegrund im südlichen Neuengland wird durch einen Bestand der Amerikanischen Birke (*Betula populifolia*) und Weymouthskiefer (*Pinus strobus*) abgelöst«, ist häufig korrekt. Noch häufiger jedoch kann die Ablösung durch einen fast geschlossenen Bestand von *P. strobus* erfolgen, oder *P. strobus* kann ganz und gar fehlen, und statt dessen finden sich Kirschbäume (*Prunus*), Rote Zeder (*Juniperus virginianus*), Ahorn, Essigbaum und mehrere andere Arten.

4. *Die Voraussage evolutiver Ereignisse.* Nichts in der Biologie ist vermutlich weniger vorhersehbar als der zukünftige Verlauf der Evolution. Wer würde, wenn wir die Reptilien des Permzeitalters betrachten, vorausgesagt haben, daß die Mehrheit der blühenden Gruppen aussterben würde (viele sogar ziemlich rasch) und daß aus einem der unansehnlichsten Zweige die Säugetiere hervorgehen würden? Welcher Erforscher der kambrischen Fauna hätte die umwälzenden Veränderungen des marinen Lebens der darauffolgenden geologischen Zeitalter vorhergesagt? Unvoraussehbar ist auch die Evolution im kleinen Maßstab. Züchter und Erforscher der natürlichen Auslese haben immer wieder festgestellt, daß voneinander unabhängige parallele Linien unter demselben Selektionsdruck mit unterschiedlicher Geschwindigkeit und unterschiedlichen korrelierten Wirkungen reagieren, von denen keine voraussehbar ist.

Man darf eben nicht übersehen, daß das Wort »Voraussage« in zwei völlig verschiedenen Bedeutungen gebraucht wird. Wenn Wissenschaftsphilosophen von Voraussage sprechen, meinen sie normalerweise logische Voraussagen, das heißt die Übereinstimmung einzelner Beobachtungen mit einer Theorie oder einem wissenschaftlichen Gesetz. So erlaubte Darwins Theorie der gemeinsamen Abstammung die Voraussage, daß man in absehbarer Zeit Fossilien von Zwischengliedern zwischen Affen und Menschen finden würde. Theorien werden mit Hilfe der Voraussagen getestet, die sie erlauben.

Wenn wir im täglichen Leben von Voraussage sprechen, dann handelt es sich um zeitliche Voraussagen. Die Bahnen der Planeten um die Sonne und die Erdumdrehung erlauben sehr präzise Voraussagen, da sie auf Naturgesetzen beruhen. In der Biologie sind Voraussagen nur selten möglich. Das Geschlecht des nächsten Kindes in einer Familie läßt sich nicht voraussagen. Und niemand hätte zu Beginn der Kreidezeit voraussagen können, daß die prosperierende Gruppe der Dinosaurier am Ende dieses Zeitalters aussterben würde. Voraussagen in der Biologie sind normalerweise weit probabilistischer als in der Physik.

Ohne Anspruch auf Vollständigkeit erheben zu wollen, kann ich vier Klassen möglicher Gründe für die Unbestimmtheit anführen. Obwohl sie sich etwas überschneiden, verdient jede von ihnen eine getrennte Behandlung.

1. *Zufälligkeit eines Ereignisses hinsichtlich seiner Bedeutung.* Die spontane Mutation, die durch einen »Irrtum« bei der DNA-Replikation hervorgerufen wird, liefert ein sehr gutes Beispiel für diese Ursache der Unbestimmtheit. Das Auftreten einer gegebenen Mutation ist keine Antwort auf die evolutiven Bedürfnisse des speziellen Lebewesens oder der Population, zu der es gehört. Das genaue Resultat eines gegebenen Selektionsdruckes ist unvorhersagbar, da Mutation, Rekombination und Entwicklungshomöostase nicht feststehende Beiträge zu der Reaktion auf diesen Druck leisten. Jeder einzelne Schritt bei der Auswahl des genetischen Inhalts einer Zygote enthält einen großen Anteil solcher Zufälligkeit. Was für die Mutation gilt, gilt auch für Crossing-over, Chromosomensegregation, Gametenselektion, Partnerwahl und das Überleben der jungen Zygoten. Weder die zugrundeliegenden molekularen Vorgänge noch die für diese Zufälligkeit verantwortlichen mechanischen Bewegungen stehen in irgendeinem Zusammenhang zu ihren biologischen Folgen.

2. *Die Einzigartigkeit aller Entitäten auf den höheren Ebenen der biologischen Integration.* Die Einzigartigkeit biologischer Entitäten und Phänomene stellt eine der größten Unterschiede zwischen der Biologie und der Physik dar. Physikern und Chemikern fällt es oft wirklich schwer zu verstehen, warum der Biologe solchen Nachdruck auf die Einzigartigkeit legt, obwohl ein solches Verständnis neuerdings durch die Entwicklungen in der modernen Physik er-

leichtert worden ist. Wenn ein Physiker sagt:»Eis schwimmt auf Wasser«, so gilt seine Aussage für jedes Stück Eis und für jedes Wasser. Den Angehörigen einer Klasse fehlt gewöhnlich die Individualität, die derart bezeichnend ist für die organische Welt, wo jedes Individuum einzigartig ist, wo jedes Stadium im Lebenszyklus, jede Population, jede Art und höhere Kategorie, jede natürliche Lebensgemeinschaft und jedes Evolutionsgeschehen einzigartig ist. Auf den Menschen bezogen, nehmen wir solche Einzigartigkeit als selbstverständlich hin. Sie ist jedoch für alle sich sexuell fortpflanzenden Tiere und Pflanzen ebenso gültig. Natürlich schließt Einzigartigkeit die Möglichkeit der Voraussage nicht gänzlich aus. Wir können viele allgemein gültige Feststellungen über Eigenschaften und Verhalten des Menschen treffen, und das gleiche gilt für andere Organismen. Doch die meisten dieser Aussagen (ausgenommen solche im Bereich der Taxonomie) haben rein statistischen Wert. Um nicht mißverstanden zu werden, mache ich darauf aufmerksam, daß ein einzigartiges Individuum nur durch gewisse Merkmalskombinationen, aber nicht in jedem Merkmal einzigartig ist. So hat natürlich jeder Mensch zwei Beine, zwei Augen und so weiter Die Einzigartigkeit ist besonders charakteristisch für die Evolutionsbiologie. Es ist ganz unmöglich, für einzigartige Phänomene allgemeine Gesetze aufstellen zu wollen, wie sie in der klassischen Mechanik existieren.

3. *Außerordentliche Komplexität.* Der Physiker Elsässer sagte kürzlich auf einem Symposium:»[Ein] hervorragendes Merkmal aller Organismen ist ihre so gut wie unbegrenzte strukturelle und dynamische Komplexität.« Das ist wahr. Jedes organische System ist so reich an Kontrollmechanismen, homöostatischen Vorrichtungen und möglichen multiplen Entwicklungsbahnen, daß eine vollständige Beschreibung ganz unmöglich ist. Darüber hinaus würde die Analyse eines solchen Systems seine Zerstörung erfordern und wäre somit sinnlos.

4. *Das Auftreten neuer Eigenschaften auf höheren Integrationsebenen.* Es würde zu weit führen, wollte ich in diesem Zusammenhang das heikle Problem der Emergenz erörtern. Ich kann hier lediglich sein Prinzip dogmenartig anführen:»Wenn zwei Entitä-

ten auf einem höheren Integrationsniveau kombiniert werden, so sind nicht alle Eigenschaften der neuen Entität zwangsläufig eine logische und vorhersehbare Folge der Eigenschaften der Komponenten.« Diese Schwierigkeit ist keineswegs auf die Biologie beschränkt, aber sie stellt mit Sicherheit eine der Hauptursachen der Unbestimmtheit in der Biologie dar. Denken wir daran, daß Unbestimmtheit nicht das Fehlen von Ursachen, sondern lediglich von Unvorhersagbarkeit bedeutet.

Alle vier Gründe, einzeln und zusammengenommen, reduzieren die Präzision der Voraussage.

Man kann an dieser Stelle die Frage stellen, ob zwischen der Voraussagbarkeit in der klassischen Mechanik und der Nichtvoraussagbarkeit in der Biologie ein quantitativer oder ein qualitativer Unterschied besteht. Vieles läßt vermuten, daß der Unterschied zu einem beträchtlichen Teil lediglich eine Frage des Grades ist. Die klassische Mechanik befindet sich sozusagen an dem einen Ende eines kontinuierlichen Spektrums und die Biologie am anderen. Nehmen wir das klassische Beispiel der Gasgesetze. Im Grunde genommen sind sie nur statistisch richtig, aber die den Gasgesetzen gehorchende Molekülpopulation in einem Gas ist so gewaltig groß, daß die Aktionen der einzelnen Moleküle in ein voraussagbares – man könnte sagen: »absolutes« – Resultat zusammengeschlossen werden. Stichproben von lediglich fünf oder 20 Molekülen würden definitive Individualität aufweisen. Der Größenunterschied der untersuchten »Populationen« trägt sicherlich zu dem Unterschied zwischen der Physik und der Biologie bei.

Zusammenfassung

Kehren wir nunmehr zu der am Anfang gestellten Frage zurück und versuchen wir, einige meiner Schlußfolgerungen über die Natur der Beziehungen zwischen Ursache und Wirkung in der Biologie zusammenzufassen.

1. Die Kausalität in der Biologie ist von der Kausalität in der klassischen Mechanik weit entfernt.
2. Die Erklärungen für alle (außer den einfachsten) biologischen Phänomene bestehen gewöhnlich aus Ursachengruppen. Dies

gilt insbesondere für jene biologischen Erscheinungen, die nur verständlich sind, wenn man auch ihre Evolution in Betracht zieht. Jede Gruppe ist wie eine Klammer, die viel enthält, was noch nicht untersucht ist, und viel, was vermutlich niemals restlos erforscht werden kann.

3. Angesichts der großen Zahl multipler Entwicklungsbahnen, die den meisten biologischen Prozessen (mit Ausnahme der rein physikalisch-chemischen Abläufe) offenstehen, und angesichts der Zufälligkeit vieler biologischer Vorgänge, besonders auf der Ebene der Moleküle (sowie auch aus anderen Gründen), besitzt die Kausalität bei biologischen Systemen oft keinen oder bestenfalls nur einen statistischen Voraussagewert.

4. Die Existenz komplexer Informationsprogramme in der DNA des Keimplasmas erlaubt eine teleonomische Zweckmäßigkeit. Andererseits hat die Evolutionsforschung nicht den geringsten Beweis für ein »Zielgerichtetsein« der Evolutionslinien gefunden, wie sie von jener Teleologie postuliert wird, die »Plan und Absicht« in der Natur zu sehen glaubt. Die Harmonie des lebenden Universums, soweit sie überhaupt existiert, ist ein Folgeprodukt der natürlichen Auslese.

5. Und schließlich: die Kausalität in der Biologie befindet sich nicht wirklich im Konflikt mit dem Kausalprinzip der klassischen Mechanik. Wie auch die moderne Physik gezeigt hat, ist die Kausalität der klassischen Mechanik lediglich ein sehr einfacher, spezieller Fall der Kausalität. Die Voraussagbarkeit beispielsweise ist keine notwendige Komponente der Kausalität. Die Komplexität der biologischen Kausalität rechtfertigt durchaus nicht die Annahme nicht-wissenschaftlicher Ideologien wie des Vitalismus oder Finalismus; sie sollte vielmehr alle diejenigen ermutigen, die den Begriff der Kausalität auf eine breitere Grundlage zu stellen versuchen.

Anmerkungen

In leicht veränderter Form entnommen aus: Cause and effect in biology. *Science* 134, 1501–1506 (1961). Copyright bei der American Association for the Advancement of Science (1961). Zur deutschen Fassung siehe den Hinweis auf Seite 4 dieses Buches.

1 Von mehreren Autoren wurden scheinbare Widerlegungen von Scrivens Behauptungen veröffentlicht. Zweifelsohne waren meine Ansichten bezüglich Vorhersagen ziemlich vereinfachend. Seit damals habe ich sie jedoch gründlich revidiert (Mayr 1982: 57–59). Grünbaum (1963: 114–149) bietet eine umfassende Darstellung der philosophischen Probleme von Vorhersagen.

3 Teleologisch und teleonomisch: eine neue Analyse

In der Biologie bedient man sich häufig einer teleologischen Sprache, um Feststellungen über die Funktion von Organen, über physiologische Vorgänge und über Verhaltensweisen und Tätigkeiten von Arten und Individuen zu treffen. Diese Sprache ist durch die Worte *Funktion, Zweck* und *Ziel* gekennzeichnet, ferner durch die Aussage, etwas existiere oder werde getan, »um zu«. Typische teleologische Aussagen sind etwa: »Eine der Aufgaben der Nieren ist es, die Endprodukte des Proteinstoffwechsels auszuscheiden« oder: »Vögel ziehen in warme Gegenden, um den niedrigen Temperaturen und dem Futtermangel im Winter auszuweichen.« Trotz der von Physikern, Philosophen und Logikern seit langem vorgebrachten Zweifel bestehen viele Biologen weiterhin darauf, solche teleologischen Feststellungen seien objektiv und frei von jedem metaphysischen Gehalt. Doch nicht nur das: sie behaupten außerdem, diese drückten etwas Wichtiges aus, was bei einem Verzicht auf die teleologische Sprache verlorengehe. In neueren Übersichtsarbeiten über dieses Problem in der philosophischen Literatur (Nagel 1961; Beckner 1969; Hull 1974; Woodfield 1976, um nur einige wenige aus der großen Fülle solcher Veröffentlichungen zu nennen) wird die Gültigkeit einiger teleologischer Aussagen anerkannt. Gleichzeitig geht aus diesen Arbeiten aber auch hervor, daß die Meinungen über die gegenwärtige Bedeutung des Begriffes »teleologisch« und die Beziehungen zwischen Teleologie und Kausalität immer noch beträchtlich auseinanderklaffen.

Diese Verwirrung ist nichts Neues, geht sie doch mindestens bis zu Aristoteles zurück, von dem man sagt, daß er sogenannte Endursachen nicht nur für die individuellen Lebensprozesse (beispielsweise für die Entwicklung vom Ei bis zum ausgewachsenen Organismus), sondern auch für das gesamte Universum verantwortlich machte. Für ihn als Biologen war die Formgebung des spezifischen Lebensvorganges das Hauptparadigma eines finalistischen Prozesses, für seine Epigonen aber wurde die Ordnung des Universums und der Vervollkommnungstrend völlig beherrschend. Mit Recht lehnten Bacon und Descartes die Existenz eines formgebenden finalistischen Prinzips im Universum ab. Allerdings machte dies ihrer Überzeugung nach die Abschaffung jeglicher teleologischen Sprache erforderlich. In diese Ablehnung der Teleologie schlossen sie auch biologische Vorgänge (wie Wachstum und Verhalten) oder die Erörterung adaptiver Strukturen ein.

Die Geschichte der Biologie vom 17. bis zum 19. Jahrhundert ist durch einen ständigen Kampf zwischen den Anhängern eines extremen Mechanismus und ihren Gegnern gekennzeichnet. Während die Mechanisten alles ausschließlich im Sinne von Bewegungen und Kräften erklärten, verfielen ihre Gegner häufig in das andere Extrem, das des Vitalismus. Nachdem der Vitalismus, etwa zu Beginn des 20. Jahrhunderts, endlich völlig überwunden war, konnten es die Biologen sich leisten, in ihrer Ausdrucksweise etwas freier zu werden. Sie waren, wie Pittendrigh (1958) es ausgedrückt hat, wieder bereit zu sagen »eine Schildkröte kam an den Strand, um Eier zu legen« statt »sie kam an den Strand und legte Eier«. Heute sind sich die Biologen darüber einig, daß die teleologische Formulierung eines solchen Satzes in keinem Widerspruch zur physikochemischen Kausalität steht.

Gerade diese Tatsache jedoch, daß teleologische Aussagen jetzt wieder gesellschaftsfähig geworden sind, hat zur Entstehung neuer Unsicherheiten beigetragen. Die umfangreiche Literatur über die Teleologie ist ein beredtes Zeugnis für die ungewöhnlichen Schwierigkeiten, die mit diesem Gegenstand verbunden sind. Dieser Eindruck verstärkt sich noch, wenn man feststellt, wie häufig die Autoren, die sich mit dieser Materie befassen, zu entgegengesetzten Schlüssen gelangt sind (z. B. Braithwaite 1954; Beckner 1969; Canfield 1966; Hull 1974; Nagel 1961). Sie weichen auf vielerlei Weise voneinander ab, am bedeutsamsten jedoch bei der Beantwortung der Frage: Welche teleologischen Aussagen sind berechtigt und welche nicht? Oder: Welche Einstellung hatte Darwin zur Teleologie? David Hull (1974) meinte vor kurzem: »Die Evolutionstheorie hat mit der Teleologie aufgeräumt und damit basta.« Doch nur ein paar Jahre zuvor hatte MacLeod (1957) verkündet: »Am herausforderndsten an Darwin jedoch ist, daß er den Zweck wieder in die Welt der Natur eingeführt hat.« Es liegt auf der Hand, daß die beiden Autoren etwas sehr Verschiedenes meinen müssen.

Die rein logische Analyse hat bemerkenswert wenig dazu beigetragen, die Verwirrung zu beseitigen. Was schließlich einen Durchbruch in unserem Denken über die Teleologie herbeiführte, war die Einführung neuer Konzepte aus dem Bereich der Kybernetik und einer neuen Terminologie aus der Informationstheorie. Das Resultat war die Geburt einer neuen teleologischen Sprache, die für sich in Anspruch nimmt, den heuristischen Wert der teleologischen Ausdrucksweise zu besitzen, ohne daß die herkömmlichen Einwände auf sie zutreffen.

Traditionelle Einwände gegen eine teleologische Ausdrucksweise

Die Kritik an der Verwendung der teleologischen Sprache gründet sich gewöhnlich auf einen oder mehrere der folgenden Einwände. Um akzeptiert werden zu können, muß die teleologische Sprache gegen diese Einwände immun sein.

Teleologische Aussagen und Erklärungen implizieren das Einverständnis mit nicht beweisbaren theologischen oder metaphysischen Doktrinen in der Wissenschaft. Tatsächlich war diese Kritik in der Vergangenheit berechtigt, zu jener Zeit zum Beispiel, als die Naturtheologie weitgehend mit einer rein metaphysischen Teleologie operierte. Physiologische Vorgänge, Adaptationen an die Umwelt sowie alle Formen scheinbar zweckgerichteten Verhaltens wurden gewöhnlich als durch nicht-materielle Lebenskräfte bedingt interpretiert. Diese Auslegung war unter den griechischen Philosophen allgemein akzeptiert, einschließlich Aristoteles, der überall in der Natur eine tätige Seele entdeckte. Bergsons (1907) *élan vital* und Drieschs (1909) *Entelechie* sind relativ junge Beispiele einer solchen metaphysischen Teleologie. Die heutigen Philosophen lehnen eine derartige Teleologie fast einmütig ab. Ebenso bedeutet die Verwendung einer teleologischen Sprache durch die modernen Biologen nicht, daß sie metaphysische Konzepte vertreten (siehe unten).

Jede Erklärung biologischer Erscheinungen, die nicht gleichfalls auf die unbelebte Natur anwendbar sind, ist gleichbedeutend mit der Ablehnung einer physikalisch-chemischen Erklärung. Seit dem Zeitalter von Galilei und Newton ist es zum Anliegen der »Naturwissenschaftler« geworden, alles in der Natur im Sinne physikalischer Gesetze zu erklären. Jedes Akzeptieren besonderer Erklärungen für teleologische Phänomene in lebenden Organismen war für diese Kritiker gleichbedeutend mit einer Kapitulation vor dem Mystizismus und einem Glauben an das Übernatürliche. Sie übersahen die Tatsache, daß es (mit Ausnahme menschengemachter Maschinen) in der unbelebten Natur nichts gibt, was einem DNA-Programm oder einer zielgerichteten Handlung entspricht. Tatsächlich steht das Akzeptieren einer teleonomischen Erklärung (siehe unten) in keinerlei Widerspruch zu den Gesetzen der Physik und Chemie. Es steht nicht im Gegensatz zu einer kausalen Interpretation und impliziert keineswegs einen Rückgriff auf übernatürliche Kräfte.

Die Annahme, zukünftige Ziele seien die Ursache für gegenwärtige Geschehnisse, schien jedem Kausalitätsbegriff völlig zu widersprechen. Braithwaite (1954) formulierte diesen Widerspruch folgendermaßen: »Bei einer normalen kausalen Erklärung wird das *explicandum* im Sinne einer Ursache erklärt, die ihm entweder vorausgeht oder gleichzeitig ist; bei einer teleologischen Erklärung wird das *explicandum* als etwas erklärt, das entweder mit einem speziellen zukünftigen Ziel oder mit einem biologischen Ziel, das ebenso Zukunft wie Gegenwart oder Vergangenheit ist, in kausalem Zusammenhang steht.« Dies ist der Grund, warum einige Logiker bis heute zwischen kausalen und teleologischen Erklärungen unterscheiden.

Die teleologische Sprache schien einen unannehmbaren Anthropomorphismus auszudrücken. Die Verwendung von Worten wie *zielstrebig* oder *zielgerichtet* schien zu bedeuten, daß man menschliche Eigenschaften wie Absicht, zweckmäßiges Handeln, Planung, Überlegung oder Bewußtsein auf organische Strukturen und subhumane Lebensformen überträgt. Das beabsichtigte, zweckvolle Verhalten der Menschen ist praktisch *per definitionem* teleologisch. Doch werde ich es von der weiteren Diskussion ausnehmen, da uns die Worte *beabsichtigt* und *bewußt vorherbedacht*, die gewöhnlich in Verbindung mit solchem Verhalten benutzt werden, in schwierige Auseinandersetzungen über psychologische Fragen verwickeln könnten, und zwar ungeachtet dessen, daß ein Großteil des menschlichen Verhaltens sich seinem Wesen nach nicht vom tierischen Verhalten unterscheidet. Letzteres wird zwar normalerweise durch Stimulus und Reaktion erklärt, doch ist es ebenfalls höchst »absichtlich«. Zum Beispiel dann, wenn ein Räuber sich an seine Beute heranpirscht oder die Beute vor dem sie verfolgenden Räuber flieht. Dieses anscheinend »zielstrebige«, das heißt zielgerichtete Verhalten bei Tieren läßt sich aber in operational definierbaren Begriffen ohne Heranziehen anthropomorpher Ausdrücke wie »absichtlich« oder »bewußt« erörtern und analysieren.

Infolge dieser und anderer Einwände hielt man teleologische Erklärungen weithin für eine Form von Obskurantismus, ein Ausweichen vor der Notwendigkeit einer kausalen Erklärung. Ja, einige Autoren gingen sogar so weit, Behauptungen wie diese aufzustellen: »Teleologische Auffassungen gehören zu den Haupthindernissen für die Theorienbildung in der Biologie« (Lagerspetz 1959: 63). Doch die Biologen blieben dabei, auf einer weiteren Verwendung der teleologischen Sprache zu beharren.

Das teleologische Dilemma besteht also in der Tatsache, daß zahlreiche und scheinbar gewichtige Einwendungen gegen die Verwendung einer teleologischen Sprache vorgebracht worden sind, daß die Biologen aber dennoch darauf bestanden haben, sie würden methodisch und heuristisch sehr viel verlieren, wenn sie auf die Benutzung einer solchen Sprache verzichten müßten. Ich möchte versuchen, dieses Dilemma durch eine neue Analyse und insbesondere eine neue Klassifikation der verschiedenen Phänomene, die herkömmlicherweise als »teleologisch« bezeichnet werden, aufzulösen.

Die Heterogenität teleologischer Phänomene

Als eins der größten Hindernisse bei den jüngsten Erörterungen des Teleologieproblems hat sich die Tatsache erwiesen, daß die einzelnen Autoren sehr unterschiedliche Erscheinungen als »teleologisch« bezeichnen. Es scheint mir ziemlich nutzlos, zu rigorosen Definitionen gelangen zu wollen, solange der Mischmasch der »teleologisch« genannten Erscheinungen nicht in mehr oder weniger homogene Klassen aufgeteilt ist. Dies zu tun, wird meine erste Aufgabe sein. Ferner verwirrt es die Frage noch mehr, wenn wir eine Erörterung der Teleologie mit der Betrachtung von Problemen wie Vitalismus, Holismus und Reduktionismus vermischen, die in diesem Zusammenhang ganz und gar unwesentlich sind. Teleologische Aussagen und Phänomene lassen sich ohne Bezugnahme auf große philosophische Systeme analysieren.

Im großen und ganzen kann man alle Erscheinungen, die in der Literatur als teleologisch bezeichnet werden, in drei Klassen unterteilen: (1) gerichtete Evolutionsreihen, (2) scheinbar oder effektiv zielgerichtete Vorgänge und (3) sogenannte teleologische Systeme. In der folgenden Erörterung sollen die großen Unterschiede zwischen diesen drei Klassen von Phänomenen aufgezeigt werden.

Gerichtete Evolutionssequenzen (Progressionismus, Orthogenese)

Mit Aristoteles und anderen griechischen Philosophen hatte der Glaube an ein aufwärts- oder vorwärtsgerichtetes Fortschreiten der Dinge der Natur begonnen, der sich insbesondere im 18. Jahrhundert ständig weiter ausbreiten sollte. Seinen konkreten Ausdruck fand dieser Glaube vor allem im Konzept der *scala naturae*, der Rangfolge der Vervollkommnung (Lovejoy 1936). Ursprünglich als etwas Statisches (oder aufgrund eines Degradierungsvorganges sogar als eine absteigende Stufenfolge) konzipiert, wurde die Stufenleiter der Vervollkommnung im 18. Jahrhundert verzeitlicht und verschmolz fast unmerklich mit evolutionären Theorien wie zum Beispiel der von Lamarck. Die progressionistischen

Theorien wurden in zwei etwas unterschiedlichen Formen vorgeschlagen. Die ständige Vervollkommnung von Stufe zu Stufe
wurde entweder von einer übernatürlichen Kraft (einem weisen
Schöpfer) oder, ziemlich verschwommen, von einer eingebauten
Vervollkommnungstendenz gelenkt. Während der Blütezeit der
Naturtheologie war das »interventionistische« Konzept vorherrschend, nach 1859 jedoch wurde es durch die sogenannten orthogenetischen Theorien ersetzt, die unter Biologen und Philosophen
weite Verbreitung fanden (für einen kurzen Überblick siehe Lagerspetz 1959: 11–12). Simpson (1949) widerlegte die Möglichkeit
der Orthogenese mit besonders überzeugenden Argumenten. In
der Tat liefert das Prinzip der natürlichen Auslese, wie Weismann
schon viel früher dargelegt hatte (1909), eine Erklärung für die
Entstehung progressiver Adaptation, ohne daß irgendein Rückgriff auf zielbestimmende Kräfte nötig wäre.

Es ist etwas überraschend, wie viele Philosophen, Physiker und
gelegentlich sogar Biologen immer noch mit dem Konzept einer
teleologischen Determinierung der Evolution liebäugeln. Teilhard de Chardins (1955) ganzes philosophisches Gebäude baut auf
einer derartigen Teleologie auf, und das gleiche gilt, wie Monod
(1971) sehr zu Recht betont hat, für fast alle bedeutenderen Ideologien der Vergangenheit wie auch der Gegenwart. Selbst einige
ernsthafte Evolutionisten spielen – meiner Ansicht nach auf ziemlich gefährliche Weise – mit der teleologischen Sprache. So sagt
z. B. Ayala (1970: 11):

Der Vorgang der Evolution insgesamt kann nicht als teleologisch bezeichnet werden in dem Sinne, daß er auf die Erzeugung spezifischer DNA-
Informationscodes, das heißt Organismen, ausgerichtet sei. Ich behaupte
aber, daß man ihn in einem anderen Sinne als teleologisch bezeichnen
kann, in dem Sinne nämlich, daß er auf die Erzeugung solcher DNA-
Informationscodes ausgerichtet ist, die die fortpflanzungsmäßige Fitness
einer Population in der Umwelt, in der sie lebt, erhöhen. Der Evolutionsprozeß kann darüber hinaus auch insofern als teleologisch bezeichnet
werden, als er das Potential zur Erzeugung endgerichteter DNA-Informa-
tionscodes besitzt und in der Tat teleologisch ausgerichtete Strukturen,
Verhaltensmuster und geordnete Mechanismen hervorgebracht hat.

Dies scheint mir eine schwerwiegende Fehlinterpretation zu sein.
Wenn »teleologisch« überhaupt etwas bedeutet, so bedeutet es
»zielgerichtet«. Doch die natürliche Auslese ist unzweifelhaft ein

a posteriori bewertender Vorgang, der den gegenwärtigen Erfolg belohnt, aber niemals zukünftige Ziele setzt. Niemand erkannte dies besser als Darwin, der sich selbst daran erinnerte: »Verwende niemals die Worte höher oder niedriger.« Die natürliche Auslese belohnt vergangene Ereignisse, das heißt die Produktion erfolgreicher Genkombinationen, aber sie plant nicht für die Zukunft. Das ist es ja gerade, was der Evolution durch natürliche Auslese ihre Flexibilität verleiht. Im Gegensatz zur Orthogenese legt sich die natürliche Selektion angesichts der sich unaufhörlich wandelnden Umwelt niemals auf ein zukünftiges Ziel fest. Sie ist niemals zielgerichtet. Solche ganz allgemeine Vorstellungen wie Überleben oder Fortpflanzungserfolg als klar umrissene und vorgeschriebene Ziele zu bezeichnen, ist irreführend und völlig unzulässig.

Derselbe Einwand läßt sich gegen gewisse Argumente erheben, die von Waddington (1968: 55–56) vorgebracht wurden. Wie so viele andere Entwicklungsbiologen ist Waddington ständig auf der Suche nach Analogien zwischen Ontogenese und Evolution. »Ich habe schon seit einigen Jahren nachdrücklich betont, daß in der Evolutionstheorie wie auch in der Theorie der individuellen Entwicklung quasi-finalistische Erklärungen vonnöten sind.« Die natürliche Auslese »als solche reicht aus, um bis zu einem gewissen Grade die Natur des Zieles zu bestimmen, auf das die Evolution sich hinbewegen wird; sie muß dazu führen, daß das Biosystem als ganzes mit größerer Effizienz Mittel und Wege findet, sich zu reproduzieren«. Waddington bezieht sich hier auf ganz allgemeine Vorgänge und keineswegs auf spezifische Ziele. Zu welch lächerlichen Schlüssen man gelangt, wenn man den Begriff des Zielgerichtetseins überzieht, läßt sich ziemlich leicht demonstrieren: Man könnte z. B. sagen, es sei der Zweck jedes Individuums, zu sterben, denn dies ist das Ende jedes Individuums. Oder es sei das Ziel jeder Entwicklungslinie auszusterben, denn das ist es, was mit 99,9 Prozent aller Evolutionslinien, die jemals existiert haben, geschehen ist. Ja, man wäre gezwungen, sogar den Zweiten Hauptsatz der Thermodynamik als teleologisch anzuerkennen.

Einer von Darwins wichtigsten Beiträgen war, klargemacht zu haben, daß teleonomische Vorgänge, an denen nur ein einzelnes Individuum beteiligt ist, dem Wesen nach etwas völlig anderes sind als evolutive Veränderungen. Letztere sind durch das Wechselspiel der Erzeugung von Varianten (neuen Genotypen) und deren Aussortieren durch die natürliche Auslese bestimmt; ein Vorgang, der ganz entschieden nicht auf ein vorgegebenes fernes Ziel ausgerichtet ist. Eine Erörterung echter teleologischer Phänomene ist nutzlos, solange wir nicht die evolutiven Vorgänge aus unseren Überlegungen ausklammern.

Scheinbar oder wirklich zielgerichtete Vorgänge

Die Natur (die organische wie die unbelebte) ist überreich an Vorgängen und Aktivitäten, die zu einem Ende führen. Einige Autoren scheinen der Meinung zu sein, alle derart endenden Vorgänge seien ihrer Natur nach gleichwertig und auf dieselbe Weise und im selben Maße »finalistisch«. Taylor (1950) zum Beispiel behauptet – wenn ich ihn recht verstehe –, alle Formen aktiven Verhaltens seien ihrem Wesen nach gleich, und es bestünde keinerlei grundlegender Unterschied zwischen *einer* Art von Bewegung oder zweckvoller Handlung und allen anderen. Waddington (1968) gibt eine Definition seines Terminus »quasi-finalistisch« im Sinne der Forderung, »daß der Endzustand des Vorganges durch die Eigenschaften, die er zu Beginn besitzt, bestimmt ist«. Eine nähere Analyse läßt jedoch erkennen, daß sich die Klasse der »endgerichteten Vorgänge« aus zwei gänzlich verschiedenen Gruppen von Phänomenen zusammensetzt. Wir können diese beiden Typen von Erscheinungen als *teleomatische* Vorgänge in der unbelebten Natur und als *teleonomische* Vorgänge in der lebenden Natur bezeichnen.

Teleomatische Vorgänge in der unbelebten Natur

Viele Bewegungen unbewegter Objekte und viele physikalisch-chemische Abläufe sind einfach die Folge von Naturgesetzen. Der Endzustand eines Steines beispielsweise, den ich in einen Brunnen fallen lasse, ist durch die Schwerkraft bestimmt. Er hat seinen Endzustand erreicht, sobald er auf dem Grund zu liegen kommt.

Ein rotglühendes Stück Eisen erreicht seinen Endzustand, wenn seine Temperatur und die der Umwelt gleich sind. Alle Dinge der physikalischen Welt sind mit der Fähigkeit ausgestattet, ihren Zustand zu ändern, und diese Änderungen vollziehen sich nach Naturgesetzen. Sie sind nur auf eine passive, automatische, von äußeren Kräften oder Bedingungen diktierte Weise »endgerichtet«. Da der Endzustand solcher unbelebter Gegenstände automatisch erreicht wird, kann man derartige Änderungen *teleomatisch* nennen. Alle teleomatischen Vorgänge kommen zu Ende, wenn das Potential aufgebraucht ist (wie beim Abkühlen eines erhitzten Eisenstücks) oder wenn der Vorgang durch das Dazwischentreten eines äußeren Hindernisses (wenn zum Beispiel ein fallender Stein auf dem Boden ankommt) angehalten wird. Teleomatische Vorgänge folgen einfach Naturgesetzen, das heißt, sie führen zu einem Ergebnis, das sich logisch aus den begleitenden physikalischen Kräften ergibt, und das Erreichen ihres Endzustandes ist nicht durch ein eingebautes Programm gelenkt. Das Gravitätsgesetz und der Erste Hauptsatz der Thermodynamik gehören zu den Naturgesetzen, die am häufigsten für den Ablauf teleomatischer Vorgänge verantwortlich sind.

Teleonomische Vorgänge in der belebten Natur

Scheinbar zielgerichtetes Verhalten bei Organismen ist seinem Wesen nach etwas gänzlich anderes als teleomatische Abläufe. Zielgerichtetes »Verhalten« (im weitesten Sinne des Wortes) ist in der organischen Welt außerordentlich verbreitet. Beispielsweise sind die meisten Handlungen im Zusammenhang mit Wanderung, Nahrungsbeschaffung, Balz, Ontogenese sowie alle Phasen der Fortpflanzung durch ein solches Ausgerichtetsein auf ein Ziel gekennzeichnet. Das Auftreten zielgerichteter Abläufe ist vielleicht das charakteristischste Merkmal in der Welt der lebenden Organismen.

In den letzten dreißig Jahren ungefähr ist der Ausdruck *teleonomisch* mit wachsender Häufigkeit für zielgerichtete Abläufe in Organismen benutzt worden. 1961 schlug ich die folgende Definition für diesen Terminus vor: »Es scheint mir sinnvoll, den Ausdruck

›teleonomisch‹ strikt auf solche Systeme zu beschränken, die auf der Grundlage eines Programms, eines Informationscodes, ablaufen« (Essay 2). In dieser Definition habe ich zwar noch das Wort »System« benutzt, doch bin ich inzwischen zu der Überzeugung gekommen, daß eine mehr operationale Definition möglich ist, wenn man bestimmte Aktivitäten, Prozesse (wie Wachstum) und aktive Verhaltensweisen als die charakteristischen Manifestationen teleonomischer Erscheinungen betrachtet. Ich modifiziere daher meine Definition folgendermaßen: *Ein teleonomischer Vorgang oder ein teleonomisches Verhalten ist ein Vorgang oder Verhalten, das sein Zielgerichtetsein dem Wirken eines Programms verdankt.* Der Ausdruck »teleonomisch« impliziert Zielgerichtetsein. Dies wiederum läßt eher an einen dynamischen Vorgang denken als an einen statischen Zustand, wie ein System ihn darstellt. Die Kombination des Wortes »teleonomisch« mit dem Ausdruck »System« ist daher nicht sehr passend (siehe unten).

Alles teleonomische Verhalten besitzt zwei charakteristische Komponenten. Erstens wird es durch ein Programm gesteuert, und zweitens hängt es von der Existenz eines Schlußpunktes, Zieles oder Endes ab, welches in dem für das Verhalten verantwortlichen Programm vorgesehen ist. Dieser Endpunkt kann eine Struktur, eine physiologische Funktion, das Erreichen einer neuen geographischen Position oder ein »abschließender« (»consummatory«) (Craig 1918) Verhaltensakt sein. Jedes einzelne Programm ist das Resultat der natürlichen Auslese und wird durch den Selektionswert des erreichten Endpunktes fortwährend neu reguliert.

Hull (1974) hat meine Definition von »teleonomisch« eine »historische Definition« genannt. Diese Auslegung ist ziemlich irreführend. Zwar ist es richtig, daß das genetische Programm (wie auch seine individuell erworbenen Komponenten) in der Vergangenheit entstanden ist, doch ist dies für die funktionale Analyse eines gegebenen teleonomischen Vorgangs völlig irrelevant. Für eine solche Analyse ist es vollkommen ausreichend zu wissen, daß ein »Programm« existiert, welches für die teleonomische Natur eines zielgerichteten Vorgangs ursächlich verantwortlich ist. Ob dieses Programm aufgrund einer glücklichen Makromutation (wie Goldschmidt dies für möglich hielt) oder durch einen langsamen

Vorgang schrittweiser Auslese oder sogar durch individuelles Lernen oder Konditionieren (wie bei offenen Programmen) entstanden ist, ist ganz und gar unwichtig. Die bloße Existenz eines Programms – welches auch immer sein Ursprung – ist genug, um einen Prozeß als »teleonomisch« zu klassifizieren. Einen Vorgang, der kein programmiertes Ende besitzt, teleonomisch zu nennen, ist jedoch nicht gerechtfertigt (für eine Erörterung des Begriffes »Programm«, siehe unten).

Alle teleonomischen Prozesse werden dadurch gefördert, daß die Organismen zu ihrer Ausführung speziell selektierte Strukturen besitzen. Ein Hirsch profitiert bei seiner Flucht vor einem Raubtier von der Existenz hochempfindlicher Sinnesorgane und der entsprechenden Ausbildung von Muskeln und anderen Teilen des lokomotorischen Apparats. Das richtige Ablaufen teleonomischer Vorgänge auf molekularer Ebene wird durch höchst spezifische Eigenschaften komplexer Makromoleküle ermöglicht. Die Definition des Wortes »teleonomisch« würde sinnlos werden, wollten wir die richtige Ausbildung dieser erleichternden Ausführungsstrukturen mit in sie einbeziehen. Es liegt jedoch im Wesen eines teleonomischen Programms, daß es nicht das einfache Entfalten einer vollständigen präformierten Gestalt induziert, sondern vielmehr einen mehr oder weniger komplizierten Prozeß steuert, der innere und äußere Störungen mit berücksichtigen muß. Die teleonomischen Vorgänge der Ontogenese beispielsweise laufen ständig Gefahr, aus der Bahn geworfen zu werden, und sei es auch nur vorübergehend. Um dies zu verhindern oder zu korrigieren, gibt es unzählige Rückkoppelungsmechanismen. Waddington (1957) hatte ganz recht, als er die Aufmerksamkeit auf die Häufigkeit und Bedeutung derartiger homöostatischer Einrichtungen lenkte, die gewissermaßen eine Garantie für die richtige Kanalisierung der Entwicklung übernehmen.

Sehr viel verdanken wir Rosenblueth et al. (1943) für ihre Anstrengungen, eine neue Lösung für die Erklärung teleologischer Phänomene in Organismen zu finden. Sie kristallisierten sehr richtig zwei Aspekte derartiger Erscheinungen heraus: (1) sie sind scheinbar zielstrebig, da sie auf ein Ziel ausgerichtet sind, und (2) sie bestehen aus aktivem Verhalten. Diese Autoren kamen aus dem damals gerade erst im Entstehen begriffenen Bereich der Kybernetik, und es ist ganz natürlich, daß das zielgerichtete Verhalten ihrer Meinung nach vor allem durch Mechanismen gekennzeichnet ist, die während der Zielsuche unterlaufene Fehler korrigieren. Sie hielten die negativen Rückkoppelungskreise für den charakteristischen Aspekt solchen Verhaltens und stellten fest, »teleologisches Verhalten wird somit gleichbedeutend mit Verhalten, das durch negative Rückkoppelungen gesteuert wird«. Diese Aussage betont wichtige Aspekte des teleonomischen Verhaltens, geht aber am entscheidenden Punkt vorbei: *Der wirklich charakteristische Aspekt des zielgerichteten Verhaltens ist nicht, daß Mechanismen existieren, welche die Präzision, mit der ein Ziel erreicht wird, verbessern, sondern vielmehr, daß Mechanismen existieren, die dieses zielgerichtete Verhalten überhaupt erst in Gang setzen, das heißt, »verursachen«.* Nicht der Thermostat bestimmt die Temperatur einer Wohnung, sondern der Mensch, der den Thermostaten einstellt. Nicht der Torpedo entscheidet, welches Schiff er treffen wird und zu welcher Zeit, sondern der Marineoffizier, der den Torpedo abschießt. Negative Rückkoppelungen verbessern die Präzision der Zielsuche, für die Zielstrebigkeit selbst aber sind sie nicht verantwortlich. Rückkoppelungseinrichtungen sind lediglich ausführende Mechanismen, die während der Übersetzung eines Programms zur Wirkung gelangen. Wenn man teleonomische Vorgänge im Sinne der Existenz von Regeleinrichtungen definiert, so legt man daher den Nachdruck auf den falschen Punkt. Sie sind Vermittler des Programms; soweit es aber um das Grundprinzip geht, darum, daß das Ziel überhaupt angestrebt wird, sind sie von untergeordneter Bedeutung.

Verwendung des Wortes »teleonomisch« in jüngerer Zeit

Der Ausdruck »teleonomisch« wurde von Pittendrigh (1958: 394) in die Literatur eingeführt, und zwar im folgenden Absatz:

Heute beginnt sich das Konzept der Adaptation aus verschiedenen Gründen einer größeren Achtbarkeit zu erfreuen; man hält es für weniger perfekt; die natürliche Auslese ist besser verstanden; und Ingenieur und Physiker, die zielgerichtete Automaten bauen, haben den Gebrauch einer

63

teleologischen Fachsprache sanktioniert. Es scheint mir nicht sehr glücklich, den Terminus »Teleologie« auf diese Weise wieder aufleben zu lassen und, wie ich meine, zu mißbrauchen. Man könnte die althergebrachte Verwirrung der Biologen ein für allemal aus der Welt schaffen, wenn man alle zielgerichteten Systeme mit irgendeinem anderen Ausdruck, beispielsweise dem Wort »teleonomisch« beschreiben würde, um hervorzuheben, daß das Erkennen und Beschreiben des Endgerichtetseins keine Verpflichtung gegenüber der aristotelischen Teleologie als eines effizienten [sic] Kausalprinzips impliziert.

Es liegt auf der Hand, daß Pittendrigh dieselben Phänomene im Sinne hatte wie ich.[1] Allerdings ist seine Definition etwas vage, und die Tatsache, daß er den Ausdruck »teleonomisch« der aristotelischen »Teleologie« gegenüberstellt, nicht gerade besonders glücklich. Wie wir weiter unten noch sehen werden, betrifft die Mehrzahl der Beispiele, die Aristoteles von endgerichteten Vorgängen gegeben hat, haargenau dieselben Dinge, die Pittendrigh und ich teleonomisch nennen würden (siehe auch Delbrück 1971).

Betrachten wir noch einige andere neuere Verwendungen des Ausdrucks »teleonomisch«, die von meiner eigenen Definition abweichen. Simpson (1958: 520–521) sah in »teleonomisch« die Bezeichnung für ein System oder eine Struktur, die das Produkt der Evolution und des Auslesevorteils ist:

Die Worte »finalistisch« und »teleologisch« haben in der Philosophie jedoch eine unglückliche Vergangenheit gehabt, die sie für den Gebrauch in der modernen Biologie völlig ungeeignet macht. Sie sind zu häufig so benutzt worden, als bedeuteten sie, die Evolution als Ganzes besäße ein vorgegebenes Ziel, oder die Nützlichkeit der Organisation allgemein gesehen bezöge sich auf den Menschen oder auf irgendein übernatürliches System von Dingen. Der biologische Schluß, daß die Organisation in Organismen sich auf die Nützlichkeit jeder einzelnen Spezies, und zwar genau zu der Zeit, in der sie auftritt, bezieht, und nicht auf irgendeine andere Spezies oder irgendeine zukünftige Zeit, wird durch diese Ausdrücke daher möglicherweise eher implizit negiert als tatsächlich zum Ausdruck gebracht. Unter Betonung dieses Gesichtspunktes schlägt Pittendrigh [oben] vor, das neu geprägte Wort »Teleonomie« an die Stelle der abgewerteten Währung der Teleologie zu setzen.

Auch Monod (1971) behandelt die Teleonomie, als bedeute das Wort einfach Adaptation. Es ist daher nicht überraschend, daß Monod von der Teleonomie als einem Begriff spricht, »der sich ...

als sehr zweideutig erweist«. Ferner, sagt Monod, sind alle funktionalen Anpassungen »Aspekte oder Teilstücke eines einmaligen ursprünglichen Projekts…, das in der Erhaltung und Vermehrung der Arten besteht«. Schließlich macht er die Verwirrung vollkommen, indem er sich entschließt, »das teleonomische Projekt derart zu definieren, daß es im wesentlichen in der Übertragung des für die Art charakteristischen Invarianzgehalts von einer Generation auf die nächste besteht. Alle Strukturen, alle Leistungen, alle Tätigkeiten, die zum Erfolg des eigentlichen Projekts beitragen, werden also ›teleonomisch‹ genannt.« Was Monod »teleonomisch« nennt, würde ich als »selektiven Wert« bezeichnen. Unter diesen Umständen ist es nicht verwunderlich, daß Ayala (1970) behauptet, der Ausdruck »Teleonomie« sei in die philosophische Literatur eingeführt worden, um »die Adaptation in der Natur als Resultat der natürlichen Auslese zu erklären«. Wenn dies wirklich so wäre, und es trifft auf die zitierten Definitionen von Simpson und Davis zu, dann wäre der Ausdruck recht unnötig. Tatsächlich findet sich in meiner 1961 gegebenen Darstellung nichts, das für diese Auslegung sprechen würde, und ich kenne keinen anderen Terminus, der eine programmgesteuerte, zielgerichtete Handlung oder Verhaltensweise definieren würde. Auch wenn Pittendrighs Diskussion des Begriffes »teleonomisch« das Problem etwas verwirrte und zu Mißverständnissen geführt hat, so hatte er doch zweifellos dieselben Vorgänge und Erscheinungen im Sinn, die auch ich als *teleonomisch* bezeichnet habe. Es dürfte sich empfehlen, den Terminus in Zukunft in der engeren Definition zu benutzen, die ich ihm nunmehr gegeben habe.

Die Bedeutung des Wortes »Programm«

Das Schlüsselwort in meiner Definition von »teleonomisch« ist der Ausdruck »Programm«. Jemand könnte behaupten, die Schwierigkeiten einer akzeptablen Definition für die teleologische Sprache in der Biologie seien lediglich an den Ausdruck »Programm« weitergegeben worden. Dieser Einwand ist jedoch nicht berechtigt, denn er übersieht, daß ein Programm – gleichgültig, wie es im einzelnen definiert sein mag – (1) etwas Materielles ist und (2) bereits vor dem Beginn des teleonomischen Vorganges besteht. Es ist daher mit einer kausalen Erklärung vereinbar.

Wie man allerdings zugeben muß, ist der Begriff »Programm« derart neu, daß die Vielfalt der Bedeutungen dieses Ausdrucks noch nicht vollständig erforscht worden ist. Das Wort stammt aus der Sprache der Informatik. Ein Computer kann zielstrebig handeln, wenn er entsprechend programmierte Anweisungen erhält. Man könnte das Wort »Programm« vorläufig definieren als *codierte oder im voraus angeordnete Information, die einen Vorgang (oder ein Verhalten) so steuert, daß er zu einem vorgegebenen Ende führt.* Wie Raven (1960) richtig bemerkt hat, enthält das Programm nicht nur den Plan, sondern auch die Anweisungen, wie die Information auf dem Plan zu benutzen ist. Im Fall eines Computerprogramms oder der DNA eines Zellkerns ist das Programm von der ausführenden Maschine völlig getrennt. Bei den meisten von Menschenhand gemachten Automaten ist das Programm in die Maschinerie selbst eingebaut.

Ursprünglich (Mayr 1974) hatte ich vorgeschlagen, die Anwendung des Begriffs teleonomisch auf vom Menschen manipulierte »Maschinen« auszuweiten (etwa falsche Würfel oder ein Glücksrad, die so bearbeitet worden sind, daß sie mit großer Wahrscheinlichkeit eine bestimmte Zahl anzeigen). Man hat jedoch meine Anwendung des Wortes teleonomisch auf solche Apparate kritisiert, und ich sehe mittlerweile ein, daß es sich hier lediglich um eine Analogie handelt.

Die Programme, welche die teleonomischen Vorgänge in Organismen steuern, sind entweder vollständig in der DNA des Genotyps niedergelegt (»geschlossene Programme«) oder so beschaffen, daß sie zusätzliche, durch Lernen, Konditionieren oder andere Erfahrungen erworbene Information aufnehmen können (»offene Programme«). Das Verhalten, insbesondere das Verhalten höherer Organismen, wird größtenteils durch offene Programme gesteuert. Wenn ein offenes Programm einmal ausgefüllt worden ist, so entspricht es in bezug auf seine Steuerung des teleonomischen Verhaltens einem ursprünglich geschlossenen Programm.

Offene Programme sind besonders gut dafür geeignet zu demonstrieren, daß die Art und Weise, wie ein Programm erworben wurde, mit der teleonomischen Natur des durch das Programm gelenkten Verhaltens ganz und gar nichts zu tun hat. Nichts könnte zielstrebiger, teleonomischer sein als ein Großteil des Fluchtverhaltens vieler Beutearten (bei Vögeln und Säugetieren). Doch in zahlreichen Fällen wird die Kenntnis, welche Tiere gefährliche Räuber sind, erst von den Jungen erworben, die für diesen Typ von Information ein offenes Programm besitzen. Mit anderen Worten, diese spezielle Information wurde nicht durch Selektion erworben und ist dennoch eindeutig zum Teil für teleonomisches Verhalten verantwortlich. Auch viele der teleonomischen Elemente des Fortpflanzungsverhaltens (einschließlich der Partnerwahl) von Arten, die für das Erkennen des Geschlechtspartners geprägt werden, sind nur zum Teil das Resultat der Auslese. Die Geschichte des Erwerbs eines Programms kann daher nicht in die Definition des Begriffes »teleonomisch« miteinbezogen werden.

Der Ursprung eines Programms ist für die Definition recht irrelevant. Es kann, wie alle genetischen Programme, das Produkt der Evolution sein, oder es kann die erlernte Information eines offenen Programms sein. Etwas, das *nicht* zu einem, zumindest im Prinzip, voraussagbaren Ziel führt, hat kein Anrecht auf den Namen Programm. Auch wenn der zukünftigen Evolution einer Spezies von ihrem gegenwärtigen Genpool strenge Grenzen gesetzt sind, wird ihr Verlauf weitgehend von der sich wandelnden Konstellation von Selektionsdrücken bestimmt. Er ist nicht im gegenwärtigen Genpool programmiert.

Das ganze Konzept eines Informationsprogramms ist so neu, daß es bisher wenig Aufmerksamkeit seitens der Philosophen und Logiker erfahren hat. Meine vorläufige, versuchsweise Analyse wird daher nach einer eingehenderen Untersuchung möglicherweise beträchtlich revidiert werden müssen.

Wie funktioniert das Programm?

Der Philosoph mag zwar bereit sein, die Behauptung des Biologen hinzunehmen, ein gegebenes teleonomisches Verhalten werde von einem Programm gelenkt, er würde aber dennoch gern wissen wollen, wie das Programm sich dieser Aufgabe entledigt. Leider kann der Biologe ihm nicht mehr sagen, als daß das Studium der Funktionsweise des Programms den schwierigsten Bereich der

Biologie bildet. Die Übersetzung des genetischen Programms in Wachstumsprozesse und in die Differenzierung von Zellen, Geweben und Organen beispielsweise stellt heute die größte Herausforderung an die Entwicklungsbiologie dar. Die Zahl der qualitativ verschiedenen Zellen eines höheren Organismus übersteigt fast mit Sicherheit die Milliarden-Grenze. Wenn auch alle (oder die meisten) Zellen die gleichen Gene besitzen, so differieren sie dennoch je nach Unterschieden in der Repression und Derepression individueller Genorte und je nach den Unterschieden in ihrer Zellumwelt. Es braucht kaum betont zu werden, wie komplex das genetische Programm sein muß, um jeder Zellfamilie die richtigen Signale geben zu können, damit diese Zellen mit der zur Erledigung der ihnen übertragenen Aufgaben benötigten Molekülmischung versorgt werden.

Ähnliche Probleme treten bei der Analyse des zielgerichteten Verhaltens auf. Die Zahl der Methoden, derer sich ein Programm zur Lenkung eines zielgerichteten Verhaltens bedienen kann, ist Legion. Sie ist von Art zu Art anders. Manchmal wird das Programm weitgehend durch Erfahrung erworben, in anderen Fällen mag es fast gänzlich genetisch festgelegt sein. Manchmal besteht das Verhalten aus einer Reihe von Schritten, von denen jeder der Verstärkung der nachfolgenden Schritte dient; in anderen Fällen scheint das Verhalten, sobald es einmal in Gang gesetzt ist, von Anfang bis Ende abzulaufen, ohne irgendeinen weiteren Input zu benötigen. Zuweilen sind Rückkoppelungen wichtig, bei anderen Verhaltensformen aber läßt sich ihre Anwesenheit nicht nachweisen. Auch in der Verhaltensbiologie, wie in der Entwicklungsbiologie, beschäftigt sich ein Großteil der gegenwärtigen Forschungen mit Natur und Funktionsweise der Programme, die für die Steuerung von Verhalten und – noch spezifischer – von teleonomischen Verhaltensabfolgen verantwortlich sind (Hinde und Stevenson 1970). Nahezu jede Aussage, die man machen mag, läuft Gefahr, sofort wieder von der einen oder anderen psychologischen oder genetischen Schule angezweifelt zu werden. Eines aber kann man mit Sicherheit sagen: die Übersetzung von Programmen in teleonomisches Verhalten wird weitgehend sowohl von Eingaben der Sinnesorgane als auch von inneren physiologischen (großteils hormonalen) Zuständen beeinflußt.

Ineinanderübergehen von teleomatischen
und teleonomischen Vorgängen

Bisher habe ich zwischen teleomatischen und teleonomischen Vorgängen streng getrennt. Diese Unterscheidung gilt in der Tat für die große Mehrheit endgerichteter Vorgänge und ebenso für die meisten Ebenen der Hierarchie der Lebewesen. Auf der molekularen Ebene besteht jedoch bis zu einem gewissen Grade ein Zwischenzustand. Moleküle, insbesondere biologische Makromoleküle, enthalten in ihrer dreidimensionalen Struktur eine Fülle von Information. Diese Information dient bis zu einem bestimmten Punkt als Teil des Programms für die Tätigkeit solcher Makromoleküle. Ein solches Programm tritt jedoch nur dann in Aktion, wenn die Regelmaschinerie der Zelle den Anstoß dazu gibt. Der Ursprung dieser Reguliervorrichtung ist das große Rätsel bei der Frage nach der Entstehung des Lebens. Es scheint heute wahrscheinlich, daß die Umformung der ursprünglichen Programme der Makromoleküle in genetische Programme der entscheidende Schritt bei der Entstehung des Lebens war.

Teleologische Systeme

In der philosophischen Literatur wird das Wort »teleologisch« besonders häufig mit dem Ausdruck »System« kombiniert. Ist es gerechtfertigt, von »teleologischen Systemen« zu sprechen? Die Analyse zeigt, daß uns diese Kombination in Definitionsschwierigkeiten stürzt.

Das griechische Wort *telos* bedeutet Ende oder Ziel. Teleologisch bedeutet endgerichtet. Das Wort »teleologisch« auf ein zielgerichtetes Verhalten oder einen solchen Vorgang anzuwenden, scheint gerechtfertigt. Vielleicht nehme ich es mit der Sprache zu genau, aber es fällt mir schwer, das Wort teleologisch, das heißt *endgerichtet*, auf ein stationäres System anzuwenden. Jedes Phänomen, das wir als teleomatisch oder teleonomisch (wie oben erörtert) bezeichnen können, stellt eine Bewegung dar, ein Verhalten oder einen Vorgang, der zielgerichtet ist, weil er ein bestimmbares Ende besitzt. Dies ist der Kern des Begriffes »teleologisch«, das Vorhandensein eines *telos* (eines Ziels, eines Endes), auf das ein Gegenstand oder ein Vorgang zustrebt. Rosenblueth und seine Mitarbeiter (1943) haben diesen Punkt ganz zu Recht betont.

Wenn man den Ausdruck »teleologisch« aber so weit ausdehnt, daß er auch statische Systeme umfaßt, so führt dies zu Widersprüchen und unlogischen Aussagen. Ein Torpedo, der abgeschossen worden ist und sich auf sein Ziel hinbewegt, ist eine Maschine, die teleonomisches Verhalten an den Tag legt. Doch was berechtigt uns dazu, einen Torpedo ein teleologisches System zu nennen, wenn er mit Hunderten von seinesgleichen in einem Marinedepot lagert? Warum sollte man das Auge eines schlafenden Menschen ein teleologisches System nennen? Es ist nicht auf irgend etwas zielgerichtet. Zum Teil ergibt sich die Verwirrung aus der Tatsache, daß der Ausdruck »teleologisches System« auf zwei verschiedene, sich nur teilweise überschneidende Erscheinungen angewandt worden ist. Das eine sind Systeme, die potentiell in der Lage sind, teleonomisch zu handeln, wie ein Torpedo. Zu den anderen gehören Systeme, die gut adaptiert sind, wie das Auge. Bezeichnet man ein Phänomen dieser zweiten Klasse als »teleologisch«, um seine adaptive Vollkommenheit zum Ausdruck zu bringen, so läßt dies gerade genug von der alten Idee der Evolution als einem ständigen Fortschreiten in Richtung auf Adaptation und Vervollkommnung anklingen, daß ich mich unbehaglich fühle. Welches ist das *telos*, auf das sich das teleologische System hinbewegt?

Die Quelle des Konflikts scheint darin zu liegen, daß »zielgerichtet«, in einem mehr oder weniger unmittelbaren, buchstäblichen Sinne, nicht unbedingt dasselbe ist wie zweckmäßig. Völlig stationäre Systeme können funktional oder zweckmäßig sein, aber sie können nicht in irgendeinem wortwörtlichen Sinne zielgerichtet sein. Ein Gift, das ich auf einem Regal stehen habe, besitzt das Potential, jemanden zu töten, aber diese ihm innewohnende Eigenschaft macht es noch nicht zu einem zielgerichteten Gegenstand. Vielleicht ließe sich diese Schwierigkeit überwinden, wenn man eine terminologische Unterscheidung träfe zwischen funktionalen Eigenschaften von Systemen und dem Zielgerichtetsein im engeren Sinne, das heißt der Teleonomie von Verhaltensweisen oder anderen Vorgängen. Da man sich aber in beiden Fällen der sogenannten teleologischen Sprache bedienen würde, kann man beide Kategorien gleichwohl unter der Überschrift Teleologie zusammenfassen. R. Munson (1971) hat sich vor kurzem mit solchen adaptiven Systemen befaßt. Insbesondere untersuchte er alle jene Erklärungen, die mit Aspekten der Adaptation zu tun haben, aber häufig »teleologisch« genannt werden. Er gibt Sätzen, in denen die Ausdrücke »Adaptation«, »adaptiv« oder »angepaßt« vorkommen, den Namen »Adaptationssätze« (»adaptational sentences«). In Übereinstimmung mit der Meinung der Mehrheit der Biologen kommt er zu dem Schluß, daß »Adaptationssätze keinen Hinweis auf irgendeinen Zweck, irgendeine Endursache oder andere nichtempirische Vorstellung zu enthalten brauchen, um sinnvoll zu sein«. Adaptationssätze drücken lediglich die Feststellung aus, daß ein gegebenes Merkmal – ob strukturell, physiologisch oder verhaltensbezogen – das Produkt der natürlichen Selektion ist und somit den Fortbestand des für dieses Merkmal verantwortlichen Genotyps begünstigt. Darüber hinaus ist die Anpassung ein heuristisches Konzept, da sie eine Antwort auf die Frage verlangt, in welcher Weise das Merkmal zur Überlebenswahrscheinlichkeit beiträgt, und zwar mit mehr Erfolg als ein anderes denkbares Merkmal. Mir scheint es irreführend zu sein, Aussagen über die Anpassungsfähigkeit teleologisch zu nennen. »Angepaßt« ist eine Feststellung, die *a posteriori* getroffen wird; erst der Erfolg (statistisch gesehen) des Trägers eines angepaßten Merkmals beweist, ob das Merkmal wirklich adaptiv ist (= zum Überleben beiträgt) oder nicht. Munson faßt die Nützlichkeit der Sprache der Adaptation in folgenden Sätzen zusammen: »Zeigen, daß ein Merkmal adaptiv ist, heißt, auf ein Phänomen hinzuweisen, das nach Erklärung verlangt; und die Erklärung liefern, heißt, den Erfolg des Merkmals als Resultat der Selektion ausweisen« (1971: 214). Der Biologe stimmt dieser Folgerung restlos zu. Adaptiv sein heißt lediglich: das Resultat der natürlichen Auslese sein.

Viele adaptive Systeme, beispielsweise alle Bestandteile des lokomotorischen wie auch des zentralen Nervensystems, können an teleonomischen Abläufen oder teleonomischen Verhaltensweisen beteiligt sein. Ein System »teleologisch« oder »teleonomisch« zu nennen, weil es die zur Ausführung eines teleologischen Vorganges geeigneten Strukturen liefert, läßt die Problematik jedoch lediglich noch undurchsichtiger werden. Ist ein untätiger, nicht programmierter Computer ein teleologisches System? Welches »Ziel« oder »Ende« strebt er während dieser Periode des Stilliegens an? Um es zu wiederholen: man gerät in ernsthafte logische Schwierigkeiten, wenn man den Ausdruck »teleologisch« auf statische Systeme (ohne Rücksicht auf ihr Potential) und nicht auf Prozesse anwendet. Es kann nichts schaden, mag aber sehr viel nützen, den Ausdruck »teleologisch« nicht allzu großzügig und nicht auf allzu viele verschiedene Phänomene anzuwenden.

Vielleicht wäre es notwendig, einen neuen Ausdruck zu prägen für Systeme, die das Potential zur Entfaltung teleonomischen Verhaltens besitzen. Das Problem ist besonders akut bei biologischen Organen, die in der Lage sind, nützliche Aufgaben zu erfüllen – denken wir etwa an das Herz, das pumpt, oder an die Nieren, die filtern. In gewissem Maße stellt sich dieses Problem bei jeder organischen Struktur, bis hinunter zu den Makromolekülen, die aufgrund ihrer einmalig spezifischen Struktur in der Lage sind, selbständig bestimmte hochgradig spezifische Funktionen zu erfüllen. Diese Fähigkeit war es, die Monod (1971) dazu veranlaßte, sie als teleonomische Systeme zu bezeichnen. Ähnlichen Überlegungen folgend, haben einige Autoren – meiner Ansicht nach fälschlicherweise – einen Hammer als ein teleologisches System bezeichnet, da er dafür hergestellt wird, einen Nagel einzuschlagen (ein Stein, der nicht dafür gemacht worden ist, aber denselben Zweck erfüllt, zählt dagegen nicht!).

Die philosophische Schwierigkeit der logischen Definition des Ausdruckes »teleologisch« in bezug auf lebende Systeme liegt auf der Hand. Betrachten wir einige der unmittelbaren wie auch der evolutionären Ursachen (Essay 2) ein wenig genauer, um einige dieser Schwierigkeiten etwas deutlicher aufzuzeigen. Die Funktionsweise dieser Systeme gehört in den Arbeitsbereich desjenigen Zweiges der Biologie, der sich mit der Analyse der unmittelbaren Ursachen befaßt. Biologische Systeme sind komplizierte Gefüge im Fließgleichgewicht. Ein hoher Preis ist auf die Homöostase gesetzt, auf die Erhaltung des *milieu interieur*. Da die Mehrheit der von diesen Systemen vollführten Handlungen programmiert ist, ist es legitim, sie teleonomische Prozesse zu nennen. Sie sind »endgerichtet«, auch wenn das »Ende« sehr häufig die Beibehaltung des *status quo* ist. In all dem ist nichts Metaphysisches. Denn diese Vorgänge bilden, soweit sie der Analyse zugänglich sind, eine Reihenfolge von kausal zusammenhängenden Reizen und Signalen, Inputs und Outputs.

Die evolutionären Ursachen für die Effizienz und scheinbare Zweckmäßigkeit dieser lebenden Systeme hat Darwin im Jahre 1859 erklärt. Die Angepaßtheit dieser Systeme ist das Resultat von Millionen von Generationen der natürlichen Auslese. Damit ist, wie Sigwart (1881) deutlich dargelegt hat, eine mechanistische Erklärung der Angepaßtheit geglückt.

Bei der Erörterung teleologischer Systeme muß man sorgfältig zwischen unmittelbaren und evolutionären Ursachen unterscheiden (Essay 2). Ein System ist in der Lage, teleonomische Vorgänge auszuführen, weil es dafür programmiert wurde, so zu funktionieren. Die Frage, wie das Programm entstanden ist, das für die Angepaßtheit des Systems verantwortlich ist, spielt dabei keine Rolle. Es würde die Definition nur erschweren, wollte man das gegenwärtige Abspielen eines Programms und die Geschichte seiner Entstehung in einer einzigen Erklärung zusammenfassen.

Der heuristische Wert der teleonomischen Sprache

Die teleologische Sprache ist in der Vergangenheit in vielen verschiedenen Bedeutungen verwendet worden, in einigen zu Recht, in anderen zu Unrecht. Wenn die oben umrissenen Unterscheidungen gemacht werden, wird die teleologische Fragestellung zu einem höchst wirkungsvollen Instrument der biologischen Analyse. Aristoteles und Galen wußten ihren heuristischen Wert zu schätzen, aber keiner von beiden verstand ganz, warum diese Fragestellung so wichtig war. In der Physik sind Fragen, die mit »was« oder »wie« beginnen, für die Erklärung völlig ausreichend. In der Biologie dagegen ist keine Erklärung vollständig, solange nicht auch noch eine dritte Frage gestellt worden ist: warum? Es ist die Darwinsche Evolutionstheorie, die zu dieser Frage zwingt. Ein Merkmal (beispielsweise ein Verhaltensprogramm) entwickelt sich gewöhnlich nur dann, wenn es von der natürlichen Auslese gefördert wird. Es muß beim Überleben oder Fortpflanzungserfolg seines Trägers eine Rolle spielen. Von dieser Prämisse ausgehend, ist es für eine vollständige Kausalanalyse notwendig, bei jeder Eigenschaft zu fragen, warum sie existiert, das heißt, welches ihre Funktion und ihre Rolle im Leben dieses speziellen Organismus ist.

Der Philosoph Sigwart (1881) hat dies klar erkannt:

So ist die teleologische Betrachtung eine Aufforderung, die causalen Beziehungen nach allen Seiten zu verfolgen, durch welche der Zweck verwirklicht wird. Sie hat die Bedeutung eines *heuristischen Prinzips*, denn die Voraussetzung, daß der Organismus zweckmäßig gebaut sei, nöthigt nach der Wirkungsweise jedes einzelnen Theils zu fragen und die Bedeutung seiner Form, seiner Struktur und seiner chemischen Eigenschaften zu erkennen, und führt zugleich zu der Erklärung etwa vorhandener Nebenerfolge, die sich dem Zweck nicht unterordnen, aber durch die verwendeten Mittel unvermeidlich werden.

Natürlich wurde die Methode schon lange vor Darwin erfolgreich angewandt. Harveys Frage nach dem Grund für die Existenz von Venenklappen trug bedeutend, wenn nicht entscheidend zu einem Modell des Blutkreislaufs bei. Die Beobachtung, daß das chromatische Material während der Mitose in Form einer einzigen linearen Schnur angeordnet ist, veranlaßte Roux (1883) zu der Frage, warum sich anstelle einer einfachen Spaltung des Zellkerns in zwei Teile ein solch komplizierter Prozeß ausgebildet hätte. Er kam zu dem Schluß, dieser verwickelte Vorgang habe nur dann einen Sinn, wenn das Chromatin aus einer gewaltigen Zahl qualitativ verschiedener kleiner Partikel bestehe und deren gleiche Teilung nur dadurch gewährleistet werden könne, daß sie in einer Reihe hintereinander angeordnet werden. Die genetischen Untersuchungen der Chromosomenvererbung während der nachfolgenden sechzig Jahre waren in gewissem Sinne nur Randbemerkungen zu Roux' brillanter Hypothese. Diese Beispiele zeigen auf höchst überzeugende Weise den enormen heuristischen Wert der teleonomischen Fragestellung. Es ist keine Übertreibung, wenn wir behaupten, weitaus die meisten großen Fortschritte in der Biologie seien dadurch möglich geworden, daß die Frage nach dem »Warum« gestellt wurde. Dieses »Warum« fragt nach der selektiven Bedeutung jedes Aspekts des Phänotyps. Die frühere Ansicht, viele, wenn nicht die meisten Merkmale der Organismen seien »neutral«, das heißt, sie entwickelten sich lediglich als Zufälle der Evolution, ist durch eingehendere Untersuchungen immer wieder widerlegt worden. Die Frage, warum sich solche Strukturen und Verhaltensweisen herausgebildet haben, steht am Anfang jeder solchen Untersuchung. Die Verhaltensforscher haben sich in den letzten Jahren dieser Methode mit großem Erfolg bedient. Sie hat beispielsweise zu Fragen über den Informationsgehalt gewisser stimmlicher oder visueller Signale geführt (Smith 1969; Hinde 1972).

Sobald man den einfachen Schluß, daß die Gesamtheit des Genotyps das Resultat vorhergegangener Selektion und der Phänotyp ein Produkt des Genotyps ist (mit Ausnahme der offenen Teile des Programms, die während der Lebenszeit des Individuums ausgefüllt werden), als richtig akzeptiert, muß man bei jeder einzelnen Komponente des Phänotyps fragen, welches ihre speziellen Funktionen und selektiven Vorteile sind.

Es ist nunmehr ganz deutlich, warum alle früheren Bemühungen, teleonomische Aussagen in rein kausale Feststellungen zu übersetzen, solch ein Fehlschlag waren: bei der »Übersetzung« eines teleologischen Satzes geht ein entscheidend wichtiger Bestandteil seiner Botschaft unweigerlich verloren. Nehmen wir zum Beispiel den Satz: »Die Nachtigall zieht im Herbst in wärmere Länder, *um* den Unbilden des Wetters und der Futterknappheit der nördlichen Klimate auszuweichen.« Wenn wir das Wort »um« durch »und« ersetzen, so bleibt die wichtige Frage, *warum* die Nachtigall fortfliegt, unbeantwortet. Die teleonomische Form der Aussage impliziert, daß die zielgerichtete Tätigkeit des Vogelzugs durch ein Programm gesteuert ist. Läßt man diese wichtige Botschaft aus, so wird der übersetzte Satz weitgehend seines Informationsgehalts beraubt, ohne an kausaler Überzeugungskraft gewonnen zu haben. Die Mehrheit der modernen Philosophen ist sich dessen vollauf bewußt und stimmt darin überein, daß die »gesäuberten« Sätze den teleologischen Aussagen, aus denen sie entstanden, nicht gleichwertig sind (Ayala 1970; Beckner 1969).

Man kann sogar noch einen Schritt weitergehen. Teleonomische Aussagen sind häufig als verdummend und obskurantistisch verleumdet worden. Dies ist einfach nicht wahr. In Wirklichkeit ist die nicht-teleologische Übersetzung stets ein bedeutungsloser Gemeinplatz, während die teleonomische Aussage zu biologisch interessanten Forschungen führt.

Aristoteles und die Teleologie

Kein anderer Philosoph des Altertums ist von der Nachwelt so mißverstanden und falsch beurteilt worden wie Aristoteles. Seine Interessen waren in erster Linie die eines Biologen. Wenn man diese Tatsache übersieht, so wird man seine Philosophie unweigerlich falsch verstehen.

Die Philosophen der letzten vierzig Jahre geben zwar im großen und ganzen zu, wie stark Aristoteles in seinen Überlegungen durch das Studium der lebendigen Natur inspiriert wurde, doch beschreiben sie seine Philosophie immer noch in Worten, die dem Vokabular jahrhundertealter griechischer Wörterbücher entnommen sind. Es dürfte für diejenigen, die Aristoteles übersetzen und interpretieren, an der Zeit sein, eine Sprache zu benutzen, die seinem Denken angemessen ist, das heißt die Sprache der Biologie und nicht die der Humanisten des 16. Jahrhunderts. Delbrück (1971) hat nicht so unrecht, wenn er vorschlägt, es sei absolut legitim, moderne Ausdrücke wie »genetisches Programm« für *eidos* zu benutzen, wo dies zu einem besseren Verständnis von Aristoteles' Gedanken beiträgt. Einer der Gründe dafür, warum Aristoteles so systematisch mißverstanden worden ist, liegt darin, daß er für sein formgebendes Prinzip das Wort *eidos* benutzte und man als selbstverständlich annahm, er müsse dabei etwas Ähnliches wie Platons Begriff des *eidos* im Sinn gehabt haben. Doch aus dem Kontext seiner Erörterungen geht mehr als deutlich hervor, daß sein *eidos* etwas gänzlich anderes ist als Platons *eidos*. (Ich selbst habe dies auch erst vor kurzem erkannt.) Mit außergewöhnlicher Klarheit sah Aristoteles, daß es ebensowenig Sinn hat, lebende Organismen als bloße Materie zu beschreiben, wie ein Haus eine Ansammlung von Ziegelsteinen und Mörtel zu nennen. Geradeso wie der Plan, den der Baumeister benutzt, die Form eines Hauses bestimmt, so gibt das *eidos* (in seiner aristotelischen Definition) dem sich entwickelnden Organismus seine Form, und dieses *eidos* enthält bereits das endgültige *telos* des vollausgewachsenen Individuums. In vielen Werken von Aristoteles gibt es Ausführungen, in denen dieselben Gedanken zum Ausdruck kommen. Sie finden sich in den *Analytica*, in *Physica* (Buch II) und vor allem in *De partibus animalium* und *De generatione animalium*. Ein Großteil der Abhandlungen von Aristoteles wirkt bemerkenswert modern, wenn man anstelle des überholten Vokabulars aus dem 16. und 17. Jahrhundert moderne Ausdrücke einsetzt. Dennoch besteht natürlich ein wichtiger Unterschied zwischen der aristotelischen und der modernen Interpretation. Aristoteles konnte das formgebende Prinzip nicht wirklich *sehen* (was man schließlich erst 1953 voll und ganz begriffen hat) und nahm daher an, es müsse etwas Immaterielles sein. Wenn er sagte: »Nun mag es sein, daß die Form (*eidos*) jeder lebenden Kreatur Seele ist, oder ein Teil von Seele, oder etwas, das mit Seele zu tun hat« (P. A. 641 a 18), dann darf man nicht vergessen, daß sein Begriff der Seele etwas völlig anderes war als die Vorstellung der Seele, wie sie sich später im Christentum herausbildete. In der Tat waren die Eigenschaften der »Seele« für Aristoteles etwas, was der Untersuchung zugänglich war. Der moderne Naturwissenschaftler kann das genetische Programm der DNA ebensowenig wirklich »sehen«; es ist für ihn daher für alle praktischen Zwecke ebenso unsichtbar, wie die Seele dies für Aristoteles war. Seine Existenz ist hergeleitet wie die Existenz der Seele bei Aristoteles. Moderne Aristoteles-Forscher (Balme, Gotthelf, Lennox, Nussbaum) sind sich einig, daß seine scheinbare Teleologie die Ontogenie betrifft, er aber keine kosmische Teleologie vertrat (sooft das auch von früheren Autoren behauptet worden ist).

Wie Delbrück (1971) sehr richtig darlegt, gehört das aristotelische Prinzip des *eidos* als eines »unbewegten Bewegers« zu den größten begrifflichen Erneuerungen überhaupt. Die Physiker widersetzten sich der Existenz eines solchen Prinzips besonders heftig,

da sie 300 Jahre lang durch das Newtonsche Weltbild geblendet waren. So geblendet, daß jeder, der behauptete, das Bewegende müsse mit dem Bewegten in Berührung stehen, und der daher von einem »unbewegten Beweger« sprach, frontal mit dem Newtonschen Satz *Aktion gleich Reaktion* zusammenprallte. Jede Aussage, die zu diesem Axiom der Newtonschen Dynamik im Widerspruch stand, konnte nur als verworrener Unsinn erscheinen, als ein Überbleibsel aus einer dunklen, vorwissenschaftlichen Vergangenheit. Und doch liefert der Ausdruck »unbewegter Beweger« eine perfekte Beschreibung der DNA: sie handelt, schafft Form und Entwicklung und unterliegt doch selbst keinerlei Veränderung bei dem Vorgang (Delbrück 1971: 55).

Wie ich oben sagte, ist die Existenz teleonomischer Programme – unbewegter Beweger – einer der tiefgreifendsten Unterschiede zwischen der belebten und unbelebten Welt. Aristoteles war der erste, der eine solche Kausalität postulierte.

Kant und die Teleologie

Die im 18. Jahrhundert so populäre Vorstellung, nach der die offensichtliche Zweckmäßigkeit bei den lebenden Organismen bestritten und ihre adaptiven Eigenschaften dem blinden, vom Zufall regierten Wechselspiel von Kräften und Materie zugeschrieben wurden, wollte scharfsichtigeren Philosophen ganz und gar nicht schmecken. Niemand spürte dies heftiger als Immanuel Kant, der die zweite Hälfte seiner *Kritik der Urteilskraft* dem Problem der Teleologie widmete. Es ist überraschend, wie völlig die meisten Kant-Forscher dieses Werk ignorieren – als ob sie bestürzt darüber seien, daß der große Kant einem solch anspruchslosen Thema derart viel Aufmerksamkeit zuwandte. Doch wie in so vielen anderen Fällen sah Kant weiter als seine Kritiker. Er erkannte deutlich zwei Dinge: erstens, daß keine Erklärung der Natur vollständig ist, die nicht die scheinbare Zweckmäßigkeit eines Großteils der Entwicklung und des Verhaltens lebender Organismen zu erklären weiß, und zweitens, daß die zu seiner Zeit vorliegenden, rein mechanischen Erklärungen für die Deutung teleologischer Erscheinungen gänzlich unzureichend waren. Unglücklicherweise jedoch vertrat er die zu seiner Zeit vorherrschende Lehre, derzufolge die einzigen legitimen Erklärungen rein mechanischer (»Newtonscher«) Art waren, was ihm die Möglichkeit nahm, eine Erklärung für teleologische Phänomene zu finden. Er kam daher zu dem Schluß, die wirkliche Erklärung sei für den Menschen unerreichbar, und die praktischste Methode für das Studium der Organismen bestünde darin, diese so zu behandeln, »als ob sie geplant worden seien«. Obwohl es ihm nicht gelang, sich von der Analogie Planung–geplant freizumachen, unterstrich er den heuristischen Wert eines solchen Vorgehens: es erlaubt uns, Produkte und Prozesse der Natur bei weitem besser verständlich zu machen, als wenn wir versuchten, sie lediglich mit den Gesetzen der Mechanik zu erklären.

Kant war ohne Zweifel mehr an der Erklärung der »Planung« (Adaptation) interessiert – er sprach von »Absicht« – als an teleonomischen Verhaltensweisen. Doch meinte er, eine Erklärung der Absicht überschreite die dem menschlichen Geist gesetzten Grenzen. Genau 69 Jahre vor dem *Origin* schrieb er (1790):

Es ist nämlich ganz gewiß, daß wir die organisierten Wesen und deren innere Möglichkeiten nach bloß mechanischen Prinzipien der Natur nicht einmal ausreichend kennenlernen, viel weniger uns erklären können; und zwar so gewiß, daß man dreist sagen kann, es ist für Menschen ungereimt, auch nur einen solchen Anschlag zu fassen, oder zu hoffen, daß noch etwa dereinst ein Newton aufstehen könne, der auch nur die Erzeugung eines Grashalms nach Naturgesetzen, die keine Absicht geordnet hat, begreiflich machen werde: sondern man muß diese Einsicht den Menschen schlechterdings absprechen.[2]

Darwin beseitigte das große Hindernis, die Absicht, und die moderne Genetik führte den Begriff des genetischen Programms ein. Durch diese beiden bedeutenden Vorstöße hat das Problem der Teleologie nunmehr ein völlig neues Aussehen. Ein Vergleich von Kants Erörterungen mit unseren neuen Vorstellungen vermittelt eine höchst aufschlußreiche Einsicht in die Rolle wissenschaftlicher Fortschritte bei der Formulierung philosophischer Probleme. Ebenso informativ ist ein Vergleich von drei Arbeiten über Kants Teleologie, die in Abständen von jeweils ungefähr 50 Jahren geschrieben wurden: Stadler 1874; Ungerer 1922; McFarland 1970.

Zusammenfassung

1. Die Verwendung der sogenannten teleologischen Sprache durch die Biologen ist gerechtfertigt; sie bedeutet weder eine Ablehnung physikalisch-chemischer Erklärungen noch eine nicht-kausale Erklärung.

2. Die Ausdrücke »Teleologie« und »teleologisch« sind auf höchst unterschiedliche Phänomene angewandt worden. Ich habe diese Erscheinungen in mehr oder weniger homogene Klassen einzuordnen versucht.
3. Es ist nicht gerechtfertigt, evolutive Vorgänge oder Trends als zielgerichtet (teleologisch) zu beschreiben. Die Selektion belohnt vorangegangene Phänomene (Mutation, Rekombination und so weiter), aber sie plant nicht für die Zukunft, zumindest nicht auf irgendeine spezifische Weise.
4. Vorgänge (Verhaltensweisen), deren Zielgerichtetsein durch ein Programm gesteuert ist, können *teleonomisch* genannt werden.
5. Prozesse, die einen Endzustand erreichen, der durch Naturgesetze (beispielsweise die Schwerkraft, den Ersten Hauptsatz der Thermodynamik), nicht aber durch ein Programm diktiert ist, können wir mit dem Ausdruck *teleomatisch* bezeichnen.
6. Programme sind teilweise oder völlig das Produkt der natürlichen Auslese.
7. Die Frage, ob es legitim ist, das Wort »teleologisch« auf stationäre funktionale oder adaptive Systeme anzuwenden, erfordert eine weitere Analyse.
8. Teleonomisches (d. h. programmiertes) Verhalten kommt lediglich in Organismen (und vom Menschen manipulierten Maschinen) vor. Es bezeichnet einen deutlichen Unterschied im Niveau der Komplexität zwischen der lebenden und der unbelebten Natur.
9. Teleonomische Erklärungen sind streng kausal und mechanistisch. Sie sind kein Trost für die Anhänger vitalistischer Vorstellungen.
10. Der heuristische Wert der teleologischen Fragestellung macht diese zu einem wertvollen Instrument in der biologischen Analyse, von der Untersuchung der strukturellen Zusammensetzung der Makromoleküle bis hin zum Studium kooperativer Verhaltensweisen in gesellschaftlichen Systemen.

Postscriptum (1990)

Seit der Erstveröffentlichung dieses Essays (1974) hat es im Rahmen der Analyse der Bedeutung des Wortes *teleologisch* zahlreiche neue Entwicklungen gegeben. Auf die vielen rein philosophischen Veröffentlichungen, in denen die vier Bedeutungen von teleologisch immer noch fröhlich miteinander vermischt werden, will ich hier nicht eingehen. Statt dessen möchte ich auf zwei Aspekte des Problems aufmerksam machen, die einer Kommentierung bedürfen.

Seit jeher hat man Aristoteles als kosmischen Teleologen mißverstanden. Die modernen Aristoteles-Forscher sind sich dahingehend einig, daß er dies eben nicht war (Gotthelf 1976; Nussbaum 1978; Sorabji 1980; Balme 1981). Schon Delbrück (1971) hat ganz richtig gesehen, daß Aristoteles' Begriff des *eidos* im Zusammenhang der ontogenetischen Entwicklung dem modernen Begriff des genetischen Programms bemerkenswert ähnlich ist. Leider ist das, was die gängigen Philosophiegeschichten über Aristoteles' Teleologie schreiben, zum großen Teil falsch, und man darf es getrost vergessen. Auch ich selber habe, ehe ich mich mit der neueren Literatur vertraut machte, Aristoteles falsch interpretiert.

Der zweite Punkt, auf den ich näher eingehen will, ist die Reaktion eines Philosophen auf meine Verwendung des Begriffes *Programm*. 1977 hat der verstorbene Ernest Nagel, ein hervorragender Philosoph an der Columbia University, einen Essay mit dem Titel *Teleology revisited: goal directed processes in biology / Teleologie neu betrachtet: zielgerichtete Prozesse in der Biologie* veröffentlicht; der erste Teil bestand aus einer ziemlich negativen Kritik meiner Auffassung von Teleologie.

Es war nicht weiter überraschend, daß Nagel insbesondere diejenigen meiner Ausführungen in Frage stellte, von denen er glaubte, sie stünden im Widerspruch zur logisch-positivistischen Tradition. Hier ist nicht der Ort, Nagels Vorschläge und Kritikpunkte detailliert zu analysieren, vor allem deswegen nicht, weil wir beide übereinstimmend kosmische Teleologie sowie nicht-empirische Erklärungen rundweg ablehnen. Ihm geht es vor allem darum, inwieweit teleonomische Erklärungen Vorhersagen ermöglichen, und um die logische Struktur von Sätzen, wie Evolutionsbiologen sie verwenden. Am kritischsten steht Nagel, der vermutlich der konsequenteste Reduktionist unter den neueren Philosophen war, dem Begriff *Programm* gegenüber. Er hält meine Definition von Programm für inakzeptabel, da es in der unbelebten Welt keine genetischen Programme gibt, die sich historisch entwickelt haben. Wollte man ihre Existenz anerkennen, würde man damit automatisch eingestehen, daß nicht alle biologischen Phänomene (und zwar ausnahmslos) auf physikalische Prozesse zurückzuführen sind.

Um die Behauptung zu widerlegen, daß Programme – so wie ich sie definiere – eine besondere Eigenschaft der Welt des Lebenden sind, versucht Nagel die Existenz von Programmen in der unbelebten Welt zu beweisen. Seiner Ansicht nach könnte man den radioaktiven Zerfall eines Klumpens Uran als durch ein Programm gesteuert betrachten. Diese Behauptung ist schlichtweg falsch. Radioaktiver Zerfall wird durch bestimmte Gesetze und nicht durch irgendein spezielles Programm reguliert, und zwar unterliegt er immer und überall denselben Gesetzen. Programme sind hochgradig spezifisch und oft einzigartig. Die Bedeutung des Begriffes *Programm* wird zunehmend anerkannt. Zu diesem Punkt verweise ich vor allem auf Beniger (1986).

Ziel meiner Analyse (siehe oben) war es gewesen zu zeigen, daß eine so heterogene Ansammlung von Phänomenen, wie sie Philosophen unter der Überschrift »teleologisch« diskutiert haben, nie mittels einer simplen logischen Analyse erhellt werden kann, wie dies so viele Philosophen (einschließlich Nagel 1961) versucht haben. Als erstes habe ich in meiner Analyse versucht, die Phänomene und Prozesse homogenen Klassen zuzuordnen, und zwar habe ich vier solche Klassen unterschieden, von denen drei eine vernünftige empirische Grundlage haben. Im Gegensatz dazu gibt es keinen Beweis für die Existenz einer vierten Klasse, einer kosmischen Teleologie; dies hat bereits Darwin gezeigt. Eine weitere Klasse, die der teleomatischen Prozesse (siehe oben), ist für eine Philosophie der Biologie nicht von Belang.

Nagel stimmt mit dem Biologen dahingehend überein, daß damit zwei Klassen von Phänomenen im Bereich der Biologie übrigbleiben, auf die der Begriff *teleologisch* angewandt worden ist: *zielgerichtete Aktivitäten* – die ich als teleonomisch bezeichne –

und *funktionale Aktivitäten* von Organen oder Strukturen – von mir Aktivitäten adaptierter Systeme genannt. Leider verwechselt er die beiden in seiner Rezension des öfteren, was ihn selber gelegentlich etwas durcheinanderbringt. Er bezeichnet es als das »Ziel« bestimmter endokriner Gewebe, den Blutzuckerspiegel aufrechtzuerhalten, und als die »Funktion« der Nieren, Abfallprodukte aus dem Blut auszuscheiden. In Wirklichkeit sind diese beiden Prozesse gleichwertig, und endokrine Gewebe haben, da sie »Systeme« sind, kein Ziel. In seiner Darstellung, was das Ziel der Flucht eines Hasen vor dem Hund ist, verheddert er sich hoffnungslos und stellt schließlich fest: »Überleben als solches scheint keinerlei Funktion zu haben.« Damit läßt er die Tatsache außer acht, daß es im genetischen wie auch im somatischen Programm von Hasen zahlreiche Unterprogramme gibt, die für einen Schutz vor Raubtieren zuständig sind. Wenn diese keinen Überlebenswert hätten, wäre ihre Entstehung nicht von der natürlichen Auslese begünstigt worden.

Nagels Argumentation stützt sich vor allem auf die Prinzipien der logisch-positivistischen Philosophie. Er weigert sich, Programme anzuerkennen, ehe sie nicht vollständig auf »die Komponenten und Strukturen von DNA-Molekülen« reduziert sind. Für ihn als Logiker ist es anscheinend von Bedeutung, ob das Wort *zielgerichtet* in der Erklärung auftaucht oder nicht. Mit allen Mitteln versucht er, die Übernahme des Begriffs *Programm* zu vermeiden, denn nur so werden »Erklärungen zielgerichteter Prozesse in der Biologie im Prinzip möglich, deren Struktur der Struktur der Erklärungen in den exakten Wissenschaften ähnelt, in denen für teleologische Vorstellungen kein Platz ist«. Mit anderen Worten: Nagel würde den Satz »Die Schildkröte schwimmt an den Strand, um dort ihre Eier abzulegen« in den Satz »Die Schildkröte schwimmt an den Strand und legt dort ihre Eier ab« umwandeln. Damit wären wir wieder genau an dem Punkt angelangt, an dem Pittendrigh (1958) sich befand, als er den Begriff *teleonomisch* einführte, um einem biologisch sinnlosen Satz wieder eine Bedeutung zu geben.

Schließlich kommt Nagel – kläglich, aber ehrlich – zu dem Schluß, daß »keine dieser Schlußfolgerungen hinsichtlich des Wesens der Erklärungen von Ziel- und Funktionszuweisungen zeigt, daß die Gesetze und Theorien der Biologie auf die der exakten

Wissenschaften reduzierbar sind« (S. 300). Er stimmt auch den nicht-vitalistischen Biologen von Aristoteles bis in die heutige Zeit zu, »daß teleologische Begriffe und teleologische Erklärungen [außer was kosmische Teleologie betrifft – E. M.] keine intellektuellen Konstrukte sind, die von Natur aus dunkel und daher mit Skepsis zu betrachten sind« (S. 301).

Mir ist vor kurzem etwas durch den Kopf gegangen, das bis zu einem gewissen Grad eine Annäherung zwischen dem traditionellen Philosophen und dem modernen Evolutionsbiologen leichter machen könnte. Es geht dabei um die Eigenschaften von Programmen. Ich habe zwei Arten von Programmen anerkannt, *geschlossene*, die in der DNA des Genotyps vollständig codiert sind, und *offene Programme*, die zusätzliche Information aufnehmen können. Diese Klassifizierung ist zwar für bestimmte Zwecke recht nützlich, aber sie entspricht nicht den Erfordernissen vieler Erklärungen der Entwicklungsbiologie. Hier ist es sinnvoller, von *genetischen* und *somatischen* Programmen zu sprechen. Wenn beispielsweise ein Truthahn vor einer Henne sein Prachtgefieder zur Schau stellt, werden seine Bewegungen dabei nicht unmittelbar von der DNA in seinen Zellkernen gesteuert, sondern vielmehr von einem somatischen Programm in seinem zentralen Nervensystem. Wohlgemerkt, dieses neuronale Programm ist während der Entwicklung, diktiert von Anweisungen des genetischen Programms, festgelegt worden. Aber jetzt ist es zu einem unabhängigen somatischen Programm geworden.

Man kann alle adaptierten Systeme eines Organismus als somatische Programme auffassen. Wenn man dies akzeptiert, könnte man die funktionalen Aktivitäten eines adaptierten Systems als teleonomische Aktivitäten bezeichnen.

Die Anerkennung somatischer Programme ist in der Verhaltensbiologie wichtig, aber noch wichtiger ist sie in der Entwicklungsbiologie, in der viele Larven- oder embryonalen Strukturen als somatische Programme für spätere Entwicklungsstadien zu fungieren scheinen. Dies haben die Embryologen seit Kleinenberg (1886) und vielleicht noch früher durchaus erkannt. Bei den meisten embryonalen Strukturen, die als Beweise für Rekapitulation angeführt wurden, etwa den Kiemenbögen der Vierfüßerembryonen, handelt es sich vermutlich um somatische Programme. Natürliche Auslese kann sie nicht ohne weiteres eliminieren, ohne die anschließende Entwicklung ernstlich zu stören.

Wie ich an anderer Stelle in diesem Buch gesagt habe, bedeutet ein Übernehmen des Begriffs *Programm* aus der Informatik keineswegs einen Anthropomorphismus. Das »Programm« des Informationstheoretikers und das genetische und das somatische Programm des Biologen sind einander völlig gleichwertig.

Es hat mich ziemlich amüsiert, als ich feststellte, daß Nagels Versuch einer Widerlegung meiner Vorstellungen in mehreren neueren Veröffentlichungen in philosophischen Zeitschriften mit Zustimmung zitiert worden ist, daß sich aber keiner dieser Philosophen dazu herabgelassen hat, sich mit der Veröffentlichung des Biologen, den Nagel kritisiert hatte, zu befassen oder sie auch nur zu erwähnen.

Anmerkungen

Leicht verändert entnommen aus: »Teleological and teleonomic: a new analysis«: *Boston Studies in the Philosophy of Science*, 14, 91–117 (1974). Zur deutschen Fassung siehe den Hinweis auf Seite 4 dieses Buches.

1 Dies geht ganz deutlich aus folgender näherer Erläuterung hervor, die Prof. Pittendrigh mir in einem Brief (vom 26. Februar 1970) gab: »Sie fragen mich wegen des Wortes ›Teleonomie‹. Sie haben recht, daß ich es war, der den Ausdruck in der Biologie einführte; mehr noch, ich erfand ihn auch. Während des Nachdenkens über jenen Beitrag, den ich für das Buch von Simpson und Roe schrieb (in welchem ich den Terminus einführte), verfolgte mich jenes berühmte alte Bonmot von Haldane, in dem es heißt, daß ›die Teleologie für den Biologen wie eine Mätresse ist: er kann nicht ohne sie leben, aber er will auch nicht mit ihr in der Öffentlichkeit gesehen werden‹. Je mehr ich darüber nachdachte, desto deutlicher wurde mir, daß das Ganze Unsinn war – daß es nicht die Illegitimität der Beziehung war, ohne die der Biologe nicht leben konnte, sondern die Beziehung selbst. Die Teleologie in ihrer aristotelischen Form hat natürlich das Ziel als unmittelbare, ›effiziente‹ Ursache. Und das gerade ist es, was der Biologe (mit der ganzen Geschichte der Wissenschaft seit 1500 hinter sich) nicht akzeptieren kann: es ist unannehmbar in einer Welt, die immer mechanistisch ist (was hier natürlich sowohl probabilistisch als auch streng deterministisch einschließt). Was es war, dem der Biologe nicht ausweichen konnte, war die blanke Tatsache – oder vielmehr die fundamentale Tatsache –, die er (als Wissenschaftler) erklären muß: daß die Gegenstände der biolo-

gischen Forschung Organisationen (er nennt sie Organismen) und als solche endgerichtet sind. Organisation ist mehr als bloß Ordnung; der Ordnung fehlt das Zielgerichtetsein; Organisation *ist* zielgerichtet. [Ich erinnere mich an ein wundervolles Gespräch mit John von Neumann, in dem wir den Unterschied zwischen ›bloßer Ordnung‹ und ›Organisation‹ ausloteten und *er* darauf bestand (ich war bereits davon überzeugt), der Begriff der Organisation (wie er in seinem alltäglichen Gebrauch aus dem Kontext heraus definiert ist) schließe stets einen ›Zweck‹ oder ein Zielgerichtetsein ein.]

Ich brauchte ein Wort, das es mir (uns Biologen allen) gestatten würde, dieses Endgerichtetsein eines völlig respektablen mechanistischen Systems zu beschreiben, hervorzuheben oder auch einfach nur zu nennen, ohne damit Anstoß zu erregen. Das Wort Teleologie wäre nicht gegangen, denn es ist mit jener Bedeutung belastet, beim gegenwärtigen Funktionieren der Maschine sei das Ziel ursächlich wirksam. Der Ausdruck teleonomisch dagegen wird, so ist zu hoffen, diesem platten Irrtum, der sowieso unnötig ist, entgehen. Haldane hatte in diesem Sinne unrecht (sicherlich ein seltenes Ereignis): Wir können ohne Teleologie leben.

Die Crux des Problems liegt natürlich darin, den Mechanismus des evolutiven Wandels und den physiologischen Mechanismus des aus der evolutiven Zeitskala herausgelösten Organismus nicht miteinander zu verwechseln. Das allgemeinste aller biologischen ›Ziele‹ oder ›Zwecke‹ ist selbstverständlich der Fortbestand durch Fortpflanzung. *Dieses* Ziel (und alle ihm untergeordneten ›Ziele‹ der Nahrungsaufnahme, Verteidigung und des Überlebens allgemein) ist in gewissem Sinne bei der Verursachung der natürlichen Auslese, bei der Verursachung der evolutiven Veränderung wirksam, nicht aber bei der Verursachung seiner selbst. Kurz gesagt: Wir haben zwischen der Kausalität bei den historischen Ursprüngen eines Systems und dem Kausalprinzip beim gegenwärtigen Funktionieren des Systems zu unterscheiden versäumt.

Sie fragen in Ihrem Brief, ob nicht vielleicht einer der ›Informations‹-leute das Wort teleonomisch eingeführt hat. Nein, das tat er nicht, es sei denn, Sie wollen mich einen Informationsfritzen nennen. Es stimmt allerdings, daß meine eigenen Überlegungen über die ganze Sache durch ein Referat, das Wiener und Bigelow unter dem faszinierenden Titel ›Zielstrebige Maschinen‹ veröffentlichten, sehr entscheidend beeinflußt worden sind. In diesem Referat wurde ausgeführt, daß es in dem damals gerade erst beginnenden Computerzeitalter möglich geworden war, Maschinen zu konstruieren, die Ziele oder einen Zweck besaßen, ohne daß dies gleichzeitig bedeutete, daß die Ziele die Ursache für den unmittelbaren Betrieb der Maschine waren.«

2 Zitiert nach: Immanuel Kant: Kritik der Urteilskraft. In: Kant, Werke in 10 Bänden, W. Weischedel (Hrsg.), Bd. 8, S. 516. Darmstadt: Wissenschaftliche Buchgesellschaft 1975. Anm. d. Übers.

4 Wie wahrscheinlich ist extraterrestrisches intelligentes Leben?

Bei der Diskussion des SETI(= *Search for extraterrestrial intelligence* = Suche nach extraterrestrischer Intelligenz)-Projekts werden häufig eine Reihe ganz unterschiedlicher Probleme miteinander vermengt: 1. die Wahrscheinlichkeit der *Existenz* von »Leben« an irgendeiner anderen Stelle im Universum; 2. die Wahrscheinlichkeit *intelligenten* extraterrestrischen Lebens und 3. die Wahrscheinlichkeit, daß es gelingt, mit einem solchen Leben zu *kommunizieren*, falls es existiert.[1]

Zur Zeit haben wir keinerlei definitiven Beweis, daß es an irgendeiner Stelle im Universum, außer auf der Erde, Leben gibt, und folglich auch nicht, daß irgendwo sonst intelligentes Leben existiert. Man kann die Wahrscheinlichkeit beider Möglichkeiten lediglich mittels äußerst indirekter Schlußfolgerungen schätzen.

Leben im Universum

Als die Mars-Missionen vorbereitet wurden, wetteten der Astronom Donald Menzel und ich um fünf Dollar, ob man auf dem Mars »Leben, wie es auf der Erde existiert« (so lautete unsere präzise Definition) entdecken würde oder nicht. Der Physiker Menzel sagte ja, der Evolutionsbiologe Mayr sagte nein. Mittlerweile weiß jeder, wer recht behielt, und es steht ziemlich eindeutig fest, daß keiner der anderen Planeten unseres Sonnensystems für Leben geeignet ist.

Ein negatives Beispiel beweist natürlich noch gar nichts. Wenn alle Sonnen des Universums Planeten haben (was in Wirklichkeit eine reichlich gewagte Annahme ist), gäbe es Hunderte Millionen von Planeten. Ganz bestimmt, so wird argumentiert, haben einige von ihnen Leben hervorgebracht. Und da stimme ich zu: die Wahrscheinlichkeit einer mehrfachen Entstehung einer sich selbst reproduzierenden Ansammlung von Nucleinsäureprotein ist in der Tat hoch.

Seit geraumer Zeit ist bekannt, daß kleinere organische Moleküle, etwa Aminosäuren, Purine und Pyrimidine, im Universum spontan entstehen können und man solche Prozesse im Labor nachvollziehen kann. Dennoch schien es lange Zeit unmöglich zu erklären, wie die Aminosäuren (und Peptide) mit Nucleinsäuren zusammenkommen können, um tatsächlich sich selbst reproduzierende, das heißt lebende, Makromoleküle zu bilden. Nach den Untersuchungen von Eigen und seiner Schule (Küppers 1983) und der Entdeckung der enzymatischen Beschaffenheit der RNA scheint es in dieser Hinsicht keine prinzipiellen Schwierigkeiten mehr zu geben. Interessant ist vor allem die bedeutsame Rolle, die die natürliche Auslese dabei spielt, und zwar schon in der präbiotischen Phase. Die Wahrscheinlichkeit der wiederholten Entstehung von Makromolekularsystemen, die die Fähigkeit zur Speicherung von Information und zur Reproduktion besitzen, kann nicht länger in Frage gestellt werden.

Völlig ungewiß ist noch, wie oft dies passiert ist, wo es passiert ist und in welchem Maße nach der Entstehung solchen Lebens eine Evolution stattgefunden hat. Wir, die wir auf dieser unserer Erde leben, können gar nicht richtig einschätzen, wie unwirtlich die meisten Planeten vermutlich sind. Um Leben zu ermöglichen, müßten sie gerade den richtigen Abstand von ihrer Sonne haben, die richtige Temperatur, genügend Wasser, eine genügend hohe Dichte, um eine Atmosphäre halten zu können, einen Schutzschild gegen schädliche ultraviolette Strahlung und so weiter. Darüber hinaus verändert sich jeder Planet im Lauf seiner Geschichte, und die Aufeinanderfolge von Veränderungen muß stimmen. Gäbe es beispielsweise in einem frühen Stadium zuviel freien Sauerstoff, dann würde er Leben zerstören. Die Gesamtheit der Voraussetzungen für die Entstehung und Aufrechterhaltung von Leben schränkt die Zahl der Planeten drastisch ein, die für die Entstehung von Leben geeignet gewesen wären. Und in der Tat ist es durchaus möglich, daß Kombination und Aufeinanderfolge der Bedingungen, die die Entstehung von Leben auf der Erde ermöglicht haben, sich auf keinem einzigen anderen Planeten des Universums wiederholt haben. Ich behaupte das nicht – und es wäre unwissenschaftlich, derlei zu behaupten –, denn es wäre unmöglich, dies je zu widerlegen. Aber gemessen an der Möglichkeit einer Widerlegung bewegen sich die Verfechter der These extraterrestrischen Lebens und extraterrestrischer Intelligenz gleichermaßen außerhalb der Grenzen der Wissenschaftlichkeit. Das einzige, das wir mit Sicherheit wissen, ist, daß von den neun Planeten des Sonnensystems die Erde der einzige ist, der Leben hervorgebracht hat. Um der intellektuellen Redlichkeit willen wollen wir jedoch einmal annehmen, daß auf einigen der schätzungsweise Hunderte Millionen von Planeten des Universums Leben entstanden ist. Da wir nicht wissen, wie viele Sonnen Planeten haben, könnte die eben genannte Schätzung viel zu hoch gegriffen sein.

Die Existenz extraterrestrischer Intelligenz

Es ist interessant und einigermaßen bezeichnend, daß es sich bei fast allen Verfechtern der These einer extraterrestrischen Intelligenz um Physiker handelt, denen sich einige Molekular- und Mikrobiologen sowie eine Handvoll romantisch angehauchter Vertreter der organismischen Biologie angeschlossen haben.

Warum sind gerade diejenigen Biologen, die die größte Erfahrung mit Wahrscheinlichkeitswerten in der Evolution haben, fast durchweg so skeptisch, was die Wahrscheinlichkeit extraterrestrischer Intelligenz betrifft? Ich habe den Eindruck, daß dies in hohem Maße mit der Neigung bestimmter Vertreter der exakten Wissenschaft zusammenhängt, deterministisch zu denken, während organische Biologen sich dessen bewußt sind, wie opportunistisch und unvorhersehbar die Evolution ist.

Als ich mich vor etwa zwanzig Jahren mit dem Astronomen Donald Menzel über die Möglichkeit von Leben auf dem Mars stritt, war ich immer wieder erstaunt, wie sicher er sich war, daß, falls auf dem Mars jemals Leben entstanden (oder dorthin gebracht worden) war, dies unausweichlich zu intelligenten Hominiden führen würde. Für ihn war die Entstehung des Menschen so etwas wie das Endprodukt einer chemischen Reaktionskette, deren Ergebnis sich vorhersagen läßt, sobald man die chemischen Ausgangssubstanzen kennt. Er war überzeugt davon, wenn es auf einem Planeten Leben gäbe, dann würde es innerhalb einer angemessenen Zeitspanne intelligentes Leben hervorbringen. »Unsere Milchstraße könnte bis zu einer Million Planeten (die für die Entstehung von Leben geeignet sind) enthalten, auf denen intelligentes Leben existiert« (Menzel 1965, 218).

Natürlich weiß jeder, daß Determinismus in der modernen Physik nicht mehr zeitgemäß ist, aber in Gesprächen mit Physikern habe ich immer wieder festgestellt, wie sehr sie nach wie vor in deterministischen Kategorien denken. Wenn die Evolution des Lebens auf der Erde in der Herausbildung von Intelligenz kulminierte, warum sollte sie dann nicht auf allen Planeten, auf denen Leben entstand, zur Entwicklung von Intelligenz führen?

Im Gegensatz dazu ist ein Evolutionist immer wieder beeindruckt davon, wie unglaublich unwahrscheinlich die Entstehung von intelligentem Leben selbst auf der Erde war. Um dies zu veranschaulichen, wollen wir uns einmal die Geschichte des Lebens auf der Erde ansehen.

Der Zeitpunkt der Entstehung verschiedener Arten von Organismen ist in bezug auf ein Kalenderjahr berechnet:

Entstehung der Erde	=	1. Januar
Leben (Prokaryonten)	=	27. Februar
Eukaryonten	=	4. September
Chordaten	=	17. November
Vertebraten	=	21. November
Mammalia	=	12. Dezember
Primaten	=	26. Dezember
Anthropoiden	=	30. Dezember, 1.00
Hominiden	=	31. Dezember, 10.00
Homo sapiens	=	31. Dezember, 23.56.30
		(= 3½ Minuten vor Jahresende)

Betrachten wir nun die Chronologie der wichtigsten evolutionären Ereignisse auf der Erde. (Bei allen Zahlenangaben handelt es sich um grobe Schätzungen; Schwankungen nach oben oder unten hätten jedoch keinerlei Einfluß auf die Beweisführung; die Größenordnung stimmt jedenfalls.) Nehmen wir einmal an, daß die Erde vor 4,5 Milliarden Jahren entstanden ist. Es gibt Hinweise darauf, daß das Leben erst etwa 700 Millionen Jahre (*JM* = Jahrmillionen) später begann. Man kennt frühe prokaryontische Fossilien, die auf die Zeit vor 3,5 Milliarden Jahren zu datieren sind. Am bemerkenswertesten ist die Tatsache, daß dann etwa 2000 *JM* lang nichts sonderlich Spektakuläres passierte, was das Leben auf der Erde betrifft. Es gab offenbar eine Vielzahl ganz unterschiedlicher Prokaryonten, aber diese sind – wiewohl auf ihre Weise recht erfolgreich – als Vorläufer für intelligentes Leben wohl nicht sonderlich geeignet. Dennoch entfalteten sie eine bemerkenswerte Vielfalt von Stoffwechselfunktionen; die Blau-Grün-Bakterien wurden sogar phototropisch und produzierten Sauerstoff. Bis zu diesem Zeitpunkt hatte in der Erdatmosphäre ein Reduktionsprozeß stattgefunden.

Irgendwann vor etwa 1400 bis 1500 *JM* trat ein höchst unwahrscheinliches Ereignis ein. Die wahrscheinlichste Erklärung ist, daß sich eine Symbiose zwischen zwei (oder mehr) Arten von Prokaryonten herausbildete; die eine stellte cytoplasmische Organellen zur Verfügung, die andere den Kern eines völlig neuen Typs von Organismen, von Eukaryonten. Offenbar war dies eine so erfolgreiche Kombination, daß innerhalb einiger hundert *JM* vier neue Reiche entstanden, die Protisten (einzellige Tiere und Pflanzen), Pilze, Pflanzen und Tiere. Alle höheren Organismen sind Eukaryonten; sie zeichnen sich dadurch aus, daß jede ihrer Zellen einen hochorganisierten Zellkern und Chromosomen hat.

Wie wir sehen, verstrich vom Zeitpunkt des Ursprungs des Lebens bis zur Entstehung der Eukaryonten mehr als das halbe »Leben« der Erde, ohne daß irgendein sonderlich auffälliges Ereignis eintrat, außer der Diversifizierung innerhalb der Prokaryonten. Sobald jedoch die Eukaryonten »erfunden« waren, kam es zu einer fast explosionsartigen innovativen Diversifizierung. Innerhalb eines jeden der vier erwähnten Reiche entstanden zahlreiche eigenständige Evolutionslinien, die oft erstaunliche Unterschiede voneinander aufwiesen. In keinem einzigen dieser Reiche – außer dem Tierreich – läßt sich jedoch auch nur ein Ansatz irgendwelcher evolutionärer Entwicklungen in Richtung auf Intelligenz feststellen.

Wie steht es nun mit der Herausbildung von Intelligenz bei den Tieren? Nach Erfindung des tierischen »Typus« entstanden unterschiedliche Strukturtypen, die derart vielfältig waren, daß sich für das Kambrium vermutlich mindestens fünfzig verschiedene Stämme von Tieren erkennen lassen, einschließlich vieler einzigartiger Typen in den Ediacara-Schichten (Südaustralien) und den

Burgess-Schiefer-Formationen. Viele von ihnen starben binnen kurzem wieder aus, und für die Entstehung neuer Stämme nach Ende des Kambriums (vor 500 *JM*) gibt es keinen stichhaltigen Beweis. Die überlebenden Stämme jedoch entwickelten sich stetig zu einer Vielzahl von Klassen, Ordnungen, Familien und untergeordneteren Einheiten weiter. Von den etwa fünfzig ursprünglichen Tierstämmen brachte nur einer, die Chordaten, schließlich intelligentes Leben hervor, aber bis dahin mußte die Welt noch circa 500 *JM* warten. Als erstes, immer noch im Paläozoikum, traten die Vertebraten (Wirbeltiere) in äußerst vielfältigen Typen auf; früher faßte man sie alle unter der Bezeichnung »Fische« zusammen, aber mittlerweile ist man sich darüber im klaren, wie verschieden voneinander die frühen Vertebraten waren. Innerhalb dieser Vielfalt von Typen brachte nur ein Typus die Amphibien hervor, und unter den verschiedenen Typen von Amphibien nur ein Typus die Reptilien. Die sogenannten Reptilien ihrerseits stellen eine äußerst mannigfaltige Gruppe von Vertebraten dar, zu der so unterschiedliche Organismen wie Schildkröten, Eidechsen, Schlangen, Krokodile und etliche ausgestorbene Stämme, etwa die Ichthyosaurier, die Plesiosaurier, die Pterodaktylen (Flugsaurier) und die Dinosaurier gehörten. Von diesen zahlreichen Typen von Reptilien brachten lediglich zwei – die Sauropsiden (die Vorfahren der Vögel) und die Therapsiden (die Vorfahren der Säugetiere) – Nachkommen hervor, unter denen man einigen ein gewisses Maß an Intelligenz zuschreiben kann. Aber trotz meiner Vorliebe für Vögel würde ich nicht so weit gehen zu behaupten, daß ein Rabe oder ein Papagei das Maß an und die Art von Intelligenz besitzt, wie man sie bei den Trägern einer Zivilisation antrifft. Wir müssen also bei der Klasse der Säugetiere weitermachen. Zu ihr gehören so ungewöhnliche Typen wie die Monotremen (beispielsweise das Schnabeltier) und die Beuteltiere sowie eine Vielzahl von Plazentaliern, von denen einige heute noch existieren, während viele andere im Verlauf des Tertiärs ausstarben. Unter den Säugetieren gab es etliche Arten, deren Zentralnervensystem ein recht hohes Entwicklungsniveau erreicht hatte und die ziemlich intelligent waren, aber nur eine von ihnen führte zur Entwicklung von tatsächlich überlegenem, intelligentem Leben, zu den Primaten. Bei den Primaten handelt es sich allerdings um eine sehr mannigfaltige Gruppe, zu der Halbaffen (Lemuren und so weiter), Altwelt- und Neuweltaffen gehören; aber nur die Menschenaffen haben eine Intelligenz entwickelt, deren Niveau das anderer Säugetiere eindeutig übersteigt. Erst nach etwa 18 oder 25 *JM*, seit denen es Menschenaffen gibt, und nachdem sich diese Hauptlinie in eine Reihe untergeordneter Linien – etwa die Gibbons (und verwandte Arten), der Orang-Utan (und verwandte Arten), die afrikanischen Affen (Schimpanse und Gorilla) – verzweigt hatte und eine beträchtliche Anzahl von Stämmen ausgestorben war, tauchte ein Stamm auf, der schließlich, vor weniger als einem Drittel *JM*, zum *Homo sapiens* führte.

Der Grund, weshalb ich Sie mit einer solchen Fülle lästiger Details förmlich überschwemmt habe, ist folgender: Ich wollte einen bestimmten Punkt klar und deutlich hervorheben, und zwar einen ganz entscheidenden Punkt. Im Gegensatz zu jenen, die eine direkte Entwicklungslinie vom Ursprung des Lebens hin zum vernunftbegabten Menschen sehen, habe ich gezeigt, daß es auf jeder einzelnen Etappe dieses Weges jede Menge, vielleicht sogar Hunderte Verzweigungspunkte und phyletische Linien gab, die sich unabhängig weiterentwickelten, wobei jeweils nur eine einzige zum Ausgangspunkt der Stammeslinie wurde, die schließlich den Menschen hervorbrachte.

Wenn die Evolutionisten aus einer detaillierten Analyse der Evolution eine Lehre gezogen haben, dann die, daß der Ursprung neuer Arten weitgehend eine Sache des Zufalls ist. Neunundneunzig von hundert neu entstehenden Spezies sterben wahrscheinlich aus, ohne eine Art hervorzubringen, die sich weiterentwickelt. Und das charakteristische Wesen einer jeden neuen Art ist in hohem Maße von Zufallsfaktoren wie etwa der genetischen Zusammensetzung der Ausgangspopulation, der speziellen internen Struktur des jeweiligen Genotypus und der unbelebten wie auch der biotischen Umwelt, die die Selektionskräfte der Population der neuen Spezies bereitstellt, bedingt.

Meine Argumentation, die von der unglaublich geringen Wahrscheinlichkeit ausgeht, daß es überhaupt je zur Entstehung von Intelligenz kam, sollte man nicht falsch verstehen. Ich behaupte keineswegs, daß irgendeine Art von extraterrestrischem intelligentem »Leben« auch nur die geringste anatomische Ähnlichkeit mit dem Menschen haben müßte. Ich habe bereits erwähnt, daß wir auch bei anderen Säugetieren und sogar bei Vögeln ein gewisses Maß an Intelligenz feststellen können. In der Tat ist die Fähigkeit, bei späteren Verhaltensweisen einen Nutzen aus früheren Erfahrungen zu ziehen, mit anderen Worten: eine rudimentäre Art von Intelligenz, im Tierreich sehr häufig anzutreffen. Intelligenz könnte sich auf einem anderen Planeten in einem Wesen verkörpern, das sich in schier unvorstellbarem Maße von allen nur erdenklichen Lebewesen auf der Erde unterscheidet. Fans von Science-fiction dürfte es wohl kaum schwerfallen, sich die verschiedensten Möglichkeiten auszumalen.

Worauf ich hinauswill, ist die unglaubliche Unwahrscheinlichkeit, daß wirkliche Intelligenz sich überhaupt entwickelt. Es gab vermutlich mehr als eine Milliarde Tierarten auf der Erde, die sich auf viele Millionen einzelner phyletischer Linien verteilten, und sie alle lebten auf einem Planeten, der günstige Voraussetzungen für die Entstehung von Intelligenz bietet, und dennoch ist es nur einer einzigen von diesen Arten gelungen, Intelligenz hervorzubringen.

Verfechter einer extraterrestrischen Intelligenz haben auf die konvergente Evolution zweier so »äußerst unwahrscheinlicher« Organe wie des Auges der Cephalopoden und des Auges der Vertebraten hingewiesen und darin eine Analogie zu der vermutlich gleich unwahrscheinlichen, aber nicht ganz und gar unmöglichen konvergenten Evolution von Intelligenz gesehen. Die so argumentieren, haben leider ihre Hausaufgaben in Biologie nicht gemacht. Das Auftreten einer konvergenten Evolution der Augen ist in der Tat von entscheidender Bedeutung für die Abschätzung der Wahrscheinlichkeit einer konvergenten Evolution der Intelligenz. Der springende Punkt ist aber, daß die konvergente Evolution von Augen innerhalb verschiedener Stammeslinien durchaus nicht unwahrscheinlich ist. Vielmehr haben sich Augen immer dann entwickelt, wenn sie im Tierreich einen selektiven Vorteil boten. Salvini-Plawen und ich haben gezeigt, daß Augen sich nicht weniger als mindestens vierzigmal in verschiedenen Gruppen von Tieren unabhängig entwickelt haben (Salvini-Plawen und Mayr 1977). Dies zeigt, daß ein hochkompliziertes Organ sich wiederholt und konvergent entwickeln kann, wenn dies von Vorteil ist, vorausgesetzt, eine derartige Evolution ist überhaupt wahrscheinlich. Bei wirklicher Intelligenz ist dies aber ganz offensichtlich nicht der Fall, wie die Geschichte des Lebens auf der Erde erwiesen hat.

Eine zusätzliche Unwahrscheinlichkeit sollte ebenfalls noch erwähnt werden. Irgendwie setzen die Befürworter von SETI ganz naiv voraus, »Intelligenz« sei gleichbedeutend mit der Entwicklung einer Technologie, die in der Lage ist, intra- oder sogar intergalaktisch zu kommunizieren. Der Neandertaler beispielsweise, der vor 100 000 Jahren lebte, hatte ein Gehirn, das genauso groß war wie unseres. Trotzdem war seine »Kultur« äußerst rudimentär. Die großartigen Kulturen der Griechen, der Chinesen, der Mayas oder der Renaissance haben, wiewohl von Menschen geschaffen, die in jeder Hinsicht physisch identisch mit uns waren, nie eine solche Technologie hervorgebracht, und das nämliche galt bis vor ein paar Jahren auch für uns selber. Die Annahme, daß irgendwelches extraterrestrisches intelligentes Leben über die Technologie und Denkweise des Menschen des ausgehenden 20. Jahrhunderts verfügen müßte, ist unglaublich naiv.

Kulturen sind, wie die Geschichte des Menschen zeigt, flüchtige Augenblicke in der Geschichte einer intelligenzbegabten Spezies. Wenn zwei Kulturen miteinander kommunizieren sollen, ist eine notwendige Voraussetzung, daß sie gleichzeitig ihre Blütezeit erleben. Ich will die Bedeutung dieses Punktes anhand einer kleinen Geschichte veranschaulichen. Angenommen, in unserer Galaxie existiert noch eine weitere Kultur mit einer hoch entwickelten Technologie. Mittels außergewöhnlicher Instrumente waren deren Angehörige in der Lage, die Entstehung der Erde vor 4,5 Milliarden Jahren zu entdecken. Sofort begannen sie, Signale in Richtung Erde auszusenden, und setzten dies für die Dauer von 4,5 Milliarden Jahren fort. Schließlich beschlossen sie, zur Zeit von Christi Geburt, dieses Programm nach weiteren 1900 Jahren zu beenden, falls sie bis dahin keine Antwort erhielten. Als sie daher im Jahre 1900 ihr Programm einstellten, hatten sie, zu ihrer eigenen Befriedigung, bewiesen, daß es in unserer Galaxie außer ihnen kein intelligentes Leben gab.

Mit dieser Geschichte will ich folgendes zeigen: Selbst wenn es intelligentes extraterrestrisches Leben gäbe, und selbst wenn es

eine hochkomplizierte Technologie entwickelt hätte (obwohl –
wenn sie wahrhaft intelligent wären, hätten sie vielleicht gerade
dies tunlichst vermieden), müßte der Zeitpunkt ihrer Bemühungen und der der Anstrengungen unserer Ingenieure in einem ganz
unwahrscheinlichen Maße koinzidieren, wenn man bedenkt, wieviel astronomische Zeit zur Verfügung steht. Jeder Aspekt »extraterrestrischer Intelligenz«, den wir näher betrachten, konfrontiert
uns mit astronomisch geringen Wahrscheinlichkeiten. Multipli-
ziert man diese miteinander, dann kommt man für alle praktischen
Zwecke auf einen Wert nahe Null. Darauf hat Simpson bereits
1964 hingewiesen. Diejenigen Biologen, die an der Wahrscheinlichkeit zweifeln, daß je ein Kontakt mit extraterrestrischem intelligentem Leben hergestellt werden kann, falls ein solches existiert,
»verneinen« keineswegs »kategorisch die Möglichkeit, daß es extraterrestrische Intelligenz gibt«, wie man ihnen vorwirft. Wie
könnten sie auch? Es gibt keine Fakten, die eine derartige kategorische Verneinung rechtfertigen könnten. Und meines Wissens ist
eine solche kategorische Verneinung auch nie irgendwo öffentlich
vertreten worden. Sie behaupten nichts weiter, als daß die Wahrscheinlichkeiten nahezu bei Null liegen. Aus diesem Grund sind
Evolutionsbiologen, als Gruppe, so skeptisch gegenüber der möglichen Existenz extraterrestrischer Intelligenz und noch skepti-
scher, was die Möglichkeit einer Kommunikation mit ihr betrifft,
falls es sie gibt.

Meiner Ansicht nach handelt es sich bei SETI um eine bekla-
genswerte Verschwendung von Steuergeldern, von Geldern, die
höchst nutzbringend für andere Zwecke verwandt werden könnten.[2]

Anmerkungen

Es handelt sich bei diesem Essay um einen Nachdruck aus: E. Regis jr.
(ed), *Extraterrestrials: Science and Alien Intelligence*, S. 23–30. Cambridge University Press 1985.
1 Seit der Antike haben phantasiebegabte Denker spekuliert, ob irgendwo im Universum noch andere lebende Wesen existieren, und es

gibt eine umfangreiche Literatur zu diesem Thema (vgl. Beck 1985; Crowe 1986; Dick 1982; Regis 1985). In dem Buch, in dem dieser Essay erstmals veröffentlicht wurde (Regis 1985), wird das Für und Wider des Projekts einer Suche nach extraterrestrischer Intelligenz (SETI) eingehend untersucht.

2 Nachdem ich dieses Manuskript abgeschlossen hatte, las ich noch einmal Simpsons klassische Abhandlung (1964) zu diesem Thema und war verblüfft über die vielen Entsprechungen zwischen seiner und meiner Analyse. Vielleicht habe ich mich unterbewußt an seine Argumentation erinnert. Wie dem auch sei, ich möchte seinen berühmten Essay *Nonprevalence of humanoids/Nicht-Vorherrschen der Hominiden* wärmstens empfehlen. Er ist heute noch genauso richtig wie damals.

5 Der Ursprung der menschlichen Ethik

Als 1859 der *Ursprung der Arten* erschien, markierte dies den Zeitpunkt, ab dem man die gottgegebene Natur der menschlichen Moral nicht mehr automatisch akzeptierte. Wohlgemerkt, Philosophen hatten auch früher schon die Frage nach dem Ursprung der menschlichen Ethik gestellt, aber ihr eigentliches Anliegen war es gewesen herauszufinden, wie man die richtigen oder besten ethischen Normen bestimmen könnte. Mit dieser Frage will ich mich in diesem Essay nicht auseinandersetzen. Ich werde nicht versuchen, Normen aufzustellen, die festlegen, was gut, was schlecht oder was moralisch ist. Ich gehe davon aus, daß sowohl unser Kulturkreis als auch jedes einzelne Individuum, das ihm angehört, eine einigermaßen klare Vorstellung davon haben, was Moral ist, was gut oder böse ist. Vielmehr will ich versuchen, die Herausbildung der menschlichen Ethik im Verlauf der Evolution des *Homo sapiens* aus seinen Primatenvorfahren zu diskutieren, und zwar beginne ich mit dem Problem des Altruismus.

Ein Verhalten ist dann altruistisch, wenn es einem anderen, nicht nahe verwandten Organismus nützt, während es offenbar für den Organismus, der sich so verhält, von Nachteil ist. Das Vorhandensein wahrhaft altruistischen Verhaltens unterscheidet, so die allgemeine Überzeugung, den Menschen vom Tier. Dieser Unterschied scheint so drastisch und sprunghaft, daß er in den frühen, vor-darwinistischen Argumentationen oft als Beweis für einen gesonderten Ursprung der Menschheit angeführt wurde. Darwin war sich sehr wohl dessen bewußt, wie sehr der Mensch sich von allen Tieren unterscheidet, und er stellte 1871 fest: »Ich unterschreibe uneingeschränkt das Urteil derjenigen Autoren, die die Ansicht vertreten, daß von allen Punkten, in denen der Mensch sich von den niedriger stehenden Tieren unterscheidet, der Sinn für Moral oder das Gewissen bei weitem der wichtigste ist.« Trotzdem legte er, wie wir noch sehen werden, eine vollständig ausgearbeitete Theorie darüber vor, wie sich dies allmählich entwickelt haben könnte.

In den letzten fünfzig Jahren gelangte man allgemein zu der Auffassung, daß eine besondere Form des Altruismus bei Tieren weit verbreitet ist, vor allem bei Arten, die sich um ihre Nachkommen kümmern oder soziale Gruppen bilden, die im Prinzip erweiterte Familien darstellen. Hier lassen sich ein altruistisches Verteidigen der Nachkommen seitens der Mutter und manchmal auch des Vaters sowie die Bereitschaft, nahe Verwandte zu verteidigen oder zu warnen, die Nahrung miteinander zu teilen und andere Verhaltensweisen feststellen, die eindeutig dem anderen zugute kommen und für den Ausführenden zumindest potentiell von Nachteil sind. Wie Haldane, Hamilton und zahlreiche Soziobiologen hervorgehoben haben, kann ein derartiges Verhalten durch die natürliche Auslese begünstigt werden, da es der Fitness des Genotyps des sich altruistisch Verhaltenden förderlich ist. Solange ein Verhalten aufs Ganze gesehen von Vorteil für den Genotyp des Altruisten ist, handelt es sich, kritisch betrachtet, eher um ein egoistisches als um ein altruistisches Verhalten. Die soziobiologische Literatur bietet buchstäblich Hunderte von Beispielen für scheinbar altruistisches Verhalten, das aber in Wirklichkeit die Gesamteignung (*inclusive fitness*) des Altruisten fördert.

Der letztlich auf Gesamteignung abzielende Altruismus ist einer der größten Streitpunkte in der gegenwärtigen Literatur zur Evolution. Einige Autoren glauben anscheinend, die gesamte menschliche Ethik bestehe aus einem mehr oder weniger primitiven Altruismus mit dem Ziel, die Gesamteignung zu erhöhen. Andere Autoren wiederum glauben, als wahrhaft menschliche Ethik sich entwickelte, sei sie, im großen und ganzen, an die Stelle des auf die Gesamteignung gerichteten Altruismus getreten. Meine eigene Einstellung liegt irgendwo zwischen diesen beiden Polen. Für mich lassen sich bei der Spezies Mensch viele Überbleibsel eines auf Gesamteignung gerichteten Altruismus erkennen, beispielsweise die instinktive Mutterliebe oder die moralische Haltung, die wir annehmen, wenn wir es mit Fremden oder Ausländern zu tun haben, und die ganz anders ist als die, die wir gegenüber Mitgliedern unserer eigenen Gruppe an den Tag legen. Die im Alten Testament kodifizierten moralischen Normen sind charakteristisch für dieses Erbe. Aber ich glaube nicht, daß menschliche Ethik sich auf die Zunahme der Gesamteignung beschränkt.

Interessanterweise war Darwin sich der Existenz einer Gesamteignung durchaus bewußt. Im Zusammenhang mit dem Auftreten von Individuen mit überlegenen Fähigkeiten innerhalb eines Stammes stellt er fest: »Wenn solche Männer Kinder hinterließen, die ihre geistige Überlegenheit erbten, wäre die Chance, daß noch begabtere Stammesangehörige geboren würden, ein wenig, bei einem kleinen Stamm sogar entschieden größer. Selbst wenn sie keine direkten Nachkommen hinterließen, würden zu dem Stamm immer noch ihre Blutsverwandten gehören« (1871: 161), die, wie Darwin erklärt, über eine ähnliche genetische Ausstattung verfügen. Eine Selektion zugunsten der Ausbreitung eines auf die Gesamteignung gerichteten Altruismus gab es natürlich nicht nur bei primitiven Menschen, sondern auch bei allen sozialen Tieren, bei denen erweiterte Familien den Kern sozialer Gruppen bilden. Darwin betont immer wieder die Tatsache, daß soziale Tiere über eine bemerkenswerte Fähigkeit verfügen, ihre Verwandten zu erkennen. »Die sozialen Instinkte erstrecken sich nie auf alle Individuen der gleichen Spezies« (1871: 85). In jüngerer Zeit haben Pat Bateson und seine Gruppe an der Cambridge University anhand von Experimenten hervorragend dokumentiert, in welchem Maße dieses Gespür für Verwandtschaftsbeziehungen bei bestimmten Tieren entwickelt ist.

Solitäre Tiere haben keine Gelegenheit, einen solchen Altruismus zu erwerben. Ihnen fehlen Verhaltensweisen, die durch natürliche Selektion zu Altruismus umgeformt werden könnten. Im Gegensatz dazu stellen die altruistischen Neigungen bei Organismen, die in sozialen Gruppen leben, einen ausgezeichneten Ausgangspunkt für die Entwicklung der menschlichen Ethik dar.

Die Entstehung der Ethik im eigentlichen Sinne

Wie wir noch sehen werden, entwickelte sich die menschliche Ethik im eigentlichen Sinne aus dem auf Gesamteignung gerichteten Altruismus unserer Primaten-Vorfahren. Auch wenn es nicht möglich ist, in jedem einzelnen Fall eine klare Trennungslinie zwischen wahrer Ethik und Altruismus im Dienste der Gesamteignung zu ziehen, kann man doch ganz allgemein sagen, daß ethisches Verhalten auf bewußter Überlegung beruht, die dazu führt, daß man sich bewußt entscheidet. Das altruistische Verhalten einer Vogelmutter hat nichts mit einer Entscheidung zu tun; es ist instinktiv, nicht ethisch.

Simpson (1969) charakterisierte dies sehr treffend: »Der Begriff Ethik ist bedeutungslos, sofern nicht drei Voraussetzungen gegeben sind:

a) Es gibt alternative Verhaltensweisen;

b) der Mensch ist in der Lage, die Alternativen ethisch zu beurteilen;

c) er kann sich frei für das entscheiden, was er für ethisch gut hält.

Ethik hängt also eindeutig von der Fähigkeit des Menschen ab, die Folgen seiner Handlungen vorauszusehen, und schließt mit ein, daß man eine individuelle Verantwortung für die Folgen akzeptiert. Dies ist die Grundlage für den Ursprung und die Funktion moralisch-ethischen Empfindens.

Ayala (1987) hat mehr oder weniger den gleichen Gedanken formuliert, als er sagte, daß menschliche Wesen ethisches Verhalten an den Tag legen, weil ihre biologische Veranlagung bedingt, daß sie über drei notwendige und im Zusammenwirken ausreichende Voraussetzungen verfügen. Diese Voraussetzungen sind: 1. die Fähigkeit, die Folgen seiner Handlungen im voraus abschätzen zu können; 2. die Fähigkeit, Werturteile zu fällen, und 3. die Fähigkeit, eine Wahl zwischen alternativen Handlungsweisen zu treffen.

Die Fähigkeit zu ethischem Verhalten hängt also eng mit der Entwicklung anderer typisch menschlicher Fähigkeiten zusammen. Der Unterschied zwischen einem Tier, das instinktiv handelt, und einem menschlichen Wesen, das die Fähigkeit besitzt, Entscheidungen zu fällen, ist die Demarkationslinie der Ethik. Ich gehe davon aus, daß eine Person die Entscheidung treffen *kann*, ob sie jemanden überfallen oder ihm eine Kugel in den Kopf jagen will. Da eine Person das Resultat ihrer oder seiner Handlungen vorhersehen kann, ist sie oder er für die moralische Bewertung des Ergebnisses voll verantwortlich. Menschliche Wesen sind zu solchen Beurteilungen in der Lage, weil sie über ein Denkvermögen verfügen, das durch die Evolution des Gehirns ermöglicht wurde.

Die Veränderung von einem instinktiven Altruismus, der auf dem Streben nach Gesamteignung beruht, hin zu einer Ethik, die auf Entscheidungsprozessen beruht, war der wohl wichtigste Schritt auf dem Wege zur Menschwerdung. Natürlich fiel die Entwicklung des Gehirns mit etlichen anderen evolutionären Veränderungen beim Menschen zusammen, beispielsweise der immensen Ausdehnung der Periode der Kindheit und Jugend und somit der elterlichen Fürsorge. Es ist natürlich nicht möglich, bei diesen eng miteinander verknüpften Entwicklungen zu bestimmen, was Ursache und was Wirkung ist. Weitere korrelierte Faktoren waren ein Trend zur Vergrößerung der Hominidengruppen über die Großfamilie hinaus und die Entwicklung von Stammestraditionen und einer Stammeskultur (siehe unten).

Da das gesamte Konzept der Ethik auf der festen Überzeugung beruht, daß eine Person bis zu einem gewissen Grad in der Lage ist, ihre oder seine Handlungen zu bestimmen, ist Ethik von der Existenz eines freien Willens abhängig. Und ganz zu Recht hat das Problem des freien Willens in der philosophischen Analyse der Ethik immer breiten Raum eingenommen. Hier ist nicht der Ort, die Existenz eines freien Willens zu verteidigen; ich möchte lediglich feststellen, daß ein Akzeptieren der Existenz eines freien Willens dem Prinzip der Kausalität nicht zuwiderläuft. Im nachhinein betrachtet kann eine jede Handlung kausal erklärt werden; es handelt sich jedoch sozusagen um eine A-posteriori-Kausalität. Wenn ich die Möglichkeit habe, mich für die eine oder die andere von zwei Antworten auf eine bestimmte moralisch-ethische Situation zu entscheiden, so beruht das – ganz unabhängig davon, für welche ich mich entscheide – auf einer streng kausalen Abfolge.

Eines der wichtigsten Probleme in bezug auf den Ursprung der menschlichen Ethik ist die Ausweitung der Hominidengruppe von einer erweiterten Familie zu einer größeren, offeneren Gesellschaft. Damit dies überhaupt möglich war, mußte der Altruismus, der bislang auf nahe Verwandte beschränkt gewesen war, auch auf Nicht-Verwandte ausgedehnt werden. Rudimente eines solchen Verhaltens lassen sich bei einigen Primatengruppen beobachten, bei denen ebenfalls ein gewisser Austausch zwischen miteinander nicht verwandten Individuen stattfindet. Im Laufe der menschlichen Evolution haben vermutlich einige Hominiden festgestellt, daß eine größere Gruppe eine größere Chance hatte, im Kampf mit einer anderen Gruppe Sieger zu bleiben, als eine kleine Gruppe, die lediglich aus einer erweiterten Familie bestand. Man kann davon ausgehen, daß eine Gruppe, die im Besitz einer günstig gelegenen Höhle, eines Wasserlochs oder eines Jagdreviers war, Außenseiter anzog, die aus diesen günstigen Bedingungen einen Vorteil ziehen wollten. Es war von selektivem Vorteil für die Gruppe, durch zusätzliches Menschenpotential verstärkt zu werden, auch wenn dies die Ausweitung des Altruismus auch auf Nicht-Verwandte, das heißt über den Rahmen der Gesamteignung hinaus, erforderte. Mit anderen Worten, es erforderte die Herausbildung einer Ethik im eigentlichen Sinne des Wortes. Die Bedeutung der Veränderung von einer auf Verwandtschaftsbeziehungen beschränkten Moral hin zu einer Ethik stellt einen Schritt in der Evolution des Menschen dar, der bislang nicht gebührend hervorgehoben worden ist.

Obwohl es einen »Artunterschied« zwischen der menschlichen Ethik und dem auf Gesamteignung gerichteten Altruismus von Tieren gibt, ist erstere sicherlich nicht spontan aufgetreten, sondern hat sich allmählich entwickelt. Die Kluft von vier bis acht Millionen Jahren zwischen dem *Homo sapiens* und unseren engsten anthropoiden Vorfahren bot mehr als genug Zeit für alle notwendigen Zwischenstadien.

Eine für beide Teile vorteilhafte Interaktion zwischen nicht-verwandten Individuen wurde in der Fachliteratur als *reziproker Altruismus* bezeichnet (Trivers 1971). Die Putzerfische, die große Raubfische von Parasiten befreien, sind ein typisches Beispiel dafür. Im Grunde genommen ist jedoch der Terminus Altruismus in diesem Fall ziemlich unangemessen, da der vermeintlich altruistisch Handelnde entweder gleich oder aber auf lange Sicht davon profitiert. Derartige reziproke Interaktionen, insbesondere bei Primaten, implizieren immer eine Art Überlegung: »Wenn ich diesem Individuum bei seinem Kampf helfe, wird es mir auch helfen, wenn ich in eine ähnliche Situation gerate.« Mit anderen Worten: Es handelt sich eher um ein durchaus egoistisches als um ein altruistisches Verhalten. Diese Art von Überlegung ist nach Ansicht einiger Soziobiologen die Wurzel der meisten altruistischen menschlichen Verhaltensweisen. Der Vorteil, den ein »altruistischer« Mensch sich erwartet, ist Beifall, Respekt oder sogar die Bewunderung seiner Mitbürger (Alexander 1987: 102). Gegner dieser Betrachtungsweise haben zu Recht hervorgehoben, wie oft altruistische Handlungen (beispielsweise anonym) ausgeführt werden, ohne daß der betreffende Altruist irgendeine Art von Belohnung erwartet oder auch nur will.

Die menschliche kulturelle Gruppe

Die Entwicklung einer rein menschlichen Ethik war eng mit der Entwicklung menschlicher kultureller Gruppen verknüpft. Diese Gruppen – Ausweitungen der ursprünglichen Familienverbände – wurden durch Führerschaft, eine eigene Sprache, die geographische Lage, Rituale und kulturelle Traditionen zusammengehalten. Die entscheidende Frage, die man hier stellen muß, ist, ob solche kulturellen Gruppen als Selektionseinheiten in der Evolution der menschlichen Ethik fungieren konnten. Das heißt: Konnte eine kulturelle Gruppe als ganze die Zielscheibe der Selektion sein?

Diejenigen Evolutionisten, die an Gruppenselektion in ihren verschiedensten Formen glauben, haben diese Frage positiv beantwortet. Diejenigen, die der Idee einer Gruppenselektion ablehnend gegenüberstehen, haben behauptet, daß sie auf den Menschen genausowenig angewandt werden könne wie auf jeden anderen Organismus. Ich persönlich stimme mit keiner der beiden Anschauungen überein. Meiner Ansicht nach sollte man sich davor hüten, unter dem Begriff *Gruppenselektion* völlig unterschiedliche evolutionäre Phänomene in einen Topf zu werfen. Ich stimme mit Williams, Sober und anderen dahingehend überein, daß Gruppenselektion bei Tieren (wie sie Wynne-Edwards und andere vorgeschlagen haben) durch nichts bewiesen ist. Von allen drei Spielarten einer sogenannten Gruppenselektion bei Tieren, die ich erkennen kann, läßt sich keine einzige beweisen (siehe Essay 7). In allen tierischen Gruppen ist das Individuum die Zielscheibe der Selektion (angebliche Gruppenselektion bei sozialen Tieren ist in Wirklichkeit auf die Gesamteignung gerichtete Selektion).

Kulturelle Gruppen bei den Menschen sind jedoch etwas ganz

anderes. Es gibt zahlreiche Beweise dafür, daß menschliche Kulturgruppen als ganze die Zielscheibe einer Selektion sein können. Eine ziemlich rigorose Selektion unter solchen kulturellen Gruppen durchzieht die gesamte Geschichte der Hominiden. Darwin war sich dessen voll und ganz bewußt: »Alles, was wir wissen... [zeigt], daß seit Urzeiten erfolgreiche Stämme andere Stämme verdrängt haben« (1871: 160). Dieser Art von Selektion kommt deswegen so überragende Bedeutung zu, weil Selektion unter kulturellen Gruppen – im Gegensatz zur individuellen Selektion – möglicherweise Altruismus und andere Tugenden belohnt, die die Gruppe stärken, selbst wenn dies auf Kosten der einzelnen Individuen geht. Wie die Geschichte mehr als einmal gezeigt hat, werden solche Verhaltensweisen beibehalten und überdauern um so länger, je mehr sie zum Wohlergehen einer kulturellen Gruppe als ganzer beitragen.

Die Fähigkeit, Gruppennormen angemessen anzuwenden, ist eng mit der allmählich sich herausbildenden Denkfähigkeit des menschlichen Gehirns verknüpft. Die korrelierte Evolution eines größeren Gehirns und einer größeren sozialen Gruppe ermöglichte zwei neue Aspekte ethischen Verhaltens: 1. eine selektive Belohnung für bestimmte selbstlose Eigenschaften, die der Gruppe zugute kommen, und 2. ein moralisch-ethisches Verhalten aufgrund bewußter Entscheidung und nicht nur aufgrund des Instinkts der Gesamteignung.

Diese Schlußfolgerungen lassen jedoch nach wie vor zwei wesentliche Fragen unbeantwortet:

(1) Wie entwickelt eine kulturelle Gruppe einen Satz ethischer Normen?
(2) Wie eignet sich ein gegebenes Individuum die Kenntnis der Normen an, nach denen es handeln soll?

Wie erlernt eine kulturelle Gruppen ihren speziellen Satz ethischer Normen?

Seit Aristoteles, Spinoza und Kant bis in unsere Zeit haben sich Philosophen mit dieser Frage auseinandergesetzt. Die zwei gängigsten Antworten darauf waren, daß moralische Normen entweder gottgegeben oder aber das Ergebnis menschlicher Vernunft seien. Wenn jedoch die Vernunft der ursächliche Faktor ist, muß man weiterfragen: wessen Vernunft und anhand welcher Kriterien? Ich will gar nicht erst versuchen, die unzähligen Antworten auf diese Fragen zu diskutieren.

Nachdem sich das Konzept der Evolution durchgesetzt hatte, wurden zahlreiche Versuche unternommen, moralische Normen aus der Evolutionstheorie abzuleiten. Beispielsweise schlug man vor, das »Gute« oder »Überlegene« sei das, was dafür geeignet sei, den Menschen über das Niveau eines Tieres zu erheben. Aber es gibt keinerlei Beweis dafür, daß sich je irgend jemand bewußt eines solchen rationalen Ansatzes bedient hat, um ein überlegenes ethisches System zu entwickeln. Allerdings war die Eugenik von ihren Begründern als eine Möglichkeit konzipiert worden, die Menschen auf eine höhere Ebene der Vollkommenheit zu heben. Es ist eine tragische Ironie, daß dieses ursprünglich edle Ziel in letzter Konsequenz zu einem der verabscheuenswürdigsten Verbrechen in der gesamten Geschichte der Menschheit geführt hat.

Für Darwin war der Maßstab der Ethik das Verhältnis des einzelnen zur Gesellschaft. Als moralisch betrachtete er das, was sich als Unterwerfung unter die, wie er es nannte, »sozialen Instinkte« äußerte. Diese Lösung wich jedoch der eigentlichen Frage lediglich aus, indem sie zu der sich daraus ergebenden Frage führte, wo die sozialen Instinkte ihren Ursprung haben. Bertrand Russell operierte mit einem ähnlichen Prinzip; er betrachtete das als »objektiv richtig... [was] den Interessen einer Gruppe am dienlichsten ist. Ein Vergleich der ethischen Normen auf der ganzen Welt zeigt, daß diejenigen Gruppen am erfolgreichsten waren, in denen das Eigeninteresse des Individuums zumindest in gewissem Maße dem Wohlergehen der Gemeinschaft untergeordnet war.« Russells Vorschlag kommt in der Tat einer zufriedenstellenden Antwort näher als die Äußerung Darwins, da er sich auf den relativen Erfolg verschiedener menschlicher Kulturgruppen bezieht. Einige von ihnen verfügten über moralische Normen, die die Wahrscheinlichkeit eines Erfolgs (das heißt: der Langlebigkeit) der Gruppe förderten; andere hingegen hatten moralische Normen, die zu einem raschen Aussterben führten.

Man kann sich ohne weiteres vorstellen, daß ein bestimmtes

Wertesystem innerhalb einer Kultur möglicherweise zum Wohlergehen und einem zahlenmäßigen Wachstum der Gruppe beiträgt, was wiederum zu einem völkermörderischen Krieg gegen Nachbarn führen könnte, wobei der Sieger das Territorium der Besiegten für sich in Beschlag nimmt. Jegliche Spaltungstendenzen innerhalb einer Gruppe würden sie hingegen schwächen und nach einer bestimmten Zeit zu ihrem Untergang führen. Auf diese Weise wird das ethische System einer jeden sozialen Gruppe oder eines jeden Stammes mittels des Prinzips von Versuch und Irrtum, Erfolg und Fehlschlag wie auch durch die gelegentliche modifizierende Einflußnahme bestimmter Führer ständig abgeändert. Altruismus innerhalb der Gruppe und alle anderen Verhaltensweisen, die die Gruppe stärken, würden dann im Lauf der Zeit durch Selektion belohnt werden. Daher sind die moralischen Normen, nach denen die Mitglieder entscheiden, ob ein bestimmtes Verhalten falsch oder richtig ist, nicht das Resultat einer biologischen Evolution, sondern einer kulturellen Evolution.

Wenn wir nun fragen, ob moralische Normen das Ergebnis von Vernunft oder einfach das Ergebnis des zufälligen Überlebens derjenigen von den miteinander konkurrierenden Gruppen sind, die über die konstruktivste Ethik verfügt, so bekommen wir verschiedene Antworten. Die überwältigende Vielfalt der moralischen Normen primitiver Menschenstämme würde den Schluß nahelegen, daß viele dieser Unterschiede lediglich ein Ergebnis des Zufalls sind. Wenn wir jedoch die großen Religionen und Philosophien, einschließlich der chinesischen und indischen, miteinander vergleichen, stoßen wir auf ethische Codices, die sich erstaunlich ähnlich sind, und zwar trotz ihrer weitgehend unabhängigen Geschichte. Dies läßt die Schlußfolgerung zu, daß die Philosophen, Propheten oder Gesetzgeber, die für diese Codices verantwortlich waren, ihre jeweilige Gesellschaft genauestens studiert und, unter Nutzung ihrer Fähigkeit zu denken, auf der Grundlage dieser Beobachtungen entschieden haben müssen, welche Normen von Vorteil waren und welche nicht. Die Normen, die Moses oder Jesus (in der Bergpredigt) verkündet haben, waren mit Sicherheit weitgehend ein Ergebnis vernünftiger Überlegung. Sind solche Normen einmal angenommen, werden sie Teil der kulturellen Tradition und von Generation zu Generation weitervererbt.

Wie erlernt ein Individuum moralische Normen?

Generationen hindurch waren die Antworten auf diese Frage kontrovers und schwankten zwischen zwei Extremen. Etliche Soziobiologen – Alexander (1987) und Ruse (1986) neigen dieser Richtung zu – glauben, daß es selbst beim Menschen kaum einen echten Altruismus gibt, da jeder scheinbare Altruismus ein auf die Gesamteignung zielender Altruismus ist, der letztendlich für den Genotyp des angeblichen Altruisten von Vorteil ist. Zudem glauben sie, daß dieses Verhalten zum überwiegenden Teil angeboren ist, das heißt, daß es eine genetische Grundlage hat. Andererseits sind sich die Psychologen, die sich mit ethischen Charaktereigenschaften befaßt haben, immer noch nicht sicher, ob diese irgendeine Grundlage im Genotyp haben. Merkwürdigerweise hat es den Anschein, als ließe Erblichkeit sich leichter für schlechte als für gute Eigenschaften demonstrieren. Darwin zitierte das Auftreten von Kleptomanie durch mehrere Generationen hindurch bei sehr wohlhabenden Familien als Beweis für strikte Vererbung. Eine genetische Prädisposition läßt sich oft auch bei Psychopathen feststellen. Aber, wie Darwin ganz richtig sagte: »Wenn schlechte Anlagen vererbt werden, ist es wahrscheinlich, daß gute gleichermaßen übertragen werden« (1871: 102).

Ich glaube nicht, daß eindeutig bestimmbare Gene, die zu Charakterzügen von hohem ethischen Wert führen, jemals nachgewiesen worden sind. Vererbt werden eher Neigungen und Fähigkeiten. Zugegeben, eine genetische Prädisposition zu ethisch hoch zu bewertenden moralischen Qualitäten ist schwer nachzuweisen, da sie durch viel kulturell Erworbenes überlagert wird. Aber es gibt jede Menge Hinweise auf angeborene Unterschiede in der Persönlichkeitsstruktur, die das moralisch-ethische Verhalten beeinflussen. Damit will ich keineswegs abstreiten, daß die Neigungen zu einem letztlich selbstsüchtigen Verhalten in dem ererbten Anteil unserer Verhaltensweisen bei weitem überwiegen; eigennütziges Verhalten wurde in der Zeit vor dem Auftreten des Menschen durch die natürliche Auslese eindeutig favorisiert. Alle Hinweise legen jedoch den Schluß nahe, daß alles in allem die genetische Komponente der menschlichen Ethik doch von eher geringer Bedeutung ist. Die allermeisten moralischen Werte eines menschlichen Wesens werden individuell erworben, und zwar durch Interaktion mit den anderen Mitgliedern der kulturellen Gruppe. Es gibt beeindruckende Beweise dafür, daß ein hohes Ethos dem Menschen nicht angeboren ist. Die Beweise für diese Behauptung sind sehr mannigfaltig; ich will nur einige von ihnen erwähnen.

(1) Die grundlegend verschiedenen Arten von Moralität bei verschiedenen ethnischen Gruppen und Stämmen.

(2) Der völlige Zusammenbruch jeglicher Moralität unter bestimmten politischen Herrschaftsformen.

(3) Das unbarmherzige und reichlich unmoralische Verhalten, das häufig Minoritäten, vor allem Sklaven, gegenüber praktiziert wird.

(4) Das gefühllose Verhalten im Krieg, beispielsweise die ungehemmte Bombardierung der Zivilbevölkerung in dichtbesiedelten Ballungsgebieten.

(5) Die charakterliche Deformierung eines Kindes, wenn ihm während einer kritischen Phase seiner Kindheit die Mutter oder der Mutterersatz entzogen wird.

Derlei Beobachtungen führten zu einer ebenso extremen entgegengesetzten Betrachtungsweise, daß wir nämlich sozusagen als *tabula rasa* geboren werden: *alle* Aspekte unseres Verhaltens seien erlernt. Viele Behavioristen und ihre Nachfolger haben sich dieser Auffassung angeschlossen. Sie leugnen die Existenz irgendeiner angeborenen Komponente und glauben, jegliches moralische Verhalten sei das Ergebnis von Überlegung, die auf bedingte Reaktionen zurückzuführen sei.

Gegen beide Einstellungen in ihrer Einseitigkeit spricht vieles. Die größte Schwachstelle beider Ansätze liegt darin, daß sie die Situation zu typologisch betrachten. Vor allem zwei Aspekte werden oft vernachlässigt. Der erste ist, wie bereits erwähnt, die große individuelle Variationsbreite moralischer Neigungen. Es gibt Individuen, die anscheinend von Geburt an böse, mitleidslos, völlig egoistisch, von Grund auf unehrlich und so weiter sind. Und es gibt andere, die offenbar kleine Engel sind – warmherzig, äußerst selbstlos, immer verläßlich und kooperativ, von Grund auf ehrlich. Neuere Studien bei Zwillingen und Adoptivkindern zeigen, daß bei diesen unterschiedlichen Neigungen eine nicht zu unterschätzende genetische Komponente eine Rolle spielt.

Zweitens, und das ist noch viel wichtiger, wird in den meisten neueren Diskussionen vernachlässigt, daß es einen Unterschied macht, ob man behauptet, bestimmte festgelegte moralische Normen seien angeboren, oder aber ob man sagt, daß lediglich die *Fähigkeit*, sich gewisse ethische Normen *anzueignen*, angeboren ist. Wenn ein Individuum diese Fähigkeit besitzt, ist es in der Lage, sich einen Satz ethischer Normen anzueignen, der die biologisch ererbte Norm, die von der Gesamteignung ausgeht, ergänzt oder teilweise ersetzt. Diese Fähigkeit ermöglicht es dem Individuum, kulturell ererbte Normen der Gesellschaft zu erlernen, der er oder sie angehört. Die überragende Bedeutung kultureller Normen wirkt den grundsätzlich eigensüchtigen Neigungen des Individuums entgegen und erlegt ihm einen Altruismus auf, welcher der Gruppe, letztlich aber natürlich auch dem Individuum selbst zugute kommt, dessen Wohlergehen eng mit dem Wohlergehen der Gruppe als ganzer verknüpft ist.

Kulturell vermittelte Werte zeichnen sich durch beträchtliche Formbarkeit aus. Dies zeigt sich nicht nur an den oft recht erstaunlichen Unterschieden zwischen den moralischen Normen verschiedener Gruppen von Menschen, sondern auch an den drastischen Veränderungen gewisser menschlicher Kulturen im Lauf der Geschichte. Wilson (1975) erinnert an die Veränderung des Wertesystems der Iren während der Zeit der Kartoffelknappheit (1846 bis 1848) und der japanischen Kultur während der amerikanischen Besatzung nach dem Zweiten Weltkrieg.

Wenn wir anerkennen, daß unser Wertesystem zum großen Teil nicht biologisch, sondern kulturell vererbt wird, können wir schließlich den Versuch unternehmen, die Frage zu beantworten, wie ein Individuum sich diese Normen aneignet. Zahlreiche Untersuchungen sind zu dem Schluß gekommen, daß ethische Normen während Kindheit und Jugend erworben werden. Zu sagen, daß diese Werte gelernt werden, ist allerdings nicht sonderlich hilfreich, da es so viele verschiedene Arten von Lernen gibt. Ich bin ziemlich überzeugt von der Gültigkeit der These Waddingtons (1960), daß es sich hier um eine ganz spezielle Art von Lernen handelt, um einen Typus von Lernen, der der Prägung bestimmter

Verhaltensweisen bei Tieren verwandt ist, die von den Ethologen so anschaulich beschrieben worden ist und die sich anhand der Anhänglichkeit eines Gänsekükens an das Muttertier eindrucksvoll illustrieren läßt.

Der Mensch unterscheidet sich von allen anderen Tieren durch die Offenheit seines Verhaltensprogramms. Damit will ich sagen, daß viele Ziele des Verhaltens und die Reaktionen auf diese Ziele nicht instinktiv, also nicht Teil eines »geschlossenen Programms« sind, sondern im Lauf des Lebens erlernt werden. Wie sich im Fall des Gänschens die »Gestalt« der Muttergans in das Verhaltensprogramm des Gänschens einprägt, so werden die ethischen Normen und letztendlich gültigen Werte bei menschlichen Wesen im offenen Verhaltensprogramm des Kleinkindes verankert. Wie Waddington es formulierte: »Das menschliche Kind kommt vermutlich mit einer bestimmten angeborenen Fähigkeit, ethische Glaubensvorstellungen zu erlernen, aber ohne irgendwelche spezifischen Wertvorstellungen zur Welt« (1960: 126). Darwin war sich der Macht der Prägung im frühkindlichen Alter voll und ganz bewußt: »Es ist bemerkenswert, daß eine Vorstellung, die in den ersten Lebensjahren, wenn das Gehirn leicht zu beeinflussen ist, eingepflanzt wird, fast das Wesen eines Instinkts annimmt« (1871: 100). Diese Macht der Indoktrination, so Darwin, führt nicht nur dazu, daß man sich ethische Normen aneignet, sondern hat auch zur Folge, daß man Sitten und Gebräuche, die man beobachtet, unbefragt übernimmt; Beispiele sind die Witwenverbrennung bei den Hindus oder das Verbot für islamische Frauen, ihr Gesicht zu zeigen, oder andere – so Darwin – »absurde Verhaltensregeln« (1871: 99).

Jeder Kinderpsychologe weiß, wie sehr Kinder darauf bedacht sind, neue Informationen, einschließlich normativer Regeln, zu erhalten, und wie sehr sie im großen und ganzen bereit sind, sie zu akzeptieren. Die Ergebnisse der Kinderpsychologen, etwa Kohlbergs (1981; 1984), scheinen Waddingtons These zu stützen. Das Wertesystem einer Person wird weitgehend durch das bestimmt, was in seiner oder ihrer Kindheit in dieses offene Verhaltensprogramm eingebaut wurde. Eben diese ungeheure Aufnahmefähigkeit des offenen Programms beim Menschen macht Ethik überhaupt erst möglich. Und die in der Kindheit geschaffene Grundlage hält unter normalen Bedingungen das ganze Leben hindurch vor. In welchem Bereich des Gehirns diese Information gespeichert wird und wie sie unter entsprechenden Umständen abgerufen wird, darüber weiß man jedoch bis jetzt noch gar nichts.

Die Geschichte des Erlernens ethischer Normen durch das Individuum ist unvollständig, wenn man zwei weitere Aspekte unerwähnt läßt.

(1) Lernpsychologen haben gezeigt, daß bestimmte Dinge leichter erlernt werden als andere. Ein Tier, das auf Geruchswahrnehmungen spezialisiert ist, lernt viel leichter, Gerüche zu unterscheiden, als ein Tier, bei dem das Visuelle überwiegt, und umgekehrt. Es ist mit Sicherheit möglich, daß, wenn in der Geschichte der Hominiden bestimmte moralische Normen zur Stärkung des Überlebenspotentials beigetragen haben, dies die Selektion einer Struktur des offenen Programms begünstigt hat, die die Speicherung eben dieser Verhaltensnormen erleichterte.
(2) Wenn Waddingtons These zutrifft, ergibt sich daraus, daß eine ethisch-moralische Erziehung von größter Bedeutung ist. Wir haben gerade eine Periode hinter uns, in der der sogenannten Freiheit des Kindes, die es ihm ermöglichte, von sich aus seine Qualitäten zu verwirklichen, übertriebene Bedeutung zugemessen wurde. Wir machten uns über das Moralisieren in Kinderbüchern lustig und tendierten dazu, alle Spuren einer moralischen Erziehung in den Schulen zu tilgen. Das ist unproblematisch, solange die Eltern ihrer Rolle gerecht werden. Aber es kann verhängnisvolle Auswirkungen haben, wenn die Eltern versagen. Wäre es, im Lichte unseres besseren Verständnisses des Ursprungs der Moralität eines Individuums, nicht an der Zeit, größeren Wert auf eine moralische Erziehung zu legen?

Welche Gültigkeit können die traditionellen ethischen Normen der westlichen Welt für sich beanspruchen?

Die ethischen Normen der westlichen Kultur sind die der jüdisch-christlichen Tradition, das heißt, sie basieren auf den verschiedenen Geboten und Vorschriften, die im Alten und Neuen Testament niedergelegt sind. So wie die Gebote in diesen heiligen Texten formuliert sind, scheinen sie absolut zu sein und keine Abweichung zuzulassen. Das Gebot »Du sollst nicht töten« hat im allgemeinen absolute Gültigkeit. Aber wenn man bei einem Patienten, der im Sterben liegt und ungeheuer leidet, die Maschine, die ihn künstlich am Leben hält, abschaltet, so ist dies ein Akt der Gnade und nicht Mord. Und eine ähnliche Flexibilität muß auch im Falle der Abtreibung gelten. Wenn ein ungeborenes Kind einem Leben in Elend und Verwahrlosung entgegensieht, oder wenn die Mutter in völlige Verzweiflung getrieben würde, dann scheint Abtreibung mit Sicherheit die ethischere Entscheidung. Und es ist schlichtweg Unsinn, wenn man die Frage des Lebens in diese Auseinandersetzung hineinzerrt, denn als Biologe weiß ich, daß jedes Ei und jeder Same (Spermatozoon) ebenfalls leben. Leben ist ein Kontinuum, es entsteht nicht plötzlich.

Es gibt zwei Gründe, weshalb die traditionellen Normen des Westens nicht mehr ausreichend sind. Der erste ist ihre Starrheit. Das Wesen des evolutionären Prozesses ist Variabilität und Veränderung, und ethische Normen müssen hinreichend anpassungs- und veränderungsfähig sein, um veränderten Bedingungen Rechnung tragen zu können. Der zweite Grund ist, daß die Menschheit in der Tat eine drastische und sich zunehmend beschleunigende Veränderung der Bedingungen durchgemacht hat. Der möglicherweise wichtigste Aspekt dieses Wandels war die stete Zunahme der Größe der menschlichen Gruppen während der letzten zehn- bis fünfzehntausend Jahre. Mit dem Aufkommen des Ackerbaus befand sich eine größere Gruppe in einer günstigeren Position, da sie sich besser gegen Plünderer zur Wehr setzen konnte, und die Tatsache, daß genügend Nahrungsmittel zur Verfügung standen, begünstigte ebenfalls ein Bevölkerungswachstum. Eine Veränderung der Werte – beispielsweise daß Eigentumsrechten nun größere Bedeutung zukam – war unvermeidlich.

Einige der ethischen Normen, die die Hirtenvölker des Nahen Ostens vor mehr als dreitausend Jahren angenommen haben, sind, aufs Ganze gesehen, der modernen, urbanisierten Massengesellschaft nicht mehr gewachsen. Wie Simpson ganz richtig sagte: »Alle ethischen Systeme, die unter den Bedingungen von Stammes-, Hirten- oder sonstigen primitiven Gesellschaften entstanden, ...sind, in höherem oder geringerem Maße, für die extrem schwierigen sozialen und anderen Umweltbedingungen unserer Zeit nicht mehr geeignet« (1969: 136).

Was sind dann also einige der ethischen Probleme unserer modernen, anonymen Massengesellschaft, denen die traditionellen ethischen Normen nicht mehr gerecht werden? Ich möchte drei davon herausgreifen:

Es handelt sich hier erstens um das Phänomen, das Singer (1981) als den »sich ausweitenden Kreis« (*expanding circle*) bezeichnet. Nicht nur in primitiven Gesellschaften, sondern auch im Alten Testament, bei den Griechen und sogar bei den in Afrika und Australien ansässigen Europäern des 18. und 19. Jahrhunderts galt Außenstehenden gegenüber eine völlig andere Ethik als gegenüber den Mitgliedern der eigenen Gruppe (Singer 1981: 111–117). Bis vor wenigen Jahrzehnten war es auch in den Vereinigten Staaten noch so, insbesondere im Süden, und die *Apartheid* ist ein schreckliches Überbleibsel eines solchen Gruppenegoismus. Selbst in ethnisch homogenen Gesellschaften, wie im England des frühen 20. Jahrhunderts, gab es bei religiösen Gruppierungen, politischen Parteien, Berufsgruppen, sozialen Organisationen und so weiter Unterschiede hinsichtlich spezieller Tugenden, Loyalitäten und Verbote. All dies führt zu Spannungen und Konflikten.

Das Ideal eines jeden großen Moralisten ist es, eine universal gültige Ethik zu begründen, oder, wie Julian Huxley es formulierte: »Die Vorstellung, daß alle ethischen Prinzipien für die gesamte Menschheit gelten, unabhängig von Rasse, Sprache, Glauben oder Status« (1947: 117). Eine Ausweitung des Kreises, das heißt, wenn die Ethik, die innerhalb der eigenen Gruppe gilt, auch auf Außenstehende angewandt wird, führt zu einer Verschmelzung von Gruppen mit unterschiedlichen Normen, und dies wiederum löst oft nahezu unlösbare Konflikte aus, da jede Gruppe von der Überlegenheit ihrer eigenen moralischen Werte überzeugt ist. Denken wir nur an den Unterschied zwischen einem modernen Amerikaner und einem islamischen Fundamentalisten in bezug auf die Rechte der Frauen oder an die unterschiedlichen Einstellungen etwa bei gewissen religiösen Gruppierungen und feministischen Gruppen, was das Problem der Abtreibung betrifft. Trotz all dieser Schwierigkeiten muß die Ethik der Zukunft von dem uneingeschränkten Prinzip der Gleichheit der Mitglieder der eigenen Gruppe und der Außenstehenden ausgehen.

Das zweite große ethische Problem unserer Zeit sind die exzessive Egozentrik und die Tatsache, daß man einzig und allein die Rechte des Einzelnen im Auge hat. Der sich ausweitende Kreis in unserer Gesellschaft hat zu einem durchaus legitimen Kampf um Gleichheit geführt, insbesondere bei Minoritäten und Frauen, aber das hat auch einige unerwünschte Nebeneffekte mit sich gebracht. In den letzten Jahrzehnten hat man allzu großen Nachdruck auf Rechte und Freiheiten gelegt. Martin Luther King war vermutlich der einzige Kämpfer für die Freiheit, der seinen Gefolgsleuten ins Gedächtnis gerufen hat, daß alle Rechte auch mit Pflichten verbunden sein müssen. Ich bin kein Moralprediger, aber jeder, der die gegenwärtige Situation beobachtet, kommt nicht umhin, zahlreiche Hinweise auf einen exzessiven Narzißmus und Egokult zu bemerken. Diese Entwicklung hat viele Wurzeln – unsere Massengesellschaft, die Lehren Freuds wie auch ein Überreagieren auf die vorangegangene Periode der *Miß*achtung der Rechte des Einzelnen. Sie wird sogar von unserem politischen System begünstigt, da in einer Demokratie der Erfolg eines Politikers von der Anziehungskraft, die er auf den individuellen Wähler ausübt, abhängt. Schließlich, und das ist nicht zu unterschätzen, tendierten die monotheistischen Religionen dazu, die Individualethik zu betonen, wenn nicht sogar überzubetonen.

Dabei vergißt man manchmal, daß es die wichtigste Funktion einer kulturellen Ethik ist, die selbstsüchtigen Impulse des Einzelnen einzudämmen und mit Hilfe von Gesetzen sowie Sitten und Gebräuchen das Wohlergehen der Gemeinschaft als ganzer zu fördern. Notwendigerweise sieht sich der moderne Mensch praktisch unlösbaren Konflikten konfrontiert, beispielsweise zwischen Gleichheit und Verdienst oder zwischen Gleichheit und genetischer Verschiedenartigkeit. In solchen Fällen sollten wir uns immer an zwei Grundprinzipien halten. Das eine ist, daß ethische Entscheidungen oft, wenn nicht sogar immer, von den jeweiligen Umständen abhängig sind und daß absolute Vorschriften oft reichlich unmoralisch sind. Und zweitens, daß es, je nach den Umständen, oft eine Vielfalt von Lösungsmöglichkeiten gibt. Erinnern wir uns daran, daß die Möglichkeit, eine Wahl zu treffen und die widerstreitenden Faktoren gegeneinander abzuwägen, um die richtige Entscheidung zu fällen, das eigentliche Wesen der Ethik ausmacht. Auch wenn ethische Normen ein Teil unserer Kultur sind, bleibt doch die Verantwortung für ihre Einhaltung bei jedem einzelnen Individuum; wenn sie zu starr sind, hat das Individuum die Möglichkeit, sich nicht an sie zu halten.

Das dritte große ethische Problem unserer Zeit ist die Entdeckung, daß wir für die Natur als Ganzes verantwortlich sind. Wachstum – ob es sich nun um wirtschaftliches Wachstum, Bevölkerungswachstum oder irgendeine andere Art von Wachstum handelt – hatte früher einen sehr hohen Stellenwert in unserem Wertesystem. Auch wenn gewisse einflußreiche Leute wie der Wirtschaftswissenschaftler und Nobelpreisträger Hayek wie auch der Papst bislang die Gefahr der Überbevölkerung nicht wahrhaben wollen, ist mir schlichtweg unverständlich, wie man sie noch länger ignorieren kann. Bestimmte Gesellschaften, etwa die in China oder Singapur, haben dieses Problem mutig in Angriff genommen, indem sie ethische Wertakzente neu setzen. Je schneller andere Gesellschaften diesem Beispiel folgen, desto besser wird dies nicht nur für diese Gesellschaften, sondern letzten Endes auch für das Wohl der gesamten Menschheit sein.

Der Zwiespalt, in dem wir uns befinden, ist der Konflikt zwischen traditionellen und neu entdeckten Werten. Ich möchte Sie nur auf den Konflikt zwischen dem Recht des Menschen auf uneingeschränkte Fortpflanzung und auf uneingeschränkte Ausbeutung der natürlichen Umwelt hinweisen, das den Bedürfnissen der menschlichen Nachkommenschaft wie auch dem Daseinsrecht der Millionen Arten von wilden Tieren und Pflanzen zuwiderläuft. Wie können individuelle Freiheit und die Verpflichtung hinsichtlich des Wohlergehens der natürlichen Umwelt in das richtige Gleichgewicht zueinander gebracht werden?

Die Vorstellung, daß die Menschheit eine Verantwortung für die Natur als ganze hat, ist ein ethisches Konzept, das erst erstaunlich spät aufgetaucht ist. In jüngerer Zeit haben Aldo Leopold, Rachel Carson und Garrett Hardin eindeutig als Verfechter einer Naturschutzethik oder einer Gemeinschaftsethik Stellung bezogen. Aber vieles, was diese fortschrittlichen Amerikaner als ethisch wertvoll betrachten, dient nicht dem unmittelbaren Nutzen des Einzelnen und trifft daher auf Widerstand. Und dennoch – wenn die Menschheit und die Welt als ganze eine Zukunft haben sollen, wird es unerläßlich sein, die selbstsüchtigen Tendenzen in unserer Ethik zugunsten einer stärkeren Berücksichtigung der Gemeinschaft und der Schöpfung als *Ganzheit* einzuschränken.

Schlußfolgerungen

Was wissen wir nun also über das Verhältnis zwischen Evolution und menschlicher Ethik?

1. Schon Darwin war es klar, daß Ethik nicht einfach das Ergebnis eines Kampfes um das Überleben ist.

2. Menschliche Ethik unterscheidet sich grundsätzlich von jeglichem instinktiven Altruismus, wie man ihn im Tierreich findet, weil dabei eine bewußte Entscheidung zwischen verschiedenen Alternativen ins Spiel kommt.

3. Selektion unter kulturellen Gruppen hat zur Ausbreitung derjenigen moralischen Normen in der Menschheit beigetragen, die das Wohlergehen der jeweiligen Gruppe am meisten gefördert haben.

4. Das menschliche *Individuum* erlernt seine ethischen Maßstäbe im Verlauf von Kindheit und Jugend. Sobald diese ethischen Maximen in das offene Verhaltensprogramm eingefügt sind, üben sie im allgemeinen erheblichen Einfluß auf das Individuum aus, und zwar für sein ganzes oder zumindest einen Großteil seines Lebens.

5. Schließlich gilt, daß ethische Normen wandlungs- und anpassungsfähig sein müssen, da der Übergang von einer Gemeinschaft von Hirten oder Bauern zu einer urbanen Massengesellschaft beträchtliche Umstellungen erfordert; genauso verhält es sich bei dem Übergang von einer dünnbesiedelten Welt zur modernen Industriewelt mit ihrer massiven Überbevölkerung. Mit anderen Worten: ethische Normen müssen sich weiterentwickeln können, um anpassungsfähig zu bleiben.

Gibt es irgendeine besondere Ethik, die ein Evolutionist übernehmen sollte? Ethik ist eine sehr private Angelegenheit, eine ganz persönliche Entscheidung. Meine eigene Ethik kommt Julian Huxleys evolutionärem Humanismus ziemlich nahe. »Es ist ein Glaube an die Menschheit, ein Gefühl der Solidarität mit der Menschheit und eine Loyalität der Menschheit gegenüber. Der Mensch ist das Ergebnis von Jahrmillionen der Evolution, und unser grundlegendstes ethisches Prinzip sollte es sein, alles zu tun, um die Zukunft der Menschheit besser zu gestalten. Alle anderen ethischen Normen lassen sich von diesem Ausgangspunkt ableiten.«

Evolutionärer Humanismus ist eine fordernde Ethik, da er von jedem einzelnen Individuum verlangt, daß es irgendwie eine Verantwortlichkeit der Menschheit gegenüber hat und daß diese Verantwortlichkeit genauso ein Bestandteil seiner Ethik ist oder sein sollte wie die individuelle Ethik. Jede Generation der Menschheit ist der vorübergehende Verwalter nicht nur des menschlichen Genreservoirs, sondern in der Tat auch der gesamten Natur auf unserem gefährdeten Erdball.

Die Evolution stattet uns nicht mit einem vollständigen, codifizierten Satz ethischer Normen aus, wie es etwa die Zehn Gebote sind. Ein Verständnis der Evolution vermittelt uns jedoch eine Weltsicht, die als vernünftige Ausgangsbasis für die Entwicklung eines ethischen Systems dienen kann, das sich für die Aufrechterhaltung einer gesunden menschlichen Gesellschaft eignet und auch für die Zukunft der Menschheit in einer Welt Sorge trägt, die durch den Schutz des Menschen vor der Zerstörung bewahrt wird.

Anmerkungen

Dieser Essay geht auf einen überarbeiteten Gastvortrag zurück, den ich am 17. Oktober 1985 an der Cornell University in Ithaca, N. Y., gehalten habe. Erstveröffentlichung.

Teil II
NATÜRLICHE AUSLESE

Einführung

Kein anderer Terminus in der Evolutionsbiologie ist von so großer
Bedeutung wie der Begriff der natürlichen Auslese; und kein anderer Begriff ist, eben aufgrund seiner Neuartigkeit, auf soviel Widerstand gestoßen. Er widersprach nicht nur etlichen Dogmen der
christlichen Religion, sondern auch grundlegenden Axiomen der
allgemein gültigen Philosophie um die Mitte des 19. Jahrhunderts
(Mayr 1988). Von einigen wenigen Ausnahmen abgesehen wurde
die natürliche Auslese auch im Lauf der nun folgenden hundert
Jahre und noch länger von den meisten Philosophen abgelehnt.
Und als die Philosophen sie endlich als legitime wissenschaftliche
Theorie anzuerkennen bereit waren, trafen sie bei ihren Interpretationen auf unerwartete Schwierigkeiten. Ist Selektion ein teleologischer Begriff? Ist das Prinzip der natürlichen Auslese als
solches eine Theorie, oder handelt es sich erst dann um eine Theorie, wenn es auf konkrete Fälle angewandt wird? Was ist die Zielscheibe der Selektion? In welchem Maße ist Selektion deterministisch und vorhersagbar? Was ist das Material, der »Rohstoff« der
Selektion? Handelt es sich bei der Selektion um ein einstufiges
oder aber um ein zweistufiges Phänomen? Kann Selektion zur
Perfektion führen?

Während der synthetischen Phase der Evolutionsbiologie faßten die Evolutionsbiologen Selektion allgemein als die einzige Ursache ererbter Anpassung und als den einzigen richtungweisenden
Faktor des evolutionären Wandels auf. In den folgenden fünfzig
Jahren wurde jedoch allmählich klar, wie viele falsche Vorstellungen und Ungenauigkeiten diesem Begriff nach wie vor anhafteten.
Es ist erfreulich, daß verschiedene moderne Philosophen nicht
versucht haben, das Prinzip als solches abzulehnen, sondern sich
statt dessen bemüht haben, Definitionen genauer zu fassen und

Zweideutigkeiten und Irrtümer auszuräumen. Dazu gehören die Analysen von Brandon (1978; 1982), Mills und Beatty (1979) und Tuomi (1981), das wichtige Buch von Elliott Sober (siehe Essay 7) und die Diskussion im Einleitungskapitel von Brandon und Burian (1984).

Interessanterweise stellte sich heraus, daß die größten Meinungsverschiedenheiten nicht zwischen Biologen und Philosophen bestanden, sondern unter den Biologen selbst. Es gibt bei ihnen immer noch unterschiedliche Auffassungen in bezug auf folgende Probleme: die Zielscheibe der Selektion (Gen, Individuum, Gruppe, Spezies), die Bedeutung der sexuellen Selektion, »neutrale Evolution«, die Rolle, die die Entwicklung spielt, deterministische versus probabilistische Aspekte der Selektion sowie Wesen und Einfluß von Einschränkungen, um nur einige Punkte zu nennen. Mit diesen weitgehend biologischen Fragen will ich mich in den beiden folgenden Essays auseinandersetzen.

6 Analyse des Konzepts der natürlichen Auslese

In der Wissenschaft werden Fortschritte auf zweierlei Weise erzielt: mittels neuer Entdeckungen – etwa der Röntgenstrahlen, der Struktur der DNA oder des Spleißens von Genen – oder durch die Entwicklung neuer Konzepte, etwa die Theorien der Relativität, des sich ausdehnenden Universums, der Plattentektonik oder der gemeinsamen Abstammung. Von allen neuen wissenschaftlichen Konzeptionen hat sich wohl keine so revolutionär auf unser Denken ausgewirkt wie Darwins Theorie der natürlichen Auslese. Mit ihrem beispiellosen Abweichen von dem altehrwürdigen philosophischen Denken und mit ihren antibiblischen Schlußfolgerungen – wie auch aus einer Reihe anderer Gründe – traf sie von Anfang an auf erbitterten Widerstand (Mayr 1987). Da es sich zudem nicht um die Entdeckung eines konkreten Objekts oder Prozesses handelte, die man physikalisch untersuchen konnte, wurde das Konzept der natürlichen Auslese selbst von den Anhängern dieser Theorie ganz unterschiedlich interpretiert. Für diese Theorie – wie überhaupt für alle neuen Theorien – galt, daß jedermann sie in sein ganz persönliches begriffliches System einfügen und mit dem in Einklang bringen mußte, woran er ansonsten glaubte. Das Ergebnis war, daß ein jeder die natürliche Auslese anders auffaßte; die daraus folgenden Auseinandersetzungen über die Gültigkeit der Theorie der natürlichen Auslese waren zum großen Teil mit Mißverständnissen und semantischen Schwierigkeiten behaftet.

In den Augen Darwins war der Begriff ganz einfach. Er sagte: »Die Beibehaltung der vorteilhaften Abweichungen und die Eliminierung, die Verwerfung der nachteiligen Abweichungen bezeichne ich als natürliche Auslese« (1859: 81). Seine Gegner brachten jedoch die verschiedenartigsten Einwände gegen diese so einfache Formulierung vor. Diese Einwände gründeten sich teilweise auf Ideologie, Glaubens- oder philosophische Vorstellungen, zum anderen auf den Vorwurf, Darwin habe nicht nach der angemessenen wissenschaftlichen Methode gearbeitet. In diesem Essay will ich mich nicht mit dieser lange andauernden Kontroverse befassen; ich habe dies bereits an anderer Stelle getan (Mayr 1982, 1988).

Allerdings muß man zugeben, daß Darwins Gegner einige durchaus stichhaltige Einwände vorbrachten. Erstens und vor allem war seine Argumentation weitgehend deduktiv, und er war nicht in der Lage, irgend etwas vorzuweisen, das seine Zeitgenossen als Beweis akzeptiert hätten. Das Wort *Auslese* war ein besonders großes Hindernis für die Akzeptanz, da es irgend etwas nach vorne Gerichtetes, irgendeinen teleologischen Prozeß, irgendeine selektierende Instanz implizierte. Aber wo war eine solche Instanz zu suchen? Und falls es sie gab, warum war ihr Wirken so zufällig und unvorhersagbar? Diese Implikation einer Teleologie wurde auch auf die Anpassung übertragen, das Produkt der Selektion; noch heute könnte ein Evolutionist sagen, eine bestimmte Spezies von Wüstenpflanzen habe sich an ihre trockene Umgebung angepaßt. Es dauerte sehr lange, bis zumindest Evolutionsbiologen wirklich verstanden, daß Selektion ein – wenn ich diesen anscheinend widersprüchlichen Begriff verwenden darf – *A-posteriori*-Prozeß ist. Selektion ist schlicht und einfach die Tatsache, daß in jeder Generation einige wenige Individuen von den Hunderten, Tausenden oder Millionen Nachkommen eines Elternpaares überleben und in der Lage sind, sich fortzupflanzen, weil diese Individuen zufällig über eine Kombination von Merkmalen verfügen, die sie in der Konstellation von Umweltbedingungen, auf die sie in ihrem Leben treffen, begünstigen. Ich habe bewußt den irreführenden, da anscheinend zirkulären Begriff »Überleben der Fittesten« vermieden, der so oft zu der Behauptung verleitet hat, das ganze Konzept der natürlichen Auslese beruhe auf einem Zirkelschluß.[1] In neuerer Zeit haben viele Autoren gezeigt, daß diese Behauptung nicht zutrifft.

Seit der Veröffentlichung des *Origin* sind derart viele Beweise für das tatsächliche Wirken des Prozesses der natürlichen Auslese erbracht worden, daß der systematische Widerstand gegen diese Theorie mehr oder weniger verschwunden ist, zumindest in der Wissenschaft. Erstens gibt es Unmengen von experimentellen Beweisen für das Funktionieren der Selektion unter Laborbedingungen; man kann dies in Lehrbüchern neueren Datums nachlesen.

Es gibt jedoch auch – und das ist vielleicht noch wichtiger – jede Menge Beweise dafür, daß natürliche Auslese in der Natur vorkommt (Endler 1986). Die Theorie der natürlichen Auslese ist von enormem heuristischen Wert und erlaubt sogenannte Vorhersagen unter genau spezifizierten Umweltbedingungen. Wenn es beispielsweise auf einer bestimmten Insel zwei Arten von Finken gibt, eine mit kleinem Schnabel, die auf kleine Körner spezialisiert ist, und eine mit großem Schnabel, die sich auf große Körner spezialisiert (wobei sich die jeweiligen Futternischen bis zu einem gewissen Grad überschneiden), müßte während einer Dürreperiode, von der vor allem die Pflanzen mit kleinen Samenkörnern betroffen sind, die Sterblichkeit der kleinschnabeligen Art höher liegen. Und dies hat man in der Tat festgestellt (Grant 1986). Ich glaube, es ist keine Übertreibung, wenn ich sage, daß Jahr für Jahr an die zwanzig bis dreißig (vielleicht sogar noch weit mehr) Arbeiten veröffentlicht werden, die Beweise für solche aus der Theorie der Selektion abgeleiteten »Voraussagen« liefern (Naylor und Handford 1985; Ferguson 1976).

Man hat argumentiert, die Theorie der natürlichen Auslese sei gar keine wissenschaftliche Theorie, da sie nicht widerlegt werden kann: »Natürliche Auslese erklärt nichts, weil sie alles erklärt« (Lewontin 1972: 181). In der Tat muß geklärt werden, was »die« Theorie der natürlichen Auslese ihrem Wesen nach ist. Das Prinzip der natürlichen Auslese ist umfassender als eine spezifische Theorie; sie ist daher als generische Theorie oder allgemeines Grundprinzip bezeichnet worden (Tuomi und Hankioja 1979; Tuomi 1981; Beatty 1981; Brandon 1981), die als solche weder widerlegt werden noch irgend etwas voraussagen kann. Sie wird erst dann zu einer echten Theorie – von Tuomi theoretisches Modell genannt –, wenn sie durch spezifische ergänzende Annahmen erweitert wird, beispielsweise die partikuläre Vererbung, das Postulat kleiner Mutationen und das Auftreten genetischer Rekombination. Das Prinzip kann in einzelne Theorien, etwa die in der Bergmannschen Regel formulierte, unterteilt werden. Und jede Anwendung der einzelnen Theorien kann man überprüfen und widerlegen.

Es gibt verschiedene Möglichkeiten, in der Selektionstheorie verwendete Definitionen präziser zu fassen – indem man beispielsweise »Fitness« nicht als den tatsächlichen Beitrag zum Genpool der folgenden Generation, sondern eher als die Fähigkeit definiert, einen solchen Beitrag zu leisten. Wenn zwei identische Zwillingsbrüder spazierengehen und der eine von ihnen vom Blitz getroffen wird, dann beeinflußt dies seinen Beitrag zum Genreservoir der folgenden Generation auf recht drastische Weise, jedoch nicht seine ursprüngliche Fähigkeit, einen solchen Beitrag zu leisten. »Die Fitness eines Organismus ist seine Veranlagung, in einer spezifischen Umwelt und Population zu überleben und sich zu reproduzieren« (Mills und Beatty 1979: 42; Brandon 1978; Beatty 1990).

In Wirklichkeit können wir uns für jede in der natürlichen Umwelt auftretende Situation unzählige Lösungsmöglichkeiten vorstellen, die man *nicht* mit Hilfe der natürlichen Auslese erklären kann. Nehmen wir einmal zwei Inseln; auf jeder lebt eine bestimmte Finkenart. Auf der Insel A kommen nur Pflanzen mit großen, hartschaligen Samenkörpern, keine Pflanzen mit kleinen Körnern und kaum Insekten vor. Im Gegensatz dazu gibt es auf der Insel B nur Pflanzen mit kleinen Körnern und eine Unmenge kleiner Insekten. Ehrlich gesagt wüßte ich nicht, wie ich es mit natürlicher Auslese erklären sollte, wenn der Fink auf Insel A einen kleinen Schnabel hätte und der auf der Insel B ein großschnabeliger Kernbeißer wäre. Tatsache ist doch, daß wir die Anpassung in der Natur in einem solchen Maße als selbstverständlich voraussetzen, daß wir Situationen wie das eben gedachte Szenario mit den beiden Finkenarten für völlig absurd halten würden. Im Grunde genommen ist natürlich die normalerweise zu beobachtende »Harmonie der lebenden Natur« ein schlagender Beweis für das Wirken der natürlichen Auslese. Darauf hat auch Maynard Smith (1972) hingewiesen und es anhand eines anderen Beispiels veranschaulicht.

Ein Zwei-Stufen-Prozeß

Eines der bevorzugten Argumente der Gegner Darwins ist immer gewesen: »Wie kann natürliche Auslese vorteilhafte Veränderungen hervorrufen?« Oder der noch absurdere Vergleich, der von

Jonathan Swift und J. F. Herschel bis hin zu zeitgenössischen Kritikern angestellt wurde: der Vergleich von natürlicher Auslese mit einer Horde Affen. Natürliche Auslese hat, so behaupteten sie, keine größere Chance, eine Anpassung hervorzubringen, als eine Horde Affen, den *Hamlet* zu schreiben, indem sie wahllos die Buchstaben des Alphabets aneinanderreihen. Diese Kritiker haben die Tatsache übersehen, daß natürliche Auslese im eigentlichen Sinne nur der zweite Schritt eines Zwei-Stufen-Prozesses ist. Der erste Schritt besteht in der Herstellung von Variation in jeder Generation, das heißt von zahllosen genetischen oder phänotypischen Varianten, die als Ausgangsmaterial der Selektion dienen können; diese variable Population wird dann dem Prozeß der Auslese ausgesetzt. Dieser erste Schritt der Produktion von Variation ist vollkommen unabhängig vom tatsächlichen Ausleseprozeß, und doch wäre Selektion ohne die kontinuierliche Wiederherstellung von Variabilität nicht möglich. Einige neuere Kritiker konnten das Verhältnis der beiden Stufen des Selektionsprozesses zueinander nicht begreifen. Wenn ein Autor fragt (und einige haben in der Tat diese Frage gestellt): »Ist Evolution auf molekulare Prozesse oder auf Selektion zurückzuführen?«, dann läuft dies auf die Frage hinaus: »Ist Evolution eine Veränderung, die auf die erste Stufe oder auf die zweite Stufe der natürlichen Auslese zurückzuführen ist?« Diese Frage ist sinnlos, da der zweite Schritt, die Selektion *sensu stricto*, bei der zuvor bewirkten Variation (*a posteriori*) ansetzt und kein Prozeß ist, der selber Abweichungen hervorbringt.

Darwin war sich dessen sehr wohl bewußt, daß ein feststehender Typus, eine unveränderliche Platonische Essenz, sich nicht weiterentwickeln kann. Aber dennoch hat der Kampf ums Überleben, der für Veränderungen auf der zweiten Stufe verantwortliche Mechanismus, keinerlei Einfluß auf den ersten Schritt, das heißt auf die Quantität und die Qualität der Variation, die vor der Reproduktionsphase entsteht.

So klar Darwin die Bedeutung der Variation erkannte (er hat ihr drei der ersten fünf Kapitel des *Origin* und später ein ganzes zweibändiges Werk gewidmet), konnte doch weder er noch irgend jemand sonst das Rätsel lösen, was der Ursprung der Variation und ihrer Vererbung ist, bis man 1900 die Mendelschen Gesetze wiederentdeckte.

Zwei Punkte hob Darwin besonders hervor, daß nämlich jederzeit ein offenbar unerschöpfliches Variationspotential zur Verfügung stand und daß die Entstehung einer jeden neuen Variante von den Bedürfnissen des Organismus unabhängig war. Im Gegensatz zu den evolutionären Theorien einiger seiner Widersacher war für Darwin Variation nicht zielgerichtet. Genau dies meint der Evolutionist, wenn er sagt, daß Mutationen dem Zufall unterliegen. Diese Formulierung ist oft mißverstanden worden. Sie bedeutet keineswegs, daß jede beliebige Variation an jedem beliebigen Ort zu jeder beliebigen Zeit vorkommen kann. Im Gegenteil, Mutationen innerhalb einer gegebenen Spezies sind in hohem Maße »eingeschränkt«; das bedeutet, daß nur sehr wenige Mutationen überhaupt möglich sind. Das Auge einer *Drosophila* kann von Weiß zu Rosa, Rot oder Braun variieren, nie aber zu Blau oder Grün. Bei einem Vierfüßler können die Veränderungen seiner beiden Extremitätenpaare variieren, aber ein zusätzliches Paar (wie bei Insekten) oder zwei zusätzliche Paare (wie bei Spinnen) liegen nicht im normalen Variationsbereich eines Vierfüßlers. Wenn man sagt, daß Mutation oder Variation zufällig sind, dann besagt dies schlicht, daß keine direkte Beziehung zwischen der Entstehung neuer Genotypen und den Anpassungsbedürfnissen eines Organismus in einer bestimmten Umgebung besteht. Aufgrund zahlreicher Einschränkungen bedeutet diese Feststellung keineswegs, daß jede denkbare Abweichung auch möglich ist (Mayr 1963: 176).

Nach 1900 wurde es üblich, den Ursprung neuer Varianten als das Ergebnis von Mutation zu betrachten. Dies entsprach dem Denken nicht nur der frühen Mendelisten, sondern auch der Morgan-Schule, und bis in die sechziger und siebziger Jahre konnte man in den Biologiebüchern lesen, daß Evolution auf »Mutation und Selektion« beruhe. In diesem Zeitraum wurde die genetische Rekombination, wie sie während der Meiose entsteht, ziemlich vernachlässigt. Obwohl man das Phänomen des Crossing-over seit den 1880er Jahren kannte (Weismann), wurde es bei Diskussionen über die Evolution nur selten ins Spiel gebracht, bis C. D. Darlingtons »Gleichsetzung der Chiasmen mit Cross-overs dazu führte, daß man die Universalität der Rekombination innerhalb der Chromosomen in den natürlichen Arten anerkannte« (White

1981: 289). Rekombination ist derjenige Prozeß, der dafür verantwortlich ist, daß jedes Individuum einer sexuell sich reproduzierenden Spezies sich genetisch von allen anderen unterscheidet.

Darwinsche Evolution ist eben nicht ein glatter, kontinuierlicher Prozeß, sondern besteht, bei sexuell sich reproduzierenden Organismen, aus der Bildung eines von Grund auf neuen Genreservoirs in jeder Generation. Zudem findet ein steter Wechsel zwischen dem ersten Schritt, der die meiotische Erzeugung neuer Gameten und ihr Schicksal vor der Befruchtung umfaßt, und dem zweiten Schritt, dem »Kampf« der neuen Zygoten, das Reproduktionsstadium zu erreichen und sich erfolgreich zu reproduzieren, statt. Selektion ist nicht ein auf die Zukunft gerichteter Prozeß, sondern lediglich ein Name für das Überleben der wenigen Individuen, die den »Kampf ums Dasein« erfolgreich bestanden haben.

Als noch typologisches Denken regierte, war viel von einer Eliminierung degenerierter Erscheinungsformen eines Typus die Rede. Unglücklicherweise sahen auch nach 1859 viele Autoren in der Selektion einen rein negativen Prozeß, der ein Ausmerzen der Untüchtigen und – implizit – die Wiederherstellung der Reinheit des Typus zur Folge habe. Um dieser Anschauung entgegenzuwirken, betrachteten einige Evolutionisten – wie J. Huxley, Dobzhansky und Simpson – die Auslese als einen schöpferischen Prozeß. Diese Bezeichnung ist insofern gerechtfertigt, als Evolution in jeder Generation während der sexuellen Reproduktion die genetische Veranlagung der wenigen Überlebenden neu mischt und auf diese Weise unzählige neue Genotypen schafft, die dann in der nächsten Generation auf dem Prüfstand stehen. Jedes Individuum ist sozusagen ein neues Experiment der Natur und wird auf seine Eignung im Kampf ums Dasein geprüft. Man weiß von keinem anderen Prozeß in der Natur, der dies auf so außergewöhnlich erfolgreiche Art und Weise erreicht wie die Kombination des ersten und des zweiten Schritts der natürlichen Auslese.

Das Zielobjekt der Evolution

Zur Zeit Darwins und auch noch in den ersten Jahren des Mende-
lismus (»Einheitscharaktere«) verstand man den Unterschied zwischen Genotyp und Phänotyp noch nicht. Der Organismus als ganzer, das heißt sein Phänotyp, wurde als Zielscheibe der Selektion
betrachtet; und irgend etwas, das den Phänotyp repräsentierte,
wurde von Generation zu Generation weitergegeben. Darwins
Theorie der Pangenese war sehr stark in dieser Tradition verwur-
zelt. Man war sich jedoch auch bewußt, daß der Genotyp nicht
einfach eine komprimierte Projektion des erwachsenen Phänotyps war, was sich aus der Theorie der Rekapitulation ergibt. Aber
erst nach 1910 wurde die Frage nach der Beziehung zwischen Genotyp und Phänotyp als Problem betrachtet. Zu dieser Zeit beschäftigten sich V. Haecker, Woltereck, Goldschmidt und andere
deutsche Genetiker sehr eingehend mit diesem Problem. In der
damaligen Literatur ließ sich eine Tendenz feststellen, beide, Genotyp und Phänotyp, eher ganzheitlich zu betrachten und die genetischen Wechselwirkungen zu betonen. Das Ergebnis war, daß
man, wie schon Darwin, das Individuum als ganzes als die Zielscheibe der Evolution betrachtete. Im Gegensatz dazu überwog in
der englischsprachigen wissenschaftlichen Literatur eine stark reduktionistische Tendenz; dabei wurden Gene mehr oder weniger
isoliert voneinander und vom Phänotyp untersucht. Seit Beginn
der mathematischen Populationsgenetik und im Grunde genommen schon im Denken einiger Vertreter der Morgan-Schule (Sturtevant, Muller) galt das Gen als die Einheit der Evolution. Dementsprechend wurden in den mathematischen Ansätzen von R. A.
Fisher und J. B. S. Haldane individuelle Gene als die Einheiten
aufgefaßt, von denen die Berechnungen ausgingen. Evolution
wurde nun als eine Veränderung der Genhäufigkeiten definiert,
und man glaubte mit Hilfe relativ einfacher mathematischer For-
meln adäquat darstellen zu können, was im Laufe der Evolution
geschieht. Da sie die Veränderung der Genhäufigkeit als das
Kennzeichen der Evolution akzeptierten, achteten einige Autoren leider nicht mehr darauf, ob diese Änderung auf genetischer
Drift oder aber auf Selektion beruhte. Und in dieser einseitigen
Konzentrierung auf die Gene vergaß man oft, wie wichtig Indivi-

duen, Populationen und Spezies für den Verlauf der Evolution sind.

Es erwies sich als ziemlich irreführend, daß man normalerweise die Frage stellte, was die »Selektionseinheit« sei. Der Begriff *Einheit* wurde nie eindeutig definiert, und dies führte zu vielerlei Mißverständnissen (auf die ich in Essay 7 näher eingehen werde). Es entwickelte sich eine langwierige Kontroverse, ob nun das Gen, der Genotyp, das Individuum (Phänotyp), die Gruppe oder die Art die »Selektionseinheit« sei oder aber alle zusammen. Die Mißverständnisse reichen bis in die frühe postdarwinistische Periode zurück, als einige Essentialisten schrieben, Selektion diene »dem Wohl der Spezies«. Daraus erwuchs eine lang andauernde Kontroverse; die Genetiker favorisierten im großen und ganzen das Gen als Einheit der Selektion, die Naturalisten hingegen das Individuum oder die Gruppe (Brandon und Burian 1984). Ich persönlich neige seit den 1950er Jahren dem Individuum zu, und eine wachsende Zahl von neueren Autoren ist zum gleichen Schluß gekommen.

Das Beharren darauf, daß das Individuum als ganzes und nicht jedes einzelne Gen das Zielobjekt der Selektion ist, wäre nicht so wichtig, wenn es sich bei dem Genotyp um eine Ansammlung separater, voneinander unabhängiger Gene handeln würde. Hingegen betrachten diejenigen, die das Individuum favorisieren, den Genotyp als ein gut integriertes System, analog einem strukturierten und mit Organen ausgestatteten Organismus. Diese Anschauung wurde von den russischen Evolutionsgenetikern, insbesondere Schmalhausen, sowie Dobzhansky und seiner Schule entwickelt. Sie wurde mit allem Nachdruck von Lerner in seiner *Genetic Homeostasis* (1954) und von mir selber (1963; 1976) vertreten. Die Kontroverse zwischen diesem und dem reduktionistischen Standpunkt (beide im Rahmen des Darwinschen Systems) ist noch nicht ausgestanden. Es gibt jedoch in jüngerer Zeit viele Beweise dafür, daß die Wechselwirkungen zwischen den einzelnen Komponenten des Genotyps weit komplexer sind, als man in der klassischen Populationsgenetik angenommen hatte, und daß die These des Systemcharakters des Genotyps dadurch erhärtet wird, daß man in jüngster Zeit die große funktionale Mannigfaltigkeit der DNA erkannt hat. Ein Großteil der neueren Kritik eines

»Neo-Darwinismus« richtet sich gegen eine reduktionistisch-atomistische Konzeption des Genotyps. Diese Kritik läßt außer acht, daß viele Anhänger der synthetischen Theorie – etwa Schmalhausen, Waddington, Rensch, Lerner, Vertreter der Dobzhansky-Schule und auch ich – seit Jahrzehnten eine weit ganzheitlichere Auffassung des Genotyps vertreten als die Reduktionisten.

Zur Klärung dieses Problems hat Sobers Analyse (1984) wesentlich beigetragen. Er wies darauf hin, daß ein Großteil der Verwirrung daher rührte, daß man versäumt hatte, zwischen der Frage »Selektion von« und »Selektion für« zu unterscheiden. In dem Streit darüber, ob nun das Gen, das Individuum oder die Gruppe die Selektionseinheit ist, muß man fragen nach der: »Selektion von«. Und damit ist eigentlich klar, warum das Individuum und nicht das Gen als Zielscheibe der Selektion gelten muß. Es gibt viele Möglichkeiten zu beweisen, warum das Individuum diese Rolle spielt. Erstens und vor allem ist es das Individuum, das sich mit Erfolg fortpflanzt oder nicht. Zweitens kann der selektive Wert eines einzelnen Gens stark variieren, je nach dem Genotyp, zu dem es gehört. Drittens wäre es, da verschiedene Individuen derselben Population sich an vielen Genorten unterscheiden, extrem schwierig, den Beitrag eines jeden dieser Genorte zur Eignung eines gegebenen Individuums zu berechnen. Und viertens ist es, wenn man das Individuum als ein Ganzes betrachtet, überflüssig, die verwirrende Unterscheidung zwischen interner Selektion (wobei es um die Prozesse geht, die während der Ontogenese ablaufen) und externer Selektion (hier geht es um die Interaktion des erwachsenen Individuums mit der Umwelt) zu treffen, wie einige Autoren dies getan haben.

Wenn wir sagen, daß das Individuum die Zielscheibe der Evolution ist, meinen wir das Individuum in allen Phasen seines Lebenszyklus, vom Augenblick der Befruchtung des mütterlichen Eis durch alle embryonalen Stadien hindurch bis zum Tod. Es gibt keinen stichhaltigen Grund, alle die Teilschritte der Selektion, die während der Ontogenese stattfinden, als interne Selektion abzulösen. Zudem besteht ein Großteil dessen, was während dieser Phase des Lebenszyklus geschieht, darin, defekte Zygoten zu entfernen (J. Remane, 1983), ist also eher Elimination als Selektion.

Wenn man die Ansicht vertritt, daß das Individuum als ein Ganzes – und nicht die einzelnen Gene – die Zielscheibe der Selektion ist, erlaubt dies die Auflösung einer Reihe von Rätseln, die die Evolution uns aufgibt. Nachdem man in den 1960er Jahren mit Hilfe der Elektrophorese die ungeheure Variabilität der Enzymgene entdeckt hatte, stellten Kimura und andere Genetiker die Theorie zur Diskussion, daß die meisten Veränderungen der Genhäufigkeiten keinerlei Bedeutung für die Selektion hätten, sondern neutral seien. Kimura (1983) und diejenigen, die sich seiner Meinung anschlossen, haben nun keineswegs die Existenz der natürlichen Auslese völlig geleugnet, aber sie haben auf jeden Fall ihre Bedeutung als Faktor des evolutionären Wandels des Genotyps gemindert.

Ein Großteil der neueren Forschung hat in der Tat bewiesen, daß viele Veränderungen auf der molekularen Ebene anscheinend entweder völlig neutral oder aber von sehr geringer selektiver Bedeutung sind. Dennoch lassen sich gewichtige Einwände gegen die Behauptung vorbringen, die molekulare Evolution sei neutral. Erstens hat man in der Folge herausgefunden, daß viele der angeblich neutralen Mutationen einer Selektion unterliegen (Nevo 1983). Darüber hinaus wurden Kimuras Modelle in Frage gestellt, und es wurde behauptet, daß die Anzahl neutraler Mutationen weit geringer zu sein scheint, wenn man sich einer anderen Methode der Berechnung bedient (Gillespie 1986). Ferner bleibt der selektive Wert eines gegebenen Allels nicht notwendigerweise konstant, sondern kann sich in einer anderen Umgebung oder bei einer anderen Zusammensetzung des Genotyps durchaus verändern. Schließlich, und das ist das Wichtigste: wenn das Individuum als Ganzes die Zielscheibe der Selektion ist und wenn bestimmte Individuen aufgrund anderer Merkmale durch die Selektion begünstigt werden, dann können zahlreiche neutrale Gene »huckepack« mitgenommen werden. Daher steht die Neutralität bestimmter Mutationen nicht im geringsten im Widerspruch zu der Theorie der Selektion, die den selektiven Wert eines Individuums *als eines Ganzen* belohnt. DNA-Sequenzen, die man für funktionslos hält, etwa Pseudogene und bestimmte Introns, verhalten sich, als wären sie in der Tat selektiv neutral, und unterliegen daher möglicherweise einem rapiden Wandel, und zwar aufgrund der genetischen Drift und weil sie gegen stabilisierende Selektion immun sind.

Normalerweise wird bei einer Mutation ein Allel durch ein neues Allel oder, in molekularen Begriffen ausgedrückt, ein Aminosäurerest oder ein Basenpaar in der DNA ersetzt. Allerdings haben Genetik und Molekularbiologie zahlreiche andere Prozesse entdeckt, die zu einer Veränderung des Genotyps und zu gesteigerter Variabilität führen können. Einige von ihnen verdienen es, erwähnt zu werden, da sie dem Prinzip der natürlichen Auslese zu widersprechen scheinen. Dazu gehören Gene, die die Segregation beeinflussen (meiotischer Drive), verschiedene Arten der Erzeugung von »egoistischer DNA« und der sogenannte molekulare Drive. Diese molekularen Prozesse sind nicht dem Zufall unterworfen; man kann sie als »einseitige Variation« (*biased variation*) bezeichnen. Meiner Ansicht nach ist es ein Fehler, wenn man behauptet, daß Gene der Selektion als Zielscheibe dienen können. Dies ist nicht der Fall, denn immer ist die resultierende Zygote die eigentliche Zielscheibe. Normale Selektion setzt ein, sobald die einseitige Variation die Eignung des Phänotyps beeinflußt.

Bei all den Genen, die für eine »einseitige Variation« verantwortlich sind, gibt es eine Reihe definitorischer Probleme. Aber nach meiner Überzeugung bezieht ihre Aktivität sich ausschließlich auf die erste Stufe der natürlichen Auslese, nämlich die Herstellung von Variabilität, während die zweite Phase, in der Individuen den Kräften der Selektion ausgesetzt werden, nicht beeinflußt wird. Es gibt eine fortdauernde Selektion von modifizierenden Genen zur Reduzierung der Intensität des meiotischen Drive. Wohlgemerkt, eine starke einseitige Variation kann durchaus wirksamer sein als die Selektion, wie im Fall der Gene, die die Segregation beeinflussen. Sie wirkt sich jedoch nicht auf das Prinzip als solches aus. Ich glaube, die kategorische Feststellung ist durchaus gerechtfertigt, daß die Antwort auf die Frage, was die Zielscheibe der Selektion (*Selektion von*) ist, lautet: *das Individuum*.

Obwohl ich auf Artselektion noch an anderer Stelle näher eingehen werde (Essay 7), möchte ich doch zumindest einen oft zitierten Fall von Artselektion nicht unerwähnt lassen. Wenn zwei Arten von Mehlkäfern (*Tribolium*) in denselben Behälter mit Mehl gebracht werden, wird erfahrungsgemäß nach einigen Generationen nur eine der beiden Arten übrigbleiben. Man hat dies immer für einen Fall von Artselektion gehalten. In Wirklichkeit gibt es jedoch keinen typologischen Konkurrenzkampf zwischen zwei Arten; es ist vielmehr so, daß jedes Individuum jeder der beiden Arten sich in einem Wettstreit mit allen anderen Individuen (beider Arten) befindet. Dies ist also doch ein typischer Fall einer *Auslese von* Individuen.

Die Ziele der Selektion

An dieser Stelle müssen wir uns noch einmal klarmachen, daß man zwischen einer Selektion *von* und einer Selektion *für* unterscheiden muß. Nachdem wir uns unter der Überschrift »Das Zielobjekt der Selektion« mit der »Selektion von« befaßt haben, wollen wir uns nun der »Selektion für« zuwenden; wir wollen prüfen, welche Merkmale möglicherweise von der Selektion begünstigt werden.

Der Erfolg der Auslese in einer gegebenen Generation läßt sich mittels des zahlenmäßigen Beitrags zum Genpool der folgenden Generation ausdrücken. Allerdings kann erfolgreiche Reproduktion – und Darwin hat dies viel klarer gesehen als irgendeiner seiner Zeitgenossen – zwei grundverschiedene Ursachen haben. Als *natürliche Auslese* hat Darwin all das bezeichnet, was zum Überleben beiträgt, ob dies nun eine Zunahme oder eine Abnahme der Körpergröße ist, die Ausweitung einer Nische oder ihre intensivere Nutzung, besserer Schutz gegen die Umgebung oder ein Ansteigen der Fähigkeit, extreme Umweltbedingungen zu ertragen, eine überlegene Fähigkeit, mit Krankheiten fertig zu werden oder Feinden zu entkommen. Natürliche Auslese begünstigt alles, was zu einer größeren ökologisch-physiologischen Effizienz beiträgt oder Energie spart. Jedes Individuum, das durch eine solche Auslese begünstigt wurde, steuerte Genotypen für das Genreservoir bei, die geeignet waren, an zukünftige Generationen weitergegeben zu werden und so die Anpassung der Population als ganzer zu fördern.

Darüber hinaus war Darwin klar – und auch in dieser Hinsicht war er hellsichtiger als alle seine Zeitgenossen –, daß nicht jede Selektion zu einer verbesserten Anpassung führt, so wie dieser Begriff normalerweise verstanden wird. Es ist durchaus möglich, daß ein Individuum nicht aufgrund physiologischer Effizienz oder einer anderen Art von Lebensfähigkeit mehr Gene für die nächste

Generation beisteuert, sondern einfach dadurch, daß es sich erfolgreicher fortpflanzt. Diese Art Auslese bezeichnete Darwin als *sexuelle Auslese*. Zudem erkannte er, daß es zu einem Konflikt zwischen diesen beiden Arten von Auslese kommen kann, nämlich der natürlichen für eine bessere Eignung (in der umgangssprachlichen Bedeutung des Wortes) und der sexuellen, die einzig und allein für den reproduktiven Erfolg der Individuen sorgt. Eine rein egoistische Auslese für einen reproduktiven Erfolg könnte die Evolution von Merkmalen begünstigen, die nicht zur Eignung (im gängigen Sinne) beitragen, sondern in Wirklichkeit die Art anfälliger machen. Sie führt zu dem phantastischen Federkleid der Paradiesvögel, dem herrlichen Pfauenrad und der enormen Körpergröße der Elephantenrobben.

Darwin widmete fast zwei Drittel seiner Abhandlung *The Descent of Man* (*Die Abstammung des Menschen*) der sexuellen Selektion. Dieser bedeutsame Prozeß wurde jedoch in den folgenden hundert Jahren weitgehend außer acht gelassen, teilweise aufgrund der reduktionistischen Definierung der Zielscheibe der Selektion durch die mathematischen Populationsgenetiker. Indem sie das Gen zur Selektionseinheit deklarierten und alles als selektiv überlegen definierten, was ein Anwachsen des Beitrags zum Genreservoir der nächsten Generation förderte, wurde der Unterschied zwischen einer Selektion zum Zwecke des Überlebens und einer Selektion zum Zwecke des reproduktiven Erfolgs völlig verwischt. Unglücklicherweise wurden dadurch einige der interessantesten Aspekte von Selektion verschleiert.

Obwohl ich (1963: S. 199–201) wie auch Ghiselin (1969) auf die Bedeutung der »Selektion für den reproduktiven Erfolg« hingewiesen habe, wurde dieses Phänomen auch weiterhin vernachlässigt – bis zum hundertsten Jahrestag der *Abstammung des Menschen* (1971). Dann allerdings entdeckte man innerhalb weniger Jahre buchstäblich Hunderte Fälle von Verhaltensweisen oder Mechanismen, die dazu tendierten, den reproduktiven Erfolg eines Individuums zu fördern, ohne seine Überlebensqualitäten zu verbessern. Dieses neu erwachte Interesse an Selektion zum Zwecke des reproduktiven Erfolgs ist zweifelsohne eine der wichtigsten Entwicklungen in der post-synthetischen Evolutionsbiologie (Trivers 1985).

Die Tatsache, daß es eine selbstsüchtige Selektion für reproduktiven Erfolg gibt, wirft für den Evolutionsbiologen ein Problem auf. Die klassische natürliche Auslese führte normalerweise zu Genotypen, die besser angepaßt waren. Das war so offenkundig, daß man sogar den Vorschlag machte, Adaptation schlichtweg als »Ergebnis einer Selektion« zu definieren. Diese Definition paßt jedoch überhaupt nicht zu der sexuellen Selektion. Trägt die ungeheure Größe der Bullen der Elephantenrobben zur Eignung dieser Art bei? Werden die Überlebenschancen der Paradiesvögel durch das prächtige Federkleid der Männchen besser? Ganz bestimmt nicht. Im Gegenteil, es ist durchaus möglich, daß eine extreme Entwicklung bestimmter Merkmale, die durch sexuelle Selektion begünstigt wurde, zum Aussterben einiger Arten beigetragen hat.

Führt Selektion zu Perfektion?

Die Gegner der natürlichen Auslese bedienten sich oft des folgenden Arguments. Da Selektion notwendigerweise zu Perfektion führt, so sagten sie, und da es in der Natur mehr als genug Beispiele für ungenügende Perfektion und Unangepaßtheit gibt, beweist dies, daß die natürliche Auslese ganz offensichtlich nicht funktioniert. Aber welcher moderne Evolutionist hat je behauptet, daß natürliche Auslese zu Perfektion führt? Schon Darwin hat betont, »daß natürliche Auslese lediglich dazu tendiert, jedes Lebewesen genauso vollkommen oder ein wenig vollkommener zu machen als die anderen Bewohner des Landes, mit denen es um seine Existenz kämpfen muß« (1859: 201 und 472). Als Beweis zitiert er den rapiden Untergang der einheimischen Fauna und Flora in Neuseeland, als europäische Konkurrenten auf die Insel eingeführt wurden.

Wohlgemerkt, bei der Auslese handelt es sich um einen Optimierungsprozeß, aber um einen ganz besonderer Art. Er ist weder teleologisch programmiert noch unterliegt er irgendwelchen Gesetzmäßigkeiten; er ist ganz und gar opportunistisch. Wie viele neuere Autoren hervorgehoben haben, unterliegt der Selektionsprozeß so vielen Einschränkungen, daß er unmöglich zu Perfektion führen kann. Der schlagendste Beweis gegen die oft geäußerte Behauptung, daß »Selektion alles kann«, ist die Tatsache, wie häufig Arten aussterben. Mehr als 99,9 Prozent aller Spezies, die je auf Erden existiert haben, sind ausgestorben. Dazu gehören die zu ihrer Zeit so erfolgreichen Gruppen der Trilobiten, Ammoniten und Dinosaurier. Es spielt dabei keine Rolle, was an ihrem Aussterben schuld war: Konkurrenzkampf, ein Krankheitserreger, eine Klimakatastrophe oder das Einschlagen eines Asteroiden. In jedem Fall war die Selektion nicht in der Lage, unter all den möglichen Varianten eine angemessene Antwort auf die neue Situation zu finden.

Einschränkungen

Merkwürdigerweise war die Existenz von Einschränkungen bereits vor der Darwinschen Evolution wohlbekannt. So hatte Cuvier schon vor 1820 gesagt, daß kein Raubtier je Hörner haben würde. Das gesamte Konzept der idealistischen Morphologen gründete auf der stillschweigenden Annahme, daß es Zwänge gibt, die die Entwicklung einschränkten. Die Naturalisten des 19. Jahrhunderts wußten sehr wohl, daß der potentiellen Variation eines jeden Taxons enge Grenzen gesetzt waren. Selbst Weismann, obwohl ein Pan-Selektionist, wie er im Buche steht, wies häufig auf die Einschränkungen hin, denen die Selektion unterliegt.

Die Bedeutung dieser Einschränkungen geriet jedoch nach 1900 leider in Vergessenheit, als die Genetiker die Evolution als eine Angelegenheit der Gene und nicht der Gesamtorganismen betrachteten. Und aus diesem Grund war es ganz heilsam, daß Autoren wie Gould und Lewontin (1979) erneut auf die Macht der Einschränkungen, denen Selektion unterliegt, aufmerksam machten.

Es gibt viele verschiedene Arten von Einschränkungen, die eine optimale Antwort auf Selektionskräfte verhindern. Sie betreffen alle Aspekte des Selektionsprozesses, von der Erzeugung neuer Varianten bis hin zu den Wechselwirkungen zwischen Genotyp und Umwelt. Auf einige davon werde ich eingehen. Zu weiteren vergleiche die Bibliographie.[2]

Die Fähigkeit zu nicht-genetischer Modifikation

Je formbarer der Phänotyp (aufgrund der entwicklungsgeschichtlichen Flexibilität) ist, desto mehr wird ein widriger Selektionsdruck abgeschwächt. Pflanzen und insbesondere Mikroorganismen verfügen über eine weitaus größere Fähigkeit zu phänotypischer Anpassung als höhere Tiere. Sie haben, wie man sagt, eine wesentlich breitere Reaktionsnorm. Allerdings ist diese Fähigkeit sogar im Menschen angelegt; ein Beispiel dafür ist seine Fähigkeit zu einer physiologischen Anpassung, wenn er sich aus niedriger in höher gelegene Gegenden begibt. Im Lauf von Tagen oder Wochen kann er sich einigermaßen gut an den niedrigeren atmosphärischen Druck anpassen, aber selbst unter diesen Umständen wird die natürliche Auslese nicht gänzlich neutralisiert. Erstens unterliegt die Fähigkeit zu einer nicht-genetischen Anpassung einer strikten genetischen Kontrolle; aber auch wenn eine Population in eine neue, spezialisierte Umwelt abwandert, werden im Verlauf der folgenden Generationen diejenigen Gene durch Selektion begünstigt, die die Fähigkeit zu einer nicht-genetischen Anpassung verstärken oder letztlich weitgehend ersetzen.

Das Individuum als Zielobjekt

Um von der natürlichen Auslese begünstigt zu werden, genügt es, daß ein Individuum den meisten anderen Individuen seiner Population (Spezies) im Konkurrenzkampf überlegen ist. Diese Überlegenheit kann es aufgrund bestimmter Merkmale erlangen, im Grunde genommen manchmal durch ein einziges Gen. In diesem Fall »toleriert« die natürliche Auslese den restlichen Genotyp, selbst wenn einige seiner Komponenten mehr oder weniger neutral oder sogar etwas minderwertiger sind (siehe oben). Die genetische Koppelung kann daher ebenfalls zu einer beträchtlichen Einschränkung führen.

Es gibt eine Grenze für Art und Ausmaß der genetischen Variation, die in einer Population vorhanden sein kann; es ist daher möglich, daß gerade die Gene, die für die richtige Antwort auf einen neuen Selektionsdruck nötig wären, im Genpool nicht vorhanden sind.

Darwin ging offenbar davon aus, daß es in natürlichen Populationen immer genügend Variabilität gibt, um den Anforderungen der natürlichen Auslese zu genügen. Viele Genetiker waren nicht unbedingt dieser Ansicht. De Vries, Bateson und andere Mendelisten leugneten zwar nicht die Existenz von Variation, waren jedoch der Ansicht, gewöhnliche kontinuierliche Variation sei irrelevant für die Evolution; die Evolution schreite mittels gelegentlicher, mehr oder weniger drastischer Mutationen fort. Dem widersprachen Chetverikov in seinen Arbeiten (1926) und seine Schule sowie die ökologischen Genetiker (Dobzhansky 1937; Ford 1964), die zeigten, daß natürliche Variabilität immer im Überfluß zur Verfügung stand. Aber, sagte Muller – und diese Ansicht wurde weitgehend übernommen –, diese in einer Population zu findenden Variationen bestehen einfach aus schädlichen rezessiven Mutationen, die eliminiert werden, sobald sie homozygot werden. 1966 schien Darwin endgültig bestätigt zu sein, als Lewontin und Harris anhand der Elektrophorese die enorme Variabilität der Enzymgene demonstrierten. Aber damit war der Streit keineswegs beendet, da Kimura und andere Genetiker Beweise dafür vorlegten, daß ein Großteil dieser Variation neutral, das heißt als Ausgangsmaterial für Selektion nicht geeignet war.

Noch wichtiger ist die Überlegung, daß die Häufigkeit des Aussterbens ebenso wie die Häufigkeit der Fälle, in denen künstliche Auslese ihr Ziel nicht erreicht, darauf hinweisen, daß es mehr braucht als einen Überfluß an Variabilität. Es muß sich um eine Variabilität der für diesen Zweck benötigten Teile des Genotyps handeln. Der evolutionäre Erfolg kann von hochgradig spezifischen Genen oder Genkombinationen abhängen, und diese sind eben oft nicht vorhanden, wenn sie benötigt würden.

Mehrfachlösungen

Normalerweise sind verschiedene Reaktionen auf eine Herausforderung durch die Umwelt möglich. Dies machen die pelagischen Schwimmer deutlich, die sich entweder aus sessilen (bodengebundenen) oder benthischen (kriechenden) oder aktiv schwimmenden Vorfahren entwickelt haben, die zu vielen verschiedenen Stämmen gehören und sich mittels völlig unterschiedlicher Adaptationen an das Leben in tieferen Schichten des Meeres angepaßt haben. Jede Lösung stellt einen ganz anderen Kompromiß zwischen dem neuen Bedürfnis und der vorher existierenden Struktur dar. Dies illustriert hervorragend Jacobs Prinzip der opportunistischen »Flickschusterei« (Jacob 1977). Welche Lösung gewählt wird, hängt von den jeweiligen Umständen ab. Die Entscheidung für eine bestimmte Lösung, beispielsweise die Entwicklung eines inneren oder eines äußeren Skeletts, kann die Möglichkeiten zukünftiger Evolution erheblich einschränken.

Störung durch evolutionäres »Rauschen« (»noise«)

Dieser Begriff umfaßt alle Zufallsfaktoren, die auf den, oberflächlich betrachtet, so deterministischen Prozeß der Selektion einwirken. Dazu gehören nicht nur die zahlreichen Zufallsfaktoren während der ersten Phase der Selektion, sondern auch das Zerbrechen günstiger Genkonstellationen durch Crossing-over wie auch die vielen Zufälle und Unfälle, denen eine Zygote während ihrer Reifung und Fortpflanzung ausgesetzt ist. Daher kommt die *Anlage* zu Fitness selten in der *tatsächlichen* Fitness zum Ausdruck. (Näheres zu diesem »Rauschfaktor« siehe unten: »*Zufall*«).

Kohäsion des Genotyps

Wie ich in einer Reihe neuerer Analysen gezeigt habe (siehe Essay 16) und wie Genetikern durchaus nicht unbekannt ist, sind Gene häufig in ihrer Funktion so eng miteinander verkettet, daß jegliche Veränderung eines einzelnen von ihnen schädlich wäre. Vermutlich ist dies im allgemeinen auf epistatische Wechselwirkungen während der Ontogenese zurückzuführen. Ständig tauchen neue Informationen auf, die zusätzliche Beweise für die Widerstandskraft des Genotyps gegen alle – außer sehr oberflächliche – Veränderungen liefern. Drastischere Veränderungen würden zur Erzeugung schädlicher Phänotypen führen.

Kanalisierung der Entwicklung

Natürliche Auslese baut nicht jeden Organismus von Anfang an zusammen. Alles, was sie tun kann, ist zu versuchen, eine bereits existierende hochkomplexe Struktur zu modifizieren. Aus diesem Grund sind evolutionäre Abläufe weitgehend kanalisiert. Gewisse Entwicklungen sind möglich, andere nicht. Die hawaiischen Finken (*Drepanididae*) zeigen, daß es bei ihnen kaum eine Einschränkung gibt, was die Form des Schnabels betrifft. An den Paradiesvögeln auf Neuguinea sieht man, daß es in dieser Familie einen großen Spielraum für die Gestaltung des Federkleides gibt. Aber in den meisten höheren Taxa sind die einzelnen Mitglieder einander im Prinzip außergewöhnlich ähnlich. Daher kann ein guter Zoologe normalerweise bei jedem beliebigen Tier nicht nur sagen, zu welchem Stamm, sondern auch zu welcher Klasse, Ordnung und sogar Familie es gehört. Ein Entomologe kann fast immer auf Anhieb jeden Prachtkäfer, Bockkäfer oder Rüsselkäfer und noch andere Familien bestimmen. Seltsamerweise wird nur selten darauf hingewiesen, was für eine überzeugende Demonstration der entwicklungsgeschichtlichen Einschränkungen diese taxonomische Ähnlichkeit darstellt. All die wohlbekannten Fälle einer Rekapitulation der Stammesgeschichte in der Ontogenese sind weitere Beispiele für Einschränkungen, denen die Entwicklung unterliegt.

Grenzen eines Bauplans

Bestimmte Organismen sind, aufgrund ihres Bauplans, wie die vergleichenden Anatomen heutzutage den Morphotypus nennen, von vornherein als Ausgangspunkt einer evolutionären Entwicklung geeignet, beispielsweise die Quastenflossler für das Leben an Land oder die Archäosaurier-Vorfahren der Vögel für das Fliegen. Andere hingegen sind völlig ungeeignet für einen Wechsel in einen speziellen Adaptionsbereich. Nichts in der Struktur einer Schildkröte erlaubt die Entstehung einer Befähigung zum Fliegen bei ihren Nachkommen. Der dazu benötigte Bauplan ist so grundlegend verschieden, daß auch noch soviel Selektion eine solche Veränderung nicht zuwege bringen könnte.

Der gegebene Genotyp schreibt also bestimmte Bahnen zukünftiger Evolution vor. Steht diese Tatsache in irgendeinem Widerspruch zu der allgemein gültigen Feststellung, daß natürliche Auslese der einzig richtungweisende Faktor der Evolution ist? Die Antwort lautet ja und nein. Ursache von Richtungsänderungen in der Evolution ist die natürliche Auslese; sie werden aber durch das Potential des gegebenen Genotyps begrenzt. In der Tat weist vieles darauf hin, daß die Kohäsion des Genotyps so stark ist, daß sich in den meisten Fällen der Phänotyp Jahrmillionen hindurch kaum verändert. Es bedarf schon spezieller Ereignisse oder Prozesse, um den Genotyp zu destabilisieren. Ziemlich häufig ist dies im Verlauf einer Domestizierung geschehen (Belyaev 1979), und manchmal scheint es auch im Rahmen der Artenbildung in Gründerpopulationen stattzufinden (Essay 17).

Die Genetik entwicklungsgeschichtlicher Einschränkungen und phylogenetische Kanalisierung

Eine der großen neuen Einsichten der Tiersystematiker des frühen 19. Jahrhunderts war, daß man Tiere nicht in einer bruchlosen, kontinuierlichen Reihenfolge vom einfachsten zum vollkommensten Tier anordnen kann, wie dies die Verfechter der *scala naturae* behauptet hatten. Statt dessen ließen sich eine Anzahl scharf voneinander abgegrenzter Typen erkennen. Diese neue Einsicht wurde von Cuvier, von Baer, Owen, Agassiz und ihren Nachfolgern entwickelt. Auch nachdem alle Welt Darwins Theorie einer gemeinsamen Abstammung akzeptiert hatte, blieben die meisten Taxa getrennte Typen, von denen jede ihren eigenen Bauplan hatte.

Die atomistische Genetik erwies sich als unfähig, eine Erklärung für die Stabilität des Bauplans zu liefern. Die Tatsache, daß alle Vierfüßler im Prinzip ein Paar Vorder- und ein Paar Hinterbeine haben, kann man vielleicht funktional erklären. Aber warum alle Insekten drei und alle Spinnen vier Extremitätenpaare haben, läßt sich nur mit dem Beharrungsvermögen des entwicklungsgeschichtlichen Systems erklären, das in ihren Genotypen festgelegt ist. Das gleiche gilt für die fünf Finger (beziehungsweise Zehen) der Hand (beziehungsweise des Fußes) bei Festlandbewohnern. Selbst wenn diese verkümmert sind, wie etwa beim Huf des Pferdes oder bei den Flügeln der Vögel, oder wenn zusätzliche hinzukommen, wie bei bestimmten Meeressäugern, ist doch die Struktur in der Ontogenese immer fünfzahlig angelegt. Man könnte noch unendlich viele solche konservative Aspekte des Bauplans nennen, die entweder bis in den Phänotyp hinein ausgeprägt oder zumindest während der Ontogenese sichtbar sind, aber all dies trägt nicht weiter zur Lösung des Problems bei. Es handelt sich vermutlich um interne Strukturen des Genotyps, zu deren Erklärung in der reduktionistischen Genetik noch nicht einmal ein Ansatz vorhanden ist. Die Frage muß lauten: Was sind dies für Strukturen und was passiert mit ihnen in den relativ kurzen Perioden, wenn in der Evolution ziemlich dramatische (»sprunghafte«) evolutionäre Innovationen eingeführt werden?

Noch kann man diese Fragen nicht beantworten. Allerdings geben die neuesten Fortschritte in der Molekulargenetik Anlaß zu der Hoffnung, daß wir nicht allzu weit von einer Lösung entfernt sind. Mittlerweile ist klar, daß es viele verschiedene Arten von DNA gibt, einschließlich mittel- und hochgradig repetitiver DNA, springender Gene (Transposons) sowie induzierbarer Mutationssysteme. Alle haben sie wahrscheinlich Regulationsfunktionen, aber die klassische Genetik war nicht in der Lage, mit dieser Heterogenität der DNA zurechtzukommen. Die klassischen Gene sind strukturelle Gene und scheinen zum größten Teil bei der Herstellung eines Substrats und nicht für seine Regulation eine Rolle zu spielen. Aber bei dem Aspekt der Genfunktion, der für die Evolution von ausschlaggebender Bedeutung ist, geht es darum, wie dieses Substrat verwendet wird und wann. Seit etwa zwanzig Jahren verkündet jedermann, die Regulationsgene seien das wesentliche Element der Evolution, aber bislang weiß man noch äußerst wenig darüber, welche Teile der DNA als

Regulationsgene fungieren und wie diese Gene ihrerseits kontrolliert werden. Das einzige, was – zumindest mir – klar ist, ist die Tatsache, daß die klassische atomistische Genetik einfach nicht ausreicht, um evolutionäre Phänomene befriedigend zu erklären.

Zufall

Selektion wird oft als ein deterministischer, manchmal sogar als ein teleologischer Prozeß beschrieben, da ihr Ergebnis oft langfristige evolutionäre Trends zu sein scheinen. Diese Bezeichnungen sind jedoch ziemlich irreführend. Erstens hat eine eingehende Analyse langfristiger evolutionärer Trends fast durchgängig gezeigt, daß sie in Wirklichkeit ziemlich unregelmäßig sind und an ihrem Ende oft sogar eine Umkehrung steht. Zudem – wie könnte ein Prozeß deterministisch sein, bei dem keine wirkliche Kontinuität gegeben ist, weil die Gene einer Population in jeder Generation in den gemeinsamen Genpool kommen und gründlich durchgemischt werden; anschließend wird mit der zufälligen Erzeugung neuer Zygoten ein ganz neuer Anfang gemacht.

Welche Bedeutung in der Evolution dem Zufall zukommt, wurde schon vor mehr als hundert Jahren von manchen Autoren hervorgehoben (Mayr 1963: 204). Zufall spielt auf allen Ebenen der Reproduktion eine Rolle, vom Crossing-over bis hin zum Überleben neu entstandener Zygoten (Mayr 1962). Dazu gehört auch der Mutationsort, der Ort, wo sich die Chiasmen bei einem Crossing-over befinden, die Segregation von Chromosomen während der Reduktionsteilung, das Überleben der Millionen oder Milliarden von Gameten unterschiedlichen Geschlechts vor der Befruchtung und schließlich die unzähligen Wechselwirkungen einer Zygote mit ihrer Umgebung (im weitesten Sinne des Wortes). Zudem gibt es genetische Drift in all ihren Erscheinungsformen, die in kleinen Populationen von besonderer Bedeutung ist, und alle Auswirkungen der Koppelung. Daher ist es ganz offensichtlich, daß das Überleben und Sich-Reproduzieren zu einem beträchtlichen Teil nicht das Ergebnis einer Ad-hoc-Selektion, sondern eher des Zufalls ist (Beatty 1984; 1987). Auch bei dem Phänomen der Pleiotropie wirkt sich der Zufall aus. Beeinflußt ein Gen viele Merkmale, so wird es aufgrund der wichtigsten dieser Eigenschaften selektiert; die anderen Merkmale werden beiläufig mitgenommen.

Die Vielzahl stochastischer Prozesse wie auch die Einschränkungen, die während der Selektion wirken, verhindern, daß Selektion je ein deterministischer Prozeß wird. Daher darf man nie außer acht lassen, daß Selektion probabilistisch ist. Dies gilt sogar für den Erfolg der Zygote. Jedes Individuum ist in seiner Umgebung zahlreichen nicht vorhersehbaren feindlichen Kräften ausgesetzt, etwa Katastrophen, Epidemien sowie unerwarteten Begegnungen mit Feinden, deren Ausgang weitgehend vom Zufall abhängt.

Schließlich kann das Überleben auch von Aspekten der Struktur der Population abhängen. Ein bestimmter Genotyp kann in einer kleinen Gründerpopulation eine hohe Überlebenswahrscheinlichkeit haben, während er in einer großen, weit verbreiteten Population eindeutig unterlegen wäre.

Anhand dieser Darstellung dürfte klargeworden sein, wie irreführend das Bild ist, das einige Autoren sich von der natürlichen Auslese machen. Wenn man sich eingehend mit Darwins Version befaßt, wird deutlich, daß seine Vorstellung von der natürlichen Auslese weit ausgereifter war als die der meisten seiner Opponenten. Dennoch hat selbst er die Macht der Einschränkungen wie auch des Zufalls wohl nicht in ihrer vollen Tragweite erkannt.

Das moderne Konzept natürlicher Auslese war für essentialistisch-deterministische Philosophen ziemlich frustrierend. Aber dennoch – wer wollte in Frage stellen, daß das Studium der natürlichen Auslese ein legitimer Teilbereich der Wissenschaft ist? Ein Philosoph sieht sich also vor drei Möglichkeiten gestellt: Er kann seine Augen vor der Existenz der natürlichen Auslese verschließen, oder aber er kann behaupten, daß sie – da ihr die typischen Eigenschaften der Phänomene der unbelebten Natur fehlen – keinen Platz in der Wissenschaft hat, oder er kann schließlich seine Ansicht, was Wissenschaft ist, neu überdenken und seinen Wortschatz wie auch seinen Bestand an Grundsätzen erweitern. Nahezu alle jüngeren Philosophen der Biologie haben sich für letztere Möglichkeit entschieden.

Anmerkungen

Dieser Essay wurde für die amerikanische Originalausgabe verfaßt.

1 Seltsamerweise wird das Tautologie-Argument beharrlich immer wieder vorgebracht, obgleich es von mindestens acht oder zehn qualifizierten Philosophen und Biologen endgültig widerlegt worden ist, beispielsweise von Caplan (1977), Mills und Beatty (1979), Ruse (1973), Stebbins (1977), M. B. Williams (1973), Riddiford und Penny (1984), Brandon (1981) und Hodge (1983).

Es ist in der Tat möglich, die Selektions-Theorie eindeutig nicht-tautologisch zu formulieren (Lewontin 1972; Brandon 1981). Im Grunde genommen hat schon Darwin dies geleistet. Er hat darauf hingewiesen, daß in jeder Generation ein großer Überschuß an Individuen erzeugt wird, von denen nur ein kleiner Prozentsatz überleben und sich fortpflanzen kann. Zweitens unterscheiden sich alle diese Individuen hinsichtlich ihrer genetischen Veranlagung und daher auch, zumindest im Prinzip, hinsichtlich ihrer Anpassung an die für sie normale Umwelt. Und drittens werden die Ursachen der Unterschiede in der Anpassung zum Teil vererbt. Daraus ergibt sich mittels einer einfachen logischen Schlußfolgerung, daß die Individuen, die über das höchste Maß an Anpassung verfügen, auch die größte Chance haben zu überleben, sich fortzupflanzen und ihre Gene an die nächste Generation weiterzugeben.

2 Mittlerweile erkennt man die überragende Bedeutung von Einschränkungen hinsichtlich aller Aspekte der Evolution allgemein an. Jedes Jahr werden Dutzende von Abhandlungen veröffentlicht, die sich mit verschiedenen Einschränkungen befassen. Ich möchte hier nur einige wenige erwähnen, auf die ich gestoßen bin, während ich diese Seiten schrieb. Um es noch einmal zu betonen: sie stellen nur einen Bruchteil der umfangreichen Literatur zu diesem Thema dar: Peters (1985), D. B. Wake (1982), Cole (1985), Cheverud et al. (1985), Gould (1980), Riddiford und Penny (1984), Dawkins (1982). Schon vorher wurden von Gould und Lewontin (1979), Mayr (1982b) und Reif et al. (1985) Listen solcher Einschränkungen zusammengestellt. Im Grunde genommen wurden derlei Einschränkungen in der gesamten Literatur zur Evolution seit Darwin, Weismann und Whitman erwähnt. Nichts ist dümmer als die Frage einiger Anti-Darwinisten: »Wenn Selektion alles kann, warum gibt es dann mangelhafte Anpassungen, Aussterben und so fort?« Nur Leute, denen jegliches Verständnis für evolutionäre Einschränkungen fehlt, können eine derart unsinnige Frage stellen. Und welcher Darwinist hat denn je behauptet, daß die Selektion »alles kann«?

7 Philosophische Aspekte
der natürlichen Auslese

Viele Kontroversen in der Biologie – wie auch in der Philosophie der Biologie – rühren von der ungenauen Verwendung bestimmter Begriffe her. Eine der großen Leistungen von E. Sobers *The Nature of Selection* war es, einen großen Teil dieser Unklarheiten in bezug auf die Theorie der natürlichen Auslese ausgeräumt zu haben. Aber es bleiben noch genügend Zweideutigkeiten. Beispielsweise herrscht beträchtliche Verwirrung, was den Begriff *Selektionseinheit* betrifft; ebenso ist nur wenigen Autoren klar, daß der Begriff *Gruppe* in der Verbindung *Gruppenselektion* reichlich zweideutig ist. In diesem Essay möchte ich herausarbeiten, daß es vier verschiedene Arten von Gruppen gibt, wobei sich eine jede als potentielles Zielobjekt der Selektion von den anderen unterscheidet. Da eine dieser Gruppen die Verwandtschaftsgruppe ist, möchte ich klären, warum es soviel Streit um die Frage gab, ob es sich bei Verwandtschaftsselektion um Gruppenselektion handelt. Ein jeder, der die Möglichkeit einer Gruppenselektion bestreitet oder aber verteidigt, muß – meiner Meinung nach – genau definieren, von welcher der vier Arten von Gruppenselektion er spricht. In seiner Vorrede räumt E. Sober freimütig ein, daß er »bis vor etwa acht Jahren nur einen sehr oberflächlichen Eindruck davon« gehabt habe, »worum es in der Evolutionstheorie überhaupt geht«. Es ist bewundernswert, welch bemerkenswertes Verständnis der Evolutionsbiologe Sober sich in dieser kurzen Zeit angeeignet hat. In den wenigen Fällen, in denen ich im Rahmen der Evolutionsbiologie eine andere Auffassung als Sober habe, geht es um unterschiedliche Interpretationen.

Sobers Buch ist weit mehr als nur eine Abhandlung über natürliche Auslese. Er unternimmt nicht nur den Versuch, auch andere Fragen der Evolutionsbiologie zu klären, vor allem ist ihm der Biologe für seine detaillierte philosophische Analyse von Begriffen wie Kraft, Tautologie, Ursache, Zufall, Erklärung und Korrelation zu Dank verpflichtet. Es handelt sich dabei um Begriffe, die von Nicht-Philosophen oft verwendet, aber ziemlich unbedacht und manchmal sogar falsch interpretiert werden. Sober weist wiederholt darauf hin, wie leicht einem ein Fehler unterläuft, wenn man die jeweiligen Begriffe nicht streng definiert. Beispielsweise zeigt er, daß es falsch ist, Gruppenselektion als erbliche Veränderung der Eignung von Gruppen oder in Begriffen eines Altruismus zu fassen. Es ist schlichtweg nicht möglich, Gruppenselektion richtig einzuschätzen, bevor man den Begriff nicht streng definiert hat.

Das Buch besteht aus zwei Teilen. Der erste behandelt in sechs Kapiteln »Fitness, Selection and Adaptation« (Fitness, Selektion und Anpassung). Der zweite Teil »The Group Above and the Gene Below« (Die Gruppe oben und das Gen unten) beschäftigt sich in drei Kapiteln mit dem Zielobjekt der Selektion.

Das Wesen der Theoriebildung

Was ist die Aufgabe eines Philosophen, wenn er sich mit dem Problem der natürlichen Auslese oder, innerhalb dieses Problemkreises, mit jedem beliebigen biologischen Problem beschäftigt? Er muß sich, so Sober, über »Ursache, Zufall, Erklärung und Reduktion« Gedanken machen. Dies gilt natürlich für jede Theoriebildung in der Biologie, und zwar für Naturwissenschaftler ebenso wie für Philosophen; Sober hat jedoch darüber hinaus versucht, »das beizutragen, was ein Philosoph tun kann – unausgesprochene Voraussetzungen aufzudecken und zu verdeutlichen«. Dies ist wohl sein wichtigster Beitrag, da in wissenschaftlichen Kontroversen unausgesprochene Annahmen seit jeher die Wurzel allen Übels waren.

Die Theorie der natürlichen Auslese ist im Grunde genommen äußerst einfach: Wenn innerhalb einer Population eine erbliche Variation hinsichtlich der Eignung existiert, dann ergibt sich daraus automatisch Evolution. Und dennoch traf dieser anscheinend so einleuchtende Grundsatz ein Dreivierteljahrhundert lang nahezu überall auf Widerstand. Die Hauptgründe dafür sind, daß erstens Darwin weder den Ursprung der Variation erklären konnte noch imstande war zu beweisen, daß natürliche Auslese tatsächlich in der Natur vorkommt; zweitens, daß eine probabilistische Theorie in einem Zeitalter des Determinismus einfach unannehmbar war; und drittens, daß so ziemlich jedermann ein Typologe (Essentialist) war und Selektion ohne Populationsdenken einfach keinen Sinn ergibt.

Vielleicht der wichtigste Teil von Sobers Analyse ist seine kritische Auseinandersetzung mit bestimmten Begriffen wie *Verursachung*, *Erklärung* und *Wechselbeziehung*, die von den meisten Wissenschaftlern als so bar jeder Zweideutigkeit hingenommen werden, daß man sie offenbar ohne jede weitere Überlegung verwenden kann. Sober macht deutlich, daß die Herstellung einer Korrelation noch kein Beweis für eine Verursachung ist und daß eine Erklärung nicht das gleiche ist wie das Feststellen einer Ursache. Dies wird in dem Augenblick wichtig, wenn man derlei auf spezifisch evolutionäre Begriffe wie *Eignung*, *Anpassung* oder *sexuelle Auslese* anwendet.

In einem zweiten Kapitel befaßt sich Sober mit der Behauptung, die Theorie der natürlichen Auslese, wie sie in der Metapher »Überleben des Fittesten« zum Ausdruck komme, sei eine Tautologie. Sobers Argumentation unterscheidet sich etwas von der anderer Gegner der Tautologie-These (etwa Beatty, Brandon, Kitcher, W. Williams), und zwar weil er sich besonders für eine Entwirrung der Probleme einer Verursachung und der Probleme einer Erklärung engagiert. Er fragt: Kann eine Theorie richtig sein, auch wenn die zugrundeliegenden Mechanismen noch nicht verstanden werden (beispielsweise die Kontinentaldrift ohne Plattentektonik, natürliche Auslese ohne Genetik)? Was genau ist eine Erklärung? Gibt es A-priori-Wahrheiten?

Anpassung

Die Tatsache, daß schon vor der Theorie der natürlichen Auslese in dem Begriff *Anpassung* teleologische Vorstellungen mitschwangen, sollte eigentlich für jeden Darwinisten ohne jegliche Bedeutung sein. Wenn man jedoch bedenkt, wie weit verbreitet falsche Vorstellungen bezüglich des Begriffs Anpassung (Adaptation) immer noch sind, muß man diese Mißverständnisse immer wieder aufklären, und Sober hat ganz zu Recht sein sechstes Kapi-

148

tel diesem Anliegen gewidmet. Glücklicherweise haben in jüngerer Zeit einige andere Philosophen und Biologen, etwa Brandon, Bock, Burian und Wallace, ebenfalls wertvolle Beiträge zu diesem Thema veröffentlicht (siehe Teil III).

Gegen Ende kommt Sober zu der traditionellen darwinistischen Schlußfolgerung (gegen Lewontin und Williams), daß es keinen Beweis dafür gibt, »daß Selektion für Adaptation nicht ausreicht« (S. 208). Er liefert zudem eine philosophisch exakte Definition von Adaptation (S. 208), eine vereinfachte Formulierung von dem, »was aus Selektion resultiert«. Diese Definition soll sowohl die natürliche als auch die sexuelle Selektion abdecken, aber ich fürchte, daß viele Ergebnisse sexueller Selektion zu strukturellen oder verhaltensmäßigen Exzessen führen; sie als Aspekte einer Anpassung zu bezeichnen würde mir schwerfallen.

Gruppenselektion

In seiner Einführung weist Sober darauf hin, daß G. C. Williams' Analyse der Gruppenselektion (1966) sein Interesse an der natürlichen Auslese weckte, und eben der Gruppenselektion widmet er mehr Seiten seines Buches als jedem anderen Thema. Es ist in der Tat ein für einen Logiker und jemanden, der sich für die Geschichte von Theorien interessiert, faszinierendes Thema. Kann eine Gruppe als Zielscheibe der Selektion fungieren? Was ist eine Gruppe? Kann eine Gruppe eine Eignung haben, die von der Eignung der Individuen, aus denen sie besteht, unabhängig ist? Kann man Gruppenselektion auf individuelle Selektion oder Genselektion zurückführen? Anhand dieser und ähnlicher Fragen treibt Sober seine Analyse voran.

Ghiselin (1974) hat gezeigt, wie weit verbreitet das Denken in Begriffen der Gruppenselektion seit jeher war. Konsequente Darwinisten lehnten sie allerdings instinktiv ab, und für diejenigen, die an Gruppenselektion glaubten, war es nie ein herausragendes Thema, bis die Kontroverse mit aller Heftigkeit entbrannte, als 1962 Wynne-Edwards' *Animal Dispersal in Relation to Social Behavior* erschien. Wynne-Edwards gründete seine These auf die Überzeugung, daß Tiere, insbesondere soziale Tiere, über viele

Eigenschaften verfügen, die sich durch darwinistische individuelle Selektion einfach nicht erklären ließen. Einige neuere Autoren haben dies auf das Problem des Altruismus eingeengt, aber das Problem ist weit umfassender (Mayr 1963: 197–198). Prompt widersprachen zwei Autoren Wynne-Edwards' These; allerdings bedienten sie sich dabei einer jeweils ganz anderen Strategie. David Lack (1966 und einige frühere Publikationen) bekräftigte die darwinistische These, alle scheinbaren Fälle von Gruppenselektion könnten in Begriffen des individuellen Vorteils erklärt werden. G. C. Williams (1966) hingegen übernahm die unausgesprochene Annahme der mathematischen Populationsgenetiker, das Gen sei die Selektionseinheit und alle Gruppenselektion könne auf Genselektion zurückgeführt werden. Zu diesem Thema erschien in der Folge eine umfangreiche Literatur; selbst eine Anthologie neueren Datums (Brandon und Burian 1984) befaßt sich hauptsächlich mit diesem Problem. Wenn man bedenkt, wie viele Fragen Sobers Abhandlung offenläßt, ist absehbar, daß dieses Thema noch lange zu Streit unter den Evolutionisten Anlaß geben wird. In der Tat hat Wynne-Edwards seitdem ein neues Buch dazu veröffentlicht (1986).

Auch wenn Sober sehr viel Überlegung in seine Analyse der Gruppenselektion investiert hat, stellt doch seine Auseinandersetzung mit diesem Thema nicht ganz zufrieden, da er es versäumt hat, eindeutig zwischen den vier verschiedenen Bedeutungen des Begriffs Gruppe zu unterscheiden, von denen eine jede in einer anderen Beziehung zur natürlichen Auslese steht. Ich glaube, es trägt zu einem Verständnis dieses schwierigen Sachverhalts bei, wenn man jede dieser vier Arten von Gruppen gesondert betrachtet.

(1) Hamilton-Gruppen

Hierbei handelt es sich um Verwandtschaftsgruppen, die im wesentlichen aus erweiterten Familien bestehen. Sie sind im allgemeinen nicht geographisch isoliert, obwohl es durchaus möglich ist, daß sie vorübergehend ein abgegrenztes Territorium bewohnen. Normalerweise tauschen sie in jeder Generation einige Individuen mit anderen derartigen Gruppen aus. Die Entwicklung eines neuen altruistischen Merkmals in einer solchen Gruppe kann ihr reproduktives Potential erhöhen, und dies wiederum steigert möglicherweise ihren Erfolg in der Konkurrenz mit anderen Gruppen. Maynard Smith (1964) hat ganz korrekt darauf hingewiesen, daß es sich bei Selektion zur Steigerung der Gesamteignung – das heißt Verwandtschaftsselektion – keineswegs um Gruppenselektion handelt, sondern eher um eine Sonderform der individuellen Selektion. Wenn ein Muttertier ihr Junges verteidigt oder ein Individuum einen Warnlaut ausstößt, was seiner Sippe zugute kommt, trägt dies zur Ausbreitung des Genotyps dieser scheinbar altruistischen Individuen bei, und da der zu erwartende Vorteil größer ist als der wahrscheinliche Schaden, ist ein solches Verhalten *per definitionem* nicht als altruistisch zu bezeichnen. Wirklich von Bedeutung ist für eine Verwandtschaftsselektion lediglich, daß enge Verwandte nahe genug beieinander leben, so daß das Verhalten eines Tieres einen Einfluß auf das Überleben oder die Fruchtbarkeit der Verwandten ausüben kann, mit denen es einen Teil seines Genotyps gemeinsam hat.

(2) Wright-Gruppen

Hierbei handelt es sich um lokale Populationen (»Demen«) wie Sewall Wright sie beschrieben hat, die zeitweise voneinander isoliert sind, sich aber bald wieder mit der Hauptgruppe der Spezies-Population oder anderen Wright-Gruppen zusammenschließen. Insbesondere für diese Demen hat man Gruppenselektion postuliert.

Trifft es tatsächlich zu, daß interdemische Selektion bei Wright-Gruppen evolutionäre Phänomene erklären kann, die sich durch individuelle Selektion nicht erklären lassen? Mir scheint, daß diese Behauptung von mehreren unrichtigen Annahmen ausgeht:

(a) Es existieren genau abgegrenzte Demen innerhalb der Spezies. Dies ist natürlich ein äußerst umstrittenes Thema, aber ich habe den Eindruck, daß man im Verlauf der letzten fünfzehn Jahre so viele Beweise für einen umfangreichen Genaustausch zwischen den meisten Populationen gefunden hat, daß eine solche Behauptung nicht aufrechterhalten werden kann. Eine von mehreren Vorbedingungen dafür, daß Demen als wirkliche Einheiten

gelten könnten, ist, daß die Rate des Genaustauschs durch Migration nicht größer sein dürfte als fünf Prozent pro Generation (Levin und Kilmer 1974). Ich würde meinen, daß eine derart niedrige Rate des Genaustauschs nur in äußerst isolierten Gründerpopulationen anzutreffen ist.

(b) Die Deme hat einen vorteilhaften »Gruppenphänotyp«. Sober trifft die etwas befremdliche typologische Feststellung, daß »Gruppenselektion gegeben ist... wenn Gruppenphänotypen ganz bestimmte Wirkungen auf die Eignungswerte von Organismen ausüben« (S. 325). Was ist ein Gruppenphänotyp? Ist dunkle Haut ein Gruppenphänotyp von Schwarzen, oder ist dies einfach, wie Sober – dessen bin ich mir sicher – selber sagen würde, eine phänotypische Eigenschaft eines jeden schwarzen Individuums? Sober wendet sich ganz zu Recht gegen das Vorgehen, einen Durchschnittswert der charakteristischen Merkmale der Mitglieder einer Gruppe zu ermitteln, und dennoch scheint sein Konzept eines Gruppenphänotyps und von »Gruppeneignungswerten« von eben diesem Verfahren, einen Durchschnittswert ermitteln zu wollen, auszugehen. Ehrlich gesagt, ich kenne keine einzige Deme innerhalb einer sexuell sich reproduzierenden Spezies, in der es nicht eine beträchtliche genetische Variabilität gibt und in welcher der Existenzkampf nicht hauptsächlich unter den Mitgliedern der Gemeinschaft ausgetragen wird.

(c) Die Gruppe als gesonderte Einheit ist die Zielscheibe der Selektion. Weder Sober noch sonst jemand hat je einen Beweis für diese Annahme geliefert. Und wenn Sober sagt, daß »die überlegene Gruppe Kolonisten aussendet«, dann unterläuft ihm ein Fehler, vor dem er selber wiederholt gewarnt hat. Nein, nicht die Gruppe ist es, sondern vielmehr die hinsichtlich der Reproduktion erfolgreichsten Individuen innerhalb der Gruppe sind es, deren überschüssige Nachkommen sich über die Gruppe hinaus verbreiten und außerhalb gelegene Gebiete kolonisieren.

Sober zitiert – und darin schließt er sich Lewontin an – die Abschwächung des Myxom-Virus als aufschlußreiches Beispiel für Gruppenselektion. Hier stimme ich mit Alexander (1979) überein, daß man diesen Fall nur mit individueller Auslese erklären kann und muß. Das Überleben eines bestimmten Kaninchens in Australien nach der Einschleppung dieses Virus hing einzig und allein davon ab, wie virulent der virulenteste Stamm der Viruspopulation in diesem speziellen Kaninchen war. Nicht so virulente Stämme in ein und demselben Kaninchen sind für den Prozeß der Auslese (aber nicht für die Ausbreitung) irrelevant. Je schwächer der virulenteste Stamm in einem Kaninchen ist, desto länger wird das Wirtstier überleben. Dies erhöht die Wahrscheinlichkeit einer weiteren Ausbreitung, was wiederum eine kontinuierliche Selektion von zunehmend schwächeren Stämmen zur Folge hat. Von einem »völligen Mangel an selektivem Vorteil einer Avirulenz in Demen« zu sprechen ist eine irreführende Aussage, da die Gesamtheit der Virusklone in einem Kaninchen keine Deme bildet. Nur der virulenteste Virusstamm in einem Kaninchen ist für die Selektion von Bedeutung, und was die Selektion betrifft, erweckt die Tatsache, daß ausschließlich dieser Klon wichtig ist, den Anschein, als gäbe es keine anderen Klone im Wirtstier. Selektion hängt daher einzig und allein von dem Grad der Virulenz des virulentesten Stammes in einem bestimmten Kaninchen ab. Wenn, im Fall einer Mischinfektion, vor dem Tod des Wirtstieres ein weniger virulenter Stamm auf ein anderes Kaninchen übertragen worden ist, würde dies die Ausbreitung einer Avirulenz beschleunigen. Indem sie ihr Kaninchen töten, ehe sie selber sich ausbreiten können, löschen die virulenteren Stämme natürlich sich selber aus (Mayr 1990).

(3) Mayr- (Gründer-)Gruppen

Hierbei handelt es sich um völlig isolierte Gruppen, die in keinerlei Wettstreit mit anderen Gruppen stehen, bis sie zu einer Spezies geworden sind, das heißt, bis sie Isoliermechanismen erworben haben und in der Lage sind, parapatrisch oder sympatrisch zu werden. Und dann kommt Artselektion ins Spiel.

Wades (1977) Experimente befassen sich mit solchen Gründergruppen. Da seine Selektionen rein willkürlich sind und ein selektiver Wettstreit zwischen Gruppen, wie wir ihn in der Natur finden, keine Rolle spielt, ist mir schleierhaft, wie das Verfahren, Gründerpopulationen künstlichen Selektionsdrücken auszusetzen, Gruppenselektion im evolutionären Sinne erhellen könnte. Daß man bei isolierten Populationen im Labor oder bei irgendwelchen Liebhaberzüchtungen von Hunden und Tauben nach den unwahrscheinlichsten Merkmalen selektieren kann, weiß man schon lange. Aber das hat nichts mit Gruppenselektion zu tun, wie Wynne-Edwards oder andere Verfechter der Gruppenselektion sie postulieren.

(4) Menschliche Kulturgruppen

Hierbei handelt es sich um lokale Ansammlungen von Menschen, die durch gemeinsame kulturelle Eigenschaften – dazu gehören Stammesbräuche, übersinnliche Glaubensvorstellungen sowie Sprache oder Dialekt – oder durch Führerschaft zusammengehalten werden. Derartige Gruppen stehen, vor allem bei den primitiven Menschen, normalerweise in Konkurrenz zueinander und rotten sich möglicherweise gegenseitig aus, wie schon Darwin beschrieben hat (1871). Solche kulturellen Gruppen sind ein ausschließlich menschliches Phänomen und stellen in der Tat Fälle von Gruppenselektion dar (Essay 5).

Ausnahmsweise kann derlei auch bei sozialen Tierarten vorkommen, wo die Mitglieder der Gruppe zusammenarbeiten. Beispielsweise warnen sogenannte Wächter die Gruppe vor Feinden; andere Gruppenmitglieder erkunden neue Nahrungsquellen oder tragen auf andere Weise zum Erfolg und der Überlebenswahrscheinlichkeit der Gruppe bei. Hier kann man tatsächlich von Gruppenselektion sprechen, da der Überlebenswert der Gruppe, aufgrund der Kooperation ihrer Mitglieder, höher ist als die durchschnittliche Fitness der einzelnen Mitglieder. Bei einzeln lebenden Tieren gibt es keine solche Gruppenselektion.

Artselektion

Spezies sind Gruppen besonderer Art, und sogenannte Speziesselektion ist möglicherweise die logische Ausweitung einer Gruppenselektion. Sober erkennt dies auch und bezieht Artselektion in seine Analyse mit ein. Leider ist seine Untersuchung des Gegenstandes nicht sehr erhellend. Das Konzept eines Wettstreits zwischen Arten, die zum Erfolg und der Vermehrung einiger von ihnen und der Auslöschung anderer führt, geht auf vorevolutionäre Zeiten zurück. Charles Lyell erklärt die Veränderung von Faunen teilweise mit der »Einführung« einer besser angepaßten Art, die eine andere ersetzt, deren Zeit abgelaufen ist. Darwin war der Ansicht, daß der Grund für das Aussterben einer Art in den meisten Fällen die Konkurrenz einer besser angepaßten Art war. Dieses Kommen und Gehen von Spezies paßt gut zu dem modernen Konzept der Artenbildung, das dies für einen Prozeß hält, der – etwa so wie die Mutation – dem Zufall unterliegt (Mayr 1982: 169–170), und Sober stimmt dieser Interpretation zu.

Mit zwei anderen Formen von Artselektion, die vor kurzem Stanley, Gould und ihre Mitarbeiter zur Diskussion gestellt haben, hat Sober sich allerdings nicht angemessen auseinandergesetzt. Die erste ist das, was ich als *Speziatorselektion* bezeichne – die Fähigkeit bestimmter Arten, zahlreiche erfolgreiche Gründerpopulationen hervorzubringen, das heißt die Fähigkeit häufiger peripatrischer Spezation. Eine solche Fähigkeit, so nimmt man an, ist aus zwei Gründen von selektivem Vorteil. Erstens hat in Perioden des Massensterbens die Gesamtheit der Gene einer Spezies eine viel größere Chance zu überleben, wenn sie sehr viele Tochter- und Enkelarten hat, als die Gesamtheit der Gene einer Spezies, die sich nicht aktiv unterteilt hat. Zweitens ist die Chance für eine bedeutsame evolutionäre Innovation viel größer, wenn es viele Tochter- und Enkelarten gibt, und eine innovative neue Art könnte einen großen, äußerst erfolgreichen Fortschritt in der Evolution bewirken. Die Fähigkeit zu schneller Artenbildung wäre also, auf lange Sicht, offenbar von großem selektiven Vorteil und würde tatsächlich die Bezeichnung *Speziationsselektion* oder *Speziatorselektion* verdienen.

Allerdings lassen sich dagegen etliche triftige Gegenargumente vorbringen. Erstens könnte in Wirklichkeit eine konservative, aber sehr erfolgreiche und weit verbreitete Spezies alle lokal begrenzteren und daher kurzlebigeren Tochterarten eines nahen Verwandten überleben. Zweitens beruht der gesamte Prozeß einer Speziatorselektion strikt auf individueller Selektion. Wie ich an anderer Stelle gezeigt habe, hängen peripatrische Spezation und ihr Erfolg von einer Reihe von Merkmalen ab, etwa von dem Drang nach Ausbreitung, der Fähigkeit zu kolonisieren und der

Fähigkeit, sich sehr schnell Isolierungsmechanismen anzueignen; dies sind jedoch Eigenschaften von Individuen.

Gould schließlich hat eine dritte Form der Artselektion ins Spiel gebracht, den Prozeß einer einseitigen Speziation. Wenn man bereit ist, die Forderung einer Punktualisierung zu akzeptieren, daß nämlich eine Abänderung nur während sehr kurzer Perioden der Speziation möglich ist, und wenn Variation starken Einschränkungen unterliegt (was in der Tat wahrscheinlich der Fall ist), dann könnte ein paralleler evolutionärer Trend in einer Familie miteinander verwandter Stammeslinien durchaus ausschließlich auf eine Reihe einseitiger Speziationen zurückzuführen sein. Diejenigen Tochterspezies würden am meisten durch die Selektion begünstigt, die der Richtung des favorisierten evolutionären Trends am nächsten liegen. Die Frage, ob es eine derartige Artselektion wirklich gibt, ist bisher natürlich rein hypothetisch, und es wird Aufgabe der Paläontologen sein, dies zu beweisen. Da man so wenig über all die genetischen, ökologischen und geographischen Faktoren des Prozesses der Speziation weiß, ist es vielleicht noch etwas zu früh, zu viele Gedanken auf die Speziesselektion zu verschwenden. In jüngerer Zeit hat sich Maynard Smith mit diesem Problem befaßt, und zwar in einer Analyse, die sich beträchtlich von meiner unterscheidet, die aber letztlich zu ziemlich dem gleichen Schluß kommt. Vielleicht gehe ich sogar noch etwas weiter als Maynard Smith, indem ich behaupte, daß individuelle Selektion ausreicht, um all die als Speziesselektion bezeichneten Phänomene zu erklären.

Obwohl an einer Konkurrenz zwischen Arten nicht zu zweifeln ist und obwohl diese Konkurrenz, etwa im Falle der Fauna und Flora Neuseelands, durchaus zum Aussterben vieler Arten geführt hat, ist es doch fraglich, ob der Ausdruck Artselektion wirklich angemessen ist. Nicht die Arten als ganze haben gegeneinander agiert, sondern die einzelnen Individuen der betreffenden Arten haben miteinander konkurriert. Artselektion ist der Individualselektion eben nicht genau analog. Aus diesem Grund bin ich neuerdings dazu übergegangen, von einem Arten-*Turn-over* (Artenumsatz) zu sprechen. Daß ein solcher Artenaustausch (*species replacement*) von enormer evolutionärer Bedeutung ist, wird von mir natürlich in keiner Weise bestritten. Es geht lediglich darum, ob der Begriff »Selektion« in diesem Fall passend ist.

Ist »Selektionseinheit« ein geeigneter Begriff?

Merkwürdigerweise gibt Sober nirgends eine strenge Definition des Begriffes *Selektionseinheit*, vielmehr impliziert er wiederholt, daß dieser Terminus manchmal »Selektion von« einem Objekt und manchmal »Selektion für« eine Eigenschaft bedeutet. Wenn man bedenkt, wie klar er selber diese Zweideutigkeit sieht, mutet es seltsam an, daß er an keiner Stelle versucht, eine terminologische Unterscheidung zu treffen. In meinen eben angestellten Überlegungen habe ich konsequent eine *Selektion von* mit dem Begriff »das Zielobjekt oder die Zielscheibe der Selektion« umschrieben. Es ist erfreulich, daß Sober schließlich trotzdem zu dem offensichtlichen Schluß gelangt, daß eine Charakterisierung des Gens als Einheit der Replikation sehr wenig darüber aussagt, was eine Selektionseinheit ist (S. 252). Ganz zu Recht verwirft er die Behauptung der Verfechter der Genselektion, daß »die Selektionseinheit über ein hohes Maß an Permanenz verfügen muß« und daß nur das Gen, die Replikationseinheit, diese Voraussetzung erfülle. Variation und nicht Permanenz ist die unentbehrliche Vorbedingung für Selektion. *Selektion für* eine Eigenschaft eines Individuums ist natürlich etwas ganz anderes. Im Grunde genommen ist es durchaus möglich, daß ein Individuum nur aufgrund eines einzigen Gens von der Selektion in hohem Maße begünstigt wird. Wie Sober ganz richtig hervorhebt, ist der Hauptgrund für die Behauptungen der Verfechter der Genselektion die Tatsache, daß sie »von« und »für« nicht klar unterscheiden. Es ist jedoch offensichtlich, daß es in diesem Bereich noch eine weitere terminologische Unklarheit gibt. Der Begriff *Einheit* wird meistens zur Quantitätsbestimmung von Kräften (in der Physik) und bei Messungen verwendet. Es ist fraglich, ob es legitim ist, den Begriff *Einheit* für etwas derart Andersartiges wie Zielobjekt der Selektion zu verwenden (siehe auch Ghiselin 1981: 280). Für mich ist ein Zielobjekt keine Einheit.

Schlußfolgerungen

In dieser Analyse habe ich mich auf die Probleme konzentriert, die nach wie vor kontrovers sind oder für die Sober keine Lösung geboten hat, aber ich möchte noch einmal darauf hinweisen, daß Sober uns die vielleicht sorgfältigste und eindringlichste Analyse des Konzepts der natürlichen Auslese, insofern sie den Prozeß der Evolution beeinflußt, geliefert hat. Er hat die Nichtigkeit vieler Behauptungen dargelegt, mit denen die Theorien der Genselektion und Gruppenselektion untermauert wurden, und hat den Grundstein für eine weiterführende Analyse gelegt. Wenn die Zeit für die Entwicklung einer neuen Wissenschaftsphilosophie reif ist, die auch die Methodologie und das begriffliche System der Evolutionsbiologie umfaßt, wird Sobers Analyse eine herausragende Rolle spielen. Beim Durcharbeiten von Sobers Buch wurde mir die Unschärfe eines Großteils der evolutionären Terminologie erst so richtig bewußt. Auch wenn es Sober nicht gelungen ist, eine strenge Definition einiger von ihm verwendeter Begriffe (etwa *Selektionseinheit*) zu geben, so hat er doch die meisten anderen prägnant definiert, und dies wird dazu beitragen, weitere Verwirrung zu vermeiden. Sowohl Biologen als auch Philosophen werden von einer Auseinandersetzung mit Sobers sorgfältiger Analyse der Probleme der natürlichen Auslese sehr profitieren.

Anmerkungen

Dieser Essay ist ein Auszug aus einer Besprechung von E. Sobers Buch *The Nature of Selection* (1984), die ursprünglich in *Paleobiology* 12 (1986), S. 233–239 erschienen ist.

Teil III
ADAPTATION

Einführung

Für die Naturtheologen war die wunderbare Harmonie der Welt seit jeher der schlagendste Beweis dafür, daß sie erschaffen worden war. Indem Darwin diese Harmonie auf das Wirken der natürlichen Auslese zurückführte, setzte er an die Stelle des Wirkens Gottes ein Würfelspiel, wie Darwins Gegner es anklagend formulierten. Wie kann Adaptation, das heißt Anpassung, mittels eines derart dem Zufall unterworfenen Prozesses erreicht werden?

Um dieser Kritik zu begegnen, mußten die Darwinisten beweisen, daß Anpassung in der Tat eine Folge der natürlichen Auslese ist. In der nun folgenden Kontroverse durchliefen die Behauptungen die ganze Skala, von Weismanns Schlagwort der *Allmacht der Naturzüchtung* bis hin zu der völlig entgegengesetzten Behauptung, die natürliche Auslese bewirke überhaupt nichts. Und diese Kontroverse dauert immer noch an. Noch heute gibt es höchst unterschiedliche Auffassungen hinsichtlich der Frage, welcher Anteil eines gegebenen Genotyps oder Phänotyps die unmittelbare Folge natürlicher Auslese ist.

Als Gott durch die natürliche Auslese ersetzt wurde, verführte das Denken in den gewohnten Bahnen zu der Annahme, daß – da ja alles von Gott Geschaffene offenbar vollkommen war – auch die Natur, so wie sie sich entwickelt hatte, perfekt sei. Anfangs dachte auch Darwin so, aber es wurde ihm bald klar, daß diese Schlußfolgerung unnötig war. Einige seiner Nachfolger erlagen jedoch dem teleologischen Beigeschmack des Wortes *Anpassung* und nahmen an, daß jedes einzelne Merkmal eines Organismus sich in Richtung Vollkommenheit entwickeln müßte, und zwar unabhängig von allen anderen Eigenschaften. Viele Genetiker, die annahmen, das Gen sei die Zielscheibe der Selektion, und zudem die Ansicht vertraten, an jedem Genort befinde sich jeweils ein homozygotisch bestes Allel (H. J. Muller), zogen daraus den Schluß, eine fast vollkommene Anpassung sei ein durchaus erreichbares Ziel und der Großteil der Organismen sei diesem Ziel in der Tat nahe gekommen. Diese überzeugten Adaptationisten bedienten sich einer pseudoteleologischen Sprache, wenn von Anpassung die Rede war.

Einige Gegner dieser extremen Position führten neutrale Gene und neutrale Merkmale als Beweise gegen den Selektionismus an. Die meisten dieser Widerlegungen sind jedoch nicht schlüssig, weil sie die Tatsache außer acht lassen, daß das Individuum als ganzes (mit seinem gesamten Genotyp) die Zielscheibe der Selektion ist. Molekulare Genveränderungen, die keinen Einfluß auf die Fitness haben, werden von selektionierten Individuen huckepack mitgenommen (Essay 6). Dies hat keinerlei Folgen für die Adaptation, es sei denn, der neue Genotyp befindet sich in einer besseren Ausgangsposition im Hinblick auf eine weitere Evolution. Das gleiche gilt für die Komponenten des Phänotyps. Da der Phänotyp als ganzer das Zielobjekt der Selektion ist, sind diejenigen Veränderungen, die selektiv neutral sind, für die Evolution ohne Bedeutung. Sie liefern kein Argument gegen das adaptationistische Programm.

Seit etwa fünfzehn Jahren sagen die meisten Autoren, um jede nur denkbare Verwirrung zu vermeiden, nicht mehr, daß die natürliche Auslese Anpassung bewirkt, sondern eher, daß sie zu Angepaßtsein führt. Aber auch dies räumt noch nicht alle Unklarheiten aus. Beträchtliche Verwirrung gibt es außerdem bezüglich des Begriffs *Fitness (Eignung)*.

Auch wenn es vielleicht in Worten schwierig auszudrücken ist, weiß im allgemeinen doch jeder genau, was das Wort *Fitness* eigentlich bedeutet. Es ist die Fähigkeit eines Organismus, in einer gegebenen Umwelt zu überleben oder, anders ausgedrückt, mit den Anforderungen der Umwelt fertig zu werden. Unglücklicherweise hat R. A. Fisher, als er einen Begriff suchte, um den genetischen Beitrag eines Organismus (oder eines Genotyps oder eines Gens) für die nächste Generation zu umschreiben, das Wort *Fitness* gewählt und es als die »Pro-Kopf-Steigerungsquote« definiert. Damit erhielt dieser Begriff natürlich eine ganz andere Bedeutung, als ihm traditionellerweise zukam. Aber dies ist nicht die einzige Schwachstelle dieses neu definierten Begriffs. Er ist darüber hinaus auch nicht geeignet, zwischen natürlicher und sexueller Selektion zu unterscheiden. Nur natürliche Auslese hat Fitness im traditionellen Sinne bewirkt, während sowohl natürliche als auch sexuelle Selektion zu einer Steigerung der Fitness, wie Populationsgenetiker sie definieren, führen können.

Fitness in diesem neu definierten Sinne mißt nur den tatsächlichen, »realisierten« Erfolg. Allerdings ist es durchaus möglich, daß ein Individuum äußerst gut angepaßt ist und trotzdem keine Nachkommen hinterläßt, weil es vorzeitig durch einen Blitzschlag oder einen anderen Unfall ums Leben kommt. Dann hat es null »realisierte« Fitness. Es erwies sich daher als notwendig, einen Begriff für das zu finden, was bisher als Fitness bezeichnet worden war, und so wurde der Begriff Angepaßtheit oder Angepaßtsein eingeführt. Dieser mußte jedoch eine potentielle Eigenschaft definieren. Angepaßtheit wurde daher als die »Fähigkeit zu überleben« (Brandon 1978; Mills und Beatty 1979) oder, um auch die Folgen sexueller Selektion mit einzubeziehen, als »die Fähigkeit, zu überleben und sich zu reproduzieren«, definiert. (Zur weiteren Erörterung dieses Problems siehe Bernstein et al. 1983; Michod 1986; Beatty 1990.)

Es gibt zwei Anwendungsmöglichkeiten des Begriffs *Adaptation*. Für einige Autoren ist ein Merkmal dann eine Anpassung, wenn es nicht nur die Angepaßtheit seines Besitzers fördert, sondern auch das Ergebnis der natürlichen Auslese ist (Brandon Ms.). Andere geben sich, angesichts der Schwierigkeit, die Evolutionsgeschichte eines Merkmals zu dokumentieren, damit zufrieden, jedes beliebige Merkmal als Adaptation zu definieren, das die Angepaßtheit seines Besitzers fördert, unabhängig von seiner Geschichte (Bock 1980).

Da Anpassung ein so leicht mißzuverstehender Begriff ist, der legitimerweise unterschiedliche Bedeutungen hat, ist er in jüngerer Zeit in einer Reihe von Arbeiten eingehend diskutiert worden. Die wohl wichtigsten sind Bock und von Wahlert (1965), Lewontin (1978; 1984), Bock (1980), Brandon (1985) und ein hervorragender zusammenfassender Bericht von Burian (1983).

Trotz all dieser Analysen haben viele nach wie vor das Gefühl, daß der Begriff und auch der Prozeß der Adaptation noch nicht ganz verstanden werden. Der Genetiker Krimbas (1984) ist sogar so weit gegangen zu behaupten, daß der Begriff nicht nur überflüssig ist, sondern im Grunde genommen sogar das Verständnis der Darwinschen Evolution erschwert. Wallace (1984) wies diese Behauptung postwendend zurück. Es trifft jedoch zu, daß das Darwinsche Vokabular keinen anderen Begriff enthält, der mit so vielen Unklarheiten und Mißverständnissen behaftet ist wie der Begriff Adaptation – und ihre Beziehung zur natürlichen Auslese. Einige dieser Unklarheiten auszuräumen ist das Anliegen von Essay 8.

Das Problem der ökologischen Nische hat im Zusammenhang mit dem Thema Adaptation bei verschiedenen Autoren eine beträchtliche Rolle gespielt. Einige Autoren haben ganz zu Recht darauf hingewiesen, daß viele potentiell zugängliche Ressourcen der Umwelt gar nicht oder zumindest nicht voll genutzt werden. Das bedeutet, daß die ökologischen Nischen, die tatsächlich von Spezies genützt werden, einen beträchtlichen Rest ungenutzten Nischenraums übriglassen. In welchem Maß kann eine neue genetische Veränderung innerhalb einer Spezies dazu verwendet werden, die existierende Nische auszuweiten, um bislang ungenutzte Ressourcen zu verwerten? Die Tatsache, daß neu eingewanderte Spezies manchmal nur einen ziemlich geringen Einfluß auf den Status und die Anzahl der anderen Mitglieder einer bestimmten Flora und Fauna haben, beweist ebenfalls das Vorhandensein ungenutzten Nischenraums. Solche ungenutzten Ressourcen stellen natürlich regelrecht eine Aufforderung zur Evolution für die derzeitige Flora und Fauna und zur Erwerbung neuer Adaptationen dar. Daher wird der Prozeß der Anpassung nicht nur durch eine stetig sich verändernde Umwelt, sondern auch durch bislang ungenutzte Ressourcen gefördert. Andererseits gibt es keine leeren Nischen, wenn man unter Nische die Bedürfnisse einer Spezies versteht. Eine solche Definition läßt das Vorhandensein ungenutzter Ressourcen außer acht. Das Vorhandensein eines solchen potentiellen Nischenraums erklärt, warum Speziation manchmal erfolgreich ist.

Wenn man bedenkt, wie weit verbreitet und manchmal unerwartet viele Adaptationen sind, überrascht es nicht, daß unerklärte Merkmale eines Organismus eine Herausforderung für den

Forscherdrang des Evolutionstheoretikers darstellen. Eben diese Herausforderung veranlaßte Harvey dazu, die Frage zu stellen: »Welchen Zweck haben die Klappen in den Venen der Wirbeltiere?« und so den Blutkreislauf zu entdecken. Sie brachte Roux dazu, sich Gedanken über die Bedeutung der Mitose (Zellkernteilung) zu machen und schließlich eine im wesentlichen korrekte Theorie darüber vorzulegen, auch wenn er diese später selber wieder aufgab, da sie einigen anderen seiner Ideen zuwiderlief (siehe auch Mayr 1982: 49–50).

Die Suche nach einer unbekannten funktionellen Bedeutung eines Merkmals eines Organismus hat man als *das adaptationistische Programm* bezeichnet. Nach Ansicht einiger Kritiker sind gewisse Adaptationisten bei ihrer Suche nach der Anpassungsnatur von Strukturen oder Verhaltensweisen zu weit gegangen, und ihre Deutungen wurden von Gould und Lewontin (1979) ins Lächerliche gezogen. Einige Einwände gegen das adaptationistische Programm treffen zweifelsohne zu, auch wenn die Einstellung dieser Kritiker, aufs Ganze gesehen, unnötig negativ zu sein scheint (siehe Reif 1982). Essay 9 ist ein Versuch, die Grundlagen eines ausgewogenen adaptationistischen Programms zu umreißen.

Die Kontroverse um die Adaptation erwuchs zum Teil aus neueren Bestrebungen, die adaptive Bedeutung von Unterschieden zwischen Populationen und Spezies herauszufinden. Im Verlauf der ersten fünfzig bis achtzig Jahre nach dem *Origin* war das Interesse an Anpassung sehr groß, beschränkte sich aber auf die Adaptation höherer Taxa. Es ließ sich ohne weiteres zeigen, daß die Merkmale, hinsichtlich derer Säugetiere sich von Eidechsen unterscheiden, oder die Eigenschaften, die die Vögel zum Fliegen befähigen, adaptiver Art waren (unabhängig davon, wie man »adaptiv« definiert). Aber abgesehen von den geographischen Regelmäßigkeiten, wie sie in den Bergmannschen und anderen klimatischen Regeln zum Ausdruck kamen, bemühte man sich kaum darum, eine adaptive Bedeutung von Unterschieden zwischen Populationen und verwandten Arten zu beweisen. Dieser neue Forschungsansatz wurde, für genetische und Chromosomenmerkmale, eigentlich erst von der Chetverikov-Schule (einschließlich Dobzhansky) und, für Phänotypen, von Lack (Finkenschnäbel) sowie Cain und Sheppard (die Bänderung von

Schnecken) entwickelt. Über H. Böker, D. D. Davis und W. Bock fand diese Fragestellung auch in die Evolutionsmorphologie Eingang. Sie erforderte die Übernahme eines adaptationistischen Programms, um nach dieser Art von Beweismaterial zu suchen. Und in den meisten Fällen handelt es sich dabei um ein sehr schwieriges Unterfangen. So ist es beispielsweise bislang niemandem gelungen, eine adaptive Bedeutung der auffälligen Färbungsunterschiede zwischen geographischen Rassen der papuanischen Vogelgattungen *Pachycephala, Monarcha, Rhipidura* und *Myzomela* aufzuweisen. Wenn solche Unterschiede auf sexuelle Selektion zurückzuführen sind – was wohl bei den meisten dieser Farbunterschiede der Fall ist –, sind sie nur in einem ziemlich speziellen Sinn von adaptiver Bedeutung. Ganze Klassen von Merkmalen, die man vorher für neutral gehalten hatte, etwa die Spezialisierung der männlichen Genitalien, ergeben dann einen Sinn, wenn man sie als das Ergebnis einer sexuellen Selektion betrachtet (Eberhard 1985).

Wenn es keine Möglichkeit gäbe, vermutete Funktionen zu überprüfen, könnte man mit Hilfe des adaptationistischen Programms nichts weiter als »Etwa-so-Geschichten« erzählen. Die Hypothese, daß die Klappen in den Venen den Blutkreislauf regulieren, läßt sich ohne weiteres überprüfen. Wenn man aber nur ganz allgemein fragt, ob eine Struktur möglicherweise eine Funktion hat, erhält man nie eine Antwort; man muß schon viel spezifischere Fragen stellen. Und genau dies tut das adaptationistische Programm, und genau dies wurde in einer Reihe neuerer Untersuchungen gemacht.

Die Hauptschwierigkeit bei der Bestimmung der Angepaßtheit eines Merkmals ist methodologischer Art. Normalerweise kann man den selektiven Wert eines gegebenen Merkmals nur mittels einer Korrelation bestimmen. Der Zusammenhang zwischen dem selektiven Wert eines gegebenen Merkmals und einer optimalen Fitness ist oft alles andere als offensichtlich. Dennoch konnte man zeigen, daß bei einem europäischen Fliegenschnäpper die Länge der Laufknochen eng mit dem Überleben, vom Flüggewerden bis zum Brüten, zusammenhängt – mit der Größe der Krallen beim Weibchen und beim Männchen mit der Fähigkeit, Partner anzulocken (Alatalo und Lundberg 1986). Die Länge des Laufknochens ist natürlich nur ein Indiz für eine bestimmte Körperform, für die er eigentlich selektiert wurde. Leisler (1975; 1977) hat gezeigt, daß viele artspezifische Merkmale europäischer Grasmücken (*Sylvia, Acrocephalus, Locustella*), insbesondere die Proportionen der verschiedenen Komponenten ihrer Extremitäten, eng mit den Merkmalen ihrer Fortbewegung und den Eigenschaften ihrer Umwelt zusammenhängen. Als erster hat dies Palmgren gezeigt (1936). Man kann vielleicht die Angepaßtheit solcher artspezifischer Merkmale nicht auf die gleiche Weise beweisen wie ein mathematisches Theorem, aber die Schlußfolgerungen sind dennoch recht zwingend.

8 Adaptation und Selektion

In den ersten achtzig Jahren nach der Veröffentlichung von Darwins *Ursprung der Arten* (1859) herrschte unter den Evolutionstheoretikern nahezu völlige Uneinigkeit über die Ursachen der Evolution. In den prädarwinistischen Zeiten der Naturtheologie hatte man Anpassung als das Ergebnis des Plans eines gütigen und fürsorglichen Schöpfers erklärt. Nach Ansicht der Darwinisten konnte jedoch die natürliche Auslese in einer unendlich veränderbaren Welt jede beobachtbare Anpassung hervorrufen. Für die Mehrzahl der frühen Evolutionstheoretiker war diese Erklärung inakzeptabel; in ihren Augen war es unvorstellbar, daß ein derart mechanischer und zufallsbedingter Prozeß wie die Selektion der Grund für die herrliche Harmonie der Natur mit ihren bewundernswerten Adaptationen und Coadaptationen sein könnte. Einige dieser Anti-Darwinisten brachten daher das Wirken finalistischer Mechanismen in der Natur ins Spiel, etwa Orthogenese, Nomogenese oder Aristogenese. Andere – beginnend mit Darwin selbst – waren der Ansicht, natürliche Auslese würde durch eine Vererbung erworbener Merkmale (»Gebrauch und Nicht-Gebrauch«) ergänzt. Wiederum andere (beispielsweise de Vries, Goldschmidt, Schindewolf) glaubten, daß alle wichtigen evolutionären Neuerungen ihre Existenz Makromutationen verdankten. Im Verlauf der ersten vierzig Jahre unseres Jahrhunderts wurde die Existenz all dieser angeblichen Prozesse gründlich widerlegt, und im Gefolge der synthetischen Evolutionstheorie der 1930er und 1940er Jahre schien die Selektion das Feld zu behaupten.

Seit etwa 1940 hatten wir uns sehr gut an den Gedanken gewöhnt, daß alle Anpassung das Ergebnis natürlicher Auslese ist und natürliche Auslese jegliche nicht-adaptiven Entwicklungen verhindern würde. Gelegentlich gab es abweichende Meinungen sowie Versuche, auf Zufallskomponenten in der Evolution aufmerksam zu machen, aber diesen wurde im allgemeinen nur eine geringe, wenn nicht gar zu vernachlässigende Bedeutung beigemessen. Die klassische Sichtweise der Darwinschen Evolution –

daß die natürliche Auslese zu immer größerer Fitness führt, bis jeder Organismus perfekt an seine lebende und unbelebte Umgebung angepaßt ist – schien wohlbegründet. Wie Darwin es im *Ursprung* (S. 489) formuliert hatte: »Da die natürliche Auslese einzig und allein durch und für das Wohl eines jeden Lebewesens arbeitet, werden alle körperlichen und geistigen Anlagen dazu tendieren, sich in Richtung Perfektion weiterzuentwickeln.«

Im Verlauf der letzten fünfzehn Jahren hat sich die Situation ziemlich grundlegend geändert. Mehrere Autoren haben das Element des Zufalls viel stärker betont als früher und versucht, eine weitgehende Unwirksamkeit der natürlichen Auslese zu beweisen. Dies ging so weit, daß einige extreme Theoretiker die evolutionäre Bedeutung der Auslese in Bausch und Bogen in Frage stellten, und selbst weniger extreme Autoren schrieben einen Großteil der Evolution verschiedenen Formen einer sogenannten nicht-darwinistischen Evolution zu, die durch neutrale Gene und neutrale Merkmale bewirkt würde. Da diese Autoren irrtümlich Neodarwinismus als die evolutionäre Modifizierung von Genhäufigkeiten definieren (Eldredge 1980), behaupten sie, die neueren Erkenntnisse hätten den Neodarwinismus widerlegt. Diese Behauptungen haben beträchtliche Verwirrung gestiftet, insbesondere unter jüngeren Studenten, aber sie haben auch die überaus wichtige Frage aufgeworfen: Ist das, was wir bis jetzt geglaubt haben, wirklich falsch? Meine Antwort darauf ist: nein. In Wirklichkeit ist ein Teil des Streits rein semantischer Natur und beruht auf falschen Vorstellungen und dem falschen Gebrauch von Begriffen. Mir scheint, es ist an der Zeit, die wichtigsten Konzepte der Evolutionsbiologie, vor allem die Begriffe Adaptation und Selektion, einer neuerlichen Analyse zu unterziehen. Dies ist der Grund für die Wahl meines Themas.

Adaptation

Vor allem die unklare Bedeutung des Begriffes Anpassung ist irritierend. Beispielsweise wird mit diesem Terminus sowohl der Prozeß des Sich-Anpassens wie auch das Endstadium dieses Prozesses – angepaßt zu sein – bezeichnet. Er wird einerseits auf die Anpassung einer Person an den niedrigen Luftdruck in großen Höhen und, im Fall der Bakterien, auf das Vorhandensein oder Nicht-Vorhandensein bestimmter Nährstoffe im Substrat angewandt, andererseits aber auch in einem streng genetischen Sinn, um die Rekonstruktion, den Umbau des Genotyps aufgrund des steten Selektionsdrucks durch viele Generationen hindurch, zu bezeichnen. Einige Autoren (Bock 1980) möchten den Begriff Anpassung auf einzelne Komponenten des Phänotyps beschränkt sehen, während die meisten anderen von der Anpassung eines Individuums in einem umfassenden Sinne sprechen und den Begriff als gleichbedeutend mit Fitness betrachten. Unter den neueren Arbeiten zu den Problemen der Adaptation gefällt mir vor allem die von Lewontin (1978), auch wenn ich nicht in allen Einzelheiten mit ihm übereinstimme. Es wurden ausgeklügelte Definitionen von Adaptation vorgeschlagen, beispielsweise als Einsparung von Energie. Da jedoch keine Methode zur Verfügung steht, mit der es je irgend jemandem gelungen wäre, derlei angebliche Energieeinsparungen zu messen, ziehe ich eine einfache deskriptive Definition vor. *Angepaßtheit ist die morphologische, physiologische und verhaltensmäßige Ausstattung einer Spezies oder eines Mitglieds einer Spezies, die es ihr oder ihm ermöglichen, erfolgreich mit anderen Mitgliedern der eigenen Spezies oder mit Angehörigen von anderen Spezies zu konkurrieren, und es ihr oder ihm ermöglichen, die gegebene unbelebte Umwelt zu ertragen.* Anpassung bedeutet größere ökologisch-physiologische Effizienz, als andere Mitglieder der Population sie erreichen. Bessere Anpassung kann auf einer einzelnen Komponente des Phänotyps oder einem einzelnen Gen oder dem gesamten Genotyp beruhen. Zur Adaptation lassen sich einige sehr irritierende Fragen stellen. Sicherlich ist jeder Fisch an sein Leben im Wasser angepaßt, und doch sind im Verlauf der Geschichte der Wirbeltiere Zehntausende Fischarten ausgestorben, entweder weil sie an irgendeine Komponente ihrer Umgebung nicht gut genug angepaßt waren oder aber weil sie (was wohl auf das gleiche hinausläuft) im Konkurrenzkampf mit anderen, »besser angepaßten« Spezies unterlagen. Dasselbe gilt für Individuen innerhalb einer Art. Alle haben sie die gleichen artspezifischen Adaptationen, und doch überlebt nur eine kleine Minderheit in die folgende Generation hinein. Waren sie besser angepaßt als diejenigen, die im Kampf ums Dasein unterlagen? Es ist also offensichtlich, daß es »angepaßt« und »besser angepaßt« gibt. Genau dies ist der Prozeß der natürlichen Auslese, der im allgemeinen diejenigen begünstigt, die »besser angepaßt« sind. Zu genaueren Analysen des Problems der Adaptation siehe auch Bock (1980), Bock und von Wahlert (1965), Brandon (1978), Dobzhansky (1956), Lewontin (1978), Muller (1949) und Stern (1970).

Um ein etwas umfassenderes Verständnis von Adaptation zu entwickeln, könnte man sich überlegen, *an was* ein Tier oder eine Pflanze angepaßt ist. Auf diese Frage hätte ein Ökologe vermutlich schnell eine Antwort zur Hand: an seine *Nische*. Analysiert man die Situation jedoch genauer, so zeigt sich, daß diese Antwort ziemlich unbefriedigend ist. Nehmen wir beispielsweise eine Entenart. Ist sie an die Luft-Nische oder an die Wasser-Nische angepaßt oder, falls sie an beide angepaßt ist, gibt es so etwas wie eine Luft-Wasser-Nische? G. G. Simpson hat für jede wichtigere Art von Umwelt, an die ein Organismus sich anpassen kann, den Begriff *adaptive Zone (Anpassungszone)* eingeführt. Der Übergang von einem Leben im Wasser zu einem Leben an Land oder von Fleischkost zu pflanzlicher Nahrung (oder umgekehrt) ist ein Wechsel in eine andere adaptive Zone. Nischen beschreiben die Aufteilung der Ressourcen innerhalb einer adaptiven Zone. Rein deskriptiv ist eine Nische die Projektion der Bedürfnisse eines Organismus nach außen oder, laut G. E. Hutchinsons Definition, ein multidimensionaler Ressourcenraum.

Ob es Nischen gibt, die von *keiner* Spezies besetzt sind, ist eine Frage, deren Beantwortung davon abhängt, wie man Nische definiert. Daß es in der Natur Ressourcen gibt, die nicht vollständig ausgeschöpft werden, zumindest nicht von den höheren Gliedern der Nahrungskette, ist wohl kaum zu bezweifeln. Beispielsweise stellen die tropischen Wälder auf Borneo und Sumatra Ressourcen für achtundzwanzig Spechtarten zur Verfügung. Im Gegensatz dazu gibt es in den äußerst ähnlichen Wäldern von Neu-Guinea überhaupt keine Spechte, und zudem nutzen auf dieser Insel kaum irgendwelche anderen Spezies die Specht-Nischen. Das Vorhandensein ungenügend genutzter Ressourcen wird darüber hinaus durch Beispiele für eine erfolgreiche Kolonisierung oder Invasion, die nicht zu einem sichtbaren Abnehmen irgendwelcher bereits vorher existierender Spezies führten, dokumentiert. Diese Beobachtungen bestätigen, daß Selektion eben nicht zu Vollkommenheit führt, denn in einer perfekt geplanten Welt müßten alle Ressourcen mit optimaler Effizienz genutzt werden.

Wie gut funktioniert Selektion?

Einige – möglicherweise sogar viele – Evolutionstheoretiker sind von der Annahme ausgegangen, Adaptation müsse »fast perfekt« sein. Besonders deutlich wird dies in den Arbeiten derjenigen Genetiker, die an einen unveränderlichen Fitnesswert eines jeden gegebenen Gens und an die Existenz eines besonderen Allels, das allen anderen überlegen ist, glauben. Ausgehend von solchen Annahmen müßte ein bestimmter Genotyp nicht nur die größte tatsächliche Fitness, sondern auch die größte potentielle Fitness haben (abgesehen vom Vorhandensein einiger weniger erst vor kurzem mutierter und noch nicht eliminierter schädlicher rezessiver Gene). Einen ähnlich extremen selektionistischen Standpunkt nahmen einige Naturforscher ein, die der Auffassung waren, eine jede Komponente des Phänotyps sei an eine bestimmte Lebensweise angepaßt, und keine von ihnen sei ein Überbleibsel eines Erbes der Vorfahren, das die natürliche Auslese toleriert, das aber nicht für das Leben in einer bestimmten adaptiven Zone erworben worden ist.

Dieser selektionistische Extremismus, der nach einem *Ad-hoc-*Adaptivwert für jedes Detail der organischen Struktur und des Verhaltens sucht, wurde seit Darwin immer wieder heftig angegriffen (Dobzhansky 1956). Der darwinistische Botaniker Thiselton-Dyer wandte sich schon 1883 strikt gegen »leichtfertige Spekulationen auf der Grundlage der natürlichen Auslese«. Ähnlich ermahnte Poulton (1896) die Evolutionstheoretiker, die »gebührende Vorsicht walten zu lassen«, wenn sie sich auf die natürliche Auslese berufen.

Die weitaus meisten neueren Evolutionstheoretiker waren immer sehr vorsichtig, wenn es darum ging, die Ausbildung spezifischer Strukturen der Selektion zuzuschreiben, da ihnen bewußt war, daß ein großer Teil des Phänotyps ein Nebenprodukt der evolutionären Vergangenheit ist, das von der natürlichen Auslese toleriert wurde, aber nicht unbedingt unter den gegenwärtigen Bedingungen entstanden ist. (Siehe Mayr 1963, Kap. 8, 9 und 10 zu den Einschränkungen des Wirkens der natürlichen Auslese.)

Adaptation durch Selektion

Wenn wir eine bestimmte Struktur oder eine andere sogenannte Adaptation untersuchen, ist es leider nahezu immer unmöglich zu beweisen, daß dieses Merkmal eine direkte Folge der natürlichen Auslese ist. Schon Darwin sah sich dieser Schwierigkeit gegenüber. Fast alle Argumente in seinem *Ursprung*, die zugunsten der natürlichen Auslese sprachen, gründeten auf deduktiven Schlußfolgerungen wie den folgenden. Wenn es eine erbliche Variabilität in einer Population gibt und wenn nur ein kleiner Bruchteil der Nachkommenschaft überlebt, dann haben diejenigen Individuen, die über bestimmte, das Überleben und die Fortpflanzung erleichternde Eigenschaften verfügen, eine größere Chance, etwas zum Genreservoir der nächsten Generation beizutragen, als andere Individuen. Dies ist eine völlig logische Schlußfolgerung, aber wo war Darwins Beweis? Darwin hatte keinen einzigen schlüssigen Beweis.

Jetzt, 120 Jahre später, ist in jedem Lehrbuch mindestens ein Kapitel den Beweisen für eine natürliche Auslese gewidmet. Viele von ihnen beziehen sich auf den selektiven Wert individueller Gene, Genkombinationen und Chromosonen, wie man sie in isolierten Populationen oder mit Hilfe anderer experimenteller Verfahren bestimmen kann. Gelegentlich war es auch in der Feldforschung möglich, einen Zusammenhang zwischen Genhäufigkeiten und bestimmten Umweltfaktoren nachzuweisen. Die Wirksamkeit der Selektion wäre weit überzeugender, wenn man einen selektiven Wert spezifischer Komponenten des Phänotyps nachweisen könnte. Und in der Tat haben Kettlewell und andere dies für die Schutzfarbe bestimmter Nachtfalter und auch bei Fischen, Nagetieren und anderen Tieren demonstriert.

Als Bates 1863 seine Entdeckung der *Mimikry* veröffentlichte, war Darwin überglücklich. Die Ähnlichkeit von Modell und

Imitator erlaubt präzise Voraussagen, und diese Voraussagen bestätigten sich, wie Bates zeigen konnte. Die Schlußfolgerung, daß eine adaptive Veränderung, die man in der Natur beobachtet, auf Selektion beruht, ist oft sehr zwingend. Wenn beispielsweise der Ausfall einer Vogelart in einem bestimmten Habitat zu einer Übernahme ihrer Nische durch eine andere Spezies führt und wenn diese Spezies auf die Ausweitung der Nische beispielsweise mit einer Vergrößerung des Schnabels reagiert, dann ist – wenn es keine andere vernünftige Erklärung gibt – die Schlußfolgerung zulässig, daß diese Veränderung eine Folge der natürlichen Auslese war. Lack (1947) hat als erster einen solchen Zusammenhang für die Unterschiede zwischen bestimmten Finkenarten auf den Galapagos-Inseln hergestellt. Seit dieser Zeit hat man viele Fälle von Merkmalsdivergenz im Überlappungsbereich konkurrierender Spezies gefunden.

Ein zwingender Schluß auf Selektion ist auch in den zahlreichen Fällen möglich, in denen einige nicht verwandte Spezies konvergierend eine ähnliche Anpassung entwickelt haben, weil sie im gleichen Habitat vorkommen oder eine ähnliche Nische besetzen. Wüstenfärbung oder weiße Farbe in der Arktis sind wohlbekannte Fälle, ebenso die zahlreichen Ähnlichkeiten bei Tauchvögeln oder Raubvögeln. Im Grunde genommen umfaßt diese Kategorie die meisten in der Literatur dokumentierten Adaptationen. Fast alle Merkmale, die früher einer Vererbung erworbener Eigenschaften zugeschrieben wurden, fallen in diese Kategorie.

Die gelegentlich aufgestellte Behauptung, diese konvergierenden Ähnlichkeiten könnten auf Zufall beruhen, kann durch eine statistische Analyse widerlegt werden. Wenn Wüstenfärbung auf Zufall beruhte, müßten wir in Wüsten mindestens genauso viele Spezies mit anderen Färbungen finden, aber dies ist eben nicht der Fall. Die gleiche Widerlegung eines Zufalls ist für jede der zahlreichen Adaptationen möglich, von denen man glaubt, sie beruhen auf Selektion. Allerdings dürfen wir nicht vergessen, daß es oft verschiedene Möglichkeiten der Anpassung gibt und daß Anpassung ihren Ausdruck manchmal eher in Vielfältigkeit als in konvergierender Einheitlichkeit findet. Das gilt beispielsweise für die Struktur von Blüten, wobei verschiedene Pflanzenarten die Bestäubung durch spezielle Bestäuberinsekten erleichtern.

Wenn ein Bestäuberinsekt seinerseits wunderschön an eine bestimmte Pflanzenart adaptiert ist, wäre es wohl schwierig, die Gültigkeit der These einer Adaptation durch natürliche Auslese zu widerlegen.

Ich gehe sogar so weit zu behaupten, daß in manchen Fällen Adaptation durch Selektion auch dann angenommen werden kann, wenn die adaptive Bedeutung einer Struktur nicht klar ist. Beispielsweise streiten sich die Spezialisten noch immer, ob die auffälligen Platten entlang dem Rückgrat des Dinosauriers *Stegosaurus* eine Rolle für die Verteidigung oder beim Werben oder für die Wärmeregulierung gespielt haben. Wenn man sich jedoch diese energieaufwendige Struktur betrachtet, scheint die Schlußfolgerung zwingend, daß sie sich nicht anders als durch natürliche Auslese entwickelt haben kann, weil sie eben für die Besitzer dieser Struktur in irgendeiner Weise von Nutzen war.

Bei der Kammhaut in Vogelaugen handelt es sich um eine weitere auffällige Struktur, deren genaue Funktion nach wie vor umstritten ist. Dennoch wird jeder Selektionist mit Recht darauf bestehen, daß diese Struktur unter Vögeln nicht so weit verbreitet wäre, wenn sie nicht durch die natürliche Auslese begünstigt worden wäre.

Gegner der natürlichen Auslese, von 1859 bis in unsere Zeit, haben sich einen Spaß daraus gemacht, verschiedene Merkmale von Organismen zu beschreiben, deren selektiven Wert man nicht beweisen kann. Buchstäblich Hunderte von Beispielen anscheinend »neutraler« oder sogar schädlicher Merkmale wurden in den antidarwinistischen Abhandlungen aufgelistet. Die häufigste Antwort seitens der Darwinisten war, die selektive Bedeutung dieser besonderen Struktur sei noch nicht entdeckt worden. Bis zu einem gewissen Grad war dies in der Tat ein durchaus legitimes Argument, da die wahre Bedeutung zahlreicher Strukturen, etwa der Seitenlinie bei Fischen, erst lange nach 1859 entdeckt wurde. Ich erinnere mich noch an die langen Auseinandersetzungen, die ich mit Dobzhansky und Epling hatte, ob die chromosomale Polymorphie bei *Drosophila* (Mayr 1945) von selektivem Wert war oder nicht. Dobzhansky selber lieferte schließlich die entscheidenden Beweise zugunsten der Selektion.

Ein weiteres Argument der Darwinisten war die These, solche

neutralen oder scheinbar schädlichen Merkmale seien das pleiotropische Nebenprodukt von Genen, die für andere Beiträge zur Fitness selektiert worden waren. Spätere Analysen haben in der Tat in einigen Fällen den Beweis für ein Vorkommen pleiotropischer Effekte geliefert, aber es steht immer noch nicht fest, welcher Anteil der sogenannten neutralen Merkmale durch Pleiotropie erklärt werden kann.

An dieser Stelle stehen wir vor einer grundsätzlichen Schwierigkeit. Jegliche Adaptation in einem Organismus ist das Endprodukt einer langen historischen Aufeinanderfolge konsekutiver Schritte. Im Falle eines solchen *historischen Diskurses*, wie der moderne Philosoph es nennt, ist es nie möglich, im nachhinein die Verursachung eines jeden einzelnen Schrittes zu beweisen. Historische Ursächlichkeit unterscheidet sich grundlegend von der Ursächlichkeit, die die Gesetze der exakten Wissenschaften verlangen. Da es keinerlei Möglichkeit eines Beweises gibt, können wir nichts weiter tun, als zu behaupten, daß entweder unsere Erklärung zu allen bekannten Fakten paßt oder aber daß sie diese Fakten besser erklärt als jede andere bisher vorgeschlagene Erklärung.

Lange Zeit waren die Selektionisten durch einen entscheidenden Fehler bei der Entwicklung ihres Konzepts gehandikapt, weil sie nämlich von einem falschen Zielobjekt der natürlichen Auslese ausgingen, dem Gen. Die dies taten, waren nicht in der Lage, die Beibehaltung neutraler oder leicht schädlicher Gene zu erklären, es sei denn als mögliche Fehler in kleinen Populationen. Dieses Problem erledigt sich jedoch weitgehend, sobald man das Individuum als ganzes als Zielscheibe der Selektion betrachtet. Wenn der Phänotyp als ganzer von der Fitness her überlegen ist, kann er viele quasi neutrale oder leicht schädliche Gene und Genkombinationen mitnehmen, vor allem wenn eine relativ enge Koppelung vorliegt. Ein Organismus ist ein integriertes Ganzes und nicht eine Ansammlung unabhängiger Gene. Ein Atomismus, der jedem Gen einen gesonderten Fitnesswert verleiht oder den Phänotyp in die größtmögliche Anzahl einzelner Merkmale zerlegt, von denen angeblich ein jedes sich zum Zwecke seiner eigenen optimalen Adaptation entwickelt hat, ist ein denkbar ungeeigneter Ansatz für ein Verständnis der natürlichen Auslese.

Evolution – ein Spiel des Zufalls?

Allerdings gebührt den Kritikern eines extremen Selektionismus Dank dafür, daß sie die Bedeutung des Zufalls für die Evolution betont haben (siehe Essay 6). Die Vorstellung, daß der Zufall in der Evolution eine wichtige Rolle spielen könnte, ist natürlich nicht neu. Gulick (1873) hat als erster eine Theorie der Evolution entwickelt, die von zufälligen Varianten ausging. Er behauptete, die willkürliche geographische Variation der *Achatinella*-Schnek-ken auf Oahu, Hawaii, könne unmöglich mit Hilfe der natürlichen Auslese erklärt werden. Diese These einer Evolution durch Zu-fallsveränderungen wurde von den Haagedorns (1921) und ande-ren Naturwissenschaftlern unterstützt, erlangte ihre konkreteste Ausformulierung jedoch im Werk Sewall Wrights (1931; 1932). Wright postulierte, daß Veränderungen der Genhäufigkeit auf-grund von Fehlern in kleinen Populationen vorkommen und zu evolutionärer Veränderung führen können, ohne daß die natür-liche Auslese dabei eine Rolle spielt. Solche Populationen würden dann normalerweise eine »inadaptive Phase« durchmachen, in der sie einer »genetischen Drift« unterliegen. Sowohl Dobzhansky (1937) als auch G. G. Simpson (1944) akzeptierten diese stochasti-schen Störungen als einen wichtigen evolutionären Prozeß. Geg-ner dieser Theorie wiesen, selbst wenn sie das vorübergehende Auftreten von Auswahlfehlern einräumten, auf den Effekt sich wiederholender Mutationen und des Genaustauschs hin, der bin-nen kurzem eine vorübergehende Erschöpfung lokaler Genpools wieder ausgleichen könnte. Obwohl heutzutage die Auswirkun-gen der genetischen Drift ein wenig anders interpretiert werden als in den 1930er Jahren, führte Wrights Formulierung eines zwei-ten legitimen Faktors des evolutionären Wandels zu einem ausge-wogeneren Ansatz für eine kausale Interpretation. Unglücklicher-weise verleitete die Entdeckung der Gültigkeit der Theorie von Zufallsprozessen einige Autoren dazu, absolute Alternativen zu setzen: Beruht Evolution auf Selektion oder beruht sie auf Zu-fallsereignissen – auf stochastischen Prozessen? Derlei strikte Al-ternativen produzieren mehr Hitze als Licht. Angesichts des mitt-lerweile verfügbaren Beweismaterials ist eine Evolution auf lange Sicht ohne natürliche Auslese nicht vorstellbar. Allein schon die

Tatsache des gewaltigen reproduktiven Überschusses in jeder Generation in Verbindung mit der genetischen Einzigartigkeit eines jeden Individuums einer sexuell sich reproduzierenden Spezies macht die Bedeutung der Auslese unwiderlegbar. Diese Folgerung schließt jedoch nicht im mindesten die Wahrscheinlichkeit aus, daß Zufallsereignisse ebenfalls die Chancen des Überlebens und der erfolgreichen Fortpflanzung eines Individuums beeinflussen. Die moderne Theorie erlaubt also die Aufnahme von Zufallsereignissen unter die Ursachen evolutionären Wandels. Ein solcher pluralistischer Ansatz ist mit Sicherheit realistischer als jegliche einseitige extreme Einstellung.

Die Theorie einer Evolution aufgrund von Zufallsereignissen erhielt ihren stärksten Auftrieb durch die Untersuchung des Polymorphismus von Enzymen. Kimura, Lewontin, King und Jukes wie auch andere stellten Berechnungen an, die zeigten, daß ein großer Anteil der enormen Variabilität von Enzymgenen unmöglich die Folge einer Überlegenheit der Heterozygoten sein konnte, da ansonsten die genetische Belastung durch schädliche Homozygoten zu groß wäre. Daraus zogen diese Autoren den Schluß, daß diese Variabilität auf selektiv neutralen Mutationen beruhen müsse. Diese Autoren bezeichnen den stochastischen Prozeß, der zu Veränderungen der Häufigkeit neutraler Gene führt, als nichtdarwinistische Evolution. Gegenargumente wurden von Ayala, Richmond, Powell und anderen vorgebracht, und die Kontroverse ist noch nicht beendet. Meiner Ansicht nach ist ein Teil dieser Veränderung in der Tat »neutral« und produziert nichts weiter als evolutionäre Störgeräusche; ein beträchtlicher Teil ist jedoch durch Selektion bedingt. Neutralität ist natürlich insbesondere bei solchen Mutationen gegeben, die auf Ersetzungen von Basenpaaren beruhen, die, aufgrund der Degeneration des Codes, die Erzeugung von Aminosäuren nicht beeinflussen.

Die Argumente der Verfechter der nicht-darwinistischen Evolution stützten sich fast ausschließlich auf die Variabilität der Enzymgene, wie sie bei einer Elektrophorese offenbar wird. Die neuesten Erkenntnisse der Molekularbiologie legen jedoch den Schluß nahe, daß diese spezielle Klasse von Genen von weit geringerer evolutionärer Bedeutung sein könnte als der Rest der Kern-DNA. Allerdings ist unser Wissen über diesen Teil der

DNA, der nicht an der Erzeugung löslicher Enzyme beteiligt ist, nach wie vor ziemlich begrenzt. Es hat jedoch immer mehr den Anschein, daß genau dieser Teil des genetischen Materials für die natürliche Auslese die größte Rolle spielt. Zum gegenwärtigen Zeitpunkt mag diese Annahme lediglich auf einem intuitiven Gefühl beruhen, aber angesichts der umfassenden derzeitigen Forschungen zur mittelrepetitiven DNA und zu den springenden Genen bin ich zuversichtlich, daß wir innerhalb der nächsten fünf bis zehn Jahre definitive Antworten auf diese Fragen geben können.

Artenselektion und Aussterben

Ein spezieller Einwand, den die Gegner der Selektionstheorie besonders häufig vorgebracht haben, lautete, daß die allmähliche Ersetzung eines Allels durch ein anderes und die schrittweise Veränderung der Genhäufigkeiten in einer Population unmöglich solche gewaltigen evolutionären Neuerungen erklären könnte wie das Aufkommen der Eukaryonten und der Vielzeller sowie alle die dramatischen Veränderungen von Adaptationszonen, etwa die Entstehung der Vierfüßer an Land oder die der Vögel in der Luft. Evolutionäre Ereignisse dieser Größenordnung könnten, so die Gegner Darwins, unmöglich mittels einer graduellen Evolution erklärt werden. Bis zu einem gewissen Punkt hatten die Kritiker eines Gradualismus durchaus recht, wie wir gleich sehen werden. Den Ausweg aus diesem Dilemma hat bereits Darwin in seiner Erörterung des Aussterbens andeutungsweise aufgezeigt.

Wir wollen dieses Problem zuerst einmal in seinem historischen Zusammenhang betrachten. Als im 18. Jahrhundert das Konzept eines Kampfes um das Dasein entwickelt wurde, betrachtete man diesen vorrangig als einen Kampf zwischen Arten, sagen wir zwischen Räuber (Wolf) und Beute (Schaf), oder, in geringerem Maße, als den Kampf eines Organismus gegen die Kräfte der unbelebten Umwelt (Kälte, Dürre und so weiter). Von den Naturtheologen wurde dieser Kampf jedoch beschwichtigend als eine Angleichung an ein ständig sich veränderndes Gleichgewicht aufgefaßt. Als die Realität des Aussterbens endlich anerkannt wurde (Blumenbach, Cuvier) – was zuzugeben Lamarck sich noch geweigert hatte –, war das bisherige Erklärungsmodell nicht mehr tragfähig. Nun entdeckte man von neuem Ideen, die in ihrem Kern bis auf die Griechen zurückgingen. Möglicherweise hat eine Spezies eine ihr zugemessene Lebensdauer, so sagte man, und würde nur so lange überleben, bis ihre Zeit abgelaufen sei, um dann von neu geschaffenen oder auf andere Weise neu entstandenen Spezies abgelöst zu werden. Darauf beruhte zu einem großen Teil die Erklärung des Aussterbens durch Charles Lyell, die zeitweise auch Darwin übernahm (wie aus seinen Aufzeichnungen von 1837–1838 hervorgeht). Lyell brachte jedoch einen wesentlichen neuen Gedanken ein: Vielleicht stirbt eine Art aus, weil sie nicht so gut angepaßt ist wie eine »in neuerer Zeit eingeführte« Spezies, die im Konkurrenzkampf überlegen ist. Konkurrenzkampf zwischen ähnlich angepaßten Spezies wurde somit eine zusätzliche Komponente im Kampf ums Dasein. Dies bot eine mögliche Erklärung für bislang unerklärliche Fälle von Aussterben.

Die Einführung des Konzepts eines Konkurrenzkampfes zwischen Spezies führte zu einem viel weiter gefaßten Begriff der natürlichen Auslese als dem von Darwin. Der Begriff natürliche Auslese, wie er jetzt fast universell übernommen worden ist, bezieht sich auf einen Prozeß *innerhalb von* Populationen, da er ein Konkurrenzkampf zwischen Individuen derselben Population ist. Es gibt jedoch potentiell auch zwei Arten einer Auslese *zwischen* Populationen. Eine davon, die Gruppenselektion, bezieht sich auf den Konkurrenzkampf zwischen verschiedenen Populationen ein und derselben Spezies. Wynne-Edwards (1962) und seine Anhänger beriefen sich auf die Gruppenselektion, um Ursprung und Ausbreitung von Merkmalen, etwa ein abweichendes Verhältnis von männlichen zu weiblichen Individuen, zu erklären, die sich ihrer Ansicht nach nicht allmählich durch individuelle Selektion innerhalb einer Population entwickelt haben konnten. Ein Großteil der Analysen der Evolutionsbiologie in den letzten zwanzig Jahren hatte allerdings das Ergebnis, daß man einen angeblichen Fall von Gruppenselektion nach dem anderen widerlegte. Selbst wo sie stattzufinden scheint, etwa bei sozialen Spezies, kann sie meist als Selektion zum Zwecke einer größeren Gesamteignung, das heißt also durch natürliche Auslese, erklärt werden. (Zu einer Erörterung der Gruppenselektion siehe Essay 7.)

Die andere Form von Selektion zwischen Populationen ist die Artenselektion. Diese bezieht sich auf einen Konkurrenzkampf zwischen jeweiligen Arten. In einer abgemilderten Version führt Artenauslese zu dem, was Darwin als Merkmalsdivergenz bezeichnet hat; in einer drastischeren Form führt sie zum Aussterben des unterlegenen Konkurrenten.

Artenselektion aufgrund von Konkurrenzkampf klingt jedoch ziemlich typologisch; und nachdem Darwin 1838 das Konzept der natürlichen Auslese entwickelt hatte, die auf einem Konkurrenzkampf zwischen Individuen beruht, trat die Konkurrenz zwischen Spezies im Denken Darwins immer mehr in den Hintergrund. Er kam wieder auf sie zurück, als er das Konzept der Merkmalsdivergenz entwickelte, das strikt von einer Konkurrenz zwischen Arten ausging. Allerdings geriet dieses Konzept bei den Evolutionstheoretikern wieder in Vergessenheit, als allmählich die Genetiker das Evolutionsdenken zu beherrschen begannen. In ihren Augen war Evolution lediglich eine graduelle Modifizierung des Genpools, und an eine von Konkurrenzkampf bestimmte Interaktion zwischen Spezies dachten sie nicht einmal im Traum.

All dies änderte sich, als die Naturforscher, allen voran Lack im Jahre 1944, erneut die ökologische Wechselbeziehung zwischen Spezies hervorhoben. Man wurde sich nun bewußt, daß Selektion, auch wenn daran immer Individuen beteiligt sind, sich auf verschiedenen Ebenen abspielt, also nicht nur auf jener der Gene in einem Genpool, sondern auch auf der von Spezies in natürlichen Gemeinschaften. Dies führte dazu, daß man den Konkurrenzkampf zwischen Arten als eine der wichtigsten Selektionskräfte anerkannte. Ein solcher Konkurrenzkampf spielt vor allem bei der Veränderung der Fauna und Flora, auf Inseln wie auch auf Kontinenten, eine große Rolle. In vielen Fällen ist ein Aussterben ganz offenkundig auf die Ankunft eines überlegenen Konkurrenten zurückzuführen.

Um Mißverständnisse zu vermeiden, möchte ich betonen, daß Artenablösung nicht in Widerspruch zur individuellen Selektion steht. Auch bei der Artenselektion läuft der eigentliche Prozeß der Auslese über den Erfolg oder Mißerfolg von Individuen ab, abgesehen davon, daß in diesem Fall die reproduktiv erfolgreicheren Individuen im allgemeinen der einen Spezies und die weniger erfolgreichen einer anderen Spezies angehören, die im Konkurrenzkampf unterliegt. Die Folge ist, daß der Genpool der Verliererspezies immer stärker abnimmt, bis die Spezies als ganze ausstirbt. Eine Selektion zugunsten der Art als solcher gibt es nicht. Es sind immer Individuen, die aufgrund der Selektion im Vorteil oder aber im Nachteil sind. Der Begriff Artselektion ist daher eigentlich unzutreffend und sollte besser durch »Artablösung«, »Artenwechsel« oder »Artenaustausch« ersetzt werden.

Der Ursprung neuer Arten

Dies läßt aber immer noch folgende Fragen offen: Woher kamen die überlegenen Spezies, die – aufgrund irgendeiner neuen Fähigkeit, Struktur oder Verhaltensweise – im Konkurrenzkampf Sieger blieben? Wie waren diese neuen Arten entstanden? Solange sich das Interesse der Evolutionstheoretiker, namentlich der Paläontologen und Genetiker, ausschließlich auf die vertikale Komponente der Evolution richtete, war eine Antwort auf diese Frage nicht möglich. Haldane und andere hatten gezeigt, wie evolutionär träge Arten sind, die weit verbreitet und sehr individuenreich sind. Der Austausch minderwertiger Gene in diesen Spezies erfolgt so langsam und ist mit so hohen evolutionären Kosten verbunden, daß auch in einer Million Jahre nicht viel passiert, selbst wenn man das Wirken stochastischer Prozesse mit berücksichtigt. Paläontologen sind sich seit langem darüber im klaren – und keiner hat dies so sehr betont wie Simpson -, daß ein Wechsel in eine neue adaptive Zone von wesentlicher Bedeutung für einen evolutionären Fortschritt ist. Sie haben sich jedoch nicht mit der Frage auseinandergesetzt, woher die Spezies kamen, die die neuen adaptiven Zonen besetzten. Ebensowenig haben sie erklärt, wie der Wechsel in die neue Anpassungszone vor sich geht. Normalerweise tendierten sie, wenn sie eine Erklärung vorschlugen, dazu, es mit Modellen sympatrischer Speziation zu versuchen. So stellte noch vor nicht allzu langer Zeit Lewontin (1978) fest: »Wenn die Umwelt sich ändert, können aus einem adaptiven Höhepunkt zwei werden, und zwei Populationen entwickeln sich auseinander und bilden verschiedene Spezies.« Ehrlich gesagt, mir ist es bei meinen Untersuchungen von Fällen realer Speziation nicht gelungen, irgendwelche Beispiele zu finden, die zu diesem Erklärungsmodell passen. In Wirklichkeit scheint es allgemein so zu sein, daß der erste Schritt eine Aufsplitterung der Population in zwei Populationen ist, und zwar meist mittels einer Gründerpopulation jenseits der Artengrenze oder aber mittels einer Teilung der Population, die dem Entstehen einer neuen geographischen Grenze folgt. Die von Lewontin erwähnte Veränderung der Umwelt ist eine sekundäre Folge des Entstehens einer neuen Population.

Warum ist der Wechsel in eine neue adaptive Zone ein so schwieriges Problem?

Lange bevor irgend jemand sich über Evolution auch nur Gedanken machte, war man allgemein der Ansicht, daß das Verhältnis zwischen einem Organismus und seiner Umwelt ein dynamisches Gleichgewicht ist. Die Speziespopulation eines jeden Organismus beseitigt fortwährend alle Abweichungen, um die Reinheit des Typus zu bewahren. Sie wird selbstverständlich versuchen, mit etwaigen Veränderungen der unbelebten und biotischen Umwelt fertig zu werden, aber diese Form von Anpassung an die jeweiligen Bedingungen ist ihrem Wesen nach konservativ und in keiner Weise geeignet, große evolutionäre Neuerungen oder drastische Abweichungen von den existierenden Bedingungen hervorzubringen. Van Valen (1973) hat dies in seiner »Red Queen Hypothesis/Hypothese der Roten Königin« zum Ausdruck gebracht, und zwar ausgehend von dem Vergleich, daß man in einer ständig sich verändernden Welt ohne Unterlaß laufen muß, um am gleichen Ort bleiben zu können.

Wenn dies wirklich zutrifft – und es spricht alles dafür, daß es zutrifft –, wie kann man dann die großen evolutionären Veränderungen und die Entstehung evolutionärer Neuerungen erklären? Eine mögliche Lösung ist mir eingefallen, als ich mich mit der Verbreitung neu entstandener Arten und Gattungen befaßte. Schon 1942 (S. 284–285) machte ich auf die gelegentliche Entstehung neuer Gattungen in peripher isolierten Populationen aufmerksam. 1954 war ich dann soweit, die Theorie zur Diskussion zu stellen, daß große evolutionäre Veränderungen am wahrscheinlichsten in peripher isolierten Gründerpopulationen stattfinden. Ich betonte, daß solche werdende Spezies ideal strukturiert sind, um Neuanordnungen von Chromosomen einzugliedern und in neue Anpassungszonen zu wechseln. Diese Art der Speziation bezeichne ich als »peripatrische Speziation« (Essay 13).

Die Hervorbringung solch peripher isolierter neuer Spezies scheint mit hoher Geschwindigkeit abzulaufen, aber den meisten dieser Experimente der Natur ist kein Erfolg beschieden. Wenn eine neue Spezies im Konkurrenzkampf entweder mit der elterlichen Spezies oder einer neuen Schwesterspezies unterliegt, stirbt sie aus, ohne in der Fossiliengeschichte auch nur die geringste Spur zu hinterlassen. Gelegentlich kann jedoch eine genetische Revolution in der Gründerpopulation zu einer derartigen Auflockerung des Genotyps führen, daß die neue Spezies in eine neue adaptive Zone wechseln oder irgendeine andere Art evolutionärer Neuerung zustande bringen kann. Dies kann zwei (mehr oder weniger sich überschneidende) Wirkungen haben: entweder hilft die neue Adaptation der neuen Spezies, einen allzu harten Konkurrenzkampf mit bereits existierenden Spezies zu vermeiden, und führt so zu einer Bereicherung der Flora und Fauna (und damit zu einem Anwachsen der Vielfältigkeit), oder aber die neue Spezies wird ein besonders erfolgreicher Konkurrent und führt zum Aussterben einer oder mehrerer existierender Spezies.

Jede neue Besetzung einer neuen adaptiven Zone, sagen wir der Ursprung der Fähigkeit zum Fliegen bei den Vorfahren der Vögel, löst eine derartige Kettenreaktion von Verbesserungen und Aussterben aus, daß der neue »Typ« sich binnen kurzem drastisch von seinen Vorfahren unterscheidet. Da die Verbindungsglieder nur kurze Zeit bestehen und ihre geographische Verbreitung eng begrenzt bleibt, ist es nicht wahrscheinlich, daß je fossile Nachweise von ihnen aufgefunden werden. Zudem folgen sie so schnell aufeinander, daß sie, was die fossilen Funde betrifft, diskontinuierlich zu sein scheinen; Paläontologen bezeichneten dies im allgemeinen als Saltationen. In Wirklichkeit finden solche adaptiven Veränderungen und Hervorbringungen evolutionärer Neuerungen in Populationen statt und sind gradueller Art in einem streng

Darwinschen Sinne, trotz der Geschwindigkeit, mit der sie ablaufen. Es ist nun klar, warum Speziesselektion (Artenwechsel) von so grundlegender Bedeutung für den Prozeß der Makroevolution ist. Erstens erklärt sie die meisten Fälle von Aussterben, die ansonsten nicht erklärbar wären. Zweitens ist sie eine wichtige Triebkraft der Makroevolution. Alles weist darauf hin – auch wenn dies nicht allgemein anerkannt wird –, daß allmähliche Veränderungen in lückenlosen Entwicklungslinien nur von ziemlich begrenzter evolutionärer Bedeutung sind. Offenbar führen sie nur selten zur Entstehung wichtiger evolutionärer Neuerungen oder zu einem Wechsel in eine neue Nische oder Adaptationszone. Veränderungen von makroevolutionärer Bedeutung kommen anscheinend hauptsächlich in peripher isolierten Gründerpopulationen vor und sind vielleicht sogar auf sie beschränkt. Die Entdeckung dieses Prozesses lieferte die Antwort auf die Einwände all derjenigen Kritiker Darwins, die behauptet hatten, makroevolutionäre Ereignisse könnten nicht durch Selektion und graduelle Evolution erklärt werden. Der wesentliche Aspekt dieses neuen Erklärungsmodells ist, daß jetzt nicht mehr die rein genetische Komponente (Veränderung der Genhäufigkeiten, Mutationen), sondern die Phänomene der Naturgeschichte, etwa Population, Isolation, geographische Lokalisierung von Populationen, Konkurrenzkampf und Änderungen der Verhaltensweisen, betont werden. Diese Neuinterpretation der Makroevolution ist ein weiterer Beweis für die erfolgreiche Synthese des Denkens mehrerer biologischer Disziplinen.

Zusammenfassung

1. Adaptation, gemessen am evolutionären Erfolg, ist eine höhere ökologisch-physiologische Effizienz eines Individuums, als sie von den meisten anderen Mitgliedern der Population oder zumindest von deren Durchschnitt erreicht wird.
2. Adaptation ist durch den größeren Überlebens- und Reproduktionserfolg bestimmter Individuen gekennzeichnet, und zwar aufgrund der Tatsache, daß sie über ökologisch-physiologische

Eigenschaften verfügen, die die anderen Individuen ihrer Population nicht oder nur teilweise besitzen, Eigenschaften, die im Kampf ums Dasein nützlich sind.

3. Da das Individuum als ganzes Zielobjekt der Selektion ist, können in einer Population viele neutrale oder geringfügig schädliche Gene von vorteilhaften Genkombinationen »huckepack« mitgenommen werden.

4. Als Folge dessen ist nicht jedes Merkmal eines Individuums oder einer Spezies optimal adaptiert. In der Tat ist es bei vielen Merkmalen methodologisch sehr schwierig, ihren selektiven Wert zu beweisen.

5. Die Genhäufigkeit in Populationen, insbesondere in kleinen Populationen, ist stochastischen Störungen unterworfen. Veränderungen der Genhäufigkeit aufgrund genetischer Drift wechseln nicht mit Evolution durch natürliche Auslese ab, da die beiden Prozesse nebeneinander und gleichzeitig ablaufen.

6. Einen Kampf ums Dasein gibt es nicht nur unter Individuen der gleichen Art, sondern manchmal auch unter Individuen verschiedener Arten. Wenn ein solcher Konkurrenzkampf zum Aussterben einer Art führt, bezeichnet man diesen Vorgang als Artselektion, Artablösung oder Artenwechsel.

7. Keine der neuen Erkenntnisse der letzten fünfzig Jahre macht eine wesentliche Korrektur der Grundzüge der neodarwinistischen Theorie erforderlich. Adaptationen sind in der Tat aufs Ganze gesehen das Ergebnis natürlicher Auslese. Stochastische Prozesse, die die Genhäufigkeit beeinflussen, können gleichzeitig stattfinden, sind aber keine alternierenden Mechanismen, die zu einer besseren Anpassung führen.

Anmerkungen

Dieser Essay ist die gekürzte Fassung einer Abhandlung, die erstmals im *Biologischen Zentralblatt* 101 (1982), S. 161–174, erschienen ist.

9 Zur Durchführung
des adaptationistischen Programms

Wohl der größte Triumph der Darwinschen Theorie der natürlichen Auslese war, daß es ihr gelang, eine wissenschaftliche Erklärung für die Adaptation zu liefern. Nach 1859 war es nicht mehr notwendig, sich auf eine Schöpfung, eine übernatürliche Instanz, zu berufen, um die Anpassung von Organismen an ihre Umwelt zu erklären. Es war die tägliche, ja stündliche Überwachung durch die natürliche Auslese, wie Darwin es formuliert hatte, die unweigerlich zu immer größerer Vollkommenheit führte. Seit damals hat man es immer als eine der vordringlichsten Aufgaben des Evolutionstheoretikers betrachtet zu zeigen, daß Organismen in der Tat einigermaßen gut angepaßt sind und daß diese Anpassung durch keine andere Instanz bewirkt werden konnte als durch die natürliche Auslese. Dennoch haben sich die Evolutionstheoretiker – beginnend mit Darwin selbst (denken Sie an seine Äußerungen zur Evolution des Auges) – auch weiterhin sorgenvoll gefragt, wie tragfähig ihre Erklärung ist. Je allgemeiner die natürliche Auslese ab den 1930ern akzeptiert wurde und je klarer man die Komplexität des Genotyps erkannte, insbesondere ab den 1960ern, desto häufiger wurde die Frage nach der Bedeutung des Wortes *Adaptation*[1] gestellt. In einem Punkt sind sich allerdings alle modernen Autoren einig, daß nämlich Adaptation nicht teleologischer Natur ist, sondern sich auf etwas bezieht, das in der Vergangenheit durch natürliche Auslese hervorgebracht worden ist. Da jedoch verschiedene Formen egoistischer Selektion (beispielsweise viele Aspekte der sexuellen Selektion) zu Veränderungen im Phänotyp führen können, die man schwerlich als »Adaptationen« bezeichnen kann, muß die Definition von Anpassung irgendeinen Hinweis auf die durch die unbelebte wie auch die lebende Umwelt ausgeübten Selektionskräfte einschließen. Es kann nur ein Versehen gewesen sein, als Gould bestimmten evolutionären Innovationen bei Muscheln die Bezeichnung »Adaptation« verweigern wollte, und zwar mit folgender Begründung: »Die erste Muschel, die ihre Mantelränder miteinander verschmolz oder ihre

Byssusfäden bis in das Stadium des Ausgewachsenseins beibehielt, mag daraus einen im konventionellen Sinne adaptiven Vorteil in ihrer lokalen Umwelt erzielt haben. Aber mit Sicherheit wußte sie nicht, daß ihre Erfindung den Boden für eine zukünftige Steigerung der Vielfältigkeit bereiten würde« (Gould und Calloway 1980: 395). Wenn man die eindeutige A-posteriori-Natur einer Adaptation bedenkt, dann ist ihr Potential für die Zukunft völlig irrelevant, wenn es um die Definition des Begriffes Adaptation geht.

Gould und Lewontin (1979) bezeichnen ein Forschungsprogramm, dessen Ziel es ist, die Angepaßtheit von Individuen und ihren Merkmalen zu beweisen, als ein »adaptationistisches Programm«. Eine weit extremere Definition dieses Begriffs stellte Lewontin (1979: 6) zur Diskussion, in dessen Augen das adaptationistische Programm »ohne jeden Beweis davon ausgeht, daß alle Aspekte der Morphologie, Physiologie und des Verhaltens von Organismen adaptiv optimale Lösungen für Probleme darstellen«. Überflüssig zu sagen, daß ich nicht die Absicht habe, in der nun folgenden Erörterung eine derart rigorose ideologische Behauptung zu stützen.

Wenn man fragt, ob das adaptationistische Programm ein legitimer wissenschaftlicher Ansatz ist oder nicht, muß man sich klarmachen, daß die Methode der Evolutionsbiologie sich in mancher Hinsicht von der der exakten Wissenschaften unterscheidet. Obwohl evolutionäre Phänomene – wie ja die meisten Phänomene in den exakten Wissenschaften – universellen Gesetzen unterliegen, läßt sich die Geschichte eines bestimmten evolutionären Phänomens nur in der Form eines »historischen Diskurses« erklären. Folglich muß man, wenn man die Merkmale von etwas erklären will, das ein Produkt der Evolution ist, versuchen, die evolutionäre Geschichte dieser Eigenschaft zu rekonstruieren. Dies ist jedoch nur indirekt möglich. Das geeignetste Verfahren bei einer Analyse historischer Diskurse ist es, nach dem »Warum« zu fragen, das heißt (um dies in die moderne evolutionistische Sprache zu übersetzen) zu fragen, was der selektive Vorteil war oder gewesen sein könnte, der für die Existenz eines bestimmten Merkmals verantwortlich ist.

Vor nicht allzu langer Zeit wurde das adaptationistische Programm von Gould und Lewontin (1979) heftig angegriffen, und zwar im Rahmen einer Analyse, die mir in vieler Hinsicht sehr gefällt, nicht nur, weil sie die gleichen Dinge attackiert, die auch ich in meiner »bean bag genetics«-Abhandlung (Mayr 1959) in Frage gestellt habe, sondern auch, weil sie die ganzheitlichen Aspekte des Phänotyps betont, wie auch ich dies bei der Erörterung der Ganzheit des Genotyps (Mayr 1970, Kap. 10; Essay 16) wiederholt getan habe. Allerdings halte ich ihre Analyse für unvollständig, da sie es unterlassen haben, eine klare Unterscheidung zu treffen zwischen den Fehlerquellen des adaptationistischen Programms als solchem und den Fehlern, die sich aus einem reduktionistischen oder atomistischen Ansatz bei seiner Durchführung ergeben. Ich will versuchen zu zeigen, daß es an dem adaptationistischen Programm im Grunde genommen nichts auszusetzen gibt und die Schwächen und Mängel, die Gould und Lewontin ganz zu Recht hervorgehoben haben, das Ergebnis atomistischer und deterministischer Ansätze sind.

In der Zeit nach 1859 zog man fünf wichtigere Faktoren als Ursachen evolutionären Wandels oder – wie man sie gelegentlich nennt – als Triebkräfte der Evolution ernstlich in Erwägung. Zur Zeit der synthetischen Theorie der Evolution (etwa in den 1940ern) waren drei dieser Faktoren so gründlich in Frage gestellt und falsifiziert worden, daß kein Evolutionstheoretiker sie noch ernst nahm. Bei diesen drei Faktoren handelt es sich um: Vererbung erworbener Merkmale, innere richtungsbestimmende Kräfte (Orthogenese und so weiter) sowie sprunghafte Evolution (De-Vries-Mutationen, »hoffnungsvolle Monster« oder dergleichen). Bleiben also nur zwei evolutionäre Mechanismen als mögliche Ursachen evolutionären Wandels: Zufall und selektive Kräfte. Mit der Identifizierung dieser beiden Faktoren als den Hauptursachen evolutionären Wandels war jedoch die Aufgabe der Evolutionstheoretiker noch keineswegs erfüllt. Wie bei den meisten wissenschaftlichen Problemen lieferte auch diese anfängliche Lösung nur eine erste Orientierung. Um das Problem wirklich zu lösen, ist ein zweiter Schritt erforderlich, nämlich eine detaillierte Analyse dieser beiden Faktoren: Welche Rolle spielen jeweils der Zufall beziehungsweise die natürliche Auslese, und wie kann man dies analysieren?

Beginnen wir mit dem Zufall. Evolutionärer Wandel in jeder Generation ist ein Zwei-Stufen-Prozeß: die Erzeugung genetisch einzigartiger neuer Individuen und die Auslese der Eltern der nächsten Generation. Die bedeutsame Rolle des Zufalls in der ersten Phase, die Herstellung von Variabilität, wird allgemein anerkannt (Mayr 1962), aber der zweite Schritt, die natürliche Auslese, wird im großen und ganzen ziemlich deterministisch aufgefaßt: Selektion ist, so sagt man, ein Prozeß, der nicht dem Zufall unterworfen ist. Die meisten Leute übersehen jedoch, welch wichtige Rolle der Zufall auch während des Prozesses der Auslese spielt. In einer Gruppe von Geschwistern ist es keineswegs notwendig, daß nur diejenigen mit den überlegenen Genotypen sich reproduzieren. Raubtiere fallen meistens schwache oder kranke Individuen an – aber eben nicht ausschließlich, und es ist auch keineswegs so, daß lokalen Katastrophen (Stürmen, Vulkanausbrüchen, Überschwemmungen) nur minderwertige Individuen zum Opfer fallen. Jede Gründerpopulation ist im wesentlichen eine Zufallsansammlung von Individuen, und das Resultat genetischer Revolutionen, die neue evolutionäre Ausgangspunkte setzen, kann von zufälligen Konstellationen genetischer Faktoren abhängen. Bei jeder erfolgreichen Kolonisierung kommt dem Zufall eine nicht zu unterschätzende Bedeutung zu. Wenn vielfältige Wege zur Verfügung stehen, ein neues Merkmal zu erwerben, ist die Entscheidung, welcher davon eingeschlagen wird, oft eine Sache der momentanen Konstellation von Zufallsfaktoren (Bock 1959; Jacob 1977).

Wenn man zu bestimmen versucht, ob eine bestimmte Eigenschaft das Ergebnis natürlicher Auslese oder des Zufalls (das zufällige Nebenprodukt eines stochastischen Prozesses) ist, sieht man sich einem epistemologischen Dilemma gegenüber. Fast jede Veränderung im Laufe der Evolution kann sich zufällig ergeben haben. Kann man dies je beweisen? Wahrscheinlich nie. Kann man, im Gegensatz dazu, die Wahrscheinlichkeit einer Verursachung durch Selektion ableiten? Ja, indem man zeigt, daß der Besitz des jeweiligen Merkmals von der Auslese begünstigt würde. Und eben diese Überlegung liegt dem Ansatz des Evolutionstheoretikers zugrunde. Er muß zuerst versuchen, biologische Phänomene und Prozesse als das Produkt natürlicher Auslese zu erklären. Erst wenn alle Versuche, dies zu tun, gescheitert sind, hat er das Recht, den unerklärten Rest versuchsweise als ein Produkt des Zufalls zu bezeichnen.

Des öfteren wurde vorgeschlagen, man sollte im Gegenteil erst zu beweisen versuchen, daß das zu untersuchende Merkmal zufällig entstanden ist; erst wenn alle diese Versuche mißlingen, sollte man dazu übergehen, seinen Selektionswert zu bestimmen. Mir ist, offen gestanden, völlig schleierhaft, mit welcher Methodik man es wahrscheinlich machen könnte, daß ein Merkmal zufällig entstanden ist.

Die Bewertung des Einflusses der Selektion ist eine sehr schwierige Aufgabe. In zahlreichen Experimenten wurde gezeigt, daß Selektion kein Phantom ist. Daß sie auch in der Natur wirkt, ist eine Schlußfolgerung, die oft bestätigt worden ist (Endler 1986; Grant 1986). Sehr überzeugend war Bates' Beweis, daß die geographische Variation der Mimikry praktizierenden Populationen genau der ihrer abstoßenden oder giftigen Modelle parallel ist. Auch die Übereinstimmung von Wüstentieren mit dem jeweils verschieden gefärbten Boden unterstreicht die Macht der Selektion. In vielen anderen Fällen ist der adaptive Wert eines Merkmals jedoch keineswegs unmittelbar erkennbar.

Infolge dieses adaptationistischen Dilemmas muß der Evolutionstheoretiker, wenn ein erster selektionistischer Erklärungsversuch mißlungen ist, andere adaptationistische Lösungsmöglichkeiten testen, ehe er resignieren und sagen darf: Dieses Phänomen muß ein Produkt des Zufalls sein. Gould und Lewontin machen sich über diese Forschungsstrategie lustig: »Wenn ein adaptiver Beweis nicht funktioniert, probieren Sie es mit dem nächsten!« Dabei handelt es sich doch bei dieser Strategie, eine andere Hypothese zu testen, wenn die erste fehlschlägt, um eine in allen Zweigen der Wissenschaft traditionelle Methodologie. In der Physik, Chemie, Physiologie und Archäologie ist sie die Regel. Ich will nur die Orientierung des Vogelflugs erwähnen, bei dem man der Reihe nach Sonnenkompaß, Sonnenkarte, Sternenortung, die Coriolis-Kraft, Magnetismus, Geruchshinweise und etliche andere Faktoren untersucht hat, um bislang ungeklärte Aspekte der Orientierung und des Heimfindens zu erklären. Was ist dagegen einzuwenden, wenn man die gleiche Methodologie bei der Erforschung der Evolution einsetzt?

An dieser Stelle könnte es von Nutzen sein, den Begriff Adaptation von einem historischen Standpunkt aus zu betrachten. Als Darwin die natürliche Auslese als Triebkraft der Adaptation einführte, setzte er sie damit an die Stelle eines übernatürlichen Schöpfungsplans. Ein Schöpfungsplan, wie die Naturtheologen ihn auffaßten, mußte vollkommen sein, denn es war undenkbar, daß Gott irgend etwas nicht ganz Vollkommenes schaffen würde. Auf dieser Grundlage wurde das Konzept der natürlichen Auslese entwickelt. Darwin gab seine perfektionistische Vorstellung auf, lange bevor er den *Ursprung* verfaßte. Darin hieß es: »Natürliche Auslese neigt lediglich dazu, jedes organische Wesen genauso vollkommen oder ein wenig vollkommener zu machen als die Bewohner des gleichen Landes, mit denen es in einem Kampf ums Dasein steht. Und wir sehen, daß dies der Grad der Vollkommenheit ist, der in der Natur erreicht wird« (1859: 201). Er illustrierte dies anhand der Fauna und Flora Neuseelands, wo die einzelnen Organismen »vollkommen sind... wenn man sie miteinander vergleicht« (S. 201), neuen Kolonisten und Eindringlingen aber »sehr schnell unterliegen« (ebd.). Später vergaßen zwar einige Evolutionstheoretiker die Bescheidenheit von Darwins Behauptungen, aber andere blieben sich voll und ganz der Tatsache bewußt, daß Selektion nicht zu Vollkommenheit führen kann, denn sie konnten ja die Allgegenwärtigkeit des Aussterbens und physiologischer wie auch morphologischer Mängel beobachten. Daß es dennoch einige Perfektionisten gibt, diente Gould und Lewontin als Vorwand dafür, das adaptationistische Programm zur Zielscheibe ihres Spottes zu machen und es als Pangloßisches Paradigma zu bezeichnen. In diesem Punkt bin ich völlig anderer Meinung. Die Implikation, das adaptationistische Programm sei ein und dasselbe wie der teleologische Gottesbeweis (den Voltaire in seinem *Candide* satirisch verspottet), ist in höchstem Maße irreführend. Als der *Candide* geschrieben wurde (1759), gab es noch kein Konzept der Evolution, und denjenigen, die an einen gütigen Schöpfer glaubten, blieb gar nichts anderes übrig, als davon überzeugt zu sein, daß alles »zum Besten stehen müsse«. Dies ist das Pangloßische Paradigma, dessen Ungültigkeit seit der Abkehr von der Naturtheologie außer Frage stand. Das adaptationistische Programm, eine direkte Folge der Theorie der natürlichen Auslese, unterscheidet sich davon fundamental. In Klammern könnte man noch hinzufügen, daß Voltaire Leibniz ziemlich boshaft verdreht hat. Leibniz hatte nämlich nicht behauptet, daß diese Welt die bestmögliche sei, sondern nur, daß sie die beste aller möglichen Welten ist. Merkwürdigerweise kann man eine ähnliche Einschränkung bei der Selektion treffen (siehe unten). Selektion bringt keine vollkommenen Genotypen hervor, aber sie begünstigt die besten, die die zahlreichen Einschränkungen, denen sie unterliegt, erlauben. Daß derlei Zwänge existieren, wurde von denjenigen Evolutionstheoretikern ignoriert, die jedes Merkmal eines Organismus als Ad-hoc-Adaptation interpretieren.

Die gegen unbewiesene adaptationistische Erklärungen gerichtete Attacke Goulds und Lewontins ist völlig gerechtfertigt. Aber die absurdesten Behauptungen wurden vor etlichen Generationen aufgestellt und nicht von modernen Evolutionstheoretikern. Gould und Lewontin weisen ganz zu Recht darauf hin, daß einige Merkmale, beispielsweise die Kiemenbögen von Säugerembryonen, als Adaptationen entfernter Vorfahren erworben worden waren, daß sie aber, obgleich sie nun nicht mehr ihre ursprüngliche Funktion erfüllen, nicht eliminiert werden, weil sie zu integralen Bestandteilen eines Entwicklungssystems geworden sind. Die meisten sogenannten rudimentären Organe fallen in diese Kategorie. Schließlich wäre es in der Tat absurd, wollte man einen Organismus in immer kleinere Merkmale zerlegen und weiterhin nach der Ad-hoc-Adaptation jeder kleinsten Komponente suchen. Ich glaube jedoch nicht, daß dies das Forschungsprogramm der Mehrzahl der Evolutionstheoretiker ist. Dobzhansky hat die richtige Einstellung sehr gut zum Ausdruck gebracht, als er sagte: »Man kann gar nicht oft genug betonen, daß natürliche Auslese nicht mit ›separaten‹ Merkmalen operiert. Die Selektion begünstigt Genotypen... Der reproduktive Erfolg eines Genotyps wird von der Gesamtheit der Merkmale und Qualitäten bestimmt, die er in einer gegebenen Umwelt hervorbringt« (1956: 340). Was Dobzhansky beschrieben hat, spiegelt das wider, was ich als das Konzept des adaptationistischen Programms, wie es von den meisten Evolutionstheoretikern übernommen worden ist, betrachte, und ich bezweifle, daß die von Gould und Lewontin dem adaptationistischen Programm übergestülpte Charakterisierung, »ein

Organismus wird in seine Einzelmerkmale unterteilt, und diese Merkmale werden als Strukturen erklärt, die von der natürlichen Auslese optimal auf ihre Funktionen hin entworfen worden sind« (S. 585), dem Denken des durchschnittlichen Evolutionstheoretikers entspricht.

Indem sie diese atomistische Definition des adaptationistischen Programms wählen und zudem darauf beharren, daß dabei die adaptive Kontrolle eines jeden Merkmals angeblich »unmittelbar« sein müsse, entwerfen Gould und Lewontin eine Karikatur des adaptationistischen Programms. Die von ihnen eingeführten Einwände beruhen alle auf ihrer reduktionistischen Definition. Natürlich ist es sehr wahrscheinlich, daß nicht alle sekundären Nebenprodukte des relativen Wachstums »unter unmittelbarer adaptiver Kontrolle« stehen. Im Falle von Mehrfachlösungen ist es selbstverständlich nicht erforderlich, daß jedes morphologische Detail einer konvergent erworbenen Adaptation eine Ad-hoc-Adaptation ist. Dies gilt beispielsweise für den von ihnen zitierten Fall des adaptiven Komplexes für eine rasche Aufeinanderfolge von Generationen, der sich im Laufe der Evolution der Arthropoden (Gliederfüßer) mindestens dreimal unabhängig entwickelt hat. Die Evolution ist opportunistisch, und die natürliche Auslese macht sich jede Variation zunutze, auf die sie trifft. Wie Jacob (1977) ganz richtig gesagt hat: »Die natürliche Auslese arbeitet nicht wie ein Ingenieur. Sie arbeitet wie ein Flickschuster.«

Wenn die Gefahr so groß ist, daß das adaptationistische Programm so falsch angewandt wird, warum legen dann die Darwinisten derartigen Wert darauf, damit zu arbeiten? Der Hauptgrund ist sein großer heuristischer Wert. Die adaptationistische Frage: »Was ist die Funktion einer gegebenen Struktur oder eines bestimmten Organs?« war jahrhundertelang die Grundlage für jeglichen Fortschritt in der Physiologie. Ohne das adaptationistische Programm wären uns die Funktionen der Thymusdrüse, der Milz, der Hypophyse und der Zirbeldrüse möglicherweise immer noch unbekannt. Wenn eine Antwort sich als unzutreffend erwies, stellte das adaptationistische Programm eine neue Frage, bis man die wahre Bedeutung der Struktur bewiesen hatte oder zeigen konnte, daß dieses Merkmal lediglich ein zufälliges Nebenprodukt des gesamten Genotyps war. Mir scheint, daß das adaptationistische Programm völlig in Ordnung ist, vorausgesetzt, es wird richtig angewandt.

In Übereinstimmung mit der modernen Wissenschaftstheorie lassen die meisten adaptationistischen Hypothesen eine Falsifizierung zu. Beispielsweise gibt es zahlreiche Möglichkeiten einer Überprüfung der These, daß die Schnabelgröße bei einem Speziespaar Darwinscher Finken auf einer bestimmten Galapagos-Insel das Resultat eines Konkurrenzkampfes (Darwins Merkmalsdivergenz) ist. Man kann einen Bezug zwischen der Größe der bevorzugten Körner und der Schnabelgröße herstellen und untersuchen, wie der Konkurrenzkampf zwischen verschiedenen sympatrischen Finkenspezies sich auf die Schnabelgröße auswirkt. Schließlich kann man die verfügbaren Nahrungsressourcen auf verschiedenen Inseln mit der Populationsgröße korrelieren (Boag und Grant 1981). Das Ergebnis solcher Untersuchungen ist, daß das adaptationistische Programm in diesem Fall zu einem weit besseren Verständnis des Ökosystems führt.

Der Fall der unterschiedlichen Schnäbel bei konkurrierenden Finkenspezies ist eines von vielen Beispielen, bei denen es möglich und darüber hinaus auch notwendig ist, die adaptive Bedeutung individueller Merkmale zu untersuchen. Ich betone dies, weil man aus der vorangegangenen Diskussion den Schluß ziehen könnte, eine Unterteilung des Phänotyps in individuelle Merkmale sei prinzipiell unangemessen. Diese Überlegung wäre falsch. Aber ein ganzheitlicherer Ansatz ist dann erforderlich, wenn es nicht gelingt, mit Hilfe der Analyse individueller Merkmale eine adaptive Bedeutung herauszufinden.

In der vorliegenden Literatur wurde die Ausarbeitung einer angemessenen Methodologie, die adaptive Bedeutung nachzuweisen, weitgehend vernachlässigt. In dieser Hinsicht ist eine 1980 erschienene Analyse von Traub über adaptive Modifikationen bei Flöhen vorbildlich. Flöhe sind mit vielen Haaren, Borsten und Stacheln ausgestattet, von denen einige zu hochspezialisierten Organen abgewandelt worden sind. Traub (wie vor ihm einige andere Autoren) hat herausgefunden, daß nicht miteinander verwandte Gattungen und Arten von Flöhen auf den gleichen Säuger- oder Vogelwirtstieren oft konvergente Spezialisierungen erwerben. Steifheit, Länge und andere Eigenschaften der Säugerhaare sind artspezifisch und erfordern offensichtlich besondere Anpassungen, die nicht verwandte Stämme von Flöhen sich unabhängig aneignen. »Die weitgehende Korrelation zwischen Borsten und den Haaren des Wirts ist so tiefgreifend, daß es jetzt ausreicht, sich eine neue Gattung oder Spezies Flöhe anzusehen, um korrekte Aussagen hinsichtlich einiger charakteristischer Eigenschaften des Wirts machen zu können« (Traub 1980: 64). Im Grunde besteht die Methodologie darin, versuchsweise eine Beziehung zwischen einem Merkmal und einer Eigenschaft der Umwelt herzustellen und dann in einer vergleichenden Untersuchung andere Organismen zu analysieren, die dem gleichen Umweltmerkmal ausgesetzt sind, um zu sehen, ob sie die gleiche Spezialisierung erworben haben. Es gibt zwei mögliche Erklärungen, wenn die Bestätigung einer solchen Korrelation nicht gelingt. Entweder ist die untersuchte Eigenschaft nicht das Resultat einer Selektionskraft, oder aber es existieren vielfältige Möglichkeiten, diese Anpassung zu erreichen.

Wenn die erweiterte vergleichende Untersuchung zu einer Falsifizierung der vorläufigen Hypothese führt und wenn andere Hypothesen unklare Ergebnisse zeitigen, dann ist es an der Zeit, es mit experimentellen Tests zu versuchen. Solche Tests sind in vielen Fällen nicht nur möglich, sondern werden auch zunehmend häufiger durchgeführt, wie die neuere Literatur zeigt (Clarke 1979). Erst wenn alle spezifischen Analysen zur Bestimmung des möglichen adaptiven Werts des jeweiligen Merkmals kein Ergebnis gebracht haben, ist es Zeit, sich eines ganzheitlichen Ansatzes zu bedienen und sich über die mögliche adaptive Bedeutung eines größeren Teils des Phänotyps oder unter Umständen sogar über den Bauplan als ganzen Gedanken zu machen.

Daher muß derjenige, der sich mit Adaptation befaßt, einen gefährlichen Kurs zwischen einem nur scheinbar erklärenden reduktionistischen Atomismus und einem vereinfachenden nicht-erklärenden Holismus steuern. Wenn wir uns die Literatur zu diesem Thema ansehen, stellen wir fast immer fest, daß diejenigen, die einen nicht-erklärenden Holismus ablehnten, in ihrer Übernahme eines Atomismus der Art, wie Gould und Lewontin ihn ganz zu Recht brandmarken, zu weit gingen, während andere, die vor den vereinfachenden und oft völlig untauglichen Pseudoerklärungen der Atomisten zurückschreckten, meistens bei einem agnostischen Holismus Zuflucht suchten und alle weiteren Anstrengungen unterließen, zu einer Erklärung zu kommen und sich auf die Möglichkeit eines bestmöglichen Kompromisses oder einer integralen Komponente des Bauplans oder eines zufälligen Nebenprodukts des Genotyps einzulassen. Offenbar ist keiner der beiden Ansätze eine geeignete Lösung – wenn er ausschließlich angewandt wird. Was schlagen Gould und Lewontin vor, um diesem Dilemma zu entrinnen?

Während sie das adaptationistische Programm als ein Pangloßisches Paradigma geißeln, ermahnen Gould und Lewontin die Evolutionstheoretiker, Darwins Beispiel zu folgen und einen Pluralismus der Erklärungen zuzulassen. So positiv ich mein Leben lang dem Pluralismus gegenübergestanden bin, kann ich doch in diesem Fall Darwin nicht folgen; im Grunde genommen tun dies auch Gould und Lewontin nicht. Denn Darwins Pluralismus bestand – wie die Wissenschaftshistoriker wohl wissen – darin, daß er verschiedene Mechanismen der Evolution als Alternativen zur natürlichen Auslese akzeptierte, insbesondere die Auswirkungen von Gebrauch und Nicht-Gebrauch und die direkte Einwirkung äußerer Bedingungen auf Organismen. Da diese beiden untergeordneten Mechanismen Darwins mittlerweile gründlich widerlegt sind, haben wir keine andere Wahl, als auf eine Erklärung mittels Selektion zurückzugreifen.

In der Tat, wenn wir uns Goulds und Lewontins »Alternativen zu einer unmittelbaren Adaptation« näher ansehen, stellen wir fest, daß sie letztlich alle auf natürliche Auslese hinauslaufen. Es ist daher offensichtlich, daß die Zielscheibe ihrer Kritik weder die natürliche Auslese noch das adaptationistische Programm als solches hätte sein sollen, sondern vielmehr die fehlerhafte Interpretation der natürlichen Auslese und das fehlerhaft durchgeführte adaptationistische Programm. Goulds und Lewontins Vorschläge (1979: 590–593) sind keine »Alternativen zum adaptationistischen Programm«, sondern einfach legitime Spielarten davon. Ein solches verbessertes adaptationistisches Programm ist seit langem die von Evolutionstheoretikern bevorzugte Methodologie. Es gibt einen mittleren Kurs zwischen einem schein-erklärenden Atomismus und einem agnostischen, nicht-erklärenden Holismus. Dobzhanskys (1956) Betonung des gesamten Entwicklungssystems und der Angleichung an eine veränderliche Umwelt und die Hervorhebung der ganzheitlichen Natur des Genotyps meinerseits (1963, Kap. 10; 1970, Kap. 10 – gründlich überarbeitet –; 1975) stellten Versuche dar, einen solchen mittleren Kurs zu steuern, um nur zwei von den zahlreichen Autoren zu nennen, die sich diesen Ansatz zu eigen gemacht haben. Sie alle haben sich für ein adaptationistisches Programm entschieden, aber für eines, das nicht extrem atomistisch ist.

Ein Großteil der neueren Arbeiten auf dem Gebiet der Evolutionsmorphologie beruht auf einem solchen adaptationistischen Programm, das einen Mittelweg einschlägt, beispielsweise Bocks (1959) Analyse von Mehrfachlösungen und meine Arbeiten über den Ursprung evolutionärer Neuerungen. Ein halb-holistisches adaptationistisches Programm erlaubt häufig die Erklärung scheinbar nicht einleuchtender Resultate der Selektion. Beispielsweise haben die großen Albatrosarten (*Diomedea*) nur jedes zweite Jahr ein einzelnes Junges und beginnen mit der Fortpflanzung erst im Alter von sechs bis acht Jahren. Wie konnte natürliche Auslese zu einer so außergewöhnlich niedrigen Fruchtbarkeit bei einem Vogel führen? Es gelang jedoch zu zeigen, daß in den stürmischen Gewässern in den südlichen gemäßigten und subantarktischen Zonen nur die erfahrensten Vögel sich erfolgreich fortpflanzen und dies seinerseits alle anderen Aspekte ihres Lebenszyklus beeinflußt. Unter diesen Umständen wird die außergewöhnliche Einschränkung der Fruchtbarkeit von der Selektion begünstigt und stellt daher eine Adaptation dar (Lack 1968).

Die Kritik Goulds und Lewontins wäre vollauf berechtigt, wenn man sich (1) ihre enge reduktionistische Definition des adaptationistischen Programms als eines ausschließlich darum bemühten, »einen Organismus in unitäre Merkmale aufzusplittern und eine adaptive Geschichte für jedes als einzelnes betrachtet vorzuschlagen« (S. 581), und (2) ihre Charakterisierung der natürlichen Auslese – im Geiste der Naturtheologie – als eines Mechanismus, der zu Vollkommenheit führen muß, zu eigen machen würde.

Da heutzutage nur noch wenige Evolutionstheoretiker ein derart eng gefaßtes Konzept des adaptationistischen Programms unterschreiben würden, rennen Gould und Lewontin offene Türen ein. Wohlgemerkt, wahrscheinlich haben viele Evolutionstheoretiker eine viel zu naive Vorstellung von der natürlichen Auslese: Weder sind sie sich der zahlreichen Zwänge, denen Selektion unterliegt, ganz bewußt, noch verstehen sie unbedingt, was wirklich das Zielobjekt der Selektion ist, noch, und das ist vielleicht am wichtigsten, schätzen sie die Bedeutung stochastischer Prozesse richtig ein, wie Gould und Lewontin ganz zu Recht hervorgehoben haben.

Wie weiter oben schon erwähnt, hatte Darwin erkannt, daß die Vollkommenheit von Anpassungen nur einen Punkt erreichen muß, an dem ein Individuum »genauso vollkommen oder ein wenig vollkommener« ist als alle seine Konkurrenten. Zu Darwins Zeit war es allerdings noch nicht so klar erkennbar wie für moderne Evolutionstheoretiker, daß es in Genetik, Entwicklungsphysiologie, Demographie und Ökologie eines Organismus zahlreiche Faktoren gibt, die das Erreichen einer noch perfekteren Anpassung schlichtweg unmöglich machen. Gould und Lewontin (1979) und Lewontin (1978) haben derlei Zwänge aufgezählt, und das gleiche habe ich getan, und zwar zum Teil ausgehend von einer unabhängigen Analyse (siehe Essays 6 und 8).

Bei allen diesen Zwängen gibt es Zufallskomponenten, aber man muß mit allem Nachdruck feststellen, daß Selektion und Zufall keine sich ausschließenden Alternativen sind, wie viele Autoren seit Darwin und den frühen Arbeiten Sewall Wrights bis hin zu den Argumentationen einiger heutiger Anti-Darwinisten behauptet haben. In Wirklichkeit kommt es in allen Phasen des Selektionsprozesses zu stochastischen Störungen (»Zufallsereignissen«).

Die Frage, ob man das adaptationistische Programm aufgrund mutmaßlicher Fehler aufgeben soll, kann nun eindeutig beantwortet werden. Es ist jetzt offensichtlich, daß – entgegen den Behauptungen Goulds und Lewontins – gegen das adaptationistische Programm als solches kaum etwas einzuwenden ist; allerdings sollte es nicht auf rein atomistische Weise angewandt werden. Für diese Schlußfolgerung gibt es keinen besseren Beweis als denjenigen, den Gould und Lewontin selbst geliefert haben. Aristotelische Fragen nach dem »Warum« sind bei der Untersuchung von Adaptationen durchaus legitim, vorausgesetzt, man hat eine realistische

Vorstellung von der natürlichen Auslese und versteht, daß das Individuum als ein Ganzes ein komplexes genetisches und Entwicklungssystem ist und man nichts als alberne Antworten bekommt, wenn man dieses System zertrümmert und der Reihe nach die einzelnen Teile des Trümmerhaufens analysiert.

Ein partiell holistischer Ansatz, der angemessene Fragen zu integrierten Komponenten des Systems stellt, braucht weder lächerlich noch agnostisch zu sein. Ein derartiger Ansatz könnte es ermöglichen, Scylla und Charybdis eines extrem atomistischen und eines extrem holistischen Ansatzes auszuweichen.

Anmerkungen

Dieser Essay wurde erstmals veröffentlicht in *The American Naturalist* 121 (1983), S. 324–333. © University of Chicago.
1 Wie schwierig der Begriff Adaptation ist, zeigt sich am deutlichsten in den fortdauernden Bemühungen verschiedener Autoren, sie zu analysieren, zu beschreiben und zu definieren. Da ich selber es auch nicht besser kann, verweise ich auf eine Auswahl solcher Arbeiten (Bock und von Wahlert 1965; Bock 1980; Brandon 1978; Burian 1983; Dobzhansky 1956, 1968; Lewontin 1978, 1979; Muller 1949; Stern 1970; Williams 1966; Wright 1949).

Teil IV
DIE ART (SPEZIES)

Einführung

Trotz der Unmenge Literatur, die zum Begriff Spezies (Art) veröffentlicht worden ist (darunter auch zahlreiche Essays und Einzelkapitel aus meiner Feder; siehe Bibliographie), ist das letzte Wort noch nicht gesprochen. Immer neue Probleme scheinen aufzutauchen, die es mit Hilfe neuen Materials und neuer Argumentationen anzugehen heißt. Vielleicht ist es eine eitle Hoffnung, eine abschließende Lösung des Speziesbegriffs zu erwarten, da der Begriff Spezies im Denken verschiedener biologischer Disziplinen eine recht unterschiedliche Bedeutung hat. Jeder, der das Durcheinander zu entwirren versucht, das diesen Begriff umgibt, muß sich der Unterschiede in den Interessen und Ansätzen von Systematikern, Evolutionsbiologen, Ökologen, Verhaltensbiologen, Biogeographen und vielen anderen Spezialisten auf dem Gebiet der Biologie bewußt sein.

Der klassische Speziesbegriff – zu Recht oder zu Unrecht oft als die Linnésche oder typologische Spezies bezeichnet – hielt Spezies für eine eindeutig unterscheidbare Klasse von Objekten. Dieses Konzept fügte sich in den Essentialismus (»das, was eine jeweils unterschiedliche Essenz hat«) genauso bruchlos ein wie in den christlichen Schöpfungsglauben (»das, was Gott unterschiedlich geschaffen hat«). Der Naturkundler hingegen, weil er sich der Populationsaspekte von Spezies sehr wohl bewußt war, verstand Spezies auf eine ganz andere Weise, nämlich als Einheiten von Verhalten und Ökologie innerhalb einer lokalen Flora und Fauna; am deutlichsten kommt dies in der nicht-dimensionalen Betrachtungsweise zum Ausdruck, das heißt dann, wenn Spezies ohne Berücksichtigung von Raum und Zeit aufgefaßt werden. Das Denken der Naturkundler spiegelt sich am besten im Begriff der biologischen Spezies wider. Paläontologen schließlich und andere, die sich mit der Makroevolution befassen, wie auch einige Philosophen, betrachten Spezies primär als evolutionäre Einheit.

In gewisser Weise sind alle drei Auffassungen von Spezies legitim. Welche man übernimmt, hängt unter Umständen davon ab, wann und auf welche Weise man es bei seinen Forschungen mit Spezies zu tun hat. Für den Taxonomen in einem Museum wie auch für den Stratigraphen ist möglicherweise das typologische Konzept von Spezies am nützlichsten, wie sehr dem auch die Existenz von *sibling species* (= morphologisch identischen Zwillingsspezies) und auffällig verschiedenen Phänen innerartlicher Varianten widerspricht. Jemand, der mit lebenden Populationen arbeitet, die auf einen Ort und einen Zeitraum beschränkt sind, wird hingegen alle Speziesbegriffe außer dem biologischen als unbefriedigend empfinden. In den Augen dieses Forschers kann der Speziesstatus einer Population nur über ihre natürliche Interaktion mit anderen Populationen bestimmt werden, und dies ist nur in einer nicht-dimensionalen Situation möglich. Dies gilt jedoch nicht für den Paläontologen, zu dessen Aufgabe es gehört, fossile Spezies-Taxa in der vertikalen Aufeinanderfolge von geologischen Formationen voneinander abzugrenzen; ihm bleibt nichts anderes übrig, als die Dimension der Zeit mit zu berücksichtigen. Die grundlegenden Unterschiede im jeweiligen Ansatz muß man in Betracht ziehen, wenn man begreifen will, warum die Spezies-Kontroverse immer noch soviel Staub aufwirbelt.

Essay 10 befaßt sich mit der Bedeutung des Begriffes Spezies. Die Kategorie Spezies ist die Klasse, die alle diejenigen Taxa umfaßt, die unter die Speziesdefinition fallen. In diesem Essay möchte ich zu einigen neueren Kontroversen Stellung nehmen, beispielsweise: In welchem Maße sollte man bei der Arterkennung die Nischenbesetzung mit in Betracht ziehen; ist ein evolutionäres (vertikales) Konzept dem gängigen (horizontalen) biologischen Speziesbegriff überlegen; gibt es »asexuelle Spezies«, das heißt, fallen uniparentale (eineltrige) Stammeslinien unter den Begriff Spezies?

Essay 11 setzt sich mit der Ontologie der Spezies-Taxa auseinander. Sind Spezies-Taxa »Klassen« oder »Individuen« (Einheiten), um die Terminologie der Philosophen zu verwenden, oder reicht diese traditionelle Dichotomie nicht aus, um die einzigartigen Eigenschaften biologischer Spezies wiederzugeben? Besondere Aufmerksamkeit will ich in dieser Erörterung der historischen Entwicklung der Behandlung dieses Problems widmen. Früher tendierten Logiker dazu, Spezies so zu behandeln, als wären sie unbelebte Objekte. Wenn man anerkennt, daß es sich bei den biologischen Spezies um Populationen handelt, die durch einen gemeinsamen Genpool miteinander verbunden sind, würde dies eine Revision des begrifflichen Systems der Logik erforderlich machen. Ich hoffe, meine Äußerungen tragen zu einer Erhellung des ontologischen Status von Spezies bei.

10 Die Kategorie Spezies

Es heißt oft, kein anderes Problem in der Biologie widersetze sich einer Lösung so sehr wie das Speziesproblem. Und die Lösungen, die – von Aristoteles, den Scholastikern und Linné bis in unsere Zeit – vorgeschlagen wurden, sind sehr vielfältig und häufig miteinander nicht in Übereinstimmung zu bringen. Für einen Außenstehenden scheint das Bild, das sich ergibt, äußerst verwirrend. Es hat fast den Anschein, als hätte jeder Autor, der sich im Verlauf der Geschichte der Biologie je zum Problem Spezies geäußert hat, sein persönliches Konzept und als seien wir von einem Konsens so weit entfernt wie eh und je.

Glücklicherweise ist der Stand der Dinge nicht ganz so entmutigend. Es gibt in Wirklichkeit nur eine begrenzte Anzahl wirklich verschiedener Speziesbegriffe, und das Problem Spezies kann mittels einer sorgfältigen philosophischen Analyse der in diesem Bereich verwendeten Begriffe und Vorstellungen und mittels einer Analyse des Prozesses der Speziation einer Lösung ziemlich nahe gebracht werden.

Um die irrigen Vorstellungen gewisser Philosophen zu widerlegen, ist mit allem Nachdruck darauf hinzuweisen, daß die Spezies nicht die Erfindung von Taxonomen oder Philosophen, sondern eine Realität in der Natur ist. Selbst die primitivsten Eingeborenen wissen, daß es in der Natur Spezies gibt; sie erkennen die Spezies, die unter den Tieren und Pflanzen ihrer Umgebung existieren – und zwar erkennen sie genau dieselben Arten wie die Wissenschaft –, und geben ihnen einen Namen.

Speziesbegriffe

Wenn man sich mit evolvierenden biologischen Populationen befaßt – das heißt mit Organismenspezies –, kann man nicht die gleiche Einfachheit und Unzweideutigkeit erwarten, wie man sie bei den Parametern in den exakten Wissenschaften antrifft. Zudem können sich die Erscheinungsformen des Speziesstatus in verschiedenen Gruppen von Organismen recht auffällig unterscheiden. Trotzdem bin ich zu dem Schluß gekommen, daß sich nahezu alle Speziesbegriffe und Speziesdefinitionen, die je entwickelt wurden, unter vier Überschriften einordnen lassen.

(1) Der typologische Speziesbegriff

Das Wort Spezies bedeutet in seiner einfachsten Konzeption schlicht »Art«, wenn etwa ein Mineraloge von Spezies von Kristallen oder ein Physiker von Kernspezies sprechen. Bei einer typologischen Spezies handelt es sich um eine Wesenheit, die sich von anderen Spezies durch konstante charakteristische Merkmale unterscheidet. Dies war der Speziesbegriff, mit dem Linné und Lyell arbeiteten und der von jenen Philosophen seit Plato bis in die Neuzeit vertreten wurde, die Spezies als »natürliche Arten« oder »Klassen« betrachteten. Mitglieder einer solchen Klasse sind dadurch charakterisiert, daß sie die gleiche Spezies-Essenz haben.

Mit den philosophischen Einwänden gegen dieses Konzept werde ich mich weiter unten befassen, aber es hat sich herausgestellt, daß dieser Speziesbegriff nicht einmal von praktischem Nutzen ist, da er seine Anhänger zwingt, auch verschiedene Phäne innerhalb einer Population als Spezies zu betrachten und andererseits Gruppen von Zwillingsarten zu einer einzigen Spezies zusammenzufassen. Noch 1944 bestand der Genetiker Sturtevant darauf, die *Drosophila pseudoobscura* und die *D. persimilis* zu einer einzigen Spezies zusammenzufassen, da es auf diese Weise möglich wäre, »wilde Exemplare zu identifizieren, ohne Nachkommen von ihnen zu züchten oder ihre Chromosomen zu untersuchen« (1944: 476).

Die Entdeckung der hohen Häufigkeit morphologisch nicht unterscheidbarer Spezies (Zwillingsarten) bewies die Untauglichkeit der morphologischen Spezies durchschlagend.

Numerische Phänetiker führten die Bezeichnung *Operationelle Taxonomische Einheit* (OTU = *Operational Taxonomic Unit*) für Taxa auf verschiedenen hierarchischen Ebenen ein. Einer der angeblichen Vorteile dieser Bezeichnung auf der Speziesebene sei, daß man damit die Notwendigkeit umginge, Phäne zu biologischen Spezies zusammenfassen zu müssen. In der Praxis führt die Behandlung von Phänen als OTUs zu absurden Ergebnissen, und diejenigen OTUs, die in der phänetischen Analyse tatsächlich benützt werden, sind das Ergebnis sorgfältiger, aber notwendigerweise subjektiver Analyse, denn ansonsten müßte man Morphe in polymorphen Spezies, Altersstufen, Geschlechterunterschiede sowie andere individuelle Varianten als verschiedene OTUs behandeln. Sie sind alle phänetisch voneinander verschieden, aber Mitglieder derselben Population.

Eine Ablenkung des morphologischen Speziesbegriffs beeinträchtigt natürlich nicht die Nützlichkeit morphologischer Kriterien für Schlußfolgerungen hinsichtlich des Speziesstatus. Allerdings ist es – als ein erster Ansatz einer vorläufigen Bestandsaufnahme einer Flora und Fauna – manchmal notwendig, provisorische Spezies nur aufgrund morphologischer Kriterien anzuerkennen. Wie ich weiter unten zeigen werde, können solche versuchsweisen Anordnungen bestätigt, verworfen oder zumindest modifiziert werden, sobald zusätzliche Informationen zur Verfügung stehen. »Es ist zu betonen, daß es etwas vollkommen anderes ist, ob man seinen Speziesbegriff auf die Morphologie gründet oder ob man sich bei der Anwendung des biologischen Speziesbegriffs morphologischer Hinweise bedient« (Mayr 1969: 25).

Der typologische Speziesbegriff ist für die Klassifizierung unbelebter Objekte nach wie vor nützlich. Derlei Spezies sind Klassen von Objekten, die durch die gleichen definierenden Kriterien charakterisiert sind.

(2) Der nominalistische Speziesbegriff

Laut diesem Konzept existieren in der Natur nur individuelle Objekte. Solche Objekte oder Organismen werden mit Hilfe eines Namens miteinander verklammert, und durch dieses subjektive Vorgehen des Klassifizierenden wird entschieden, welche Objekte zu einer Spezies zusammengefaßt werden. Spezies sind daher rein willkürliche gedankliche Konstruktionen. Für den Nominalisten existieren realiter in der Natur keine Spezies. So lautete die Behauptung der Nominalisten seit dem Mittelalter sowie zahlreicher Autoren des 18. Jahrhunderts, aber auch noch in neuerer

Zeit, beispielsweise Gilmour (1940), Burma (1949) sowie Ehrlich und Holm (1962). Einige moderne Philosophen haben außerdem zu verstehen gegeben, bei Spezies handle es sich lediglich um Konventionen; in der Natur seien sie jedoch nicht real vorhanden. »Der Begriff Spezies wurde als Antwort auf bestimmte theoretische Desiderata eingeführt« (Kitcher 1984). Diese Behauptung wird durch die Tatsache widerlegt, daß dieses Konzept von der Elite der Naturkundler entwickelt wurde, angefangen von den Herbalisten des 16. Jahrhunderts über John Ray, Linné und praktisch alle Naturkundler bis in unsere Zeit. Meiner Ansicht nach gibt es keine schlagendere Widerlegung der nominalistischen Behauptungen als die Tatsache, daß primitive Eingeborene auf Neuguinea mit ihrer Steinzeitkultur genau die gleichen Wesenheiten als Spezies anerkennen wie westliche Taxonomen. Wären Spezies etwas rein Willkürliches, dann wäre es absolut unwahrscheinlich, daß die Vertreter zweier derart drastisch sich unterscheidender Kulturen identische Speziesabgrenzungen treffen. Obwohl es noch einige wenige Nominalisten gibt, ist man mittlerweile nahezu einhellig der Meinung, daß es in der Natur reale Diskontinuitäten gibt, die verschiedene Spezies voneinander abgrenzen. Jede dieser Spezies verfügt über arteigene biologische Merkmale, und die Analyse und der Vergleich dieser Unterschiede ist die Voraussetzung für jegliche biologische Forschung. Ob er sich dessen bewußt ist oder nicht – jeder Biologe arbeitet mit Spezies.

Neuere Speziesbegriffe

Als die Naturforscher ab dem 17. Jahrhundert begannen, Organismenspezies in der Natur zunehmend sorgfältiger zu untersuchen, sammelten sich immer neue Beweise dafür an, daß diese Spezies etwas ganz anderes waren als die sogenannten Spezies unbelebter Objekte. Diese Naturkundler haben unwiderlegbar bewiesen, daß Spezies nicht nur ganz real in der Natur existieren, sondern daß sie auch in vielen, wenn nicht sogar allen Fällen aufgrund einer natürlichen Diskontinuität klar voneinander unterscheidbar waren. Allerdings forderte das Schöpfungsdogma, genauso wie die vorherrschende essentialistische Philosophie, ebenfalls solche

Diskontinuitäten, und dies trug dazu bei, daß man nach wie vor das typologische Konzept vertrat. Dies wurde durch die tägliche Praxis des Klassifizierens von einzelnen Exemplaren verstärkt, bei dem es am praktischsten war, das als gesonderte Spezies zu betrachten, »was anders ist«, mit anderen Worten, das, was man anhand morphologischer Kriterien unterscheiden konnte.

Erst nach der Darwinschen Revolution wurden Versuche unternommen, einen Speziesbegriff in die Biologie einzuführen, der die einzigartigen Eigenschaften biologischer Populationen widerspiegelt. Das Kriterium »Grad der Unterschiedlichkeit« wurde durch das neue Kriterium »keine Paarung untereinander« ersetzt. Darüber hinaus wurden Spezies jetzt eher als sich entwickelnde Populationen und nicht mehr als ewig konstant betrachtet.

(3) Der biologische Speziesbegriff

Dieser Speziesbegriff gründet auf der Beobachtung lokaler Naturforscher, daß an einem gegebenen Ort verschiedene Populationen koexistieren, die sich nicht miteinander paaren. Dies kommt in der Definition »Spezies sind Gruppen von sich miteinander fortpflanzenden Populationen, die reproduktiv von anderen solchen Gruppen isoliert sind« zum Ausdruck.

Bestimmte Aspekte und Implikationen dieser Definition will ich nun erörtern. Da es beispielsweise gelegentlich zu einer Paarung zwischen Individuen zweier verschiedener guter Spezies kommen kann, ohne daß die Isolation zwischen diesen Spezies zusammenbricht, ist unbedingt zu betonen, daß sich der Begriff reproduktive Isolation auf die Bewahrung der Unversehrtheit von Populationen bezieht, auch wenn gelegentlich ein Individuum ausschert.

Wenn man an Evolution glaubt, dann muß man auch die Schlußfolgerung akzeptieren, daß eine jede Spezies das Produkt der Evolution ist oder, genauer gesagt, das Produkt von Speziation, und daß sie über gewisse Eigenschaften verfügen muß, die die Folge eines solchen Prozesses sind. Dies erlaubt bestimmte Vorhersagen bezüglich Eigenschaften, die einer natürlichen Wesenheit zugeschrieben werden, die man als Spezies betrachtet. Diese Eigenschaften sind folgende: eine neue Spezies muß infolge des Prozesses der Speziation reproduktiv isoliert sein; sie muß zudem über einen neuen, stabilen, gut integrierten Genotyp verfügen und hat, in den meisten Fällen, eine artspezifische Nische besetzt.

Diese Möglichkeit, Vorhersagen zu machen, ist die eigentliche Stärke des biologischen Speziesbegriffs. Sie erlaubt es jederzeit, Gruppen von sich ähnelnden (oder nicht ähnelnden) Populationen auf ihren Speziesstatus hin zu überprüfen. Diese biologischen Spezies sind die Einheiten, mit denen Populationsgenetiker ebenso wie Ökologen und Verhaltensforscher arbeiten. Wenn man sich auf die genannten biologischen Merkmale von Spezies konzentriert, stellt man fast unausweichlich die gleichen Speziesabgrenzungen fest, ob man nun ein primitiver Eingeborener in den Bergen Neuguineas ist oder ein Ethologe oder ob man Ökosysteme untersucht. Die klar erkennbaren Diskontinuitäten, die man in der Natur beobachten kann, wenn man Populationen an einem gegebenen Ort untersucht, sind ein ganz reales Phänomen. Die Existenz dieser Lücken macht die Arbeit der Verhaltensforscher und Ökologen überhaupt erst möglich, da jede Tierspezies artspezifische Verhaltensmuster wie auch eine artspezifische Nischennutzung aufweist.

Nichts ist irreführender als die Behauptung, der biologische Speziesbegriff sei ohne praktischen Nutzen. Tatsächlich dient der biologische Speziesbegriff als Maßstab, mit dessen Hilfe sich strittige oder einfach unklare Situationen erhellen lassen. Im Rahmen einer Analyse von etwa achtzig Vogelspezies in Nordamerika, deren Artrang strittig war, gelang es Mayr und Short (1970), anhand des Maßstabs der biologischen Speziesdefinition alle Fälle bis auf einen zu klären. Bei der Analyse einer lokalen nordamerikanischen Flora waren Mayr und Wood (unveröffentlichter Bericht) ebenfalls in der Lage zu zeigen, daß bei weitem die meisten kontroversen Fragen (und davon gab es buchstäblich Hunderte) durch Anwendung des biologischen Speziesbegriffs recht eindeutig geklärt werden konnten. Shapiro (1982) hat gezeigt, wie hilfreich die biologische Spezies war, als es darum ging, strittige taxonomische Fragen bei Schmetterlingen zu lösen. Aber noch nachdrücklicher betont er ganz zu Recht den enormen heuristischen Wert dieses Konzepts. »Der Hauptnutzen des biologischen Speziesbegriffs und der Grund dafür, daß er sich, trotz aller Polemik, behauptet hat, war, daß er sich dazu eignete, interessante Fragen von evolutionärer, biogeographischer und systematischer Bedeutung hinsichtlich realer Organismen in der realen Welt aufzuwerfen« (S. 217).

Der Schutz des artspefizischen Genotyps

Gelegentlich wird die Frage gestellt: Warum gibt es Spezies? Warum finden wir in der Natur nicht einfach ein ununterbrochenes Kontinuum von ähnlichen oder immer stärker divergierenden Individuen vor? (Mayr 1957a, 1990). Es ist mittlerweile klar, daß die Isolationsmechanismen einer Spezies ein Schutzmechanismus für gut integrierte Genotypen sind. Jegliche Kreuzung zwischen verschiedenen Spezies würde zu einem Zusammenbruch der ausgewogenen, harmonischen Genotypen führen, und dem würde die natürliche Auslese sehr schnell entgegenwirken. Diese Selektion zur Verhinderung von Hybridisierung ist in der Natur in buchstäblich Tausenden von Fällen nachgewiesen worden, obwohl auch Fälle einer erfolgreichen Hybridisierung, vor allem bei Pflanzen, bekannt sind.

Der große selektive Wert von Mechanismen, die dazu beitragen, die Unversehrtheit artspezifischer Genotypen zu bewahren, wird durch die Vielfalt von Isolationsmechanismen (Mayr 1963, Kap. 5) und durch die Tatsache bewiesen, daß die Isolation normalerweise nicht durch einen einzelnen, sondern eine ganze Reihe von solchen Mechanismen bewerkstelligt wird. In zahlreichen Fällen – insbesondere bei Pflanzen, aber auch bei bestimmten Gruppen von Insekten (Moraba-Heuschrecken) – ist Unfruchtbarkeit bei Artkreuzungen der hauptsächliche und manchmal sogar der einzige Isolationsmechanismus. Bei den meisten Tieren sind jedoch verhaltensmäßige Barrieren am wichtigsten. Männchen nähern sich Weibchen und versuchen festzustellen, ob sie empfängnisbereit sind. Es gibt einen Austausch von Stimuli oder Signalen zwischen Männchen und Weibchen, und wenn das Weibchen empfängnisbereit ist und die Signale, die das Männchen aussendet, angemessen (das heißt konspezifisch) sind, führt das Werben zu einer Kopulation.

Die spezifische Reaktion von Männchen und Weibchen aufeinander wird oft etwas vage als »Arterkennung« umschrieben. »Dieser Begriff ist eigentlich irreführend, da er Bewußtsein impliziert, eine höhere Stufe von Gehirnfunktion, als man sie bei niederen Tieren antrifft (siehe auch Spurway 1955)« (Mayr 1963: 95). In jüngerer Zeit hat Paterson (1976; 1985) die Definition der verhaltensbezogenen Isolationsmechanismen als Arterkennung wieder aufgegriffen, ohne auf die Argumente einzugehen, mit denen diese Definition von früheren Autoren zurückgewiesen worden war. Es ist hervorzuheben, daß es bei dem Streit nicht um biologische Tatsachen geht, sondern um die Terminologie. Wie ich schon 1963 gesagt habe: »Bei Arterkennung handelt es sich also einfach um den Austausch angemessener Stimuli zwischen Männchen und Weibchen, um die Paarung konspezifischer Individuen sicherzustellen und eine Hybridisierung von Individuen, die verschiedenen Spezies angehören, zu verhindern« (1963: 95).

Bei dem Prozeß der Abweisung nicht konspezifischer Partner und des Akzeptierens konspezifischer Partner kann man die Aufmerksamkeit entweder auf den einen oder aber auf den anderen dieser beiden Prozesse richten. Abweisung bedeutet eine Aufrechterhaltung der Isolation, und Akzeptieren bedeutet Erkennen. Es sind nichts weiter als die zwei Seiten ein und derselben Münze. Ich ziehe den Begriff Isolation dem Begriff der Erkennung – der mir sehr wohl geläufig war, den ich aber 1963 abgelehnt habe – aus zweierlei Gründen vor: erstens weil der Begriff Erkennung, wie schon gesagt, ein Maß an bewußter kognitiver Aktivität voraussetzt, das man bei »niederen« Tieren nicht erwarten kann, und zweitens weil Isolation zwischen Spezies bei vielen Spezies oder Organismen mittels anderer Mechanismen bewirkt wird als durch bestimmte Verhaltensweisen. Beispielsweise gibt es bei Moraba-Heuschrecken und vielen anderen Organismen mit post-zygotischen Isolationsmechanismen keinerlei auf Partnererkennung gerichtete Verhaltensweisen.

In einem Punkt allerdings hat Paterson durchaus recht, wenn er nämlich den Vorrang des Erwerbs von verhaltensbezogener Isolation gegenüber einer Nischenbesetzung betont (siehe Essay 14). Andererseits bedeutet ein Akzeptieren des Begriffs Isolationsmechanismen keineswegs, daß man sich damit automatisch entweder

für die Darwin-Muller-Mayr- oder aber für die Wallace-Dobzhansky-Theorie hinsichtlich der Entstehung reproduktiver Isolation entscheidet (Kap 12). Zudem ist es (gegen Vrba 1984)
unwichtig, ob man sich nun der Isolations- oder aber der Erken-
nungsterminologie bedient, wenn es um die Einschätzung des Speziesstatus isolierter Populationen geht.

Evolutionstheorie und der biologische Speziesbegriff

Spezies sind das Produkt von Evolution, und aufgrund der genetischen Veränderungen in Populationen entwickeln Spezies sich unaufhörlich weiter. Diese Tatsache wurde sowohl als Beweis für als
auch als Beweis gegen den biologischen Speziesbegriff verwendet.
Jede Deme entwickelt sich weiter, und dasselbe gilt für jede Subspezies und für jedes höhere Taxon (Gruppen von Spezies). Die
Tatsache, daß sie sich entwickelt, ist also in keiner Weise charakteristisch für die Spezies. Alfred Emerson (Ms. und 1945) hat »evolvieren« in seine Speziesdefinition einbezogen, aber ich habe dies
1942 abgelehnt, da es ganz offensichtlich kein definierendes Merkmal von Spezies ist.

Die innere Kohäsion der Spezies wird beständig durch innerart-
liche Kreuzung verstärkt. Diese Kreuzung untereinander wird allerdings auch in der vorevolutionären Speziesdefinition Cuviers
und (implizit) sogar in der Definition John Rays betont. Aber bei
einer solchen Rekombination der genetischen Merkmale von
Populationen könnte es sich ganz einfach um ein neues Durchmi-
schen der Eigenschaften der ursprünglich geschaffenen Vorfahren
handeln. So sahen es offenbar Autoren wie Ray und Cuvier. Da
ihre Spezies raum-zeitlich begrenzt und intern kohärent waren,
verfügten sie über alle Eigenschaften von »Individuen« (Ghiselin
1966; Hull 1976), und dennoch entwickelten sie sich weiter (Essay
11).

Von Anfang an wandten sich verschiedene Autoren mehr oder
weniger nachdrücklich gegen den biologischen Speziesbegriff (Sokal und Crovello 1970; Sokal 1973; Ehrlich 1961; 1980; 1982 und
Raven 1977a; 1977b). Diese Einwände werden praktisch nie gegen den biologischen Speziesbegriff als solchen erhoben, das heißt

dagegen, daß man in der Natur an einem gegebenen Ort auf koexistierende, reproduktiv isolierte Populationen trifft, sondern richten sich eher gegen die Ausweitung dieses nicht-dimensionalen Konzepts in Raum und Zeit. Fast unausweichlich verwechseln die Kritiker dabei Spezies als Kategorie (wie sie im Speziesbegriff zum Ausdruck kommt) und Spezies als Taxon, eine mehr oder weniger gut abgrenzbare Ansammlung von Populationen. Und nirgends werden diese zwei Aspekte von Spezies (Kategorie versus Taxon) gründlicher durcheinandergebracht als in der Abhandlung von Sokal und Crovello (1970). Diejenigen, die von der Mathematik zur Biologie kommen, sähen es gerne, wenn Spezies typologisch in Raum und Zeit festgelegt und so unveränderlich wie nur möglich wären. Wenn sie feststellen müssen, daß die Populationsstruktur von Spezies wie auch der Prozeß der Evolution eine solche ideale typologische Spezies unmöglich machen, betrachten sie dies als Widerlegung des biologischen Speziesbegriffs. Tatsächlich kann man aber diese Veränderungen und den evolutionären Wandel als Einwand gegen alle bislang entwickelten Speziesbegriffe werten (siehe auch unten). Spezies-Taxa leiten sich, wie wir noch sehen werden, aus dem Speziesbegriff ab. Daß es operationelle Schwierigkeiten gibt, wenn man versucht, solche Schlußfolgerungen zu ziehen, widerlegt noch nicht den Begriff als solchen, wie Hull, Wiley und andere hervorgehoben haben. Es ist fast eine Ironie, daß einige Autoren (etwa Raven), die den biologischen Speziesbegriff in theoretischen Abhandlungen kritisiert haben, ihn in ihren eigenen taxonomischen Monographien anscheinend voll und ganz übernehmen; das gleiche gilt für ihre Schüler. In jüngerer Zeit haben zahlreiche Autoren in Abhandlungen, die sich genau mit den verschiedenen Einwänden gegen den biologischen Speziesbegriff auseinandersetzen, die angeblichen Einwände gegen den biologischen Speziesbegriff widerlegt (Hull 1970; White 1978; Willmann 1985: 52–54; De Jong 1982: 233; Ghiselin 1987).

Nischenbesetzung und Speziesdefinition

Koexistierende Spezies sind nicht nur reproduktiv isoliert, sondern besetzen auch Nischen, die sich voneinander in genügendem
Maße unterscheiden, um eine Ausschließung durch Konkurrenz
zu verhindern (Gause). Eng verwandte Spezies sind oft so verbreitet, daß je zwei solche Spezies durch eine parapatrische Grenze
voneinander getrennt sind. Verschiedene Hinweise führen in diesen Fällen zu der Schlußfolgerung, daß die parapatrischen Spezies
um die gleichen Nischen kämpfen, die eine aber auf der einen
Seite der Grenzlinie überlegen ist, die andere Spezies hingegen
auf der anderen Seite. Eine Sympatrie läßt sich in solchen Fällen
nur dann erreichen, wenn diese Spezies Nischenunterschiede erwerben. Ich habe diese Schlußfolgerung in eine kürzlich formulierte Speziesdefinition aufgenommen: »Eine Spezies ist eine
reproduktive Gemeinschaft von Populationen... die in der Natur
eine spezifische Nische besetzt« (1982: 273). Ghiselin (1987) hat
an dieser Bezugnahme auf die ökologische Besonderheit einer
Spezies kritisiert, daß sie entweder überflüssig sei oder aber
»Berufe mit Organisationen« verwechsle. In gewisser Weise ist
dieser Einwand berechtigt, aber Ghiselin unterläßt es, sich mit der
wichtigen Tatsache auseinanderzusetzen, daß das Fehlen reproduktiver Isolation nicht der einzige Faktor ist, der die harmonische Koexistenz von Spezies verhindert. Irgendwie habe ich das
Gefühl, daß eine neue Spezies, die noch nicht die nötige ökologische Autonomie erlangt hat, um mit einer Schwesterspezies koexistieren zu können, den Status einer vollwertigen Spezies noch
nicht ganz erreicht hat.

Man hat versucht, zu Lasten der reproduktiven Isolation die
ökologische Differenzierung zum vorrangigen Kriterium für eine
Spezies zu machen (Van Valen 1976). Dies führt jedoch zu unüber-
windbaren Schwierigkeiten. Bei den meisten Spezies mit geographischer Variation, insbesondere bei polytypischen Spezies mit
zahlreichen Isolaten, stellt sich heraus, daß sich viele der lokalen
Populationen hinsichtlich ihrer Nischennutzung unterscheiden.
Man müßte aus allen diesen abweichenden Subspezies unterschiedliche Spezies machen. Darüber hinaus gibt es mittlerweile
stichhaltige Beweise für einen gelegentlichen Polymorphismus der

Nischennutzung, und zwar sogar innerhalb einer einzigen Population. All dies macht es unmöglich, in einer ökologischen Differenzierung das Hauptkriterium für Spezies zu sehen.

(4) Der evolutionäre Speziesbegriff

Bei der Anwendung des biologischen Speziesbegriffs auf multidimensionale Populationsansammlungen stößt man immer auf Schwierigkeiten. Paläontologen, die sich mit der Speziesverteilung in der Zeitdimension befassen, suchen seit einiger Zeit nach einem Speziesbegriff, der sich insbesondere für die Unterscheidung fossiler Spezies eignet. Nach Meglitsch (1954) haben vor allem Simpson (1961), Wiley (1980; 1981) und Willmann (1985) versucht, einen Speziesbegriff zu entwickeln, der sich vor allem für paläontologische und phylogenetische Untersuchungen eignet. Simpsons Definition (1961:153) lautete:»Eine evolutionäre Spezies ist eine Abstammungslinie (eine Vorfahren-Nachkommen-Sequenz von Populationen), die sich unabhängig von anderen und gemäß ihrer eigenen, einzigartigen evolutionären Bedeutung und ihren Tendenzen entwickelt.«

Wiley (1981:25) hat diese Definition etwas abgeändert; bei ihm heißt es:»Eine evolutionäre Spezies ist eine einzelne Abstammungslinie von Vorfahren-Nachkommen-Populationen, die ihre Identität gegenüber anderen solchen Abstammungslinien wahrt und ihre eigenen evolutionären Tendenzen und ihr eigenes historisches Schicksal hat.«

Es hat den Anschein, als würden derlei Definitionen das klar umrissene Kriterium der biologischen Speziesdefinition (reproduktive Isolation) zugunsten solch undefinierter, vager Begriffe wie»Wahrung der Identität« (fallen darunter auch geographische Barrieren?),»evolutionäre Tendenzen« und»historisches Schicksal« aufgeben. Welche in der Natur anzutreffende Population könnten wir je aufgrund ihres»historischen Schicksals« klassifizieren, wenn dieses *ganz und gar in der Zukunft* liegt? Zusätzlich trifft der evolutionäre Speziesbegriff noch auf drei weitere große Schwierigkeiten.

(a) Er läßt sich nur auf monotypische Spezies anwenden. Polytypische Populationen, zu denen auch geographisch isolierte Gruppen gehören, lassen sich mit ihm nicht in den Griff bekommen, da jedes dieser Isolate unter die Definition der evolutionären Spezies fällt, weil es sich jeweils um eine einzelne Stammeslinie handelt, die ihre Identität wahrt. Diese Definition bietet also keinen Maßstab für die Einordnung isolierter Populationen. Wenn man an verschiedenen Stellen auf einander sehr ähnliche Morphospezies trifft, bietet das evolutionäre Konzept kein Kriterium, um zu entscheiden, ob sie konspezifisch sind oder nicht. Vielmehr muß man, wie beim biologischen Konzept, vom Grad der morphologischen Verschiedenheit ausgehend Schlußfolgerungen ziehen, wie man dies auch bei geographisch isolierten Populationen in der lebenden Fauna macht.

(b) Die Klassifizierung »eigene evolutionäre Tendenzen und eigenes historisches Schicksal« erlaubt keine Unterscheidung zwischen guten Spezies und isolierten Populationen. Es gibt keine empirischen Kriterien, mit deren Hilfe man entweder evolutionäre Tendenzen oder ein historisches Schicksal in einer gegebenen fossilen Stichprobe beobachten könnte. Das war auch Simpson selber klar (1961: 154–160), und er räumte die Willkürlichkeit dieser Kriterien ein.

(c) Die Hoffnung, das evolutionäre Konzept könnte zu einer Abgrenzung von Chronospezies beitragen, hat sich nicht erfüllt. Dies wird hinreichend dadurch bewiesen, daß es nicht möglich war, mit Hilfe des evolutionären Speziesbegriffs den Streit zwischen Gingerich und seinen Schülern, die an eine große Häufigkeit phyletischer Speziation glauben, und Stanley, Eldredge und ihren Schülern, die an eine völlige Stagnation aller neuen Spezies glauben, zu schlichten. Tatsächlich stimmen die drei entschiedensten Verfechter des evolutionären Speziesbegriffs (Simpson, Wiley, Willmann) darin überein, daß er keine Methode für die Abgrenzung von Spezies in der Zeitdimension bietet, die nicht der Willkür unterläge. Dies ist höchst merkwürdig, denn der Hauptgrund für die Einführung des evolutionären Speziesbegriffs war, daß man die Zeitdimension, die im nicht-dimensionalen biologischen Speziesbegriff nicht berücksichtigt wird, in den Griff bekommen wollte.

Da Zeit einer der Faktoren ist, die bei dem Problem der Speziation eine Rolle spielen, ist es notwendig, das Problem der Formen von Speziation zu erörtern, um eine Grundlage zu haben, von der aus man Kriterien für die Abgrenzung von Chronospezies entwikkeln kann. Eine Chronospezies ist durch Geburt (Ursprung) und Tod (Aussterben) abgegrenzt. Im Hinblick auf die Abgrenzung von Spezies-Taxa ist vielleicht folgende Tabelle von Ursprungsmodi neuer Spezies ganz hilfreich:

Mögliche Arten der Entstehung neuer Spezies

(A) Durch ein Speziationsereignis
    (a) Innerhalb eines Augenblicks (beispielsweise eine polyploide, stabilisierte Kreuzung)
    (b) Sehr schnell (peripatrische Speziation, mögliche sympatrische Speziation)
(B) Ohne ein Speziationsereignis (die Elternspezies verändert sich)
    (c) Dichopatrische[1] Speziation (durch eine geographische Barriere getrennt, graduelle Divergenz)
    (d) Graduelle phyletische Veränderung einer einzelnen Stammeslinie

Die Frage lautet nun: Bei welcher der vier möglichen Arten von Speziation läßt sich der Ausgangspunkt der Entstehung einer neuen Spezies festlegen? Eindeutig ist dies in den beiden Fällen möglich, in denen eine neue Tochterspezies entweder innerhalb eines Augenblicks (A a) oder so schnell (A b) entsteht, daß sie praktisch augenblicklich erfolgt, soweit es die Paläontologie betrifft. Allerdings bleibt die Elternspezies in beiden Fällen (A a und A b) unverändert oder verändert sich zumindest nicht hinsichtlich ihres Speziesstatus.

Weder Hennig (1950) noch Willmann (1985) ziehen den Prozeß der peripatrischen Speziation, das heißt die Entwicklung einer neuen Tochterspezies durch Knospung, in Betracht; aus diesem Grund ist ihre Behauptung, jedes Speziationsereignis beende notwendigerweise das Leben der Elternspezies, eindeutig falsch. Für Wiley (1981: 34–35) ist dies vollkommen klar. Als beispielsweise der neuguineische Eisvogel *Tanysiptera galatea* auf den Inseln Koffiao, Biak, Numfor, Tagula und Aru Tochterspezies hervorbrachte, beeinflußte dies die Elternpopulation auf dem Festland von Neuguinea in keiner Weise (Mayr 1954). Es wäre reichlich absurd gewesen, jede Festlandpopulation, die eine Gründerpopulation auf eine der benachbarten Inseln schickte, als eine neue Spezies einzustufen.

Bei eben dieser Spezies (*Tanysiptera galatea*) zeigt sich auch, daß noch ein weiteres von Hennigs Prinzipien für die Abgrenzung von Populationen und eng verwandten allopatrischen Spezies nicht greift. Die Tochterpopulationen auf den benachbarten Inseln leiten sich nicht von der Festlandspezies als ganzer her; vielmehr hat immer eine einzige lokale Population der weitverbreiteten Festlandspezies eine gegebene Gründerpopulation hervorgebracht. Es ist klar, daß man die Festlandspezies nicht in eine Anzahl separater Spezies unterteilen kann, nur weil fünf lokal begrenzte Populationen zu »Stammspezies« der fünf Inselspezies wurden.

In allen Fällen, in denen mehrere isolierte Populationen einer polytypischen Spezies die Speziation abgeschlossen haben und die polytypische Spezies zu einem Artenkreis mit einer Reihe von Allospezies geworden ist, erweist es sich als unmöglich, diese in Form eines eindeutigen Kladogramms oder auch nur eines dichotomen Kladogramms anzuordnen. Und zwar ist dies, wie eben erklärt, deshalb unmöglich, weil jede der abgeleiteten Spezies eng mit einer lokalisierten Population der Festlandspezies verwandt ist; dazu kommen noch zwei weitere Überlegungen. Bei der Evolution in den isolierten Populationen kann es sich um eine mosaikartige Evolution handeln, und Aspekte sowohl reproduktiver Isolation als auch morphologischer Merkmale können in den verschiedenen isolierten Populationen ungleichmäßig erworben werden. Zudem ist es, da die Derivate der Elternspezies alle über das gleiche oder ein ähnliches Potential verfügen, naheliegend, wenn nicht sogar wahrscheinlich, daß mehrere Tochterspezies unabhängig voneinander das gleiche abgeleitete Merkmal erwerben. Sehr gut veranschaulichen dies die Allospezies des Artenkreises *Xiphophorus helleri* in Mittelamerika (Rosen 1979) und die Spezies der *Lapidochromis* am Malawi-See (Lewis 1982).

In den Kategorien Bc und Bd verändern sich die Elternspezies. Selbst in den Fällen, wenn eine Spezies sich in zwei aufspaltet (Bc), sind die beiden Tochterspezies im Augenblick des Aufsplitterns praktisch identisch. Wenn sich in den beiden getrennten Linien irgendwelche Speziesunterschiede entwickeln, dann geschieht das nur mittels einer graduellen Transformation. Dies macht es unmöglich, einen präzisen Ursprungspunkt der neuen Tochterspezies festzulegen. Das gleiche würde gelten, wenn es einen Prozeß gradueller phyletischer Transformation (Bd) gäbe, wie viele Paläontologen behaupten. Sie glauben, daß eine zeitliche Abfolge von Spezies in der Tat durch eine allmähliche phyletische Evolution innerhalb einer einzelnen Stammeslinie hervorgebracht werden kann und in diesem Fall die Linie zwischen aufeinanderfolgenden Spezies willkürlich zwischen einer Generation der Elternspezies und ihrer Tochtergeneration, die nun zu der neuen Spezies gehört, gezogen werden muß. Simpson bekannte freimütig, daß eine »Unterteilung einer ununterbrochenen Aufeinanderfolge von Spezies... willkürlich sein muß« (1961). Man kann diese Erkenntnisse folgendermaßen zusammenfassen: Der Ursprung einer neuen Spezies läßt sich in den zwei Fällen Aa und Ab einigermaßen genau bestimmen, aber in den beiden Kategorien Bc und Bd ist die Festlegung des Ursprungspunktes der neuen Spezies weitgehend der Willkür überlassen.

Was das *Ende* von Chronospezies trifft, so treten hier vergleichbare Schwierigkeiten auf. Es gibt drei mögliche Arten des Endes von Spezies.

(a) Das traditionelle Aussterben – etwa bei der Dronte oder der Wandertaube –, das in keinem Zusammenhang mit Speziation steht. Wie hoch der Anteil derjenigen Spezies ist, die auf diese Weise aufhören zu existieren, ist nach wie vor strittig. Laut den Vertretern einer extrem punktualistischen Theorie (Stanley, Eldredge/Gould) ist dies das normale Schicksal aller Spezies. Sobald sie einmal entstanden und zahlreich und erfolgreich geworden sind, treten sie in eine Phase der Stagnation ein, die durch Aussterben beendet wird. Andere Autoren, die zwar nicht leugnen, daß Spezies häufig aussterben, glauben Beweise dafür

217

zu haben, daß es oft auch zu einer phyletischen Transformation kommt.

(b) Das Ende einer Spezies in einer einzigen Stammeslinie durch ihre Transformation (über graduelle phyletische Veränderungen) in eine von ihr abstammende Spezies. Wie schon erwähnt, ist in diesem Fall der Endpunkt der Elternspezies rein willkürlich.

(c) »Aussterben« einer Spezies dadurch, daß sie sich über eine dichopatrische Speziation in zwei oder mehr Tochterspezies unterteilt. Bei der Veränderung, die in beiden Tochterlinien stattfindet, handelt es sich um einen allmählichen transformationellen Wandel. Es gibt hier im Grunde genommen kein wirkliches Aussterben der Elternspezies, lediglich eine graduelle Transformation in Tochterspezies.

Aus dieser Analyse ergibt sich, daß eine eindeutige Festsetzung des Endpunkts einer Chronospezies nur dann möglich ist, wenn sie im traditionellen Sinn des Wortes ausstirbt (Kategorie a).

(5) »Operationelle« Speziesabgrenzung

Einige neuere Autoren haben es überhaupt abgelehnt, irgendeinen Speziesbegriff zu formulieren. Sie schlagen statt dessen vor, ein operationelles Prinzip anzuwenden, das als eine Art Rezept dienen könnte, das dem Taxonomen in jedem Einzelfall sagt, ob es sich bei einer gegebenen Population um eine andere Spezies handelt oder nicht. Im folgenden sind die am häufigsten verwendeten operationellen Kriterien aufgeführt.

(a) Das Prinzip der Verschiedenheit. Entsprechend diesem Prinzip handelt es sich bei Spezies um »die kleinsten Gruppen, die durchgängig und dauernd unterschieden und mit einfachen Mitteln unterscheidbar sind« (Cronquist 1978: 15). Das hat zur Folge, daß jede isolierte Subspezies als Spezies bezeichnet werden müßte, während man Zwillingsspezies nicht anerkennen könnte. Darüber hinaus müßte man, da das Wort »Gruppen« nicht definiert wird, Männchen und Weibchen sexuell dimorpher Spezies und alle Phäne in polymorphen Spezies als verschiedene Spezies behandeln. Ein solches Vorgehen ist natürlich nichts anderes als

218

die konsequente Anwendung des alten typologischen Speziesbegriffs. Dies würde nicht nur zu einer ungeheuren Inflation der Anzahl der anzuerkennenden Spezies führen; darüber hinaus wären
diese sogenannten Spezies vom Biologischen her absolut ohne Bedeutung. Wie wir noch sehen werden, bedient sich der Taxonom in
der Praxis manchmal – vorübergehend – eines in gewisser Weise
vergleichbaren Ansatzes, wenn er sich mit einer Gruppe von Spezies befaßt, die bislang noch nicht genauer untersucht worden sind;
allerdings ermöglicht es der daran anschließende Test mit dem biologischen Speziesbegriff schließlich doch, die provisorisch anerkannten Morphotypen biologischen Spezies zuzuweisen.

(b) Anerkennung aller unterscheidbaren geographischen Isolate
als Spezies. Dieses Prinzip wurde in der Ornithologie der 1880er
und 1890er Jahre sehr häufig angewandt, jedoch verworfen, als
man den polytypischen Speziesbegriff übernahm (Stresemann
1975).

(c) Anerkennung von Spezies nach kladistischen Prinzipien.
Hennig (1950) schlug, wie weiter oben erklärt, vor, jede Spezies als
nicht mehr existent zu betrachten, sobald sich eine Schwester- oder
Tochterspezies von ihr abgespalten hat. Bei diesem Vorschlag ging
es um die Abgrenzung von Spezies in der zeitlichen Dimension.
Rosen (1978; 1979) dehnte das kladistische Prinzip auf die geographische Variation von Spezies aus, und da er das Fehlen reproduktiver Isolation als plesiomorphes Merkmal betrachtete, machte die
unerbittliche Logik der Kladistik es ihm unmöglich, es als Merkmal
aufzufassen, und dies wiederum zwang ihn dazu, jede unterscheidbare geographisch isolierte Population als separate Spezies zu
betrachten. Er definierte daraufhin die Spezies als »die kleinste
natürliche Ansammlung von Individuen mit einer erkennbaren
geographischen Abgeschlossenheit, die man mittels einer Reihe
gängiger analytischer Techniken definieren kann« (1979: 277). Implizit bedeutet dies natürlich ebenfalls eine Rückkehr zum vordar-
winistischen Begriff der typologisch definierten Morphospezies.

Spezies, die mit solcherart rein operationellen Verfahren abgegrenzt werden, haben, biologisch betrachtet, keinerlei Bedeutung.
Sie erleichtern unter Umständen die Arbeit eines Museumskura-
tors, aber für den Verhaltensforscher, den Biogeographen oder den
Forscher, der sich mit Ökosystemen befaßt, sind sie nutzlos. Hull

(1968) hat die Schwächen dieser rein operationellen Begriffsbildung so deutlich herausgestellt, daß ich dem nichts mehr hinzuzufügen brauche.

Von der Speziesdefinition zur Abgrenzung von Spezies-Taxa

Sowohl Ghiselin als auch Hull haben ganz zu Recht hervorgehoben, daß man Individuen (oder Populationen) nicht definieren, sondern nur beschreiben kann. Im Gegensatz dazu kann man eine Klasse anhand ihrer definierenden Eigenschaften charakterisieren. Die Kategorie Spezies – eine Klasse – kann daher definiert werden. Andererseits kann man ein Spezies-Taxon lediglich beschreiben oder abgrenzen. Für Theorie und Praxis der Taxonomie auf der Ebene der Spezies ist es von grundlegender Bedeutung, diesen Unterschied zu begreifen. Dadurch wird klar, warum es so wichtig ist, zwischen Taxon (Individuum) und Kategorie (Klasse) zu unterscheiden. Man braucht nur die Abhandlung von Sokal und Crovello (1970) zu lesen, um zu sehen, zu welch heillosem Durcheinander es führt, wenn man diese Unterscheidung nicht trifft.

Es besteht kaum ein Zweifel daran, daß die meisten modernen Biologen, wenn sie von Spezies sprechen, vom Konzept der biologischen Spezies ausgehen. Sie haben zuviel Erfahrung mit allen Formen des Polymorphismus und mit Zwillingsspezies, um sich mit einem typologischen oder morphologischen Speziesbegriff zu begnügen.

Auf diese Weise befinden wir uns jedoch in einer Zwickmühle. Wie kann man sich der Definition der Kategorie Spezies bedienen, wenn man doch Spezies-Taxa abgrenzen soll? Die Speziesdefinition geht von der nicht-dimensionalen Situation koexistierender Populationen aus, die sich untereinander nicht kreuzen und bei denen man reproduktive Isolation unmittelbar beobachten kann. Spezies-Taxa hingegen sind in Raum und Zeit multidimensional. Die Frage lautet nun also: Wie kann man die »ideale« nicht-dimensionale Spezies zu einem konkreten multidimensionalen Spezies-Taxon ausweiten?

Solange eine Kontinuität von Populationen gegeben ist, gibt es keinerlei Probleme. Das allmähliche Ineinanderübergehen derartiger Populationen ist de facto ein Beweis für eine Kreuzung miteinander. Problematisch wird es allerdings, wenn entweder in der Natur oder in unseren geographischen oder paläontologischen Nachweisen Diskontinuitäten auftreten. Wie kann man Populationen, die geographisch oder in der zeitlichen Abfolge (mit der sich der Paläontologe befaßt) isoliert sind, zu einer Spezies zusammenfassen? In solchen Fällen kann man eine Konspezifizität lediglich auf indirektem Weg wahrscheinlich machen, und dafür ist der Maßstab des biologischen Speziesbegriffs unentbehrlich.

Wie zieht man Schlußfolgerungen?

Im Fall von durch eine Lücke voneinander getrennten Populationen wird der Speziesstatus mittels einer Schlußfolgerung bestimmt. Im Fall geographisch isolierter Populationen wie auch bei phyletischen Reihen nimmt man Konspezifizität an, wenn keine Änderung des Phänotyps vorliegt. Andererseits nimmt man einen Artunterschied an, wenn der morphologische Unterschied von der gleichen Größenordnung ist, wie man ihn bei anderen sympatrischen Spezies des gleichen höheren Taxons feststellen kann. Hier muß man sich dessen bewußt sein, was die Prämisse und was die Schlußfolgerung ist. Wie Simpson so schön gesagt hat (1961: 68–69): Zwei Individuen sind nicht deshalb identische Zwillinge, weil sie einander so ähnlich sind, sondern sie sind einander so ähnlich, weil sie identische Zwillinge sind. Wir fassen zwei Populationen nicht deswegen zu einer Spezies zusammen, weil sie einander ähneln; vielmehr ziehen wir die Schlußfolgerung, daß sie einander so ähnlich sind, weil sie derselben Spezies angehören.

Morphologische Ähnlichkeit ist lediglich ein relativer Maßstab. Sie bietet keine Gewißheit. Wir finden möglicherweise in derselben Gattung (etwa der *Drosophila*) Zwillingsspezies, bei denen mittels einer molekularen Analyse gezeigt werden kann, daß sie nur recht entfernt miteinander verwandt sind, und andererseits morphologisch sehr verschiedene Spezies, die sehr nahe verwandt sind. Nicht nur die Divergenzrate bei verschiedenen Isolaten kann unterschiedlich sein, sondern auch der Grad der Veränderung von verschiedenen Merkmalen. Es gibt natürlich noch andere Hinweise auf eine wahrscheinliche Konspezifizität, etwa die Verbreitung, ihre Rolle im Ökosystem, Eigenschaften der Lebensgeschichte und so weiter. Bei Fossilien stehen nur wenige solche Informationen zur Verfügung.

Früher hat man die große Ähnlichkeit zwischen Isolaten und ihren Elternspezies häufig auf Genaustausch zurückgeführt (Mayr 1963). Dieser Faktor ist in der Tat manchmal für eine solche Gleichartigkeit verantwortlich. Wie jedoch Ehrlich und Raven (1969) ganz zu Recht hervorgehoben haben, kann selbst dann, wenn praktisch keinerlei Genaustausch stattfindet, eine fast vollkommene Ähnlichkeit zwischen lange Zeit getrennten Populationen bestehen bleiben. Es ist äußerst wahrscheinlich, daß eine solche Stabilität durch eine innere Kohäsion des durch stabilisierende Selektion gefestigten Genotyps aufrechterhalten wird (Mayr 1970). Diese Kohäsion des Genotyps beeinflußt in den meisten Fällen nicht nur die Morphologie, sondern auch die Isolationsmechanismen. Eines der größten Probleme der Evolutionsbiologie ist es, ausfindig zu machen, unter welchen Bedingungen diese stabilitätswahrenden Mechanismen zusammenbrechen.

Probleme bei der Anwendung des biologischen Speziesbegriffs

Spezies-Taxa bestehen aus in Raum und Zeit verbreiteten Populationen. Wenn man den biologischen Speziesbegriff beim Abgrenzen von Spezies-Taxa anwendet, trifft man häufig auf Schwierigkeiten (Mayr 1963: 21–29). Sehr oft macht ein Mangel an umfassender Information eine provisorische Benennung von Taxa erforderlich. Die morphologischen Kriterien, die im allgemeinen für eine erste Annäherung herangezogen werden, lassen sich oft durch Hinweise bezüglich des Verhaltens, der Zytologie und des molekularen Aufbaus nachprüfen.

Gelegentlich wird die Behauptung aufgestellt, verschiedene Arten der Speziation würden zu unterschiedlichen Arten von Spezies führen. Im großen und ganzen scheint dies nicht der Fall zu sein. Durch dichopatrische, peripatrische und sympatrische (falls sie stattfindet) Speziation hervorgebrachte Spezies sind von der gleichen Art. Veränderungen der Anzahl der Chromosomen können zu Schwierigkeiten führen, aber Polyploidie und andere Veränderungen hinsichtlich der Chromosomenzahl sind bei Tieren selten. Im allgemeinen treten sie nur bei Pflanzen auf, und der Status einiger der Biotypen bei Pflanzen, die sich hinsichtlich der Anzahl der Chromosomen unterscheiden, ist nach wie vor umstritten.

Hybridisierung, die zu fruchtbaren Nachkommen führt, könnte ein Netzwerk von Spezies produzieren und so ein Spezialfall von Speziation werden. Wiederum scheint dies bei Pflanzen sehr viel häufiger zu sein als bei Tieren. Wie White (1978) gezeigt hat, führt eine erfolgreiche Hybridisierung bei Tieren fast immer zu einem Wechsel hin zu uniparentaler asexueller Reproduktion. Bei bestimmten Fischen und Amphibien treten stabilisierte Hybriden-Spezies auf, bei denen während der Meiose das väterliche Genom eliminiert und eine Paarung mit einem Männchen der Vaterspezies erforderlich wird, um Zygoten der nächsten Generation zu erzeugen (Dubois und Günther 1982). Diese stabilisierten Hybriden verhalten sich in der Natur wie gute Spezies. Es ist wahrscheinlich, daß man bei anderen Gruppen von Organismen auf ähnliche Fälle stoßen wird.

Mittlerweile ist es ziemlich offensichtlich, daß die evolutionäre Zwischenstellung bestimmter Populationen derjenige Faktor ist, der bei der Abgrenzung von Spezies-Taxa die größten Schwierigkeiten bereitet. Alle Populationen einer Spezies, die geographisch isoliert sind, folgen ihrem ganz persönlichen evolutionären Weg. Sie können mehr oder weniger von der Elternpopulation abweichen und zu einer neuen Ausgangsspezies werden. Wenn sich alle ihre Eigenschaften mit der gleichen Geschwindigkeit entwickeln würden, könnte man einen bestimmten Standard setzen, der angibt, ob eine Speziation abgeschlossen ist. Dies ist jedoch leider nicht der Fall, und bei einigen Populationen kann es zwar zu einer reproduktiven Isolation, aber nur zu minimalen morphologischen Unterschieden kommen (was zu Zwillingsspezies führt), während andere morphologisch auffällig verschieden sind, aber über keine Isolationsmechanismen verfügen (Mayr 1963). Selbst nah verwandte Spezies unterscheiden sich normalerweise hinsichtlich ihrer Enzyme, wie eine Elektrophorese zeigt, aber in anderen Fällen ist es bislang nicht gelungen, mittels dieser Methode solche Unterschiede aufzudecken, selbst wenn die untersuchten Populationen laut anderen Kriterien echte Spezies sind. Schließlich können verschiedene Populationen unterschiedliche Arten der Nischennutzung, aber keinerlei Unterschiede hinsichtlich ihrer Isolationsmechanismen entwickeln. Eine derartige Mosaikevolution zwingt den Forscher, subjektive Entscheidungen zu treffen, was den Speziesstatus betrifft. Leider wird die Evolution, launisch und opportunistisch, wie sie nun einmal ist, unweigerlich immer wieder zu Situationen führen, in denen es nicht möglich ist, eine völlig zufriedenstellende Lösung zu finden.

In zwei früheren Publikationen (1963; 1969: 181–197) habe ich derartige Fälle einer evolutionären Zwischenstellung in allen Einzelheiten erörtert. In Wirklichkeit werfen weder Zwillingsspezies noch ein drastischer Polymorphismus, noch gelegentliche Hybridisierungen sonderlich viele praktische Probleme auf, wenn man sie sorgfältig analysiert. Am häufigsten ist allerdings noch die Frage strittig, ob bestimmte geographische Isolate als vollwertige Spezies (Allospezies) betrachtet werden sollen oder nicht; in einer hochentwickelten Systematik, wie der der Vögel, führt diese Unsicherheit zu den einzigen ernsthaften Meinungsverschiedenheiten zwischen den Forschern. Ähnlich scheint es sich bei Süßwasserfischen zu verhalten; hier haben bestimmte Forscher (etwa Rosen 1979) kürzlich alle Subspezies in den Rang von Spezies erhoben. Ob man solche Isolate nun als Subspezies oder als Spezies bezeichnet, ist in den meisten Fällen irrelevant, denn der Ökologe und in den meisten Fällen auch der Verhaltensforscher befassen sich mit der Wechselwirkung sympatrischer Populationen, und der potentielle Status einer allopatrischen Population ist im allgemeinen vom Biologischen her ziemlich uninteressant.

Die Bedeutung von Spezies in der Biologie

Die modernen Biologen sind nahezu einhellig der Meinung, daß es in der organischen Natur ganz reale Diskontinuitäten gibt, die natürliche Gebilde voneinander abgrenzen, die man als Spezies bezeichnet. Aus diesem Grund ist die Spezies eine der wesentlichen Grundlagen fast aller biologischen Disziplinen. Jede Spezies hat unterschiedliche biologische Merkmale, und Analyse und Vergleich dieser Unterschiede sind eine Voraussetzung aller weiterführenden Forschungen auf dem Gebiet der Ökologie, der Verhaltensbiologie, der vergleichenden Morphologie und Physiologie, der Molekularbiologie – im Grunde genommen aller Spezialbereiche der Biologie. Ob er sich dessen bewußt ist oder nicht – jeder Biologe arbeitet mit Spezies.

Die Mannigfaltigkeit organischen Lebens, das aus Spezies und Gruppen von Spezies (höheren Taxa) besteht, ist das Ergebnis von Evolution. Dies macht die Erforschung des Ursprungs und der evolutionären Geschichte jeder Spezies und jedes höheren Taxons erforderlich. Es zeigt sich also, daß die Untersuchung der Spezies eine der Hauptaufgaben der Biologie ist. Und derartige Forschungen führen nur dann zu brauchbaren Ergebnissen, wenn sie von einem vernünftigen Speziesbegriff ausgehen. Dies ist der Grund, weshalb ein tieferes Verständnis des Wesens von Spezies von so ausschlaggebender Bedeutung ist.

Anmerkungen

Dieser Essay wurde erstmals anläßlich eines Symposiums vorgestellt, das im Mai 1986 in der Fondation Singer-Polignac, Paris, stattfand. Er wurde unter dem Titel »The species as category, taxon and population (Die Spezies als Kategorie, Taxon und Population)« in: J. Roger und J. L. Fischer (Hrsg.), *Histoire du concept d'espèce dans les sciences de la vie*, S. 294–311, veröffentlicht (Paris, Fondation Singer-Polignac, 1986).
1 *Dichopatrische* (ein von J. Cracraft eingeführter Begriff) *Speziation* findet statt, wenn der zusammenhängende Bereich einer Spezies sekundär durch eine geographische oder Vegetationsbarriere in zwei Isolate aufgeteilt wird. Dichopatrisch und peripatrisch sind zwei Formen allopatrischer Speziation.

11 Zur Ontologie des Taxons Spezies

Bestimmte Probleme der Ontologie scheinen sich einer Lösung besonders hartnäckig zu widersetzen. Entgegengesetzte Standpunkte bleiben verfestigt, und keine Seite ist in der Lage, die Art von Argumenten vorzubringen, die geeignet wären, ihre Opponenten zu überzeugen. Offenbar gilt dies zum gegenwärtigen Zeitpunkt auch für die Auseinandersetzung über den ontologischen Status von Spezies. Sind Spezies Klassen, sind sie Individuen oder, wenn keines von beiden zutrifft, was sind sie dann?

Mein Hauptanliegen im vorliegenden Essay ist es nicht so sehr, eine endgültige Lösung dieses Problems zu bieten, sondern vielmehr zu untersuchen, weshalb die Diskussion in eine solche Sackgasse geraten ist. Ich werde zu zeigen versuchen, daß eine rein philosophische Lösung nicht möglich ist, ehe die faktische Grundlage eindeutig umrissen ist. Mit anderen Worten: Zuerst einmal muß man sich über die *biologische* Natur von Spezies im klaren sein, ehe man dies in einer philosophischen Terminologie schlüssig zum Ausdruck bringen kann. Ein zweiter Grund für das Andauern dieser Kontroverse ist, daß das ontologische Vokabular beider Lager unzureichend ist. All dies trägt unbestreitbar zur Problematik der Ontologie des Speziesbegriffs bei. In den letzten Jahrzehnten sind zu dieser Frage mehr als fünfzig Abhandlungen veröffentlicht worden, und noch immer scheinen wir von einem Konsensus weit entfernt zu sein.

Zwei Punkte bedürfen einer sofortigen Klarstellung. Erstens die Frage, ob beobachtete Spezies realiter in der Natur vorkommen. Diese Frage läßt sich nur für *nicht-dimensionale Spezies* an einem gegebenen Ort und zu einer gegebenen Zeit beantworten. Kein Naturkundler würde je die Realität der Spezies, die er beispielsweise in seinem Garten beobachtet – sei es nun eine Nachtigall, eine Kohlmeise, ein Rotkehlchen oder ein Star –, in Frage stellen. Und das gleiche gilt für Bäume oder Blumen. Spezies an einem gegebenen Ort sind nahezu immer durch eine klar erkennbare Lücke voneinander getrennt. Im Grunde genommen hat die

Frage nach der »Realität« von Spezies nichts mit der derzeitigen ontologischen Kontroverse zu tun, da beide, Individuen wie auch Klassen, real sein können.

Zweitens ist merkwürdigerweise vielen Philosophen ein großer Fortschritt in der Begriffsbildung und Terminologie der Taxonomie verborgen geblieben, und dies hat zu Mißverständnissen geführt. Ich beziehe mich hierbei auf den Unterschied zwischen der Spezies als *Taxon* (ein unterscheidbares Objekt *in der Natur*, das der Taxonom erkennt und beschreibt – ein als *Speziesabgrenzung* bezeichneter Vorgang) und der Spezies als *Kategorie* (ein Status, der von einem Taxonomen dem Spezies-Taxon zugewiesen wird – die Definition dieser Kategorie nennt man *Speziesdefinition*). Daß es sich bei der Spezieskategorie um eine Klasse handelt, bestreitet wohl niemand. Umstritten ist vielmehr der ontologische Status des Spezies-Taxons. Die Abhandlungen der meisten Philosophen kranken daran, daß sie in ihren Analysen Taxon und Kategorie oft durcheinanderbringen, obwohl die meisten von ihnen sich des Unterschieds durchaus bewußt sind. Um den Speziesstatus einer Population oder eines Taxons zu bestimmen, muß man versuchen, die Speziesdefinition darauf anzuwenden, und prüfen, ob die tatsächliche Situation mit der Definition übereinstimmt.

Worum es dabei geht, hat Simpson (1961) am Fall monozygotischer Zwillinge hervorragend illustriert (siehe Essay 10). Zwei Populationen gehören nicht deshalb zwei verschiedenen Spezies an, weil sie koexistieren können, ohne sich untereinander zu kreuzen; vielmehr verhält es sich so, daß sie eine solche Sympatrie ertragen können, eben weil sie Spezies sind. Schlußfolgerungen aufgrund von Wahrscheinlichkeit sind die wichtigste Methode in der Systematik zur Bestimmung des Speziesstatus einer Population. Direkt läßt dieser sich nur in der nicht-dimensionalen Situation – und manchmal nicht einmal da – beobachten. In allen dimensionalen Situationen (das heißt, wenn geographische Länge, Breite oder Zeit hinzukommen) kann man den Speziesstatus nur indirekt, mittels Schlußfolgerungen, bestimmen. Kein praktizierender Naturkundler kommt um diese simple Tatsache der Natur herum.

Ziel der vorliegenden Analyse ist es, soweit als möglich alle semantischen Unklarheiten und tatsächlichen Mißverständnisse

227

auszuräumen. Ich werde mich in meiner Erörterung auf die wesentlichen Punkte beschränken und die Auseinandersetzung um bestimmte weniger wichtige Fragen, die in einige Argumentationen Eingang gefunden haben, weitgehend außer acht lassen, etwa die Bedeutung von exemplarischen Beispielen (Mayr 1983) und die Anwendbarkeit von Gesetzen auf Individuen und Klassen.

Der Speziesbegriff der klassischen Taxonomie

In der klassischen Taxonomie definierte man Spezies einfach als Gruppen ähnlicher Individuen, die sich von Individuen, die einer anderen Spezies angehören, unterscheiden. Demnach ist eine Spezies eine Gruppe von Tieren oder Pflanzen, die eines oder mehrere Merkmale gemeinsam haben. Jede Spezies repräsentiert einen anderen Typ von Organismus. Die Vielfältigkeit der Natur wird als die Widerspiegelung einer begrenzten Anzahl unveränderlicher Universalien betrachtet. Diese Vorstellung geht letztlich auf Platos Begriff des *eidos* oder, wie spätere Autoren es nannten, auf die »Essenz« oder das »Wesen« eines Objekts oder Organismus zurück. Die Ähnlichkeit der einzelnen Mitglieder einer Spezies beruhte auf dem gemeinsamen Besitz dieses *eidos* oder Wesens. Variation wurde als Folge einer unvollkommenen Manifestation des *eidos*, die zu »zufälligen« Merkmalen führte, interpretiert.

Spezies als Klasse

Dieser essentialistische Speziesbegriff, den die frühen Taxonomen entwickelt haben, benutzte genau dieselben Kriterien, die die Philosophen für ihren Speziesbegriff übernommen hatten. Der altehrwürdige Speziesbegriff der Philosophen war der einer Klasse. Zugehörigkeit zu einer Klasse wird strikt aufgrund von Ähnlichkeit entschieden, das heißt durch den Besitz bestimmter Merkmale, über die alle Mitglieder dieser Klasse, und zwar nur diese, verfügen. Um in eine bestimmte Klasse aufgenommen zu werden, müssen Dinge bestimmte Eigenschaften gemeinsam haben, die die Kriterien einer Mitgliedschaft oder, wie man sie normalerweise bezeichnet, die »definierenden Eigenschaften« darstellen. Mitglieder einer Klasse können – müssen aber nicht – mehr als diese definierenden Eigenschaften gemeinsam haben. Diese anderen Eigenschaften können variabel sein – ein wichtiger Punkt im Zusammenhang mit dem Problem, ob Klassen eine Geschichte haben können oder nicht.

Dieser Klassenbegriff ist vor allem auf unbelebte Objekte anwendbar. Beispielsweise kann man eine Klasse von Stühlen so beschreiben, daß es sich dabei um Möbelstücke handelt, die so konstruiert sind, daß Menschen darauf sitzen können. Die bei weitem wichtigste definierende Eigenschaft einer Klasse ist ihre Konstanz, was notwendig damit zusammenhängt, daß sie sich auf eine Essenz, ein »Wesen«, gründet. Gleichzeitig ist die Zugehörigkeit zu einer Klasse raum-zeitlich nicht begrenzt. Wenn zweibeinige Hominiden auf dem Mars Möbelstücke mit den definierenden Eigenschaften von Stühlen konstruierten, würden diese zur Klasse der Stühle gehören. Auch gibt es keine besondere Beziehung zwischen den einzelnen Mitgliedern einer Klasse, wie sie etwa zwischen den einzelnen Teilen eines Individuums besteht. Es leuchtet ein, daß zwischen den Mitgliedern der Klasse »Stuhl« keinerlei Beziehung besteht. Bei anderen Klassen gibt es manchmal eine ansatzweise Beziehung, die jedoch nicht in die Definition eingeht.

Man hat den Klassenbegriff der Spezies, wie ihn die Philosophen übernommen haben und der »Spezies als zufällige Ansammlungen von Individuen behandelt, denen die wesentlichen Eigenschaften des Typs von Spezies gemeinsam sind«, als »typologischen Speziesbegriff« (Mayr 1963: 20–21) bezeichnet. Für den traditionellen Philosophen bedeutete das Wort Spezies nichts weiter als »eine Art von« und bezeichnete einen bestimmten Grad von Ähnlichkeit (Quine 1969). Für ihn besteht zwischen den Mitgliedern einer Spezies außer ihrer Ähnlichkeit keine weitere spezielle Beziehung. Die Spezies war lediglich eine unterhalb der Gattung einzustufende Klasse; so stellte Jevons (1877: 701) fest: »Eine Gattung ist jede Klasse, die sich aus untergeordneten Klassen oder Arten zusammensetzt.«

Der typologische Speziesbegriff, den Linné und seine Zeitgenossen vertraten und der im 19. Jahrhundert weit verbreitet war, stellte eines der größten Hindernisse nicht nur für die Akzeptanz des allgemeinen Konzepts der Evolution, sondern auch für die Akzeptanz spezieller Theorien des evolutionären Wandels dar. (Beispielsweise forderte der typologische Speziesbegriff, daß Speziation sprunghaft sein, das heißt, daß jede neue Spezies durch eine einzige Mutation erzeugt werden müsse.) Die meisten modernen Taxonomen haben den typologischen Speziesbegriff voll und ganz verstanden und abgelehnt, weil er der Situation, die man in der Natur in bezug auf die biologischen Spezies vorfindet, nicht entspricht. Dennoch wird er nach wie vor von einigen wenigen Schulen – etwa den Phänetikern, gewissen Kladisten (Nelson, Patterson) und einigen Botanikern (Cronquist 1978) – vertreten.

Der Nicht-Philosoph hat beträchtliche Schwierigkeiten, wenn er die Analysen von Philosophen liest, da Klasse nicht der einzige Begriff ist, den sie für Ansammlungen von Dingen verwenden. So bin ich auf die Bezeichnungen »natürliche Arten« (*natural kinds*), »Gruppen« (*clusters*) und, vor allem in jüngerer Zeit, »Sets« (Mengen) gestoßen. Da ich die Unterschiede zwischen diesen Termini nicht so recht verstehe und auch einigermaßen verwirrt bin angesichts der widersprüchlichen Behauptungen der Philosophen selber, will ich gar nicht erst versuchen, diese unterschiedliche Terminologie in allen Einzelheiten zu erörtern.

Einige wenige Worte möchte ich dazu jedoch schon sagen. Philosophen von Mill bis hin zu Quine (1969) haben sich mit den natürlichen Arten auseinandergesetzt. In jüngerer Zeit haben diesen Begriff Schwartz (1981: 301) sowie Kitts und Kitts (1979) vertreten; allerdings wurde seine Tauglichkeit von Ghiselin (1981: 271) und Sober (1984: 335) in Frage gestellt. Da die Verfechter der Terminologie der natürlichen Arten offenbar nicht zwischen unbelebten Objekten und lebenden Populationen unterscheiden, schließe ich mich der Meinung derjenigen an, die diese Terminologie für unfruchtbar halten. Das gleiche gilt offenbar auch für die sogenannten Cluster- oder Gruppenbegriffe, die zumindest von einigen modernen Philosophen bevorzugt werden (Caplan 1981: 285).

Was mich besonders verwirrt, ist, warum gewisse Philosophen den Terminus *Set* auf Spezies anwenden wollen (Kitcher 1984 a,b). Im Gegensatz zu einer Klasse erfordert ein Set (wenn ich Kitcher richtig verstehe) keinerlei definierende Eigenschaften. Laut seiner Definition ist jede Ansammlung, die aus mehr als einem einzigen Ding besteht, ein Set, gleichgültig, wie heterogen dieser ist. Als Beispiel für einen Set ohne definierende Eigenschaften nennt Kitcher »Königin Victoria, das Manuskript von *Finnegan's Wake* und die Zahl 7«. Indem er auf die üblicherweise gebräuchlichen definierenden Eigenschaften für eine Klasse verzichtet, landet Kitcher schließlich bei einer Definition von Set, die notwendigerweise auch Spezies umfassen muß, denn jedes Spezies-Taxon setzt sich aus mehr als einem Ding (Organismus) zusammen. Dieses Set-Konzept unterscheidet sich so sehr von der klassischen Definition einer Klasse, daß keines der Argumente, wie sie in der klassischen Kontroverse über den ontologischen Status von Spezies gegen die Klasse vorgebracht werden, mehr greift.

Ehrlich gesagt, dies ist für einen Biologen äußerst verwirrend. Seit mehr als hundert Jahren bemühen sich die Biologen, herauszufinden und zu beschreiben, in welcher Hinsicht biologische Spezies sich von anderen Phänomenen der Natur unterscheiden und ob es nur eine Art von Spezies gibt oder aber mehrere verschiedene. All dies wird mit einem Federstrich ausgelöscht, wenn all die verschiedenen Phänomene der Natur in einen Topf voller höchst heterogener Ingredienzien, den Set, geworfen werden. Auch zwischen Spezies als Kategorie und Spezies als Taxon scheint Kitcher nicht zu unterscheiden. Die Dinge in einem Set und die Angehörigen einer Spezies werden fortwährend miteinander gleichgesetzt. Damit entfällt jegliche Berücksichtigung von Variation und jegliche Einbeziehung eines Populationsdenkens. Ich habe in Kitchers Erörterung kein einziges Kriterium gefunden, mit dessen Hilfe man eine biologische Spezies von einem durch eine willkürliche Eigenschaft charakterisierten Set definitorisch unterscheiden könnte. Beispielsweise würden laut Kitcher haarige Objekte – einschließlich Säugetieren, haarigen Raupen, haarigen Samen bestimmter Pflanzen und anderer haariger Objekte – einen legitimen Set bilden. Ähnlich wären nicht nur Spezies-Taxa, sondern auch höhere Taxa, das ganze Tierreich, die ganze belebte Welt, ganz zu schweigen vom Inhalt der obersten Schublade meines Schreibtischs oder meines Papierkorbs alles Sets. Gleichzeitig bemerke ich in seiner Erörterung offensichtliche Unstimmigkeiten, etwa wenn er sich dagegen wehrt, daß seine Analyse »eine allgemeine Möglichkeit, das Reden über Objekte durch ein Reden über Sets zu ersetzen« (1984b: 617) impliziere, aber genau dies in seiner weiteren Diskussion zu fordern scheint. Gelegentlich scheint ihm klar zu werden, wohin seine Axiome ihn führen, und daher verwirft er die Vorstellung, »daß Organismen einfach Sets von Zellen sind«. Wenn man von seinen Definitionen ausgeht, sind sie jedoch genau das. In seinen Abhandlungen bin ich auf kein einziges Kriterium gestoßen, das eine solche Definition von Organismen unzulässig machen würde. Es gibt kein Kriterium, mit dessen Hilfe man entscheiden kann, welche Ansammlungen von Objekten Sets sind und welche nicht. Noch gibt es eine Möglichkeit zu wissen, wie sich ein Set, der eine Spezies ist, von einem Set haariger Objekte unterscheidet. In der Tat scheint Kitcher es als eine Tugend zu betrachten, daß er eine so vage definierte und heterogene Kategorie wie Set aufgestellt hat. Das erlaubt ihm, jedes Set von Individuen, das irgendein Biologe oder Taxonom (aufgrund welches Kriteriums auch immer) je als Spezies bezeichnet hat, als eine Spezies zu betrachten. Mir scheint, daß ein Speziesbegriff, der von einem derart umfassenden und vagen Set theoretischer Kriterien ausgeht, ohne jeglichen wissenschaftlichen Nutzen ist. Wie sowohl Hull als auch Ghiselin hervorgehoben haben, besteht der große Vorteil der neueren Verfahren, Spezies zu definieren, darin, daß sie alle möglichen evolutionären Vorhersagen ermöglichen.

Von der typologischen Spezies zur Reproduktionsgemeinschaft

Fast bis in unsere Zeit war Ähnlichkeit das wichtigste Kriterium, um zu entscheiden, ob zwei Dinge der gleichen Spezies angehörten. In der Welt der unbelebten Dinge funktionierte dieses Kriterium sehr zufriedenstellend. In der belebten Welt hingegen versagte es gelegentlich, vor allem, als das Wissen über verschiedene Arten von Tieren und Pflanzen immer umfassender wurde. Trotz ihrer großen Verschiedenheit gehören Raupe und Schmetterling ganz eindeutig zur selben Spezies. In anderen Fällen unterscheiden sich die Weibchen weit mehr von den Männchen ihrer Spezies als von einem dieser Geschlechter in einer Reihe verwandter Spezies.

Wie sollte man mit einer solchen Variabilität zurechtkommen (Mayr 1982: 256)? Gegen Ende des 17. Jahrhunderts stellte John Ray eine ganz neuartige Lösungsmöglichkeit zur Diskussion. Unabhängig vom Grad der Unterschiedlichkeit sollten alle diejenigen Varianten als Mitglieder einer Spezies betrachtet werden, die »aus dem Samen ein und derselben Pflanze hervorgegangen« oder, im Fall von Tieren, von den gleichen Eltern erzeugt worden waren. Auf diese Weise wurde zum erstenmal die Reproduktion in die Definition von Spezies mit einbezogen. Im Fall von Ray waren es Probleme der praktischen Taxonomie gewesen, die ihn zu dieser Neudefinierung veranlaßt hatten. Bei Buffon trat eine ähnliche Akzentverlagerung ein, aber aus völlig anderen Gründen (Sloan 1986). Buffon interessierte sich sehr für die individuelle Entwicklung, und es erstaunte ihn, daß die Nachkommenschaft als ganze den Eltern immer so sehr ähnelte. Dies führte zu seiner berühmten These eines *moule intérieure* (innere Gußform), die sich von Platos die Entwicklung bestimmenden *eidos* herleitete, das die Konstanz der artspezifischen Merkmale im Laufe der Zeit gewährleistete. »Dieses Vermögen, ihre Ähnlichkeit hervorzubringen, diese Kette nacheinander existierender Individuen... konstituiert die tatsächliche Existenz der Spezies« (Buffon 1954: 233, 238). Ausdrücklich verwarf Buffon den Klassenbegriff von Spezies, denn diesem zufolge wäre jeder Organismus »eine Kreatur für sich, isoliert und losgelöst, die nichts mit anderen Lebewesen gemein hat, außer das, worin sie ihnen ähnelt oder sich von ihnen unterscheidet« (S. 355). Wie Sloan ganz zu Recht hervorgehoben hat, ist dies kein biologisches Argument im eigentlichen Sinne. Auch wenn eine Reproduktionsgemeinschaft zwischen den Eltern und den Nachkommen und wiederum deren Nachkommen besteht, findet man doch bei Buffon keine Spur von Populationsdenken oder von dem Begriff einer Reproduktionsgemeinschaft. Buffon denkt und spricht nicht wie ein Naturkundler (noch viel weniger als Evolutionstheoretiker), sondern eher wie ein Embryologe. Was Buffon in der Tat geleistet hat – und dies hebt ihn klar von Linné und anderen Taxonomen ab –, war, daß er Platos *eidos* (bei dem es sich um eine typologische Essenz handelt) durch das *eidos* Aristoteles' ersetzte (das ein genetisches Programm ist). Trotz dieses Schritts nach vorne ist Buffons *moule intérieure* ebenso konstant und ewig wie die Platosche »Essenz«. Dennoch war es ein Schritt in die richtige Richtung; von Buffons Spezies (so konstant diese auch war) zur reproduktiven Gemeinschaft der biologischen Spezies zu kommen war wesentlich einfacher, als diesen Schritt von der Platoschen Spezies Linnés ausgehend zu vollziehen. Zu der nun einsetzenden Entwicklung trug noch mehr Buffons Vorstellung bei, daß zwei Eltern, die über den gleichen *moule intérieure* verfügten, in der Lage wären, fruchtbare Nachkommen zu zeugen. Und dies würde in der Tat eine Reproduktionsgemeinschaft ermöglichen.

Buffons Speziesbegriff – gelegentlich kombiniert mit dem Rays – verdrängte sehr schnell die strikt typologische Definition Linnés. Glücklicherweise paßte er auch zum Schöpfungsdogma. Die Mitglieder einer Spezies waren Nachkommen des ersten von Gott zu Beginn geschaffenen Paares. Dies schwebte dem Anti-Evolutionisten von Baer (1828) vor, als er die Spezies als »die Summe aller Individuen, die eine gemeinsame Abstammung haben« definierte. Cuvier und viele Naturkundler in der ersten Hälfte des 19. Jahrhunderts vertraten ähnliche Definitionen. Zunehmend häufiger wurde nicht nur der Generationsbegriff (»Abstammung«), sondern auch die gemeinsame Reproduktion in die Definition aufgenommen. Wie Gloger (1856) es formulierte: »Eine Spezies ist das, was entweder nach Abstammung oder zum Zwecke der Fortpflanzung zusammengehört.« Voigt (1817), Oken (1830) und andere ihrer Zeitgenossen stellten ähnliche Definitionen auf (Mayr 1957: 9). In einer Speziesdefinition nach der anderen wurde in den nun folgenden 125 Jahren vor allem die Reproduktionsgemeinschaft betont. In den Speziesdefinitionen von Poulton (1903) und Jordan (1905) kommt dies ganz deutlich zum Ausdruck. Plate (1914) formulierte es folgendermaßen: »Die Mitglieder einer Spezies sind durch die Tatsache miteinander verbunden, daß sie einander als zusammengehörig erkennen und sich nur miteinander fortpflanzen.« Es war der Speziesbegriff der Naturkundler, der in die synthetische Evolutionstheorie Eingang fand. In Dobzhanskys wie auch in meinen Schriften gibt es zahlreiche unmißverständliche Feststellungen hinsichtlich des nicht-klassenmäßigen Wesens von Spezies. Dobzhansky hat dies besonders deutlich formuliert: »Eine Mendelsche Population ist eine reproduktive Gemeinschaft sexuell sich untereinander kreuzender Individuen, die sich in einen gemeinsamen Genpool teilen... Die biologische Spezies ist die größte und in sich geschlossenste Mendelsche Population« (1951: 577). An anderer Stelle nannte er die Spezies »ein überindividuelles biologisches System... mehr als ein Gruppenbegriff. Eine Spezies setzt sich aus Individuen zusammen, so wie ein Individuum sich aus Zellen zusammensetzt; sie wird durch die Bande sexueller Reproduktion und Elternschaft zusammengehalten« (1970: 353–354). Keines dieser Merkmale ist ein klassentypisches.

Mein eigener Speziesbegriff bezog sich immer auf ein konkretes Gebilde. In einer neueren historischen Analyse stellte Eldredge fest: »Wenn es zutrifft, daß Mayr die Formulierung, daß Spezies reale Gebilde sind, nicht erfunden hat, so trifft es doch zweifelsohne zu, daß all den verschiedenen neueren Ansätzen, Spezies als Einzelwesen oder Individuen und nicht als Klassen zu betrachten, Mayrs Speziesbegriff zugrunde liegt« (Eldredge 1985: 49). 1963 habe ich drei Eigenschaften von Spezies zusammengestellt, die »die Spezies über die typologische Interpretation einer Klasse von Objekten« erhoben. »Daß die biologischen Spezies nicht willkürlich sind, ist das Ergebnis dieser inneren Kohäsion des Genpools« (1963: 21). 1969 habe ich die Spezies folgendermaßen charakterisiert: »Die Angehörigen einer Spezies bilden eine Reproduktionsgemeinschaft. Die Individuen einer Spezies von Tieren erkennen einander als potentielle Partner und suchen einander zum Zwecke der Reproduktion... Die Spezies ist schließlich eine genetische Einheit, die aus einem großen Genpool mit wechselseitigen Beziehungen besteht... Diese... Eigenschaften erheben die Spezies über die typologische Interpretation einer ›Klasse von Objekten‹« (Mayr 1969: 26).

Diese Entwicklungen wurden nicht von allen Philosophen ignoriert, denn J. Gregg berichtet, zwei verschiedene Taxonomen hätten das Konzept zur Diskussion gestellt, »daß Spezies sich aus Organismen zusammensetzen, gerade so wie Organismen sich aus Zellen zusammensetzen: laut dieser Argumentation ist Spezies ein ebenso konkretes, raum-zeitliches Gebilde wie ein individueller Organismus, wiewohl sie von weniger integrierter, raum-zeitlich verstreuterer Art ist« (Gregg 1950: 424–425). Ich weiß, daß ich einer dieser Taxonomen war; der andere war entweder A. J. Cain oder Dobzhansky. Gregg lehnte dieses Konzept ab, und alle anderen Philosophen ignorierten es, und zwar bis in die 1970er Jahre hinein. Sie nahmen so wenig Kenntnis davon, daß sich noch 1984 Kitcher auf die »traditionelle These« bezieht, »daß Spezies Sets sind«. Hull (1976), Rosenberg und Sober äußern sich ähnlich. Da sie die taxonomische Literatur nicht kennen, schreiben sie alle eine Veränderung der Betrachtungsweise dieses Themas Hulls Entdeckung (1976; 1978) von Ghiselins Veröffentlichungen (1966; 1974 a,b) zu, in denen die Auffassung, eine Spezies sei eine Klasse, zurückgewiesen wird. Es ist bemerkenswert, daß Hull unter den Philosophen nur wenige zu dem nicht-klassenbezogenen Konzept von Spezies bekehren konnte (Rosenberg, Sober und M. Williams). Die meisten anderen Philosophen, die sich im Verlauf der letzten Jahre in die Kontroverse einschalteten, verteidigten auch weiterhin das Konzept, daß eine Spezies eine Klasse sei; sie sahen keinen Unterschied zwischen den »Spezies« unbelebter Objekte und biologischen Spezies.

Jeder, der diese Literatur durchsieht, muß sich wundern, warum die Tatsache von den Philosophen so vollständig ignoriert wurde, daß praktisch alle Evolutionsbiologen die Auffassung ablehnen, die Spezies sei eine Klasse. Dafür gab es zweifelsohne mehrere Gründe. Einer davon ist, daß praktisch keiner der Philosophen früherer Zeiten die wissenschaftliche Literatur kannte, so daß ein Biologe (Ghiselin) sie auf diese Veränderung der Denkweise aufmerksam machen mußte. Ein weiterer Grund, auf den ich weiter unten näher eingehen werde, war die Unzulänglichkeit der Terminologie und des begrifflichen Repertoires der Wissenschaftsphilosophie. Ein paar Beispiele aus Schriften dieser Philosophen genügen, um zu zeigen, wie wenig sie die biologische Natur von Spezies verstanden: »Der Begriff Spezies wurde als Antwort auf bestimmte theoretische Desiderata eingeführt« (Kitcher 1984b: 636). Oder: Spezies sind vor allem »eine Antwort auf ein praktisches Bedürfnis« (Rosenberg 1985: 203).

Die Spezies als Individuum

1966 stellte Ghiselin unmißverständlich fest: »Biologische Spezies sind, im logischen Sinne, Individuen... ein Speziesname ist ein Eigenname« (1966: 208–209). Diese Aussage ging jedoch unbeachtet unter, und noch 1967 behandelte Hull die Spezies als eine Klasse. Erst nachdem Ghiselin seine These weiter ausgebaut (1974 a,b) und hervorgehoben hatte, daß es sich dabei keineswegs um eine neue Einsicht handelte, sondern daß sie mindestens bis zu Buffon zurückreichte, nahm Hull (1976) Notiz davon und ließ sich bekehren. Wenn man bedenkt, wie eindeutig vorher der nicht-klassenmäßige Status von Spezies von einem Biologen nach dem anderen vertreten worden war, scheint es durchaus möglich, daß Ghiselins Feststellung ebenso unbeachtet geblieben wäre, hätte nicht Hull das Thema aufgegriffen und es auf eine breite, in philosophische Begriffe gekleidete Grundlage gestellt.

Ich bediene mich ganz bewußt der Terminologie derjenigen, die der Ansicht sind, daß eine Spezies keine Klasse ist, da es, wie die nun folgende Kontroverse erweist, um zwei Fragen ging. Erstens: Ist es korrekt, die biologische Spezies als eine Klasse zu betrachten? Zweitens: Wenn man zu dem Schluß gekommen ist, daß die biologische Spezies keine Klasse ist, ist dann der Begriff »Individuum« angemessen oder sollte man sich für eine andere Terminologie entscheiden?

Die nicht-klassenmäßigen Eigenschaften biologischer Spezies

Ghiselin (1974a; 1981), Hull (1976; 1978; 1981; 1984), Beatty (1982), Holsinger (1984) und Sober (1984) haben eine ziemlich lange Liste von Spezieseigenschaften zusammengestellt, die nicht Eigenschaften von Klassen sind, wie man sie traditionellerweise definiert. Einige dieser mutmaßlich nicht klassenmäßigen Eigenschaften von Spezies werfen Probleme auf, die zu erörtern ich jetzt versuchen will.

Spezies sind raum-zeitlich lokalisiert. Sie treten zu bestimmten Zeiten an bestimmten Orten auf. Ein gegebenes Spezies-Taxon kann nicht auf der Erde und gleichzeitig im Andromeda-Nebel vorkommen. Innerhalb ihrer raum-zeitlichen Lokalisierung sind

Spezies im großen und ganzen kontinuierlich, und diese Kontinuität macht es möglich, in Zweifelsfällen zu schließen, wo ein einzelnes Individuum einzuordnen ist. Beispielsweise leitet man die Tatsache, daß Raupe und Schmetterling ein und dasselbe Individuum sind, nicht aus der Ähnlichkeit ihrer Erscheinungsform ab, sondern eben aus dieser Kontinuität. Die Kontinuität verschiedener Organismen innerhalb einer Spezies ergibt sich aus ihrem historischen Zusammenhang (gemeinsame Abstammung). Ghiselin (1974b: 536) hat ganz richtig betont, daß die raum-zeitliche Kontinuität keine physische Kontinuität zu sein braucht. Die Tatsache, daß Alaska und Hawaii mit den anderen 48 Staaten nicht physisch verbunden sind, ändert nichts daran, daß sie Teile des »Individuums« mit dem Namen Vereinigte Staaten sind.

Physische Diskontinuität von Teilen eines »Individuums« ist einer der Hauptgründe für die Schwierigkeiten bei der Untersuchung polytypischer Spezies. Wie soll man bestimmen, ob ein isoliertes »Individuum« Teil eines größeren Individuums ist? Daß Alaska ein Teil der Vereinigten Staaten ist, kann dadurch bewiesen werden, daß es sich an die Verfassung der Vereinigten Staaten hält. Im Falle von Tierpopulationen muß man das Verhältnis von isolierten Populationen zu anderen Populationen ableiten, und zwar ausgehend vom biologischen Speziesbegriff. Die Ipswich-Ammer gehört, obwohl sie völlig isoliert auf der Sable-Insel vor der Küste von Nova Scotia lebt, zu den Savannah-Ammern, da man zu dem Schluß gekommen ist, daß sie über die gleichen Isolationsmechanismen verfügt wie die Savannah-Ammer. Ob Speziesstatus oder nicht, wird aus der reproduktiven Beziehung zu anderen vermutlich verwandten »Spezies« geschlossen. Ghiselin hat diese Notwendigkeit, den Speziesstatus zu überprüfen, für unerheblich erachtet, als er sagte: »Wenn eine Spezies ein Individuum ist, dann spielt es kaum eine Rolle, ob es irgendwann zu einer Paarung von Angehörigen dieser Spezies untereinander kommt« (1974b: 538). Das stellt die Dinge auf den Kopf, denn im Fall von sehr isolierten Populationen ist genau die Schlußfolgerung hinsichtlich der reproduktiven Isolation der springende Punkt, um zu wissen, ob es sich um ein separates Individuum oder aber um einen Teil eines größeren Individuums handelt. Ehe nicht die Schlußfolgerung hinsichtlich des reproduktiven Status gezogen ist, wissen wir nicht, ob die Population ein eigenständiges Individuum ist oder nicht.

Abgegrenztheit. Individuen sind in Raum und Zeit einigermaßen genau umrissen; sie sind begrenzt, nicht potentiell unbegrenzt wie Klassen. Da jedoch Spezies neue Spezies bilden und gelegentlich miteinander verschmelzen, sind ihre Begrenzungen manchmal »unscharf«, und der Punkt, an dem die eine Spezies aufhört und eine andere beginnt, ist oft willkürlich: dies gilt im übrigen auch für Berge und viele andere Objekte in der Natur, die Individuen darstellen (Rosenberg 1985: 208). Aufgrund ihrer Abgegrenztheit sind Spezies eigenständige Dinge, die einen Eigennamen haben.

Innere Organisation. Das bei weitem wichtigste *definens* eines Individuums ist seine innere Kohäsion. Organismen, die zusammen eine Spezies bilden, haben enge Beziehungen zueinander, wie es sie unter den Mitgliedern einer Klasse von Objekten – im klassischen Sinne – nicht gibt. Der Grund für diese Kohäsion ist die Tatsache, daß sie aus dem gemeinsamen Genpool der Spezies stammen und gemeinsam ihre Genotypen beisteuern, um den Genpool der nächsten Generation zu bilden. Daher besteht eine Kontinuität und Verkettung zwischen den Organismen, aus denen eine Spezies sich zusammensetzt, die bei den Mitgliedern einer Klasse absolut nicht gegeben ist. Organismen, die einer Spezies angehören, sind Teil dieser Spezies, nicht ihre Mitglieder. Diese Feststellung gilt in vollem Umfang nur für sexuell sich reproduzierende biologische Spezies, bei denen eine genetische Rekombination der verschiedenen Genotypen normalerweise in jeder Generation stattfindet. Die Verträglichkeit der Genotypen konspezifischer Partner, wie sie durch die Erzeugung tauglicher neuer Genotypen bei ihren Nachkommen bewiesen wird, weist darauf hin, daß die Speziespopulation die Art innerer Harmonie besitzt, die man bei den Teilen eines Einzelwesens erwarten würde. Die zahlreichen, oft tödlichen Unverträglichkeiten, die man im allgemeinen bei aus Spezieskreuzungen hervorgegangenen Hybriden vorfindet, zeigen, daß die Elternspezies nicht Teil desselben Systems sind, daß sie nicht Teil eines einzelnen Individuums sind. Die Teile eines »Individuums« (im weitesten Sinne der Terminologie der Logik) sind »auf die eine oder andere

Weise integriert – miteinander verbunden, etwa mittels physischer oder sozialer Kräfte oder durch gemeinsame Abstammung« (Ghiselin 1981: 271). Außerdem müssen bestimmte Mechanismen vorhanden sein, durch die die Einheit der Spezies aufrechterhalten wird, nämlich durch den gemeinsamen Bestand an Isolationsmechanismen (beispielsweise reziproke Fertilität und die Fähigkeit zur Erkennung von Verhaltensweisen).

Hat eine Spezies eine Essenz?

Kein Mensch stellt die Tatsache in Frage, daß Organismen, die einer Spezies angehören, durch den gemeinsamen Besitz einer Reihe von Isolationsmechanismen und vielleicht auch durch ein Nischenbesetzungspotential, strukturelle Merkmale und andere gemeinsame Eigenschaften des Genotyps miteinander verbunden sind. Verfechter des Konzepts, daß die Spezies eine Klasse ist, haben vorgeschlagen, diesen gemeinsamen Genotyp als die Essenz der Spezies zu betrachten; dies beweise, daß Spezies Klassen sind. Und in der Tat habe ich gehört, wie ein Philosoph die Frage stellte: Ist nicht jede Bezugnahme auf die gemeinsamen Eigenschaften der Mitglieder einer Spezies »ein Flirt mit dem Essentialismus«? Diese Feststellung enthüllt eine bedauerliche Verwechslung von Essenz und gemeinsamen Eigenschaften. Natürlich haben die Teile eines Individuums bestimmte Eigenschaften gemein. Niemand wird bezweifeln, »daß Tiger ein zugrundeliegendes Merkmal haben, das sie zu Tigern macht und nicht zu Giraffen oder Schildkröten, so wie es ein zugrundeliegendes Merkmal gibt, das Gold zu Gold und Wasser zu Wasser macht« (Schwartz 1981: 302). Darüber hinaus haben natürlich alle monophyletischen Gruppierungen von Organismen, von der Population bis hin zum höchsten Taxon, etwas gemeinsam. Wie könnte man sonst bestimmen, ob ein bestimmter Organismus ein Schmetterling ist oder aber ein Wirbeltier? Aber eine gemeinsame Eigenschaft und eine Essenz sind zwei völlig verschiedene Dinge. Wohlgemerkt, jede Essenz ist durch gemeinsame Eigenschaften charakterisiert, aber eine Gruppe, die über gemeinsame Eigenschaften verfügt, braucht keine Essenz zu haben. Das herausragende Merkmal einer Essenz ist ihre Beständigkeit, ihre Unveränderlichkeit. Im Gegensatz dazu können die Eigenschaften, die einer biologischen Gruppe gemeinsam sind, variabel sein und die Fähigkeit zu evolutionärer Veränderung besitzen. Was für ein Taxon typisch ist, kann sich im Laufe der Evolution verändern und ist dann eben nicht mehr typisch.

Es war die Veränderlichkeit von Speziespopulationen, die zum Populationsdenken führte, das eine dramatische Abkehr vom Essentialismus darstellte. Die Verschiebung von der Auffassung, daß eine Spezies eine Klasse ist, hin zu der Ansicht, daß eine Spezies ein Individuum ist, war ein unvermeidliches Nebenprodukt der Abkehr vom essentialistischen Denken hin zum Populationsdenken. Unglücklicherweise ist das Wort »essentiell«, wenn es im Zusammenhang mit Spezies gebraucht wurde, oft mißverständlich verwendet worden. Wenn jemand von den essentiellen Merkmalen einer Spezies spricht, meint er damit möglicherweise (und meistens auch tatsächlich) bestimmte unerläßliche Eigenschaften, etwa die Isolationsmechanismen, die die Unversehrtheit der Spezies aufrechterhalten. Gewisse Philosophen haben dies jedoch als eine Bezugnahme auf Platosche Essenzen einer Spezies interpretiert. Wenn Kitts (1984) behauptet, daß Spezies eine Essenz haben, dann ist er wahrscheinlich dieser Zweideutigkeit erlegen. In einer biologischen Spezies gibt es nichts, das dem Platoschen Begriff einer festgelegten und transzendentalen Essenz entspräche. Wenn Spezies eine solche Essenz hätten, wäre eine allmähliche Evolution unmöglich. Die Tatsache ihrer Evolution zeigt, daß sie eben keine solche Essenz haben. Und weil sie keine Essenz haben, bilden sie keine Klassen. Einige Philosophen erkennen auch Klassen ohne eine Essenz an, aber eine solche Abänderung der Terminologie ist zu vage, um von praktischem Nutzen zu sein.

Teile einer Spezies lassen eine dreifache Variabilität erkennen. Erstens gibt es die Variabilität von Organismen innerhalb einer Population. Als Folge davon haben keine zwei Individuen in einer sexuell sich reproduzierenden Spezies den gleichen Genotyp. Derlei Individuen können in 85, in 90, in 95 oder sogar in 98 Prozent ihres Genotyps übereinstimmen, aber sogar diese identische Komponente des Genotyps konspezifischer Individuen verfügt nicht nur über das Potential, sich zu verändern, sondern hat sogar die Möglichkeit, sich weiterzuentwickeln. Die Platosche Essenz kann beides nicht. Das ist der wesentliche Unterschied zwischen einem Genotyp und einer Platoschen Essenz. Zweitens gibt es Veränderungen im Raum, das heißt geographische Variation von Populationen einer Spezies. Und schließlich ist da noch die Evolution, die Veränderung in der Zeit. Individuelle Veränderbarkeit, Veränderbarkeit im Raum und Veränderbarkeit in der Zeit widersprechen dem Speziesbegriff nicht, sofern Organismen und Populationen innerhalb einer Spezies als Teile eines Individuums aufgefaßt werden; hingegen sind diese Phänomene nicht mit dem Speziesbegriff kompatibel, der die Spezies als eine Klasse mit den definierenden Eigenschaften einer Essenz betrachtet.

Individuum und Evolution

Die Eigenschaften eines bestimmten Objekts, eines Individuums, können sich im Laufe der Zeit verändern. Auf die Spezies – als Individuum betrachtet – angewandt, bedeutet dies, daß die Fähigkeit der Spezies zu Evolution ihren Status als Individuen bestätigt. In der Tat sind alle biologischen Spezies, die zur Zeit existieren – abgesehen von einigen wenigen, die durch einen spontanen Prozeß (beispielsweise Polyploidie) entstanden sind –, das Ergebnis von Evolution. Der Prozeß der geographischen Speziation veranschaulicht den Unterschied zwischen Klasse und Spezies besonders gut. Die Teilung einer Klasse führt nie zu einer Veränderung der Eigenschaften der neuen Unterteilungen. Wenn hingegen eine Spezies durch eine geographische Barriere geteilt wird, beginnen die beiden separaten Populationen unvermeidlich, verschieden zu werden; sie sind sogar in der Lage, sich zu zwei separaten Spezies zu entwickeln.

Die Heranziehung der Fähigkeit zur Evolution als Beweis für die Behauptung, daß es sich bei der Spezies um ein Individuum handelt, ist oft kritisiert worden. Ist evolutionärer Wandel ein Unterscheidungsmerkmal zwischen Klasse und Individuum? Ist es nicht auch einer Klasse möglich, sich weiterzuentwickeln? Hat es nicht im Verlauf der letzten paar hundert Jahre einen historischen Wandel gegeben, was die Klasse der Stühle betrifft? In der Tat, wenn wir dreierlei Stühle miteinander vergleichen – solche, wie man sie 1780 hatte, solche, wie sie 1880 in Gebrauch waren, und solche, wie sie 1980 benutzt wurden –, können wir einen beträchtlichen Wandel feststellen. Wenn es 1780 zur Definition eines Stuhles gehört hatte, daß die tragende Struktur aus Holz bestand, so gilt dies in einem Zeitalter von Stahl und Plastik nicht mehr. Aber »aus Holz hergestellt« war nie ein wirklich definierendes Kriterium für Stuhl. Was sich im Laufe der Jahrhunderte geändert hatte, war nicht die Essenz des Stuhl-Seins, sondern es waren eher nebensächliche Eigenschaften von Stühlen, die nicht Teil der definierenden Essenz sind. Eine Klasse, die eine konstante Essenz hat, kann sich nicht entwickeln.

Spezies haben die Fähigkeit, sich weiterzuentwickeln. Allerdings ist der Vorbehalt »entwickelt sich kontinuierlich in der Zeit« vermutlich kein notwendiger Aspekt der als Individuum betrachteten Spezies. Darauf, daß diese Annahme zutrifft, weist die Tatsache hin, daß nach Ansicht vieler Vertreter einer punktualistischen Theorie die meisten Spezies sich nach dem ursprünglichen Speziationsvorgang überhaupt nicht weiterentwickeln, sondern in einen Zustand völliger Stagnation übergehen, bis sie aussterben. Es ist vielleicht ganz gut, sich an dieser Stelle den vorevolutionären Speziesbegriff von Buffon (Sloan 1986), Cuvier und von Baer ins Gedächtnis zu rufen. Sie betonten vor allem den Aspekt der inneren Kontinuität und Kohärenz der Spezies, die sich aus der Tatsache ergaben, daß alle ihre Mitglieder von dem ursprünglichen, von Gott geschaffenen Paar abstammten. In dieser Hinsicht hatten ihre Spezies ganz eindeutig eher die Eigenschaften eines Individuums als die einer Klasse, auch wenn das Kriterium Konstanz sie zu einer Klasse macht. Aufgrund von Mutation, genetischer Rekombination und Selektion verändert jede Spezies sich im Laufe der Zeit. Aber bei diesem Wandel braucht es sich nicht unbedingt um Evolution zu handeln. Beispielsweise könnte man sich – als Gedankenexperiment – eine sehr weit verbreitete, sehr zahlreiche Spezies in unserer Zeit vorstellen, die in einer so ausgewogenen Umwelt lebt, daß sie ein stabiles Gleichgewicht erreicht hat, ohne daß es irgendeinen Hinweis auf irgendeine Art von Evolution gäbe.

Spezies verfügen noch über einige weitere Eigenschaften, die dagegen sprechen, daß sie eine Klasse sind: sie besitzen die Fähigkeit zur Speziation (das heißt, sie können sich aufspalten), sie können hybridisieren (miteinander verschmelzen) und sie können aussterben. Keine Klasse kann je aussterben. Verallgemeinerungen bezüglich spezieller Spezies sind keine Gesetze, sondern schlicht und einfach Tatsachen hinsichtlich bestimmter raum-zeitlich lokalisierter Objekte.

Es gibt keinen Widerspruch zwischen Individuum und Klasse; es handelt sich dabei lediglich um verschiedene Aspekte der Natur. Obwohl Organismen Teile einer Spezies sind, kann man auch Klassen von Organismen erkennen – etwa die zwei Geschlechter oder verschiedene Altersstufen sowie sessile, hermaphroditische, wandernde und andere Ansammlungen –, die auf definierenden Eigenschaften beruhen. Obwohl Zellen Teil eines Individuums und Gene Teil des Genotyps sind, lassen sich Klassen von Zellen – etwa rote Blutkörperchen, Bindegewebszellen, Epidermiszellen – oder Klassen von Genen – beispielsweise Letalgene, Enzymgene und so weiter – erkennen. Dies alles steht in keinerlei Widerspruch zu der Tatsache, daß Spezies, Zellen und Gene Individuen sind. Sowohl Individuen als auch Klassen können hierarchisch organisiert sein. Hierarchische Organisation ist kein Wesensmerkmal, das Individuen von Klassen unterscheidet.

Einwände gegen die Individuum-Terminologie

Als er versuchte, die Philosophen darauf aufmerksam zu machen, daß Biologen Spezies nicht als Klassen betrachten, wählte Ghiselin (1966; 1974a) für diese zusammengesetzten Ganzen den Begriff *Individuum*, der seitens der Philosophen so häufig verwandt worden war, um das Gegenteil von Klasse zu bezeichnen. Ghiselin war klar, daß dieser Begriff unangemessen erscheinen mußte, und kommentierte: »Einigen Lesern wird es leichterfallen, zusammengesetzte Ganze als ›Ansammlungen‹, ›Anhäufungen‹ oder ähnlich zu bezeichnen, aber ›Individuen‹ ist der traditionelle Begriff in der Logik« (1981: 270). In Wirklichkeit war Ghiselin nicht der erste, der diesen Begriff verwandte, denn genau hundert Jahre zuvor hatte Haeckel die Spezies als *ein Individuum* bezeichnet

(Haeckel 1866 II: 30). Es wäre ziemlich mühsam, nun die ganze Literatur daraufhin zu durchforschen, ob sonst noch jemand diesen Begriff gebraucht hat. Wie dem auch sei, die Wahl dieser Terminologie fordert zweierlei Arten von Widerspruch heraus. Sogar einige jener Autoren, die voll und ganz damit einverstanden waren, daß Spezies keine Klassen sind, waren über die Wahl ausgerechnet dieses Terminus nicht gerade glücklich. Schließlich betont dieses Wort »Individuum« mehr als alles andere die Singularität und wird in der Alltagssprache von Nicht-Philosophen fast ausschließlich dazu verwendet, eine solche Einzigartigkeit auszudrücken. Es ist eigentlich recht verwirrend, wenn man es auf eine Ansammlung von Individuen anwendet. In der Tat »ist es ein Schlag ins Gesicht der Konvention«, wie Kitts und Kitts (1979: 617) ganz richtig bemerkten. Die menschliche Spezies besteht aus mehr als vier Milliarden Individuen – wie kann man sie also als *ein* Individuum bezeichnen? Selbst Hull, ein überzeugter Verfechter der Auffassung, daß die Spezies keine Klasse ist, behagte der Begriff Individuum offenbar ganz und gar nicht, denn seine wichtigste Erörterung dieses Problems beschloß er mit der Feststellung: »Ich glaube, ich habe in dieser Abhandlung genügend Gründe angeführt, um den Schluß ziehen zu können, daß Spezies zumindest keine Klassen sind« (1976: 190).

Einige sind in ihren Einwänden jedoch sehr viel weiter gegangen. Das Wort Individuum, abgeleitet aus dem Lateinischen, bedeutet grundsätzlich etwas Unteilbares. Dies ist in der Tat eine wesentliche Eigenschaft der meisten realen Individuen, deren Unversehrtheit normalerweise ernsthaft in Mitleidenschaft gezogen wird, wenn man irgendwelche Teile von ihnen entfernt. Ein Mensch, dem Kopf, Herz, Nebenschilddrüse, Leber und verschiedene andere Organe fehlen, ist nicht lebensfähig. Selbst die Entfernung von weniger lebenswichtigen Organen – etwa der Augen, eines Armes, eines Beines, des Magens oder vieler anderer Teile – verändert ein Individuum in erheblichem Maße und verwandelt es in etwas, das es vorher nicht war. Im Gegensatz dazu beeinträchtigt es eine Spezies von einer Million Organismen nicht wesentlich, wenn 10000 oder sogar 100000 von ihnen durch einen plötzlichen Tod ausfallen. Derlei passiert in der Natur periodisch als Folge von Dürre, Seuchen oder anderen Katastrophen. Der Schaden wird in den darauffolgenden Perioden rasch wieder behoben. Nur bei niedrigen wirbellosen Tieren und bei vielen Arten von Pflanzen kann ein verstümmeltes Individuum so schnell wiederhergestellt werden, wie dies bei einer dezimierten Spezies der Fall ist.

Auch die Art der Organisation (Kohäsion) ist sehr unterschiedlich. Bei einem echten Individuum besteht zwischen allen Teilen eine Wechselwirkung, und zwar eine unmittelbare. Im Gegensatz dazu ist die Interaktion zwischen den Teilen einer Spezies bei der Mehrzahl ihrer Mitglieder ziemlich locker und indirekt und besteht lediglich aus der Fähigkeit zu Genaustausch. Ein solcher Genfluß ist jedoch bei den zahlreichen Arten, die aus hochgradig isolierten Kolonien oder Subspezies bestehen, praktisch nicht gegeben. Der Zusammenhang der Mitglieder solcher Spezies ist um etliche Größenordnungen weniger eng als bei einem echten Individuum.

Darüber hinaus fordert die Terminologie, die die Spezies als Individuum betrachtet, bei Erörterungen der natürlichen Auslese Mißverständnisse geradezu heraus. Inzwischen herrscht ziemlich breite Übereinstimmung dahingehend, daß normalerweise das Individuum die Zielscheibe der Selektion ist. Wenn man die Spezies als Individuum bezeichnet, impliziert dies dann, daß die Spezies als ganze eines dieser Zielobjekte der natürlichen Auslese ist, wie einige Autoren dies in der Tat behauptet haben? Da die meisten biologischen Gruppen auch der Definition des Logikers, was ein Individuum ist, entsprechen, legitimiert dann diese Terminologie die Vorstellung einer Gruppenselektion? Dies sind keine leichtfertigen Fragen, denn sie wurden in der entsprechenden Literatur tatsächlich gestellt.

Diejenigen, die den Begriff Individuum auf zusammengesetzte Ganze übertragen, sind gezwungen, einen anderen Begriff für das zu finden, was jedermann bislang als Individuum bezeichnet hat. In der Biologie wird als Ersatz dafür das Wort Organismus verwandt; aber Organismus ist eigentlich ein Begriff, der auf verschiedenen hierarchischen Ebenen eingesetzt wird. Formulierungen wie »Schildkröten sind langlebige Organismen« geben keinerlei Hinweis auf die jeweils angesprochene Ebene. Wenn man das Wort Organismus verwendet, kann man sich dabei auf Individuen oder

246

Spezies oder höhere Taxa beziehen. Eine Menge Mißverständnisse lassen sich vermeiden, wenn man das Wort Individuum wieder in seiner traditionellen Bedeutung verwendet.

Das Problem der Terminologie

Weder der Begriff Klasse noch der Begriff Individuum bringt die Ontologie der biologischen Spezies auf zufriedenstellende Weise zum Ausdruck. Es hat den Anschein, als sei es notwendig, einen neuen Begriff einzuführen, einen, der im terminologischen Repertoire der Philosophie noch nicht besetzt ist. Nicht nur in diesem Punkt scheint in jüngerer Zeit eine Unzulänglichkeit des Wortschatzes der Hauptgrund für philosophische Kontroversen zu sein. Besonders oft passiert es, daß Philosophen einen einzigen *terminus technicus* auf mehrere Objekte oder Prozesse anwenden, die in Wirklichkeit ziemlich verschieden sind. Eine wissenschaftliche Analyse führt oft zur Auffächerung eines Phänomens, das bislang durch einen einzigen Begriff bezeichnet worden war. Eine philosophische Analyse derartiger Probleme ist unvollständig oder sogar irreführend, wenn sie mit diesen wissenschaftlichen Entwicklungen nicht Schritt hält. Beispiele dafür finden Sie in Essay 3 über die unterschiedlichen Anwendungen des Begriffs *Teleologie*; in Essay 7 hinsichtlich der vier Definitionen des Wortes *Gruppe* in *Gruppenselektion*. Weitere mehrdeutige Begriffe sind *Kategorie* (einschließlich Taxon), *Selektion* (einschließlich Eliminierung), *Evolution* (sowohl transformationelle wie auch Variationsevolution; Lewontin 1983) und *Entwicklung* (Ontogenese und Phylogenese), um nur einige wenige zu nennen (siehe auch Ghiselin 1984). Eine aussagekräftige ontologische Analyse ist im Grunde unmöglich, wenn man vorher nicht eine sorgfältige Tatsachenanalyse vorgenommen hat. Zuerst muß jegliche Vieldeutigkeit ausgeschlossen werden. Es dürfte niemanden überraschen, daß es mir wie ein unglückseliger Schritt rückwärts vorkommt, wenn Kitcher die biologische Spezies mit allen möglichen anderen Phänomenen, die in keinerlei Zusammenhang damit stehen, in den gemeinsamen Topf »Set« wirft.
Wie Sober ganz richtig festgestellt hat, »füllte die Vorstellung,

daß Spezies Populationen (das heißt physische Objekte – Individuen – einer bestimmten Art sind), das Vakuum, das entstanden war, als man die Ansicht aufgab, daß Spezies natürliche Arten seien« (1984: 336). Bunge (1981: 284) und Salthe (1981: 301) treten ebenfalls für »Population« als angemessene Bezeichnung für Spezies ein: »Der beste Begriff für dieses Gebilde ist Population, da dies die einfachste oder kleinste Einheit zu sein scheint, über die sich die meisten dieser Dinge aussagen lassen.«

Für einen Biologen sind die an ein Individuum gemahnenden Eigenschaften von Biopopulationen offensichtlich. Leider setzten einige von der Mathematik oder der Physik kommende Philosophen Populationen mit Klassen gleich. Dies wurde mir besonders klar, als ich Caplans Erörterung las, in der er behauptete, Stebbins hätte alle möglichen biologischen und evolutionären Phänomene »Sets von Organismen« zugeschrieben (1981: 132). Eine derartige Formulierung schien mir für einen Biologen so unwahrscheinlich, daß ich in der Veröffentlichung nachschlug, auf die Caplan sich bezog (Stebbins 1977) – und siehe da, Stebbins hatte das Wort Set (oder, in diesem Zusammenhang: Klasse) nicht ein einziges Mal erwähnt. Worauf er sich Seite für Seite bezog, war »Population«. Offenbar hat Caplan nicht versucht, Stebbins falsch zu zitieren, sondern für ihn waren Populationen eben Sets von Organismen. Auf diese Weise enthüllte er den grundsätzlichen Unterschied zwischen einem Essentialisten, für den Populationen Klassen oder Sets sind, und einem Populationsbiologen, für den Populationen dem Wesen nach Individuen sind, wie Sober ganz richtig erkannt hat (1984: 336). Welch große Schwierigkeiten es manchen Philosophen bereitet zu verstehen, was eine biologische Population ist, zeigt sich an Kitchers Behauptung, daß »nichts darauf hinzuweisen scheint, daß x und y, wenn sie der gleichen Population angehören, konspezifisch sind« (1984: 622). Der Begriff *Population* fehlte bislang im begrifflichen System fast aller Wissenschaftsphilosophen. Infolgedessen waren sie gezwungen, den Begriff Population in etwas zu übersetzen, das ihnen vertraut war, also normalerweise in den Begriff Klasse oder Set. Es ist Ghiselins herausragendes Verdienst, daß er auf diesen Irrtum aufmerksam gemacht hat.

Es gibt gar keinen wirklichen Widerspruch zwischen den Begriffen Individuum und Population, denn eine Biopopulation hat die

raum-zeitlichen Eigenschaften, die innere Kohäsion und das Ver-
änderungspotential eines Individuums. Wenn man einen einzelnen
Organismus als ein »singuläres Individuum« betrachtet, könnte
man eine Population vielleicht als »multiples Individuum« auffassen. Die wesentlichen Eigenschaften einer Biopopulation, die sie
zu einem Individuum machen, werden – Generation für Generation – über die wechselseitige Beziehung zwischen konspezifischen
Organismen und dem Genpool der Spezies aufrechterhalten.

Für eine Spezies ist der Begriff Population dem Begriff Individuum aus drei Gründen vorzuziehen:

1) weil er traditionell von Biologen auf Spezies angewandt
wurde, seit man das typologische Konzept natürlicher Arten
aufgegeben hat;
2) weil der Begriff einen Eindruck von der Vielfältigkeit und
der Zusammengesetztheit von Spezies vermittelt, während der
Begriff Individuum eine nicht existierende Singularität impliziert, und
3) weil er eine weit geeignetere Diskussionsgrundlage für die
Erörterung evolutionärer Phänomene, insbesondere Speziation, darstellt.

Die meisten der oben aufgezählten Einwände gegen eine auf Spezies angewandte Individuumterminologie werden durch die Populationsterminologie entkräftet.

Schwierigkeiten mit dem Begriff Population

Wie fast alle Begriffe in Wissenschaft und Philosophie hat auch
der Begriff *Population* nicht nur eine einzige, klar definierte Bedeutung. Ursprünglich bezog er sich auf die Untertanen eines
Herrschers, auf die Population eines politisch definierten Gebiets.
Schließlich wurde er für jeden Bestandteil der menschlichen Spezies verwandt, später auch bei Tier- und Pflanzenspezies. Unglücklicherweise wurde die Bedeutung des Begriffs dann noch
weiter gefaßt, und Mathematiker sprachen manchmal von Populationen, wenn sie es mit Sets zu tun hatten. Mehrere Populationsge-

netiker verwandten den Begriff eher in diesem mathematischen Sinn und nicht im Sinn tatsächlicher Organismenpopulationen. Schließlich dehnten die Ökologen ihn noch weiter aus, über die Grenzen einer einzelnen Spezies hinaus, und sprachen von der Planktonpopulation eines Sees oder der Population der Savannentiere. Populationen in einem derart erweiterten Sinn (nämlich aus mehreren Arten bestehend) mangelt es an den für biologische Populationen charakteristischsten Merkmalen, der inneren Kohäsion und der Variabilität. Bunge (1981: 284) hat dies sehr klar gesehen, als er die sich untereinander kreuzende, konspezifische Population des Biologen als *Biopopulation* bezeichnete. Es wäre sehr hilfreich, wenn man das Wort *Population* oder zumindest *Biopopulation* auf diese zentrale Bedeutung des Wortes Population beschränken und vor allem den irreführenden Gebrauch des Wortes Population im Sinne von Set unterlassen würde. Die höchst unterschiedliche Verwendung des Wortes Population ist seit einiger Zeit bekannt, und ich selbst habe bereits an früherer Stelle (Mayr 1963: 136–138) darauf hingewiesen.

Man kann eine Hierarchie von Populationen erkennen, die von der lokalen Population (Deme) bis zur Spezies (»der größten Mendelschen Population« Dobzhanskys) reicht. Dies ist natürlich ebensowenig ein Argument gegen die Übernahme der Populationsterminologie, wie es dies im Falle von Klasse und Individuum wäre, die auch hierarchisch organisiert sein können.

Gibt es verschiedene Arten von Spezies?

Die Systematiker waren sich – und zwar vermutlich seit Darwin – der Heterogenität speziesartiger Phänomene in der Natur bewußt. Mir erschien diese Verschiedenartigkeit so wichtig, daß ich in meinem Buch von 1963 den Arten von Spezies ein ganzes Kapitel (S. 400–423) gewidmet habe. Im Rahmen des umfassendsten Versuchs, zwischen verschiedenen Arten von Spezies zu unterscheiden, haben Camp und Gilley (1943) zwölf Kategorien von Pflanzenspezies anerkannt. Eine weitere bekannte Aufzählung von Speziesarten stammt von Cain (1954), der vier Arten anerkennt.

Die Klärung des ontologischen Status von Spezies macht es unumgänglich, diese sogenannten Speziesarten zu untersuchen und zu bestimmen, ob sie die qualifizierenden Kriterien von biologischen Spezies erfüllen, insbesondere die der inneren Kohäsion und der raum-zeitlichen Abgegrenztheit von Individuum-Populationen. Schon ein flüchtiger Blick auf die Literatur zeigt, daß es in der Natur Gebilde gibt (etwa asexuelle Klone oder Stämme von Prokaryonten), die nicht unter den biologischen Speziesbegriff fallen. Die Häufigkeit dieser Ausnahmen ist in verschiedenen Gruppen von Organismen sehr unterschiedlich. Bei Vögeln gibt es, soweit ich weiß, gar keine. Bei Prokaryonten können sie bis zu 100 Prozent betragen. Bei Gefäßpflanzen einer lokalen Flora stellen sie unter Umständen 15 Prozent. Tatsächlich hat das bessere Verständnis des biologischen Speziesbegriffs jedoch zu einer Senkung des Prozentsatzes anerkannter Ausnahmen geführt. Noch 1957 schrieb Grant:»Es gibt einige Botaniker, die den sogenannten biologischen Speziesbegriff übernehmen« (S. 43). Fünfundzwanzig Jahre später gab Stebbins zu verstehen, daß die meisten Pflanzen als biologische Spezies klassifiziert werden können (1982).

Zu den Spezies, die eindeutig Populationen sind, gehören alle Spezies, die sich normalerweise sexuell reproduzieren, alle jene Allopolyploide, bei denen die Sexualität ganz wiederhergestellt worden ist, und alle evolutionären Spezies (im Sinne von Simpson und Wiley).

Uniparental sich reproduzierende Organismen. Es gibt viele Stammeslinien von Organismen, die sich ohne sexuelle Reproduktion fortpflanzen. Dazu gehören beispielsweise stabilisierte Spezieshybride, die auf die Stufe einer uniparentalen (asexuellen) Reproduktion zurückgekehrt sind. Auch alle anderen Formen ständiger uniparentaler Reproduktion, insbesondere obligatorische Parthenogenese und obligatorischer Hermaphrodismus wie auch verschiedene Formen vegetativer Reproduktion zählen dazu. Bei allen diesen Stammeslinien handelt es sich um Klone, die voneinander unabhängig sind, das heißt, sie haben keinen gemeinsamen Genpool. Aufgrund ihrer Entstehungsart könnten solche uniparentalen Wesen theoretisch etliche Male unabhängig voneinander entstehen und trotzdem in jeder praktischen Hinsicht ununterscheidbar sein. Einen solchen Fall hat vor kurzem M.J.D. White in Australien entdeckt. Die parthenogenetische Heuschrecke *Warramaba virgo* besteht aus zwei allopatrischen Populationen, die von verschiedenen Linien der beiden Elternspezies abstammen (White 1980).

Keines dieser asexuellen Wesen erfüllt die Kriterien einer biologischen Spezies, und in der Literatur ist die Frage heftig diskutiert worden, welchen ontologischen Status man ihnen verleihen soll. Man hat viele unterschiedliche Möglichkeiten vorgeschlagen; sie lassen sich am besten als folgende Alternativen formulieren:

1) Man akzeptiert einen Speziesbegriff, der sich auf alle Reiche lebender Organismen anwenden läßt. Kitchers Vorschlag, Spezies als Sets zu betrachten, wäre eine solche Lösung. Damit würde man den Speziesbegriff so sehr verwässern, daß er sich auf alle Arten von Organismen, sogar die abweichendsten, anwenden ließe. Für diese Lösung scheint kaum etwas zu sprechen. Sie krankt hauptsächlich an zweierlei: Wenn mehrere grundsätzlich verschiedene natürliche Wesenheiten unter einem Namen zusammengefaßt werden, würde genau das passieren, was in der Geschichte der Philosophie (beispielsweise bei der Definition von teleologisch, Selektion, Gruppe, Adaptation und so weiter) schon so oft große Probleme aufgeworfen hat. Einen einzigen Begriff auf eine heterogene Ansammlung anzuwenden, führt notwendigerweise früher oder später zu Schwierigkeiten. Bei einem derart umfassenden Konzept von Spezies müßten notgedrungen alle diejenigen Kriterien unter den Tisch fallen, die für die Mehrheit der Spezies besonders charakteristisch sind, nämlich die charakteristischen Merkmale der biologischen Spezies.

Der zweite Nachteil dieser Lösung ist, daß man sie nur dann akzeptieren kann, wenn man auf einen strikt nominalistischen oder typologischen Speziesbegriff zurückgreift, etwa den des Botanikers Cronquist, für den »Spezies die kleinsten Gruppen (sind), die durchgängig und dauernd unterschiedlich und mit einfachen Mitteln unterscheidbar sind« (1978: 3). Eine Gruppe von Taxonomen, die sogenannten Muster-Kladisten (etwa Rosen 1979), haben ebenfalls die typologische Spezies des Essentialismus wiederaufgegriffen. In einer ihrer Abhandlungen definierten sie Spezies als »die kleinsten beobachteten Serien sich selbst fortpflanzender

Organismen, die über einen einzigartigen Set von Merkmalen verfügen« (Nelson und Platnick 1981: 12). Da die einzigen sich selbst fortpflanzenden Organismen in der Natur asexuelle Organismen sind, umfaßt dieser Speziesbegriff seltsamerweise (und möglicherweise entgegen den Absichten der Autoren) nur asexuelle Organismen. Darüber hinaus wäre jeder Klon, der sich hinsichtlich auch nur einer einzigen erkennbaren Mutation unterscheidet, eine separate Spezies. Angesichts all dessen scheint es ziemlich offensichtlich, daß es unrealistisch ist, einen sinnvollen Speziesbegriff finden zu wollen, der für alle Formen von Leben auf der Erde gleichermaßen gilt.

2) Man erkennt verschiedene Arten von Spezies an. Ein solcher Pluralismus war die traditionelle Vorgehensweise, um mit diesem Problem zurechtzukommen. Man akzeptierte biologische Spezies, Agamospezies, Chronospezies und so weiter (Cain 1954). Diese Lösung entledigt sich des Problems jedoch nur scheinbar. Beispielsweise bekommt man damit keineswegs die Frage in den Griff, ob es sich bei diesen verschiedenen Arten von Spezies um Individuen, Populationen oder Klassen handelt. Auf jeden Fall ist es keine wissenschaftlich oder philosophisch angemessene Lösung.

3) Man erkennt zwei Sorten von Spezies an. Alle geschlechtlich sich fortpflanzenden Organismen bilden die biologische Spezies, die größte beobachtete kohärente Population. Diese erst kürzlich wieder von Ghiselin (1986) befürwortete Beschränkung ist sicherlich die ehrlichste und sauberste Lösung. Es ist dies die Spezies, die der moderne Biologe – sei er nun Evolutionstheoretiker, Genetiker oder Verhaltensforscher – meint, wenn er das Wort Spezies verwendet. Nur dasjenige, was die Fähigkeit zur Speziation hat, verdient, so Ghiselin, den Namen Spezies, und das schließt eben asexuelle Wesen nicht mit ein.

Was aber soll man nun mit asexuell sich fortpflanzenden Linien tun? Sie existieren, und oft nehmen sie in einem Ökosystem einen vergleichbaren Platz ein wie biologische Spezies. Bei keiner Untersuchung der Nischenbesetzung, der Ressourcennutzung und des Konkurrenzkampfes kann man sie einfach ignorieren. Ein Ökologe würde sagen, daß sie in der Natur denselben Platz einnehmen wie echte Spezies und daß man eine Terminologie entwikkeln muß, um sie benennen zu können. Cains Terminus »Agamospezies« ist vielleicht eine Lösung. Obwohl innerhalb jedes Klons eine zeitliche Kontinuität besteht, fehlt einer Gruppe von Klonen der innere Zusammenhalt, der für einen Genpool kennzeichnend ist. Eine Gruppe von Klonen ist daher eine Klasse, nicht ein Individuum.

Höhere Taxa

Alle neueren Autoren, die sich ernsthaft Gedanken über den ontologischen Status höherer Taxa gemacht haben (Ghiselin 1981; Hull 1976; Fink 1981; Wiley 1981 a), stimmen darin überein, daß es sich bei ihnen nicht um gewöhnliche Klassen handelt. Sie haben viele Eigenschaften mit Individuen gemein, vor allem ihre raumzeitliche Beschränkung und ihre Fähigkeit, sich zu verändern (zu evolvieren). Andererseits unterscheiden sie sich von Individuen (Populationen), weil ihnen die charakteristischste Eigenschaft des Individuums, der innere Zusammenhalt, fehlt. Dieses Fehlen von Kohäsion läßt sich sehr gut anhand eines jeden auffälligen evolutionären Neuanfangs veranschaulichen, etwa bei der Entstehung der Vögel aus den Archäosauriern oder der Säugetiere aus den Therapsiden. Wiley (1980; 1981 a) hat für die höheren Taxa den sehr treffenden Begriff *historische Gruppen* vorgeschlagen. Hier ist nicht der Ort zu diskutieren, für welche Arten von Gruppen der Begriff historische Gruppen gelten sollte, aber ich persönlich halte es nicht für sinnvoll, ihn auf holophyletische Gruppen zu beschränken.

Anmerkung

Dieser Essay wurde erstmals in *Biology and Philosophy* 2 (1987), S. 145–166, unter dem Titel »The ontological status of species / Der ontologische Status von Spezies« veröffentlicht.

12 Spezies – Warum und wie?

Wie Dobzhansky ganz richtig gesagt hat, ergibt in der Biologie nichts einen Sinn, wenn man es nicht im Lichte der Evolution betrachtet. Spezies, das Ergebnis von Evolution, machen da keine Ausnahme. Der Evolutionstheoretiker muß sich die Frage stellen, was für einen Sinn es hat, daß die Mannigfaltigkeit der Natur in Form von Spezies organisiert ist. Er muß sich fragen: Warum gibt es Spezies? Wirklich darwinistisches Denken wird immer noch nicht von allen akzeptiert, und es gibt nach wie vor einige Philosophen und sogar Evolutionstheoretiker, die jedem, der Warum-Fragen stellt, ein Denken in teleologischen Begriffen unterstellen. Wie ich weiter unten beweisen werde, wurde dieser Vorwurf seit jeher gegen diejenigen erhoben, die das Isolationskonzept von Spezies vertreten.

Wollten wir die Frage: Warum gibt es Spezies? in eindeutiger darwinistischen Begriffen formulieren, müßten wir sagen: Welche Selektionskräfte in der Natur begünstigen die Existenz und Aufrechterhaltung von Spezies? Um diese Frage zu verstehen, könnten wir folgendes Gedankenexperiment vollziehen:

Es ist durchaus möglich, sich eine Welt vorzustellen, in der es keine Spezies gibt, sondern in der statt dessen ein einziges »Connubium« von Individuen existiert, von denen ein jedes sich von jedem anderen unterscheidet und ein jedes in der Lage ist, sich mit denjenigen von den anderen Individuen zu paaren, die ihm am ähnlichsten sind. Jedes Individuum wäre dann sozusagen der Mittelpunkt einer Reihe konzentrischer Kreise einander immer unähnlicherer Individuen. Was wären die Folgen des kontinuierlichen, ununterbrochenen Genflusses in einem solch umfassenden System? In jeder Generation hätten bestimmte Individuen einen selektiven Vorteil, da sie über einen Genkomplex verfügen, der besonders gut an die jeweilige ökologische Situation adaptiert ist. Die meisten dieser vorteilhaften Kombinationen würden jedoch durch eine Paarung mit Individuen, die an eine etwas andere Umwelt angepaßt sind, aufgebrochen. In diesem System gibt es keinen Schutz vor der Zerstörung überlegener Genkombinationen, es sei denn, die sexuelle Reproduktion würde ganz eingestellt. Es ist offensichtlich, daß ein System, das eine solche uneingeschränkte Hybridisierung verhindert, überlegen ist (Mayr 1949: 282).

Ich habe daher den Schluß gezogen: »Die Unterteilung der völligen genetischen Variabilität der Natur in verschiedene, voneinander abgegrenzte ›Pakete‹, die sogenannten Spezies, die durch reproduktive Barrieren voneinander getrennt sind, verhindert die Erzeugung zu vieler unharmonischer, unverträglicher Genkombinationen. Das ist die grundlegende biologische Bedeutung von Spezies, und das ist auch der Grund, warum es Diskontinuitäten zwischen sympatrischen Spezies gibt. Wir wissen, daß Genotypen äußerst komplexe epigenetische Systeme sind. Es gibt strenge Einschränkungen hinsichtlich des Maßes an genetischer Variabilität, das in einen einzelnen Genpool inkorporiert werden kann, ohne zu viele inkompatible Genkombinationen zu erzeugen« (Mayr 1969: 316).

Diese Argumentation scheint denjenigen Schwierigkeiten zu bereiten, die der natürlichen Auslese teleologische Eigenschaften zuschreiben oder zumindest ihren Opponenten unterstellen, sie würden eine solche Auffassung von natürlicher Auslese vertreten. Genau dies tun Paterson und seine Anhänger in einigen Behauptungen (siehe unten). Ein derartiger Vorwurf gründet sich darauf, daß sie es unterlassen, zwischen den Selektionskräften, die ursprünglich zur Entstehung von Isolationsmechanismen führten, und den Selektionskräften, die später die Aufrechterhaltung der Isolation begünstigen, zu unterscheiden, obwohl es sich dabei um zwei völlig verschiedene Arten von Selektionskräften handelt.

Verhaltensbezogene Isolationsmechanismen (»Erkennung«) sind das Ergebnis eines Prozesses, den Darwins Theorie der Entstehung evolutionärer Neuerungen aufgrund eines »Funktionswandels« erklären kann (Mayr 1960). Ähnlich wie die Fühler der *Daphnia* nicht durch Auslese zum Zwecke des Erwerbs von Schwimmpaddeln entstanden sind, sondern vielmehr aufgrund einer Veränderung der Funktion bereits vorhandener Fühler, sind, entsprechend der Darwin-Muller-Mayr-Theorie, auf ähnliche Weise (teilweise unterstützt von Selektion) auch die verhaltensbezogenen Isolationsmechanismen entstanden, ehe sie aufgrund eines Funktionswandels die Rolle von Isolationsmechanismen übernahmen (siehe Essay 14). Sobald jedoch diese neue Funktion einmal übernommen worden ist, wird die Beibehaltung dieser Isolationsmechanismen in der Tat durch stabilisierende Selektion gefördert. Diese Ereignisfolge ist in keiner Weise teleologisch. Eine Eigenschaft von Organismen kann von großem selektiven Wert sein, aber sie kann – vor einem Funktionswandel – erworben worden sein, ohne für ihre spätere Funktion selektiert worden zu sein.

Es ist nun ganz klar, daß es, sobald einmal Sex (Genaustausch mit einem anderen Organismus) erfunden worden war, es gleichzeitig eine Belohnung für den Besitz von Mechanismen gab, die eine Kreuzung mit potentiellen Partnern, die genetisch zu verschieden waren, verhinderten. Jede Zygote, die über keine derartigen Mechanismen verfügte (oder bei der diese Mechanismen unterentwickelt waren), hinterließ mit großer Wahrscheinlichkeit keine tauglichen Nachkommen, und zwar einfach aufgrund individueller Selektion. Und dies erklärt die Aufrechterhaltung der sogenannten Isolationsmechanismen. Der Begriff Isolationsmechanismen bezieht sich auf Komponenten des genetischen Programms, die eine Reproduktion und genetische Rekombination nur mit solchen Individuen erlauben, die genetisch kompatibel, das heißt aber: konspezifisch sind.

Die biologische Bedeutung von Spezies ist somit klar. Eine Organisation der vielfältigen Erscheinungsformen des Lebens in Spezies erlaubt den Schutz ausgewogener, gut angepaßter Genpools. Diese Schlußfolgerung zogen zahlreiche Autoren, und sie wurde erst kürzlich von Paterson (1973: 32) selbst bestätigt, als er sagte, daß die Erforschung von Speziation »die Erforschung von Mechanismen ist, durch die Isolationsmechanismen entstehen, die den Genpool einer Spezies vor Introgression schützen«. Es gibt nur eine andere Möglichkeit, wie überlegene Genkombinationen geschützt werden könnten, nämlich mittels einer Umstellung auf uniparentale Reproduktion (Asexualität). Die Frage, die wir eingangs gestellt haben, warum es Speziation gibt, ist nun beantwortet, und diese Antwort ist der Konsensus der gegenwärtigen Evolutionsbiologie.

Als nächstes gilt es die Frage zu beantworten – und es kann gar nicht oft genug betont werden, daß dies eine völlig unabhängige Frage ist –, mit welchen Mitteln die Integrität von Spezies gewahrt bleibt. Dobzhansky (1935, 1937) hat für diese Mittel den Begriff Isolationsmechanismen eingeführt. Er bezeichnet sie als »physiologische Mechanismen, die eine Kreuzung [mit nichtkonspezifischen Partnern] schwierig oder unmöglich machen« (1935: 349). 1937 (S. 230) definierte er als Isolationsmechanismus »alles, was die Kreuzung von Gruppen von Individuen behindert, und zwar mit dem Effekt, daß die Häufigkeit des Genaustauschs zwischen den Gruppen verringert oder auf Null reduziert wird«.

Dobzhansky war sich bereits der Unabhängigkeit der Isolationsmechanismen von anderen Spezieseigenschaften bewußt. »Die genetischen Faktoren, die für die Erzeugung von Isolationsmechanismen verantwortlich sind, scheinen eher eine Klasse für sich darzustellen. So können Mechanismen, die ein hemmungsloses Sich-Kreuzen verhindern, sich offensichtlich in Formen entwickeln, die genotypisch ziemlich ähnlich sind, und umgekehrt können genotypisch verschiedene Formen potentiell interfertil bleiben« (1935: 352). Neuere Untersuchungen scheinen darauf hinzuweisen, daß in einigen Fällen lediglich einige wenige Gene für eine effektive reproduktive Isolation verantwortlich sind, während in anderen Fällen selbst eine ziemlich tiefgreifende genetische Umstrukturierung von Populationen nicht zu reproduktiver Isolation führt. Hier handelt es sich natürlich um einen voraussagbaren Beweis für die Zufälligkeit der Entstehung von Isolationsmechanismen (siehe unten) und für das Vorherrschen einer Mosaikevolution.

Alle Autoren, die sich zu dem Problem der Isolationsmechanismen geäußert haben, beispielsweise Dobzhansky (1937: 228–258) und Mayr (1963: 89–109), haben die ungeheure Vielfältigkeit dieser Mittel hervorgehoben. Zusätzlich zu den Sterilitätsgenen, Unverträglichkeiten von Chromosomen und ökologischem Ausschluß sind verhaltensbezogene Eigenschaften, die das Erkennen konspezifischer Partner erleichtern, bei höheren Tieren besonders wichtig. Das Vorhandensein solcher Verhaltensmechanismen war den Naturkundlern, vermutlich schon im 19. Jahrhundert oder sogar noch früher, wohlbekannt. Paterson (1978: 369) zitiert eine ausgezeichnete Charakterisierung W. Petersons (1905). Plate (1914) formulierte das Erkennungsprinzip, indem er feststellte, daß »die Mitglieder einer Spezies durch die Tatsache miteinander verbunden sind, daß sie einander als zusammengehörig empfinden und sich nur miteinander fortpflanzen«. Ich habe geäußert, »daß Spezies Reproduktionsgemeinschaften sind. Die Individuen einer Spezies höherer Tiere erkennen einander als mögliche Partner und suchen einander zum Zwecke der Reproduktion« (Mayr 1957: 13). Wie hätte ich auch die Bedeutung der Arterkennung ignorieren können, wo ich doch mehrere Jahre auf eine experimentelle Analyse der sensorischen Hinweise, die bei der reproduktiven Isolation zwischen verschiedenen Spezies der *Drosophila* eine Rolle spielen, verwandt habe (Dobzhansky und Mayr 1944; Mayr 1946a, 1946b, 1950; Mayr und Dobzhansky 1945)?

Angesichts der Tatsache, wie lange man schon weiß, welch große Bedeutung der »Erkennung« bei der Bewahrung der Integrität der Spezies zukommt, berührt es seltsam, daß Paterson der Ansicht war, er hätte ein »völlig neues Spezieskonzept, das *Erkennungskonzept*«, erfunden, »das sich begrifflich weitgehend von dem geläufigen Paradigma des *Isolationskonzepts* unterscheidet« (1980: 330). In der Folge definierte Paterson die Spezies als die »umfassendste Population biparentaler Organismen, die über ein gemeinsames Fruchtbarkeitssystem verfügen« (1985: 25). In allen seinen neueren Veröffentlichungen betont Paterson den enormen Unterschied zwischen seinem Erkennungskonzept der Spezies und dem alten biologischen Spezieskonzept. Diese Behauptung ist einigermaßen verwunderlich, wenn man sich Dobzhanskys Definition der biologischen Spezies ansieht: »Die größte und in sich geschlossenste... reproduktive Gemeinschaft von sexuell und untereinander sich fortpflanzenden Individuen, die sich in einen gemeinsamen Genpool teilen« (1950: 405). Obwohl praktisch alle modernen Evolutionstheoretiker die biologische Spezies als eine Reproduktionsgemeinschaft definieren, besteht Paterson (1985) darauf, daß »das biologische Spezieskonzept im wesentlichen dem Isolationskonzept entspricht«. Diese Behauptung ist insofern korrekt, als beide Auffassungen die Frage nach dem Warum von Spezies beantworten. Der biologische Speziesbegriff stellt jedoch auch eine Antwort auf die Frage nach dem Wie von Spezies dar. In der Tat sind, wie Raubenheimer und Crowe (1986) durchaus zutreffend hervorheben, die verhaltensbezogenen Isolationsmechanismen, die Mayr und Dobzhansky in ihrem angeblichen Isolationskonzept spezifiziert haben, genau die Merkmale, auf die Paterson sein Erkennungskonzept gründet.

Die Tatsache, daß Paterson zwischen 1973 und 1986 in so vielen (mindestens sechs) Publikationen für die Anerkennung seines Erkennungskonzepts geworben hat, weist auf seine Enttäuschung hin, daß es nicht auf breitere Zustimmung stieß. Aber dafür gibt es gute Gründe.

(1) Das sogenannte Erkennungskonzept geht nicht – wie das biologische Konzept – näher darauf ein, welche Rolle die Spezies in der Natur wirklich spielt. Es beantwortet die Frage nach dem Wie, aber nicht die Frage nach dem Warum, wie ich weiter oben schon betont habe.

(2) Der Begriff »Erkennung« hat etliche Schwächen. Vielen Autoren, beispielsweise J.T. Patterson, Plate und zahlreichen Verhaltensforschern, waren die Aspekte des Erkennens bei solchen Zusammentreffen durchaus bewußt. Ich habe mich darauf in folgender Analyse bezogen: »Die spezifische Reaktion von Männchen und Weibchen aufeinander wird oft reichlich vage als ›Arterkennung‹ bezeichnet. Dieser Begriff ist in gewisser Weise irreführend, da er Bewußtsein impliziert, eine höhere Stufe von Gehirnfunktion, als man sie bei niederen Tieren antrifft... Bei ›Arterkennung‹ handelt es sich also lediglich um den Austausch angemessener Stimuli zwischen Männchen und Weibchen, um die Paarung konspezifischer Partner sicherzustellen und eine Hybridisierung von Individuen, die verschiedenen Spezies angehören, zu verhindern« (1963: 95). Im Anschluß an diese Feststellung habe ich auf neun Seiten solche ethologischen »Stimuli« erörtert, die ich entsprechend den wichtigsten Sinnesorganen, die daran beteiligt sind, klassifiziert hatte.

(3) Patersons Beschränkung von Isolationsmechanismen auf verhaltensbezogene Erkennung schließt alle Spezies mit Isolationsmechanismen aus, die erst nach der Paarung wirksam werden. Darüber hinaus würde dieses Spezieskonzept, wenn man den Be-

griff »Erkennung« streng definiert, praktisch alle Pflanzenspezies ausschließen. Allerdings verwendet Paterson das Wort Erkennung auch in einem ziemlich umfassenden Sinne und vergleicht es mit der »Erkennung eines spezifischen Antigens durch seinen spezifischen Antikörper«. Entsprechend einer derart vagen Definition betrachtet er auch Wechselwirkungen wie »zwischen Pollen und Stempeln oder zwischen Ei und Spermatozoen« als Erkennung (1985: 25). Es ist nicht ganz klar, warum er nicht auch die nach der Paarung wirksamen Isolationsmechanismen mit einbezieht, die durch eine Wechselwirkung zwischen unverträglichen Chromosomen oder Genen ausgelöst werden.

Man kann jedoch nicht alle Probleme mittels einer Erweiterung des Erkennungskonzepts lösen. Zwischen den Geschlechtern herrscht normalerweise eine beträchtliche Asymmetrie. Während die Weibchen meistens höchst wählerisch sind, haben die Männchen vieler, wenn nicht sogar der meisten Spezies lediglich eine ziemlich allgemeine Vorstellung von potentiellen Kopulationspartnern. In vielen Gattungen sind die Männchen einer gegebenen Spezies jederzeit bereit, sich mit Weibchen anderer Spezies der Gattung oder sogar mit Weibchen ziemlich andersartiger Gattungen zu paaren. Männchen würden laut Patersons Konzept zu anderen Spezies gehören als ihre Weibchen, da sie ein anderes Erkennungsmuster aufweisen.

Seit 1955 habe ich immer wieder auf Aspekte der Beziehung von Spezies zueinander hingewiesen: »Da der nicht-dimensionale Speziesbegriff von der Beziehung (von Populationen zueinander) ausgeht, entspricht das Wort Spezies anderen Worten, die eine Beziehung ausdrücken, sagen wir einmal, dem Wort Bruder... Ein Individuum ist nur in bezug auf jemand anderen ein Bruder. Ein Bruder zu sein ist keine angeborene Eigenschaft, so wie Härte die Eigenschaft eines Steins ist. Da er das Vorhandensein oder das Fehlen einer Beziehung zum Ausdruck bringt, ist der Speziesbegriff nicht mehr willkürlich« (1957: 15).

Ich habe auch die Doppelnatur dieser Beziehung betont. »Bei dem Prozeß der Abweisung nicht konspezifischer Partner und des Akzeptierens konspezifischer Partner kann man die Aufmerksamkeit entweder auf den einen oder auf den anderen dieser beiden Prozesse richten. Abweisung bedeutet eine Aufrechterhaltung der Isolation, und Akzeptieren bedeutet Erkennen. Es sind nichts weiter als die zwei Seiten ein und derselben Münze« (1986: 308). Die Fähigkeit, mit anderen Spezies entsprechend zu interagieren, ist natürlich nur potentieller Natur. Ein Aardvark (*Orycteropus afer* = Erdferkel) ist eine reproduktiv isolierte Spezies, obgleich es, als einzige Spezies der Ordnung Tubulidentata, nicht in der Lage ist, dies durch eine Interaktion mit anderen verwandten Spezies zu beweisen.

Die Entstehung von Isolationsmechanismen

Wie erwerben sich zu Arten entwickelnde Populationen die genetischen Eigenschaften, die garantieren, daß in der Folge die Integrität ihrer Genpools gewahrt bleibt? Die Beantwortung dieser Frage trennt zwei Schulen von Evolutionstheoretikern. Wie Dobzhansky in der Abhandlung, in der er den Begriff Isolationsmechanismen einführte, sagte, »sind wir fast zu der Vermutung gezwungen, daß die Isolationsmechanismen nichts weiter als Nebenprodukte einiger anderer Unterschiede zwischen den in Frage stehenden Organismen sind, wobei letztere Unterschiede einen bestimmten adaptiven Wert haben und folglich natürlicher Auslese unterliegen« (1935: 349). Ich habe auf das gleiche Problem auf folgende Weise hingewiesen: »Isolationsmechanismen haben als solche keinen adaptiven Wert, ehe sie nicht genügend wirksam sind, um das Aufbrechen von Genkomplexen zu verhindern. Es sind Ad-hoc-Mechanismen. Daher ist es einigermaßen schwierig zu begreifen, wie Isolationsmechanismen sich in isolierten Populationen entwickeln können« (1963: 548). Darwin und Wallace haben zwei verschiedene Theorien zur Diskussion gestellt, und es ist faszinierend, die Kontroverse zwischen diesen beiden Begründern der Theorie der Auslese zu verfolgen (Mayr 1959: 221–230).

Laut der Theorie von A. R. Wallace, die man inzwischen als die Wallace-Dobzhansky- oder Verstärkungstheorie bezeichnet, werden Isolationsmechanismen zwischen Ausgangs- oder Stammspezies allmählich durch natürliche Auslese aufgebaut. Die Beziehung – wenn es denn eine gibt – zwischen dieser Theorie und konkurrierenden Speziesbegriffen wird von Raubenheimer und Crowe erörtert (1987: 533). Obwohl diese Theorie eine Zeitlang ziemlich populär war und nicht nur von Wallace und Weismann, sondern auch von einigen anderen Genetikern vertreten wurde, insbesondere von R. A. Fisher und Sturtevant, konnte in so vielen neueren Widerlegungen (einschließlich Paterson 1978, 1982) gezeigt werden, daß die Wahrscheinlichkeit, daß reproduktive Isolation durch natürliche Auslese erworben wird, äußerst gering ist; es gibt daher kaum jemanden, der diese Theorie noch vertritt.

Im Gegensatz dazu leugnete Darwin nachdrücklich, daß Selektion reproduktive Isolation zwischen werdenden Spezies hervorrufen könnte: »Nie hat die Natur mittels Auslese Spezies wechselseitig unfruchtbar gemacht, noch wird der Mensch dies je tun können« (*More Letters* 1: 277). Für Darwin war der Erwerb von Isolationsmechanismen ein zufälliges Nebenprodukt adaptiver Veränderungen in isolierten Populationen. Dieser Theorie schlossen sich Poulton (1908) und später vor allem Muller (1942) und Mayr (1942; 1963) an. Man bezeichnet sie heutzutage meistens als die Darwin-Muller-Mayr-Theorie. Die für den Erwerb solcher Isolationsmechanismen verantwortlichen Prozesse sind höchst mannigfaltig und schließen Gen- und Chromosomenmutation und die Entstehung eines neuen epistatischen Gleichgewichts mit ein, wobei Aspekte einer Pleiotropie möglicherweise am wenigsten wichtig sind (contra Paterson 1985) (Raubenheimer und Crowe 1987: 532). Unter den vielen Beweisen für die zufällige Entstehung von Isolationsmechanismen in der Isolation sind vor allem folgende von Bedeutung: erstens die Existenz höchst effektiver Isolationsmechanismen bei völlig isolierten Spezies, die nie irgendeinen Kontakt mit anderen Spezies hatten, und zweitens die enorme Anzahl sekundärer Bastardisierungszonen, die darauf hinweisen, wie oft zeitweise isolierte Populationen nicht in der Lage waren, mittels Auslese wirksame Isolationsmechanismen zu entwickeln, wenn sie anschließend Kontakt mit Schwester- oder Elternpopulationen hatten. Es ist in der Tat mittlerweile ziemlich offensichtlich, daß die Entstehung von Isolationsmechanismen weitgehend vom Zufall gesteuert wird. Manchmal entwickeln sie sich sehr schnell und sind äußerst effizient, in anderen Fällen führte nicht einmal eine Isolation über 100 000 oder mehr als eine Million Jahre zur Entstehung wirksamer Isolationsmechanismen. Zu erwähnen ist noch – obwohl dies seine Argumentation in keiner Weise beeinflußt –, daß die Partnerwahl innerhalb einer Population durch sexuelle Auslese in weit höherem Maße beeinflußt wird als durch Arterkennung.

Es gibt einige interessante Aspekte, was die Verfechter der Wallace-Theorie betrifft. Obwohl sie am nachdrücklichsten von gewissen Genetikern vertreten wurde, lehnten andere Genetiker wie Muller (1942) sowie Patterson und Stone (1952) sie ab. Seltsamerweise schien Dobzhansky, der später (ab 1940) vehement für diese Theorie eintrat, in der frühen Abhandlung, in der er den Begriff Isolationsmechanismen einführte, die Darwinsche Theorie zu unterstützen: »Es ist unklar, wie solche Mechanismen durch natürliche Auslese überhaupt hervorgebracht werden könnten, das heißt, welchen Zweck [Vorteil] der Organismus davon hat, wenn sie sich entwickeln. Wir sind fast zu der Vermutung gezwungen, daß die Isolationsmechanismen nichts weiter als Nebenprodukte einiger anderer Unterschiede zwischen den in Frage stehenden Organismen sind, wobei letztere Unterschiede einen bestimmten adaptiven Wert haben und daher der natürlichen Auslese unterliegen« (1935: 349, 354).

Vor der synthetischen Evolutionstheorie lieferte Poulton (1908) den wichtigsten Beitrag zu Darwins Theorie. Er hob hervor, daß reproduktive Isolation nicht unbedingt die Folge von Sterilitätsfaktoren sein müsse (wie die meisten Botaniker glaubten), sondern auf »Asyngamie« beruhen könnte, ein Begriff, unter dem er alle möglichen Isolationsmechanismen außer Unfruchtbarkeit zusammenfaßte; bei den meisten handelte es sich um verhaltensbezogene Barrieren. Ich selber unterstütze entschieden die Darwinsche Theorie, und zwar schon seit langem. Schier überwältigendes Beweismaterial hat mich zu dem Schluß gebracht, »daß bei weitem der größte Teil der genetischen Grundlage der Isolationsmechanismen ein zufälliges Nebenprodukt der genetischen Divergenz isolierter Genpools ist und während dieser Isolation erworben wird. Diese Schlußfolgerung ist unbestreitbar« (1959: 228). Natürlich glaubte auch Dobzhansky, daß ein Teil der Isolationsmechanismen schon vor dem sekundären Zusammentreffen der Neospezies erworben wurde. Die Frage war nun, welcher Prozentsatz der Isolationsmechanismen vor einem solchen Zusammentreffen entstanden sein mußte. Wie ich es formulierte: »Die

Crux dabei ist die relative Bedeutung der Isolationsmechanismen, die sich während der geographischen Isolation der beiden Genpools entwickelt haben [versus die durch Verstärkung erworbenen]... Ich glaube, die ganze Angelegenheit wäre vollkommen klar, wenn die beiden Opponenten es zulassen würden, sich festnageln zu lassen und das Verhältnis der beiden Prozentsätze genau anzugeben. Sagen wir einmal [laut der Darwin-Muller-Mayr-Theorie], 97 Prozent wurden vorher erworben und 3 Prozent danach, oder aber [laut der Wallace-Dobzhansky-Theorie] 60 Prozent vorher und 40 Prozent nachher. Ich gehöre zu denjenigen, die bei den meisten Fällen die Ansicht vertreten, daß es mindestens 97 Prozent waren« (Transkript einer mündlichen Äußerung in Blair 1961: 85–86). 1963 habe ich die Darwinsche Theorie mit allem Nachdruck unterstützt (S. 551).

Patersons Interpretation der Isolationsmechanismen

In allen seinen neueren Veröffentlichungen (1978, 1982, 1985) stellt Paterson entweder direkt fest oder deutet zumindest an, daß jeder, der die Wirksamkeit von Isolationsmechanismen als reproduktive Barrieren zwischen Spezies anerkenne, damit auch die Wallace-Dobzhansky-Theorie der Entstehung von Isolationsmechanismen unterstütze. Zudem stellt er die Behauptung auf, es gäbe eine Reihe evolutionärer Phänomene, die sein Erkennungskonzept stützten, mit dem Konzept der biologischen Spezies jedoch nicht in Einklang zu bringen seien. Dies behauptet er für die peripatrische Speziation (1985: 27), obwohl es ziemlich offensichtlich ist, daß diese Art von Speziation für jeden, der die Darwin-Muller-Mayr-Theorie des Ursprungs von Isolationsmechanismen übernimmt – und dies gilt für die breite Mehrheit der modernen Evolutionstheoretiker –, genauso gut zu dem Isolationskonzept paßt. Als zusätzlichen Beweis für die Gültigkeit seines Erkennungskonzepts zitiert er, daß die Entstehung der Arten »zufällige Folgen von Adaptation« seien (1985: 28), und übersieht dabei, daß alle Verfechter des Isolationskonzepts (mit Ausnahme der wenigen Anhänger der Wallace-Theorie) ebenfalls die Theorie der »zufälligen Folgen von Adaptation« unterstützt haben. Ganz offensichtlich macht Paterson an irgendeiner Stelle unausgesprochene Annahmen, die ihn in Opposition zu all denen bringen, die glauben, daß Spezies durch Isolationsmechanismen geschützt werden, und das sind meiner Ansicht nach die meisten Evolutionstheoretiker. Welches könnten diese verborgenen Annahmen sein?

Indem ich mich an einigen Kritikpunkten Patersons orientierte, habe ich, so glaube ich, schließlich die Lösung gefunden: ». . . Merkmale, *durch die natürliche Auslese so geformt, daß sie die Funktion erfüllen*, eine Spezies reproduktiv von anderen Spezies zu isolieren, können nur entsprechend der Verstärkungstheorie entstehen«; »Isolationsmechanismen sind angeblich *Ad-Hoc-Mechanismen, die entwickelt wurden*, um die Unversehrtheit von Spezies zu schützen« (1985: 28; Hervorhebung von mir). Aus diesen Feststellungen ergibt sich, wie bereits erwähnt, eindeutig, daß Paterson zwei völlig unterschiedliche Fragen miteinander verwechselt: (1) die Entstehung von Isolationsmechanismen in der Sympatrie (Parapatrie) durch natürliche Auslese, wie sie die Wallace-Dobzhansky-Theorie vertritt, und (2) die Bewahrung der Unversehrtheit einer Spezies auf die Weise, daß sie durch vorher erworbene Isolationsmechanismen geschützt wird, wie es der Darwin-Muller-Mayr-Theorie entspricht. Spezies können durch – über Isolationsmechanismen wirkende – stabilisierende Selektion geschützt werden (und dies geschieht in der Tat), auch wenn diese Mechanismen in der Allopatrie erworben worden sind, und zwar ohne daß dabei irgendeine Ad-hoc-Selektion mit ins Spiel kam. Dies gilt für alle Fälle, in denen ein Organ eine neue Funktion übernimmt, ohne vorher mittels Selektion in bezug auf diese Funktion angepaßt worden zu sein (Mayr 1960).

Wie ich in zahlreichen Büchern und Abhandlungen hervorgehoben habe, können Isolationsmechanismen entweder als Nebenprodukt einer ökologischen Adaptation oder durch sexuelle Selektion (Mayr 1984) oder schlichtweg per Zufall (wie bei den meisten der über die Chromosomen wirksamen Isolationsmechanismen) erworben werden. Es ist daher offensichtlich, daß man den Begriff Isolation (reproduktiv isoliert) in einer biologischen Speziesdefinition verwenden kann, ohne deswegen auch nur im geringsten die Wallace-Dobzhansky-Theorie zu unterstützen.

Es fällt ziemlich schwer zu verstehen, wie ein Darwinist wie Paterson diese beiden völlig verschiedenen Prozesse miteinander verwechseln konnte. Es berührt seltsam, daß er dem Isolationskonzept »einen sehr eindeutigen teleologischen Beigeschmack« unterstellt, während er selber zahlreiche Feststellungen getroffen hat, die man als Hinweise darauf betrachten könnte, daß er Selektion und Adaptation als quasi-teleologische Prozesse betrachtet (beispielsweise 1981: 114). Dies ist auch der Grund, warum er nach der Paarung wirksam werdende Isolationsmechanismen ablehnt, weil sie nämlich »nicht selektioniert worden sein können, um einen Genaustausch zwischen Spezies zu verhindern« (1981: 114). Aber welcher Vertreter der vorherrschenden Darwin-Muller-Mayr-Theorie hat dies je behauptet?

Sobald einmal das Mißverständnis ausgeräumt ist, bei Isolationsmechanismen handle es sich um adaptive Mittel, die teleologisch selektioniert wurden, um die Spezies zu schützen, besteht keinerlei Notwendigkeit mehr, diesen rein beschreibenden Begriff abzulehnen.

Zusammenfassung

Seit mehr als 15 Jahren greift Paterson das biologische Spezieskonzept an, dem er den neuen Namen Isolationskonzept verleiht, und schlägt vor, es durch ein neues Konzept, das Erkennungskonzept, zu ersetzen. Diesem Vorschlag liegen, wie ich in meiner Analyse gezeigt habe, etliche Mißverständnisse zugrunde. Dem Erkennungskonzept gelingt es nicht, beide Aspekte von Spezies sichtbar zu machen, (1) ihre letztliche Bedeutung, ein Problem, das die Warum-Frage beantwortet, daß es sich nämlich so verhält, daß die Spezies ein Schutz für ausgewogene Genpools sind, und (2) ihre aktuelle Aufrechterhaltung; dies wird durch die Wie-Frage beantwortet, und zwar auf die Weise, daß der Schutz mittels Isolationsmechanismen gewährleistet wird, unter denen, zumindest bei höheren Tieren, der Austausch von Stimuli eine sehr große Rolle spielt, ein Prozeß, den Paterson als Erkennung bezeichnet. Das biologische Speziaskonzept deckt beide Aspekte von Spezies ab, das Erkennungskonzept nur den zweiten.

Das andere Mißverständnis Patersons ist seine irrige Annahme, daß die spezielle Theorie, die man hinsichtlich der Entstehung von

Isolationsmechanismen vertritt, die Übernahme eines bestimmten Speziesbegriffs sowie einer bestimmten Theorie der Speziation erforderlich mache. Die Tatsache, daß der biologische Speziesbegriff und die Theorie der allopatrischen Speziation sowohl von Anhängern als auch von Gegnern der Darwin- beziehungsweise der Wallace-Theorie übernommen worden sind, beweist jedoch, daß ein solcher Zusammenhang nicht gegeben ist. Schließlich hat Paterson nicht gesehen, daß die Rolle, die die stabilisierende Selektion bei der Aufrechterhaltung der Wirksamkeit von Isolationsmechanismen spielt, es nicht erforderlich macht, die gleiche Art von Selektion für ihr Entstehen im Verlauf allopatrischer Speziation heranzuziehen. Darwins Theorie des Funktionswandels erklärt, daß eine Eigenschaft (Struktur oder Verhalten) durch einen Funktionswandel eine neue Bedeutung erlangen kann.

Es ist daher offensichtlich, daß keiner der Einwände, die Paterson gegen das biologische Spezieskonzept erhebt, Gültigkeit beanspruchen kann. Ein Erkennungskonzept von Spezies zu vertreten hat keinerlei Vorzüge.

Anmerkung

Deutsche Erstveröffentlichung. Die Originalfassung erschien in *Biology and Philosophy* 3 (1988), S. 431–441.

Teil V
DIE ARTBILDUNG (SPEZIATION)

Einführung

Eigentlich sollte man meinen, mittlerweile, eineinviertel Jahrhunderte nach der Veröffentlichung des *Ursprungs der Arten*, wisse man alles über die Entstehung neuer Spezies, aber das ist eben nicht der Fall. In fast jeder Ausgabe evolutionstheoretisch-taxonomischer Zeitschriften erscheinen neue Artikel über Speziation, und nach wie vor werden Symposien zu diesem Thema abgehalten (Atchley und Woodruff 1981; Barigozzi 1982; Otte und Endler 1989). Die noch immer anhaltenden Kontroversen lassen sich am besten unter den folgenden drei Überschriften erörtern:

(1) In welcher geographischen Beziehung steht eine Ausgangs- oder neu entstehende Spezies zu ihrer Elternpopulation? Im Fall einer spontanen Speziation, wenn ein einzelnes Individuum Gründer einer neuen Spezies wird, ist diese Beziehung irrelevant. Eine solche sprunghafte Speziation beschränkt sich allerdings auf Fälle von Polyploidie, auf eine Umstellung auf uniparentale Reproduktion bei Hybriden (White 1978) und auf einige wenige andere, ziemlich seltene Phänomene. Bei höheren Tieren und den meisten Pflanzengruppen ist Speziation ein Populationsphänomen; das heißt, eine mehr oder weniger isolierte Population wird durch eine genetische Umstrukturierung zu einer neuen Spezies.

Obwohl man mittlerweile erkannt hat, daß die meisten Speziationen sich auf Populationen beziehen, läßt dies doch noch eine Reihe von Möglichkeiten zu. Der Glaube an sympatrische Speziation – das Aufsplittern einer Population durch ökologische Divergenz und disruptive Selektion ohne geographische Trennung in zwei – ist nach wie vor recht weit verbreitet. Essay 13 zählt die Titel einer Reihe neuerer Analysen auf, die die Behauptung widerlegen, eine derartige Speziation sei bewiesen. Praktisch alle, die derlei Behauptungen aufstellten, haben die von Maynard Smith (1966) und Mayr (1947; 1976) formulierten Kriterien ignoriert, die erfüllt sein müssen, um diese Behauptungen zu beweisen. Kondrashov und Mina (1986) haben eine – leider ziemlich unkritische – Übersicht zu diesem Problem veröffentlicht. Bush und Howard (1986) haben die allerneuesten Behauptungen zugunsten einer sympatrischen Speziation zusammengefaßt. (Siehe auch Diehl und Bush 1984; Otte und Endler 1986).

Eine zweite Möglichkeit stellt Whites Theorie der stasipatrischen Speziation (White 1978) dar. Sie behauptet, daß Individuen mit chromosomalen Mutationen lokale Populationen innerhalb einer Spezies begründen und sich ausbreiten können, wenn die neuen chromosomalen Homozygoten eine überlegene Eignung (Fitness) haben. In Essay 13 werde ich zeigen, daß die Vorhersagen, die sich aus dieser Theorie ergeben, nicht eintreffen. Alle neueren Autoren, die sich eingehend mit Whites Theorie befaßt haben, stellten ebenfalls fest, daß sie entweder nicht gültig oder zumindest in hohem Maße unwahrscheinlich ist (John 1981; Barton und Hewitt 1981; Bickham und Baker 1980 sowie Thompson und Sites 1986).

White hat diese Theorie ausgehend von der unglückseligen und irreführenden Alternative entwickelt: Ist Speziation chromosomal oder geographisch? Wie ich 1970 gezeigt habe, sind dies zwei völlig unabhängige Parameter. Man darf bei der Analyse des Speziationsprozesses nie vergessen, daß eine Reihe verschiedener Prozesse gleichzeitig abläuft und daß es zu Mißverständnissen führen muß, wenn man die Frage eines Entweder/Oder stellt.

Laut der Theorie der parapatrischen Speziation kann eine Spezies entlang eines ökologischen »Steilabbruchs« auseinanderbrechen; als Folge dieses Prozesses treffen entlang einer parapatrischen Kontaktzone zwei nah miteinander verwandte Neospezies aufeinander, die sich in dieser Zone entweder nach wie vor untereinander kreuzen oder aber unvermittelt aufeinandertreffen, ohne daß es zu Hybridisierungen kommt. In Wirklichkeit konnte kein einziger guter Fall einer solchen Speziation nachgewiesen werden; hingegen ist es gelungen zu zeigen, daß existierende parapatrische Verbreitungsmuster als sekundäre Kontaktzonen von Spezies, die ihre reproduktive Isolation im Verlauf einer vorangegangenen Periode der Isolation erworben haben, erklärt werden können. Ein Versuch Endlers (1982), die Erklärung von Parapatrie durch allopatrische Speziation zu widerlegen, beruhte auf einer falschen Interpretation der Daten (Mayr und O'Hara 1986).

Umfangreiche neuere ökologische Untersuchungen haben gezeigt, daß die Isolation von Populationen eng mit den Ausbreitungskapazitäten der Mitglieder dieser Populationen zusammenhängt. Besonders gut läßt sich dies bei Meeresorganismen zeigen (Jablonski und Lutz, 1983, haben die entsprechenden Erkenntnisse zusammengefaßt). Spezies, deren Larven sich im Plankton ausbreiten, haben ein anderes Speziationsmuster als diejenigen, die sich unmittelbar entwickeln, ohne ein solches Larvenstadium zu durchlaufen. Auch für Inselvögel (Mayr und Diamond, Ms.) konnte ein Zusammenhang zwischen dem Ausbreitungsvermögen und dem Speziationsmuster nachgewiesen werden. Für das Maß an Isolation, das erforderlich ist, damit eine erfolgreiche Speziation stattfinden kann, gibt es keine allgemeingültigen Regeln, da dies von zahlreichen zusätzlichen Faktoren abhängig ist. Bei den Cichliden (Buntbarschen) in den afrikanischen Seen, bei denen sexuelle Selektion eine sehr große Rolle spielt, können die Entfernungen zwischen Ausgangsspezies sehr gering sein (Essay 14). Bei den meisten Spezies reicht jedoch eine nur zeitweise Isolation der Demen für eine Speziation nicht aus, da die beiden Genpools bei einem sekundären Kontakt ziemlich rasch wieder miteinander verschmelzen (Lande 1979).

Eine der wichtigsten Erkenntnisse der letzten Zeit ist, daß man zwischen zwei sehr verschiedenen Arten geographischer oder allopatrischer Speziation unterscheiden muß. Bei der einen wird das vorher kontinuierliche Verbreitungsgebiet der Spezies sekundär durch eine Barriere unterteilt, die einen Genfluß verhindert (Whites *dumbbell model* = »Abschnürungsmodell« der Speziation). Bei der anderen handelt es sich um einen ganz anderen Prozeß, nämlich um die Bildung einer Gründerpopulation jenseits der Peripherie des Verbreitungsbereichs der Spezies durch einen Prozeß primärer Isolation. Dieser Prozeß einer peripatrischen Speziation (Essay 13) ist offenbar weit häufiger als der einer sekundären Isolation und spielt möglicherweise auch im Rahmen der Makroevolution eine bedeutsamere Rolle (siehe Essays 15 und 17).

Alle diese Speziationsprozesse betreffen Populationen, sind also gradueller Art.

(2) Wie entwickeln sich neue Isolationsmechanismen? Seit der Zeit Darwins und R. A. Wallaces wurden zwei gegensätzliche Theorien vertreten. Entsprechend der Darwin-Muller-Mayr-Theorie können Isolationsmechanismen zwischen zwei potentiellen neuen Spezies nicht mittels einer natürlichen Auslese *ad hoc* entstehen, sondern müssen entstanden sein, noch ehe diese Neospezies miteinander in Berührung kamen. Laut der Wallace-Dobzhansky-Theorie können erste Ansätze von Isolationsmechanismen während einer vorangegangenen Isolation erworben worden sein, aber ergänzt und vervollkommnet werden sie im wesentlichen erst nach der Entstehung einer Kontaktzone.

Die meisten modernen Autoren stimmen darin überein, daß es keinerlei Beweise für die Gültigkeit der Wallace-Dobzhansky-Theorie gibt. Wenn die Isolationsmechanismen nicht schon im wesentlichen vollständig ausgebildet sind, entwickelt sich eine sekundäre Hybridisierungszone; eine solche Hybridisierungszone kann viele Jahrtausende hindurch bestehen bleiben, wie man für die Hybridisierungszonen zwischen Subspezies und Allospezies zeigen konnte, die sich in Rückzugsgebieten des Pleistozäns entwickelt hatten (Meise 1928 und viele andere Autoren). Eine theoretische Analyse dieses Problems von Spencer et al. (1986) zeigt, daß man von verschiedenen höchst unrealistischen Annahmen ausgehen müßte, wenn die Wallacesche Verstärkungstheorie funktionieren sollte. In der Tat wird sie von kaum einem modernen Autor vertreten.

Es ist durchaus möglich, daß mittels stabilisierender Selektion die Isolationsmechanismen der beiden Neospezies etwas verbessert werden, wenn sie zum ersten Mal aufeinandertreffen. Dies beträfe jedoch, wie ich schon einmal festgestellt habe (Mayr 1967: 85), lediglich die letzten 3 oder noch weniger Prozent der noch zu vervollkommnenden Isolationsmechanismen.

Der Haupteinwand gegen die Darwinsche Theorie spiegelt sich in der Frage wider: Wie können sich zwischen zwei weit voneinander entfernten Populationen Isolationsmechanismen entwickeln? Schließlich und endlich, so sagte man, sind Isolationsmechanismen doch *ad hoc* herausgebildete Vorrichtungen, die keine andere

Funktion haben, als die Unversehrtheit von Genpools zu wahren; wie könnte die natürliche Auslese solche Mittel begünstigen? Die traditionelle Antwort darauf war, daß sie ein zufälliges Nebenprodukt der Umstrukturierung des Genotyps der isolierten Population sind, die aufgrund ihrer Anpassung an die neuen ökologischen Bedingungen, die für die Nische der neuen Spezies charakteristisch sind, erforderlich wird. Da wir, eben weil wir so wenig über die Genetik der Speziation wissen, keine Möglichkeit haben, diese Hypothese zu überprüfen, bleiben Zweifel an der Gültigkeit einer solchen *Ad-hoc*-Hypothese bestehen.

Eine kürzlich zur Diskussion gestellte Theorie führt die Entstehung von Isolationsmechanismen, zumindest der verhaltensbezogenen, nicht auf ökologische Faktoren, sondern auf sexuelle Selektion zurück. Mit dieser These werde ich mich in Essay 14 auseinandersetzen. Allerdings erklärt dies natürlich nicht die Entstehung postzygotischer Mechanismen.

(3) Was ist die genetische Grundlage von Speziation? Es leuchtet ein, daß diese Frage nicht so ohne weiteres zu beantworten ist. Bei einer chromosomalen Umstrukturierung lautet sie anders als beim Erwerb weiblicher Vorlieben im Zusammenhang mit sexueller Auslese. Im letzteren Fall können Veränderungen einiger weniger Gene eine Speziation in Gang setzen. Die Beobachtung, daß es bei einem Vergleich der Enzymgene nahe verwandter Spezies manchmal nicht gelingt, auch nur den geringsten Unterschied festzustellen, spricht für die Möglichkeit, daß an bestimmten Speziationsereignissen relativ wenige Gene beteiligt sind. Andererseits bietet eine peripatrische Speziation in einer kleinen Gründerpopulation die Gelegenheit zu einer drastischen und ziemlich raschen genetischen Umstrukturierung. Wann immer Speziation mit einer relativ drastischen Veränderung einherging, kann man daher ziemlich sicher sein, daß sie während eines Prozesses peripatrischer Speziation stattgefunden hat. Welche Rolle peripatrische Speziation in bezug auf die Makroevolution spielen könnte, soll in Essay 17 erörtert werden.

Der Großteil der neueren Diskussionen zum Thema Speziation krankt daran, daß die Autoren die Möglichkeit eines solchen Pluralismus gar nicht erst in Betracht ziehen. Nicht nur die Genetik verschiedener Arten von Isolationsmechanismen ist sehr unterschiedlich, sondern auch die geographische Situation. Die Größe der Population, die Fähigkeit zur Ausbreitung und viele andere Faktoren spielen eine Rolle bei der Steuerung oder zumindest Beeinflussung der Genetik der Speziation. Dieser Pluralismus kann gar nicht nachdrücklich genug betont werden.

13 Speziationsprozesse bei Tieren

Es scheint, wie M. J. D. White kürzlich ganz richtig festgestellt hat, daß Speziation (Artbildung) das Schlüsselproblem der Evolution ist. Es ist bemerkenswert, wie viele Probleme der Evolution man nicht voll und ganz begreifen kann, wenn man nicht vorher Speziation verstanden hat. Angesichts dessen ist es schon verwunderlich, daß die Genetik so lange kein Interesse an einer ernsthaften Untersuchung dieses Prozesses gezeigt hat. Das hat sich inzwischen geändert, und Whites *Modes of Speciation* (1978) bietet eine erschöpfende Zusammenfassung des gegenwärtigen Stands der Speziationsforschung. Dieses Werk macht meine Aufgabe um vieles leichter. Bei vielen Aspekten des Problems Speziation werde ich einfach auf die einschlägigen Kapitel in Whites Buch verweisen. Autoren wie Bateson, de Vries, Morgan und Goldschmidt haben versucht, Speziation durch Makromutationen zu erklären, andere wollten sie vereinfachend als bloße Veränderung der Genhäufigkeiten in Populationen beschreiben, aber alle diese Versuche wurden der tatsächlichen Situation in der Natur nicht gerecht. In Wirklichkeit ist die Speziationsforschung erst in allerjüngster Zeit ein anerkannter Bestandteil der Genetik geworden.

Einige der Gründe, warum dieses Problem so lange vernachlässigt worden ist, liegen auf der Hand. Speziation läuft – außer es handelt sich um Polyploidie oder einige andere chromosomale Prozesse – viel zu langsam ab, als daß man sie direkt beobachten könnte. Daher muß die Speziationsforschung folgendermaßen vorgehen: man muß versuchen, die historisch vorangegangenen Situationen zu rekonstruieren, aus dieser Rekonstruktion bestimmte deduktive Verallgemeinerungen herleiten und deren Gültigkeit mittels angemessener vergleichender Methoden überprüfen. Da man die Teilung eines alten Genpools in zwei nicht unmittelbar beobachten kann, muß man sie indirekt erschließen. Um den wahrscheinlichsten Ablauf der Ereignisse zu erhalten, muß man sehr viel Erfahrung mit Fällen zur Zeit stattfindender

Speziation sowie mit den genetischen, chromosomalen, ökologischen und geographischen Gegebenheiten vor kurzem zu Spezies gewordener Populationen haben. Es gibt fast immer mehrere denkbare Szenarien, und es ist nicht weiter überraschend, daß verschiedene Autoren sich für verschiedene Erklärungsweisen entschieden haben. Eben weil der Speziationsprozeß so langsam abläuft, ist es nicht möglich, das gleiche Individuum oder die gleiche Population exakt »vorher« und »nachher« zu untersuchen. Notwendigerweise ist die Annahme einer Ereignisfolge, von der man behauptet, daß sie so stattgefunden hat, in gewisser Weise der Willkür unterworfen, und Autoren mit unterschiedlichen professionellen Hintergründen – sagen wir, ein Genetiker, ein Zytologe, ein Paläontologe, ein Zoologe und ein Botaniker – halten möglicherweise jeweils ein ganz anderes Szenario für das wahrscheinlichste.

Eine zweite Schwierigkeit möchte ich nur kurz erwähnen: der Pluralismus der Speziationsprozesse. Pflanzen veranschaulichen dies auf besonders auffällige Weise; aber sogar bei Tieren können verschiedene Speziesgruppen innerhalb derselben Gattung ganz verschiedene Speziationsmuster haben, wie etwa die Speziation der *Thomomys talpoides* verglichen mit anderen Taschenratten zeigt. Dieser Pluralismus der Speziationsprozesse zeigt, daß es nicht zulässig ist, eine Antwort, die in einem Fall korrekt ist, automatisch auf andere Situationen zu übertragen. Speziationsmuster in Gruppen mit einem hohen Ausbreitungsvermögen unterscheiden sich von solchen mit einem geringen Ausbreitungsvermögen; Speziation bei Gruppen, in denen zuerst die vor der Paarung wirksamen Isolationsmechanismen und erst anschließend eine nach der Paarung wirksame Isolation erworben wurden, unterscheidet sich von der Speziation in Gruppen, wo es sich gerade umgekehrt verhält.

Eine dritte, mittlerweile weitgehend überwundene Schwierigkeit bestand darin, daß viele Autoren nur sehr vage Vorstellungen hatten, was der Begriff *Speziation* wirklich bedeutet. Inzwischen ist man ziemlich einhellig der Meinung, daß er eine Vervielfachung von Spezies bezeichnet – das heißt die Erzeugung neuer, reproduktiv isolierter Individuen (Allopolyploide) oder Populationen.

Vielleicht noch mehr Schaden und noch mehr Verwirrung hat die Tatsache angerichtet, daß man nicht erkannte, daß bestimmte Phänomene oder Prozesse gleichzeitig stattfinden und es sich daher nicht um »Entweder-oder«-Alternativen handelt. Lassen Sie mich mit *chromosomale versus geographische Alternative* beginnen. White, Bush und andere neuere Verfechter einer stasipatrischen Speziation haben wiederholt Feststellungen etwa dieser Art getroffen: In einem gegebenen Fall »müssen chromosomale Neuanordnungen für Speziation verantwortlich gewesen sein und nicht geographische Isolation«. Eine solche Behauptung impliziert, daß man sich entweder für den einen oder aber für den anderen Faktor entscheiden muß. Im Gegensatz dazu bestehe ich schon seit langem darauf, daß sie sich gegenseitig nicht ausschließen und daher die beiden Prozesse unabhängig voneinander sind und gleichzeitig stattfinden können (aber nicht notwendigerweise müssen; siehe Mayr 1970). Wenn ein Autor dies nicht erkennt, bedeutet das, daß er nicht zwischen notwendigen und ausreichenden Bedingungen unterscheidet. Selbst wenn wir von der extremen Annahme ausgehen müßten, daß Speziation immer eine chromosomale Neuorganisation erfordert, könnte es sehr wohl sein, daß eine solche Umorganisation nur in einer winzig kleinen, isolierten Population erfolgreich zu Ende geführt werden könnte. Ich werde auf diese Frage bei meiner Erörterung der stasipatrischen Speziation noch näher zu sprechen kommen.

Eine zweite falsche Alternative ist die zwischen den *reproduktiven* und den *ökologischen* Aspekten von Speziation. Speziation ist *nicht* der Erwerb entweder reproduktiver Isolation *oder* der Fähigkeit, erfolgreich mit anderen Spezies konkurrieren zu können. Es geht immer vorrangig um den Erwerb reproduktiver Isolation, aber Sympatrie ist nicht möglich, solange sich keine ausreichende Nischentrennung entwickelt hat, um einen tödlichen Konkurrenzkampf zu verhindern. Auch auf dieses Problem werde ich an späterer Stelle noch näher eingehen.

Geographische oder allopatrische Speziation

Als erste Autoren im 19. Jahrhundert haben lokale Naturkundler über die Entstehung von Spezies spekuliert; sie untersuchten die Veränderung von Spezies in ihrer Heimat und versuchten, solche Abweichungen vom Typus der Art zu finden, die als werdende Spezies betrachtet werden konnten. Dieser nicht-dimensionale Ansatz wurde vor allem von den frühen Botanikern verfolgt, aber auch heute noch gehen bestimmte Zoologen und Botaniker davon aus.

Die Übertragung eines multidimensionalen Denkens auf das Problem der Speziation durch L. von Buch (1825), Darwin (März 1837) und M. Wagner (1841) bedeutete einen begrifflichen Durchbruch ersten Ranges (vgl. Mayr 1963a, S. 483–486). Indem man von einer neuen Ereignisfolge ausging, daß sich nämlich eine Population zuerst von der Elternspezies abspaltet und erst dann die genetischen Unterschiede erwirbt, die eine Speziation ermöglichen, ging man den meisten Schwierigkeiten, die sich vorher aus dem typologischen und nicht-dimensionalen (eine einzelne Population betreffenden) Ansatz ergeben hatten, aus dem Weg.

Das »Eieruhr-Modell«

Das klassische Konzept des Prozesses der geographischen Speziation ging von einer weitverbreiteten Spezies aus, die durch eine geographische Schranke in zwei Hälften geteilt wurde. Das sogenannte »Dumbbell«-Diagramm (das in etwa die Form einer Eieruhr hat) versinnbildlicht dieses Konzept. Die meisten Autoren – vor allem Genetiker und Zytologen, die über keine unmittelbaren Erfahrungen mit Speziation verfügten, wie sie in der Natur tatsächlich abläuft – hatten, wenn sie von allopatrischer Speziation sprachen, dieses Modell vor Augen. In Wirklichkeit gibt es viele Arten geographischer Speziation, deren Verlauf in erster Linie von der Größe der isolierten Populationen abhängig ist. Das »Dumbbell«-Modell, bei dem zwei etwa gleich große Teile der Spezies voneinander getrennt sind, stellt das eine Extrem dar. Cracraft (1984) hat diese Form der geographischen Artbildung als dichopatrisch bezeichnet. Interessanter und offenbar weit wichtiger für die Speziation ist das andere Extrem, wenn nämlich zwischen den isolierten Populationen ein erheblicher Größenunterschied besteht.

Peripatrische Speziation

Zoologen und auch einigen Botanikern, die tatsächliche Speziationsmuster bei nah verwandten Spezies analysierten, war allerdings dieser Unterschied hinsichtlich der Größe schon seit langem bekannt. Bereits Darwin war, als er südamerikanische Spezies mit Spezies auf den Galapagos-Inseln verglich, klar, daß Speziation bei kleinen Inselpopulationen weitaus häufiger ist als bei großen kontinentalen Spezies. Wie aus der taxonomischen Literatur hervorgeht, gingen viele, die sich mit der Erforschung von Säugetieren, Vögeln, Fischen und bestimmten Gruppen von Insekten beschäftigten, schon seit langem intuitiv von einem in etwa umgekehrten Verhältnis zwischen der Größe der Population und der Speziationsrate aus. Seit ich 1942 meine *Systematics and the Origin of Species* veröffentlicht hatte, habe ich mich immer wieder über diese unterschiedlichen Raten gewundert, aber erst 1954 legte ich eine ganz neue Theorie allopatrischer Speziation vor (Mayr 1954). Autoren, die, wie Michael White, die beiden Modelle in einen Topf werfen und immer noch von »*dem* allopatrischen Modell von Speziation« sprechen, übersehen den grundlegenden Unterschied zwischen dieser neuen Theorie und der traditionellen geographischen Speziation. Tatsächlich liegen Welten zwischen den beiden allopatrischen Modellen. Um dies noch deutlicher zu machen als bisher und um zu verhindern, daß man auch weiterhin mein neues Modell von Speziation mit der traditionellen geographischen Speziation großer Populationen verwechselt, schlage ich vor, mein 1954er Modell als *peripatrische Speziation* zu bezeichnen.

Hierbei wird der Genpool entweder einer kleinen Gründer- oder aber einer kleinen Restpopulation rasch und mehr oder weniger gründlich umorganisiert; dies führt zu einem schnellen Erwerb von Isolationsmechanismen sowie oft auch zu durchgreifenden morphologischen Modifikationen und ökologischen Umstellungen. Es betrifft Populationen, die hinsichtlich der Populationsgröße gerade einen Engpaß durchmachen.

Ich habe diesen Prozeß anhand des Verteilungsmusters einer Speziesgruppe von Vögeln, der *Tanysiptera galathea*, verdeutlicht, die auf dem Festland von Neuguinea auf einer Strecke von mehr als 1000 Kilometern kaum eine geographische Verschiedenheit aufweist und über etliche Klimazonen und über mehrere geographische Barrieren hinweg verbreitet ist. Hingegen sind alle Populationen auf den Neuguinea vorgelagerten Inseln (beispielsweise Koffiao, Biak, Numfor) so auffällig verschieden, daß man sie als separate Spezies beschrieben hat. Jede dieser Inseln, von denen keine in jüngerer Zeit mit Neuguinea durch eine Landbrücke verbunden gewesen sein kann, ist fast mit Sicherheit von einem Gründerpaar von Vögeln kolonisiert worden, das den Grundstein zu einer hochgradig abweichenden Population legte. Meine Analyse der Verbreitungsmuster auf den Inselgruppen im Indo-Pazifischen Ozean brachte ein noch erstaunlicheres Phänomen an den Tag. Als ich eine Reihe nahe verwandter allopatrischer Spezies untersuchte, fand ich in vielen Fällen heraus, daß die entfernteste, die peripherste Spezies sich in einem solchen Maße von den anderen unterschied, daß die Ornithologen sie entweder als eigenständige Gattung (*Serresius*, hergeleitet von *Ducula pacifica*, *Dicranostephes*, hergeleitet von *Dicrurus hottentottus*) beschrieben oder zumindest ihre tatsächliche Beziehung (*Dicaeum tristrami* als eine Allospezies der *Dicaeum erythrothorax*) nicht erkannten. Bei einer Gattung nach der anderen stellte ich fest, daß die jeweils peripherstsen Spezies die größten Unterschiede aufweisen.

Auf dieser *streng durch Beobachtung gewonnenen* Grundlage habe ich 1954 meine Theorie der drastischen Speziation in peripheren Gründerpopulationen vorgelegt – das heißt meine Theorie der peripatrischen Speziation. In den mehr als fünfunddreißig Jahren seit dieser Veröffentlichung hat man nichts entdeckt, das meinen Standpunkt geschwächt hätte. Im Gegenteil, ich wurde darin durch die hervorragenden Forschungen Carsons zur Speziation der *Drosophila* auf den Hawaiischen Inseln sehr bestärkt, die das Skelett meiner Theorie mit Fleisch bekleidet haben.

Als es darum ging, meine Beobachtungen genetisch zu interpretieren, hatte ich nichts zu bieten als Hypothesen, da zu diesem Zeitpunkt noch keine akzeptable genetische Analyse irgendeiner peripher isolierten Gründerpopulation durchgeführt worden war.

Dennoch habe ich einige Dinge ziemlich klar erkannt und sie in meiner ursprünglichen Abhandlung hervorgehoben: (1) In einer Gründerpopulation kommt es immer zu einem beträchtlichen, wenn nicht gar dramatischen Verlust von genetischer Variabilität; (2) in der neuen Population nimmt die Homozygotie sehr stark zu, und dies beeinflußt den selektiven Wert vieler Gene ebenso wie die innere Ausgeglichenheit des Genotyps insgesamt; (3) es werden Bedingungen für das gelegentliche Eintreten einer echten genetischen Revolution geschaffen; (4) solche genetischen Revolutionen finden nur gelegentlich, aber keineswegs in allen Fällen von Speziation in Gründerpopulationen statt; (5) solche Gründerpopulationen können einen Zustand der Heterozygotie in den Fällen sehr schnell hinter sich bringen, in denen die Fitness der Heterozygoten geringer ist, wie es beispielsweise bei chromosomalen Umstrukturierungen oft der Fall ist; (6) solche genetisch unausgeglichenen Populationen können sich in einer idealen Lage befinden, um in neue Nischen überzuwechseln; (7) die genetische Neuorganisation lockert möglicherweise die genetische Homöostase in genügendem Maße, um den Erwerb morphologischer Neuerungen zu erleichtern; und (8) bei der genetischen Revolution handelt es sich um ein Phänomen, das Populationen und eben nicht, wie bei den von Goldschmidt postulierten Monstern, Individuen betrifft; aus diesem Grund ist die Veränderung, so drastisch sie auch sein und so schnell sie auch stattfinden mag, gradueller und kontinuierlicher Art; es handelt sich nicht um eine Saltation (oder einen abrupten Übergang, eine *transilience*, wie Galton es genannt hat).

1954 glaubten die Genetiker, die gesamte Kern-DNA bestehe aus einer einzigen Art traditioneller Gene, und natürlich bin ich, da ich selber kein Genetiker bin, bei meiner versuchsweisen Erklärung von dieser Annahme ausgegangen. Es befriedigt mich in hohem Maße, daß meine Interpretation auch auf die neueren genetischen Erklärungen anwendbar ist, die in den letzten Jahren vorgeschlagen wurden. In der Tat ist mit jeder dramatischeren Störung des Genotyps, insbesondere bei einer Störung, die zu einem Zustand schädlicher Heterozygotie führt, in einer kleinen, durch Inzucht entstandenen Gründerpopulation sehr viel leichter fertig zu werden als in jeder anderen Art von Population.

Wenige Jahre später legte der Botaniker Harlan Lewis ganz unabhängig eine sehr ähnliche Theorie der raschen Speziation in peripher isolierten Pflanzenpopulationen vor und betonte vor allem, wie auch ich dies getan hatte, welch große Bedeutung bei solchen genetischen Revolutionen der Selektion zukommt (Lewis 1962).

Wie Key ganz richtig bemerkte, läßt sich bei Spezies, in deren Verbreitungsbereich es aufgrund von Vegetations- oder physiographischen Schranken Leerstellen gibt, eine »interne« Allopatrie erkennen (Key 1968). Spezies mit einem geringen Ausbreitungsvermögen sind unter Umständen in der Lage, an diesen Leerstellen Gründerpopulationen hervorzubringen, wenn sie geeignete Stellen dafür finden. Auch das erfüllt alle Voraussetzungen für eine peripatrische Speziation. Die Entstehung neuer karyotypischer »Spezies« innerhalb des Verbreitungsgebiets der *Mus musculus* in isolierten Ansiedlungen von Menschen in abgelegenen Alpentälern mag als Veranschaulichung einer solchen »internen« peripatrischen Speziation dienen. Es handelt sich nicht um parapatrische Speziation, die, laut den Verfechtern dieser Auffassung, einen Bruch der Kontinuität der Population durch Selektion darstellt. Es ist auch keine sympatrische Speziation, da es in dem isolierten Gebiet der Gründerpopulation keine weitere Population dieser Spezies gibt. In Fragen der Speziation muß man in Populationsbegriffen und nicht in groben geographischen Begriffen denken.

Die Theorie der peripatrischen Speziation bedarf noch einer wesentlichen Ergänzung. Haffer hat eindeutig eine relativ schnelle Speziation bei Vögeln in den Regenwäldern des Amazonas, die während Dürreperioden im Pleistozän in Rückzugsgebieten im Wald isoliert gewesen waren, nachgewiesen (Haffer 1969). Obwohl die Größe dieser Populationen drastisch abnahm, durchliefen sie bei weitem keinen so dramatischen Engpaß wie Gründerpopulationen. Dennoch kam es in diesen Rückzugsgebieten im Wald zu aktiver Speziation, wie Vanzolini und Williams für Reptilien und Turner für Schmetterlinge nachgewiesen haben. Keine dieser neuen Spezies weisen so auffällige Verschiedenheiten auf wie diejenigen, die ich bei Vögeln auf den Pazifischen Inseln festgestellt habe, die aus genetischen Revolutionen in peripheren Gründerpopulationen hervorgegangen sind. Da diese Populationen in Refugien selbst in Zeiten ihrer stärksten Dezimierung vermutlich aus Hunderten, wenn nicht Tausenden von Individuen bestanden, ist ihre rapide Veränderung wahrscheinlich eher auf einen stark erhöhten Selektionsdruck (vor allem aufgrund der drastisch veränderten biotischen Umwelt) zurückzuführen als auf die genetischen Folgen von Inzucht. Relativ rasche Speziation fand offensichtlich auch in einigen pleistozänen Rückzugsgebieten der Holarktis statt.

Speziation auf Kontinenten

Die beiden Theorien einer allopatrischen Speziation setzen die Existenz natürlicher Schranken voraus, die eine Population ausreichend lange und effektiv isolieren können, damit sie den Engpaß schädlicher Heterozygotie übersteht und sich genetisch neu organisieren kann. Von Anfang an hatten Naturkundler ihre Schwierigkeiten damit, sich die Existenz solcher Barrieren auf Kontinenten vorzustellen, auch wenn die gleichen Autoren eine allopatrische Speziation für Inseln ohne weiteres akzeptierten. Darwin selber übernahm verschiedene Schemata sympatrischer Speziation, um Speziation auf Kontinenten zu erklären, und das gleiche haben auch andere Autoren bis in unsere Zeit getan. Der Hauptgrund für Mr. White, für Kontinente eine stasipatrische Speziation vorzuschlagen, war, daß »es keinen einleuchtenden geographischen oder paläographischen Grund für die Annahme gibt, daß die beiden Populationen jemals geographisch isoliert waren« (S. 108). Die uns bekannten Tatsachen widerlegen Whites Ansicht gründlich. Vegetations-, klimatische und andere physiographische Barrieren gibt es auf Kontinenten im Überfluß, vor allem in den Tropen, wie buchstäblich Dutzende von Zoologen gezeigt haben. Diese Gegenden sind reich an allopatrischen Spezies, die mehr oder weniger jung und durch physiographische Barrieren voneinander getrennt sind. Während der Klimaschwankungen des Pleistozäns und des Postpleistozäns brachen viele, vielleicht sogar die meisten Spezies auseinander, und die Überreste überlebten in Rückzugsgebieten. In den letzten Jahrzehnten sind eine Reihe hervorragender Monographien erschienen, die die ursächliche Bedeutung vegetations- und klimatisch bedingter Barrieren für die Speziation australischer Vögel

(Keast), afrikanischer Vögel (Moreau-Hall), südamerikanischer Vögel (Haffer), südamerikanischer Reptilien (Vanzolini und Williams) und südamerikanischer Schmetterlinge (Turner) dokumentieren, um nur einige wenige Beispiele aus der umfangreichen Literatur zu diesem Thema zu erwähnen. Ken Key, Mitarbeiter Whites bei dessen Untersuchungen zu den australischen Heuschrecken, hat sich ebenfalls dieser Interpretation angeschlossen (Key 1981); das allopatrische Verbreitungsmuster fast aller nah verwandten Spezies der Moraba-Heuschrecken macht diese Interpretation natürlich fast unumgänglich. Ironischerweise stammt eine der besten Zusammenstellungen von Fällen allopatrischer Speziation auf Kontinenten von White selber, allerdings als Fälle stasipatrischer Speziation etikettiert.

Das Schicksal von Neospezies und im Werden begriffenen Spezies

Das Verbreitungsmuster von Neospezies wirft die Frage auf, was während der Isolation passiert ist. Hier müssen wir zwischen zwei sehr verschiedenen Themenbereichen unterscheiden: (1) phänotypische Hinweise auf Speziesstatus und (2) das Wesen der genetischen Mechanismen, die für diese Erscheinungsformen verantwortlich sind. Lassen Sie mich mit den phänotypischen Hinweisen beginnen. Wenn eine solche isolierte Population überlebt und nach dem Verschwinden der Barriere ihr Verbreitungsgebiet ausdehnt, wird sie früher oder später an das Verbreitungsgebiet entweder ihrer Elternspezies oder einer Schwester-Neospezies stoßen. Der Verlauf eines solchen Zusammentreffens hängt von zweierlei ab: (1) Art und Ausmaß der während der räumlichen Isolation erworbenen Isolationsmechanismen und (2) der Grad der mittlerweile erreichten ökologischen Kompatibilität. Wurden sowohl vollständige reproduktive Isolation als auch ökologische Verträglichkeit erworben, können sich die beiden Neospezies weitgehend überlagern; allerdings tun sie dies, aufgrund einer vorher erworbenen Vorliebe für bestimmte Habitate, meist nur teilweise.

Wurde eine vollständige, nach der Paarung wirksam werdende

reproduktive Isolation, aber keine Isolation vor der Paarung erworben, dann werden in der Berührungszone entweder gar keine oder aber nur unfruchtbare Hybriden erzeugt. Vereinzelte Eindringlinge in den Verbreitungsbereich der fremden Spezies werden daher keine Nachkommen hinterlassen; dies beweisen die meisten parapatrischen Speziespaare der Moraba-Heuschrecken. Ein parapatrisches Muster kann sich jedoch auch durch einen Konkurrenzausschluß entwickeln, wenn sich während der Isolation zwar eine reproduktive Isolation, aber keine ökologische Verträglichkeit entwickelt hat. Dies scheint der Hauptgrund für parapatrische Verbreitung bei Vögeln zu sein.

Wenn sich schließlich im Verlauf der Isolation weder vor der Paarung wirksam werdende noch effektive nach der Paarung wirksame Isolationsmechanismen entwickelt haben, wird in der Kontaktzone eine breite oder schmale Hybridisierungszone entstehen; die Ausdehnung dieser Zone hängt sowohl von ökologischen wie auch von genetischen Faktoren ab.

In dieser Analyse habe ich wiederholt den Begriff *parapatrische Speziation* gebraucht. Ihn will ich nun etwas näher erklären.

Parapatrisches Verbreitungsmuster

Ein Verbreitungsmuster, in dem die Grenzen nah verwandter Spezies sich, oft über beträchtliche Strecken hinweg, berühren, ohne daß es zu einer starken Überlappung oder einer massiven Hybridisierung kommt, wird als parapatrische Verbreitung bezeichnet. Einige derartige Fälle kannte man schon seit langem, aber erst eine sorgfältige Kartographierung tropischer und australischer Spezies hat gezeigt, wie häufig Parapatrie vorkommt. Unser Problem ist nun die Klärung der Gründe für dieses Verbreitungsmuster. Wir sehen uns hier einem Erklärungsproblem gegenüber, das alle Wissenschaften betrifft und etwas mit historischen Diskursen zu tun hat. Unsere Aufgabe ist es, wie ich bereits zu Beginn hervorgehoben habe, vom derzeitigen Muster darauf zu schließen, welche Ereignisse und Prozesse in der Vergangenheit dazu geführt haben.

Es gibt zwei mögliche Interpretationen, was die Ursache von

Parapatrie ist. Laut der traditionellen Erklärung, die ich gerade vorgestellt habe, sind die beiden parapatrischen Spezies in der Isolation entstanden, haben dann ihre Verbreitungsgebiete ausgedehnt und sind schließlich in der Zone parapatrischen Kontakts aufeinandergetroffen. Eine wechselseitige Überlappung ihrer Bereiche wird entweder durch ökologische Faktoren (Konkurrenz) oder aufgrund der Erzeugung unfruchtbarer Hybriden, die aufgrund eines Mangels an vor der Paarung wirksam werdenden Isolationsmechanismen entstehen, verhindert.

White und andere Autoren haben eine alternative Theorie vorgeschlagen, laut der der Grund für parapatrische Verbreitungsmuster eine Speziation *in situ* ist, durch die der vormals kontinuierliche Verbreitungsbereich einer Vorfahrenspezies entlang eines Gefälles in der Umgebung unterbrochen wird. Ich finde diese Erklärung in keiner Weise überzeugend.[1]

Die Tatsache, daß bei vielen Speziespaaren die parapatrischen Zonen zusammenfallen, ohne daß irgendeine physiographische oder vegetationsbedingte Linie vorhanden ist, stellt einen besonders überzeugenden Beweis für die sekundäre Entstehung dieser Zonen dar.[2] Ich muß gestehen, daß unter all den Fällen einer angeblich parapatrischen Speziation, die White in Kapitel 5 seines Buches aufzählt, kein einziger ist, bei dem mir die nicht-allopatrische Entstehungsweise wahrscheinlicher erscheint als die allopatrische. Der Grund für parapatrische Verbreitungsmuster ist also, so wie ich das sehe, immer die Tatsache, daß die Entwicklung der Isolationsmechanismen zwischen den beiden Neospezies noch nicht ganz abgeschlossen war.

Eine Sterilitätsbarriere, bedingt durch eine Neuanordnung der Chromosomen, ist nur eine der bekannten Arten von Isolationsmechanismen zwischen Spezies. Das wahre Wesen von Isolationsmechanismen wurde von den meisten Evolutionsbiologen erst bemerkenswert spät erkannt. Dobzhansky und H. J. Muller haben noch 1941 beziehungsweise 1942 geographische Barrieren zu den Isolationsmechanismen gezählt. Die echten und wahrhaften Isolationsmechanismen lassen sich in vor der Paarung wirksam werdende (präzygotische, meist verhaltensbezogene oder ökologische) Mechanismen und nach der Paarung einsetzende (postzygotische) Mechanismen (meistens Sterilität) unterteilen.

Da man bei Vögeln und einigen anderen Gruppen von Tieren festgestellt hatte, daß es zwar oft verhaltensbezogene (vor der Paarung wirksam werdende), aber keine Sterilitätsbarrieren zwischen
nah verwandten Spezies gibt, nahm man lange Zeit an, daß bei
Tieren die Entwicklung von vor der Paarung wirkenden Barrieren
der Entwicklung von nach der Paarung wirksam werdenden (Ste-
rilitäts-)Barrieren vorausgeht, während bei Pflanzen die Speziation immer mit der Entwicklung von Sterilitätsbarrieren beginne.
Wir kennen jedoch auch mehrere Gruppen von Tieren, bei denen
die Entwicklung von Sterilitätsbarrieren der Entwicklung von verhaltensbezogenen Barrieren vorausgeht. Beispielsweise gilt dies
für die australischen Heuschrecken, über die White und Key arbeiten, und offenbar auch für einige Amphibiengruppen. Die Literatur zu diesem Thema zeigt, daß es Autoren, die mit Tier- oder
Pflanzengruppen arbeiten, bei denen Sterilität der hauptsächliche
Isolationsmechanismus ist, sehr schwerfällt zu akzeptieren, daß
Speziation sich bei anderen Tiergruppen hauptsächlich auf die
Entstehung verhaltensbezogener Barrieren gründet. Mittlerweile
ist ein solcher Ablauf jedoch für zahlreiche Tiergruppen bewiesen. Es ist hier nicht der Ort, die verschiedenen Aspekte des Verhaltens zu erörtern, die die Speziationsmuster bei Tieren beeinflussen.

Die Genetik allopatrischer Arten der Speziation

In den Lehrbüchern der Genetik wurde Speziation traditionellerweise als kontinuierliche Anhäufung von Genunterschieden beschrieben, die zu einer allmählichen Divergenz von Populationen,
die durch eine Schranke getrennt sind, führt. Die Entdeckung der
Methode der Elektrophorese von Enzymen gab zu der Hoffnung
Anlaß, diese Methode könnte das Wesen der genetischen Veränderungen, die während der Speziation stattfinden, enthüllen. Diese
Hoffnung hat sich nicht erfüllt. Dennoch lieferte diese Methode
den äußerst wichtigen Beweis dafür, daß die klassischen Enzyme
bei der Entstehung einer neuen Art keine besonders große – wenn
überhaupt eine – Rolle spielen. Es gibt vielfältige Beweise für diese
Schlußfolgerung; der überzeugendste ist vielleicht, daß die Ge-

schwindigkeit, mit der die Isozyme bei aktiv artenbildenden Linien ersetzt werden, nicht höher ist als bei Linien ohne rege Artbildung. Wenn wir also die Enzymgene nicht mehr in Betracht ziehen können, müssen wir fragen, welche anderen Arten von genetischen Faktoren für Speziation verantwortlich sind.

Lassen Sie mich zuerst einmal das Chromosom als ganzes betrachten. Da sich bei den Eukaryonten praktisch das gesamte genetische Material auf den Chromosomen befindet, wird wohl niemand bezweifeln, daß die Chromosomen bei der Speziation eine große Rolle spielen – die Frage ist nur, auf welche Weise? Wohlgemerkt, das Auftreten von homosequentieller Speziation bei vielen hawaiischen Speziesgruppen der *Drosophila* und anderen Gattungen von Dipteren (Zweiflüglern) zeigt, daß Speziation auch ohne große chromosomale Veränderungen möglich ist. Dennoch belegt die Häufigkeit, mit der nah verwandte Spezies der meisten Organismengruppen sich hinsichtlich der Chromosomenstruktur unterscheiden, wie häufig eine chromosomale Umorganisierung mit Speziation einherzugehen scheint.

Diese Beobachtung hat allerdings nur beschränkten Erklärungswert. Erstens haben chromosomale Neuanordnungen mindestens zwei sehr verschiedenartige Auswirkungen. Die erste ist, daß jedes Auseinanderbrechen die Nachbarschaft der Gene beeinflussen kann; es kommt also zu verschiedenartigen Auswirkungen auf die Position im weitesten Sinn des Wortes. Der zweite Effekt ist, daß solche Neuanordnungen häufig ein Crossing-over hemmen oder verhindern und auf diese Weise coadaptierte Kopplungsgruppen davor schützen, aufgebrochen zu werden. Darüber hinaus führen Neuanordnungen oft auch zu Schwierigkeiten während der Meiose. Und es gibt noch eine zusätzliche Schwierigkeit: Die Entdeckung der Transpositions-DNA und verschiedener Arten repetitiver DNA haben die scharfe Trennungslinie zwischen Genen und großen chromosomalen Veränderungen ein wenig verwischt. Welchen Einfluß hat dies auf die Frage, ob die genetische Grundlage von Speziation genisch oder chromosomal ist?

Allerdings gibt es einen Punkt, der besonders zu betonen ist. Michael White und andere Cytogenetiker haben gezeigt, daß, allgemein gesprochen, chromosomale Neuanordnungen in zwei Klassen zerfallen. In der einen Klasse sind die Heterozygoten normal lebensfähig oder sogar überlegen – das heißt heterotisch; dies führt zu chromosomalem Polymorphismus (oder erlaubt ihn zumindest). In der anderen Klasse sind die Heterozygoten minderwertig oder sogar semiletal. Hierbei handelt es sich um genau die Klasse, zu der so oft die chromosomalen Verschiedenheiten zwischen nah verwandten Spezies gehören. Wie ich schon seit mehr als zwanzig Jahren immer wieder betone, ist in einer stark der Inzucht unterworfenen Gründerpopulation die Chance am größten, dieses Stadium schädlicher Heterozygotie schnell hinter sich zu bringen und eine neue, überlegene Homozygotie zu erreichen. Solch eine rapide chromosomale Auswechslung kann eine genetische Revolution begleiten oder sogar auslösen. Die neue Homozygote kann sich innerhalb zweier Generationen etablieren, aber die Chance, daß zwei Heterozygoten einander finden, ist in einer großen Population unendlich viel kleiner.

Eine dritte wichtige Ursache für Speziation kann ein bislang nicht identifizierter Bruchteil von DNA sein – eine Möglichkeit, auf die ich bereits vor mehr als fünfundzwanzig Jahren hingewiesen habe (Mayr 1965 a). Zahlreiche Fälle beginnender oder bereits abgeschlossener Speziation, die offenbar von genetischen Faktoren ausgelöst wurde, bei denen es sich nicht um Enzymgene handelte, sind in der entsprechenden Fachliteratur beschrieben worden. Beispielsweise läßt sich in mehreren nordamerikanischen Spezies von *Lepidoptera* keine geographische Verschiedenheit bei den Enzymgenen feststellen, aber dennoch gibt es eine beträchtliche Menge an nicht lebensfähigen Hybriden aus Kreuzungen zwischen verschiedenen Populationen (Oliver 1979). Zu welcher Klasse von DNA diese Faktoren, die die Organismen untauglich (oder in anderen Fällen steril) machen, gehören, ist nicht bekannt. Es könnte sich um repetitive DNA, aber auch um singular codierende Gene handeln, Gene, die nicht zu der Klasse von Enzymgenen gehören, die sich mittels Elektrophorese identifizieren lassen.

Es ist modern zu sagen, Regulationsgene spielten bei der Speziation eine wichtige Rolle. Hedrick und McDonald stellen ganz zu Recht fest, daß »Veränderungen der genetischen Regulation die bevorzugte genetische Strategie für eine Population wären, die sich an eine plötzliche und weitreichende Änderung der Umwelt anpassen muß« (Hedrick und McDonald 1980). Und für keine andere Population würde dies in einem solchen Maße gelten wie für eine Gründerpopulation, die eine genetische Revolution durchmacht.

Ich bin ziemlich sicher, daß die genetischen Speziationsfaktoren, wenn sie erst einmal identifiziert sind, mehrere Klassen umfassen werden. Beispielsweise könnten sie in Spezies, bei denen sich die vor der Paarung wirksam werdenden Isolationsmechanismen zuerst entwickelt haben, sehr wohl anders aussehen als in Spezies, bei denen sich die nach der Paarung wirkenden Mechanismen (etwa Sterilität) zuerst entwickelt haben.

Daß eine Störung der inneren Balance des Genotyps eine wichtige Komponente von peripatrischer Speziation sein könnte, wird von der Tatsache unterstrichen, wie häufig die daraus resultierenden Neospezies gleich danach weitere schnell zu Spezies werdende Gründerpopulationen hervorbringen. Da jede Neospezies sich an die neue Umgebung jenseits des Verbreitungsgebietes der Vorfahrenspezies anpaßt, eignet sie sich besonders gut als Ursprung für Kolonisten neuer Umgebungen. Die Verbreitung der Neospezies *Spalax* und *Proechimys* wie auch die aufeinanderfolgenden Speziationsschritte bei der hawaiischen *Drosophila* veranschaulichen diesen Prozeß hervorragend.

Nicht-geographische Arten von Speziation

Obwohl niemand mehr die Bedeutung der verschiedenen Kategorien allopatrischer Speziation in Frage stellen kann und viele Zoologen der Ansicht sind, daß dies die vorherrschenden Formen von Speziation bei Tieren sind, darf man doch nicht vergessen, daß auch andere Speziationsarten zur Diskussion gestellt wurden; zu diesen möchte ich mich an dieser Stelle äußern.

Lange bevor es irgendeine Evolutionstheorie gab, postulierte man einen plötzlichen Ursprung neuer Spezies; viele Zeitgenossen Darwins – etwa T. H. Huxley, Galton und Kölliker – vertraten diese Ansicht. Bateson, de Vries und die Mehrzahl der frühen Mendelisten neigten ihr zu, ebenso einige spätere Paläontologen, darunter Schindewolf, sowie der Genetiker Goldschmidt mit seinen »hoffnungsvollen Monstern«. Charakteristisch für diesen postulierten Typ von Speziation ist die typologische Auffassung, daß ein einzelnes Individuum erzeugt wird, das dann der Urahn einer neuen Spezies wird.

Es dauerte lange, bis man begriff, daß derlei in einer sexuell sich reproduzierenden Spezies praktisch unmöglich passieren kann. Der Beweis, daß de Vries' angeblich neue *Oenothera*-Arten gar keine Spezies waren, trug wesentlich zur Klärung der Situation bei. Es gibt jedoch drei Prozesse, durch die in der Tat eine solche Speziation ausgelöst werden könnte. Zwei davon sind Autopolyploidie in einer sexuellen Spezies sowie jegliche Form von Makromutationen bei uniparental sich fortpflanzenden Organismen. Es herrscht immer noch Unklarheit darüber, welche Rolle diese beiden Typen von Speziation spielen.

Der dritte Typ spontaner Speziation, nämlich die Erzeugung stabilisierter Spezieshybriden, ist relativ häufig. Zuerst wurde dies bei Pflanzen festgestellt, bei denen die Verdoppelung der Chromosomenanzahl mehr oder weniger steriler Spezieshybriden zu *Allopolyploiden* führen kann, die zu sexueller Reproduktion in der Lage sind. Eine solche Polyploidie ist bei Pflanzen sehr weit verbreitet, bei Tieren aber äußerst selten, wie White in Kapitel 8 seines Werkes *Modes of Speciation* einmal mehr gezeigt hat. Jedoch kommt es bei Tieren gar nicht selten vor, daß ein Produkt einer Hybridisierung zu uniparentaler Reproduktion übergeht und eine neue parthogenetische oder thelytokische Spezies bildet (siehe Kap. 9 bei White). Es gibt einige spezielle Fälle von fortdauernder Hybridisierung; typische Beispiele dafür sind die *Rana esculenta* und einige amerikanische Süßwasserfische, bei denen der väterliche Chromosomensatz während der Meiose immer verlorengeht und durch Paarung mit der jeweiligen Vaterspezies rekonstruiert wird. So erfolgreich einige dieser stabilisierten Spezieshybriden auf kurze Sicht auch sein mögen, auf lange Sicht scheinen sie evolutionär wenig Erfolg zu haben.

Sympatrische Speziation

Von denen, die sich mit dem Phänomen Speziation befassen, halten viele *sympatrische Speziation* mittels Wirtsspezialisierung für die wahrscheinlichste und häufigste Form nicht-geographischer Speziation. Vor allem Autoren, die wenig Erfahrung mit geographischer Variation haben, neigen dieser Ansicht zu. Ich habe in meiner Bibliothek wohl an die fünfzehn oder zwanzig Sonderdrucke, in denen zugunsten einer sympatrischen Speziation argumentiert wird, deren Verfasser aber selbst die elementarsten möglichen Einwände gegen ihre Vorstellungen ignoriert haben. Vor vierzig Jahren (Mayr 1947) habe ich aufgezählt, auf welche Schwierigkeiten Hypothesen einer sympatrischen Speziation stoßen, aber diese neueren Autoren ziehen den Großteil dieser Schwierigkeiten gar nicht erst in Betracht. In jüngerer Zeit haben auch andere mit Nachdruck auf die Probleme hingewiesen, die sich für Hypothesen einer sympatrischen Speziation ergeben.[3]

Man wirft mir manchmal vor, ich hätte seit jeher unerbittlich jegliche Möglichkeit einer sympatrischen Speziation geleugnet. Ein Blick auf meine früheren Publikationen zeigt, daß dieser Vorwurf nicht berechtigt ist (Mayr 1942; 1963a; 1970). Ich habe die Möglichkeit einer sympatrischen Speziation immer ernst genommen; wogegen ich mich wandte, war die oberflächliche Art und Weise, in der die Behauptungen einer sympatrischen Speziation vorgetragen wurden. In nahezu allen in der Literatur genannten Fällen ist allopatrische Speziation eine mindestens ebenso wahrscheinliche Erklärung für das jeweils angeführte Beispiel wie sympatrische Speziation. Ich will nur einen Fall erwähnen. Die Existenz sympatrischer Gruppen nah verwandter Käferspezies auf kleinen ozeanischen Inseln (St. Helena, Rapa) könnte auf den ersten Blick als schlüssiger Beweis für sympatrische Speziation erscheinen. Wenn man diese Fälle jedoch genauer betrachtet, fallen einem drei Tatsachen auf: (1) Die meisten dieser Spezies haben sich überhaupt nicht auf einen bestimmten Wirt spezialisiert; (2) sie sind flugunfähig, und (3) es handelt sich um vulkanische Inseln, die kreuz und quer von alten Lavaströmen durchzogen sind. Carson hebt ganz zu Recht die Parallelität dieser Situation mit der Speziation der *Drosophila* auf der Insel Hawaii hervor. Er sagt:

»Ozeanische vulkanische Schilde machen immer eine lange Periode heftigen Wachstums durch, in denen Lavaströme aus den Rissen die Wälder periodisch zerstören, und zwar in zufälligen Mosaikmustern (Kipuka-Formation). Es ist eigentlich damit zu rechnen, daß diese kontinuierlichen Zyklen von Entstehung, Zerstörung, Isolation und Neukolonisation ein Muster räumlicher Isolation und Gründereffekte selbst über sehr kurze Entfernungen hervorrufen. Diese Einflüsse scheinen reichlich Gelegenheit zu allopatrischer Speziation zu geben« (Carson 1979). Mit dieser Interpretation stimme ich voll und ganz überein. Ich habe nichts dagegen, wenn man eine sympatrische Speziation in Betracht zieht, aber ich beklage es, wenn die Autoren alternative Erklärungen einfach unter den Tisch fallen lassen.

Von den zahlreichen Behauptungen einer sympatrischen Speziation ist keine mit mehr Nachdruck vertreten worden als die Herleitung einer »Apfelspezies« von *Rhagoletis-pomonella*-Fruchtfliegen, die ursprünglich auf Weißdornbäumen lebten (Bush 1975). Dennoch ist nicht einmal dieser Fall mit Sicherheit bewiesen, und es sind zu diesem Punkt ernstzunehmende Fragen aufgeworfen worden. Selbst die engste Verwandte der *Pomonella*, die *Rhagoletis-suavis*-Gruppe, weist deutlich ein Muster allopatrischer Speziation auf. Zudem beweist, wie ich 1947 betont habe, die Existenz einer speziesreichen Gattung von wirtsspezialisierten Organismen keineswegs eine sympatrische Speziation. Es bedeutet lediglich, daß diesen Arten mehr Nischen zur Verfügung stehen als nicht wirtsspezialisierten Organismen.

Aus der vorliegenden Literatur können wir die Schlußfolgerung ziehen, daß sympatrische Speziation durch eine Umstellung auf einen neuen Wirt eine Möglichkeit ist, dies aber noch keineswegs schlüssig bewiesen ist. Mich muß man erst noch davon überzeugen, daß überhaupt je eine sympatrische Speziation stattgefunden hat.[4] Ebenso bezweifle ich, daß irgendeiner der vermeintlichen Fälle von sympatrischer Speziation, die in der jüngsten Literatur angeführt werden, einer wirklich kritischen Analyse standhält. Dazu gehören auch die zahlreichen Fälle angeblicher sympatrischer Speziation in Süßwasser.

Bush et al. haben die Möglichkeit zur Diskussion gestellt, daß bei den *Equidae* (Familie der Pferde) die sozialreproduktive Struktur der kleinen Herden eine sympatrisch-stasipatrische Speziation ausgelöst habe (Bush et al. 1977). Dies läßt die Tatsache außer acht, daß die jungen Individuen des einen Geschlechts sich immer anderen Herden anschließen oder eine eigene Herde gründen und dies zu einem sehr regen Genaustausch führt. Das Verbreitungsmuster verwandter Spezies von Pferden, Eseln und Zebras beweist recht anschaulich eine allopatrische Speziation. Die ziemlich drastische chromosomale Neuanordnung, die während einiger Speziationsereignisse in dieser Gruppe stattgefunden zu haben scheint, war mit Sicherheit in einer peripher isolierten Gründerpopulation sehr viel leichter zu vollziehen als innerhalb der kontinuierlichen Population der Elternspezies.

Stasipatrische Speziation

Die Tatsache einer chromosomalen Speziation wirft ein Problem auf. Wenn eine chromosomale Neuanordnung überlegene Heterozygoten hervorbringt, führt ihre Entstehung zu Polymorphismus, nicht aber zu Speziation. Wenn sie schädliche Heterozygoten hervorbringt, werden diese in einer großen panmiktischen Population durch natürliche Auslese eliminiert werden, ehe sie überhaupt eine Chance haben, die relativ große Häufigkeit erreicht zu haben, die es erlaubt, den neuen Typ von Homozygoten hervorzubringen. Heterozygot schädliche chromosomale Neuanordnungen müssen jedoch manchmal in der Lage sein, den Engpaß der Heterozygotie zu überstehen: Wie anders könnte man sonst das häufige Auftreten chromosomaler Unterschiede zwischen eng verwandten Spezies erklären, die während der Heterozygotie schädlich sind? Ich habe dieses Problem schon an früherer Stelle eingehend erörtert und den Vorschlag gemacht, daß diese chromosomalen Rekonstruktionen am besten peripatrisch in kleinen, aus Inzucht hervorgegangenen Gründerpopulationen erreicht werden, in denen Homozygotie des neuen chromosomalen Typs innerhalb zweier Generationen erzielt werden kann (Mayr 1970, S. 310–319).

Im Gegensatz dazu hat White die Möglichkeit eines anderen Prozesses zur Diskussion gestellt, den er als *stasipatrische Spezia-*

tion bezeichnet (White 1968). Entsprechend diesem Modell kann eine neue Genanordnung an irgendeiner beliebigen Stelle im Verbreitungsbereich einer Spezies auftauchen, allmählich immer gebräuchlicher werden und sich vom Ort der Entstehung ausbreiten, bis Heterozygoten so häufig werden, daß schließlich auch Homozygoten der neuen Genanordnung auftreten. White führt zwei Gründe an, die ihn dazu bewogen haben, das Modell einer chromosomalen Speziation in peripheren Isolaten zu verwerfen. Erstens konnte White sich keine Isolationsbarrieren auf Kontinenten vorstellen, und zweitens glaubte er, daß genetische Revolutionen in Gründerpopulationen sich auf Gene beschränken. Beide Annahmen sind falsch, wie ich bereits an früherer Stelle klargestellt habe.

Es geht hier um die Frage, was den Vorrang hat. White stellte fest:»Es hat immer mehr den Anschein, daß chromosomale Neuanordnungen... bei der Mehrheit der Speziationsereignisse die vorrangige Rolle gespielt haben« (White 1978, S. 336), und macht deutlich, daß er unter »vorrangig« einen zeitlichen Vorsprung gegenüber jeglicher Art von räumlicher Trennung der Individuen, die zu einer neuen Spezies werden, versteht. Für White kommt die chromosomale Veränderung als erstes, und der neue chromosomale Typ schafft sich seine eigene Deme. Meiner Ansicht nach hat der neue chromosomale Typ keine Chance, Homozgyotie zu erreichen, wenn er nicht in einer isolierten Deme vorkommt; für mich kommt daher die Isolation der Deme als erstes. Mit anderen Worten: peripatrische Speziation spielt hier eine Rolle.

Bei etlichen von Whites Schülern herrscht einige Verwirrung, was das Problem des zeitmäßigen Vorrangs betrifft. Wenn Bush et al. chromosomale Speziation folgendermaßen beschreiben:»Eine karyotypische Mutation, die sich in einer gegebenen Deme verfestigt hat, kann als Sterilitätsbarriere wirken« (Bush et al. 1977, S. 3945), dann implizieren sie, daß die Existenz einer (isolierten) Deme der Verfestigung der karyotypischen Mutation vorangeht; ein solcher Prozeß wäre jedoch eindeutig eine peripatrische und keine stasipatrische Speziation.

Die kausale Beziehung zwischen chromosomalen Neuanordnungen und genetischen Revolutionen in peripheren Isolaten ist asymmetrisch: Die homosequentiellen *Drosophila*-Spezies auf

Hawaii beweisen, daß nicht jede Speziation in einem peripheren Isolat mit einer chromosomalen Neuanordnung verbunden ist; andererseits gibt es viele Hinweise darauf, daß chromosomale Neuanordnungen vorzugsweise, wenn nicht immer, in peripheren Isolaten auftreten. Es ist mir nicht gelungen, irgendwelche Belege zur Erhärtung von Whites These eines zeitlichen Vorrangs chromosomaler gegenüber geographischen Faktoren zu finden. Der Beweis, den er anbietet, daß nämlich Karten zur Verbreitung gegenwärtig allopatrischer Spezies darauf hinweisen, daß es sich bei den primitivsten Spezies um periphere Spezies handelt, ist nicht schlüssig, da sowohl Ken Key als auch ich aus denselben kartographischen Darstellungen genau den umgekehrten Schluß gezogen haben.

Das Modell der stasipatrischen Speziation hat einen großen Vorteil: es läßt sich ohne weiteres überprüfen. Laut White kann ein neuer Mittelpunkt von Stasipatrie (eine neue chromosomale Heterozygote) an jedem beliebigen Punkt innerhalb des Verbreitungsgebiets der Spezies auftauchen. Folglich müßte man bei jeder weitverbreiteten Spezies, die einer chromosomalen Speziation unterliegt, zahlreiche Enklaven neuer chromosomaler Spezies mit jeweils kleineren oder größeren Verbreitungsgebieten finden, wie Oasen in einer Wüste. In Wirklichkeit ist kein derartiges Verbreitungsmuster bekannt. Neue chromosomale Umstrukturierungen, die als Isolationsmechanismen fungieren können, treten immer peripher parapatrisch auf; dies paßt zum Gründer-, nicht aber zum stasipatrischen Modell. Ich bedaure sagen zu müssen, daß das stasipatrische Modell durch diese Überprüfung vollständig widerlegt ist.

Wenn wir uns Fälle von Säugetieren, die durch chromosomale Veränderungen zu Spezies werden, ansehen, etwa *Spalax, Proechimys* oder *Thomomys*, um nur drei Gattungen zu nennen, ist die Verbreitung der neuen chromosomalen Spezies immer allopatrisch. Das gleiche gilt natürlich für die Speziesgruppen australischer Moraba-Heuschrecken. Ihre Verbreitungsgebiete sind in allen Fällen allopatrisch oder parapatrisch, wie man es entsprechend der peripatrischen Erklärungsweise auch vorhersagen würde; niemals findet man irgendwelche Oasen oder Enklaven, wie entsprechend dem stasipatrischen Modell zu erwarten wäre. Folgerichtig verwirft daher Ken Key, Whites eigener Mitarbeiter bei dem Heuschrecken-Projekt, die stasipatrische Hypothese und hat, was die Entstehung von Arten bei diesen Spezies betrifft, die allopatrische Speziation akzeptiert. Die Verfechter stasipatrischer Speziation könnten meiner Behauptung widersprechen, daß nirgendwo irgendwelche stasipatrischen Enklaven bekannt sind, und könnten das Nagetier *Ellobius talpinus* anführen. Diese Spezies verfügt in der Tat von der Krim bis hin in die Mongolei über 54 Chromosomen, aber es gibt auch eine Population mit 31 Chromosomen, offenbar mitten in diesem Gebiet. Diese abweichende Population kommt jedoch lediglich in einem einzigen isolierten Tal im Hochland von Pamir vor, das hinsichtlich des Gesamtverbreitungsgebiets der Spezies peripher ist.

Key hat ganz richtig hervorgehoben, daß man in Spezies mit geringem Ausbreitungsvermögen (und / oder ziemlich spezifischen Anforderungen bezüglich des Habitats) unter Umständen auch »interne« Gründerpopulationen findet – das heißt Populationen, die vormals unbesiedelte Stellen innerhalb des Ausbreitungsgebiets der Spezies kolonisieren (Key 1981). Diese neuen Gründerpopulationen können für einige Zeit ziemlich isoliert sein und während dieser Isolation eine peripatrische Speziation durchmachen, genauso wie peripher isolierte Populationen. Die chromosomalen Rassen der *Mus musculus* in den Alpentälern sind möglicherweise aus einem solchen Prozeß hervorgegangen. Mäusepopulationen in diesen Tälern sind zudem (als Kommensalen = »Tischgenossen«) auf isolierte menschliche Siedlungen beschränkt. In diesen kleinen Gründerpopulationen wird das Vorkommen chromosomaler Fusionshomozygoten durch stochastische Prozesse ermöglicht, und wenn der neue Karyotyp adaptiv überlegen ist, dann ist die neu gebildete Population in der Lage, sich sogar gegen andere Karyotypen durchzusetzen. Dieselbe Interpretation läßt sich auf die Entstehung neuer Mäuse-Karyotypen an anderen Orten anwenden.

Die Ökologie der Speziation

Da Speziation ein Phänomen ist, das sich auf Populationen ebenso bezieht wie auf genetische Mechanismen, ist jeglicher Aspekt der Struktur von Populationen möglicherweise für Speziation von Bedeutung. Die Botaniker haben dies als erste begriffen, vielleicht weil Pflanzen über ein so viel reicheres Repertoire an Reproduktionsweisen verfügen. Wie schon erwähnt, steht die Populationsgröße im umgekehrten Verhältnis zur Speziationsrate. Als J. Diamond und ich (Manuskript in Vorbereitung) die Spezies der nordmelanesischen Vögel fünf Klassen zuordneten, und zwar entsprechend ihrer Neigung, sich auszubreiten, entdeckten wir, daß jede von diesen fünf Klassen über ein klassenspezifisches Speziationsmuster verfügt. Hohe Raten der Ausbreitung bedeuten hohe Raten des Genflusses, und ein solcher Genfluß führt zur Bildung weitverbreiteter, relativ gleichartiger Populationen und Spezies.

Wie Patton und Young festgestellt haben, »ist Genaustausch ein Schlüsselelement in der Populationsbiologie der *T(homomys) bottae* und vielleicht auch anderer Beutelratten« (Patton und Young 1977). Die von willkürlichen und höchst unrealistischen Annahmen ausgehenden Behauptungen einiger neuerer Autoren, dem Genaustausch komme keine Bedeutung zu, sind von Jackson und Pounds mit guten Gründen widerlegt worden (Jackson und Pounds 1981a, b). Die Gleichförmigkeit von Spezies ist natürlich nicht nur auf Genaustausch zurückzuführen, sondern auch auf das Regulationssystem von Spezies, aber der Genfluß hat einen großen Einfluß auf Speziesstruktur und Speziationsmuster. Ein Vergleich der Speziationsmuster von Meeresspezies mit starkem und von solchen mit geringem Ausbreitungsvermögen der Larven bestätigt dies auf sehr eindrucksvolle Weise. Bei allen Tierspezies mit einer sozialen Populationsstruktur, bei denen beispielsweise alle Jungen nur des einen Geschlechts aus der Familiengruppe ausgestoßen werden, muß man sehr sorgfältig vorgehen. In solchen Spezies wird der Genfluß weitgehend von den ausgestoßenen Individuen bestimmt. Faktoren wie diese sind unglücklicherweise in einigen neueren Spekulationen völlig außer acht gelassen worden.

Anmerkungen

Dieser Essay erschien erstmals in: C. Barigozzi (ed.), *Mechanisms of Speciation*, New York: Alan R. Liss, 1982, S. 1–19.

1 Vor allem Clarke und Murray verfechten eine parapatrische Speziation: B. Clarke, »Balanced polymorphism and regional differentiation in land snails«. In: E. T. Drake (ed.), *Evolution and Environment.* New Haven: Yale University Press, 1968, S. 351–368. J. J. Murray, *Genetic Diversity and Natural Selection.* Edinburgh: Oliver and Boyd, 1972. Mosaikverteilungen, bei denen ziemlich verschiedene Populationen diskontinuierlich aufeinandertreffen (wie in Fällen von Gebietsgrenzen) findet man bei Landschnecken häufig. Dies führt nicht zu Speziation, wie die *Cepaea nemoralis* und viele andere Beispiele zeigen.

2 Meise, W., »Rassenkreuzungen an den Arealgrenzen«. In: *Verh. Dtsch. Zool. Ges.*, 1928, S. 96–105. Viele der parapatrischen Grenzen erstrecken sich Hunderte oder Tausende von Kilometern durch Gegenden, die während der vorangegangenen Isolation unbewohnbar waren; es ist dies also ein Beweis für ihre sekundäre Entstehung.

3 Futuyma, D. J. und Mayer, G. C., »Non-allopatric speciation in animals«. In: *Syst. Zool.* 29, 1980, S. 254–271. Jaenike, J., »Criteria for ascertaining the existence of host races«. In: *Amer. Nat.* 117, 1981, S. 830–834. Paterson, H. E., »The continuing search für the unknown and unknowable: a critique of contemporary ideas on speciation«. In: *South Afr. J. Sci.* 77, 1981, S. 113–119. Zu einer neueren Stellungnahme zu diesem Thema siehe G. L. Bush und D. J. Howard, »Allopatric and nonallopatric speciation; assumptions and evidence«. In: S. Karlin und E. Nevo (ed.), *Evolutionary Processes and Theory.* New York: Academic, 1986, S. 411–438. Ebenso Otte und J. Endler.

4 Siehe oben Anmerkung 3.

14 Die Entwicklung von Artenschwärmen bei Fischen

Laut der Darwin-Muller-Mayr-Theorie der allopatrischen Spezia-tion erwerben sich zu Arten entwickelnde Populationen Isolations-mechanismen in der Zeit, in der sie von den Elternspezies getrennt sind. Es gab jedoch immer noch eine beträchtliche Unsicherheit, welcher Mechanismus oder welche Selektionskraft für den Erwerb dieser Isolationsmechanismen verantwortlich ist. Die ansprechend-ste These war, daß solche Isolationsmechanismen ein Nebenpro-dukt der allgemeinen genetischen Umstrukturierung des Genotyps während der Isolation sind, insbesondere unter dem Einfluß von Selektionskräften, die die neue unbelebte und biotische Umwelt ausüben. Man hatte jedoch keine wirklich stichhaltigen Beweise, die diese Hypothese gestützt hätten, so daß man sie eigentlich nur mangels einer besseren Lösung akzeptierte. In diesem Essay will ich nun die kürzlich zur Diskussion gestellte Theorie erörtern, daß ver-haltensbezogene Isolationsmechanismen durch sexuelle Selektion erworben werden könnten. Diese Theorie erklärt gleichzeitig, warum unter bestimmten Voraussetzungen ein solcher genetischer Wandel in benachbarten Populationen stattfinden kann.

Man weiß schon seit langem, daß Süßwasserseen, vor allem alte, manchmal sehr speziesreiche endemische Faunen von Fischen, Schnecken, Krebstieren und anderen wirbellosen Tieren haben. Anscheinend monophyletische Gruppen nah verwandter Spezies, die in ein und demselben Gebiet koexistieren, werden oft als Ar-tenschwärme (*species flocks*) bezeichnet (Greenwood 1984b). Es gibt keinen Grund, diesen Arbeitsbegriff allzu eng zu definieren. Gemeinsame Abstammung und Koexistenz im gleichen See sind die Merkmale von Artenschwärmen in Seen.

Die Existenz von Artenschwärmen hat eine Reihe interessanter Fragen aufgeworfen; zwei davon haben Kontroversen ausgelöst, die nach wie vor andauern: (1) Kann das Vorhandensein Dutzen-der, wenn nicht Hunderter nah verwandter Spezies in einem einzi-gen See durch allopatrische Speziation erklärt werden? (2) Widerlegen diese Artenschwärme das Konkurrenz-Ausschlußprinzip? Oder, anders ausgedrückt, wie können so viele sympatrische Spezies sich auf eine Weise in die vorhandenen Ressourcen teilen, daß der Konkurrenzkampf nicht zu hart wird?

Speziationsweise

Die meisten früheren Autoren gingen, da sie keinerlei größere Barrieren in Seen entdecken konnten, die Artenschwärme begünstigen, von irgendeinem Prozeß sympatrischer Speziation aus. Hier ist nicht der Ort, die vielfältigen Schwierigkeiten des sympatrischen Modells zu beschreiben, das die genetischen Probleme außer acht läßt (Mayr 1976) und durch keinen einzigen Fall von werdenden Spezies glaubhaft gemacht wird (Greenwood 1984a). Es ist schwierig, sich ein solches Modell vorzustellen, da es sich bei Speziation um einen Populationsprozeß handelt und daher »Nischenraum«, der immer auch eine räumliche Dimension hat, zumindest mikroallopatrisch ist.

Einige sympatrische Geschwisterspezies von Fischen weisen in ihren Allozymen nur geringfügige Unterschiede auf (Echelle und Kornfield 1984). Dies kann jedoch nicht als Beweis für sympatrische Speziation bewertet werden. Es ist mittlerweile ziemlich klar, daß die Allozyme (Isozyme oder Elektromorphen) wenig oder gar nichts mit dem Speziationsereignis zu tun haben (die gleiche Ansicht wird in Barigozzi, 1983, vertreten). In welchem Maße sich die Allozyme zweier Spezies unterscheiden, ist ein ungefährer Hinweis darauf, wieviel Zeit vergangen ist, seit ihre phyletischen Linien sich voneinander getrennt haben. In Gruppen, die schnell zu Spezies werden, können absolut gute Spezies über ausreichende Isolationsmechanismen verfügen und dennoch bei einer Elektrophorese keinerlei Unterschiede aufweisen. Allozymunterschiede bei Zwillingsspezies können sich nach dem Speziationsereignis oder sogar erst nach der Wiederherstellung von Sympatrie entwikkelt haben. Notwendig ist jetzt ein sorgfältiger Vergleich nah verwandter sympatrischer und allopatrischer Spezies, um zu bestimmen, wie groß der Allozymunterschied zwischen diesen beiden Gruppen von Spezies im Durchschnitt ist. Die Gattung *Labido-*

chromis, in der viele geographisch isolierte Spezies vorkommen, würde sich offenbar besonders gut für einen solchen Vergleich eignen.

Die Entdeckung zweier deutlich verschiedener trophischer Morphen bei *Cichlasoma minckleyi* hat die Theorie einer Speziation durch disruptive Selektion wiederaufleben lassen. Würde sich bei den Mitgliedern zweier Morphen, der papilliförmigen und der molariförmigen, eine Gattenwahl für den eigenen Typ entwickeln, dann wäre dies ein Fall von sympatrischer Speziation. Wie wahrscheinlich ist eine solche Entwicklung? Man muß die Hypothese einer disruptiven Speziation bei polymorphen Spezies unter dem Gesichtspunkt der natürlichen Auslese betrachten. Wir müssen fragen, welches von zwei Individuen auf lange Sicht mehr Nachkommen hinterlassen würde: Individuum A, das mehrere ökologische Morphen hervorbringen kann, von denen jede in gewissem Maße imstande ist, Konkurrenz mit ihren Brüdern und Schwestern zu vermeiden, oder Individuum B, das nur eine Art von Nachkommenschaft hat, die auf eine einzige Nische beschränkt ist? Ich vermute, daß Individuum A mehr Nachkommen hinterlassen würde, da es weit besser mit Schwankungen hinsichtlich der Ressourcen und Umweltveränderungen fertig werden könnte. Eine Verengung der Futternische durch größere Spezialisierung würde durch Selektion nur dann begünstigt werden, wenn eine verwandte und konkurrierende Spezies in das Verbreitungsgebiet der polymorphen Population eindringen würde. Wäre erstere ebenso polymorph, dann würde vermutlich jede Spezies in einer anderen Subnische der überlegene Konkurrent sein. Wenn die neuen Eindringlinge sich bereits auf eine der Subnischen spezialisiert hätten, würden sie fast mit Sicherheit die ortsansässige polymorphe Spezies aus dieser Subnische verdrängen. Die Besetzung mehrerer Subnischen durch eine ökologisch polymorphe Spezies ist daher so etwas wie eine Rückversicherung: sie erlaubt einen sofortigen Rückzug in eine Subnische, die nicht von einem konkurrierenden Eindringling besetzt ist. Einige Autoren schlagen eine Speziation durch disruptive Selektion aufgrund der sympatrischen Spaltung einer polymorphen Population vor (beispielsweise Humphries 1984), aber ich finde die Argumente nicht sonderlich überzeugend.

Rensch (1933) hat offenbar als erster versucht, die vielfältigen Artenschwärme in Süßwasserseen mittels verschiedener Modelle allopatrischer Speziation zu erklären. Ich habe seine Interpretation 1942 übernommen, und in den mehr als fünfundzwanzig Jahren nach 1949 haben die meisten Autoren zu zeigen versucht, daß die Artenschwärme in Süßwasserseen sich mittels allopatrischer Speziation erklären lassen (Brooks 1950; Fryer und Iles 1972; Greenwood 1974). In den 1970ern fanden jedoch erneut Theorien einer sympatrischen Speziation großen Anklang, und zwar aufgrund der Entdeckung der trophischen Morphen von *Cichlasoma minckleyi* in Cuatro Ciénegas (Sage und Selander 1975) und der unerwartet großen Anzahl Geschwisterspezies von Cichliden in ostafrikanischen Seen. Und wieder stellte sich die Frage: Können so vielfältige Artenschwärme durch den Prozeß allopatrischer Speziation erklärt werden? Bei der Untersuchung dieser Frage ist es besonders wichtig, zwei Aspekte dieser Artenschwärme zu bedenken: andere höhere Taxa in den gleichen Seen haben keine Artenschwärme entwickelt, und die Schwestergruppen von in einem See beheimateten Artenschwärmen in nahegelegenen Flußsystemen haben ebenfalls keine Artenschwärme entwickelt. Es ist daher offensichtlich, daß es irgendeinen Aspekt in der biologischen Geschichte und möglicherweise im Genom bestimmter Taxa geben muß, der es ihnen ermöglicht, in Seen rasch neue Spezies zu bilden.

Man muß die Lösung des Problems einer explosionsartigen Speziation in Süßwasserseen im Verhalten und der Ökologie der zu Spezies werdenden Taxa suchen. Leider werden wir die Antwort für die 18 endemischen Spezies von Karpfen im Lanao-See auf Mindanao wohl nie finden, weil 15 oder 16 dieser Spezies mittlerweile ausgestorben sind (Kornfield und Carpenter 1984) und man nichts mehr über ihre Nischenbesetzung und ihr Verhalten sagen kann. Auch über den Beitrag des Verhaltens oder der Ökologie zur Speziation bei den etwa 25 endemischen Spezies der Cyprinodontiden (Zahnkarpfen) *Orestias* im Titicaca-See in den Anden können wir keine Mutmaßungen anstellen, da es nur sehr wenige oder gar keine Daten bezüglich ihrer biologischen Geschichte gibt. Viele der 43 Spezies dieser Gattung kommen in den andinen Flüssen von Peru, Chile und Bolivien vor, und im Becken des Titicaca-Sees sind mehrfache Einwanderungen nachgewiesen (Parenti 1984). Dennoch gibt es monophyletische Ansammlungen von Spezies im See, die offensichtlich durch Speziation innerhalb des Sees entstanden sind.

Brooks (1950) berichtet, wie man anfangs das Problem der Speziation in Süßwasserseen zu lösen versuchte. In einem Versuch, Wolterecks (1931) Hypothese sympatrischer Speziation zu widerlegen, stellte Rensch (1933: 38) drei Mechanismen zur Diskussion, um die Mannigfaltigkeit der Faunen in Seen zu erklären: (1) Wiederholte Kolonisierung von Flüssen, die in den See hinein- und aus ihm herausführen; (2) allopatrische Speziation in verschiedenen Teilabschnitten des Sees; und (3) eine Anhäufung von Spezies aufgrund einer Verschmelzung vormals getrennter Seebecken.

In dieser Übersicht wie auch in meiner Darstellung (1942), die weitgehend auf der von Rensch aufbaute, wurde eine tatsächlich innerhalb des Sees stattfindende Speziation eher bagatellisiert. Unser Wissen hinsichtlich der Artenschwärme in Süßwasserseen ist im Verlauf der letzten dreißig Jahre enorm angewachsen, und es besteht ganz offensichtlich die Notwendigkeit, das Problem neu zu analysieren. Spricht das neue Beweismaterial für eine sympatrische Speziation, und wenn nicht, was für eine relative Bedeutung kommt dann den verschiedenen allopatrischen Speziationsprozessen zu?

Die Gründe dafür, daß man, trotz der hervorragenden Forschungsarbeit der letzten Jahre, noch keine abschließenden Antworten auf diese Fragen gefunden hat, sind folgende:

(1) Es herrscht nach wie vor große Unsicherheit, was das Alter der Artenschwärme und der Seen, in denen sie vorkommen, betrifft. Das Alter des Viktoria-Sees beispielsweise wird von einigen auf 750000, von anderen nur auf 100000 Jahre angesetzt; wiederum andere vertreten die Ansicht, daß das Seebecken während einer Phase des Pleistozäns nahezu vollständig ausgetrocknet war. Oder, um ein anderes Beispiel zu nennen, man weiß immer noch nicht, wer die engsten Verwandten der *Orestias* im Titicaca-See sind, und der Ursprung dieser Gattung müßte für das frühe Mesozoikum angesetzt werden, falls die unwahrscheinliche Annahme zutrifft, daß die anatolischen Cyprinodontiden die Schwester-

gruppe der *Orestias* sind (Parenti 1984). Ähnliche Unsicherheiten gibt es bei fast allen Seen und den Taxa, die in ihnen vorkommen. Beispielsweise sind die Artenschwärme im Lanao-See – im Gegensatz zu früheren Behauptungen (Kornfield und Carpenter 1984) – mit Sicherheit viel älter als 10000 Jahre. Selbst wenn man für den Viktoria-See das maximale Alter annimmt, handelt es sich um einen Zeitraum, der kürzer ist als die Perioden, mit denen Fossilienforscher normalerweise operieren; zudem handelt es sich dabei um eine Zeitspanne, die anscheinend viel zu kurz ist, um die Entstehung eines Schwarms von 250 Haplochrominen-Spezies zu erklären.

(2) Die taxonomische Analyse ist noch unvollständig. In den meisten Artenschwärmen gibt es jede Menge von Zwillingsspezies, und viele früher beschriebene Arten bestehen aus zwei oder drei Zwillingsspezies. Dennoch handelt es sich, wie Greenwood (1984a) hervorhebt, zweifelsohne um gute biologische Spezies. Es gibt keine Intergradation (das heißt keinen allmählichen Übergang) zwischen ihnen, und in den Fällen, in denen man ihre Fortpflanzungsgewohnheiten untersucht hat, stellte sich heraus, daß sie reproduktiv voneinander isoliert sind. Vom Genetischen her sind sie gute Spezies, ganz unabhängig davon, wie groß die morphologische Ähnlichkeit ist.

(3) Grenzen der kladistischen Methode. Gruppen nahe verwandter Spezies haben äußerst ähnliche Genotypen. Solche Spezies verfügen über ein großes Potential, unabhängig voneinander die gleichen synapomorphen Merkmale zu entwickeln. So ist es nicht weiter überraschend, daß Lewis (1982) bei einer kladistischen Analyse der Spezies der *Labidochromis* aus dem Malawi-See zu dem Schluß kam, daß diese Spezies keine Geschwistergruppen bilden. Man weiß schon seit langen, daß eine solche Multipotentialität ein großes Hindernis für die Anwendung der kladistischen Methode auf nahe Verwandte darstellt. Weitere Probleme bei der Anwendung der kladistischen Methode auf Artenschwärme werden in Barbour und Chernoff 1984 sowie Echelle und Echelle 1984 erörtert.

Dieser verschiedenartigen Schwierigkeiten muß man sich bewußt sein, wenn man mögliche Speziationsmuster analysiert.

Mittlerweile ist man allgemein der Ansicht, daß es drei mögliche Gründe gibt, die für die Entstehung von Artenschwärmen in Seen tatsächlich in Frage kommen: (1) mehrfache Kolonisation; (2) Verschmelzung kleinerer Seen aufgrund eines Ansteigens des Wasserspiegels; (3) Speziation innerhalb des Sees durch den einen oder anderen von mehreren möglichen Mechanismen (Smith und Todd 1984). Obwohl Rensch und ich der Ansicht waren, vor allem die beiden erstgenannten Gründe seien für die Größe der Artenschwärme verantwortlich, ist es mittlerweile klar, daß – vor allem was die ungeheuer großen Artenschwärme der afrikanischen Cichliden betrifft – zum großen Teil eine Speziation innerhalb der Seen der Grund dafür war. Auch wenn nicht ganz auszuschließen ist, daß Mehrfachkolonisation zur Entstehung der Artenschwärme auch in den afrikanischen Seen mit beigetragen hat, so war doch dieser Vorgang offenbar in Seen gemäßigter Breiten, für den Titicaca-See und für die Atheriniden in den Seen der Mesa Central von Mexico (Echelle und Echelle) offenbar von größerer Bedeutung. Eine Verschmelzung kleinerer Seen könnte die Größe der Artenschwärme im Viktoria-See beeinflußt haben (Greenwood 1951). Andererseits haben die Seen im Großen Bekken (*Great Basin*) von Nordamerika, trotz einer Reihe von Veränderungen des Wasserspiegels während des Pleistozäns, keine Artenschwärme hervorgebracht (Smith und Todd 1984).

Soweit es um allopatrische Speziation innerhalb eines Sees geht, wurden drei Möglichkeiten zur Diskussion gestellt:

Seebecken. Ein riesiger See wie der Baikal-See (636 Kilometer Länge) hat mehrere separate Becken; damit wäre bis zu einem gewissen Grad eine allopatrische Speziation im See möglich, vor allem wenn es große Veränderungen des Seespiegels gibt. Gut entwickelte Becken nimmt man auch beim Tanganjika-See an (Fryer und Iles 1972). Allerdings gibt es in den meisten anderen Seen keine großen Becken, obwohl die fünf Großen Seen in Nordamerika in Wirklichkeit fünf Becken eines einzigen großen Sees sind. Es gibt in der Tat einige Hinweise auf beginnende Speziation bei den Ciscoes (Weißfische der Gattung *Coregonus*) in den Großen Seen Nordamerikas (Smith und Todd 1984).

Allopatrische Speziation in einem einzigen See kann sogar in Seen möglich sein, die nicht in separate Seebecken unterteilt sind. Die meisten Spezies in großen Seen kommen nur in einem Teilbereich des Sees vor, und eine solche uneinheitliche Verbreitung begünstigt Speziation im See. Nur etwa ein Viertel der Arten von Haplochrominen (eine Unterfamilie der Cichliden) im Viktoria-See scheinen sich auf den gesamten See zu verteilen. Die Cichliden im Malawi-See sind offenbar noch stärker auf bestimmte Orte beschränkt.

Substratlokalisation. Die recht häufige Annahme, ein See sei ein ziemlich einheitliches Habitat, trifft nicht zu. In fast allen Seen – und dies gilt insbesondere für die großen Seen in Ostafrika – wechseln felsige, sandige und schlammige sublitorale Substrate. Im Gegensatz zu früheren Behauptungen gilt dies auch für den Viktoria-See (Witte 1984). Viele Cichliden-Spezies sind ganz auf eine Art von Habitat beschränkt. Eine solche Abhängigkeit vom Substrat ist am deutlichsten bei Algengrasern, etwas weniger stark bei Fisch- und Allesfressern ausgeprägt. Von vielen Spezies der felsbewohnenden Gattung *Labidochromis* im Malawi-See weiß man, daß sie nur auf bestimmten Gesteinsformationen vorkommen (Lewis 1982). Fast alle Haplochrominen sind Maulbrüter, und man war immer der Ansicht, daß sie, aufs Ganze gesehen, ein geringes Ausbreitungsvermögen haben. Infolgedessen sind viele nah verwandte Spezies nach wie vor allopatrisch (Lewis 1982). Aus den vorliegenden Beschreibungen gewinnt man den Eindruck, daß Habitate in einem See, die sich für eine gegebene Spezies eignen, mehr oder weniger wie die Inseln eines Archipels verstreut und isoliert sind. Speziation in einem See ist daher manchmal mit der Archipel-Speziation landbewohnender Organismen verglichen worden (Brooks 1950; Mayr 1963: 507). Felsbewohnende Spezies auf dem Ufer vorgelagerten Inseln veranschaulichen den Prozeß peripatrischer Speziation besonders gut. Nur von drei unter 150 Mbuna-Spezies am Malawi-Ufer des Malawi-Sees weiß man, daß sie im gesamten Gebiet vorkommen.

Von besonderem Interesse sind die Experimente von McKaye und Gray (1984), die an sandigen Plätzen künstliche Riffe angelegt haben. Diese Riffe wurden von mehr als 20 Spezies kolonisiert; die meisten von ihnen waren Planktonfresser, und man fand sie ansonsten nicht in der Nähe sandiger Habitate vor. Es existiert hier offenbar ein noch nicht gelöster Widerspruch zwischen diesem Ausbreitungsvermögen und der Tatsache, daß diese Planktonfresser zu den artenreichsten von allen haplochrominen Cichliden gehören.

Isolation der Laichplätze. Diskontinuitäten zwischen Laichplätzen, selbst dann, wenn keine sichtbaren Barrieren vorhanden sind, könnten ein Mittel sein, um für eine Isolation zu sorgen, die die Vorbedingung für den Erwerb von Isolationsmechanismen ist. Es ist zu betonen, daß es zwei klassische Theorien für diesen Prozeß gibt. Laut der einen Theorie – der von Darwin, H. J. Muller und mir – werden die Isolationsmechanismen im Verlauf einer räumlichen Isolation als Nebenprodukt der genetischen Veränderungen der isolierten Population erworben. Laut der anderen Theorie – der von A. R. Wallace und Dobzhansky – bilden sich die Isolationsmechanismen während der Isolation nur sehr unvollkommen heraus und werden durch natürliche Auslese (nämlich aufgrund der Unterlegenheit der Hybriden) erst nach dem sekundären Aufeinandertreffen der Neospezies vervollkommnet. Daß bei den See-Cichliden fast keine Hybriden vorkommen, ist ein überzeugender Beweis für die Gültigkeit der Darwinschen Theorie, was die Artenschwärme in Seen betrifft.

Um einen Fall allopatrischer Speziation zu erklären, muß man daher zwei Faktorenkonstellationen klären. Es handelt sich dabei (1) um die Isolationsfaktoren, die die Unversehrtheit der werdenden Spezies während der Periode ihrer genetischen Umstrukturierung wahren, und (2) um die Faktoren, die für das Aufbauen von Isolationsmechanismen verantwortlich sind, ehe ein Kontakt mit der Spezies besteht, gegen die die Isolationsmechanismen schließlich eingesetzt werden.

Was räumliche Isolation betrifft, so weist vieles darauf hin, daß so grobe Kriterien bezüglich Substraten wie Felsen, Sand oder Schlamm nicht ausreichen, um die üppige Speziation von Cichliden in den ostafrikanischen Seen zu erklären. Es gibt jedoch einen Aspekt von Speziation in einem See, der nicht genügend betont worden ist. Während Speziation bei landbewohnenden Organismen durch ihre Beschränkung auf einen zweidimensionalen Raum begrenzt ist, steht den Seebewohnern eine dritte Dimension zur Verfügung. Es gibt eindeutige Hinweise darauf, daß diese zusätzliche Dimension Speziation erleichtert. Aber es gibt auch noch andere Faktoren. Der wichtigste ist die Tatsache, daß die Wassermasse eines Sees nicht homogen ist; dies gilt insbesondere für die Nahrungsressourcen. Es ist allgemein bekannt, daß die Sterblichkeitsrate von Fischen bei der frisch geschlüpften Brut am höchsten ist. Wenn sie in einem Gebiet schlüpfen, wo reichlich Nahrung vorhanden ist, wird die Überlebensrate hoch sein. Diese Tatsache setzt eine Speziationskraft hinsichtlich des Verhaltens der laichenden Eltern in Gang, und zwar geht es darum, den geeigneten Platz zu finden (Heimfindevermögen) und den richtigen Zeitpunkt zu wählen (Smith und Todd 1984). Individuen, die nicht zur richtigen Zeit und nicht am richtigen Ort laichen, laufen Gefahr, geringeren reproduktiven Erfolg zu haben. Dies führt zu einer lokalen Anhäufung von Laichpopulationen und einem kontinuierlichen Anwachsen von Philopatrie.

Aber wie entwickeln solche Anhäufungen laichender Populationen Isolationsmechanismen gegeneinander? Dies war seit jeher eine Schwachstelle in der Darwinschen Theorie, wie sie von neueren Evolutionstheoretikern interpretiert wurde. Wie andere hatte auch ich (1963: 551) angenommen, die Isolationsmechanismen entstünden als Nebenprodukt der ökologischen Divergenz der werdenden Spezies; diese Interpretation war jedoch nicht sehr überzeugend, und zwar weil die Nischenunterschiede bei vielen solchen Spezies geringfügig sind, wie die Ansammlungen von laichenden Fischen in Seen zeigen.

Erst kürzlich hat man entdeckt, daß die wahrscheinlichen kausalen Faktoren bei der Entstehung von Isolationsmechanismen in der sexuellen Auslese zu suchen sind. Ich halte Domineys (1984) Erklärung, die weitgehend auf Thornhill und Alcock (1983) und West-Eberhard (1983) aufbaut, für absolut überzeugend. Lokale Trends hinsichtlich der Partnerwahl können sich offenbar in kleinen isolierten Populationen ziemlich rasch ändern und sich zu verhaltensbezogenen Isolationsmechanismen weiterentwickeln. Darüber hinaus dienen sie als Erkennungsmerkmale für die Individuen, die zu einer laichenden Ansammlung gehören, und verstärken so die räumliche Isolation. Dominey betont ganz zu Recht, welch große Bedeutung dem System der Partnerwahl bei Cichliden für diesen Prozeß der Speziation zukommt. Obwohl die Entfernungen zwischen den Ansammlungen laichender Populationen unter Umständen sehr gering sind, ist die Isolation dennoch räumlicher Art, und der Prozeß kann mit Recht als mikroallopatrisch bezeichnet werden.

Eine der Schlußfolgerungen aus diesem Modell der Speziation in Seen (Smith und Todd 1984) ist, daß die ersten Merkmale, die divergieren, sich eigentlich auf das Werbungsverhalten beziehen müßten, während Merkmale, die im Zusammenhang mit der Konkurrenz um gemeinsame Ressourcen stehen, sich erst später herausbilden, vor allem wenn Sympatrie hergestellt ist. Die Häufigkeit von Farbunterschieden bei Männchen in Zwillingsspezies stimmt mit dieser Vorhersage überein. Im Gegensatz dazu sähen die morphologischen Folgen einer sympatrischen Speziation so aus, daß die mit gemeinsamen Ressourcen (Nahrungsnutzung) zusammenhängenden Merkmale als erste divergieren müßten. Schließlich wird es immer zu einer Merkmaldivergenz kommen, wenn solche neu evolvierten Spezies in Konkurrenz miteinander treten: morphologische Merkmale, die Ressourcenaufteilung verstärken, werden sich entwickeln.

Laut diesem Modell ist ein Großteil der Speziation in Seen auf die Wechselwirkung zweier Faktorenkonstellationen zurückzuführen; die eine hat etwas mit dem Laichplatz (richtige Umgebung und Philopatrie) zu tun, während die andere sich auf die Entwicklung genetischer Mechanismen für lokalisierte Erkennungsmerkmale, die die laichenden Fische von vagabundierenden Individuen anderer Populationen isolieren, betrifft. Ein solches Erkennungsmuster (verhaltensbezogene Isolation) könnte vermutlich mittels ganz weniger genetischer Veränderungen erworben werden. Sobald es einmal übernommen ist, scheint es ziemlich gut zu funktionieren; das zeigt die Tatsache, daß es bei See-Cichliden praktisch keine Hybriden gibt. Das vielschichtige Werbungsverhalten verhindert vermutlich Fälle von »Mesalliancen«.

Das Smith-Todd-Dominey-Modell ist zur Zeit nicht viel mehr als eine Arbeitshypothese, obwohl es hervorragend zu den bekannten Fakten paßt. Es bedarf noch erheblicher Feldforschungen, um die Gültigkeit der verschiedenen Annahmen zu überprüfen. Wie lange bleiben die Laichgebiete bestehen, und inwieweit ist der Nahrungsvorrat für die geschlüpften Jungfische gesichert? Wie weit verbreiten sich die Nachkommen eines gegebenen Weibchens? Wie wählerisch sind Weibchen, wenn sie sich zwischen zwei Arten von Männchen entscheiden können? Untersuchungen der biologischen Geschichte werden vermutlich weit mehr Licht auf die Speziation in Seen werfen als Versuche einer genetischen Analyse. Leider ist es so, daß wir selbst bei der *Drosophila* und anderen vom Genetischen her weitgehend erforschten landbewohnenden Spezies praktisch noch nicht viel darüber wissen, welche genetischen Faktoren wirklich für die Speziation verantwortlich sind (Barigozzi 1983). Neueste Forschungen haben erwiesen, daß die afrikanischen Seen großen Schwankungen des Wasserspiegels unterworfen waren (Owen et al. 1990).

Der oben postulierte Prozeß der Speziation in Seen gilt hauptsächlich für die Cichliden-Artenschwärme in den Seen der tropischen Zonen Ostafrikas. Im Gegensatz dazu dominieren bei der Speziation in Seen in gemäßigten Breiten andere Faktoren. Hier werden offensichtlich jahreszeitlich bedingte Phänomene genutzt, um Isolation herzustellen. Die Laichzeit wie auch Laichwanderungen scheinen hier eine viel größere Rolle zu spielen als in tropischen Seen, und einige der Laichwanderungen könnten ein Nebenprodukt einer mehrfachen Kolonisation gewesen sein (Smith und Todd 1984).

Fischschwärme und die Evolutionstheorie

Die Erforschung von Artenschwärmen bei Fischen in Süßwasserseen leistet einen wesentlichen Beitrag zur Evolutionstheorie. Beispielsweise rufen uns die zwei Morphotypen bei den Cichliden in den Cuatro Ciénegas ins Gedächtnis, daß der Begriff *graduelle Evolution* zwei ganz verschiedene Bedeutungen hat, die fast unausweichlich miteinander verwechselt werden. Gradualismus bei Populationen war für Darwin in seinem Kampf gegen den Essentialismus ungeheuer wichtig. Neue Arten entstehen durch die graduelle Umformung von Populationen. Dies ist keineswegs dasselbe wie phänotypischer Gradualismus, da eine einzelne Population hinsichtlich deutlich verschiedener Phänotypen polymorph sein kann. Phänotypische Diskontinuitäten sind nicht unbedingt unvereinbar mit Gradualismus bei Populationen.

In den ostafrikanischen Seen besteht eine interessante Beziehung zwischen dem Alter des Sees und dem durchschnittlichen morphologischen Abstand der Spezies zueinander. Im jüngsten dieser Seen, dem Viktoria-See, der höchstens 750 000 Jahre alt ist, gibt es keine extremen Morphotypen, und verwandte Spezies sind durch Zwischenformen, die eine Morphokline bilden, miteinander verbunden (Greenwood 1984 a). Im Gegensatz dazu haben sich im Tanganjika-See, der mindestens zwei Millionen Jahre alt ist, ziemlich unterschiedliche Typen entwickelt, und der durchschnittliche morphologische Abstand zwischen den Spezies ist viel größer. Der Malawi-See, der offenbar jünger ist, nimmt hinsichtlich des morphologischen Abstands zwischen den Spezies eine Zwischenstellung ein. Alles scheint darauf hinzudeuten, daß die natürliche Auslese nach wie vor Spezies zu einer immer stärkeren Divergenz treibt und zwischengeschaltete Typen leichter aussterben, vermutlich weil sie im Konkurrenzkampf unterliegen.

Die Spezialisierungen in den ostafrikanischen Seen verdeutlichen den Opportunismus der natürlichen Auslese. In den verschiedenen Seen hat sich eine parallele Nutzung der gleichen Ressourcen (trophische Typen) entwickelt, und in Verbindung damit ist es zu parallelen morphologischen Spezialisierungen gekommen. Anscheinend werden in allen Seen alle wichtigen potentiellen Ressourcen ausgenützt. Verschiedene Arten von Organismen können sich in ganz verschiedene Richtungen entwickeln, selbst unter ähnlichen Bedingungen. Für einen solchen evolutionären Pluralismus, der ganz zu Recht von etlichen neueren Autoren hervorgehoben wird, bieten gerade die Fischschwärme reiches Anschauungsmaterial. Die Cichliden und Coregoniden zum Beispiel weisen einen ganz anderen Entwicklungsprozeß auf als andere Fische, mit denen sie ihr Habitat teilen; auch die Entwicklung wirbelloser Tiere, die im Süßwasser leben, verläuft ganz anders. Gründerpopulationen können gelegentlich ziemlich verschiedene Phänotypen erwerben oder aber sich als Zwillingsspezies, die sich morphologisch kaum verändern, entwickeln, um ein weiteres Beispiel für einen solchen Pluralismus zu nennen. Und auch wenn die meisten Spezies durch peripatrische Speziation entstanden sein müssen, haben sie sich dennoch ein durchschnittliches Maß an Heterozygotie bewahrt, und der gleiche Polymorphismus kann in ziemlich weitläufig verwandten Spezies auftauchen (Sage et al. 1984). Man darf nicht vergessen, daß Heterozygotie während einer peripatrischen Speziation nicht unbedingt so weit als möglich ausgeschaltet werden muß, vorausgesetzt, die Periode des Engpasses ist sehr kurz (Nei et al. 1975).

Cichliden-Spezies liefern viele Beispiele für eine Mosaikevolution. Trophische Spezialisierung beispielsweise und reproduktive Isolation scheinen sich unabhängig voneinander zu entwickeln. Bei *Cichlasoma minckleyi* hat sich trophischer Polymorphismus entwickelt, aber keine reproduktive Isolation. Bei den zahlreichen Geschwisterspezies in den ostafrikanischen Seen hat sich reproduktive Isolation ohne trophische Spezialisierung entwickelt.

Cichliden dienten lange Zeit als das bei weitem beste Beispiel für eine ungeheuer schnelle Speziation (Mayr 1967). Für einen Zeitraum von drei- bis viertausend Jahren gibt es jede Menge Beweise für Speziation, etwa bei den Cichliden im Nabugabo-See (Greenwood 1965). Angesichts dieser Geschwindigkeit überrascht es nicht, wie geringfügig die morphologische Veränderung war. Überraschend ist vielleicht die Schnelligkeit, mit der die zu erwartenden Isolationsmechanismen erworben werden (Dominey 1984).

Gelegentlich ist die Vermutung geäußert worden, daß der Viktoria-See während einer der Dürreperioden des Pleistozäns, vor etwa 14 000 Jahren, völlig ausgetrocknet war. Die Hervorbringung von mehr als 200 endemischen Spezies von Haplochrominen innerhalb einer so kurzen Zeit scheint äußerst unwahrscheinlich. Wenn wir jedoch davon ausgehen, daß jedes Speziationsereignis etwa 2800 Jahre braucht und die Gründerpopulation des neuen Viktoria-Sees durch peripatrische Speziation in verschiedenen Teilen des neuen Sees drei Tochterspezies hervorgebracht hat und daß dieser Prozeß sich alle 2800 Jahre wiederholt hat, dann könnte es nach 14 000 Jahren 243 Spezies geben.

Ich weiß von keinem anderen Organismus, für den man eine derart schnelle Speziation auch nur in Betracht ziehen könnte. In Wirklichkeit ist der Viktoria-See wahrscheinlich nie vollständig ausgetrocknet, sondern lediglich auf eine Reihe von Tümpeln und Teichen zusammengeschrumpft gewesen, in denen zumindest ein Teil der vorher existierenden Fischfauna überlebt hat. Wenn man von dieser Annahme ausgeht, könnte man für ein einzelnes Speziationsereignis weit mehr Zeit veranschlagen als 2800 Jahre. Aber es kann viel schneller gehen (Owen et al. 1990).

All dies lehrt uns – und zwar in Übereinstimmung mit den Warnungen mehrerer führender Evolutionstheoretiker –, daß es eine große Vielfalt von evolutionären Prozessen gibt und die Parameter, die für eine Gruppe von Organismen gültig sind, nicht in Bausch und Bogen auf eine andere Gruppe anwendbar sind. In der Evolutionsbiologie gibt es – wenn überhaupt – nur ganz wenige generelle Gesetze (Mayr 1967).

Adaptive Radiation und Konkurrenzausschluß

Die Koexistenz Hunderter nah verwandter Spezies in ein und demselben See wirft einige grundsätzliche Fragen hinsichtlich Konkurrenz und Ressourcennutzung auf. Inwieweit – wenn überhaupt – widerspricht die Existenz von Fischschwärmen in Süßwasserseen dem Konkurrenzausschlußprinzip? Greenwood hat dieses Problem glänzend analysiert (1984). Es versteht sich von selbst, daß Konkurrenz sein muß. Die Tatsache, daß die morphologische Divergenz im Tanganjika-See, dem ältesten der afrikanischen Seen, größer ist als in dem relativ jungen Viktoria-See, weist darauf hin, daß dauernd Selektionskräfte wirken. Wie heftig der Konkurrenzkampf ist, darauf läßt auch die Tatsache schließen, daß die Haplochrominen alle nur denkbaren Ressourcen nutzen und jedes echte Seehabitat von einer oder mehreren Haplochrominen-Spezies besetzt ist. Dennoch gibt es weit mehr Spezies als trophische Typen; beispielsweise sind von den 11 trophischen Typen unter den mehr als 250 Haplochrominen-Spezies im Viktoria-See 30 bis 40 Prozent Fischfresser.

Welche Faktoren ermöglichen die Koexistenz so vieler Konkurrenten und verhindern, daß sie sich gegenseitig ausrotten? Die adaptive Radiation wurde offensichtlich dadurch ermöglicht, daß die Haplochrominen eine ungewöhnliche Neigung haben, neue Nischen zu erkunden. Dies stimmt mit der Beobachtung überein, daß die meisten Organismen ein ziemlich offenes genetisches Programm haben, was Habitat und Nahrungsnutzung betrifft (Mayr 1974). Es überrascht nicht, daß sich in verschiedenen Seen, in denen ähnlich vielfältige Ressourcen zur Verfügung stehen, parallele Adaptationen entwickelt haben. Ich würde es vorziehen, wenn man in solchen Fällen nicht von »dem deterministischen Wirken der Selektion« (Greenwood 1984a) spricht, da ich am Opportunismus der natürlichen Auslese nichts Deterministisches entdecken kann. Wenn diejenigen Individuen einer bestimmten Population, die besser Schnecken aufzubrechen vermögen, mehr Nachkommen hinterlassen als andere Mitglieder ihrer Population, dann ist doch wohl anzunehmen, daß die natürliche Auslese diejenigen Verhaltensweisen oder strukturellen Modifikationen begünstigt, die die Nutzung von Schnecken als Nahrungsressourcen erleichtern.

Welches sind dann die Faktoren, die den Konkurrenzkampf abschwächen? Erstens sind viele Spezies lokal gebunden, und obwohl im Viktoria-See möglicherweise mehr als 250 Haplochrominen koexistieren, leben sie doch nicht alle an der gleichen Stelle. Zudem wird eine Syntopie oft durch Ausschluß in Raum oder Zeit abgeschwächt. Häufig schränkt auch eine Vorliebe für unterschiedliche Wassertiefen bei potentiellen Konkurrenten die Konkurrenz ein (Marsh et al. 1981). Witte (1984) hat besonders sorgfältig Nischenunterschiede bei ähnlichen Spezies analysiert. Beispielsweise stellte sich jeder Fall von angeblicher »völliger interspezifischer Überlappung« bei Organismen im Viktoria-See, die sich von Zooplankton ernähren, bei einer eingehenden Untersuchung als Nischentrennung heraus. Mit einer gründlichen Untersuchung der Ökologie dieser Spezies wird erst jetzt allmählich begonnen, und bislang weiß man noch sehr wenig über die Einzelheiten ihres Lebenszyklus, jahreszeitliche Unterschiede hinsichtlich Nahrungsnutzung und andere Aspekte, die eine Rolle für eine Einschränkung des Wettbewerbs spielen.

Ein erstaunliches Ergebnis ist, daß einige strukturell ziemlich spezialisierte trophische Typen sich dennoch fast beliebig ernähren können; sie nutzen eine Vielfalt verschiedener Ressourcen. Greenwood weist auf das scheinbare Paradoxon hin, daß die Spezialisten unter den Cichliden normalerweise auch die allgemeineren Futternischen ausnützen können, während die Allesfresser genau das Gegenteil tun. Daher ist es – entgegen weitverbreiteten Annahmen – der Spezialist, der über die Möglichkeit verfügt, eine größere Vielfalt von Nahrungsnischen zu nutzen. In der Tat ist, wie Liem und Kaufman (1984) betonen, der Beutefangmechanismus bei Cichliden so gebaut, daß er sich auf vielerlei Probleme einstellen kann. Auch ohne Umstrukturierung der Kiefer und der damit zusammenhängenden Muskeln kann es zu tiefgreifenden funktionalen Veränderungen kommen. Und ein scheinbar ziemlich drastischer Unterschied, etwa zwischen den molariförmigen und den papilliförmigen Morphen bei *Cichlasoma minckleyi*, kann durch eine winzige Veränderung der Regulationsgene hervorgerufen werden.

Die neueren Arbeiten vor allem zu den Haplochrominen in Ostafrika tragen erheblich zur Erhellung der Beziehung zwischen Verhalten, Struktur, Speziation und Futternische bei. Die Tatsache, daß die meisten nah verwandten Spezies überhaupt keine oder nur minimale morphologische Unterschiede in ihren trophischen Adaptationen aufweisen, läßt darauf schließen, daß morphologische Differenzierung keine Voraussetzung und noch nicht einmal eine notwendige Begleiterscheinung von Speziation ist. Der Leitsatz, Verhalten sei der Schrittmacher der Evolution, wird von den evolutionären Veränderungen bei den Cichliden-Artenschwärmen massiv untermauert. Interessant ist auch der Grad, bis zu dem evolutionärer Wandel auf trophische Strukturen beschränkt ist. »Unterschiede in der Körperform sind bemerkenswert gering« (Greenwood 1984a). Die Cichliden haben also eine beträchtliche ökologische Evolution durchgemacht, ohne daß damit eine morphologische Evolution einhergegangen wäre. Dies entspricht der Situation bei den Singvögeln (Oscines = Sperlingsvögel), wo man ebenfalls – abgesehen von der Färbung und Merkmalen des Schnabels und der Füße – eine bemerkenswert geringe Divergenz feststellen kann.

Natürlich gibt es nach wie vor viele offene Fragen, und mit Sicherheit wird man bei der weiteren Untersuchung der Ökologie und des Verhaltens der Cichliden-Artenschwärme auf noch mehr problematische Aspekte der Evolution stoßen. Greenwood (1984a) greift eine Frage auf, die in der Geschichte des Darwinismus oft gestellt worden ist, wenn er konstatiert: »Es fällt schwer, sich vorzustellen, wie man sich auf Selektion berufen kann, um die Evolution hochgradig abgeleiteter Merkmale (Spezialisierung der

Zähne) zu erklären, wenn nach wie vor funktionale und morphologische Zwischenstufen in Spezies anzutreffen sind, die syntopisch mit stärker abgeleiteten Formen auftreten.« In gewisser Weise ist dies nichts anderes als eine Neuformulierung der Frage, die im letzten Jahrhundert von Anti-Darwinisten aufgeworfen wurde:»Warum sollten sich höhere Organismen entwickeln, wenn einfache wie Bakterien und Einzeller so ungeheuer erfolgreich sind?« Eine einzelne Komponente des Phänotyps, etwa die Spezialisierung des Gebisses, macht natürlich noch nicht den gesamten adaptiven Wert eines Organismus aus. Jede neu sich entwickelnde Spezies verfügt wahrscheinlich über ein Merkmal – das durchaus nicht unbedingt struktureller Art sein muß –, das sie befähigt, erfolgreich zu konkurrieren und auf diese Weise mit anderen Spezies zu koexistieren, die möglicherweise eine strukturelle Spezialisierung erworben haben.

Viele wichtige biologische Probleme können durch die Untersuchung selbst so spezialisierter Objekte wie der Fisch-Artenschwärme in Süßwasserseen erhellt werden. Und dennoch, die Analyse dieser faszinierenden evolutionären Phänomene steht noch ganz am Anfang. Wir haben allen Grund zu der Annahme, daß weitere Untersuchungen zu neuen quälenden Fragen führen werden, daß sie aber auch zur Lösung noch offener Probleme beitragen. Am wichtigsten ist es zum gegenwärtigen Zeitpunkt, derlei Untersuchungen so schnell und intensiv wie möglich durchzuführen, solange diese mannigfaltigen Faunen noch existieren.[1] Der Lanao-See und andere Seen, in denen die endemischen Faunen weitgehend ausgestorben sind, stellen eine bedrohliche Warnung dar, was die Zukunft möglicherweise noch auf Lager hat.

Anmerkungen

Der vorliegende Essay ist eine gekürzte Fassung einer Arbeit, die erstmals in A. A. Echelle und I. Kornfield (ed.), *Evolution of Fish Species Flocks*, S. 3–11, unter dem Titel »Evolution of fish species flocks: a commentary (Entwicklung von Fisch-Artenschwärmen: ein Kommentar)« erschienen ist. (Orono, Maine: University of Maine Press, 1984)

1 Die vielfältige Cichliden-Fauna im Viktoria-See ist inzwischen durch die Einführung eines Raubfisches, des Nilbarsches, fast völlig ausgerottet worden (Barel, C. D. N., ed., 1986 *The Decline of Lake Victoria's Cichlid Species Flock*. Leiden, Niederlande: Forschungsgruppe ökologische Morphologie, Zoologisches Laboratorium). Leider besteht die Gefahr, daß dieser Fisch auch in anderen afrikanischen Seen ausgesetzt und dort eine ähnliche Katastrophe ausgelöst wird.

Teil VI
MAKROEVOLUTION

Einführung

Seit Darwin war unter den Evolutionstheoretikern die Auffassung weit verbreitet, evolutionäre Prozesse, die in Populationen und Spezies stattfinden, würden sich von den evolutionären Phänomenen, wie sie für höhere Kategorien charakteristisch sind und innerhalb geologischer Zeiträume ablaufen, unterscheiden. Schließlich bürgerte sich für Evolution auf der Ebene der Spezies und darunter die Bezeichnung Mikroevolution und für Evolution über dem Speziesniveau die Bezeichnung Makroevolution ein. Diese Definition löste fast automatisch eine Kontroverse aus, da sie in den Augen einiger Evolutionstheoretiker einen grundlegenden Unterschied zwischen den beiden Arten von Evolution implizierte. Andere, insbesondere die meisten Genetiker, machten geltend, die genetischen Mechanismen, von denen man weiß, daß sie in Populationen wirksam sind, könnten auch solche makroevolutionären Phänomene wie die Entstehung neuer, höherer Taxa und den Ursprung struktureller Neuerungen und funktionaler Verschiebungen erklären, eine Behauptung, der sich auch all die Architekten der synthetischen Evolutionstheorie anschlossen. In Wirklichkeit konnten die Genetiker nichts weiter beweisen, als daß makroevolutionäre Phänomene mit den bekannten genetischen Prozessen in Einklang stehen. Es gab jedoch keinerlei Beweis dafür, daß makroevolutionäre Phänomene tatsächlich durch die gleichen genetischen Mechanismen verursacht werden, die Variation innerhalb von Populationen charakterisieren.

Eine kritische Durchsicht der im Rahmen der synthetischen Evolutionstheorie erschienenen Veröffentlichungen zeigt, daß die Probleme der Makroevolution recht vernachlässigt wurden. Das hatte vor allem zwei Gründe. Erstens war es vor der Entwicklung

der Molekularbiologie unmöglich, mittels der klassischen genetischen Methoden einen Zugang zu makroevolutionären Phänomenen zu finden, da man Angehörige höherer Taxa nicht kreuzen
kann. Der zweite Grund war, daß die Interessen der Paläontologen und vergleichenden Anatomen sich bemerkenswerterweise
auf die vertikale (transformationelle) Komponente der Evolution beschränkten. In den Werken von Simpson, Rensch und
Huxley wird dies ganz deutlich. Es fällt auf, daß eine gründliche
Erforschung des tatsächlichen Ursprungs organischer Vielfältigkeit und insbesondere des Zusammenhangs zwischen Speziation
und dem Ursprung höherer Taxa in dieser Literatur fehlte.
Schließlich können makroevolutionäre Prozesse, mehr als fast
alle anderen Prozesse in der Evolutionsbiologie, nur indirekt er-
schlossen werden, und in einer im Übermaß experimentell-reduk-
tionistisch orientierten Zeit gab es beträchtliche Widerstände,
derlei Schlußfolgerungen anzustellen. Man übersah dabei, daß
einige der interessantesten Aspekte der Evolution für immer im
Dunkel bleiben würden, wenn man sich nicht bemühte, Prozesse, die in der Vergangenheit abgelaufen waren, zu rekonstruieren.

Jedes Ereignis in der evolutionären Vergangenheit wirft faszi-
nierende Fragen auf. Beispielsweise könnte man fragen, warum
Säugetiere während der 150 Millionen Jahre vom Trias bis zum
Paläozän so vergleichsweise wenig Erfolg hatten und dann plötzlich so ungeheuer erfolgreich wurden. Dem Vorschlag von Anatomen, ein zweiter Gaumen (und die neuen Funktionen, die er ermöglichte) könnte der Grund dafür gewesen sein, hält Gould
(1982: 385) ganz zu Recht entgegen, daß es möglicherweise überhaupt nichts mit dem Gaumen zu tun hatte, sondern daß eher die
geringe Größe und ihre nächtlichen Lebensgewohnheiten es den
mesozoischen Säugern ermöglichten, mit den Dinosauriern zu-
sammenzuleben und sie schließlich zu überleben. Auch wenn wir
vielleicht nie in der Lage sein werden, das genaue Szenario zu rekonstruieren, so bereichert doch allein schon die Tatsache, daß
wir solche Fragen stellen, unser Verständnis vergangener Epochen enorm.

Der Hauptstreitpunkt in der Kontroverse über die Makroevolution war die von Darwin und seinen Nachfolgern aufgestellte Be-

hauptung, Makroevolution sei nichts anderes als eine vergrößerte Ausweitung der Evolution auf der Ebene von Populationen und Spezies. Wie ich 1942 (S. 298) festgestellt habe: »Alle Prozesse und Phänomene der Makroevolution und die Entstehung höherer Kategorien lassen sich auf Variation innerhalb von Spezies zurückführen, auch wenn derartige Prozesse normalerweise anfangs in winzigen Schritten stattfinden.« Diese Feststellung ergibt sich zwingend aus der Tatsache, daß ein Individuum nur über einen einzigen Genotyp verfügt, ob wir es nun als Mitglied der Population, einer Spezies oder eines höheren Taxons untersuchen. Während der Periode der synthetischen Evolutionstheorie, in deren Rahmen ich diese Feststellung traf, betrachtete man alle Gene als gleichwertig. Seit jener Zeit hat die von Molekularbiologen entdeckte große Heterogenität der Komponenten des Genotyps zahlreiche neue Fragen aufgeworfen, die bislang unbeantwortet geblieben sind.

In Essay 16 führe ich noch einmal Beweismaterial dafür an, daß bestimmte Bereiche des Genotyps sich bis zu einem gewissen Punkt im Rahmen der Makroevolution als Einheiten verhalten. (Weitere Beweise, die für einen besonderen Zusammenhalt von Komponenten des Genotyps sprechen, siehe Kapitel 10 in Mayr 1963 und 1970.)

In Essay 17 mache ich mir Gedanken über die Rolle, die Gründerpopulationen bei der Umstrukturierung solcher Bereiche des Genotyps spielen. Meiner Ansicht nach haben relativ geringfügige genetische Veränderungen möglicherweise ziemlich weitreichende Auswirkungen auf die Nischenbesetzung und Angepaßtheit solcher Populationen. Und solche »revolutionären« Ereignisse könnten für die Makroevolution von Bedeutung sein. Aufgrund der Unvollständigkeit der Fossilienüberlieferung würde der Paläontologe solche Ereignisse als Saltationen interpretieren; in Wirklichkeit handelt es sich dabei jedoch um völlig normale Darwinsche Prozesse – graduell, trotz der Geschwindigkeit, mit der sie ablaufen.

Eine detaillierte faktische und historische Analyse der Theorie der punktierten Gleichgewichte (Eldredge und Gould) ist Gegenstand von Essay 18. Darin versuche ich zu zeigen, daß eine gemäßigte Version dieser Theorie, die auf meiner Theorie der Spezia-

tionsevolution aufbaut, Darwinschen Ansichten nicht zuwiderläuft und besser mit den beobachteten Phänomenen der Evolution
übereinstimmt als Theorien, die die Rolle der Speziation für die
Evolution überhaupt nicht in Betracht ziehen.

15 Erklärt Mikroevolution die Makroevolution?

Von all den Behauptungen, die im Rahmen der synthetischen Evolutionstheorie aufgestellt wurden, traf vermutlich diejenige am wenigsten auf Zustimmung, alle Phänomene der Makroevolution könnten auf mikroevolutionäre genetische Prozesse »reduziert« und folglich durch sie erklärt werden. Es ist nicht weiter überraschend, daß diese Behauptung normalerweise von Genetikern unterstützt, von allen Biologen, die sich mit Makroevolution beschäftigten, Morphologen und Paläontologen jedoch weitgehend abgelehnt wurde. Viele von ihnen bestanden darauf, daß zwischen den Prozessen auf den beiden Ebenen eine mehr oder minder vollständige Diskontinuität bestehe – daß das, was auf der Ebene der Spezies geschieht, sich grundlegend von dem unterscheidet, was auf der Ebene der höheren Kategorien abläuft. Jetzt, mehr als fünfzig Jahre später, scheint dieser Streit immer noch nicht entschieden zu sein.

Warum scheinen diese beiden Standpunkte so unvereinbar zu sein? Es ist mittlerweile ziemlich klar, daß wir es hier mit zwei unterschiedlichen Ebenen innerhalb einer Hierarchie von Ebenen zu tun haben, wobei eine jede Ebene ihren eigenen Gegenstand und ihre eigene Methodologie hat. Genetik erklärt Mikroevolution mittels einer Erforschung des Verhaltens von Genen in Populationen – das heißt, sie konzentriert sich auf Veränderung im Genotyp. Man kann diese Methode nicht unmittelbar auf die Ebene höherer Kategorien übertragen. Im Gegensatz dazu geht Makroevolution von der Erforschung von Phänotypen aus. Solche makroevolutionären Phänomene wie Präadaptation, Funktionswandel und die Entstehung evolutionärer Neuerungen oder höherer Taxa müssen mittels eines Vergleichs von Phänotypen untersucht werden. Bis vor kurzem wußte niemand, wie man an die zugrundeliegenden genetischen Mechanismen von makroevolutionären Veränderungen des Phänotyps herankommen könnte. Aus diesem Grund gaben die beiden Genetiker Stebbins und Ayala unumwunden zu, daß »die Entscheidung, welche von alternativen [makroevolutionären] Hypothesen korrekt ist, nicht durch einen Rekurs auf mikroevolutionäre Prinzipien getroffen werden kann. ...Daher handelt es sich bei der Makroevolution um einen autonomen Bereich der Evolutionsforschung, und in diesem epistemologisch sehr wichtigen Sinne ist Makroevolution von der Mikroevolution abgekoppelt« (1981: 971).

Ist die Erforschung von Makroevolution ein autonomer Zweig der Evolutionsbiologie, wie Stebbins und Ayala meinen, oder geht Mikroevolution unmerklich in Makroevolution über, so daß die Erkenntnisse einer intraspezifischen Genetik auch Makroevolution erklären? Die Literatur zu dieser Frage vermittelt einem den Eindruck, daß es sich hier um einen unlösbaren Konflikt handelt, aber die gegensätzlichen Standpunkte in dieser Kontroverse lassen sich einander beträchtlich annähern, wenn wir erkennen, daß es dabei um zwei ziemlich verschiedene Dinge geht:

(1) Genetische Veränderungen, selbst solche, die zu Ordnungen, Klassen oder Stämmen führen, finden in den Genotypen von Individuen statt und gehorchen den gleichen Gesetzmäßigkeiten wie irgendeine intraspezifische Variation. Jeglicher evolutionäre Wandel von makroevolutionärer Bedeutung ist gleichzeitig ein Wandel in einer lokalen Population. In dieser Hinsicht gibt es keine Entkoppelung von Makro- und Mikroevolution.

(2) Die traditionelle Definition von Evolution, wie sie die Genetiker übernommen haben (»Veränderungen in den Genhäufigkeiten«), ist jedoch äußerst irreführend. Evolution ist ein Wandel hinsichtlich Adaptation und organischer Mannigfaltigkeit (Mayr 1977). Alle makroevolutionären Phänomene und Prozesse – etwa Adaptation, Konvergenz, Evolutionsrate und Veränderung von adaptiven Zonen – beziehen sich auf Phänotypen und lassen sich ohne Bezugnahme auf ihre genetische Grundlage untersuchen. In der Tat haben wir alles, was wir bis jetzt über Makroevolution wissen, durch die Untersuchung von Phänotypen herausgefunden; die Evolutionsgenetik hat dazu bislang praktisch keinerlei direkten Beitrag geleistet. In dieser Hinsicht ist Makroevolution in der Tat ein von der Mikroevolution völlig entkoppelter Forschungsbereich.

Wenn wir uns mit Makroevolution befassen – sagen wir einmal, mit der Entstehung der Vögel aus Reptilien oder der Hominidenevolution vom Affen bis hin zum Menschen –, untersuchen wir traditionellerweise Phänotypen, und zwar insbesondere morphologische Veränderungen. Und – wie schon so oft gesagt worden ist – die Unterschiede zwischen den Phänotypen der höheren Taxa sind normalerweise von einer ganz anderen Größenordnung als die Unterschiede zwischen Individuen einer Population oder einer Spezies. Daher bezieht sich die phänotypische Untersuchung von Mikroevolution im allgemeinen auf ganz andere Phänomene als die Erforschung von Makroevolution. (Zugegeben, diese Ansicht ist nicht unwidersprochen geblieben.) Stebbins und Ayala haben ganz recht, wenn sie feststellen, daß »Makroevolution ein autonomer Forschungsbereich ist, der seine eigenen Theorien entwickeln und überprüfen muß« – Theorien, die »nicht (zumindest nicht beim gegenwärtigen Wissenstand und möglicherweise prinzipiell nicht) auf mikroevolutionäre Theorien zurückführbar sind« (1981:970). Im Lauf der letzten Jahrzehnte sind zahlreiche Monographien und Symposionsberichte veröffentlicht worden, die zeigen, wieviel ein rein phänotypischer Ansatz, verbunden mit ökologischen und verhaltensbezogenen Fragestellungen, zu einem Verständnis von Makroevolution beitragen kann.

Und dennoch verbindet die Tatsache, daß das Individuum die Zielscheibe der Selektion und die Population der Ort evolutionären Wandels ist, automatisch alle makroevolutionären Prozesse mit der mikroevolutionären Ebene. Wie läßt sich also die Kluft zwischen der genetischen Analyse innerhalb einer Population und der makroevolutionären Untersuchung von Phänotypen überbrücken? Wohlgemerkt, Mutation, stochastische Prozesse und Selektion spielen in der Makroevolution ebenso eine Rolle wie in der Mikroevolution. Aber die Behauptung, diese drei Faktoren ermöglichten eine umfassende Erklärung der Makroevolution, wird der Wirklichkeit einfach nicht gerecht.

Die Kluft erscheint deswegen so unüberbrückbar, weil die meisten Genetiker sowie diejenigen, die sich auf traditionelle Weise mit Makroevolution befaßten, das multidimensionale Wesen von Evolution nicht in Betracht gezogen haben. Beide Lager stellten Makroevolution als einen ausschließlich vertikalen Prozeß dar, das heißt als die Veränderung einer phyletischen Linie, die durch einen Wandel in den Genhäufigkeiten deren Adaptation verbesserte. Merkwürdigerweise hat sich keine der beiden Seiten das reiche Beweismaterial zur Makroevolution, das die Neontologie zur Verfügung stellt, zunutze gemacht. Die Erforschung von polytypischen Spezies und Superspezies zeigt, wieviel makroevolutionäres Potential peripher isolierte Populationen und Allospezies in sich bergen. Die Paläontologen haben nicht gesehen, daß eine Reihe geographischer Rassen oder Allospezies oft eine horizontale evolutionäre Sequenz darstellt, die einer vertikalen, auf die geographische Dimension übertragenen Sequenz entspricht. Eben diese Erkenntnis ermöglichte es Bock (1970), das Speziationsmuster bei den hawaiischen Finken (*Drepanididae*) zu rekonstruieren, das zu morphologischen Veränderungen in der Schnabelstruktur führte, die fast so tiefgreifend waren wie die Veränderungen der Schnäbel in allen Familien von Singvögeln. Noch überzeugender und weit detaillierter ist die Analyse der Speziations- und Evolutionsgeschichte der hawaiischen *Drosophila*-Fliegen, die den zusätzlichen immensen Vorteil bietet, daß man mittels indirekter Beweise die verschiedenen Ereignisse ziemlich genau datieren und, was noch wichtiger ist, genetisch analysieren kann (Carson und Yoon 1982). Carson ist es hervorragend gelungen, makroevolutionäre in Populationsphänomene aufzulösen.

Im Fall der hawaiischen Fauna war es auf diese Weise also möglich, makroevolutionäre Phänomene bis zu ihren Anfängen in lokalen Populationen zurückzuverfolgen, und zwar vor allem auf phänotypischer Ebene, bei *Drosophila* aber auch durch eine genetische Analyse. Diese Forschung bestätigt voll und ganz die Behauptung, daß man alle makroevolutionären Phänomene auf Variation innerhalb von Spezies zurückführen kann (Mayr 1942). Und dennoch ist die traditionelle Formulierung der Populationsgenetik, laut der »Mutation« für die Art des Wandels verantwortlich ist, unbefriedigend, da sie impliziert, daß Mutation ein einheitlicher Prozeß und alle mutationellen Veränderungen des Genotyps von gleicher evolutiver Bedeutung sind. Wie sehr sich jedoch Goldschmidt (1940) und Schindewolf (1950) mit ihrer saltationistischen Erklärung von Evolution auch geirrt haben, so könnten sie doch dahingehend recht haben, daß es einen grundlegenden Unterschied zwischen den »haushälterischen« Arten genetischer Anpassungen in lokalen Populationen und den wirklich bedeutsamen genetischen Veränderungen im Verlauf wichtiger makroevolutionärer Verschiebungen gibt. Mehrere Molekularbiologen (beispielsweise Shapiro 1983) haben auf die vielen erst vor kurzer Zeit entdeckten molekularen Mechanismen hingewiesen, die möglicherweise dazu tendieren, noch weit dramatischere Veränderungen des Genotyps hervorzurufen als die Umgruppierung von Allozymen, die mittels Elektrophorese so eingehend untersucht worden ist.

In den letzten Jahren sind zahlreiche Abhandlungen erschienen, die sich mit solchen molekularen Veränderungen und ihren möglichen evolutionären Auswirkungen befassen (zum Beispiel Arnheim 1983; Doolittle 1986; Campbell 1985; Milkman 1982; Nei und Koehn 1983). Es herrscht nach wie vor zuviel Unsicherheit bei diesem Thema, als daß jemand, der kein Molekularbiologe ist, es eingehender erörtern könnte. Eine Schwäche eines Großteils dieser Literatur ist, daß viele Autoren das Gen und nicht so sehr den gesamten Organismus als Zielscheibe der Selektion betrachten. Ihre Stärke ist, daß einige dieser Autoren sich auf die Erforschung desjenigen Teils des Genotyps konzentrieren, der nicht aus strukturellen Genen besteht; dies ist vermutlich der vielversprechendste Forschungsgegenstand für die Evolutionsgenetik.

Da die Populationsgenetiker von der stillschweigenden Annahme ausgingen, alle Gene seien gleichwertig, ist es ihnen bislang nicht gelungen, einen Beitrag zur Lösung dieses Problems zu leisten. Wenn man geschickt mit mathematischen Kalkulationen jongliert und zahlreiche willkürliche Annahmen macht, kann man makroevolutionäre Modelle auf der Grundlage einer Wald-und-Wiesen-Genetik entwickeln. Es gibt jedoch keine Möglichkeit, diese Modelle auf ihre Gültigkeit für die Evolution zu überprüfen. Bis zum gegenwärtigen Zeitpunkt war die Genetik der mikroevolutionären Prozesse leider nicht in der Lage, eine umfassende Erklärung von Makroevolution zu bieten; andererseits hat die Analyse von makroevolutionären Phänomenen keinerlei Antworten hinsichtlich des Wesens der genetischen Prozesse, die für makroevolutionäre Ereignisse charakteristisch sind, geliefert.

Im folgenden eine Auflistung einiger der wichtigsten makroevolutionären Phänomene und Prozesse, die im Rahmen dessen, was man bis jetzt hinsichtlich der Genetik weiß, noch nicht befriedigend interpretiert worden sind:

(1) Was passiert mit dem Genotyp während der Speziation?
(2) Was passiert im Genotyp während drastischer (»sprunghafter«) evolutionärer Neuerungen des Phänotyps?
(3) Welche Strukturen des Genotyps sind für eine Langzeitstase, einschließlich der Bewahrung stammesgeschichtlicher Entwicklungsstadien (etwa der Kiemenbögen bei Vierfüßern) während der Ontogenese und der außerordentlichen Stabilität des Bauplans der wichtigsten Organismentypen, verantwortlich?

Die Stabilität des Bauplans

Eine der großen neuen Einsichten der Tiersystematiker des frühen 19. Jahrhunderts war es, daß man die Tiere nicht in einer kontinuierlichen bruchlosen Reihenfolge anordnen kann, vom einfachsten bis hin zum vollkommensten, wie dies die Verfechter der *scala naturae* angenommen hatten. Statt dessen läßt sich eine begrenzte Anzahl unterschiedlicher Typen erkennen, etwa Wirbeltiere, Insekten und Weichtiere. Diese neue Einsicht verbindet sich mit den Namen Cuvier, Oken, Owen, Agassiz und ihren Nachfolgern, den sogenannten »idealistischen Morphologen« (Desmond 1982). Von diesem Zeitpunkt an unterschieden vergleichende Morphologen im Tierreich eine begrenzte Anzahl von Typen, Archetypen oder »Bauplänen«. Unglücklicherweise wurde das Wort »Typus« in der nun folgenden Epoche in zwei ziemlich verschiedenen Bedeutungen gebraucht, und dies führte zu schwerwiegenden Mißverständnissen. Diejenigen, die die Typologie der idealistischen Morphologen angriffen, stellten nicht die Richtigkeit der Methode in Frage, die wichtigsten Archetypen von Organismen, wie sie sich in den etwa 27 taxonomisch anerkannten Tierstämmen widerspiegelten, rein beschreibend zu unterscheiden. Vielmehr kritisierten sie das, was man später als Essentialismus bezeichnete, die Vorstellung nämlich, daß eine begrenzte Anzahl konstanter, unveränderlicher Typen in der Natur existiert, die durch unüberbrückbare Lücken voneinander getrennt sind. Einige neuere Erörterungen hinsichtlich Typen und Typologie kranken, wiewohl sie ansonsten wertvoll und informativ sind, daran, daß sie sich dieser beiden sehr unterschiedlichen Bedeutungen des Wortes Typus nicht bewußt sind (Schindewolf 1969; van der Hammen 1981).

Die Archetypen der idealistischen Morphologen wurden nach 1859 zu den wichtigsten höheren Taxa der Klassifikationen. Trotz ihrer indirekt erschlossenen gemeinsamen Abstammung blieben sie deutlich unterschiedene Wesenheiten, von denen eine jede über ihren eigenen Bauplan verfügte. Der Ursprung dieser Baupläne ist ein eigenes Thema (Lande 1985), auf das ich an dieser Stelle nicht näher eingehen will. Die atomistische Genetik erwies sich als unfähig, eine Erklärung für die Stabilität dieser Baupläne zu geben. Daß alle Vierfüßer grundsätzlich ein Paar Vorder- und ein Paar Hinterbeine haben, kann man vielleicht vom Funktionalen her erklären. Warum aber alle Insekten, nahezu eine Million Spezies, ausgerechnet über drei Extremitätenpaare verfügen und alle Spinnen über vier, das läßt sich nur durch den Konservativismus des in ihren Genotyp eingebauten Entwicklungssystems erklären. Das gleiche gilt für den fünfgliedrig angelegten Fuß der landbewohnenden Wirbeltiere. Selbst wenn dieser Fuß verkümmert ist, wie bei Pferden, Vögeln und einigen Amphibien, oder durch zusätzliche Glieder ergänzt ist, wie bei bestimmten Meereswirbeltieren, ist in der Ontogenese die Struktur doch immer fünfgliedrig angelegt. Man könnte beliebig viele Beispiele für andere konservative Aspekte des Bauplans anführen, die entweder bis in den erwachsenen Phänotyp hineinreichen oder aber nur während der Ontogenese (Rekapitulation) sichtbar sind; eine derartige Liste würde jedoch nichts zur Lösung des Problems beitragen. Es gibt offensichtlich innere Strukturen des Genotyps, die für den Konservativismus der Grundstruktur verantwortlich sind.

In einer kritischen Erörterung neuerer Kontroversen bezüglich der Makroevolution stellt Maynard Smith (1983) fest, daß, laut neuen Vorschlägen, »die grundlegenden Strukturen oder Baupläne der größeren Taxa für eine Reihe von Möglichkeiten stehen, die durch die Gesetze der Entwicklung eingeschränkt werden; im Gegensatz dazu behauptete Darwin, daß die einem Taxon gemeinsamen Strukturen existieren, weil sie in den Vorfahren dieses Taxons vorhanden waren, und daß sie bei diesen Vorfahren als durch natürliche Auslese erworbene Adaptationen an bestimmte Lebensweisen entstanden.«

Indem er diese beiden entgegengesetzten Standpunkte als gegenseitig sich ausschließende Hypothesen darstellt, interpretiert Maynard Smith die gegenwärtige Kontroverse falsch. Er hat nicht gesehen, daß diejenigen, die beispielsweise glauben, daß für die Beibehaltung der Chorda und der embryonalen Kiemenbögen entwicklungsbedingte Einschränkungen verantwortlich sind, nicht einen Augenblick in Frage stellen würden, daß diese Strukturen ursprünglich bei ihren »Vorfahren als durch natürliche Auslese erworbene Adaptationen an bestimmte Lebensweisen entstanden« sind. In diesem Fall hat Maynard Smith nicht zwischen unmittelbaren und evolutionären Ursachen unterschieden.

Eines enthüllt die Analyse des stammesgeschichtlichen Erbes allerdings nicht, nämlich warum so viele Überbleibsel der Vergangenheit, einschließlich des Metamerismus der Vögel und Säuger, lange nachdem sie ihre Funktion »als durch natürliche Auslese erworbene Adaptationen« verloren hatten, nach wie vor beibehalten werden. Bislang konnte niemand mit einer besseren Erklärung aufwarten als der, daß eine starke Kohäsion des Genotyps und entwicklungsbezogene Einschränkungen die Eliminierung dieser Merkmale verhindert haben.

Noch ein weiterer Aspekt dieser Baupläne ist von Bedeutung. Sie scheinen im Lauf der Evolution immer weniger flexibel zu werden. Als während des Präkambriums die Eukaryonten entstanden, entwickelten sich etwa 60 oder noch mehr verschiedene Archetypen. Während mehr als die Hälfte von ihnen in den darauffolgenden geologischen Epochen ausstarben, ist seit dieser Zeit kein einziger neuer Archetypus entstanden. Und selbst das evolutionäre Potential der existierenden Archetypen scheint in den vergangenen 400 Millionen Jahren drastisch abgenommen zu haben.

Wenn Speziation der Augenblick ist, in dem die Wahrscheinlichkeit am größten ist, daß es zu evolutionären Neuerungen kommt (darauf werde ich weiter unten näher eingehen), dann könnte man eigentlich gerade hier mit dem Ursprung beginnender neuer Archetypen in sehr speziesreichen Taxa rechnen, etwa bei den Knochenfischen, Singvögeln und Nagetieren. Diese Radiationen sind jedoch alle vergleichsweise neueren Datums, und es ist ihnen nirgends gelungen, aus den Einschränkungen ihrer Archetypen auszubrechen. Verschiedene adaptive Typen bei den Cichliden in den Seen Ostafrikas, wahrscheinlich diejenige Tiergruppe, die zur Zeit am schnellsten neue Spezies hervorbringt, sind einander alle sehr ähnlich und nach wie vor durch Zwischenformen miteinander verbunden (Greenwood 1979). Die Stabilität der strukturellen Typen verlangt daher ebenso nach einer Erklärung wie die Prozesse, durch die eine solche Stabilität, was eine Weiterentwicklung betrifft, aufgebrochen werden kann.

Die Entstehung evolutionärer Neuerungen

Darwin hat in seiner Argumentation gegen den Schöpfungsglauben immer das allmähliche Fortschreiten des evolutionären Wandels betont. Die von ihm angeführten Fälle des *ancon sheep* und des *turn-spit dog* weisen darauf hin, daß er sich sehr wohl der Möglichkeit ziemlich drastischer, plötzlicher phänotypischer Veränderungen bewußt war; diese spielten jedoch in seinem Populationskonzept evolutionären Wandels keine Rolle. Diese gradualistische Interpretation der Evolution war für die meisten Paläontologen und Morphologen nicht akzeptabel. Vor allem Bateson (1894) und die Mendelisten forderten statt dessen, daß evolutionäre Neuerungen durch plötzliche Saltationen (Sprünge) eingeführt worden seien. Als Typologen, denen Populationsdenken fremd war, stellten sie sich den Prozeß evolutionärer Innovation als die Hervorbringung eines mit dem neuen Merkmal ausgestatteten Individuums vor; ihrer Ansicht nach stand dieses Individuum am Beginn eines neuen Taxons, das über diese neue Eigenschaft verfügte. Ein Individuum mit einer innovativen neuen Mutation war, laut Cuénot (1901) und Davenport (1903), »präadaptiert«, wenn es eine geeignete Nische finden konnte. Für Goldschmidt (den jüngsten Vertreter der Schule des Saltationismus) könnte eine Systemmutation zur Entstehung eines neuen, drastisch veränderten Individuums (eines »hoffnungsvollen Monsters«) führen, das zum ersten Mitglied eines völlig neuen höheren Taxons, möglicherweise einer Ordnung, einer Klasse oder sogar eines Stammes wird (Goldschmidt 1952: 91–92).

Laut dem entgegengesetzten darwinistischen Standpunkt ist alle Evolution, einschließlich evolutionärer Neuerungen, »graduell«. Aber was bedeutet graduell? In jüngerer Zeit ist ziemlich deutlich geworden, daß der Begriff graduell zweideutig ist. Für den Morphologen bedeutet er immer einen gleitenden Übergang zwischen Phänotypen; für den Darwinisten bezeichnet er einen Wandel, der eine langsame Umstrukturierung von Populationen darstellt. Im Rahmen dieses letzteren Prozesses ist phänotypischer Polymorphismus möglich und ein vollständiger phänotypischer Gradualismus keine Notwendigkeit.

Bei Tieren ist ein Wandel im Verhalten fast immer der bestimmende Faktor, der eine evolutionäre Neuerung auslöst. Wie schon so oft festgestellt, ist das Verhalten der Schrittmacher der Evolution. Es gibt in erster Linie zwei Möglichkeiten, wie dies zustande kommen kann. Wenn ein Baumvogel zu einer mehr bodengebundenen Lebensweise übergeht, wie dies bei dem der Spottdrossel ähnlichen Vorfahren des Dreschers (*Toxostoma*) der Fall ist, setzt diese Veränderung einen Selektionsdruck in Richtung auf eine Stärkung und Verlängerung der Beine und eine Kräftigung des Schnabels, der zum Graben in Lauberde eingesetzt wird, in Gang (Miller 1949). Bei Vögeln ist der Schnabel besonders formbar und dazu geeignet, auf Veränderungen im Verhalten zu reagieren. Dies haben Lack (1947) und Grant (1986) für die Schnäbel der Galapagos-Finken und Bock (1970) für die Schnäbel der hawaiischen Finken gezeigt. Kleinere Anpassungen an neue Nahrungsquellen oder Veränderungen in der unbelebten Umwelt werden eher als Adaptionen denn als evolutionäre Neuerungen bezeichnet. Das Endstadium einer solchen adaptiven Entwicklung kann jedoch auf eine tatsächliche Innovation hinauslaufen, vor allem wenn die Zwischenstadien aussterben. Severtsov (1931) hat in derlei Fällen von einer *Intensivierung der Funktion* gesprochen. Der eindrucksvollste Fall ist natürlich die Entwicklung von Augen. Bereits Darwin hat die Auffassung vertreten, daß es für ihre Entwicklung nichts weiter braucht als das Vorhandensein lichtempfindlicher Zellen auf der Oberfläche eines Organismus, um im

Laufe der Phylogenie eine Reihe struktureller und funktionaler Ereignisse in Gang zu setzen, die schließlich zu einem mehr oder weniger hoch entwickelten lichtempfindlichen Organ führen. Es besteht keinerlei Notwendigkeit, seltene oder einmalige Ereignisse zu postulieren, da Augen sich im Tierreich mindest vierzigmal unabhängig entwickelt haben (Salvini-Plawen und Mayr 1977).

Eine ganz andere Art evolutionärer Neuerungen kommt ins Spiel, wenn eine Struktur oder ein anderes wesentliches Merkmal eines Organismus in der Lage ist, eine neue Funktion zu übernehmen. Darwin hat als erster die Bedeutung dieses Prinzips erkannt (1859: 454), das man mittlerweile als *Prinzip des Funktionswandels* bezeichnet. Es wurde in der Folgezeit von Dohrn (1875), Severtsov (1931) und Mayr (1960) weiter ausgearbeitet. Beispielsweise ist man inzwischen allgemein der Ansicht, daß das Gefieder bei den Vorfahren der Vögel in Zusammenhang mit Temperaturregulierung entstanden ist (Regal 1975). Diese Funktion sorgte für den Selektionsdruck zur Umwandlung von Schuppen zu Federn. Als ein völlig anderer Selektionsdruck die Evolution des Fliegens begünstigte, bediente die Selektion sich der vorhandenen Struktur und bildete jene besonderen Federn (Flügel- und Schwanzfedern) weiter aus, die für ein effizientes Fliegen von wesentlicher Bedeutung sind. Vögel waren also aufgrund der Tatsache, daß ihre Vorfahren Federn besaßen, für das Fliegen präadaptiert. In der Literatur werden zahlreiche weitere Fälle angeführt, in denen solche Präadaptationen einen Funktionswandel ermöglichten.

Was so oft in der Diskussion von evolutionären Diskontinuitäten vergessen wird, ist die Tatsache, daß sie nicht nur eine strukturelle Diskontinuität darstellen, sondern auch eine ökologische. Eine neue Nische und insbesondere eine neue adaptive Zone ist von der der Vorfahren oft durch eine deutliche Kluft getrennt. Es gibt keinen gut angepaßten Zustand für das Gebiet zwischen den beiden adaptiven Zonen. Wenn daher eine neue adaptive Zone besetzt wird, muß eine Zone des mangelhaften Angepaßtseins durchquert werden. Dies hat Simpson (1944; 1953) ganz zu Recht betont. Die Frage ist, unter welchen Bedingungen diese Kluft am leichtesten überquert werden kann. Für Simpsons Vorschlag einer Quantenevolution sprach – faktisch wie auch theoretisch – so wenig, daß er selber ihn später mehr oder weniger aufgegeben hat. In der Tat ist es, im Gegensatz zu Simpsons Auffassung, nicht gerade wahrscheinlich, daß einer weitverbreiteten, zahlreichen Spezies, selbst wenn sie aus zahlreichen halb-isolierten Demen besteht, solch ein Übergang gelingt. Andererseits befindet sich eine Gründerpopulation in einer idealen Situation für eine solche rasche ökologische Umstellung.

Kein Organismus kann in eine neue adaptive Zone eindringen, wenn er nicht über ein Mindestmaß an strukturellen, physiologischen und verhaltensbezogenen Merkmalen verfügt, die ihn für den Erfolg dieser Veränderung präadaptieren. Präadaptationen sind ein weiteres Beispiel für die Neigung der natürlichen Auslese zur Flickschusterei. Natürliche Auslese nutzt alles verfügbare genische oder phänotypische Material, um auf ein neu entstehendes Bedürfnis zu antworten. Dies zu verstehen fällt denjenigen schwer, die in der natürlichen Auslese eine deterministische, quasi teleologische Kraft sehen. Bock (1959) hat scharfsichtig die Aufmerksamkeit auf die vielfältigen Möglichkeiten gelenkt, wie neu entstehende Bedürfnisse befriedigt werden können. Man denke nur an die vielen verschiedenen Methoden, mittels derer die Natur das Driften im freien Meer ermöglicht hat (Rensch 1947), oder wie viele verschiedene Komponenten des Gefieders bei den Paradiesvögeln genutzt wurden, um Prachtgefieder hervorzubringen. Wenn nur eine begrenzte Anzahl von Antworten auf eine bestimmte ökologische Herausforderung zur Verfügung steht, ergibt sich echte Konvergenz.

Besonders häufig ist der parallele Erwerb oder Verlust von Adaptationen bei verwandten Taxa. Das macht es oft schwierig zu entscheiden, was ein neu erworbenes und was ein stammesgeschichtliches Merkmal ist. Die phylogenetische Analyse hat gezeigt, wie oft ziemlich komplexe evolutionäre Neuerungen unabhängig erworben worden sind. Ich habe bereits die Augen, die sich mindestens vierzigmal unabhängig entwickelt haben, erwähnt. Das gleiche gilt für die Biolumineszenz, die sich offenbar dreißigmal unabhängig, aber mittels ziemlich ähnlicher Mechanismen entwickelt hat (Hastings 1983). Noch häufiger war die Veränderung von planktonischen hin zu dotterreichen, nichtplanktonischen Larven bei marinen Evertebraten (Jablonski 1986).

Wie graduell ist Evolution?

Von den neueren Kontroversen über das Wesen der Makroevolution war keine hitziger und hat sich länger hingezogen als die Frage, ob Evolution immer graduell verläuft oder nicht. Dieser Streit ergab sich aus der Behauptung Darwins (1859: 71): »Da natürliche Auslese nur auf die Weise wirkt, daß sie kleine, erfolgreiche, vorteilhafte Abweichungen ansammelt, kann sie keine großen oder plötzlichen Veränderungen hervorrufen; sie kann nur in sehr kleinen und langsamen Schritten zur Wirkung gelangen.« Darwin war so überzeugt von der Gültigkeit dieses Prinzips, daß er bereit war zu erklären: »Wenn gezeigt werden könnte, daß irgendein komplexes Organ existiert, das unmöglich durch zahlreiche aufeinanderfolgende kleine Modifikationen geformt worden ist, würde meine Theorie völlig in sich zusammenbrechen« (1859: 189). Er wurde dafür postwendend von T. H. Huxley und anderen seiner Freunde angegriffen, die Beweise für Saltationen im Verlauf der gesamten evolutionären Geschichte gefunden zu haben glaubten.

Diejenigen Historiker, die sich durch Darwins hartnäckiges Bestehen auf dem Gradualismus von Evolution irritieren ließen, vergessen, daß eine neue Theorie fast immer als Gegenposition zu einer bereits existierenden formuliert wird. Als Darwin seine Theorie der graduellen Evolution vorlegte, stand diese im Widerspruch zu Lyells spontaner »Einführung neuer Spezies« und anderen Schöpfungstheorien eines plötzlichen Ursprungs. Wenn man eine neue Theorie zur Diskussion stellt, ist es eine geschickte Strategie, sie so drastisch verschieden von der existierenden Theorie zu formulieren wie nur möglich. Dies ist die beste Möglichkeit, die Aufmerksamkeit auf sie zu lenken und ihre Neuheit zu betonen.

In seiner Theorie eines Gradualismus wandte Darwin sich gegen den Saltationismus, wie er implizit in zwei Ideologien, die in seiner Zeit vorherrschten, seinen Ausdruck fand – im Schöpfungsglauben und im Essentialismus. Auf dem Gradualismus zu bestehen bedeutete für ihn eine Ablehnung sowohl des Schöpfungsdogmas wie auch des Essentialismus. Eben dies vergessen einige der Leute, die sich gegen selbst die geringste Abweichung von einem totalen Gradualismus wenden. Die Architekten der synthetischen

Evolutionstheorie mußten immer noch den Gradualismus gegen den Saltationismus eines Goldschmidt, Schindewolf und Willis verteidigen. Und selbst heute noch greifen einige Evolutionstheoretiker die Theorie der punktierten Gleichgewichte als eine Abweichung von Darwins Gradualismus an. Eine Reihe von Mißverständnissen ist der Grund, warum diese Kontroverse so heftig war und sich so lange hingezogen hat. Beispielsweise haben einige Gegner übersehen, daß man eine pluralistische Einstellung zu diesem Problem vertreten kann, indem man einräumt, daß evolutionärer Fortschritt gelegentlich mittels einer völlig graduellen phyletischen Evolution erzielt wird, während in anderen Fällen die Evolution eher sprunghaft verläuft. Schwerwiegender war es, wie ich weiter unten noch genauer herausarbeiten werde, daß man nicht erkannte, daß das Wort »graduell« für verschiedene Autoren ganz unterschiedliche Bedeutungen hatte.

In welchem Maße Darwin selber von seinem Prinzip abgewichen ist, ist einigermaßen umstritten (Rhodes 1983) und soll uns an dieser Stelle nicht interessieren. Aber wie Grant (1983: 151) ganz richtig hervorgehoben hat, waren Alternativen zu einem absoluten Gradualismus von Anfang an Teil der synthetischen Evolutionstheorie.

Einige von denen, die sich in diese Kontroverse einschalteten, faßten die Tatsache, daß es unterschiedliche Evolutionsraten gibt, als Beweis gegen den Gradualismus auf. Diese beiden Aspekte von Evolution sind natürlich keineswegs unbedingt miteinander verknüpft. Darwin selbst war sich sehr wohl bewußt, daß bestimmte evolutionäre Linien sich viel langsamer entwickelt haben als andere. Und er hatte, was noch wichtiger ist, von dem Paläontologen Falconer gelernt, daß eine einzelne Stammeslinie aufeinanderfolgende Phasen eines rapiden Wandels und der Stagnation aufweisen kann (Darwin 1872). Die gleiche Vorstellung war einer der Eckpfeiler von Simpsons Quantenevolution und seiner Anerkennung bradytelischer und tachytelischer Arten von Evolution (Laporte 1983). Es besteht keinerlei Widerspruch zwischen einem Glauben an evolutionären Gradualismus und dem Glauben, daß es unterschiedliche Evolutionsraten, einschließlich sehr schneller Evolution, gibt.

Die Verwirrung, die sich daraus ergab, daß die meisten modernen Autoren nicht zwischen taxischem Gradualismus und phänoty-pischem Gradualismus unterschieden, war noch gravierender. Wo-gegen Darwin sich am vehementesten gewandt hatte, war die These, evolutionäre Neuerungen könnten durch die Hervorbrin-gung eines einzelnen Individuums entstehen, das einen neuen Ty-pus, ein neues Taxon, repräsentiert. Statt dessen war er der An-sicht, jegliche evolutionäre Neuerung entstehe durch die graduelle Umwandlung von Populationen. Den Essentialisten, gegen die er stritt, war ein solcher Ansatz, der von Populationen ausging, durch-aus fremd. Einen durch die Transformation von Populationen er-möglichten Gradualismus vertraten vor allem die Naturkundler; der Saltationismus hingegen fand die meisten Anhänger in all den biologischen Disziplinen, etwa der Embryologie, der Paläontolo-gie und bei den frühen Mendelisten, deren Denken vom Essen-tialismus beherrscht war. Goldschmidt (1940) gestand zwar gra-duelle Veränderungen adaptiver Art innerhalb von Spezies zu, bestand jedoch in mehreren seiner Schriften darauf, daß ein neues Taxon, und zwar sogar ein höheres Taxon, durch ein »hoff-nungsvolles Monster«, das Produkt einer drastischen System-mutation, begründet werde. Dementsprechend zitierte er zu-stimmend Schindewolfs Ansicht, der erste Vogel sei aus einem Reptilienei geschlüpft. In bezug auf die Linnésche Hierarchie sagte Goldschmidt:

Sie wird uns als eine Ahnentafel oder ein Stammbaum dargestellt. Dies bedeutet, daß ein Stamm aus einer Anzahl von Klassen besteht, die alle grundsätzlich als zu dem Stamm gehörig erkennbar, aber darüber hinaus voneinander verschieden sind. Das gleiche Prinzip wiederholt sich auf einer jeden taxonomischen Ebene. Allen Gattungen einer Familie sind die Merkmale gemeinsam, die die Familie charakterisieren; das heißt, alle Gattungen von Pinguinen sind Pinguine. Aber untereinander unter-scheiden sie sich von Gattung zu Gattung. So geht es weiter bis hinunter zur Ebene der Spezies. Kann dies bedeuten, daß sich der Typus des Stamms als erster entwickelt und sich später in die Typen von Klassen, dann in Ordnungen und so weiter aufgeteilt hat? Diese naturnahe, naive Interpretation der existierenden Hierarchie von Formen stimmt tatsäch-lich mit den historischen Fakten überein, die die Paläontologie zur Ver-fügung stellt. Die heutzutage existierenden Stämme kann man bis in ent-legenste geologische Zeiten zurückverfolgen. Klassen sind ein wenig jünger, noch jünger sind die Ordnungen und so fort... So sagen uns so-wohl die Logik wie auch die historischen Fakten, daß die großen Kategorien als erste bestanden haben und daß sie sich mit der Zeit in der Form eines Stammbaumes in immer niedrigere Kategorien aufgespalten haben (Goldschmidt 1952: 91–92).

Goldschmidt hat ganz eindeutig in Begriffen eines Ursprungs neuer Typen und nicht einer graduellen Umwandlung gedacht.

Man muß klar zwischen Gradualismus bei Populationen und phänotypischem Gradualismus unterscheiden. Darwin hat dies nicht getan, ebensowenig viele, die sich an den neueren Kontroversen beteiligt haben. R. A. Fisher (1930) hat, als Reaktion auf den Saltationismus von de Vries und anderen Mendelisten, die Vorstellung eines extremen phänotypischen Gradualismus vertreten. Seiner Ansicht nach beruhte jegliche evolutionäre Veränderung auf Mutationen, die sehr geringe phänotypische Auswirkungen hatten. Mutationen mit weitreichenden phänotypischen Auswirkungen auch nur in Betracht zu ziehen, wurde fälschlicherweise als Zugeständnis an den Saltationismus aufgefaßt. Inzwischen hat Turner (1983) gezeigt, daß man in den meisten Fällen von Mimikry von einer Ausgangsmutation mit ziemlich großem phänotypischen Effekt ausgehen muß. In der Tat hat man Fälle von Polymorphismus entdeckt, bei denen beträchtliche phänotypische Unterschiede zwischen den Morphen bestehen. Gould (1980: 127) hat daraus auf die Möglichkeit einer sprunghaften Entstehung der wesentlichen Merkmale von Schlüsseladaptationen geschlossen. »Warum sollten wir uns nicht vorstellen, daß die Kiemenbögen von frühen Agnathen sich in einem Schritt nach vorne schoben, um sich um den Mund zu schließen und Protokiefer zu bilden?« Dies ist in der Tat vorstellbar, aber wie viele Beweise gibt es, die für eine solche Erklärung sprechen würden? Goldschmidt (1940: 6–7) hielt die graduelle Evolution folgender Merkmale durch Anhäufung und Selektion kleiner Mutationen für unmöglich: »Haare bei Säugetieren, Federn bei Vögeln, Segmentierung bei Gliederfüßern, die Umwandlung der Kiemenbögen – einschließlich der Aortabögen – in der Phylogenese, Muskeln, Nerven und so fort: des weiteren Zähne, Schalen von Weichtieren, Ektoskelette, zusammengesetzte Augen, Blutkreislauf, Generationswechsel, Statozysten, Ambulakralsysteme bei Stachelhäutern ... Giftmechanismen bei Schlangen, Barten bei Walen und schließlich die wichtigsten chemischen Unterschiede wie Hämoglobin versus Hämozyanin.« Es ist durchaus wahrscheinlich, daß bei einigen der aufgezählten evolutionären Neuerungen größere phänotypische Veränderungen eine Rolle spielten. Dies macht es jedoch keineswegs erforderlich, eine nicht-darwinistische Interpretation zu übernehmen. Solange neue Genotypen in einer polymorphen Population erfolgreich mit dem elterlichen Genotyp koexistieren können, ist eine graduelle Veränderung der Population von dem einen Genotyp zum anderen möglich.

Neuere genetische Analysen haben jedoch gezeigt, daß, selbst wenn nahe Verwandte sich in einigen Aspekten ihres Genotyps drastisch unterscheiden, dies nicht unbedingt die Folge einer einzigen Mutation ist. Beispielsweise sind in bezug auf die genetische Grundlage der Stielaugen der hawaiischen *Drosophila heteroneura*, verglichen mit der sehr nahe verwandten *D. sylvestris*, mindestens acht Loci beteiligt. Es gibt allerdings zumindest einige Hinweise, die für das Vorkommen von Mutationen mit weitreichenden phänotypischen Folgen sprechen. Beispielsweise postulierte Iltis (1983), daß der Grund für die drastische Veränderung der Blütenstruktur eines einjährigen Futtergrases (Teosinte) hin zum kultivierten Mais eine einzige große Mutation war. Hilu (1983) hat über eine große Anzahl erfolgreicher Mutationen bei Pflanzen mit drastischen phänotypischen Auswirkungen berichtet.

Was Tiere betrifft, so haben einige Autoren vorgeschlagen, daß eine drastische phänotypische Modifikation am leichtesten durch die Mutation eines Regulationsgens, das ein relativ frühes Stadium der Ontogenese beeinflußt, erzielt werden könnte. Gleichzeitig hat Waddington darauf hingewiesen, daß Abweichungen zu einem frühen Zeitpunkt in der Ontogenese normalerweise aufgrund eines vorher vorhandenen Systems von Kanalisierungen korrigiert werden. Daß Entwicklung bei allen phänotypischen Veränderungen eine Rolle spielt, versteht sich von selbst, aber wie oft eine ziemlich drastische Mutation zu einem selektiv überlegenen Phänotyp führt, ist nach wie vor ungewiß. Unter den nahezu einer Million bekannten Tierarten gibt es nur sehr wenige mit einem drastischen phänotypischen Polymorphismus.

Auch wenn dieser Überblick darauf schließen läßt, daß vorteilhafte phänotypische Saltationen möglich sind, gibt es doch auch Hinweise darauf, daß erfolgreiche Saltationen viel zu selten sind, um die zahlreichen evolutionären Neuerungen zu erklären, die man im gesamten Pflanzen- und Tierreich findet. Dies führt zu der Frage, ob man solche Neuerungen möglicherweise durch eine stetige Anhäufung minimaler Mutationen erklären kann. Die Antwort lautet, daß dies im Prinzip durchaus möglich ist. Beide Methoden des Erwerbs evolutionärer Neuerungen, die von Bedeutung sind – eine Intensivierung der Funktion und ein Funktionswandel – könnten im Rahmen eines solchen gradualistischen Systems zur Wirkung gelangen. Um zu entscheiden, ob Goldschmidts Liste von Saltationen in graduelle Reihen aufgelöst werden könnte, wäre eine eingehende Analyse erforderlich. Mehrere Paläontologen haben das Vorkommen eines langandauernden phyletischen Gradualismus bewiesen (Bretsky 1976; Kellogg 1983). Die allmähliche Veränderung bei einer Reihe eurasischer Wühlmäuse, die sich über eineinhalb Millionen Jahre hinzieht und vier aufeinanderfolgende Spezies umfaßt, ist besonders eindrucksvoll. Der kontinuierliche Trend bezieht sich auf eine Hypsodontie (Zunahme der Zahnlänge) und die fortschreitende, kontinuierliche Entwicklung von seitlichen Schmelzfalten. Da diese Evolution ein zusammenhängendes Gebiet von Spanien bis hin nach Sibirien betrifft, können wohl kaum lokale Gründerpopulationen für diese Veränderungen verantwortlich sein (Chaline und Laurin 1986). Vielmehr spielt in diesem Fall ein Trend, eine Intensivierung bereits existierender Merkmale, eher eine Rolle als eine echte evolutionäre Neuerung.

Neuere Autoren sind nahezu einhellig der Ansicht, daß Saltationen, wie Bateson, de Vries, Schindewolf und Goldschmidt sie sich vorstellen, nicht vorkommen. Es existiert kein Beweis dafür, daß es sie gibt, und die vorgeschlagenen genetischen Mechanismen funktionieren nicht. Bedeutet dies, daß nun jedermann der Meinung ist, die Entstehung höherer Taxa und der Erwerb evolutionärer Neuerungen gehe so extrem graduell vor sich, wie Darwin dies behauptet hat: »nur in sehr kleinen und langsamen Schritten«, »durch die Bewahrung und Anhäufung unendlich kleiner ererbter Modifikationen«? Leider besteht keineswegs ein solcher Konsens, da eine Reihe evolutionärer Prozesse und Phänomene den Schluß nahelegen, daß nicht die gesamte Evolution einer solchen Charakterisierung als gradueller phyletischer Wandel entspricht. Aus diesem

Grund wurde eine neue Evolutionstheorie vorgeschlagen: peripatrische Speziation mit genetischen Revolutionen (Mayr 1954) und, davon ausgehend, punktierte Gleichgewichte (*punctuated equilibria*; Eldredge und Gould 1972).

Das Beweismaterial zugunsten einer Theorie, laut der makroevolutionäre Fortschritte auf relativ kurzen, mit Speziationsereignissen zusammenhängenden Pulsen beruhen, auf die Stasis (Stagnation) oder eine normale phyletische Evolution folgt, ist dreifacher Art: (1) die Fossilienüberlieferung, (2) das Phänomen peripatrischer Speziation und (3) Hinweise auf eine merkwürdige Kohäsion des Genotyps. Die folgenden Essays befassen sich mit der peripatrischen Speziation (Essay 17), der Kohäsion des Genotyps (Essay 16) und den punktierten Gleichgewichten (Essay 18). In diesem Essay möchte ich nur einige wenige Worte zur Fossilienüberlieferung sagen.

Lücken in der Fossilienüberlieferung

Fast jede sorgfältige Analyse von Fossiliensequenzen hat gezeigt, daß eine Vervielfachung von Spezies nicht aufgrund eines graduellen Aufsplitterns einzelner Stammeslinien in zwei und ihrer daran anschließenden Divergenz stattfindet, sondern eher durch das plötzliche Auftreten einer neuen Spezies. Die frühen Paläontologen haben dies als Beweis für spontane sympatrische Speziation interpretiert, aber mittlerweile ist man allgemein der Ansicht, daß die neue Spezies irgendwo in einem peripheren Isolat entstanden ist und sich anschließend in das Gebiet ausgebreitet hat, in dem sie dann plötzlich in der Fossilienüberlieferung auftaucht. Die Elternspezies, die die Neospezies hervorgebracht hatte, wies für diese Zeit praktisch keinerlei Veränderungen auf. Die Punktierung beruht also auf einem örtlich beschränkten Ereignis in einer isolierten Gründerpopulation, während die Hauptspezies keinerlei bedeutsamen Wandel zeigt.

In der Fossiliengeschichte gibt es eine Überfülle derartiger Ereignisse. Stanley (1979) hat zahlreiche solche Fälle aufgelistet, und in jedem neueren Band paläontologischer Zeitschriften werden weitere Beispiele angeführt. Ein derartiger Punktualismus kann durchaus auch in unserer eigenen Stammesgeschichte eine Rolle gespielt haben. Bislang hat man keinen Übergang vom *Australopithecus africanus* (einschließlich *afarensis*) zum *Homo habilis* gefunden, ebensowenig vom *Homo habilis* zum *H. erectus*. In diesen Fällen ist die jüngere Spezies ganz plötzlich im Verbreitungsgebiet der anzestralen Spezies aufgetaucht. Es besteht Grund genug zu der Annahme, daß sie in einem peripheren Isolat der Vorfahrenspezies entstanden ist.

Die gut dokumentierten Fälle (dazu gehört die Abstammungsreihe der Hominiden *nicht*) zeichnen sich durch die relative Stabilität der Elternspezies und, sobald einmal der Speziationsprozeß abgeschlossen ist, auch der Neospezies aus. Man hat den Eindruck, daß es eine Art Kraft gibt – Lerner hat sie als genetische Homöostase bezeichnet –, die normalerweise jegliche größere Abweichung vom etablierten Genotyp verhindert. Es handelt sich hierbei um ein Phänomen, das sich nicht so ohne weiteres in das reduktionistische, atomistische Begriffssystem der klassischen Populationsgenetik einfügt und das daher auch zu Unrecht vernachlässigt worden ist (siehe jedoch Mayr 1963; 1970 und Essay 16). Die Wechselwirkung zwischen Genen ist ein Gegenstand, über den Vermutungen anzustellen nur wenige Genetiker wagen. Eine rühmliche Ausnahme bildet Zuckerkandl (1983), dessen wichtigste Schlußfolgerung lautet, daß die Topologie (das Schaltsystem) der Geninteraktionen sehr konservativ zu sein scheint und daß selbst scheinbar recht drastische Veränderungen möglicherweise lediglich auf quantitativen Modifikationen beruhen.

Es ist allgemein bekannt, daß der Grund für die meisten scheinbaren »Saltationen« in der Fossilienüberlieferung ein Aussterben ist. Und die durch Aussterben bedingten Lücken machen eine glatte Verbindung zwischen Mikro- und Makroevolution leider oft unmöglich. Es scheint daher angebracht, ein paar Worte zum Aussterben zu sagen.

Aussterben

Noch Lamarck widersetzte sich dem Konzept des Aussterbens, da es seinem Glauben an Vollkommenheit und an einen gütigen und wohlwollenden Schöpfer widersprach (Mayr 1972). In den 1830er Jahren dann erkannte man das Phänomen weitgehend an, und Darwins Mentor, Charles Lyell, war daher gezwungen, eifrig, aber vergeblich nach einem Gesetz zu suchen, das »die Einführung einer neuen Spezies« erklären könnte. In neuerer Zeit hat man besondere Aufmerksamkeit darauf verwandt, welche Bedeutung dem Aussterben als einer integralen Komponente des Gesamtprozesses evolutionären Wandels zukommt, und es wurden einige Bücher zu diesem Thema veröffentlicht (Stanley 1979; Nitecky 1984; Valentine 1985).

Man muß mindestens zweierlei Arten von Aussterben unterscheiden: ein stetiges, langsames Verlöschen von Spezies, das zu einer regelmäßigen Umwandlung der Fauna führt; und gelegentliche Phasen eines katastrophenartigen Aussterbens, wie gegen Ende des Perms und der Kreidezeit, als Fauna und Flora massiv ausgemerzt wurden. Und natürlich hat der Mensch im Verlauf der letzten 12 000 Jahre, auf Inseln wie auch auf Kontinenten, ein gewaltiges Aussterben der Makrofauna in Gang gesetzt und tut dies auch weiterhin (Ehrlich 1981). Für denjenigen, der sich mit dem Evolutionsprozeß befaßt, ist ein allmähliches Aussterben, auch wenn es nicht so spektakulär ist, aufschlußreicher als eine verheerende Ausrottung. Beispielsweise stehen die Größe einer Insel und die Rate des Aussterbens in einem linearen (logarithmischen) umgekehrten Verhältnis zueinander (Mayr 1965; Diamond 1984). In welchem Maße dieses Aussterben sich auf interspezifischen Konkurrenzkampf, Raubtiere, neue Pathogene oder einen Mangel an klimatischer Verträglichkeit zurückführen läßt, ist noch immer umstritten, aber neuere Forschungen legen den Schluß nahe, daß – im ganzen gesehen – jeder einzelne oder mehrere dieser Faktoren in einem gegebenen Fall eine Rolle spielen können, da es sich ja bei jedem Aussterben um eine ganz spezielle Situation handelt. Eines ist jedoch offensichtlich: je größer eine Population ist, desto weniger anfällig ist sie normalerweise.

Darwin hat sich eingehend mit dem Phänomen des Aussterbens befaßt, und die Tatsache, daß es ganz offensichtlich sehr häufig zu einem Aussterben kommt, hat dazu beigetragen, daß er es ablehnte, natürliche Auslese als einen Prozeß zu betrachten, der zu Vollkommenheit führt (Darwin 1859: 201). Jeder Fall von Aussterben macht sozusagen eine Nische frei oder zumindest mehr Ressourcen verfügbar. Daher hat Aussterben auch einen innovativen Einfluß. Beispielsweise hätten die Säugetiere im Paläozän und Eozän mit Sicherheit nicht so gedeihen können, wenn nicht vorher die Dinosaurier ausgestorben wären.

Evolution, ein hierarchisches Phänomen

Für die extremen Reduktionisten unter den Genetikern, die Evolution einzig und allein unter dem Gesichtspunkt sich ändernder Genhäufigkeiten betrachten, besteht eine vollkommene Kontinuität zwischen allen Phänomenen der Evolution. Diejenigen, die Evolution als eine Veränderung von Spezies und höheren Taxa verstehen – und zu diesen zählt auch Darwin –, haben Evolution immer als hierarchisch strukturiert aufgefaßt. Kein anderer Bereich von Darwins Denken wurde so bereitwillig und weitgehend übernommen wie seine Theorie der gemeinsamen Abstammung – eine streng hierarchische Theorie. Und der Großteil der paläontologischen Literatur, die vor allem zu einer Erhellung der gemeinsamen Abstammung beitragen wollte, war dem Ansatz nach stark hierarchisch geprägt.

In den letzten Jahren begeisterte man sich von neuem für einen hierarchischen Ansatz hinsichtlich Evolution (Eldredge und Salthe 1984; Eldredge 1985; Salthe 1985). Obwohl einige Autoren, die diese Richtung vertreten, behauptet haben, »der modernen Synthese« sei »es nicht gelungen, eine praktikable (überprüfbare) Evolutionstheorie zu entwickeln«, weil sie angeblich die hierarchischen Ebenen außer acht gelassen hätte, bleiben sie doch den Beweis dafür schuldig. Das ist vielleicht nicht weiter überraschend, da, wie schon gesagt, die meisten Evolutionstheoretiker »seit Darwin« hierarchisch gedacht haben, selbst dann, wenn sie sich in ihren Erörterungen des Begriffs »Hierarchie«

nicht bedient haben. Natürlich handelt es sich bei organischer Evolution um einen hierarchischen Prozeß, und nichts zeigt dies deutlicher als der Unterschied zwischen den durch Veränderungen der Genhäufigkeit bedingten Phänomenen innerhalb von Populationen und den phänotypischen Veränderungen im Rahmen der Makroevolution. Ich zögere nicht zu behaupten, daß alle Evolutionstheoretiker, die sich gegen einen strengen Reduktionismus wandten, in Begriffen von Hierarchien dachten, indem sie diese zumindest als einen bedeutsamen Aspekt von Evolution auffaßten.

Wohlgemerkt, es ist notwendig, hierarchische Stufen zu betonen. Dies zeigt sich vor allem darin, daß man die Erforschung von Vielfältigkeit lange Zeit vernachlässigt hat. Im ersten Drittel unseres Jahrhunderts hat man sich nur auf einen der beiden wirklich wichtigen Aspekte von Evolution konzentriert, nämlich auf die kontinuierliche Verbesserung von Adaptation in der zeitlichen Dimension. Wie Gould ganz richtig hervorgehoben hat, war ein streng vertikaler Ansatz für die Abhandlungen nicht nur der mathematischen Genetiker, sondern sogar der Paläontologen, einschließlich G. G. Simpson, charakteristisch. Was mich persönlich in den 1930er Jahren sehr beschäftigt hat und was auch das Hauptthema meines Buches *Systematics and the Origin of Species* (1942) wurde, war die Tatsache, daß die Entstehung der organischen Mannigfaltigkeit, hervorgerufen durch Speziation, ein ebenso wichtiger Aspekt von Evolution ist wie Adaptation. Vor allem durch diese Veröffentlichung wurde, mehr als durch irgendeine andere, der von Eldredge (1979) so bezeichnete »taxische« Ansatz in die moderne Evolutionsbiologie eingeführt. Und bei einem taxischen Ansatz hat man es ganz automatisch mit hierarchischen Stufen zu tun. Seltsamerweise wurden meine diversen Abhandlungen und Bücher (1954; 1963; 1970), in denen ich betonte, wie wichtig die Erforschung der Mannigfaltigkeit für ein Verständnis von Makroevolution ist, von fast allen Paläontologen und denen, die sich mit Makroevolution beschäftigen, fast völlig ignoriert. Ich sage »fast«, weil Bock (1970) und einige andere in der Tat den Zusammenhang zwischen Speziation und makroevolutionären Prozessen analysiert haben. Eine wirkliche Neubelebung des Interesses an den hierarchischen

Aspekten von Evolution fand erst mit der Formulierung der Theorie der punktierten Gleichgewichte im Jahre 1972 statt (siehe Essay 18).

Anmerkungen

Dieser Essay wurde für die amerikanische Originalausgabe verfaßt.

16 Die Einheit des Genotyps

Ein Wissenschaftshistoriker kann oft feststellen, daß ein bestimmter Forschungsbereich hinsichtlich seiner Interessen und Interpretationen zwischen zwei Extremen hin- und herwechselt. Dies gilt mit Sicherheit für die Einstellung der Genetiker gegenüber dem Genotyp. Die Züchter in der Zeit vor Mendel hatten viele verblüffende Beispiele für Segregation entdeckt, darunter auch Verhältnisse von 3 zu 1, ohne einer mendelistischen Interpretation auch nur nahe zu kommen. Einer der Gründe für ihre Blindheit liegt mittlerweile auf der Hand. Diese Vorläufer betrachteten die Essenz der Spezies als ein unteilbares Ganzes. Fragen hinsichtlich individueller genetischer Faktoren ergaben für einen Essentialisten einfach keinen Sinn.

Nach der Wiederentdeckung der Mendelschen Gesetze schlug das Pendel in die andere Richtung aus. Der Ansatz wurde nun völlig atomistisch, und der Einfachheit halber behandelte man jedes einzelne Gen so, als wäre es gänzlich unabhängig von allen anderen. Im Laufe der Zeit entdeckte man dann alle möglichen Phänomene, die wiederum *dieser* Interpretation zuwiderliefen, etwa die Koppelung von Genen, Epistase, Pleiotropie und Polygenie, und dennoch erwies man in Diskussionen zur Evolution diesen Komplikationen nur Lippenbekenntnisse. Unterschiede zwischen Populationen und Spezies wurden auch weiterhin einfach in Begriffen von Genhäufigkeiten beschrieben. Noch in den 1950er Jahren wurde Evolution als eine Veränderung der Genhäufigkeiten definiert, als Ersetzung eines Allels durch ein anderes; sie wurde also als rein additives Phänomen behandelt.

So nützlich dieser Ansatz auch war und zu welch großartigen Ergebnissen er auch führte, lieferte er doch nicht die ganze Antwort. Bis kurz vor der Wiederentdeckung von Mendels Werk gab es noch eine Minderheit von Autoren, die eine Interaktion zwischen Genen hervorhoben, die Ganzheit des Genotyps. Die rein analytische Schule betrachtete eine solche integrative Auffassung als unvereinbar mit einer aussagekräftigen Analyse; in ihren Augen kam sie einem so unglaubwürdigen Konzept wie dem Holismus gefährlich nahe. Chetverikov (1926) mit seinem Begriff des genetischen Milieus war vermutlich der erste Autor, der auf die konstruktiven Aspekte einer Untersuchung der Interaktion von Genen hinwies, und durch ihn und seine Schule wurde die Erforschung des inneren Zusammenhalts des Genotyps zu einem immer wichtigeren Zweig der Evolutionsgenetik. Allerdings ging es nur sehr langsam vorwärts. Wenn wir ein bestimmtes Jahr herausgreifen wollen, das hinsichtlich des neuen Interesses an den Interaktionen des Genotyps sozusagen einen Markstein darstellt, dann ist dies das Jahr 1954, als Lerners *Genetic Homeostasis* und meine Abhandlung über die Bedeutung der genetischen Umgebung für die Evolution (Mayr 1954) erschienen. Die neuen Ansichten könnte man folgendermaßen zusammenfassen: Eine freie Variabilität gibt es nur in einem begrenzten Teilbereich des Genotyps. Die meisten Gene sind miteinander zu ausgewogenen Komplexen verknüpft, die einer Veränderung widerstehen. Die Fitness der zu diesen Komplexen verbundenen Gene wird weit mehr durch die Fitness des Komplexes als ganzem als durch irgendwelche funktionalen Qualitäten individueller Gene bestimmt.

Beweise für die Einheit des Genotyps

Auch wenn die Einheit des Genotyps fast hundert Jahre lang grob vernachlässigt wurde, hatten doch Naturkundler und Züchter schon seit langem eine gewisse Vorstellung davon. Denn genau daran dachten Morphologen und Systematiker, wenn sie vom Säuger- oder Chordatentyp sprachen. Darwin und andere erwähnten »die geheimnisvollen Gesetze der Korrelation«. Bezüglich der *Korrelation des Wachstums* äußerte Darwin: »Mit dieser Bezeichnung will ich sagen, daß die gesamte Organisation während ihres Wachstums und ihrer Entwicklung so eng verknüpft ist, daß, wenn in irgendeinem Teil geringfügige Änderungen eintreten und diese durch natürliche Auslese akkumuliert werden, auch andere Teile modifiziert werden« (1859: 143). E. Geoffroy St. Hilaires *loi de balancement* läßt auf ähnliche Vorstellungen schließen (1818).

Andere Aspekte der Einheit des Genotyps wurden schon zu

einem ziemlich frühen Zeitpunkt in der Geschichte der Genetik offensichtlich. Das Phänomen der Pleiotropie, das Vermögen eines Gens, mehrere unterschiedliche Aspekte des Phänotyps zu beeinflussen, brachte Chetverikov (1926) »auf die Idee des genetischen Milieus, das von innen her auf die Erscheinungsform eines jeden Gens in seinem Wesen einwirkt. Ein Individuum ist nicht nur in seinem Soma unteilbar, sondern auch in der Erscheinungsform eines jeden Gens, das es besitzt.«

Das Beweismaterial für eine Interaktion zwischen Genen ist mannigfaltig. Am überzeugendsten sind die Folgen einer *künstlichen Auslese*. Schon Darwin stellte fest: »Wenn der Mensch weiterhin selektiert und auf diese Weise jede beliebige Eigentümlichkeit steigert, wird er, aufgrund der geheimnisvollen Gesetze der Korrelation des Wachstums, fast mit Sicherheit unwissentlich auch andere Teile der Struktur verändern.« Hunde- und Pferdezüchter kennen nur zu gut die unerwünschten Nebenwirkungen, die auftreten, wenn ein Züchter sich auf ein besonderes Merkmal konzentriert. Bei fast allen neueren Experimenten zur Maximierung eines bestimmten Merkmals bei *Drosophila*, etwa der Anzahl der Borsten, starben einige ausgewählte Linien wegen Sterilität aus. Ich kenne keine einzige intensive Selektion im Laufe der letzten fünfzig Jahre, bei der es nicht zu irgendwelchen unerwünschten Nebenwirkungen gekommen wäre.

Das von Lerner als *genetische Homöostase* bezeichnete Phänomen ist ein zusätzlicher Beweis für die Organisation von Genen zu koadaptierten Systemen. Wenn eine auf die Maximierung eines besonderen Merkmals gerichtete Selektion nach einer Reihe von Generationen beendet wird und man der Population erlaubt, ihr eigenes genetisches Gleichgewicht herzustellen, verliert das massiv selektierte Merkmal sehr oft einen – möglicherweise sogar den größten – Teil des phänotypischen Fortschritts, den es während der vorangegangenen Periode intensiver Selektion gemacht hat. Es gibt, wie vorher, eine innere Balance von Selektionsdrücken, die das koadaptierte System wieder in sein früheres Gleichgewicht bringt. Aus diesem Phänomen der genetischen Homöostase kann man schließen, daß Gene, die zu einem koadaptierten Komplex verknüpft sind, an einer Reihe unabhängiger Stoffwechselvorgänge (oder ontogenetischer Prozesse) teilhaben und daß eine

ziemlich spezifische Häufigkeit der verschiedenen interagierenden Gene erforderlich ist, damit diese physiologischen Prozesse
optimal ablaufen. Wenn diese Häufigkeit durch eine einseitige Selektion verzerrt worden ist, werden interne Selektionsdrücke dazu
tendieren, die ursprüngliche optimale Häufigkeit wiederherzu-
stellen. Die ursprüngliche Fitness wird durch diese Rückkehr zu
der ursprünglichen Balance der Gene wiederhergestellt werden.

Ich will an dieser Stelle darauf verzichten, näher auf die Natur
der Interaktion zwischen Genen einzugehen, denn damit würden
wir uns auf brüchiges Eis begeben. Uns ist mittlerweile vage bewußt, daß strukturelle Gene, das Material, mit dem Genetiker
sich hauptsächlich befassen, durchaus nur einen kleinen Bruchteil
der Gesamtheit der Gene darstellen könnten, sagen wir einmal,
50000 von fünf Millionen. Welcher Prozentsatz der übrigen Gene
Regulationsgene aller Art sind und was die restliche DNA macht,
ist zur Zeit Gegenstand intensiver Forschungen. Wenn man sich
mit Langzeitevolution befaßt, hat man das unbehagliche Gefühl,
daß es nicht länger genügt, sie ausschließlich mittels der traditionellen Gene zu interpretieren. Britten und Davidson (1969:
356) könnten sehr wohl recht haben, wenn sie sagen: »Bei einem
höheren Grad an Organisation könnte man Evolution tatsächlich
in Begriffen von Veränderungen in den Regulationssystemen betrachten.« Vieles von dem, was man jetzt als »epistatische Interaktionen zwischen verschiedenen Loci« erklärt, könnte sehr wohl
durch die Aktivitäten von Regulationsgenen bedingt sein. Glücklicherweise hat diese Möglichkeit kaum einen Einfluß auf das, was
ich jetzt darzustellen versuche.

Von den vielen dem Naturkundler bekannten Arten, wie die
Kohäsion des Genotyps zum Ausdruck kommt, will ich hier nur
eine einzige näher erörtern, nämlich die Schmalheit von Hybridisierungszonen. Wenn die geographische Barriere zwischen zwei
werdenden Spezies zusammenbricht, nachdem sie längere Zeit
voneinander isoliert waren, haben sie entweder den Erwerb von
Isolationsmechanismen abgeschlossen oder aber sie werden sich
jetzt kreuzen. Eigentlich könnte man erwarten, daß eine derartige
Hybridisierung zu einer ungehemmten Introgression von Genen
der einen Population in die andere führt. Dies müßte seinerseits zu
einer raschen Verbreiterung der Hybridisierungszone führen, so

lange, bis die eindringenden Gene die gegenüberliegende Speziesgrenze erreicht haben. Aber in den meisten Hybridisierungszonen geschieht dies keineswegs. Gegen Ende der Eiszeit, vor etwa 8000 Jahren, sind in Mitteleuropa die Nebelkrähe und die Rabenkrähe aufeinander getroffen und haben sich uneingeschränkt gekreuzt. Wie Meise (1928) hervorgehoben hat, ist diese Hybridisierungszone jedoch nach wie vor nur 100 Meilen breit. Dobzhansky hat dies schon 1941 ganz richtig interpretiert, nämlich dahingehend, daß gegen die eindringenden Gene der Nebelkrähe Selektionskräfte im Genotyp der Rabenkrähe wirksam werden und umgekehrt.

Eine weit genauere Analyse des gleichen Phänomens, und zwar für die Hybridisierungszone zwischen *Mus m. musculus* und *M. m. domesticus* in Dänemark, haben kürzlich Hunt und Selander (1973) vorgelegt. Sie untersuchten allozymische Veränderung in 13 Proteinen, die durch 41 Loci reguliert werden; 7 polymorphe Enzyme wurden für eine detaillierte Analyse ausgewählt. Wie im Fall der Krähen ist die Hybridisierungszone ziemlich schmal, obwohl die beiden Arten von Mäusen schon vor vielen Tausenden von Jahren zum ersten Mal aufeinandergetroffen sein müssen. Die Introgressionsrate ist für jeden Locus verschieden. Einige Allele sind auf weit längere Strecken in den fremden Genotyp eingedrungen als andere. Obgleich mehrere andere Faktoren – etwa eine langsame Ausbreitungsgeschwindigkeit der Mäuse und lokale klimatische Schwankungen – die Introgressionsrate beeinflussen, besteht kaum ein Zweifel daran, daß Selektion gegen die fremden Gene ein ebenso wichtiger, wenn nicht überhaupt der wichtigste Faktor für die Langsamkeit der Introgression ist. Die Tatsache, daß die Breite der Hybridisierungszone asymmetrisch ist, das heißt, daß Introgression in *musculus* in höherem Maße stattfindet als in *domesticus*, zeigt ebenfalls, daß die Ausbreitung von Genen nicht einfach ein »mechanisches« Phänomen ist.

Einen besonders eleganten Beweis für die Einheit des Genotyps liefern die sogenannten »Letalchromosomen«, Chromosomen, die tödlich wirken, wenn sie homozygot sind. Wallace hat gezeigt – und dies in seinem Werk *Topics in Population Genetics* (1968) zusammengefaßt –, wie oft solche Chromosomen in heterozygotem Zustand normal oder sogar überlegen sind, wenn man sie in den Genpool ihrer eigenen Population einbringt. Darüber hinaus nimmt die

»Letalität« eines neu entstandenen Letalchromosoms aufgrund natürlicher Auslese stetig ab, wenn es in seiner eigenen Population bleibt. Anderson (1969) hat in einer Analyse von Daten, die von Dobzhansky und Spassky erhoben wurden, gezeigt, daß von 45 Letalchromosomen, die vor dem genetischen Hintergrund ihrer eigenen Populationen getestet wurden, in heterozygotem Zustand keine besonders schädlich, 5 jedoch eindeutig heterotisch waren. Wenn man sie jedoch vor einem fremden genetischen Hintergrund überprüfte, waren 10 dieser Chromosomen in erheblichem Maße schädlich, aber keine auffällig heterotisch.

Die Mechanismen der Kohäsion

Wenn man einfach sagt, dieses oder jenes Phänomen sei auf die Einheit des Genotyps zurückzuführen, ist damit jedoch überhaupt noch nichts erklärt. Wir wollen auch wissen, mittels welcher Mechanismen diese Einheit des Genotyps erreicht wird. Warum verhält es sich so, daß nicht alle Gene während der Rekombination völlig unabhängig sind? Was hält sie zusammen, gegen die Zentrifugalkräfte der Rekombination? Ehrlich gesagt, unsere Antworten auf diese Fragen sind immer noch unvollständig. Bis vor kurzem konnte die genetische Analyse sich zu einem bestimmten Zeitpunkt jeweils nur auf einen Locus oder bestenfalls auf eine Genkombination konzentrieren. Dies hat sich allerdings, aufgrund technischer Fortschritte, geändert. Die Methode der Gelelektrophorese und die Verfügbarkeit großer Computer für Koppelungsuntersuchungen haben die Aussagekraft der Analyse enorm gesteigert. Immer mehr Literatur zu diesem Thema wird veröffentlicht; ich werde mich auf einen kurzen Überblick beschränken, da ich mich vor allem mit den evolutionären Konsequenzen dieser Kohäsion befassen will.

Um es in einem Satz zusammenzufassen: Die Interaktion von Makromolekülen auf der Zellebene erzeugt individuelle Phänotypen unterschiedlicher Fitness, und die natürliche Auslese wird daher dahin tendieren, diejenigen Allele an verschiedenen Loci zusammenzuhalten, die Individuen mit dem größten selektiven Wert hervorbringen.

Lassen Sie mich nun einige Beweise für die einzelnen Glieder dieser Kausalkette anführen.

Interaktion von Makromolekülen. Ich bin kein Molekularbiologe und bringe daher eigentlich nicht die Voraussetzungen mit, über dieses Thema zu sprechen. Aber ich darf Sie daran erinnern, daß die »Morphologie« eines Makromoleküls, das heißt seine strukturelle Kontur, die durch die Faltung ihrer Proteinkette (oder andere Bestandteile) bedingt ist, zu der Struktur der Membranen, mit denen es verbunden ist, oder zu anderen Makromolekülen, mit denen es interagiert, passen muß. Zudem ist ein einzelnes Enzym oft an mehreren ziemlich unterschiedlichen Funktionen beteiligt (O'Brien et al. 1972) und muß über die optimale Beschaffenheit verfügen, um allen diesen verschiedenen Anforderungen zu genügen. Die molekularbiologische Literatur berichtet von zahlreichen Fällen, in denen selbst eine scheinbar sehr geringfügige Veränderung eine drastische Auswirkung auf die effiziente Interaktion eines solchen Moleküls hatte.

Darüber hinaus dürfen wir nicht vergessen, daß die Produkte eines Locus an anderen Loci als Repressoren oder aber als Induktoren wirken können. Schließlich bietet die Aktivität von Regulationsgenen fast unbegrenzten Spielraum für die Interaktion von Genen. Und dies sind lediglich einige Hinweise auf die Bedeutung von Makromolekülen für den inneren Zusammenhalt.

Selektion. Wie bewältigt Selektion diese Situation? Sagen wir einmal, Allel 1 an Locus A verleiht überlegene Fitness, wenn es sich in epistatischer Balance mit Allel 3 an Locus B befindet, aber gleichzeitig gibt es eine selektive Prämie für Heterozygotie an jedem dieser Loci. In einem solchen System würde eine freie Rekombination – aufgrund unterlegener Rekombinanten – eindeutig zu einer enormen genetischen Belastung führen. Wenn ich nun frage, wie viele solcher Genpaare eine Population ertragen kann, ohne eine unerträgliche genetische Belastung anzusammeln, würden Sie wahrscheinlich eine Zahl zwischen 5 und 10 nennen. In Wirklichkeit liegt sie viel höher, als man auf den ersten Blick meinen möchte (Mayr 1963: 261). Durchschnittlich brauchen nur 2 Nachkommen eines Tierpaares, das 1000 oder 100000 Zygoten erzeugt, erfolgreich zu sein. Das bedeutet, daß weit mehr als 99 Prozent dieser Zygoten entbehrt werden können und die genetische Belastung sozusagen gegen den Überfluß aufgerechnet werden kann, vorausgesetzt, die wenigen Überlebenden tragen die überlegenen Genkombinationen.

Die Erzeugung einer großen Anzahl von Nachkommen, damit eine unvermeidliche genetische Belastung durch minderwertige Genkombinationen gegen diesen reproduktiven Überschuß aufgerechnet werden kann, ist eine mögliche evolutionäre Strategie.

Koppelung. Eine alternative Strategie ist es, freie Rekombination zu verhindern. Cytogenetiker haben von Anfang an hervorgehoben, daß die Organisation des genetischen Materials in Chromosomen einen wirkungsvollen Mechanismus darstellt, um überlegene Genkombinationen zusammenzuhalten. Chromosomen sind jedoch keine auf Dauer unverletzlichen Strukturen, da in jeder Generation, aufgrund des Prozesses des Crossing-over während der Meiose, Gene voneinander getrennt werden. Aus diesem Grund wurde Koppelung lange Zeit als ein ziemlich ineffizienter Mechanismus für eine langanhaltende Zusammenbindung spezifischer Allele an verschiedenen Loci desselben Chromosoms betrachtet, wenn sie nicht durch spezielle Inhibitoren, die ein Crossing-over hemmten oder verhinderten, verstärkt wurde. Es wäre in der Tat äußerst günstig, wenn vorteilhafte Genkombinationen zu nicht aufbrechbaren Koppelungsgruppen verkettet werden könnten, wie R. A. Fisher und andere seit den 1920er Jahren immer wieder betont haben. Der große Vorteil solcher »Supergene« ist es, daß ihr Vorhandensein die Häufigkeit schädlicher Rekombinanten und damit die genetische Belastung drastisch reduziert.

Es gibt zwei Beweisführungen, die darauf schließen lassen, daß Chromosomen und Chromosomenarme weit dauerhaftere Strukturen sind, als die früheren Erforscher von Koppelung und Crossing-over sich vorgestellt hatten. Eine davon umfaßt eingehende Untersuchungen der Chromosomenstruktur bei Insekten, Amphibien, Säugern und anderen Tieren. Sie zeigen, daß die Chromosomen ausgewogene Genkombinationen enthalten und daß Speziation in einem Großteil der Fälle eine mehr oder weniger umfassende Umstrukturierung des Chromosoms mit sich bringt (White 1973). Auf diese Speziationsaspekte werden wir an späterer Stelle noch zu sprechen kommen.

Den anderen Beweis erbringen Franklins und Lewontins Versuche mit Koppelungssimulation (1970). Sie zeigen, daß Koppelung weit wirksamer ist, als man sich bislang vorgestellt hat, und daß überlegene Chromosomen die Meiose von Generation zu Generation praktisch unbeschadet überstehen.

Auch wenn diese Schlußfolgerung anfangs weitgehend eine Vermutung war, hat man doch mittlerweile in einigen Fällen konkrete Beweise dafür gefunden, wiederum mittels der Methode der Gelelektrophorese. Für eine Reihe von Fällen bei *Avena* haben Clegg und Allard (1972), für einen Fall bei dem Salamander *Plethodon cinereus* hat Webster (1973) bewiesen, daß bestimmte Allele an verschiedenen Loci immer (oder vorzugsweise) zusammengehen. Cytogenetiker bezeichnen dies mit dem kuriosen Begriff »Koppelungs-Ungleichgewicht« (*linkage disequilibrium*).

Eine enge Koppelung von Allelen an zwei verschiedenen Loci, wie man sie für *Avena* und *Plethodon* festgestellt hat, hat man bei *Drosophila* bislang nur bei Inversionen oder in der Nähe von Bruchstellen gefunden. Wie weit verbreitet und wie wichtig Koppelungs-Ungleichgewichte bei anderen Organismen sind, muß erst noch festgestellt werden.

Es gibt natürlich verschiedene chromosomale Mechanismen, die ein Zunehmen oder Abnehmen des Grades der Rekombination und der Chiasmalokalisation auslösen können.

Ich fürchte, ich habe kaum an der Oberfläche gekratzt, da es mit Sicherheit noch zahlreiche andere Mechanismen gibt, die die Kohäsion des Genotyps entweder stärken oder aber lockern.

Konsequenzen der Kohäsion des Genotyps

Solange man Gene als unabhängig voneinander betrachtete, war es schwierig, bestimmte evolutionäre Phänomene zu erklären. Dieses Unvermögen, die »geheimnisvollen Gesetze der Korrelation« und andere Phänomene, auf die ich noch genauer eingehen werde, zu erklären, bot in der Tat Anlaß für einige Argumente gegen den Darwinismus. Sobald man jedoch erkennt, daß der Genotyp aus einer Anzahl koadaptierter Genkomplexe besteht und daß sogar der Genpool einer Population als ganzer gut integriert und koadaptiert ist, werden diese Einwände gegenstandslos.

Wir wollen uns nun etwas genauer betrachten, welche Art von Konsequenzen man aus dem Konzept der Einheit des Genotyps ableiten kann:

(1) Da die Fitness eines Gens teilweise vom Erfolg seiner Interaktion mit seinem genetischen Hintergrund abhängt, ist es nicht mehr möglich, einem Gen einen absoluten selektiven Wert zuzuschreiben. Ein Gen hat potentiell so viele selektive Werte, wie es mögliche genetische Hintergründe hat.

(2) Die Zielscheibe der Selektion sind nicht einzelne Gene, sondern eher Komponenten des Phänotyps wie etwa das Auge, die Beine, die Blüte, das Wärmeregulierungs- oder das photosynthetische System und so weiter. Infolgedessen beeinflußt jeder gegebene Selektionsdruck gleichzeitig ganze Pakete von Genen, die durch spezielle Vorrichtungen, etwa Koppelung, epistatische Balance und so weiter, miteinander verbunden sind oder nicht.

(3) In keinem anderen Lebensstadium eines Individuums ist die Interaktion von Genen offensichtlicher als während der Ontogenese. Das erwachsene Individuum ist das Endprodukt des gesamten epigenetischen Prozesses. Der Versuch, dies in die Auswirkungen individueller Gene zu zerlegen, wird nur selten gelingen.

(4) Die meisten Spezies sind über weite Gegenden hin bemerkenswert gleichartig. Die klimatischen Adaptationen von Spezies sind recht auffällig und wurden mit Hilfe der Untersuchung von klimatischen Regeln, Klinen, Ökotypen und vielen Auswirkungen lokaler oder regionaler Selektionsdrücke beschrieben. Ein Großteil geographischer Variation ist offensichtlich adaptiver Art und hat einige der überzeugendsten Beweise für die Darwinsche Selektion erbracht. Allerdings ist, wie ich schon vor etwa zwanzig Jahren hervorgehoben habe, eine ausgeprägte geographische Variation des Phänotyps weit weniger universal oder zumindest weit weniger auffällig, als man gemeinhin annimmt. Als ich zum ersten Mal auf das Phänomen einer scheinbaren Gleichartigkeit von Spezies über weite Gebiete hin stieß, und zwar trotz drastischer Unterschiede in der jeweiligen Umwelt, versuchte ich dies als das Ergebnis eines

Genaustauschs zu erklären. Genfluß stellt in der Tat einen wichtigen Faktor dar, aber wenn sich die phänotypische Gleichartigkeit einer Spezies vom Pazifik bis zum Atlantik oder über den ganzen eurasischen Kontinent hin erstreckt, wird offensichtlich, daß ein zusätzlicher Faktor mit im Spiel sein muß.

Irgendwann einmal wurde der Vorschlag gemacht, daß eine phänotypische Gleichartigkeit nur dem Anschein nach besteht und dem Typus von Gleichartigkeit zugerechnet werden muß, wie man ihn bei Zwillingsspezies findet, wobei eine beträchtliche, nicht erkennbare Variation des Genotyps unter diesem oberflächlichen Deckmantel verborgen ist. Die Methode der Gelelektrophorese hat diese Annahme jedoch widerlegt. Als erste haben Prakash und Lewontin (1968) für *D. pseudoobscura* gezeigt, daß seltene Allozyme häufig im gesamten Verbreitungsbereich dieser Spezies in sehr geringen Häufigkeiten auftreten; bestätigt wurde dies später durch Ayala et al. (1972) für *D. willistoni*. Wären diese Gene entweder neutral oder würden sie ausschließlich für eine lokale Adaptation eingesetzt, dann könnte man aufgrund stochastischer Prozesse oder Selektionsdrücke eine starke geographische Variation in ihren Häufigkeiten erwarten. Auch ein Genfluß kann nicht für diese überall gleiche Häufigkeit verantwortlich sein, wie Ayala et al. überzeugend nachgewiesen haben. Zugegeben, die universale Verbreitung von bestimmten Allelen mit den immer gleichen geringen Häufigkeiten läßt sich nicht so ohne weiteres erklären. Die Interpretationen, die noch am ehesten einen Sinn ergeben, sind, daß (1) diese Allele normalerweise unterlegen, aber bei bestimmten epistatischen Interaktionen oder in bestimmten Subnischen wertvoll genug sind, um im Genpool der Population als eine notwendige Komponente des koadaptierten Genkomplexes beibehalten zu werden, oder daß (2) häufigkeitsabhängige Selektion mit im Spiel ist.

Wenn wir von der Annahme ausgehen, daß die Häufigkeit dieser Allele das Ergebnis weder stochastischer Prozesse noch ökotypischer Selektion, sondern durch die Einheit des Genotyps bedingt ist, müssen wir postulieren, daß in jeder Spezies ein anderer Satz von solchen Allelen begünstigt wird, weil Speziation eine gründliche Umstrukturierung des Genotyps nach sich zieht und sich aus einer solchen genetischen Revolution neue Balancen interagierender Gene ergeben. Ayala und Anderson (1973) haben gezeigt, daß dies bei bestimmten Enzymen in den drei nahe verwandten Zwillingsspezies *Drosophila willistoni, D. equinoxialis* und *D. tropicalis* in der Tat der Fall ist. Experimentelles Beweismaterial weist darauf hin, daß Selektion dasjenige Allel begünstigt, das in dieser betreffenden Spezies am verbreitetsten ist (»Wildtyp«). Da diese drei Spezies weitgehend sympatrisch sind, ist ganz klar, daß nicht die absolute Aktivität des Allels selektiert wird, sondern eher die Art, wie das spezielle Allozym zum physiologischen und genetischen Hintergrund der jeweiligen Spezies paßt, in der es sich befindet.

Die Gleichförmigkeit der Häufigkeit seltener Allele und viele der anderen Phänomene, die ich eben erörtert habe, zeigen, was für einen konservierenden Einfluß die Einheit des Genotyps ausübt. Sobald man dies einmal begriffen hat, erscheint das ganze Problem der Speziation in einem neuen Licht.

Speziation

Die klassische Theorie der geographischen Speziation postuliert folgende Ereignisfolge: Irgendeine neu entstandene geographische Barriere teilt das Verbreitungsgebiet einer Spezies in zwei Teile; die beiden Unterabteilungen der Spezies erwerben während der Periode ihrer Trennung Isolationsmechanismen und sind in der Lage, nach dem Wegfall der Barriere zu koexistieren. In den letzten Jahrzehnten hat sich beeindruckendes Beweismaterial dafür angesammelt, daß dies wahrscheinlich eher die Ausnahme als der Normalfall geographischer Speziation ist. Offenbar weit häufiger passiert folgendes: Eine Gründerpopulation wird peripher isoliert und macht eine genetische Revolution durch, in deren Verlauf sie ziemlich schnell Isolationsmechanismen und den Speziesstatus erwirbt. Die Beweise für diese Behauptung sind viel zu zahlreich, als daß ich sie hier im einzelnen aufführen könnte; ich will mich darauf beschränken, sie zu umreißen und einige besonders verblüffende Beispiele anzuführen.

Es ist seit langem bekannt, daß es außer den konventionellen

Spezies mit einem ausgedehnten, kontinentalen Verbreitungsmuster eine zweite Kategorie von Spezies mit einer »insularen« oder »kolonialen« Populationsstruktur gibt (Kinsey 1937; Mayr 1942). Flügellose Heuschrecken und unterirdisch lebende Säugetiere sind besonders aufschlußreiche Beispiele. Die Taschenratten (*Thomomys*) und die Blindmäuse (*Spalax*) in Osteuropa und im Nahen Osten und die Kammratten (*Ctenomys*) in Argentinien weisen alle ein Verbreitungsmuster mit zahlreichen isolierten Populationen auf. Wir haben uns immer über die Spezialisten für Taschenratten lustig gemacht, weil sie Hunderte von neuen Subspezies beschrieben haben, aber bis zu einem gewissen Punkt sind jetzt sie diejenigen, die zuletzt lachen. Die Arbeit von Patton und anderen hat gezeigt, daß es zumindest bei einigen Gruppen von Taschenratten von Kolonie zu Kolonie eine starke Variation hinsichtlich Chromosomenzahl und Chromosomenummusterung gibt. Trotz minimaler morphologischer Unterschiede scheinen einige dieser Populationen die Ebene von Spezies erreicht zu haben.

Im Falle von Spezies mit einem insularen Verbreitungsmuster werden von Gründern neue Außenposten besetzt; dies bietet die Möglichkeit entweder zu genischen oder zu chromosomalen Revolutionen. Wenn die Kolonisierung einer *terra nova* aufgrund der immens angewachsenen Möglichkeit zur Eingliederung neuer adaptiver Genkombinationen erfolgreich ist (Lewis 1973), wird dadurch eine selektive Prämie für alle und jede genetischen oder chromosomalen Mechanismen ausgesetzt, die genetische Revolutionen erleichtern.

An diesem Punkt würde ich gerne die Aufmerksamkeit auf die Geschichte unserer Auffassung von Speziation lenken. Die frühen Mendelisten dachten, eine einzige Mutation würde eine neue Spezies schaffen. Diese Vorstellung wurde in der Frühzeit der Populationsgenetik durch die Behauptung abgelöst, daß eine relativ kleine Anzahl von Genen an – geographischer oder sonstiger – Speziation beteiligt ist. Ich erinnere mich an einen Bericht in einer frühen Nummer von *Evolution*, in der der Autor für eine Speziation bei Käfern eine Anzahl von weniger als 10 Genfixierungen postulierte. Im Verlauf der letzten Jahrzehnte hat sich ziemlich eindeutig herausgestellt, daß solch ein rein additiver Ansatz bei diesem Problem in die Irre führt. Vielleicht könnte man die extrem entgegengesetzte Position einnehmen und fordern, daß erfolgreiche Speziation immer den Erwerb einer neuen Balance erfordert oder, um es angemessener zu beschreiben, daß sie das Aufbrechen, die Auflösung des vorherigen Zusammenhalts und dessen Ersetzung durch eine neue Kohäsion erfordern.

Carson (1970) hat durch seine Entdeckung der homosequentiellen Spezies hawaiischer Drosophilae bewiesen, daß auch auf der Genebene eine solche Umstrukturierung möglich ist. Das nämliche wurde durch die genetische Revolution in der Gründerpopulation von *Drosophila pseudoobscura* in Bogota bewiesen. Diese Population ist den mittel- und nordamerikanischen Populationen der Spezies bemerkenswert ähnlich, und man konnte weder bei den Männchen noch bei den Weibchen eine verhaltensbezogene Isolation von nordamerikanischen Fliegen feststellen. Dennoch sind F_1-Männchen aus der Kreuzung von *D.-pseudoobscura*-Weibchen aus Bogota mit Männchen dieser Spezies vom nordamerikanischen Festland (aus Nordguatemala) steril. Ursache dieser Sterilität sind etwa zwei auf dem X-Chromosom lokalisierte Gene und jeweils ein auf zwei der anderen Chromosomen lokalisiertes Gen (Prakash 1972). Die plausibelste Erklärung ist, daß die Ursache der reproduktiven Isolation die Eingliederung neuer Gene an den vier genannten Loci ist, um die Fruchtbarkeit der Männchen in der hochgradig ingezüchteten Bogota-Gründerpopulation zu verbessern. Eine zusätzliche Fixierung an anderen Loci ist natürlich ebenfalls möglich, da nur 24 von annähernd 10 000 Enzymloci überprüft wurden.

Mittlerweile sammelt sich immer mehr Beweismaterial dafür an, daß eine rein genische Speziation ohne chromosomale Umstrukturierung, wie sie Carson entdeckt hat, verhältnismäßig selten ist. In jüngerer Zeit ist man allmählich wieder zu früheren Ansichten zurückgekehrt, daß nämlich karyotypische Ereignisse für Speziation von großer Bedeutung sind. Im Gegensatz zu früheren Vorstellungen sind jedoch die Ideen einer chromosomalen Reorganisation jetzt in das biologische Spezieskonzept integriert und mit Populationsdenken kombiniert worden. Sowohl Harlan Lewis (1966, 1973) und seine Schule (für Pflanzen) wie auch M. J. D. White in einer Reihe von Abhandlungen (zu Tieren; zusammengefaßt in White 1973) haben zwei Tatsachen nachgewiesen:

(1) Daß nah verwandte Spezies sich in der Mehrzahl der Fälle durch chromosomale Neuanordnungen unterscheiden, während derartige Unterschiede bei zusammenhängenden Populationen der gleichen Spezies nur selten zu finden sind.

(2) Daß man in Fällen beginnender Speziation, beispielsweise bei peripher isolierten Populationen, und in Fällen erst seit kurzem voneinander getrennter parapatrischer Spezies normalerweise eine verminderte Fitness heterozygotischer Genotypen für die chromosomalen Neuanordnungen nachweisen kann. Die Wahrscheinlichkeit ist groß, daß ein Überstehen des Engpasses schädlicher Heterozygotie nicht in volkreichen, weitverbreiteten Populationen, sondern nur im Engpaß einer Gründerpopulation stattfinden kann.

Konsequenzen für die Makroevolution

Die Erkenntnis, daß ein starker innerer Zusammenhalt des Genotyps gegeben ist, hat sehr zum Verständnis vorher rätselhafter makroevolutionärer Phänomene beigetragen. Diese hatten die frühen Darwinisten in ziemliche Schwierigkeiten gebracht und zwischen 1880 und 1930 einige Evolutionstheoretiker, insbesondere Paläontologen, dazu bewegt, die Darwinsche Interpretation von Makroevolution abzulehnen.

(1) Warum durchlaufen beispielsweise die Embryonen landbewohnender Wirbeltiere nach wie vor das Stadium der Kiemenbögen? Oder, allgemeiner ausgedrückt, warum werden all jene anzestralen Zustände im Verlauf der Ontogenese beibehalten, die früher als Beweis für eine Rekapitulation interpretiert worden sind?

(2) Wie läßt sich die extreme evolutionäre Trägheit (Stagnation) bestimmter evolutionärer Linien erklären, etwa bei *Gingko, Equisetum, Limulus, Triops* und *Nautilus* (Mayr 1970: 367)?

(3) Wie läßt sich das plötzliche Wachsen und Gedeihen (»explosionsartige Evolution«) bestimmter vorher lange Zeit stagnierender evolutionärer Linien erklären?

(4) Wie läßt sich das konservierende Wesen der Baupläne der wichtigsten Typen von Tieren erklären? Der grundlegende Bauplan für Säugetiere beispielsweise wurde bei Elefanten, Fledermäusen, Menschen und Walen gleichermaßen beibehalten. Warum entwickeln sich alle landbewohnenden Vertebraten als Vierfüßer, alle Insekten aber als Sechsfüßer? Zu behaupten, der Typus der Fortbewegung von Insekten erfordere drei Paar Beine und die Art der Fortbewegung von Säugetieren setze zwei Paar Extremitäten voraus, wäre schlichtweg absurd.

Wenn man von der Kohäsion des Genotyps ausgeht, lösen diese Rätsel sich auf. Eine Umstrukturierung der wichtigsten morphogenetischen Entwicklungsbahnen (die zu einer unterschiedlichen Anzahl von Extremitätenpaaren führen) würde eine solch drastische Beeinträchtigung der Kohäsion des Genotyps – als Ganzes betrachtet – erfordern, daß massive Selektionskräfte dagegen wirken würden. Daß nicht die Merkmale als solche, sondern ihre Integration in den gesamten Genotyp von Bedeutung sind, wird klar, wenn wir die Stabilität bestimmter Adern in den Flügeln und das Muster der Borsten von Insekten von einer Gattung zur anderen oder von einer Familie zur anderen vergleichen.

Die am schwierigsten zu bewältigende Aufgabe für die Evolution ist, aus der Zwangsjacke dieser Kohäsion auszubrechen. Dies ist der Grund, warum in den letzten 500 Millionen Jahren nur so relativ wenige neue strukturelle Typen entstanden sind, und es könnte sehr wohl auch der Grund dafür sein, daß 99,999 Prozent aller evolutionärer Linien ausgestorben sind. Sie starben aus, weil die Kohäsion sie daran hinderte, rasch auf plötzliche neue Herausforderungen der Umwelt zu reagieren.

Bei den Tieren der Neuzeit lassen sich etwa 24 verschiedene Stämme erkennen. Vieles spricht dafür, daß die grundlegenden Merkmale des strukturellen Plans dieser Stämme von dem der Begründer dieser Stämme abgeleitet ist. Wenn der Gründer auf dem Erdboden kroch, gab es eine Prämie für die Entwicklung von Metameren; grub er sich einen Tunnel durch weiches Substrat, wurde die Entwicklung eines komprimierbaren Zöloms begünstigt. Die gleichen grundlegenden Adaptationen konnten sich bei verschiedenen Gründern unabhängig entwickeln. Sobald ein solcher Bauplan sich einmal entwickelt hatte und ausreichend in den Genotyp integriert war, blieb er, unabhängig von späteren Entwicklungen, bemerkenswert stabil. Die Metamerie von Anneliden läßt sich nach wie vor bei röhrenbewohnenden Polychäten beobachten, und die meisten Zölomaten, die schon längst nicht mehr in Tunneln leben, haben Zölome beibehalten.

Das gleiche Phänomen wird bei den Kiemenbögen deutlich sichtbar, die immer noch die Ontogenese der landbewohnenden Vertebraten dominieren. Ganz offensichtlich wird in allen diesen Fällen diese Entwicklung durch eine derart große Anzahl von interagierenden Genen reguliert, daß der Selektionsdruck, rudimentäre Strukturen abzustoßen, nicht so wirksam ist wie die Selektion in der Richtung, die Effizienz bewährter Entwicklungsbahnen zu bewahren. Dies ist natürlich keineswegs eine neue Erklärung, aber es fällt auf, wie wenig sich diejenigen, die sich mit Entwicklungsphysiologie beschäftigen, damit befaßt haben.

Zwei weitere Phänomene bestätigen diese Schlußfolgerung.

Evolutionäre Trends. Bei vielen – wenn nicht den meisten – phyletischen Linien gibt es Hinweise auf gewisse Trends. Viele Evolutionstheoretiker vor 1940 haben derartige »orthogenetische« Trends als Widerlegung der »Darwinschen Evolution durch Zufall«, wie sie es nannten, betrachtet. Mittlerweile ist ganz offensichtlich, daß solche Trends eine notwendige Folge der Einheit des Genotyps sind, die das evolutionäre Potential erheblich einschränken. Jede Familie oder Ordnung von Tieren und Pflanzen hat ihr spezielles Potential, etwa die Huftiere für Hörner oder die Drongos (*Dicruridae*) für die Ausgestaltung der Schwanzfedern.

Evolutionsraten. Auf der Ebene der Spezies sind die Evolutionsraten äußerst verschieden. Große, volkreiche Spezies mit einer großen Verbreitung lassen eine beträchtliche evolutionäre Trägheit erkennen, und zwar nicht so sehr, wie man früher sagte, weil ein Allel so lange braucht, um sich im gesamten Bereich der Spezies auszubreiten, sondern vielmehr weil der koadaptierte Genkomplex der Eingliederung neuer, nicht neutraler Gene großen Widerstand entgegensetzt. Andererseits können Gründerpopulationen in extrem kurzer Zeit eine genetische Revolution durchmachen und unter Umständen innerhalb von 5000 bis 10 000 Jahren Allele an 30 bis 50 Prozent der Loci ersetzen. Fälle wie die

Bogota-Population der *D. pseudoobscura* oder die fünf neuen Spezies von *Haplochromis*-Fischen im Nabugabo-See, der noch keine 4000 Jahre alt ist, sowie die schnelle Speziation von subterranen Säugetieren weisen alle auf eine extrem hohe Geschwindigkeit der Speziation hin.

Angesichts dieser drastischen Unterschiede auf der Ebene der Spezies ist es schwierig, Verallgemeinerungen hinsichtlich phyletischer Evolution anzustellen. Es ist jedoch nicht zu übersehen, daß diejenigen, die von den exakten Wissenschaften zur Biologie kommen, ziemlich unrealistische Annahmen hinsichtlich der Evolutionsrate von Veränderungen in Makromolekülen machen. Aus der Tatsache, daß einige Moleküle – etwa die Histone – sich sehr langsam entwickeln, während andere eine mittlere oder sehr hohe Evolutionsgeschwindigkeit aufweisen, haben einige Autoren den Schluß gezogen, daß solche Moleküle eine eingebaute, sozusagen orthogenetische Evolutionsrate haben. Je nachdem, um welches spezielle Makromolekül es sich handelt, nehmen sie an, daß eine Aminosäure alle 2 Millionen, alle 5 Millionen oder alle 10 Millionen Jahre ersetzt wird. Alle bekannten Tatsachen sprechen gegen diese naive Annahme.

Ich habe den Eindruck, daß wir zu einer weit realistischeren Interpretation der Evolutionsraten kommen, wenn wir von der Annahme ausgehen, daß der evolutionäre Wandel eines gegebenen Typs von Makromolekül nicht auf eine eingebaute Evolutionsrate, sondern eher auf die Notwendigkeit einer Koadaptation mit anderen Molekülen, mit denen es interagieren muß, zurückzuführen ist. Wenn sich die anderen Moleküle – indem sie auf *Ad-hoc*-Selektionsdrücke reagieren – im Lauf der Zeit verändern, muß sich jedes Molekül gelegentlich seiner veränderten molekularen Umgebung anpassen; es muß sich an die Kohäsion des Genotyps anpassen. Dies ist zweifelsohne der Grund für den kontinuierlichen evolutionären Wandel von Molekülen, selbst solcher, bei denen sich der aktive Ort seit der Zeit der primitivsten Eukaryonten oder sogar Prokaryonten nicht geändert hat. Die Abhängigkeit der Genänderungen von der Selektion wird auch dadurch bewiesen, daß die nicht codierenden Pseudogene sich mindestens zweimal so schnell verändern wie die ihnen entsprechenden codierenden Gene.

Lassen Sie mich zusammenfassen:

Die Gene sind weder Einheiten der Evolution, noch sind sie, als solche, die Zielscheibe der natürlichen Auslese. Vielmehr sind Gene zu ausbalancierten adaptiven Komplexen verknüpft, deren Unversehrtheit durch die natürliche Auslese begünstigt wird.

Die Erforschung der Mechanismen, die zur Kohäsion des Genotyps führen, ist ein vielversprechender Teilbereich der Evolutionsforschung.

Es ist wichtig, diese Kohäsion des Genotyps zu verstehen, da sie die Erklärung vieler vormals rätselhafter Phänomene der Speziation und der Makroevolution erlaubt.

Anmerkung

Dieser Essay ging aus einem Vortrag hervor, den ich am 9. August 1973 anläßlich des First International Congress of Systematics and Evolutionary Biology (Erster Internationaler Kongreß für Systematik und Evolutionsbiologie/ICSEB) in Boulder, Colorado, gehalten habe. Er wurde erstmals im *Biol. Zentralblatt* 94 (1975), S. 377–388, veröffentlicht.

17 Speziation und Makroevolution

Spezies und höhere Taxa stellen, phänomenologisch gesehen, zwei sehr unterschiedliche Stufen in der hierarchischen Organisation der lebenden Welt dar. Von Anfang an, seit man sich überhaupt einen Begriff von Evolution machte, gab es auch das Problem, wie man von der Stufe der Spezies zu der Stufe höherer Kategorien kommen kann. Darwin, der Hauptvertreter eines Gradualismus, erklärte, es handle sich dabei um ein rein quantitatives Problem. Würde man nur genügend kleine Unterschiede aufeinanderschichten, so erhielte man schließlich etwas, das qualitativ verschieden sei, das heißt ein höheres Taxon oder eine evolutionäre Neuerung. Warum Darwin so sehr auf einem Gradualismus bestand, ist eine Frage, auf die ich an dieser Stelle nicht näher eingehen will (Gruber 1974; Stanley 1979; Ospovat 1982). Darwin war jedoch zu jener Zeit tatsächlich der einzige, der auf diesem Gradualismus beharrte (soweit ich mit der Literatur vertraut bin). Praktisch alle anderen Evolutionstheoretiker seiner Zeit ließen sich von den Lücken zwischen den einzelnen Gattungen und der noch größeren Kluft zwischen den höheren Taxa derart beeindrucken, daß sie ohne Sprünge (Saltationen) nicht auskommen zu können glaubten. Charakteristisch für diese Denkweise waren T. H. Huxleys Vorstellungen. Nach den Veröffentlichungen von Bateson (1894) und de Vries (1901–1903) wurde der Saltationismus noch populärer, obwohl es gelegentlich auch Stimmen für eine graduelle Evolution gab (etwa Scott 1894). Trotz eines letzten Aufflackerns des Saltationismus in den 1940er und 1950er Jahren (als Beispiele seien Goldschmidt 1940, Willis 1940 und Schindewolf 1950 genannt), blieb schließlich der Gradualismus in der synthetischen Evolutionstheorie Sieger. Ich möchte jedoch betonen, daß es sich dabei im großen und ganzen um einen Gradualismus in der vertikalen (Lamarckschen) Tradition handelte. Es war einfach ein Denken in Begriffen phyletischer Linien, die sich allmählich und unvermeidlich nach oben entwickeln, hin zu immer besseren Adaptationen oder immer größeren Spezialisierungen.

Die Darwinsche »horizontale« Tradition eines Ursprungs der Mannigfaltigkeit, das heißt, einer Vervielfachung von Spezies, und die Bedeutung dieser Vervielfachung für die Makroevolution wurden völlig ignoriert. Wenn man die Schriften »darwinistischer« Paläontologen genau liest, stellt man fest, daß sie in ihrer Argumentation direkt von der Ebene der genetischen Variation-Mutation zu der Ebene makroevolutionärer Prozesse (neue, höhere Taxa, evolutionäre Neuerungen) gehen. Das gleiche gilt für die Genetiker, die (mit Ausnahme Dobzhanskys und einiger weniger anderer, die von der Naturgeschichte herkamen) von der Ebene der Gene direkt zur Ebene der Makroevolution übergingen.

Lediglich die Naturkundler, insbesondere die Zoologen, machten sich über den Übergang von der Genebene zu der Ebene der Makroevolution Gedanken, indem sie in den Übergang von Population zu Spezies zu höheren Taxa die Rolle der Spezies einfügten und sie analysierten.

Der Unterschied zwischen der Denkweise der Genetiker-Paläontologen einerseits und Darwins und der Naturkundler andererseits ist weit tiefgreifender, als die meisten Evolutionstheoretiker glauben. Wenn wir Evolution als Veränderungen hinsichtlich Adaptation und Vielfältigkeit definieren, dann untersuchen diejenigen, die sich mit Adaptation befassen, etwas, das wir als die vertikale Dimension der Evolution bezeichnen könnten, während diejenigen, deren Untersuchungsgegenstand die Vielfältigkeit ist, sich mit der horizontalen Dimension, das heißt mit den Veränderungen von Populationen in Länge und Breite beschäftigen. In Wirklichkeit laufen natürlich beide Prozesse gleichzeitig ab, aber die meisten Forscher der verschiedenen Unterdisziplinen der Evolutionsbiologie haben jeweils nur die eine der beiden Dimensionen in Betracht gezogen. Wenn Paläontologen sich mit Makroevolution befassen, setzen sie sich normalerweise nie mit dem Problem des Ursprungs der Taxa oder Typen auseinander, die sich »höher«-entwickelt oder adaptive Radiationen erlebt haben. Simpson (1944) beispielsweise erwähnt an keiner Stelle seines Buches *Tempo and Mode in Evolution* Spezies oder Speziation. Die lästige Tatsache, daß die Untersuchung phyletischer Linien in der Zeitabfolge nur minimale Veränderungen und keinen Beweis für einen Wechsel von einer Gattung in eine andere oder für die graduelle Entstehung evolutionärer Neuerungen an den Tag bringt, ließ man schlicht unter den Tisch fallen. Meistens wurde die Schuld daran der Lückenhaftigkeit der Fossilienüberlieferung zugeschoben.

Die Speziationsforscher und, in umfassenderem Sinne, die Neontologen insgesamt akzeptieren als einen Glaubenssatz nicht nur, daß alle makroevolutionären Phänomene mit den Gesetzen der Genetik in Einklang stehen, sondern auch, daß man sie mit Hilfe der Phänomene geographischer Variation und Speziation erklären kann. In meinem Buch von 1942 bin ich zu dem Schluß gekommen, daß »alles verfügbare Beweismaterial darauf hinweist, daß die Entstehung höherer Kategorien ein Prozeß ist, bei dem es sich um nichts anderes handelt als um eine Extrapolation der Speziation« (Mayr 1942: 298).

Simpson war nicht der einzige, der das Problem der Speziation vernachlässigte. In den hundert Jahren nach Erscheinen des *Ursprungs* ignorierten die meisten Paläontologen das Problem der Entstehung organischer Mannigfaltigkeit völlig. Sie taten dies zum Teil deswegen, weil ihre »Daten einfach nicht aussagekräftig genug waren, um evolutionäre Kinetik zu analysieren« (Carson 1981), und teilweise, weil weder die existierende reduktionistische Theorie der Genetik noch die klassischen Speziationstheorien der Systematiker angemessene Szenarien boten, die man mit den Ergebnissen der Paläontologie in Beziehung hätte setzen können. Ihre Einstellung war daher gar nicht so unbegründet.

Obgleich sowohl Simpson (1944) wie auch ich (1942) uns heftig gegen eine essentialistische Speziation durch Saltation wandten, wurde dieses Modell der Makroevolution von den wenigen Paläontologen übernommen, die den Versuch unternahmen, die Entstehung von Mannigfaltigkeit zu erklären. Essentialismus beherrschte damals das Denken, vor allem in den nicht-englischsprachigen Ländern, und selbst einige derjenigen, die die gemeinsame Abstammung akzeptierten, griffen auf vordarwinistische Theorien des Ursprungs durch plötzliche Saltationen zurück und verwarfen auf diese Weise bewußt den Gradualismus Darwins.

Die beobachteten Tatsachen schienen, wie Goldschmidt (1940), Willis (1940) und Schindewolf (1950) zu jener Zeit betonten, die Behauptungen der Saltationisten zu bestätigen. Nirgendwo in der

Natur, so sagten sie, findet man irgendwelche Übergänge zwischen Gattungen, Familien, Ordnungen und noch höheren Taxa. Selbst mittels der Fossilienüberlieferung gelingt es nicht, irgendeine Kontinuität zu beweisen, und alle Neuerungen tauchen in der Fossiliengeschichte ziemlich plötzlich auf. Deshalb, so schlossen die Gegner des Gradualismus, ist die Behauptung der Anhänger der synthetischen Evolutionstheorie, die Genetik von Populationen und die Tatsachen der geographischen Speziation könnten Makroevolution erklären, eine Hypothese ohne faktische Begründung. Genau der gleiche Einwand gegen den Gradualismus wurde erneut im Verlauf der letzten Jahre geäußert. Wenn, wie ich immer behauptet habe, Speziation der Schlüssel zur Lösung des Problems der Makroevolution ist, dann ist es notwendig, neuere Entwicklungen in der Theorie der Speziation neu zu überdenken.

Arten der Speziation

Der Begriff *Speziation* (Artbildung) wurde im Verlauf der Geschichte der Evolutionsbiologie meistens in zweierlei Bedeutungen verwendet. Für die Evolutionstheoretiker in der vertikalen Tradition bedeutete er phyletische Speziation, das heißt die Umformung einer Spezies in eine andere. Für diejenigen in der horizontalen Tradition bedeutete er die Vervielfachung von Spezies, das heißt die Entstehung separater Populationen, die werdende Spezies sind. Der gegenwärtige Streit über die Gültigkeit der punktierten Gleichgewichte ist großteils eine unbewußte Fortsetzung der alten Unsicherheit, was Speziation wirklich ist. Einige der Verfechter eines phyletischen Gradualismus denken nach wie vor in den Begriffen phyletischer Speziation.

Komplikationen bleiben jedoch weiterhin bestehen, wenn man Speziation als die Erzeugung neuer Tochterspezies definiert. Es gibt drei oder vier legitime Theorien, wie solche neuen Spezies möglicherweise entstehen, aber glücklicherweise ist die Gültigkeit beziehungsweise Nicht-Gültigkeit dieser verschiedenen Formen potentieller Speziation von nur beschränkter Bedeutung für die punktualistische Argumentation.

Da ich erst vor kurzem eine detaillierte Analyse des Problems der Speziation vorgelegt habe (Essay 13), will ich an dieser Stelle lediglich meine Schlußfolgerungen zusammenfassen. Dabei läßt sich nicht vermeiden, daß sie ein wenig kategorisch klingen.

Es besteht kaum ein Zweifel daran, daß die vorherrschende Speziationsart – zumindest was Tiere betrifft – die allopatrische ist. 1942 habe ich dies folgendermaßen definiert: »Eine neue Spezies entwickelt sich, wenn eine Population, die von ihrer Elternspezies isoliert ist, während dieser Periode der Isolation Merkmale erwirbt, die reproduktive Isolation fördern oder garantieren, wenn einmal die äußeren Barrieren zusammenbrechen.« Neben allopatrischer Speziation wurden auch noch einige Formen nichtallopatrischer Speziation postuliert. Bei den wichtigsten von den von White (1978) erörterten handelt es sich um folgende:

Sympatrische Speziation. Sie wird als die Entstehung von Isolationsmechanismen innerhalb des Ausbreitungsgebiets der Nachkommenschaft einer einzelnen Deme definiert. Als ich 1942 und noch nachdrücklicher 1947 (Nachdruck 1976) darauf hingewiesen habe, welche genetischen Schwierigkeiten das sympatrische Aufsplittern einer Deme in einer diploiden, sexuell sich fortpflanzenden Spezies aufwerfen würde, und daß darüber hinaus alle als Beweis für sympatrische Speziation angeführten Fälle genauso einfach oder noch leichter als das Ergebnis geographischer Speziation erklärt werden können, stimmte man der These eines Vorherrschens sympatrischer Speziation nicht mehr so uneingeschränkt zu. In den 1960er und 1970er Jahren wurde sie allerdings wieder mit allem Nachdruck vertreten, vor allem von Guy Bush und M. D. J. White. Im Verlauf der letzten paar Jahre haben jedoch mehrere Autoren unabhängig voneinander das Vorherrschen, wenn nicht sogar das Vorkommen überhaupt von sympatrischer Speziation in Frage gestellt. Obwohl es sich dabei um einen denkbaren Mechanismus von Speziation handelt, bezweifle ich, daß ihm sonderliche Bedeutung zukommt.

Eine Sonderform sympatrischer Speziation ist Speziation durch disruptive Selektion. Laut dieser Hypothese können neue Spezies entstehen, wenn Morphen in einer polymorphen Population reproduktive Isolation erwerben. Es besteht kein Zweifel, daß man eine Konstellation von Bedingungen schaffen kann, die derlei ermöglichen würde, aber mir scheint, daß in natürlichen Populationen die Auslese einer so drastischen Beschränkung des reproduktiven Potentials eines Individuums kräftig entgegenwirken würde. Die ideale Situation für eine solche Speziation wäre bei Süßwasserfischen gegeben, bei denen Selander trophische »Spezies«, das heißt derart diskontinuierlich spezialisierte Morphen entdeckt hat, daß sie über die phänotypischen Merkmale mehrerer guter morphologischer Spezies verfügen, aber dennoch Mitglieder einer einzigen Population sind. In der Tat kann man, solange keine besseren Beweise für das Vorherrschen sympatrischer Speziation erbracht werden, als bislang vorliegen, sie aus einer Untersuchung der Bedeutung der Speziation für die Makroevolution ausklammern. Tatsächlich konnte in keinem einzigen Fall gezeigt werden, daß sie irgendeine besondere Bedeutung für die Makroevolution hat.

Stasipatrische Speziation. Wie ich bereits gezeigt habe (Essay 13), gibt es keinen wie auch immer gearteten Beweis für das Vorkommen dieser Art von Speziation (wie sie von M. J. D. White postuliert wurde).

Parapatrische Speziation. Für dieses Speziationsmodell, das B. Clarke, J. Endler und andere vertreten, gibt es ebenfalls keinerlei überzeugende Beweise. Alle aufgeführten Fälle lassen sich einfacher als sekundäre Kontaktzonen vormals isolierter Populationen erklären. Lediglich bei teilweise autogamen Pflanzen trifft man auf Situationen, die man als Fälle beginnender parapatrischer Speziation betrachten könnte. Es würde hier zu weit führen, näher auf Genaustausch einzugehen, dessen gründliche Analyse jedoch eine wesentliche Voraussetzung dafür wäre, die Möglichkeit einer parapatrischen Speziation in Betracht zu ziehen.

Ich möchte noch einmal betonen, daß es für den Streit phyletische versus punktualistische Speziation ziemlich unerheblich ist, ob die neuen Spezies peripatrisch (siehe unten), sympatrisch oder durch Disruption entstehen; sie würden alle zu einer punktualistischen Situation führen.

Formen allopatrischer Speziation

Nach der synthetischen Evolutionstheorie wurde allopatrische Speziation allgemein als die vorherrschende Art von Speziation akzeptiert, zumindest bei Tieren. Diejenigen, die keinerlei persönliche Erfahrung mit Speziationsproblemen hatten, beschrieben Speziation normalerweise als die Aufteilung einer Spezies in zwei Hälften durch eine neu entstehende geographische Barriere und die allmähliche genetische Divergenz der beiden isolierten Hälften. White (1978) hat diese Version allopatrischer Speziation als das *Dumbbell*-Modell allopatrischer Speziation bezeichnet; man könnte sie auch, nach Cracraft, als dichopatrische Speziation bezeichnen.

Als ich konkrete Fälle beginnender Speziation bei verschiedenen Gruppen von Tieren und Pflanzen untersuchte, habe ich entdeckt, daß solche Fälle nur selten zu diesem Lehrbuch-Modell paßten. Vor allem zwei Aspekte allopatrischer Speziation blieben mir rätselhaft. Der eine war das häufige Fehlen einer Divergenz bei weitgehend diskontinuierlichen Teilen einer Spezies. Derlei Diskontinuitäten sind schon seit der Zeit vor Darwin bekannt und waren im Grunde genommen der Hauptgrund für Agassiz' Theorie der vielfachen, unabhängigen Erzeugung der gleichen Spezies und der Anlaß für die Korrespondenz zwischen Darwin und Asa Gray.

Interessanter war, worauf ich erstmals 1942 mit Nachdruck hingewiesen habe (Mayr 1942: 281–285), die Tatsache, daß hochgradig isolierte Teile von Spezies sich manchmal so drastisch vom Hauptteil der Spezies unterscheiden, daß Taxonomen sie nicht nur zu verschiedenen Spezies deklarierten, sondern sie gelegentlich sogar in den Rang separater Gattungen erhoben. In der Tat sammelte sich immer mehr Beweismaterial an, das für drastisch verschiedene Speziationsraten unter jeweils verschiedenen Umständen spricht. Nach Veröffentlichung meines Buches *Systematics and the Origin of Species* habe ich mir jahrelang über diesen Unterschied den Kopf zerbrochen und bin schließlich zu dem Schluß gekommen, daß man zusätzlich zum *Dumbbell*-Modell einen weiteren Speziationsprozeß in peripher isolierten Populationen unterscheiden muß (Mayr 1954), einen Prozeß, den ich jetzt als *peripatrische Speziation* bezeichne.

Meine Theorie ist in der neueren Literatur so oft falsch interpretiert worden, daß es mir wichtig erscheint, die tatsächlichen Aussagen in meinen ursprünglichen Abhandlungen (Mayr 1954; 1963; 1970) noch einmal hervorzuheben. Die meiner Theorie zugrundeliegende Tatsache ist, daß man, wenn man in einer Superspezies oder Speziesgruppe eine sehr divergente Population oder ein sehr divergentes Taxon antrifft, diese immer an einer peripher isolierten Stelle lokalisiert sind. Als ich eine Reihe nahe verwandter allopatrischer Spezies untersuchte, fand ich in vielen Fällen heraus, daß die entfernteste, die peripherste Spezies sich in einem solchen Maße von den anderen unterschied, daß die Ornithologen sie entweder als eigenständige Gattung beschrieben oder zumindest ihre tatsächliche Beziehung nicht erkannt hatten. Bei einer Gattung nach der anderen stellte ich fest, daß die jeweils peripherste Spezies die meisten Unterschiede aufwies. Auf dieser streng empirischen, durch Beobachtung gewonnenen Grundlage habe ich 1954 meine Theorie der peripatrischen Speziation vorgelegt. In den mehr als fünfunddreißig Jahren seit dieser Veröffentlichung hat man nichts entdeckt, das meinen Standpunkt geschwächt hätte. Im Gegenteil, ich wurde darin durch die hervorragenden Forschungen von Hampton Carson zur Speziation von *Drosophila* auf den hawaiischen Inseln sehr bestärkt.

Meine Schlußfolgerung war, daß jegliche drastische Umorganisierung des Genpools wesentlich leichter in einer kleinen Gründerpopulation bewerkstelligt werden kann als in irgendeiner anderen Art von Population. Ich habe in der Tat nicht einen einzigen Beweis für das Auftreten einer drastischen evolutionären Beschleunigung und genetischen Umstrukturierung in weitverbreiteten, volkreichen Spezies gefunden. Angesichts der Tatsache, daß meine Theorie in jüngerer Zeit häufig falsch dargestellt wurde, muß ich auch hervorheben, was ich *nicht* behauptet habe.

Ich habe nicht behauptet, daß es bei jeder Gründerpopulation zu einer Speziation kommt. Der Grund dafür ist, daß die meisten von ihnen bald aussterben, aber ein zweiter Grund ist, daß in der Mehrzahl der Fälle nur geringfügige genetische Umstrukturierungen stattfinden.

Ich habe nicht behauptet, daß jede genetische Veränderung in

einer Gründerpopulation einer genetischen Revolution gleich-
kommt. Offensichtlich sind für das Eintreten drastischerer genetischer Umstrukturierungen spezielle Konstellationen die
Voraussetzung.

Ich habe nicht behauptet, daß jede Gründerpopulation eine
dramatische Veränderung durchmacht. Tatsächlich habe ich lediglich folgendes behauptet: wenn es zu einer dramatischen
Veränderung kommt, dann geschieht dies in einer relativ kleinen und isolierten Population.

Ich habe nicht behauptet, daß Speziation nur in Gründerpopulationen vorkommt.

Diejenigen, die mich falsch interpretiert haben, scheinen sich über
den Unterschied zwischen notwendigen und ausreichenden Bedingungen nicht im klaren zu sein. Es leuchtet ganz unmittelbar ein,
daß man weder vorhersagen kann, was im Verlauf einer Speziation
passiert, noch alle Situationen unter eine einzige Überschrift sub-
sumieren kann. Unglücklicherweise ist typologisches Denken nach
wie vor sehr weit verbreitet, besonders bei Genetikern, und infolgedessen werden pluralistische Erklärungen ignoriert.

Man hat wiederholt festgestellt, ich hätte versucht, genetische
Drift durch meine Theorie der peripatrischen Speziation zu ersetzen. Dies ist schlicht nicht wahr. Ich war mir immer der Tatsache
bewußt, daß alle stochastischen Prozesse in der Evolution, einschließlich der der Gründung neuer Populationen, zu einer genetischen Drift führen, wie sie Sewall Wright definiert. Allerdings hat
sich Wright, der sich im wesentlichen immer für die vertikale Evolution interessiert hat, auf Prozesse konzentriert, die in vorübergehend isolierten Demen ablaufen, und beschrieben, wie sich dies
auf genetischen Wandel in der Spezies als ganzer auswirken
würde. Soweit ich weiß, hatte er dies vor 1954 nie zum Gegenstand
einer Theorie der Vervielfachung von Spezies gemacht. Was mich
betrifft, so habe ich den stochastischen Aspekt der Entstehung der
Gründerpopulation nur als Grundlinie aufgefaßt, und ich betrachte, wie ich von allem Anfang an betont habe, Selektion als
den eigentlichen Grund für genetische Veränderungen in einer
Gründerpopulation. Folglich habe ich genetische Revolutionen
oder was auch immer während einer peripatrischen Speziation ge-

schehen mag, nie als eine Alternative zu genetischer Drift betrachtet, da die beiden Prozesse völlig unabhängig voneinander sind und immer nebeneinander und gleichzeitig ablaufen.

Die Genetik peripatrischer Speziation

Als ich 1954 meine Theorie der peripatrischen Speziation vorlegte, wußte man praktisch nichts über die Genetik der Speziation, außer daß bei Pflanzen ein einzelnes Gen oder nur einige wenige Gene manchmal genügen, um eine Sterilitätsbarriere zu errichten. Bei Tieren war die Sache nicht so klar. Die meisten Untersuchungen zu verhaltensbezogenen Isolationsmechanismen wie auch zu Unfruchtbarkeit wiesen darauf hin, daß zahlreiche Gene daran beteiligt sind. Wenn man noch die genetische Umstrukturierung hinzurechnet, die erforderlich ist, um eine friedliche Koexistenz mit Mutter- und Schwesterspezies zu ermöglichen, muß man daraus den Schluß ziehen, daß Speziation unter Umständen eine beträchtliche genetische Umstrukturierung erfordert. Laut dem klassischen allopatrischen Speziationsmodell wären sehr lange Perioden geographischer Isolation nötig, um langsam die große Anzahl von Genen anzuhäufen, die es für eine Speziation braucht. Dies paßte ganz und gar nicht zu den Situationen, auf die mein peripatrisches Modell sich anwenden ließ, und ich mußte mir über die Möglichkeit eines ganz anderen genetischen Prozesses als das Anhäufen von Genen Gedanken machen. Trotzdem ging meine Erklärung im wesentlichen von der vorherrschenden Annahme aus, daß im Prinzip alle Gene gleichartig sind. Ich stellte mir also einen genetischen Ablauf vor, der folgende Elemente umfaßte:

(1) Die Gründer (in vielen Fällen ein einziges befruchtetes Weibchen) tragen nur einen Bruchteil der gesamten genetischen Variabilität der Elternpopulation.
(2) Die extreme Inzucht der folgenden Generationen führt nicht nur zu vermehrter Homozygotie, sondern setzt auch viele, wenn nicht die meisten rezessiven Allele (die jetzt homozygot gemacht worden sind) der Selektion aus.

(3) Die Zerstörung vieler der vorher existierenden allelischen und epistatischen Balancen kann zu einer beträchtlichen Lokkerung des Zusammenhalts des Genotyps führen.

(4) Solche genetisch nicht ausgewogenen Populationen befinden sich möglicherweise in einer idealen Situation, um in neue Nischen zu wechseln, wie sie etwa unter den veränderten Umweltbedingungen des Standorts der Gründerpopulation verfügbar sind.

(5) Die genetische Umstrukturierung könnte drastisch genug ausfallen, um die genetische Homöostase so weit abzuschwächen, daß der Erwerb morphologischer Neuerungen leichter wird.

(6) Die drastisch verschiedene unbelebte wie auch biotische Umwelt der Gründerpopulation wird enorm verstärkte Selektionsdrücke ausüben.

Da die ersten Generationen ziemlich klein sein werden, dürften stochastische Prozesse eine große Rolle bei der genetischen Umstrukturierung spielen. Ich bin zu dem Schluß gekommen, daß die Kombination all dieser verschiedenen Faktoren zu einer genetischen Veränderung führen könnte, die um einige Größenordnungen massiver ist als die, die in einer normalen Deme stattfindet, die Teil einer volkreichen, weitverbreiteten Spezies ist. Eine solche drastische Umstrukturierung habe ich als *genetische Revolution* bezeichnet. Mein Konzept der genetischen Revolution basierte auf der Vorstellung des genetischen Milieus eines jeden Gens. Da man meine Ideen oft mißverstanden oder falsch interpretiert hat, will ich wörtlich aus meiner Abhandlung von 1954 zitieren: »Wenn einige wenige Individuen von einer veränderbaren Population isoliert werden... führt dies zu einer plötzlichen Veränderung der genetischen Umgebung der meisten Loci. Diese Veränderung stellt in Wirklichkeit die drastischste genetische Veränderung dar... die in einer natürlichen Population eintreten kann, da sie alle Loci gleichzeitig betreffen kann. Sie kann in der Tat den Charakter einer echten ›genetischen Revolution‹ haben. Darüber hinaus könnte diese durch die Isolation der Gründerpopulation ausgelöste ›genetische Revolution‹ den Charakter einer Kettenreaktion haben. Veränderungen an irgendeinem beliebigen Locus werden ihrerseits die selektiven Werte vieler anderer Loci beeinflussen, bis schließlich das System einen neuen Zustand des Gleichgewichts erreicht hat.«

Meine systematischen Untersuchungen buchstäblich Tausender isolierter Populationen im Verlauf der vorangegangenen fünfundzwanzig Jahre hatten mir gezeigt, daß eine solche drastische Veränderung nur sehr selten eintritt. Ich habe nicht im mindesten behauptet, daß jede Gründerpopulation eine genetische Revolution durchmacht. Noch habe ich behauptet, irgendwelche Gene hätten mutiert. Ich habe lediglich behauptet, daß die phänotypische Erscheinung und damit die selektiven Werte vieler Gene durch die Veränderung ihres genetischen Milieus beeinflußt werden.

Man hat, nicht ganz zu Unrecht, gefragt, ob der Begriff »Revolution« nicht zu stark ist. Jeder Geschichtswissenschaftler ist sich jedoch darüber im klaren, daß viele Revolutionen kaum eine andere Institution eines Landes angetastet haben als die Regierungsform. Darüber hinaus geschieht in anderen Arten von Populationen nie etwas, das der drastischen Veränderung dieser Gründerpopulationen, die eine genetische Revolution durchmachen, auch nur gleichkäme.

Was ich 1954 gesagt habe, beruhte alles auf indirekten Schlußfolgerungen, und es ist jetzt an der Zeit, die Frage zu stellen, bis zu welchem Grad meine damaligen Spekulationen im Verlauf der letzten achtunddreißig Jahre bestätigt oder aber widerlegt worden sind.

Die vielleicht wichtigste Erkenntnis seit damals ist, daß die DNA sehr heterogen ist. Daß einige Genetiker in der Vergangenheit immer wieder darauf beharrten, alle Evolution werde durch »Mendelsche Merkmale« verursacht, hat zu vielen Mißverständnissen geführt. In den ersten Jahrzehnten unseres Jahrhunderts, als viele noch an eine Mischvererbung glaubten, war dies zugegebenermaßen eine ganz praktische Formulierung. Heutzutage jedoch vermittelt dieser Terminus den Eindruck, daß die Kategorie »Mendelsche Merkmale« eine einheitliche Klasse sei. Aber je mehr wir über verschiedene Arten der DNA herausfinden, desto offensichtlicher wird, daß dies weit von der Wahrheit entfernt ist. Der Begriff »Mendelsche Merkmale« bedeutet nichts weiter, als daß Vererbung durch die Chromosomen reguliert wird, auf denen die jeweiligen genetischen Faktoren lokalisiert sind. Er sagt anderseits überhaupt nichts über die chemische, physiologische oder evolutionäre Natur dieser genetischen Faktoren aus. Wir wissen mittlerweile, daß der Genotyp, obwohl er ganz aus DNA besteht, sich aus höchst unterschiedlichen Klassen von DNA zusammensetzt, von denen wahrscheinlich eine jede eine mehr oder weniger verschiedene Funktion hat. Diejenigen unter uns, die schon seit langem versuchen, Speziation und Evolution zu erklären, und sich in dem Glauben gewiegt haben, dem Ziel schon ganz nahe zu sein, kommen sich jetzt plötzlich vor wie ein Spieler beim »Mensch ärgere dich nicht«, der auf Null zurück muß. Was unser Verständnis der Genetik von Speziation angeht, so befinden wir uns tatsächlich fast auf dem Nullpunkt.

Wir wollen uns jetzt jedoch einige Details betrachten. Da es verschiedene Klassen von DNA gibt und wir schon einige Beweise dafür haben, daß sie bei Speziation eine jeweils unterschiedliche Rolle spielen, müssen wir uns jede Klasse gesondert ansehen.

(1) *Enzymgene.* Die Methode der Elektrophorese hat den äußerst wichtigen Beweis dafür erbracht, daß die klassischen Enzymgene bei einer Speziation keine besonders große – wenn überhaupt eine – Rolle spielen. Es gibt vielfältige Beweise für diese Schlußfolgerung; der überzeugendste ist vielleicht, daß die Geschwindigkeit, mit der Isozyme ersetzt werden in phyletischen Linien, die aktiv zu neuen Spezies werden, nicht höher ist als bei solchen, die in ihrem Zustand verharren. Zudem gibt es Gruppen verwandter Spezies und Gattungen, die hinsichtlich aller Enzymloci, die man untersucht hat, identisch sind. Diejenigen, die ihre Interpretation der Genetik von Speziation auf die Erkenntnisse über Enzymgene gründen, befinden sich mit Sicherheit auf der falschen Spur.

(2) *Chromosomale Umstrukturierung.* Da sich bei Eukaryonten praktisch das gesamte genetische Material auf den Chromosomen befindet, wird wohl niemand bezweifeln, daß die Chromosomen bei der Speziation eine große Rolle spielen – die Frage ist nur, auf welche Weise? Die Häufigkeit, mit der nah verwandte Spezies der meisten Organismengruppen sich hinsichtlich der Chromosomenstruktur unterscheiden, beweist, wie häufig eine chromosomale Umorganisierung mit Speziation einherzugehen scheint. Ande-

rerseits zeigt das Auftreten homosequentieller Speziation bei vielen hawaiischen Speziesgruppen von *Drosophila* und anderer Gattungen von Dipteren (Carson 1975), daß Speziation auch ohne große chromosomale Veränderungen möglich ist. Angesichts der Tatsache, daß Heterozygoten zwischen den Chromosomensätzen zweier verschiedener Spezies oft vermindert lebensfähig oder mehr oder weniger steril sind, besteht kaum ein Zweifel daran, daß die Anhäufung solcher Unterschiede den Erwerb von Isolationsmechanismen zwischen Spezies eigentlich beschleunigen müßte. M. J. D. White hat auf überzeugende Weise gezeigt, welche Rolle dies für die Speziation bestimmter Organismengruppen spielt, beispielsweise bei den Moraba-Heuschrecken. Carsons hawaiische *Drosophila*-Arten hingegen zeigen, daß eine chromosomale Umstrukturierung keine notwendige Voraussetzung für Speziation ist.

An diesem Punkt verlassen wir den sicheren Boden faktisch begründeter Beweise. Seit fünfzehn oder noch mehr Jahren spekulieren Autoren darüber, welche Rolle Regulationsgene bei der Speziation spielen (analog zu den Ergebnissen bei Prokaryonten), und es scheint in der Tat ziemlich viele Hinweise darauf zu geben, daß den Regulationsgenen recht große Bedeutung zukommt. Obgleich viele Genetiker nach wie vor nur ein Minimum an Geninteraktion zulassen wollen, spricht weit mehr für einen ziemlich festen Zusammenhalt des Genotyps, als die klassischen Mendelisten zugeben wollen. Dennoch – wir wissen fast gar nichts über dieses postulierte Regulationssystem. Möglicherweise spielen einzeln codierende Gene dabei eine Rolle, die verschiedene Funktionen – etwa das Aufbauen von Isolationsmechanismen – erfüllen, oder aber einige der kürzlich entdeckten »Geheimnisgene«, etwa Copia und andere bewegliche Elemente. Mittelrepetitive DNA scheint für die Regulation von ziemlich großer Bedeutung zu sein, und selbst hochgradig repetitive DNA ist anscheinend daran beteiligt. Es ist jedoch durchaus möglich, daß der ganze Ansatz, der von Einzelfaktoren ausgeht, falsch ist.

Das genetische Milieu

Für die letzten sechzig Jahre – man könnte aber auch sagen, schon seit Darwin (1859: 11,146; 1868 II: 319–335) – lassen sich zwei Auffassungen des Genotyps unterscheiden. Laut der atomistischen (*beanbag-*) Einstellung ist jedes Gen nicht nur in seinen Aktionen, sondern auch in den Auswirkungen der Selektion auf es unabhängig. Beispielsweise wird evolutionäre Stagnation des Phänotyps mittels der stabilisierenden Selektion, die auf individuelle Gene wirkt, erklärt. Laut dem holistischen (integrativen) Standpunkt verhalten sich Gene als Gruppen, und zahlreiche andere Gene bilden das »genetische Milieu« (Chetverikov 1926) eines jeden gegebenen Gens. Genaustausch an jedem beliebigen Locus könnte einen Einfluß auf den selektiven Wert von Genen an anderen Loci haben. Und obwohl die Atomisten (Reduktionisten) sich der Existenz von Pleiotropie, Polygenie und anderen Prozessen, die den Phänotyp (die Zielscheibe der Selektion) hervorbringen und automatisch zu einer Selektionsinteraktion von Genen führen, durchaus bewußt sind, lassen sie bei ihren Interpretationen von Evolution diese Prozesse einfach unter den Tisch fallen. Die anderen hingegen, die das genetische Milieu (Chetverikov), genetische Homöostase (Lerner), interne Balance (Mather) oder die Kohäsion des Genotyps (Mayr) betonten, haben den Einfluß der natürlichen Auslese stets auf andere Weise betrachtet als diejenigen, für die die Gene im wesentlichen eine additive Rolle spielen. Die Atomisten beispielsweise betrachten die Einschränkungen der Entwicklung und die stabilisierende Selektion als zwei separate Probleme, während für die »Holisten« der Hauptgrund für stabilisierende Selektion eben die Einschränkungen der Entwicklung sind, die durch die Kohäsion des Genotyps bedingt sind. Schmalhausen war sich dessen sehr wohl bewußt, aber die Mehrzahl der Genetiker, insbesondere die mathematischen Genetiker, ignorieren es, weil es Berechnungen so »schlampig« macht. Und es gibt in der Tat noch immer keine angemessene Methodologie, um die Faktoren zu analysieren, die die Kohäsion regulieren.

Die Holisten haben so einen neuen wichtigen Faktor in die Evolutionstheorie eingeführt, die innere Struktur des Genotyps. Sie behaupten, daß ein Großteil der Makroevolution nicht durch atomistische Genersetzung oder Selektionsdrücke auf einzelne Gene, sondern nur mittels einer mehr oder weniger drastischen, durch eine Lockerung der festen genetischen Kohäsion des Genotyps, wie er für weitverbreitete, volkreiche Spezies charakteristisch ist, ermöglichten Umstrukturierung des Genotyps erklärt werden kann. (Eigentlich dürfte ich gar nicht »neu« sagen, denn bereits Darwin hat einen solchen Standpunkt vertreten, und er ist immer wieder fast unvermeidlich von Evolutionstheoretikern aus dem Lager der Naturkundler vorgetragen worden, auch wenn diejenigen, die über die Embryologie zur Evolutionstheorie gekommen sind, etwa Waddington und Goldschmidt, ähnliche Ideen geäußert haben).

Niemand hat sich mehr für die Theorie eingesetzt, daß eine Lockerung des inneren Zusammenhalts des Genotyps eine wichtige, wenn nicht sogar die entscheidende Komponente bei einem Großteil von Speziation ist, als Carson (1975). Seine Argumente bestätigen sehr eindrucksvoll frühere, von Darwin bis hin zu Rensch, Lerner, Waddington, Mayr und anderen vorgetragene Thesen.

Mikroevolution und Makroevolution

Die klassische Auffassung von Makroevolution, wie sie von Darwin und der Mehrzahl der Paläontologen bis in die heutige Zeit vertreten wurde, war, daß Spezies im Lauf ihrer graduellen Evolution in der Zeit sich in einem solchen Maße verändern, daß sie zu anderen Gattungen oder noch höheren Taxa werden und in diesem Prozeß all die Adaptationen und Spezialisationen der Welt organischer Vielfältigkeit erwerben. Wenn man – wie die meisten Paläontologen, einschließlich Simpson – Evolution strikt in der vertikalen Dimension betrachtet, läßt dies kaum eine andere Interpretation von Evolution zu. Und wenn man die Schriften derjenigen Genetiker, die sich auch über Makroevolution Gedanken machten, sorgfältig liest, stellt man fest, daß sie nahezu die gleiche Einstellung haben. Sie brachte Goldschmidt zu seiner Theorie der »hoffnungsvollen Monster«; sie führte zu anderen Saltationstheorien, und sie führte verschiedentlich zu Behauptungen, durch das Neuüberdenken des Evolutionsprozesses im Verlauf der letzten fünfzehn oder zwanzig Jahre sei die synthetische Evolutionstheorie überholt. Für diejenigen, die in Begriffen abgeschlossener Genpools und ausschließlich vertikaler Evolution denken, sind dies unausweichliche Schlußfolgerungen. In der Tat gibt es keinerlei sichtbare Verbindungen zwischen den Phänomenen, mit denen sich die mathematischen Populationsgenetiker befassen, und jenen makroevolutionären Prozessen, die die Paläontologen und vergleichenden Anatomen untersuchen.

Man kann einen solchen Zusammenhang jedoch sehr wohl herstellen, wenn man sich der Erkenntnisse der Populationssystematik und des horizontalen Ansatzes der Evolutionstheorie, den die neueren Systematiker verfolgen, bedient, da sie eine perfekte Brücke zwischen Mikro- und Makroevolution darstellen. Ansätze dazu lassen sich schon in Renschs Schriften und in meinem Buch von 1942 finden. In meiner Theorie der peripatrischen Speziation habe ich festgestellt, daß peripher isolierte Populationen verschiedene Eigenschaften haben, die »von großem Interesse ... für diejenigen« sind, »die größere evolutionäre Veränderungen untersuchen. Mir scheint, daß viele verwirrende Phänomene, vor allem solche, die die Paläontologen betreffen, erhellt werden, wenn man sich diese Populationen ansieht. Zu diesen Phänomenen zählen ungleiche (und insbesondere sehr schnelle) Evolutionsraten, Brüche in evolutionären Sequenzen und offensichtliche Saltationen sowie schließlich die Entstehung neuer ›Typen‹... Die genetische Umstrukturierung peripher isolierter Populationen läßt evolutionäre Veränderungen zu, die um ein Vielfaches schneller stattfinden als die Veränderungen innerhalb von Populationen, die Teil eines kontinuierlichen Systems sind. Hier haben wir also einen Mechanismus, der die rapide Emergenz makroevolutionärer Neuerungen ermöglichen würde, ohne daß dies den beobachteten Fakten der Genetik zuwiderliefe« (1954: 206–207).

Merkwürdigerweise haben die Paläontologen meine Thesen mehr als zwanzig Jahre lang völlig ignoriert. 1972 haben jedoch Eldredge und Gould ihre Theorie der *punktierten Gleichgewichte* veröffentlicht, in der die wichtigsten Erkenntnisse der Paläontologen in Begriffen meiner Theorie der peripatrischen Speziation erklärt werden. In Essay 18 werde ich verschiedene Versionen der punktualistischen Theorie erörtern. Gould schien an einigen Stellen zu implizieren, daß Goldschmidt (1940) den Punktualismus vorweggenommen habe. In ihren jüngeren Abhandlungen distanzieren Gould und Eldredge sich jedoch eindeutig vom Saltationismus Goldschmidtscher Prägung. Wenn er einen Saltationismus postuliert, äußert Gould (1980) sich folgendermaßen: »Ich meine nicht die sprunghafte Entstehung ganz neuer Strukturen, die in all ihren komplexen und integrierten Merkmalen bereits vollendet sind... vielmehr stelle ich mir darunter eine potentiell sprunghafte Entstehung der wesentlichen Merkmale von Schlüsseladaptationen vor.«

Mit dieser Feststellung wird der Streit weitgehend zu einem semantischen, nämlich: wie groß ist groß oder was heißt graduell? Lassen Sie mich noch einmal betonen: für einen Darwinisten ist jegliche genetische Umstrukturierung, die in einer sexuell sich reproduzierenden diploiden Spezies immer mit der Veränderung eines einzigen Chromosoms beginnt, *per definitionem* graduell. Sie muß immer ein Stadium des Polymorphismus oder der Heterozygotie durchlaufen, unabhängig von der Größe des Bausteins, in dem die Veränderung vorgenommen wird. Eine Mutation, die zu einem frühen Zeitpunkt der Ontogenese stattfindet, könnte, laut den Neo-Goldschmidtianern, eine drastische Veränderung in der Struktur des Erwachsenen hervorrufen. Aber die meisten Makromutationen würden, wie Goldschmidt selbst hervorgehoben hat, zu derartigen Entwicklungsstörungen führen, daß das Ergebnis ein hoffnungs*loses* Monster wäre. Deshalb erlaubt Goldschmidts Hypothese glücklicherweise eine Vorhersage. Wenn es einen solchen Neo-Goldschmidtschen Prozeß gäbe, würde man, wie ich schon an früherer Stelle (1963: 438) betont habe, in der Natur Unmengen solcher erfolgloser Versuchsballons finden. Im Gegensatz zum Glauben der Neo-Goldschmidtianer trifft man jedoch in der Natur keineswegs häufig auf einen Polymorphismus hoffnungsloser oder meinetwegen sogar hoffnungsvoller Monster. Wohlgemerkt, nicht alle Mutationen, die zu evolutionären Veränderungen führen, müssen winzig sein (siehe Turner 1977 für mimikry-imitierende Mutationen), aber Mutationen, die die Merkmale ganzer – neuer und höherer – Taxa hervorbringen, sind unwahrscheinlich. Folglich besteht keinerlei Notwendigkeit, irgendwelche nicht-darwinistischen Prozesse zu postulieren, um die Entstehung evolutionärer Neuerungen zu erklären. Man braucht, wie Chetverikov, Mather, Lerner, Carson und ich selber betonen, nichts weiter als ein weniger atomistisches, weniger reduktionistisches Konzept des Genotyps.

Für einen Paläontologen sind Tausende, ja sogar Zehntausende von Jahren wie ein Tag. In diesem Rahmen ist peripatrische Speziation ein mehr oder weniger augenblickliches Phänomen, eine echte Saltation. Bei der um ein Vielfaches stärkeren Vergrößerung in der Feinanalyse lebender Populationen würde eine Veränderung, die Hunderte oder Tausende von Jahren dauert, nicht nur graduell, sondern sogar langsam erscheinen. Wohlgemerkt, einige Komponenten der genetischen Umstrukturierung einer Gründerpopulation, etwa die Veränderung bei einer chromosomalen Mutation von dem einen zu einem anderen homozygoten Zustand, können innerhalb weniger Generationen abgeschlossen werden. Ähnlich könnte, wenn ein System genetischer Homöostase durch ein anderes ersetzt wird, dieser Übergang innerhalb relativ weniger Generationen stattfinden. Dennoch könnte die Vollendung einer echten evolutionären Neuerung Hunderte, wenn nicht Tausende von Generationen dauern; allerdings ist selbst ein solcher Zeitraum immer noch zu kurz, als daß ein Paläontologe ihn wahrnehmen könnte. Die Punktualisten haben sich über die traditionellen Paläontologen lustig gemacht, weil sie bei ihren Erklärungen so häufig bei der Lückenhaftigkeit der Fossilienüberlieferung Zuflucht suchen. Da wirkt es schon wie eine Ironie, daß der punktualistische Anschein einer beschleunigten Evolution während einer peripatrischen Speziation ebenso ein Kunstprodukt der Unzulänglichkeit der Fossilienüberlieferung ist. Wären alle Gründerpopulationen, die extrem klein, lokal gebunden und kurzlebig sind, in der Fossilienüberlieferung verzeichnet, würden sie mit Sicherheit beweisen, daß die Veränderungen gradueller Natur sind.

Die vorhergehende Analyse der Funktion der Speziation für die Makroevolution hat gezeigt, daß wir seit ein paar Jahren ihre Bedeutung weit besser verstehen. Gleichzeitig hat sie gezeigt, wie wenig wir auch jetzt noch in der Lage sind, befriedigende

Antworten auf wichtige Fragen zu geben. Lassen Sie mich einige dieser Fragen auflisten, um zu verdeutlichen, wie begrenzt unser Wissen darüber immer noch ist.

(1) Was passiert mit dem Genotyp während der Speziation, vor allem während genetischer Revolutionen, in Gründerpopulationen?

(2) Welche molekularen Kräfte sind für die anscheinende Kohäsion des Genotyps verantwortlich?

(3) Welche Rolle spielen die verschiedenen Arten von DNA, beispielsweise mittel und hochgradig repetitive DNA, Transposons und so weiter, für Speziation und Evolution?

(4) Welche Arten von Einschränkungen verhindern einen unbegrenzten Erfolg natürlicher Auslese (Essay 8)?

(5) Wie drastisch kann die phänotypische Auswirkung einer Mutation (*sensu lato*) sein, ohne daß so viele dagegen gerichtete Selektionskräfte wirksam werden, so daß diese Mutation rasch wieder eliminiert wird? (Die Untersuchung der Veränderung [Polymorphismus] Tausender, wenn nicht Millionen natürlicher Populationen durch Systematiker hat gezeigt, daß weder die reduktionistische Behauptung vieler Genetiker, daß nur minimale Mutationen überdauern, unbedingt zutrifft, noch die entgegengesetzte Behauptung der Saltationisten, daß ganze evolutionäre Neuerungen aus einer einzigen Mutation resultieren können.)

(6) Welcher Prozentsatz gut etablierter Spezies macht eine vollständige oder zumindest annähernd vollständige Stase durch?

(7) Wie läßt sich Mosaikevolution, das heißt eine mehr oder weniger drastische Veränderung eines Teils des Phänotyps (und des Teils des Genotyps, der diesen reguliert) ohne erkennbare Veränderungen im restlichen Phänotyp erklären? (Zwillingsspezies beweisen, daß reproduktive Isolation und neue Enzymprofile ohne erkennbare morphologische Umstrukturierung erworben werden können.) »Lebende Fossilien« haben sich seit Hunderten von Jahrmillionen morphologisch nicht verändert, sich jedoch vermutlich in dem Teil des Genoms, der mit physiologischer und ökologischer Adaption zu tun hat, stetig weiterentwickelt. Der Karyotyp kann sich in

verschiedenen evolutionären Linien drastisch verändern oder auch nicht. Diese Beobachtungen führen zu folgender Frage: (8) Warum entwickeln sich nicht alle Komponenten des Genotyps mit annähernd derselben Geschwindigkeit? Ist dies eine Sache des Zufalls, oder hängen diese Unterschiede mit besonderen selektiven Vorteilen zusammen?

Ich habe diese Fragen gestellt, um einen Eindruck davon zu vermitteln, wie weit wir noch von einem umfassenden Verständnis des Evolutionsprozesses entfernt sind. Allerdings ist die Tatsache tröstlich, daß unabhängig davon, welche Antwort man schließlich auf die verschiedenen Fragen finden wird, diese wahrscheinlich nicht im Widerspruch zur grundlegenden Theorie der Evolution stehen wird, wie die synthetische Evolutionstheorie sie formuliert hat. Die derzeitigen Anschauungen bezüglich Darwinscher Evolution lassen sich vielleicht in folgenden Schlußfolgerungen zusammenfassen:

(1) Die reduktionistische Definition, Evolution sei eine Veränderung der Genhäufigkeiten, ist sinnlos. Evolution betrifft Phänotypen, Strukturen, Entwicklungslinien, Funktionen, Populationen und Ökosysteme, die in Wechselwirkung miteinander stehen. Die nicht-reduktionistische Tradition in der Evolutionsbiologie ist alt; sie beginnt mit Darwins wiederholter Bezugnahme auf die »geheimnisvollen Gesetze der Korrelation« und setzt sich mit Chetverikovs Begriff des genetischen Milieus, Lerners Konzept der genetischen Homöostase und meiner Vorstellung von der Kohäsion des Genotyps fort.
(2) Man kann die Phänomene der Makroevolution nur dann verstehen, wenn man sie zu Populationen, die entstehende Spezies sind, und Neospezies zurückverfolgt. Die wirklich wichtigen makroevolutionären Prozesse werden während einer peripatrischen Speziation in Gang gesetzt.
(3) Mit der Widerlegung der »weichen« Vererbung (Vererbung erworbener Merkmale und so weiter) und aller finalistischen Prozesse (Orthogenese und so fort) bleibt nur noch die natürliche Auslese als der einzige bewiesene richtungsweisende Prozeß im Lauf der Evolution. Die Wirksamkeit der natürlichen

Auslese wird jedoch durch zahlreiche Einschränkungen reduziert. Daher beeinflussen stochastische Prozesse die Antwort auf Selektionsdrücke in hohem Maße.

(4) Es genügt nicht, Makroevolution nur anhand des Beweismaterials zu untersuchen, das Genetik und Paläontologie-komparative Anatomie zur Verfügung stellen. Beispielsweise kann man praktisch all die neuen Strukturen, die verschiedene Gattungen unterscheiden, in zahlreichen Superspezies finden, als Merkmale besonders abweichender peripherer Neospezies. Warum sich also den Kopf darüber zerbrechen, welche Art embryologischer Forschung weiteren Aufschluß geben könnte, wenn die Antwort in den derzeit ablaufenden Experimenten der Natur bereits verfügbar ist? Bock (1970) hat für lebende Spezies hawaiischer Zuckervögel gezeigt, wie weitreichend die makroevolutionären Schlußfolgerungen sind, die man aus der Untersuchung der lebenden Flora und Fauna ziehen kann. Die eine Million bekannten Tierspezies und die 200 000 Pflanzenspezies liefern buchstäblich Tausende von Beispielen für Makroevolution mittels geographischer Speziation. Es ist zu hoffen, daß in Zukunft sowohl Neontologen als auch Paläontologen und Genetiker dieses im Überfluß vorhandene Material besser nutzen, um die Prozesse der Makroevolution weiter zu erhellen.

(5) Ich weiß von keinen neuen Erkenntnissen, die eine einschneidende Modifikation des Konzepts der Evolution, wie es im Verlauf der synthetischen Evolutionstheorie entwickelt worden ist, erforderlich machen würden.

Anmerkung

Bei diesem Essay handelt es sich um eine gekürzte Fassung einer erstmals in *Evolution* 36 (1982), S. 1119–1132, erschienenen Abhandlung.

18 Speziationsevolution
durch punktierte Gleichgewichte

Erst seit kurzem verstehen wir wirklich, wie verschieden die Vorstellungen sind, die sich mit dem Begriff *Evolution* verbinden. Mit dem inzwischen erworbenen Wissen können wir jetzt (250 Jahre nach Buffon) drei äußerst unterschiedliche Evolutionsbegriffe unterscheiden.

(1) Sprunghafte Evolution. Theorien, die diesen Typus von Evolution postulieren, stellen eine notwendige Schlußfolgerung des Essentialismus dar. Wenn man an konstante Typen glaubt, kann einzig und allein die *plötzliche* Hervorbringung eines neuen Typs zu evolutionärem Wandel führen. Daß derlei Saltationen vorkommen können und ihr Vorkommen in der Tat eine Notwendigkeit ist, glaubt man schon lange. Fast alle von Osborn in seinem Buch *From the Greeks to Darwin* (1894) beschriebenen Evolutionstheorien waren Saltationstheorien, das heißt Theorien von einer plötzlichen Entstehung neuer Typen. Die Darwinsche Revolution (1859) setzte dieser Tradition kein Ende; sie wurde in den Schriften von T. H. Huxley, Bateson, de Vries, Willis, Goldschmidt und Schindewolf weiterhin gepflegt. Spuren dieser Vorstellung lassen sich sogar noch in den Schriften einiger Punktualisten feststellen.

(2) Transformationelle Evolution. Laut dieser Auffassung, die Lamarck klar formuliert hat, besteht Evolution aus der graduellen Transformation eines Dinges von einem Daseinszustand in einen anderen. Transformationstheorien gehen fast immer von einem Fortschreiten von »niedriger zu höher« aus und spiegeln einen Glauben an kosmische Teleologie wider, die zu einer unausweichlichen, stetigen Bewegung in Richtung auf ein letztes Ziel, zu einer letztendlichen Vollkommenheit führt. In der Biologie stehen alle sogenannten orthogenetischen Theorien, von K. E. von Baer bis Osborn, Berg und de Chardin, in dieser Tradition.

(3) Variationsevolution. Wie Lewontin (1983) hervorhob, hat Darwin einen völlig neuen Evolutionsbegriff eingeführt. In jeder Generation werden neue Genpools hervorgebracht, und Evolution findet statt, weil die erfolgreichsten der von diesen Genpools

erzeugten Individuen die nächste Generation hervorbringen. Evolution ist daher nur von bestimmten, von Darwin formulierten Prozessen abhängig: Variation und Selektion. Nun wird nicht mehr ein bestimmtes Objekt transformiert, wie in der Transformationsevolution, sondern es wird sozusagen in jeder Generation ein neuer Anfang gemacht. Evolution ist nicht mehr unbedingt progressiv, sie strebt nicht mehr auf Vollkommenheit oder irgendein anderes Ziel zu. Sie ist opportunistisch und daher nicht vorhersagbar.

Eines allerdings hat Darwin nicht ganz klar gesehen, daß nämlich Variationsevolution auf zwei hierarchischen Stufen stattfindet, auf der Ebene der Deme (Population) und auf der Speziesebene. Variationsevolution auf der Ebene der Deme ist das, womit der Genetiker sich befaßt. Sie wird durch individuelle Selektion reguliert und führt, durch stabilisierende Selektion, mindestens zur Aufrechterhaltung der Fitness der Population.

Die zweite Ebene von Variationsevolution ist die der Spezies. Aufgrund kontinuierlicher (meist peripatrischer) Speziation kommt es zu einer steten, hochgradig opportunistischen Hervorbringung neuer Spezies. Die meisten von ihnen sind einem schnellen Untergang geweiht, aber einige wenige machen evolutionäre Erfindungen, das heißt, sie bringen physiologische, ökologische oder verhaltensbezogene Neuerungen hervor, die diese Spezies mit einem besseren Konkurrenzpotential ausstatten. In diesem Fall können sie zum Ausgangspunkt erfolgreicher neuer Stammeslinien und adaptiver Radiationen werden. Ein solcher Erfolg geht fast immer mit dem Aussterben eines Konkurrenten einher (siehe unten: »Speziesselektion«).

Der Wechsel von der transformationellen zur Variationsevolution erforderte eine begriffliche Umstellung, die von den meisten Darwinisten nur unvollständig vollzogen wurde. Eine Folge dessen war, daß Genetiker Evolution einfach als eine Veränderung von Genhäufigkeiten in Populationen beschrieben und die Tatsache völlig ignorierten, daß Evolution aus den beiden simultanen, aber separaten Phänomenen Adaptation und Diversifikation besteht. Letztere beruht auf einem Prozeß einer Vervielfachung von Spezies, ein Prozeß, der in den Schriften von Fisher, Haldane, Wright und anderen führenden Evolutionsgenetikern völlig außer acht gelassen wurde.

Auch die Paläontologie blieb weiterhin von transformationellem Denken geprägt, wie dies im Konzept eines phyletischen Gradualismus zum Ausdruck kommt. Da die meisten Paläontologen Typologen (in einem fast Platoschen Sinne) waren, nahmen sie unbewußt an, daß eine Spezies überall die gleiche und daher zu jeder gegebenen Zeit im wesentlichen gleichförmig sei. Speziation bestand aus der allmählichen Umformung solcher Spezies im Lauf der geologischen Zeit. Da der Gradualismus einer solchen phyletischen Transformation in der geologischen Überlieferung nur in den seltensten Fällen dokumentiert werden konnte, postulierte man, das Fehlen von Zwischenformen sei eine Folge der berühmt-berüchtigten Unvollständigkeit der Fossilienüberlieferung.

Die sogenannte evolutionäre Speziesdefinition, die von den meisten Paläontologen übernommen worden ist (Simpson 1961; Willmann 1985), spiegelt die gleiche Fixierung auf die vertikale (Zeit-) Dimension wider. Wenn man sie akzeptiert, hat man nur zwei Optionen: Speziation wird entweder durch graduelle phyletische Evolution – mit den Lücken zwischen Spezies aufgrund der Unzulänglichkeit der Fossilienüberlieferung – erklärt oder aber durch sympatrische, sprunghafte Speziation. In der Tat haben die meisten Paläontologen sich für beides entschieden. Wenn man phyletischen Gradualismus akzeptiert, braucht man nicht unbedingt auch eine konstante Geschwindigkeit evolutionären Wandels zu akzeptieren. In Wirklichkeit kann die Geschwindigkeit zu- oder aber abnehmen; dennoch führt Wandel immer zu der steten Transformation einer Stammeslinie.

Selbst Darwin hat, aus Gründen, die mit seinem Kampf gegen den Essentialismus zusammenhängen, den transformationellen Aspekt der Evolution betont. Er war sich jedoch der höchst unterschiedlichen Evolutionsraten – von völliger Stase (Stillstand) bis zu derart schnellen Veränderungen, daß man in der Fossilienüberlieferung keine Zwischenformen entdecken konnte (Gingerich 1984; Rhodes 1983 und andere) – durchaus bewußt. In den späteren Ausgaben seines *Ursprungs* findet sich eine sehr aufschlußreiche Feststellung zum Punktualismus: »Die Perioden, während derer Spezies einer Veränderung unterlagen... waren vielleicht kurz im Vergleich zu den Perioden, in denen diese gleichen Spezies in ihrem Zustand verharrten, ohne einem Wandel zu unterliegen.« Da jedoch Darwin das Konzept sympatrischer Speziation übernommen hatte, brauchte er bei der Formulierung seiner Theorie die geographische Komponente nie in Betracht zu ziehen. Wenn er sagte, daß eine neue Spezies als lokale Abweichung entstehen könnte, behauptete er damit nicht, daß es sich dabei um eine isolierte Population handelte. Mir scheint, daß für Darwin das Pulsieren der Evolutionsraten ein rein vertikales Phänomen war.

Die Genetiker haben – mit Ausnahme einiger weniger Saltationisten wie de Vries und Bateson – im allgemeinen das Problem Speziation schlichtweg ignoriert. Die einzigen Genetiker, die sich für die Vervielfachung von Spezies interessierten, waren von ihrer Ausbildung her Taxonomen, etwa Dobzhansky und Stebbins. Soweit es darum ging, Speziation in eine Beziehung zu Makroevolution zu setzen, hat dieses Problem hauptsächlich drei Zoologen beschäftigt, J. Huxley (1942), Mayr (1942; 1954) und Rensch (1947), die weder Genetiker noch Paläontologen waren. Da diese drei zu den Architekten der synthetischen Evolutionstheorie gehörten, kann man durchaus sagen, daß das Problem der Beziehung zwischen Speziation und Makroevolution von der synthetischen Evolutionstheorie nicht gänzlich ignoriert worden ist.

Die Bedeutung der Speziation für die Makroevolution wurde auch nach der synthetischen Periode weitgehend vernachlässigt, bis 1972 Eldredge und Gould ihre Theorie der punktierten Gleichgewichte vorlegten. Ob man diese Theorie nun akzeptiert oder ablehnt, oder aber sie beträchtlich modifiziert, es kann kein Zweifel daran bestehen, daß sie einen großen Einfluß auf Paläontologie und Evolutionsbiologie ausgeübt hat.

Der Kern der Theorie war, »daß bedeutsamer evolutionärer Wandel sich aus dem Zusammenfallen mit Ereignissen sich verzweigender Speziation und nicht so sehr durch die Transformation von Stammeslinien als ganzen ergibt« (Gould 1982a; 1983). Dies unterschied sich von der vorher vorherrschenden Auffassung evolutionären Wandels in folgender Hinsicht: Traditionellerweise hatte man Evolution als einphasiges Phänomen graduellen Wandels, der manchmal langsam, manchmal schnell abläuft, betrachtet. Nun faßte man Evolution als ein Alternieren zwischen Speziationsereignissen, in deren Verlauf die wirklich wichtigen evolutionären (insbesondere morphologischen) Veränderungen stattfinden, und langen Phasen der Stagnation auf.

Mittlerweile haben historische Untersuchungen bewiesen, daß eher der Terminus *punktierte Gleichgewichte* neu war und nicht so sehr die Vorstellung, die dahinterstand. Daß periphere Populationen für Speziation eine Rolle spielen, hatte schon L. von Buch (1825) postuliert; Darwin hat dies für die Galapagos-Spottdrosseln bewiesen. Unglücklicherweise hatte Darwin, als er den *Ursprung* (1859) veröffentlichte, das Konzept der sympatrischen Speziation übernommen (Mayr 1982). Als er sagte, daß eine neue Spezies als lokale Abweichung entstehen könnte, bezog sich dies nicht unbedingt auf eine isolierte Population. Auch die Veränderungen der Evolutionsraten, auf die Darwin Bezug nimmt, werden von ihm nicht zu Speziation in Beziehung gesetzt.

Bevor wir die vorliegende Literatur weiter analysieren, ist es wichtig, auf eine weitverbreitete Verwechslung von zwei recht unterschiedlichen evolutionären Phänomenen, Gradualismus und Gleichförmigkeit der Evolutionsrate, hinzuweisen. Darwin hat zwar Gradualismus betont (Rhodes 1983), aber wie ich weiter unten zeigen werde, ist selbst dieser Begriff zweideutig und erlaubt zwei ziemlich verschiedene Interpretationen. Dagegen hat Darwin nicht auf einer Gleichförmigkeit der Raten bestanden (Huxley 1982; Penny 1983; Rhodes 1983). Bereits im frühen 19. Jahrhundert wußten die Paläontologen von der Existenz sogenannter lebender Fossilien, und unterschiedliche Evolutionsraten in verschiedenen phyletischen Linien waren zu Lebzeiten Darwins ein paläontologisches Dogma. Simpson (1953) hat dieses Phänomen eingehend analysiert und sogar eine spezielle Terminologie eingeführt, um Stammeslinien mit durchschnittlichen, sehr schnellen und extrem langsamen Evolutionsraten zu charakterisieren. Eldredge und Gould haben nie beansprucht, diese Unterschiede der Geschwindigkeiten als erste entdeckt zu haben, und der Teil der darauffolgenden Polemik, der diese Unterschiede betonte, ist daher für die Bewertung der punktualistischen Theorie ohne Belang.

Es ist nicht immer leicht, Darwins Äußerungen zu interpretieren (Rhodes 1983), da für ihn – aufgrund seiner Übernahme der sympatrischen Speziation – Isolation (zumindest während des

Speziationsprozesses) unwichtig geworden war. Es ist mir nicht gelungen, in Darwins Schriften irgendeinen Hinweis auf einen Zusammenhang zwischen allopatrischer Speziation und einer Veränderung der Evolutionsrate zu entdecken. Gould und Eldredge stellen ganz richtig fest, daß Simpson ebenfalls keine solche Verbindung hergestellt hat. Seine Quantenevolution war ein vertikales (zeitliches) Phänomen, und dies mußte es angesichts seiner evolutionären Speziesdefinition auch sein (Simpson 1944: 207–217).

Die Tatsache, daß neue Spezies in einem sehr begrenzten Gebiet entstehen können, in der Fossilienüberlieferungen aber erst auftauchen, wenn sie sich weiter verbreitet haben, war den Paläontologen wohlbekannt, wie Eldredge und Gould anhand eines Zitats aus den Schriften des französischen Paläontologen Bernard (1895) dokumentiert haben. Man nutzte diese Erkenntnis jedoch nur für stratigraphische Forschungen und nicht bei Untersuchungen zur Makroevolution. Im Gegenteil, die Bedeutung peripatrischer Speziation wurde sehr gering eingeschätzt, nachdem Fisher (1930) und Wright (1931; 1932) – wenngleich aus verschiedenen Gründen – die Behauptung aufgestellt hatten, Evolution laufe in volkreichen, weitverbreiteten Spezies am schnellsten ab, eine Schlußfolgerung, die auch von Dobzhansky und den meisten Evolutionstheoretikern bis in die 1970er Jahre übernommen wurde.

Ich war, glaube ich, der erste Autor, der ein detailliertes Modell des Zusammenhangs zwischen Speziation, Evolutionsraten und Makroevolution entworfen hat (Mayr 1954). Obwohl die Konsequenzen meiner neuen Theorie der Bedeutung der peripatrischen Speziation für die Makroevolution lange ignoriert worden sind, werden sie mittlerweile weitgehend akzeptiert. »Mayrs Hypothese peripherer Isolate und genetischer Revolution muß notwendigerweise ein Kernstück der Theorie der punktierten Gleichgewichte sein« (Levinton 1983: 113). Auch Eldredge und Gould erkennen dies an. 1963 habe ich meine Theorie noch einmal – diesmal detaillierter – zur Diskussion gestellt (Mayr 1963: 527–555). Unter diesen Umständen ist es wirklich seltsam, daß die Paläontologen die Theorie völlig ignoriert haben, bis Eldredge und Gould (1972) auf sie aufmerksam machten.

Das eigentlich Neue an meiner Theorie war die Behauptung,

daß der schnellste evolutionäre Wandel nicht in weitverbreiteten, individuenreichen Spezies stattfindet, wie die meisten Genetiker behaupteten, sondern in kleinen Gründerpopulationen. Diese Schlußfolgerung gründete sich auf empirische Beobachtungen, die ich während meiner Untersuchungen zur Speziation von Inselvögeln im Gebiet von Neuguinea und im Pazifik gesammelt hatte. Immer wieder konnte ich feststellen, daß die abweichendste Population einer Spezies – die oft schon den Rang einer Spezies erreicht hatte und gelegentlich sogar als eine eigene Gattung klassifiziert worden war – an einer peripheren Stelle auftrat, im Grunde genommen fast immer am isoliertesten peripheren Ort. Eine solche Population, die in einer völlig andersartigen unbelebten wie auch biotischen Umgebung lebte, hatte einzigartige Möglichkeiten, in neue Nischen vorzudringen und neuartige adaptive Entwicklungswege einzuschlagen.

Ich zog daraus den Schluß, daß eine drastische Umstrukturierung des Genpools in einer kleinen Gründerpopulation weit einfacher durchzuführen ist als in irgendeiner anderen Art von Population (siehe Essay 17). Es ist mir in der Tat nicht gelungen, einen wie auch immer gearteten Beweis für das Auftreten einer drastischen evolutionären Beschleunigung und genetischen Umstrukturierung in weitverbreiteten, individuenreichen Spezies zu finden.

In Essay 17 habe ich versucht, die zahlreichen neuerdings unternommenen falschen Darstellungen meiner Theorie von 1954 zu widerlegen. Den einzelnen Argumenten, die ich damals angeführt habe, möchte ich noch hinzufügen, daß ich an keiner Stelle behauptet habe, ich hätte die Bezeichnung peripatrisch gewählt, weil die Gründer von der Peripherie des elterlichen Verbreitungsgebietes stammten. Vielmehr habe ich mich für diesen Namen entschieden, weil die Gründerpopulationen peripher isoliert waren. Meine Interpretation war durch und durch pluralistisch konzipiert, und es war nur natürlich, daß sie in einer Zeit, in der überwiegend eingleisige, deterministische Lösungen bevorzugt wurden, mißverstanden wurde.

Ich war mir 1954 der Konsequenzen meiner Theorie für die Makroevolution durchaus bewußt, als ich sagte, daß »rasch evolvierende peripher isolierte Populationen der Ausgangspunkt vieler evolutionärer Neuerungen sein könnten. Ihre Isolation und ihre relativ geringe Größe erklären vielleicht Phänomene einer raschen Evolution wie auch Lücken in der Fossilienüberlieferung, die bislang den Paläontologen ein Rätsel waren.«

1982 habe ich meine Theorie ergänzt, indem ich darauf hinwies (Essay 13), daß peripatrische Speziation möglicherweise nicht nur in Gründerpopulationen, sondern in jeder beliebigen Population stattfinden kann, die einen bedrohlichen Engpaß durchmacht, etwa Refugialpopulationen während der Eiszeiten des Pleistozäns (Haffer 1974).

Als erster hat Eldredge (1971) meine Theorie aufgegriffen; er fand bei seinen Untersuchungen zu paläozoischen Trilobiten heraus, daß die »Mehrheit der Spezies... während des gesamten Zeitraums ihres stratigraphischen Vorkommens keine Veränderung in artspezifischen Merkmalen aufwies«, während neue Spezies ganz plötzlich in den geologischen Schichten auftauchen. Er schlug daher vor, »daß das allopatrische Modell... für phyletische Transformation als vorherrschender Mechanismus der Entstehung neuer Spezies in der Fossilienüberlieferung in den Köpfen der Paläontologen ersetzt werden sollte«. Dem folgte dann 1972 die Abhandlung von Eldredge und Gould, in der sie den Begriff *punktiertes Gleichgewicht* vorschlugen. Dieser Vorschlag von Eldredge und Gould gründete auf meiner 1954er Theorie, legte aber mehr Gewicht auf die Stase. Sie behaupteten: »Die Geschichte der Evolution ist nicht die einer stetigen Entfaltung, sondern eine Geschichte homöostatischer Gleichgewichte, die nur ›selten‹ (das heißt im Rahmen der Gesamtzeit ziemlich oft) durch rasche und episodische Speziationsereignisse gestört werden« (1972: 84).

Einwände

Für eine gemäßigte punktualistische Theorie sprechen so viele Tatsachen, und sie fügt sich, aufs Ganze gesehen, so bruchlos in das begriffliche System des Darwinismus ein, daß es einigermaßen überrascht, wie heftig sie angegriffen wurde. Der Streit um den Punktualismus ist mittlerweile mehr als fünfzehn Jahre alt, und es lassen sich verschiedene Arten von Einwänden unterscheiden.

Es gibt Fragen, die sich auf die Kernideen der Theorie beziehen: Was ist Stase? Wie kann man sie erklären? Machen alle Spezies eine solche Stase durch? Ist jeglicher evolutionärer Wandel auf Speziationsereignisse beschränkt? Wenn dies so ist, was ist der Grund dafür? Wie sehen die genetischen Aspekte von Speziation aus? Diese und andere Fragen werde ich im zweiten Teil dieses Essays analysieren.

Aber nicht alle gegen den Punktualismus vorgebrachten Einwände beziehen sich auf diese Grundideen. Es wurden auch solche gegen einige recht spezielle Behauptungen Eldredges und Goulds erhoben oder gegen die Art und Weise, wie sie mit ihrem Beweismaterial umgegangen sind. Es ist vielleicht ganz hilfreich, zuerst auf diese Einwände einzugehen. Sie beziehen sich weitgehend auf Behauptungen, die gar nicht einmal Teil der punktualistischen Theorie der Evolution sind. Wenn wir uns erst mit diesen auseinandersetzen und sie auf ihre Berechtigung hin überprüfen, wird dies eine anschließende Überprüfung der Kernideen des Punktualismus erleichtern.

Am häufigsten wurden Einwände gegen folgende vier Aspekte des Punktualismus von Eldredge und Gould erhoben:

(1) Der monolithische Charakter der Behauptungen. Evolutionärer Wandel sei, so sagten sie, niemals das Ergebnis des graduellen Wandels phyletischer Linien (»phyletischer Gradualismus«), sondern beruhe immer auf Speziationsereignissen in peripher isolierten Populationen. Zudem behaupteten sie, sobald einmal eine neue Spezies erfolgreich geworden sei, würde sie unweigerlich in einen Zustand der Stagnation eintreten und in diesem verharren, bis sie ausstirbt. In ihren frühen Abhandlungen zogen sie praktisch keinerlei Pluralismus in Betracht, etwa gelegentliche Fälle phyletischer Speziation oder die Möglichkeit evolutionären Pulsierens, das graduell sich entwickelnde Stammeslinien überlagert.

(2) Der Anspruch auf Neuheit. Nichts hat einige Evolutionstheoretiker so sehr empört wie die von Gould und seinen Anhängern aufgestellte Behauptung, sie seien die ersten gewesen, die verschiedene evolutionäre Phänomene – die doch in der evolutionstheoretischen Literatur schon längst weitgehend akzeptiert gewesen seien – entdeckt oder zumindest zum ersten Mal gebührend hervorgehoben hätten. Stebbins und Ayala (1981), V. Grant

396

(1982; 1983) und Levinton (1983) wiesen diese Ansprüche auf Neuartigkeit völlig zu Recht zurück. Insbesondere zeigten sie, daß das Insistieren Darwins und seiner Nachfolger auf einem Gradualismus eine Ablehnung des Saltationismus, aber nicht eine Ablehnung verschiedener und sich verändernder Evolutionsraten darstellte.

(3) Widerlegung des Darwinismus. Besonders heftig wurde auch der Behauptung widersprochen, der Punktualismus mache eine Revision der synthetischen Evolutionstheorie erforderlich. Die Erkenntnisse der Molekularbiologie sowie verschiedene unorthodoxe Theorien der Speziation und die neue, aus dem Punktualismus abgeleitete hierarchische Betrachtungsweise hätten, so sagten sie, zu »einer langsamen Auflösung der synthetischen Theorie als universal gültiger Beschreibung von Evolution« geführt. »Ich habe gezögert, dies einzugestehen, aber wenn Mayrs (1963: 586) Charakterisierung der synthetischen Theorie zutrifft, dann ist diese Theorie als allgemein gültige Erklärungsweise effektiv tot« (Gould 1980: 120). Der Kern meiner Feststellung, auf die Gould sich bezieht, war, daß – im Gegensatz zu Goldschmidt und Schindewolf – in der Makroevolution nichts geschieht, das nicht in Populationen geschieht. Was Gould in Wirklichkeit – und auch ganz zu Recht – angreift, ist die völlig reduktionistische Charakterisierung von Evolution durch die mathematischen Populationsgenetiker. Diese reduktionistischen Ansichten mit den Theorien der synthetischen Evolutionstheorie gleichzusetzen ist jedoch ungerechtfertigt, wie ich in einer Kritik ähnlicher, von Ho und Saunders zusammengestellter Aussagen bereits hervorgehoben habe (Mayr 1984). Eine Ablehnung des Axioms der meisten Populationsgenetiker, »Evolution ist eine Veränderung von Genhäufigkeiten«, entspricht nicht einer Ablehnung der synthetischen Evolutionstheorie. Die synthetische Theorie ist weit umfassender und stellt in vieler Hinsicht eine Rückkehr zu einem wahrhafteren Darwinismus dar. Die Ereignisse, die im Verlauf peripatrischer Speziation stattfinden – ganz unabhängig davon, wie schnell sie auch ablaufen mögen –, stehen durchaus in Einklang mit dem Darwinismus.

Merkwürdigerweise nahmen einige Autoren irrtümlicherweise an, das Auftreten von Stase würde den Darwinismus widerlegen.

Einzig und allein teleologisches Denken fordert einen kontinuierlichen evolutionären Wandel, und Darwin hat sowohl Teleologie zurückgewiesen als auch Stase akzeptiert (Rhodes 1983). Eine evolutionäre Stammeslinie kann weiterhin genetisch variieren, ohne irgendeine tiefgreifende Umstrukturierung durchzumachen. Andererseits kann eine stabile Stammeslinie weiterhin Gründerpopulationen aussenden, von denen einige durch peripatrische Speziation zu mehr oder weniger deutlich unterschiedenen Tochterspezies werden können.

(4) Wiederbelebung der hoffnungsvollen Monster. Der vierte Grund, weshalb der Punktualismus auf soviel Widerstand traf, ist, daß Gould zeitweise für ein Wiederaufgreifen der Ideen Goldschmidts plädierte und implizit zu verstehen gab, sie entsprächen dem Punktualismus. Diese Behauptung wies ziemlich deutlich darauf hin, daß es eine beträchtliche Begriffsverwirrung hinsichtlich dessen gab, was punktierte Gleichgewichte eigentlich genau bedeuten. Ehe wir konstruktiv erörtern können, ob Goldschmidt ein Vorläufer des Punktualismus war oder nicht, ist es notwendig, zwischen vier möglichen Interpretationen des Punktualismus zu unterscheiden.

(1) Eine evolutionäre Neuerung entsteht durch eine Systemmutation; das durch eine solche Mutation hervorgebrachte Individuum ist der Repräsentant einer neuen Spezies oder eines höheren Taxons.

(2) Evolutionärer Wandel bezieht sich auf Populationen, aber alle wesentlichen evolutionären Veränderungen finden im Verlauf von explosionsartigen Speziationen statt. Sobald der Prozeß der Speziation abgeschlossen ist, stagniert die neue Spezies (»Stase«) und ist nicht mehr in der Lage, sich wesentlich zu verändern. Frühe Äußerungen von Eldredge und Gould (1972) und Gould und Eldredge (1977) vermittelten den Eindruck, dies sei ihre Interpretation.

(3) Phyletische Linien (»evolutionäre Spezies«) können sich langsam und allmählich zu verschiedenen Spezies und sogar Gattungen entwickeln, aber die deutlicher ausgeprägten evolutionären Veränderungen und adaptiven Umstellungen finden während Speziationsereignissen statt. Das war von allem An-

fang an meine Interpretation (Mayr 1954; Essay 17) und entspricht vermutlich auch derjenigen vieler Evolutionstheoretiker, die mit geographischer Speziation vertraut sind.

(4) Eine Vervielfachung von Spezies (die Verzweigung von Stammeslinien) findet statt, ist jedoch nicht von größerer evolutionärer Bedeutung als Veränderungen innerhalb von Stammeslinien. Phyletischer Gradualismus ist in der Tat für den Großteil evolutionären Wandels verantwortlich. Eben diese Ansicht, die die meisten Paläontologen vertraten, veranlaßte Eldredge und Gould (1972), ihre Theorie der punktierten Gleichgewichte zu formulieren.

Lediglich die erste dieser vier Theorien steht im Widerspruch zum Darwinismus. Es handelte sich dabei um die Theorie Goldschmidts, und wenn man bedenkt, wie oft Goldschmidt im Zusammenhang mit Punktualismus zitiert worden ist, scheint es notwendig, seine Ideen eingehender zu erörtern.

Um die Sache der Punktualisten zu fördern, hat Gould Goldschmidts Ansichten bezüglich Makroevolution zustimmend zitiert und vorhergesagt, daß »noch in diesem Jahrzehnt Goldschmidt in der Welt der Evolutionsbiologie weitgehend rehabilitiert werden wird« (Gould 1980: 186). Goldschmidt hatte behauptet, die Unterschiede zwischen Subspezies und, in einem weiteren Sinne, jegliche geographische Variation würden durch minimale genetische Veränderungen verursacht, durch Mutationen von Allelen, die im wesentlichen nur für klimatische Adaptation selektiert würden. Solche Veränderungen würden keinerlei Transgression des anzestralen Typus zulassen. Jede echte evolutionäre Neuerung beruhe auf der Hervorbringung eines »hoffnungsvollen Monsters«, verursacht durch eine Systemmutation. Diese These ergab sich aus Goldschmidts ziemlich ausgefallener Vorstellung vom Wesen der Chromosomen und des Genotyps. Eine Systemmutation ist »eine vollständige Veränderung des ursprünglichen Musters oder Reaktionssystems hin zu einem neuen« und hat die Fähigkeit, ein auffällig verschiedenes neues Individuum zu erzeugen, das als Gründervorfahr eines neuen Typs von Organismus dienen könnte. Wie Maynard Smith (1983: 276) hervorgehoben hat, sind ein hoffnungsvolles Monster (siehe unten) und eine Systemmutation zwei

verschiedene Dinge. Eine völlige Umstrukturierung von Chromosomen innerhalb eines einzigen Augenblicks, wie die Theorie der
Systemmutation sie verlangt, ist völlig unmöglich, zumindest als
Ursprung eines neuen, lebensfähigen oder sogar besseren Individuums. Im Gegensatz dazu sind hoffnungsvolle Monster drastisch
veränderte Phänotypen. Sie sind zumindest theoretisch möglich,
und es sollte eigentlich möglich sein, empirisch festzustellen, wie
oft sie auftreten und wie oft (wenn überhaupt) sie selektiv überlegen sind.

Gould interpretiert Goldschmidts Theorie völlig falsch, wenn er
behauptet, Goldschmidt habe »argumentiert, daß Speziation ein
durch umfangreiche genetische Veränderungen (Systemmutationen) in kleinen Populationen ausgelöstes schnell ablaufendes Ereignis ist« (Gould und Calloway 1980: 394). Dem Denken Goldschmidts war das Populationenkonzept als solches ganz und gar
fremd. Folgt man ihm, so wird ein neuer Typ durch eine einzige
Systemmutation, die ein einzigartiges Individuum erzeugt, hervorgebracht. Ebenso irrt sich Gould (1982a), wenn er behauptet,
Goldschmidt habe nie die Ansicht vertreten, »daß neue – voll
ausgebildete – Spezies ganz plötzlich, durch eine günstige Makromutation, entstehen«. In Wirklichkeit ist dies genau das, was
Goldschmidt wiederholt behauptet hat. Beispielsweise hat er zu-
stimmend Schindewolfs Vorschlag zitiert, der erste Vogel sei aus
einem Reptilienei geschlüpft; in einer späteren Veröffentlichung
(1952: 91–92) hat er sich in diesem Punkt sogar noch deutlicher
geäußert als in seinem Buch von 1940.

Um Goldschmidts Behauptungen zu widerlegen, habe ich gezeigt (Mayr 1942), daß geographische Variation in isolierten Populationen tatsächlich evolutionäre Neuerungen erklären könnte.
Solche Populationen verfügen über ein evolutionäres Potential,
das sich sehr von dem einander benachbarter, klinal variierender
Populationen in einer kontinentalen Spezies unterscheidet. Wie
ich 1954 festgestellt und 1963 sowie 1982 (siehe Essay 17) wiederholt habe, kann man eine gemäßigte Form des Punktualismus vertreten, die streng von empirischem Beweismaterial ausgeht, ohne
deswegen Goldschmidts Theorie der Systemmutationen übernehmen zu müssen.

Einige grundlegende Fragen zum Punktualismus

Die Theorie des Punktualismus umfaßt, um es noch einmal zu wiederholen, zwei grundlegende Behauptungen: (1) daß die meisten oder alle evolutionären Veränderungen während Speziationsereignissen stattfinden und (2) daß Spezies nach Abschluß des Speziationsprozesses in eine Phase der Stase eintreten. Die beiden Behauptungen stellen bis zu einem gewissen Grad zwei gesonderte Theorien dar.

Die darauf folgende Kontroverse zeigte, daß man hinsichtlich des begrifflichen Systems und des Beweismaterials beträchtliche Schwierigkeiten hat, diese Theorie zu erhärten oder aber zu widerlegen. Erstens macht es die uns zugängliche Fossilienüberlieferung äußerst schwer, wenn nicht unmöglich, unwiderlegbare Beweise für eine Stase oder für eine nur sehr kurze Zeit dauernde Speziation zu finden. Zweitens trifft man in dieser Kontroverse immer wieder auf beträchtliche terminologische Unschärfe und Zweideutigkeit, beispielsweise was die Bedeutung von Wörtern wie graduell, Stase, Speziation und Speziesselektion betrifft. Eine sorgfältige Analyse der in der Punktualismus-Kontroverse am häufigsten verwendeten Begriffe ist daher unerläßlich.

Was bedeutet graduell?

Die Frage, ob Evolution graduell ist oder nicht, stand im Mittelpunkt einer heftigen Kontroverse im Rahmen des Punktualismusstreits. Darwin hat, wie jeder weiß, die graduelle Natur evolutionären Wandels immer wieder betont (1859: 71, 189, 480), was hauptsächlich auf seine Ablehnung der zu seiner Zeit vorherrschenden Ideologien, des Kreationismus und des Essentialismus, zurückzuführen ist. Nachdem jetzt diese Ideologien an Einfluß verloren haben, ist es nicht mehr nötig, sich derart einseitig der Möglichkeit von Diskontinuitäten zu widersetzen. Die neuere Kontroverse hinsichtlich der sprunghaften versus der graduellen Entstehung evolutionärer Neuerungen hat jedoch eine Zweideutigkeit an den Tag gebracht.

Die meisten modernen Autoren versäumen es, zwischen zwei sehr unterschiedlichen Phänomenen zu differenzieren: (1) die

Hervorbringung eines neuen Taxons und (2) die Hervorbringung eines neuen Phänotyps. Wenn die Erzeugung eines neuen Taxons graduell verläuft, handelt es sich um taxischen Gradualismus; wenn sie spontan erfolgt, handelt es sich um taxische Saltation. In ähnlicher Weise kann man zwischen phänotypischem Gradualismus und phänotypischer Saltation unterscheiden. Darwin wandte sich vor allem gegen die These, daß evolutionäre Neuerungen durch taxische Saltation entstehen könnten, das heißt durch die Hervorbringung eines einzelnen Individuums, das einen neuen Typus, ein neues Taxon repräsentiert. Statt dessen vertrat er die Ansicht, daß jegliche evolutionäre Innovation auf dem Weg über die graduelle Transformation von Populationen erfolgt.

Diese Unterscheidung wurde wichtig, nachdem Goldschmidt die essentialistische Vorstellung wiederaufgegriffen hatte, daß ein neues, höheres Taxon das Ergebnis einer einzigen Systemmutation sei. Obgleich der Erfolg einer solchen taxischen Saltation zu unwahrscheinlich ist, als daß sie von irgendeinem zeitgenössischen Evolutionstheoretiker noch vertreten werden könnte, bleibt dennoch die Möglichkeit phänotypischer Saltationen bestehen. Wenn eine Mutation, die mit einer drastischen phänotypischen Veränderung einhergeht, in eine Population integriert und Teil eines lebensfähigen phänotypischen Polymorphismus werden könnte, dann würde dies unter Umständen zu einem scheinbar sprunghaften evolutionären Wandel führen. Gould (1980: 127) schwebt in der Tat eine »potentielle sprunghafte Entstehung der wesentlichen Merkmale von Schlüsseladaptationen« vor. »Warum sollten wir uns nicht vorstellen, daß die Kiemenbögenknochen eines anzestralen Agnathen sich in einem Schritt nach vorne geschoben haben, um den Mund zu umschließen und so Protokiefer zu bilden?« Wie Maynard Smith (1983: 276) hervorhebt, steht das Auftreten »genetischer Mutationen mit weitreichender phänotypischer Auswirkung nicht unbedingt im Widerspruch zum Darwinismus«. Stanley (1982) hat recht überzeugend bewiesen, daß die Torsion bei Gastropoden sehr wohl mittels einer einzigen Mutation entstanden sein könnte. Sie hätten eine Phase des Polymorphismus durchlaufen müssen, bis das neue Gen fixiert war. Offenbar ist ein derartiger Prozeß vorstellbar, aber die Tatsache, daß unter den Millionen existierender Populationen und Spezies

Mutationen mit weitreichenden phänotypischen Auswirkungen äußerst häufig sein müßten, um das Überleben der gelegentlich auftretenden hoffnungsvollen unter den Tausenden von hoffnungslosen Monstern zu ermöglichen, spricht gegen die Annahme, daß dieser Prozeß für die Evolution überhaupt von Bedeutung sein könnte. Denn es gibt keine solchen hoffnungsvollen Monster. Darüber hinaus kennt man genügend Mechanismen für den graduellen Erwerb evolutionärer Neuerungen (Mayr 1960), um drastische Mutationen, zumindest als die normalerweise ablaufenden evolutionären Prozesse, überflüssig zu machen.

Bei dem Streit geht es also nicht so sehr darum, ob phänotypische Saltationen möglich sind, sondern vielmehr darum, ob evolutionäre Fortschritte durch die Erzeugung von Individuen, die neue Typen repräsentieren, oder aber durch die rasche Transformation von Populationen erzielt werden. Unabhängig davon, wie schnell sie abläuft, ist eine solche Populations-»Saltation« dennoch graduell im darwinistischen Sinne.

Wie läßt sich Stase erklären?

Von all den von Eldredge und Gould in ihrer punktualistischen Theorie aufgestellten Behauptungen traf keine auf solch erbitterten Widerstand wie die These einer vollständigen Stagnation aller Spezies, sobald sie einmal die Phase der Speziation abgeschlossen haben. Dennoch bezeichneten die beiden Autoren genau diese Behauptung als ihren wichtigsten Beitrag (Gould 1982a: 86).

Die außergewöhnliche Langlebigkeit der sogenannten lebenden Fossilien war natürlich den Paläontologen von Anfang an bekannt (Eldredge und Stanley 1984; de Ricqles 1983). Aber ist eine solche Stase das Los aller Spezies? In Stanleys Buch (1979), einigen Rezensionen (Levinton 1983; Gould 1983) und in einigen neueren Bänden von *Paleobiology, Systematic Zoology* und anderen Fachzeitschriften findet man Beweise, die zugunsten dieser Behauptung sprechen. Andererseits wird in der Literatur auch von zahlreichen Fällen berichtet, bei denen es sich offenbar um Speziation durch phyletischen Gradualismus handelt (Van Valen 1982: 99–112). Wohl am überzeugendsten sind die Fälle einer beachtlichen evolutionären Transformation in kontinuierlichen phyletischen Linien, von denen Rose und Brown (1984) für Eozän-Primaten und Chaline und Laurin (1986) für Pliozän-Nagetiere berichten. Eine solche phyletische Speziation scheint bei landbewohnenden Organismen häufiger zu sein als bei Meeresbewohnern.

Gegen die scheinbaren Fälle phyletischer Speziation wurden zwei Einwände erhoben. Erstens scheint es selbst in den vollständigsten Sequenzen Lücken und Brüche in den Sedimenten zu geben; zweitens sind die sogenannten Spezies dieser Sequenzen möglicherweise gar keine echten Spezies, da sie sich im allgemeinen nur in geringfügigen Merkmalen, die Größe und Proportionen betreffen, unterscheiden. Wie dem auch sei, Gould hat kürzlich offenbar eingeräumt, daß Speziation durch phyletischen Gradualismus tatsächlich vorkommt.

Ich stimme mit Gould dahingehend überein, daß die meisten Evolutionsbiologen von der Häufigkeit von Stagnation bei fossilen Spezies, die neuere Analysen erwiesen haben, ziemlich überrascht waren. Um nur ein Beispiel zu nennen: 131 neuzeitliche benthische Foraminiferen-Spezies mit einer ausreichenden Fossilienüberlieferung weisen eine durchschnittliche Lebensdauer von 20 Millionen Jahren auf (Buzas und Culver 1984). Zugegeben, Stase wird in Begriffen morphologischer Verschiedenheit gemessen, und die Möglichkeit läßt sich nicht ausschließen, daß sich biologische Zwillingsspezies entwickelt haben, ohne daß dies im Morphotyp einen Niederschlag gefunden hätte. Wir wollen versuchsweise einmal annehmen, daß einige Spezies in einen Zustand völliger Stagnation eintreten, während andere sich durch phyletischen Gradualismus weiterentwickeln.

Die Frage »Welcher Prozentsatz von neuen Spezies wählt die eine oder die andere Option?« kann weder mittels einer genetischen Theorie noch mittels einer Untersuchung lebender Spezies beantwortet werden. Man kann sie einzig und allein anhand einer Analyse des paläontologischen Beweismaterials entscheiden. Und dies wirft große methodologische Schwierigkeiten auf (Levinton und Somin 1980; Schopf 1982). Beispielsweise ging man bei der Analyse der benthischen Foraminiferen zur Berechnung des Durchschnittsalters von 20 Millionen Jahren lediglich von 15 Prozent der neuzeitlichen Spezies aus. Bei allen anderen war die Fossilienüberlieferung zu lückenhaft, um irgendwelche Bestimmungen zu ermöglichen. Anders gesagt, der Beweis einer Stagnation gründete auf einer hochgradig einseitig ausgewählten Untersuchungsprobe, die aus gemeinen, weitverbreiteten Spezies bestand, bei denen man mit einer langen Lebensdauer rechnen konnte und die nur einen kleinen Bruchteil der gesamten Fauna umfaßte. Es ist denkbar, daß ein beträchtlicher Teil der restlichen 85 Prozent von Spezies eine rasche phyletische Speziation durchgemacht hat und so für eine Analyse nicht mehr zur Verfügung stand. Vieles weist darauf hin, daß bei weitem die meisten sogenannten seltenen Spezies kurzlebig sind, und zwar wahrscheinlich nicht aus Gründen eines raschen phyletischen Wandels, sondern eher, weil sie aussterben. Unter diesen Umständen ist das beste, was man tun kann, daß man eine mittlere Position einnimmt und einerseits einen gewissen Anteil an gradueller phyletischer Speziation einräumt, andererseits aber auch auf die unerwartet große Anzahl von Fällen hinweist, in denen fossile Spezies über viele Millionen Jahre hinweg keinerlei morphologische Veränderung aufweisen.

Das Konzept der Stase wurde durch neuere Entdeckungen in der Molekularbiologie ernstlich in Frage gestellt. Die bei morphologischen Merkmalen solch alter Gattungen wie *Rana, Bufo, Plethodon* und sogar *Drosophila* festzustellende Stase ist keineswegs auf die Beibehaltung eines als ganzen unveränderten Genotyps zurückzuführen. Mittels der elektrophoretischen Methode entdeckte man zahllose Veränderungen in quasi neutralen Enzymgenen; aber in den genannten Gattungen haben auch zahlreiche andere, nicht-morphologische Veränderungen, etwa der Erwerb neuer Isolationsmechanismen, wie auch zahlreiche Adaptationen an eine sich verändernde Umgebung stattgefunden. Das einzige, was stabil geblieben ist, war der Morphotyp, der zugrundeliegende Bauplan. Bei einigen der Stammeslinien läßt sich schließen, daß sie sich vor 30 bis 60 Millionen Jahren getrennt haben, und trotzdem sind die Spezies, die zu ihnen gehören, morphologisch – außer in Größe, Färbung und kleineren Unterschieden in den Skelettproportionen – nach wie vor kaum zu unterscheiden. Dies ist nur ein weiterer Beweis für das interessante Phänomen, daß Organismen sich nicht als harmonische Typen entwickeln, sondern daß verschiedene Merkmale sich mit höchst unterschiedlichen Geschwindigkeiten weiterentwickeln können. *Archaeopteryx* mit seiner schlichtweg nicht zusammenpassenden Mischung aus Reptilien- und Vogelmerkmalen veranschaulicht dies recht gut, ebenso die merkwürdige Mischung von Ähnlichkeiten und Unterschieden, die sich bei einem Vergleich zwischen Menschen und Schimpansen feststellen lassen.

Die Entdeckung äußerst ungleicher Evolutionsraten bei verschiedenen Komponenten des Genotyps schafft das Problem jedoch nicht aus der Welt. Warum bleiben bestimmte Komponenten des Genotyps und Phänotyps über viele Millionen Jahre hinweg so stabil?

Die Tatsache, daß eine schier unerschöpfliche Quelle von Variation existiert, macht diese Frage besonders rätselhaft. Nicht nur gibt es an allen Genloci eine stete Mutationsrate; darüber hinaus wurden in jüngerer Zeit in der Molekularbiologie verschiedene Phänomene entdeckt, die anscheinend fast zwangsläufig zu einem häufigen »Umbau« des Genotyps führen. Beispielsweise kann man einfach dadurch, daß man *Drosophila*-Rassen in Laborpopulationen isoliert, alle möglichen wechselseitigen Unverträglichkeiten erzeugen. Transposons und andere genetische Elemente können die Mutationsfähigkeit angrenzender Loci verändern, und eine Menge anderer molekularer Phänomene scheint genetische Veränderungen von evolutionärer Tragweite zu fördern. Darüber hinaus scheinen Selektionsdrücke in einer ständig sich verändernden unbelebten und biotischen Umgebung einen kontinuierlichen evolutionären Wandel in Gang zu setzen. In der Tat ist die Stabilität, die wir bei den lebenden Fossilien und, in geringerem Ausmaß, bei der Mehrheit der Spezies und Gattungen vorfinden, höchst rätselhaft.

Im ganzen wurden drei Möglichkeiten, Stase zu erklären, zur Diskussion gestellt. Reduktionistische Genetiker schreiben Stase ausschließlich einer stabilisierenden (normalisierenden) Selektion zu. Alle Mutanten oder Rekombinanten, die von der Norm abweichen, werden durch natürliche Auslese eliminiert. Dies ist natürlich keine Erklärung, da auch in rasch sich entwickelnden Linien normalisierende Selektion überreichlich stattfindet. Offenbar ist die Wahrscheinlichkeit ziemlich groß, daß in jeder Population alle

Zygoten mit einer verminderten Lebensfähigkeit eliminiert werden, entweder noch vor der Geburt oder zumindest, ehe sie sich fortpflanzen können. Unter der Bezeichnung »Elimination von Degenerationen des Typus« wurde eine solche Selektion von den Essentialisten schon lange vor der Formulierung einer Evolutionstheorie eingeräumt (Mayr 1982: 488). Die hohe Sterblichkeit von Zygoten sowohl in statischen wie auch in schnell sich entwickelnden Spezies ist ein Beweis für eine solche Eliminierung. Bei der »internen Selektion« bestimmter Autoren handelt es sich im Grunde genommen um eben diese Eliminierung, wie J. Remane (1983) hervorgehoben hat.

Dies erklärt jedoch nicht, warum sich, trotz der Universalität dieser normalisierenden Selektion, bestimmte Stammeslinien rasch weiterentwickeln, während andere in völliger Stagnation verharren. Zudem ermöglicht eine Berufung auf »normalisierende Selektion« noch keine Unterscheidung zwischen der Eliminierung neuer, schädlicher Mutationen und der Eliminierung schädlicher Rekombinanten, insbesondere solcher, die mit Einschränkungen der Entwicklung kollidieren. Es ist irreführend, wenn man sagt, Stase werde verursacht, »entweder weil Abweichungen ausgesondert worden sind oder weil das Entwicklungssystem verhindert hat, daß sie überhaupt entstanden«. Selbst in letzterem Fall wirken sich die Einschränkungen hinsichtlich der Entwicklung über normalisierende Selektion aus.

Eine weitere Erklärung besagt, daß stagnierende Spezies eine optimale Adaptation erreicht haben und nicht mehr auf eine wie auch immer gerichtete Selektion reagieren. Dies ist aus zweierlei Gründen unwahrscheinlich: Der erste ist, daß es der Auslese praktisch nie gelingt, einen Genotyp bis zur Vollkommenheit zu optimieren. Daher müßte im Verlauf von Jahrmillionen eine Veränderung im Grad der Optimierung erkennbar sein. Darüber hinaus weiß man, daß die Umwelt sich zu Zeiten, in denen bestimmte Spezies völlig stagnierten, in beträchtlichem Maße verändert hat. Warum spiegelt sich diese Veränderung der Umwelt nicht in einer evolutionären Reaktion dieser Spezies wider?

Da also offenbar beide Erklärungen unbefriedigend sind, muß man sich die Frage stellen, ob es nicht eine andere mögliche Lösung gibt. Ja – vorausgesetzt, man gibt den atomistischen Standpunkt auf, daß jedes Gen sowohl in seinem Verhalten als auch hinsichtlich der Auswirkungen der Selektion von den anderen Genen unabhängig ist. Wenn man sich für eine holistischere (integrative) Betrachtungsweise des Genotyps entscheidet und von der Annahme ausgeht, daß Gene sich als Gruppen verhalten und viele andere Gene das »genetische Milieu« eines jeden gegebenen Gens bilden (Chetverikov 1926), ist eine Erklärung denkbar. Sie besagt, daß epistatische Interaktionen eine wirkungsvolle Einschränkung für die Reaktion des Genotyps auf Selektion darstellen. Bereits Darwin hat solche epistatischen Wechselwirkungen erahnt (1859: 11, 146; 1868 II: 319–335); seitdem wurden sie von Chetverikov (genetisches Milieu), Lerner (genetische Homöostase), Mather (interne Balance) und Mayr (Kohäsion des Genotyps; 1963; 1970; Essay 16) immer wieder hervorgehoben.

Die Holisten behaupten daher, daß ein Großteil der Makroevolution sich nicht durch atomistische Genersetzungen oder Selektionsdrücke auf einzelne Gene erklären läßt, sondern nur durch eine ziemlich drastische Umorganisierung, die aufgrund einer Lockerung der Kohäsion des Genotyps möglich wird; eine Kohäsion, wie man sie überall in weitverbreiteten, volkreichen Spezies antrifft. Mayr, Carson (1975), Eldredge und Gould sowie Stanley schreiben die Stabilität des Genotyps, wie sie in statischen Spezies zu beobachten ist, einer solchen inneren Kohäsion des Genotyps oder Teilen davon zu. Ein bedeutsamer evolutionärer Fortschritt kann nur nach dem Aufbrechen vorher existierender epistatischer Balancen stattfinden.

Diese holistische Betrachtungsweise steht natürlich in keinerlei Widerspruch zum Darwinismus, da die Kohäsionsbereiche des Genotyps durch natürliche Auslese entstanden sein müssen.

Unglücklicherweise scheint es mit Hilfe derzeitiger Gentechniken nicht möglich zu sein, solche Fälle von Umstrukturierung zu analysieren. Bis derlei Techniken – vermutlich schon in nicht allzu ferner Zukunft – zur Verfügung stehen, ist es unmöglich, die Existenz solcher genotypischen Bereiche und eine allgemeine Kohäsion des Genotyps oder zumindest von Teilen davon schlüssig zu beweisen.

Es gibt zahlreiche Aspekte geographischer Variation, die nur dann einen Sinn ergeben, wenn man den Begriff einer Kohäsionsfähigkeit des Genotyps akzeptiert. Wie sonst könnte man beispielsweise das Muster geographischer Variation bei der Superspezies *Tanysiptera galatea* erklären? *T. galatea* ist über ganz Neuguinea verbreitet, wo sie sich im Nordwesten der Insel an ein rein tropisch-feuchtes Klima ohne jegliche Jahreszeiten, im Südosten an ein Passatwindklima mit einer neunmonatigen Trockenzeit adaptiert hat. Eigentlich wäre zu erwarten, daß sich aufgrund zweier so drastisch verschiedener klimatischer Selektionsdrücke an den beiden Enden Neuguineas zwei extrem unterschiedliche Phänotypen dieser Spezies entwickelt haben. In Wirklichkeit trifft man jedoch auf dem Festland nur eine minimale geographische Variation an, im Gegensatz zu einer Reihe auffällig verschiedener Spezies, die sich auf benachbarten Inseln aus *T. galatea* entwickelt haben. Was könnte der Grund für die unerwartete Stase auf dem Festland sein, wenn nicht ein der genetischen Homöostase vergleichbarer Prozeß?

Man hat behauptet, die holistische Betrachtungsweise des Genotyps entspräche nicht »dem Geist des modernen Darwinismus«. Das stimmt nicht. Den atomistischen Standpunkt vertreten lediglich mathematische Genetiker von Fisher bis Charlesworth. Für die holistischere Auffassung plädierten zahlreiche Darwinisten, von Chetverikov bis Mather, Lerner und Wallace, und auch ich habe seit 1950 leidenschaftlich diesen Standpunkt vertreten. Es handelte sich dabei um eine starke Tradition in der Evolutionsbiologie, lange bevor die Theorie der punktierten Gleichgewichte formuliert wurde.

Speziationsevolution

Für die Verfechter eines phyletischen Gradualismus ist Speziation die kontinuierliche Veränderung einer phyletischen Reihe, bis sie zu einer anderen Spezies geworden ist (dabei bleibt die absolute Anzahl von Spezies konstant). Für den Punktualisten bedeutet Speziation eine Vervielfachung von Spezies. Wenn dies durch die Etablierung einer Gründerpopulation und deren rasche genetische Umstrukturierung erfolgt, dann kann eine solche Speziation innerhalb einer sehr kurzen Zeitspanne ablaufen. Sie erfolgt nicht plötzlich, wie eine Saltationsspeziation, aber sie kann »augenblicklich« sein, wenn man sie auf die Fossilienüberlieferung bezieht. Selbst wenn sie Hunderte oder Tausende von Jahren dauert, würde die paläontologische Analyse sie als plötzliches Ereignis verzeichnen.

In einigen ihrer frühen Veröffentlichungen haben die Punktualisten Speziation als plötzliches Ereignis bezeichnet; später hat jedoch Gould die konservativere Definition eingeführt, daß »geologisch augenblicklich als ein Prozent oder weniger der darauffolgenden statischen Existenz zu definieren« ist (Gould 1982a: 84). Bei einer Spezies, die 10 Millionen Jahre lang stagniert, wären daher 100000 Jahre ein Augenblick. Die semantische Problematik wird offensichtlich, wenn wir bedenken, daß jegliche Populationsevolution, die jede Evolution einschließt, mit der wir uns befassen, graduell ist. Aus der neueren Kontroverse ergibt sich ziemlich eindeutig, daß die Chronologie der Speziationsereignisse nicht mittels einer paläontologischen Analyse erstellt werden kann. Man muß sie vielmehr aus einer Analyse gegenwärtig existierender, gerade zu separaten Spezies werdender Populationen erschließen, wie ich dies wiederholt versucht habe (Mayr 1963). Bei Süßwasserfischen würde diese Speziation nicht einmal 4000 Jahre dauern (siehe Essay 14).

Nicht nur das Verbreitungsmuster werdender Spezies, sondern auch die Häufigkeit, mit der neue, offensichtlich woanders entstandene Spezies plötzlich in der Fossilienüberlieferung auftauchen, weist darauf hin, daß peripatrische Speziation die bei weitem gebräuchlichste Speziationsweise ist. Bei fast jeder Überprüfung einer fossilen Gattung wird von derartigen Fällen berichtet. Beispielsweise blieben in einer tertiären Gattung von Bryozoen (Moostierchen) die anzestralen Spezies in mindestens sieben Fällen bestehen, nachdem sie Nachkommenspezies hervorgebracht hatten (Cheetham 1986).

Die Genetik der Speziationsevolution

Die Grundfrage ist, wie peripatrische Speziation sich hinsichtlich ihrer genetischen Auswirkung von gradueller phyletischer Speziation unterscheidet. Ist die Genetik der beiden Prozesse wirklich verschieden? Beschleunigt peripatrische Speziation die Evolution? Ist das durch peripatrische Speziation hervorgerufene evolutionäre Pulsieren eine notwendige Voraussetzung für die Entstehung evolutionärer Neuerungen? Die Ehrlichkeit gebietet zuzugeben, daß wir nicht über das konkrete Wissen verfügen, das es uns ermöglichen würde, diese Fragen zu beantworten. Alles, was wir zum gegenwärtigen Zeitpunkt tun können, ist, Hypothesen zu formulieren; und auf diesem Gebiet haben wir seit 1954 keine großen Fortschritte gemacht.

Die genetische Interpretation, die ich 1954 gegeben habe (siehe auch Essay 17), basierte auf dem damaligen Wissen. Ich war sehr beeindruckt von den Ansichten Mathers, Lerners und Wallaces – die weitgehend auch von Dobzhansky geteilt wurden – über die genetische Homöostase des Genotyps und die Einschränkungen, denen evolutionäre Neuanfänge durch diese innere Balance unterworfen sind. Ich postulierte daher, daß bestimmte Ereignisse in der Gründerpopulation dazu beitragen könnten, diese Kohäsion zu lockern und die Gründerpopulation von den ihr durch die epistatischen Balancen ihres Genotyps auferlegten Zwängen zu befreien. Ein solches Ereignis bezeichnete ich als genetische Revolution. Seltsamerweise haben einige Autoren, die meine Abhandlung rezensierten, behauptet, ich hätte Makromutationen oder »Tausende von Mutationen« postuliert, während in Wirklichkeit von keiner einzigen Mutation die Rede war. Vielmehr ging ich bei meiner Interpretation von einer Betrachtungsweise aus, die Entwicklung mit einbezog und offenbar mit dem damals vorherrschenden Denken nicht in Einklang stand. Überlegungen hinsichtlich Entwicklung wurden damals von den meisten Evolutionsgenetikern einfach ignoriert.

Um den Mechanismus zu verstehen, den ich zur Diskussion stellte, muß man sich vergegenwärtigen, daß Evolution ein zweistufiger Prozeß ist. Meine Theorie befaßte sich ausschließlich mit dem ersten Schritt, der Erzeugung von Variation. Sie stellte eine Möglichkeit zur Diskussion, wie in einer Gründerpopulation zusätzliche Variabilität zur Verfügung gestellt werden könnte. Die einzige Möglichkeit, die ich, ausgehend von der damaligen genetischen Theorie, sah, war eine Veränderung der epistatischen Balancen. Fünfunddreißig Jahre später stellt eine solche Veränderung nach wie vor einen denkbaren Prozeß dar; möglicherweise spielt sie bei einigen Fällen von peripatrischer Speziation eine Rolle. Andererseits hat man inzwischen viele verschiedene Arten von DNA entdeckt, die eine drastisch beschleunigte genetische Umstrukturierung in kleinen Populationen regulieren und auch »genetische Revolutionen« auslösen könnten. Diese neuen Entdeckungen beeinträchtigen jedoch keineswegs die grundlegende Botschaft meiner Theorie, daß nämlich kleine Gründerpopulationen bei der Lockerung genetischer Kohäsion eine Rolle spielen und damit evolutionären Wandel erleichtern. Carson und Templeton (1984) haben eine etwas andere Version vorgetragen, die ebenfalls von der Vorstellung ausging, daß bei dieser Umstrukturierung eher Rekombinations- als Mutationsereignisse der entscheidende Faktor sind; ihre Theorie setzte ebenfalls eine Veränderung der epistatischen Balancen voraus.

Angesichts dessen, wie wenig wir darüber wissen, was während peripatrischer Speziation mit dem Genotyp passiert, ist es nur natürlich, daß reduktionistische Genetiker Modelle vorschlagen, die alles als Änderungen in der Häufigkeit einzelner Gene erklären. Diese Modelle können nicht widerlegt werden; aber sie lassen weit mehr natürliche Phänomene unerklärt als die Theorie einer genetischen Umstrukturierung von Gründerpopulationen. Am wichtigsten scheint mir jedoch, daß keiner der neueren Angriffe gegen den Punktualismus, vor allem in seiner typologischen, quasi Goldschmidtschen Version, in irgendeiner Weise der Anerkennung der großen potentiellen Bedeutung von Gründerpopulationen Abbruch getan hat. Wenn ein Autor zu meiner Theorie von 1954 äußert, sie sei eine »Theorie der Makromutationen... eine Alternative zum selektionistischen Programm« (Turner 1984: 351), dann zeugt dies von einem völligen Mißverständnis. Nichts habe ich in meiner 1954er Theorie so sehr betont wie die Selektion.

Noch einen Punkt muß ich hervorheben. Bei Speziationsereignissen muß man mit einem großen Pluralismus rechnen. Immer wenn in einer isolierten Population sexuelle Selektion zur Entstehung neuer, verhaltensbezogener Isolationsmechanismen führt, können sich neue Spezies entwickeln, die sich nur in einigen wenigen Genen unterscheiden (Essay 14). Solche Spezies lassen sich normalerweise morphologisch kaum unterscheiden. Sie haben keine genetische Revolution durchgemacht.

Zu Recht haben die Punktualisten die Gradualisten dafür kritisiert, daß sie immer auf die »berühmte Unvollständigkeit der Fossilienüberlieferung« verweisen, um einen Gradualismus zu belegen. Es ist eine Ironie, daß die Punktualisten sich des gleichen Arguments bedienen, wenn sie behaupten, daß die Populationen, in denen peripatrische Speziation stattfindet, zu lokal beschränkt und zu kurzlebig sind, um einen Fossiliennachweis zu hinterlassen. Die Lückenhaftigkeit der Fossilienüberlieferung ist also Teil der Argumentation sowohl der Punktualisten wie auch der Gradualisten.

Speziesselektion (Artenaustausch)

Eine der brillantesten Einsichten Darwins war es, daß Evolution eher ein Variations- und nicht so sehr ein Transformationsphänomen ist, wie dies Lamarck und viele Antidarwinisten nach 1859 glaubten. Bei Variationsevolution ist es die Selektion bestimmter begünstigter Individuen, die zu evolutionärem Wandel führt. Dies bedeutet, daß die Betonung auf dem Individuum und der Population liegt. Variationsevolution findet jedoch auch auf einer höheren hierarchischen Ebene statt, der der Spezies, eine Tatsache, die vor allem vom Punktualismus hervorgehoben wird. Wann immer wichtige evolutionäre Neuerungen auftreten, geschieht dies im Verlauf von Speziation. Sobald eine neue Spezies sich ihre Nische gestaltet hat und erfolgreich und stabil geworden ist, wird sie dazu tendieren, sich nur geringfügig zu verändern. Aus diesem Grund wird die Spezies als die Einheit der Evolution betrachtet.

Die Anerkennung der evolutionären Bedeutung von Spezies datiert lange vor dem Punktualismus. Ich kenne keine bessere Beschreibung der Rolle, die Spezies für die Evolution spielen, als die in meinem Buch *Animal Species and Evolution* (1963) / *Artbegriff und Evolution* (1967; übersetzt von Gerhard Heberer): »Gerade die Tatsache, daß so viele Arten entstehen«, ist es, »die zu evolutivem Fortschritt führt... Da jeder koadaptierte Genkomplex unterschiedliche Eigenheiten aufweist und da diese sozusagen nicht voraussehbar sind, müssen solche Genkomplexe in großen Anzahlen entstehen, bis einer zustande gebracht ist, der zu realem evolutivem Fortschritt führen wird. In diesem Lichte betrachtet, erscheint eine ungeheure Vervielfachung von Arten eine Voraussetzung für evolutiven Fortgang.

...Jede Spezies ist ein biologisches Experiment. Die Wahrscheinlichkeit ist sehr hoch, daß die neue Nische, in die sie einwandert, eine evolutionäre Sackgasse ist. Es ist nicht vorauszusehen, soweit es um eine Art in statu nascendi geht, ob die neue Nische ein Blindgang oder das Tor zu einer großen adaptiven Zone ist...

...Die evolutive Bedeutung der Arten ist jetzt völlig deutlich. Mag der Evolutionsforscher auch von umfassenden Phänomenen wie Trends, Adaptationen, Spezialisationen und Regressionen sprechen, sind sie doch alle nicht zu trennen von dem Fortschreiten der Wesenheiten, an denen sich alle diese Erscheinungen entfalten, nämlich den Arten. Arten als die zeitweilige Verkörperung harmonischer, wohlintegrierter Genkomplexe sind die realen Einheiten der Evolution. Und Artbildung, die Erzeugung neuer Genkomplexe, die zu ökologischen Verschiebungen fähig sind, ist der Weg, auf dem die Evolution fortschreitet... Die Art ist also der Schlüssel der Evolution« (1963: 621; 1967: 485–486).

Die ständige Erzeugung neuer Spezies führt unausweichlich zu Konkurrenz zwischen Spezies und dazu, daß viele von ihnen aussterben. Dieser Prozeß wurde kürzlich als *Speziesselektion* bezeichnet (Stanley 1975; 1979). Der Begriff hat zu vielen Mißverständnissen Anlaß gegeben. Er bedeutet keineswegs eine typologische Selektion »zum Wohle der Art«, sondern vielmehr einen selektiven Austausch von Arten. Daß ein solcher Austausch stattfindet, ist schon lange bekannt. Bereits in der Zeit vor Darwin hat Lyell postuliert, daß die »Einführung« einer neuen und besser adaptierten Spezies möglicherweise zum Aussterben einer unterlegenen Spezies führen oder daß auf das Aussterben einer Spezies die Einführung einer besser adaptierten Spezies folgen würde. Auch in den Augen Darwins war das Aussterben von Spezies aufgrund von Konkurrenzkampf ein wichtiger Prozeß. Er veranschaulichte ihn anhand des Schicksals, das die einheimische Fauna in Neuseeland erlitt, als sie mit von den Britischen Inseln eingeführten Spezies zusammentraf (1859: 201). Aussterben von Spezies aufgrund des Auftauchens besser adaptierter Spezies ist in der Nach-Darwinschen Literatur zur Evolution häufig erörtert worden.

Die Tatsache, daß Artenaustausch schon seit so langer Zeit anerkannt wird, widerlegt Goulds Behauptung (1982b: 386), solch eine »hierarchisch begründete Theorie [der Evolution] wäre kein Darwinismus im traditionellen Sinne«. Dies ist eine Beschränkung des Begriffs Darwinismus auf das äußerst reduktionistische Konzept der mathematischen Populationsgenetik. Ich stimme mit den nicht-reduktionistischen Darwinisten überein, die an eine hierarchische Ordnung des Evolutionsprozesses glauben und keinerlei Widerspruch zwischen Speziesselektion und Darwinismus gesehen haben.

Die neueren Auseinandersetzungen weisen darauf hin, daß die Antworten auf zwei wichtige Fragen hinsichtlich der sogenannten Speziesselektion nach wie vor kontrovers sind:

(1) Steht Speziesselektion im Widerspruch zu (und/oder ist sie unabhängig von) individueller Selektion?

(2) Gibt es verschiedene Arten von Speziesselektion, da verschiedene Autoren Speziesselektion verschieden oder sogar entgegengesetzt definieren?

Einige Autoren haben sich gegen eine Speziesselektion gewandt, die sie als eine strikte Alternative zu individueller Selektion betrachten (Hoffman und Hecht 1986). Wenn man kompromißlos die Frage stellt: »Ist das Individuum *oder* die Spezies die Zielscheibe der Selektion?«, dann ist man in der Tat gezwungen, Speziesselektion abzulehnen. Man kann dies noch eindeutiger formulieren, indem man fragt, ob es Eigenschaften von Spezies gibt, die nicht Eigenschaften der Individuen sind, aus denen die Spezies besteht. Die meisten Autoren haben eingeräumt, daß solche Situationen tatsächlich vorkommen, selbst Maynard Smith (1983: 280), der im allgemeinen dem Konzept der Speziesselektion feindlich gegenübersteht. Im Gegensatz dazu muß ich feststellen, daß ich kein einziges Speziesmerkmal kenne, das nicht auch Teil des Genotyps eines jeden Individuums wäre. Darüber hinaus ist es ja zu einem Speziesmerkmal geworden, weil es von der individuellen Auslese begünstigt wurde.

In der klassischen Situation ist eine Spezies einer anderen überlegen, weil ihre Individuen besser adaptiert und besser in der Lage sind, die Ressourcen der Umwelt zu nutzen. Auch wenn es sich dabei scheinbar um eine Konkurrenz zwischen zwei Spezies handelt, so zeigt doch eine Analyse, daß die Überlegenheit auf dem größeren Erfolg der Individuen der überlegenen Spezies beruht und daß es sich um individuelle Selektion handelt. Wo auch immer zwei Spezies miteinander konkurrieren, gehen die Individuen beider Spezies sozusagen in einer einzigen ökologischen Population auf, und Selektion bezieht sich auf die Gesamtheit dieser Individuen. Die Individuen der »überlegenen« Spezies haben eine höhere Lebenserwartung und größere Chancen für eine erfolgreiche Fortpflanzung als die der »unterlegenen« Spezies, so daß schließlich nur Individuen der überlegenen Spezies überleben. Der traditionelle Prozeß individueller Selektion hat also zum Aussterben einer Spezies geführt, das heißt zu Speziesselektion. In einem solchen Fall gibt es keinen Widerspruch zwischen individueller und Speziesselektion. Dies ist immer dann der Fall, wenn »gemeinsame Merkmale« der Individuen der einen Spezies ihnen einen selektiven Vorteil gegenüber den Individuen einer anderen Spezies verschaffen.

Man hat jedoch auch argumentiert, eine Spezies sei einer anderen möglicherweise nicht aufgrund irgendeiner Überlegenheit der ihr angehörenden Individuen überlegen, sondern weil die Spezies als ganze über Eigenschaften verfüge, die ihren Mitgliedern Überlegenheit verleiht. Beispielsweise hat man gesagt, Formen der Reproduktion oder der Verbreitung und Kolonisierung, die Speziation begünstigen und daher artspezifisch sind, würden solchen Spezies kompetitive Überlegenheit verleihen und auf diese Weise zu einer Speziesselektion führen. Mich überzeugt dieses Argument nicht. Alle angeführten Merkmale sind auch Merkmale von Individuen und tauchten in der Evolution erstmals in Populationen auf, die sich in einem polymorphen Zustand befanden. Es war der selektive Vorteil der mit den neuen Eigenschaften ausgestatteten Individuen (und ihrer Nachkommen), der zur Ausbreitung und schließlich zur universalen Einfügung dieser neuen Merkmale führte. Mit anderen Worten, diese Speziesmerkmale setzten sich aufgrund individueller Selektion durch. Es ist mir nicht gelungen, in der Literatur auch nur ein einziges gutes Beispiel für ein Speziesmerkmal zu finden, das nicht auch ein selektierbares Merkmal von Individuen wäre.

In den letzten Jahren wurde klar, daß der Begriff Speziesselektion auf ganz unterschiedliche Phänomene angewandt worden ist. Ich habe drei Arten von Speziesselektion unterschieden (Essay 6), während Maynard Smith (1983) vier anerkennt. Es wäre eigentlich ziemlich unerheblich, wie viele Formen man anerkennt, solange man nur die Schlußfolgerung akzeptiert, daß Speziesselektion nicht im Widerspruch zu individueller Selektion steht, sondern ein ganz anderer Prozeß auf einer höheren hierarchischen Ebene ist, bei dem es sich um einen Artenaustausch handelt.

Einige glauben, eine erhöhte Speziationsrate würde zu gesteigerter Speziesselektion führen. Es bestehen jedoch erhebliche Zweifel daran, daß eine hohe Speziationsrate (»Speziatorselektion«) auf lange Sicht in der Lotterie der Evolution ein Treffer ist. Man kennt viele Fälle von speziesreichen Gruppen, die schließlich völlig ausgestorben sind, während speziesarme Gruppen, das heißt langsame Speziatoren, überlebt haben.

Gould und andere orthodoxe Punktualisten brauchen Speziesselektion, um evolutionäre Trends zu erklären. Da sie an eine vollkommene Stase fertiger Spezies glauben, sind sie gezwungen, evolutionäre Trends als eine Folge von Speziation zu interpretieren, in deren Verlauf nur diejenigen Spezies erfolgreich sind, die in Richtung des begünstigten Trends abgewichen sind (Gould und Eldredge 1986: 146). »Spezies entstehen... wobei ihre Unterschiede von Anfang an feststehen, und verändern sich anschließend nur unwesentlich. Trends müssen daher [auf einem Prozeß des] Aussortierens [beruhen], der über die jeweils unterschiedliche Geburt und den Tod der als Einheiten betrachteten Spezies wirksam wird« (Gould 1982a: 92). Hierbei handelt es sich zwar um ein denkbares Szenario, aber bis jetzt war es nicht möglich, es durch eine Analyse der Fossilienüberlieferung zu dokumentieren. Es könnte sich als überflüssiges Postulat herausstellen, wenn man immer mehr Fälle eines grundlegenden Wandels in phyletischen Linien aufgrund gradueller Transformation nachweist.

Wir können diese Diskussion beschließen, indem wir feststellen, daß es keinerlei Widerspruch zwischen individueller und Speziesselektion gibt. Individuelle Selektion ist immer beteiligt, aber Individuen bestimmter Spezies können über »gemeinsame Eigenschaften« verfügen, die ihre uneingeschränkte kompetitive Überlegenheit über andere Spezies gewährleisten. Man kann den Ausdruck Speziesselektion dadurch rechtfertigen, daß man erfolgreiche Spezies als Individuen betrachtet, die anderen Spezies, ebenfalls als Individuen betrachtet, überlegen sind.

Die Verwirrung, die früher herrschte, wurde dadurch noch verschlimmert, daß man nicht zwischen einer Selektion zum Zwecke des Überlebens und einer Selektion zum Zwecke des reproduktiven Erfolgs unterschied. Bei den meisten Merkmalen, die normalerweise als Hinweis auf oder Beweise für Speziesselektion angeführt wurden, handelte es sich um Eigenschaften, die zum reproduktiven Erfolg beitragen. Solche Eigenschaften wirken sich jedoch unter Umständen hauptsächlich in späteren Generationen aus.

Pluralismus und Gleichzeitigkeit

Mein Vorschlag von 1954, daß während peripatrischer Speziation genetische Revolutionen stattfinden, war pluralistischer Natur. Ich habe damals betont, daß bei der Entstehung der meisten Spezies keine größeren evolutionären Veränderungen eintreten. Im Gegensatz dazu klangen die ersten Feststellungen der Punktualisten ziemlich kategorisch; dies führte zu einer Polarisierung und forderte Widerspruch heraus. Ihre jüngeren Äußerungen sind etwas pluralistischer formuliert: »Graduelle phyletische Transformation kann vorkommen und findet in der Tat statt« (Gould 1982a: 84); und: »Die relative Häufigkeit punktierter Gleichgewichte unterscheidet sich quer durch Taxa und Umwelten« (Gould 1986: 439). Dieser Verzicht auf absolute Alles-oder-nichts-Feststellungen hat sehr zu einem Nachlassen des Widerstandes gegen diese Theorie beigetragen.

Ein zweiter Grund für den Widerstand gegen den Punktualismus ist nicht so leicht aus der Welt zu schaffen. Es ist die Neigung vieler Autoren, zwei simultan ablaufende Prozesse als eine Entweder-oder-Entscheidung darzustellen. Eben dies tut Maynard Smith (1983), wenn er fragt, ob die gesteigerte Rate evolutionären Wandels in kleinen Populationen auf Mayrs genetische Revolutionen oder aber auf natürliche Auslese zurückzuführen sei. Dies mutet einigermaßen seltsam an, wenn man bedenkt, wie sehr ich die Bedeutung der natürlichen Auslese für die Umstrukturierung des Genotyps von Gründerpopulationen betont habe. Es ist Maynard Smith offenbar nicht klar, daß genetische Revolutionen den ersten Schritt des Ausleseprozesses betreffen, während Auslese als solche zum zweiten Schritt gehört. Er akzeptiert nicht die Möglichkeit, daß ein »Auftauen des eingefrorenen Teils des Genotyps«, das in Gründerpopulationen möglich ist, es der natürlichen Auslese leichter machen könnte, ein neues stabiles Gleichgewicht herzustellen. Evolutionäre Faktoren und Prozesse werden viel zu oft als Alternativen dargestellt, während sie in Wirklichkeit gleichzeitig ablaufen.

Speziation und Makroevolution

Die große Bedeutung des Speziationsereignisses liegt darin, daß es die Makro- mit der Mikroevolution verknüpft. Die Tatsache, daß das Individuum die Zielscheibe der Selektion ist und die Population wie auch die Spezies der Schauplatz evolutionären Wandels sind, führt automatisch alle makroevolutionären Prozesse auf die mikroevolutionäre Ebene zurück. Die Akteure in diesem Prozeß sind jedoch nicht Gene, sondern Genotypen und Genpools, also ganze, zusammenhängende Systeme von Genen. Wichtig ist nun folgende Einsicht: Was auch immer in der Mikroevolution oder in der Makroevolution geschieht und welche genetischen Phänomene auch immer daran beteiligt sind, es geschieht durch die Selektion von Individuen (Mayr 1942: 298). Zugegeben, die Genetik war bislang nicht in der Lage, den Teil des Genotyps zu analysieren, der sich in einer lokalen Population normalerweise nicht verändert, sondern so fest integriert ist, daß er der Gattung, der Familie, der Ordnung und dem Stamm ihren jeweils besonderen Charakter verleiht (Carson 1975). Aber selbst dieser Teilbereich des Genotyps verändert sich, wenn er sich denn verändert, in

Individuen und unterliegt den Rekombinations-Selektionszyklen gewöhnlicher allelischer Variation.

In den Augen der extremen Reduktionisten unter den Genetikern, die Evolution und sogar Makroevolution nur unter dem Gesichtspunkt sich verändernder Genhäufigkeiten sehen, ist eine vollständige Kontinuität zwischen allen Phänomenen der Evolution gegeben. Von denjenigen hingegen, die Evolution auch als eine Veränderung von Spezies und höheren Taxa betrachten – und dazu gehörte auch Darwin –, wurde Evolution immer als hierarchisch strukturiert betrachtet. Keine andere Vorstellung Darwins wurde so bereitwillig und allgemein übernommen wie seine Theorie der gemeinsamen Abstammung – eine strikt hierarchische Theorie. Und der Großteil der paläontologischen Literatur, der sich hauptsächlich mit einer Erhellung dieser gemeinsamen Abstammung befaßte, ging von einem hierarchischen Ansatz aus. Der Begriff »hierarchischer Ansatz« bringt vielleicht eine neue Terminologie ins Spiel, steht aber keineswegs für ein neues Konzept. Ich stimme mit Verne Grant dahingehend überein, »daß Anhänger der synthetischen Theorie sich in der Tat bei Problemen der Makroevolution [durchgängig] eines hierarchischen Ansatzes bedient haben« (1983: 153).

Ungelöste Probleme

Die Kontroversen um den Punktualismus haben ganz klar gezeigt, daß nach wie vor große Wissenslücken bestehen. Ein paar von ihnen habe ich bereits weiter oben erwähnt; ich will jedoch noch ein, zwei weitere eingehender erörtern.

Populationsgröße und Evolutionsrate

Seit sechzig Jahren streiten sich die Biologen, wo Evolution schneller fortschreitet, ob in großen Populationen (Spezies) oder aber in kleinen. Beginnend mit R. A. Fisher und Sewall Wright, haben die Genetiker lange Zeit die große Population als den Schauplatz des schnellsten evolutionären Wandels favorisiert. Sie gingen von der Annahme aus, daß das Gen die Zielscheibe der

Selektion ist und man die Evolutionsrate einer Population oder Spezies berechnen kann, indem man die Raten des Wandels verschiedener unabhängiger Gene kombiniert; daraus zogen sie dann den Schluß, daß Evolution in großen Populationen schneller verläuft. Noch 1977 hat Wright dies für weitverbreitete Spezies, die mehrere Populationen umfassen, behauptet, eine Behauptung, die nicht auf beobachteten Fakten basierte, sondern auf theoretischen Überlegungen. Dies impliziert, daß man Gruppenselektion zwischen lokalen Demen akzeptiert – ein Typus von Selektion, der von fast allen, die sich eingehend mit diesem Problem befaßt haben, in Frage gestellt wird (Sober 1984).

Wrights Szenario setzte auch voraus, daß das Ausmaß des Genaustauschs zwischen den postulierten halb-isolierten Populationen sehr gering ist, eine Annahme, die durch neuere Forschungen sehr zweifelhaft gemacht wurde. Wohlgemerkt, es gibt Spezies mit lückenhaften, isolierten Verteilungen. In allen weitverbreiteten, volkreichen Spezies scheint es weit mehr unbemerkten Genfluß zu geben, als normalerweise angenommen wird (Slatkin 1985). Hier beschränkt sich der Genaustausch oft auf bestimmte Jahre, in denen die Spezies besonders erfolgreich war und die Population eine hohe Dichte erreicht hat. Bei den meisten Spezies gibt es nur wenig Hinweise auf die von Wright postulierten halb-isolierten Deme.

Die Annahme einer evolutionären Stabilität großer, weitverbreiteter Spezies wird durch die Beobachtung gestützt, daß es sich bei den meisten Spezies in der Fossilienüberlieferung, die stagnieren, um große, weitverbreitete Spezies handelt, wobei die Untersuchungsproben aus zentralen Populationen entnommen wurden. Die Behauptung, daß große, weitverbreitete, individuenreiche Spezies sich rasch weiterentwickeln, wurde – auf einer theoretischen Grundlage – schon 1957 von Haldane und in neuerer Zeit durch einige mathematische Populationsgenetiker (Newman et al. 1985; Lande 1985) in Frage gestellt.

Im Gegensatz dazu waren Mayr (1942; 1954) und seine Nachfolger von dem auffälligen Unterschied zwischen der Elternpopulation und vielen peripher isolierten Gründerpopulationen und -spezies beeindruckt. Dies wurde durch die Erkenntnisse von Carson und Kollegen hinsichtlich beginnender Spezies und Neospezies von *Drosophila* auf Hawaii ergänzt. Die relativ hohe Geschwindigkeit, mit der neue und oft drastisch verschiedene Spezies von *Drosophila* durch Gründerereignisse entstehen, legt die Annahme einer – verglichen mit den weitverbreiteten und relativ gleichförmigen Zwillingsspezieskomplexen von *Drosophila* mit kontinentalen Verteilungen (etwa *D. affinis, D. obscura*) – enorm beschleunigten Evolutionsrate nahe. Die Theorie, daß Evolution in kleinen Gründerpopulationen schneller fortschreitet, gründet sich – im Gegensatz zu den Theoretisierungen reduktionistischer Genetiker – auf solides, durch Beobachtung gewonnenes Beweismaterial. Nie haben wir eine Situation vorgefunden, in der die isolierten peripheren Allospezies ihren anzestralen Zustand im wesentlichen beibehalten haben, während die große Zentralpopulation sich anscheinend weitgehend verändert hat, wie man es aber laut Fisher-Wright erwarten müßte.

Es ist wichtig, zwischen dem anhand von Beobachtungen gewonnenen Beweismaterial und der genetischen Interpretation zu unterscheiden. Ich glaube, daß das durch Beobachtung gewonnene Beweismaterial, das für die Möglichkeit einer stark erhöhten Evolutionsrate in kleinen Populationen spricht, besser abgesichert ist als das Beweismaterial für eine stark erhöhte Rate in großen Populationen. Ob diese erhöhte Rate auf das Aufbrechen vorher existierender und die Herausbildung neuer Balancen oder einfach auf stochastische Prozesse (oder auf beides) zurückzuführen ist, ist nach wie vor offen. Allerdings haben Newman und Lande einfach dadurch, daß sie sich auf stochastische Prozesse berufen haben, gezeigt, daß ein Übergang von einem zu einem anderen adaptiven Gipfel in kleinen Populationen eine weit größere Chance hat, Erfolg zu haben. Im Gegensatz dazu können die Erfolgsaussichten in großen Populationen verschwindend gering sein. Daher, so Newman und Kollegen, sagt ihr Modell »Stase und Punktierung für eine kleine bis mittlere Population, aber nur Stase für eine große Population« voraus. Dies stimmt mit den Beobachtungen der Naturkundler überein. Das Aufbrechen epistatischer Balancen in Gründerpopulationen ist jetzt auch experimentell nachgewiesen worden (Goodnight 1987; Bryant et al. 1986).

Es gibt ein Argument, scheinbar auf Beobachtungsmaterial gegründet, das auf den ersten Blick die These zu widerlegen scheint, daß große, weitverbreitete Spezies auf einer gegebenen Zeitebene gleichförmig sind, eine Gleichförmigkeit, die sich als Stase fortsetzt. Dieses Argument (Stenseth Ms.) besagt, daß in allen weitverbreiteten Spezies geographische Variation vorherrscht, eine Vorstellung, die der postuliertene zeitweisen Gleichförmigkeit solcher Spezies widerspricht. Wäre diese Behauptung bewiesen, dann würde sie einen ernstzunehmenden Einwand gegen den Punktualismus darstellen. Ihre faktische Begründung ist jedoch ziemlich dürftig. Ausgehend von meiner eigenen Analyse der Vogelfauna im Gebiet von Neuguinea (Mayr und Diamond 1990, Ms.) kann ich drei Gegenargumente gegen diese These vorbringen.

(1) Die meisten weitverbreiteten Spezies sind auffällig gleichförmig. Dies gilt insbesondere für planktonfressende Meeresevertebraten mit planktonischer Larvenverbreitung.

(2) Die meisten Spezies mit geographischer Variation variieren nur klinal in ökotypischen Merkmalen, die hauptsächlich Größe, Proportionen und Färbung betreffen, weisen aber keine bedeutsamen evolutionären Neuanfänge auf. Dies gilt für praktisch alle Beispiele eines phyletischen Gradualismus, die Gingerich (1977) bei frühen tertiären Säugern entdeckt hat. Ebensowenig wird die These der evolutionären Gleichförmigkeit weitverbreiteter Spezies durch die Entdeckung der lokalisierten Selektion einiger weniger Gene, die die Mimikry der Gattung *Heliconius* regulieren (Turner 1984), widerlegt. Eine solche Selektion zum Zwecke lokaler Mimikry ist das exakte Gegenstück zur Substratschutzfärbung bei Nagetieren und anderen Tieren, die zum Zwecke der Tarnung selektiert wird. Spezies mit oligogenischer geographischer Variation der Tarnung können äußerst weitverbreitet sein, aber die an dieser Adaptation beteiligten Gene scheinen sich als Ausgangspunkt für eine Speziation nicht zu eignen. Interessanterweise sind derartige Gene selten zu Bereichen verbunden. Die etwa 14 variablen Merkmale von *Heliconius melpomene*, die die Mimikry koexistierender Spezies ermöglichen, sind über 9 Chromosomen verstreut, und im Falle von *Heliconius erato* verteilen sich die etwa 17 oder 18 variablen Merkmale auf 10 Chromosomen (Turner 1984). Eine solche Unabhängigkeit der Genloci

macht eine Verschiebung hin zu anderen Mustern sehr viel leichter, aber sie fördert nicht die Evolution eines neuen stabilen evolutionären Typs.

(3) Schließlich sind polytypische Spezies mit auffälliger Variation immer sekundär verschmolzene Mosaike früherer Gründerpopulationen. Ihre Variation läßt sich nicht als Argument gegen die evolutionäre Bedeutung von Gründerpopulationen anführen.

Die Struktur des Genotyps

Ein anderer, noch immer schwelender Streit betrifft die Struktur des Genotyps. Wie ich weiter oben erörtert habe, gehen mathematische Genetiker bei ihren Berechnungen von der Annahme aus, daß alle Gene mehr oder weniger unabhängig voneinander sind und daß die auf ein Crossing-over folgende Rekombination eine praktisch unbegrenzte Menge von Genotypen hervorbringen kann. Andere Evolutionstheoretiker, einschließlich Genetikern wie Mather, Dobzhansky, Lerner, Wallace und Carson, glauben, daß es im Genotyp zusammenhängende Bereiche gibt, die durch epistatische Balancen aufrechterhalten werden, und daß sich viele evolutionäre Phänomene am einfachsten mit Hilfe einer solchen Annahme erklären lassen. Reduktionisten sind der Meinung, daß sie alle Phänomene scheinbarer Kohäsion (Bereiche des Genotyps) mittels einzelner Gene erklären können. Ihre Gegner sind davon immer noch nicht überzeugt. Angesichts der raschen Fortschritte im Bereich der Molekulargenetik und der Entdeckung immer neuer Strukturen und Wechselwirkungen des Genotyps haben wir allen Grund zu glauben, daß dieser Streit bald beigelegt werden kann.

Der Beitrag des Punktualismus zur Evolutionstheorie

Selbst einige Gegner des Punktualismus räumen ein, daß er eine äußerst stimulierende Wirkung auf die Evolutionsbiologie ausgeübt hat (Rhodes 1984; Maynard Smith 1984a; Gould 1986). Er hat Licht in zahlreiche Zweideutigkeiten gebracht und dazu beigetragen, Unterschiede zwischen Alternativen zu klären, etwa zwischen phyletischer und allopatrischer Speziation, zwischen phänotypischen und taxischen Saltationen, zwischen verschiedenen Typen von Gruppenselektion, zwischen dem evolutionären Potential kleiner und großer Populationen, zwischen einem kompromißlos reduktionistischen und einem eher holistischen Konzept des Genotyps, zwischen verschiedenen Auffassungen von Speziesselektion und so fort. Um diese Zweideutigkeiten auszuräumen, war es nicht nur notwendig, Begriffe zu klären, sondern auch zu zeigen, daß wir eine breitere faktische Grundlage brauchen. Wie Gould hervorgehoben hat, bestand einer der wichtigsten Beiträge des Punktualismus darin, daß er fruchtbare empirische Forschungsunternehmungen angeregt hat, von denen einige zur Zeit noch im Gange sind.

Wohlgemerkt, die extremen Behauptungen einiger Punktualisten – etwa die universale Gültigkeit vollkommener Stase und die Unmöglichkeit eines evolutionären Wandels ohne Speziation – sind mit Sicherheit unhaltbar. Darüber hinaus konnte man zeigen, daß »Speziationsevolution« (vielleicht ein besserer Begriff als Punktualismus) durchaus mit dem Darwinismus im Einklang steht und daß schließlich scheinbare evolutionäre Saltationen, die die Fossilienüberlieferung nahelegt, erklärt werden können, ohne Systemmutationen oder andere Mechanismen zu bemühen, die der Molekulargenetik zuwiderlaufen. Angesichts der pluralistischen Einstellung der Punktualisten ist es für die Theorie der Speziesevolution ohne Bedeutung, wie relativ häufig evolutionäre Stase eintritt oder wie häufig eine gelegentliche drastische genetische Umstrukturierung im Verlauf peripatrischer Speziation stattfindet.

Vor allem aber hat der Punktualismus gezeigt, wie kurzsichtig es von den Paläontologen und Populationsgenetikern war, sich auf die eindimensionale, transformationelle, aufwärts gerichtete Bewegung von Evolution zu konzentrieren. Und dieser neuen Einsicht ist es zu verdanken, daß die Folgerung der Taxonomen (Poulton, Rensch, Mayr) allgemein anerkannt wurde, daß die verschwenderische Erzeugung von Vielfältigkeit die vielleicht wichtigste Komponente der Evolution darstellt.

Vorher war einfach nicht klar gewesen, wie gültig die Darwinsche Speziationsevolution ist. Man hatte allgemein anerkannt, daß reguläre Variationsevolution im Darwinschen Sinne auf der Ebene von Individuum und Population stattfindet. Vollständig ignoriert hatte man jedoch, daß eine ähnliche Variationsevolution auch auf der Ebene der Spezies abläuft. Transformationelle Evolution von Spezies (phyletischer Gradualismus) ist bei weitem nicht so wichtig für die Evolution wie die Hervorbringung einer großen Mannigfaltigkeit von Spezies und die Gewährleistung evolutionären Fortschritts durch unterschiedlichen Erfolg dieser Spezies. Mit anderen Worten, bei Speziationsevolution handelt es sich um Darwinsche Evolution auf einer höheren hierarchischen Ebene. Wie wichtig diese Einsicht ist, kann gar nicht genügend betont werden.

Anmerkungen

Dieser Essay wurde erstmals in *Journal of the Biology of Social Structure* 1 (1989) unter dem Titel »Speciational evolution or punctuated equilibria/ Speziationsevolution oder punktierte Gleichgewichte« veröffentlicht.

BIBLIOGRAPHIE*

Alatalo, R. V. und A. Lundberg. 1986. Heritability and selection on tarsus length in the pied flycatcher. In: *Evolution* 40, S. 574–583.

Alexander, R. D. 1979. *Darwinism and Human Affairs*. Seattle: University of Washington Press.

– 1987. *The Biology of Moral Systems*. Hawthorne, NY: Aldine de Gruyter.

Anderson, W. W. 1969. The selection coefficients of heterozygotes for lethal chromosomes in Drosophila on different genetic backgrounds. In: *Genetics* 62, S. 827–836.

Anon. 1981. How true is the theory of evolution? In: *Nature* 290, S. 75–76.

Arnheim, N. 1983. Concerted evolution of multigene families. In: Nei und Koehn, Hrsg., *Evolution of Genes and Proteins*, S. 38–61. Sunderland, Mass.: Sinauer.

Atchley, W. R. und D. Woodruff, Hrsg. 1981. *Evolution and Speciation*. Cambridge: Cambridge University Press.

Ax, P. 1984. *Das Phylogenetische System*, S. 22–30. Stuttgart: Gustav Fischer.

Ayala, F. J. 1968. Biology as an autonomous science. In: *Amer. Sci.* 56, S. 207–221.

– 1970. Teleological explanations in evolutionary biology. In: *Phil. Sci.* 37, S. 1–5.

– 1974. Preface. In: Ayala und Dobzhansky (1974), S. VII-XVII.

– 1977. Philosophical issues. In: Dobzhansky et al. *Evolution*, S. 497–504. San Francisco: Freeman.

– 1987. The biological roots of morality. In: *Biol. and Phil.* 2, S. 235–252.

– und W. W. Anderson. 1973. Evidence of natural selection in molecular evolution. In: *Nature* (New Biology) 241, S. 274–276.

– und Th. Dobzhansky, Hrsg. 1974. *Studies in the Philosophy of Biology: Reduction and Related Problems*. Berkeley: University of California Press.

Baer, K. E. von. 1828. *Entwicklungsgeschichte der Thiere*. Königsberg.

---

* Seitenverweise im Text beziehen sich auf die Originalausgaben.

– 1876. Über den Zweck in den Vorgängen der Natur. In: *Studien, etc.*, S. 49–105, 170–234. St. Petersburg.

Balme, D. M. 1980. Aristotle's biology was not essentialist. In: *Arch. Gesch. Phil.* 62, S. 1–12.

Barbour, C. und D. B. Chernoff. 1984. Comparative morphology and morphometrics of the pescados blancos (Genus *Chirostoma*) from Lake Chapala, Mexico. In: Echelle und Kornfield (1984, S. 111–128).

Barigozzi, C., Hrsg. 1982. *Mechanisms of Speciation*. New York: Alan R. Liss.

Barton, N. H. und G. M. Hewitt. 1981. Hybrid zones and speciation. In: Atchley und Woodruff 1981, S. 109–145.

Bates, D. R. 1978. On making radio contact with extraterrestrial civilizations. In: *Astrophysics and Space Science* 55, S. 7–13.

Bateson, P., Hrsg. 1983. *Mate Choice*. Cambridge: Cambridge University Press.

Bateson, W. 1894. *Materials for the Study of Variation*. London: Macmillan.

Beatty, J. 1981. What's wrong with the received view of evolutionary theory. In: *PSA 1980* 2, S. 397–426 (Philosophy of Science Association).

– 1982. Classes and cladists. In: *Syst. Zool.* 31, S. 25–34.

– 1984. Chance and natural selection. In: *Phil. Sci.* 51, S. 183–211.

– 1987. Natural selection and the null hypothesis. In: J. Dupre, Hrsg. *The Latest on the Best: Essays on Evolution and Optimality*. Cambridge, Mass.: MIT Press.

Beck, L. W. 1985. Extraterrestrial intelligent life. In: Regis (1985), S. 3–18.

Beckner, M. 1969. Function and teleology. In: *J. Hist. Biol.* 2, S. 151–164.

– 1974. Reduction, hierarchies, and organicism. In: Ayala und Dobzhansky (1974), S. 163–177.

Belyaev, D. K. 1979. Destabilizing selection as a factor in domestication. In: *J. Hered.* 70, S. 301–308.

Beniger, J. R. 1986. *The Control Revolution*. Cambridge, Mass.: Harvard University Press.

Bergson, H. 1907. *Evolution Creative*. Paris: Alcan. (Schöpferische Entwicklung. Jena: Diederichs, 1912.)

Bernard, C. 1885. *Leçons sur les phenomènes de la vie*. Bd. I.

Bernstein, H., H. C. Byerly, F. A. Hopf, R. A. Michod und G. K. Vermulapalli. 1983. The Darwinian dynamic. In: *Quart. Rev. Biol.* 58, S. 185–207.

Bertalanffy, L. v. 1949. *Das biologische Weltbild: Die Stellung des Lebens in Natur und Wissenschaft*. Bd. I. Bern: Francke.

Bickham, J. W. und R. J. Baker. 1980. Reassessment of the nature of chromosomal evolution in *Mus musculus*. In: *Syst. Zool.* 29, S. 159–162.

Billingham, J., Hrsg. 1981. *Life in the Universe*. Cambridge, Mass.: MIT Press.

Blair, F. Hrsg. 1967. *Vertebrate Speciation*. Austin: University of Texas Press.

Boag, P. T. und P. R. Grant. 1981. Intense natural selection in a population of Darwin's finches (Geospizinae) in the Galapagos. In: *Science* 214, S. 82–85.

Bock, W. J. 1959. Preadaptation and multiple evolutionary pathways. In: *Evolution* 13, S. 194–211.

– 1970. Microevolutionary sequences as a fundamental concept in macroevolutionary models. In: *Evolution* 24, S. 704–722.

– 1980. The definition and recognition of biological adaptation. In: *Amer. Zool.* 20, S. 217–227.

– und G. von Wahlert. 1965. Adaptation and the form-function complex. In: *Evolution* 19, S. 269–299.

Bocquet, C., J. Génermont und M. Lamotte, Hrsg. 1976–80. Les problemes de l'espece dans le regne animal. *Memoire Soc. Zool. France* 38 (1976); 39 (1977); 40 (1980).

Bonner, J. T. und R. M. May. 1981. Introduction to facsimile edition of Charles Darwin's (1871) *The Descent of Man*. Princeton: Princeton University Press.

Braithwaite, R. B. 1954. *Scientific Explanation*. Cambridge: Cambridge University Press. (Auch in: Canfield 1966, S. 22–47.)

Brandon, R. N. 1978. Adaptation and evolutionary theory. In: *Stud. Hist. Phil. Sci.* 9, S. 181–206.

– 1981. A structural description of evolutionary theory. In: *PSA 1980* 2, S. 427–439 (Philosophy of Science Association).

– 1982. The levels of selection. In: *PSA 1982* I, S. 315–324. East Lansing, Mich.: Philosophy of Science Association.

– 1985. Adaptation explanations. In: Depew, D. J. und B. H. Weber, Hrsg. *Evolution at a Crossroads*, S. 81–96. Cambridge, Mass.: MIT Press.

– und R. M. Burian, Hrsg., 1984. *Genes, Organisms, Populations*. Cambridge, Mass.: MIT Press.

Bretsky, S. S. 1976. Evolution and classification of the Lucinidae (Mollusca, Bivalvia). In: *Palaeont. Amer.* 50, S. 217–337.

Britten, R. J. und E. H. Davidson. 1969. Gene regulation for higher cells: a theory. In: *Science* 165, S. 349–357.

Brooks, J. L. 1950. Speciation in ancient lakes. In: *Quart. Rev. Biol.* 25, S. 30–176.

Bryant, E. H., S. A. McCommas et al. 1986. The effect of an experimental bottleneck upon quantitative genetic variation in the housefly. In: *Genetics* 114, S. 1191.

Buch, L. v. 1825. *Physicalische Beschreibung der Canarischen Inseln*, S. 132–133. Berlin: Kgl. Akad. d. Wiss.

Buffon, G. L. 1954. 1753. *Œuvres Philosophiques*, Hrsg. J. Piveteau. Paris: Presses Universitaires de France. (Sämtliche Werke. Köln, 1837–1840. 9 Bände.)

Bunge, M. 1959. *Causality*. Cambridge, Mass.: Harvard University Press. (Kausalität, Geschichte und Probleme. Tübingen: Mohr, 1987.)
– 1981. Biopopulations, not biospecies, are individuals and evolve. In: *Behav. and Brain Sci.* 4, S. 284.

Burma, B. 1949. The species concept: a semantic review. In: *Evolution* 3, S. 369–370.

Bush, G. L. 1975. Modes of animal speciation. In: *Ann. Rev. Ecol. Syst.* 6, S. 339–364.
– , S. M. Case, A. C. Wilson und J. F. Patton. 1977. Rapid speciation and chromosomal evolution in mammals. In: *Proc. Natl. Acad. Sci. USA* 74, S. 3942–3946.
– und D. J. Howard. 1986. Allopatric and nonallopatric speciation, assumptions and evidence. In: S. Karlin und E. Nevo, Hrsg. *Evolutionary Processes and Theory*, S. 411–438. New York: Academic Press.

Buzas, M. A. und S. J. Culver. 1984. Species duration and evolution: benthic Foraminifera on the Atlantic continental margin. In: *Science* 225, S. 829–830.

Cain, A. J. 1954. *Animal Species and Their Evolution*. London: Hutchinson's University Library (Die Tierarten und ihre Entwicklung. Jena: G. Fischer, 1959).

Camp, W. H. und C. L. Gilly. 1943. The structure and origin of species. In: *Brittonia* 4, S. 323–385.

Campbell, D. 1974. ›Downward causation‹ in hierarchically organized biological systems. In: Ayala und Dobzhansky (1974), S. 179–186.

Campbell, J. H. 1982. Autonomy in evolution. In: Milkman, R., Hrsg. *Perspectives on Evolution*, S. 190–201. Sunderland, Mass.: Sinauer.
– 1985. An organizational interpretation of evolution. In: Depew, D. J. und B. H. Weber 1985, S. 133–167.

Canfield, J. V. 1966. *Purpose in Nature*. New Jersey: Prentice-Hall.

Caplan, A. L. 1977. Tautology, circularity, and biological theory. In: *Amer. Nat.* 111, S. 390–393.

– 1980. Have species become déclassés? In: *PSA* 1, S. 71–82.

– und B. Jennings, Hrsg. 1984. *Darwin, Marx, and Freud: Their Influence on Moral Theory.* New York: Plenum.

Carson, H. L. 1970. Chromosome tracers of the origin of species. In: *Science* 168, S. 1414–1418.

– 1975. The genetics of speciation at the diploid level. In: *Amer. Nat.* 109. S. 83–92.

– 1979. Chromosomes and Species Formation. In: *Evolution* 32, S. 925–927.

– 1981. [Macroevolutionary Conference.] In: *Science* 211, S. 773.

– und K. Y. Kaneshiro. 1976. Drosophila of Hawaii: Systematics and Ecological Genetics. In: *Ann. Rev. Ecol. Syst.* 7, S. 311–345.

– und J. S. Yoon. 1982. Genetics and evolution of Hawaiian Drosophila. In: *The Genetics and Biology of Drosophila*, Bd. 3b, S. 298–344.

– und A. R. Templeton. 1984. Genetic revolutions in relation to speciation phenomena: the founding of new populations. In: *Ann. Rev. Ecol. Syst.* 15, S. 97–131.

Chaline, J. und B. Laurin. 1986. Phyletic gradualism in a European Plio-Pleistocene *Mimomyx* lineage (Arvicolidae, Rodentia). In: *Paleobiology* 12, S. 203–216.

Cheetham, A. H. 1986. Tempo of evolution in a Neogene bryozoan: rates of morphological change within and across species boundaries. In: *Paleobiology* 12, S. 190–202.

Chetverikov, S. S. 1926. On certain aspects of the evolutionary process from the standpoint of modern genetics. In: *J. Explt. Biol. (Russisch)* A2. (Engl. Übers.): 1961. In: *Proc. Amer. Phil. Soc.* 105, S. 167–195.

Cheverud, J. M., M. M. Dow und W. Leutenegger. 1985. The quantitative assessment of phylogenetic constraints in comparative analyses: sexual dimorphism in body weight among primates. In: *Evolution* 39, S. 1335–1351.

Clarke, B. C. 1979. The evolution of genetic diversity. In: *Proc. Roy. Soc. London* B205, S. 453–474.

Clegg, M. T. und R. W. Allard. 1972. Patterns for genetic differentiation in the slender wild oat species *Avena barbata*. In: *Proc. Nat. Acad. Sci.* 69, S. 1820–1824.

Clutton-Brock, T. H. und P. H. Harvey. 1979. Comparison and adaptation. In: *Proc. Roy. Soc. London* B205, S. 547–565.

Cole, B. J. 1985. Size and behavior in ants: Constraints on complexity. In: *Proc. Nat. Acad. Sci.* 82, S. 8548–8551.

431

Cracraft, J. 1984. The terminology of allopatric speciation. In: *Syst. Zool.* 33, S. 115–116.

Craig, W. 1918. Appetites and aversions as constituents of instincts. In: *Biol. Bull.* 34, S. 91–107.

Crick, F. 1966. *Of Molecules and Men.* Seattle: University of Washington Press (Von Molekülen und Menschen. München: Goldmann, 1970).

Cronquist, A. 1978. Once again, what is a species? In: *Biosystematics in Agriculture.* Beltsville Symposia in Agricultural Research, 2. New York: Wiley.

Crowe, M. 1986. *Life in the Universe.* Cambridge: Cambridge University Press.

Cuénot, L. 1901. L'évolution des théories transformistes. In: *Rev. gen. sci. pur. applic.* 12, S. 264–269.

– 1909. Le peuplement des places vides dans la nature et l'origine des adaptations. In: *Rev. gen. sci. pur. applic.* 20, S. 8–14.

Darwin, C. 1859. *On the Origin of Species by Means of Natural Selection or the Preservation of Favored Races in the Struggle for Life.* London: John Murray. (Über die Entstehung der Arten durch natürliche Zuchtwahl oder die Erhaltung der begünstigten Rassen im Kampf um's Dasein. Nachdruck der 9. Auflage von 1920: Darmstadt: Wissenschaftliche Buchgesellschaft, 1988.)

– 1868. *The Variation of Animals and Plants unter Domestication.* 2 Bde. London: John Murray.

– 1871. *The Descent of Man, and Selection in Relation to Sex.* 2 Bde. London: John Murray. (Die geschlechtliche Zuchtwahl. Leipzig 1909.)

Darwin, F. und A. C. Seward. 1903. *More Letters of Charles Darwin.* 2 Bde. London: John Murray.

Davenport, C. B. 1903. The animal ecology of the Cold Spring Harbor sandspit, with remarks on the theory of adaptation. In: *Univ. Chicago Decennial Pubs.* (1): 10, S. 155–176.

Davis, B. D. 1961. The teleonomic significance of biosynthetic control mechanisms. In: *Cold Spring Harbor Symposia* 26, S. 1–10.

Dawkins, R. 1982. *The Extended Phenotype.* San Francisco: Freeman.

de Ricqles, A., Hrsg. 1983. Formes panchroniques et ›fossiles vivants‹. In: *Bull. Soc. Zool. France* 108 (4), S. 529–673.

de Vries, H. 1901–1903. *Die Mutationstheorie. Versuche und Beobachtungen über die Entstehung der Arten im Pflanzenreich.* Bd. I, *Die Entstehung der Arten durch Mutation.* Bd. 2, *Elementare Bastardlehre.* Leipzig: Veit.

DeJong, R. 1982. The biological species concept and the aims of taxonomy. In: *J. Res. Lepidoptera* 21, S. 226–237.

Delbrück, M. 1949. A physicist looks at biology. In: *Trans. Conn. Acad. Arts. Sci.* 38, S. 173–190.

– 1971. Aristotle-totle-totle. In: Monod, J. und E. Borek, Hrsg. *Of Microbes and Life*. New York: Columbia University Press.

Depew, D. J. und B. H. Weber, Hrsg. 1985. *Evolution at a Crossroads: The New Biology and the New Philosophy of Science*. Cambridge, Mass.: MIT Press.

Desmond, A. 1982. *Archetypes and Ancestors*. London: Blond and Briggs.

Diamond, J. M. 1984. »Normal« extinctions of isolated populations. In: Nitecki 1984, S. 191–246.

Dick, S. 1982. *Plurality of Worlds: The Origins of the Extraterrestrial Life Debate from Democritus to Kant*. Cambridge: Cambridge University Press.

Diehl, S. R. und G. L. Bush. 1984. An evolutionary and applied perspective of insect biotypes. In: *Ann. Rev. Entomol.* 29, S. 471–504.

Dobzhansky, Th. 1935. A critique of the species concept in biology. In: *Philosophy of Science* 2, S. 344–355.

– 1937. *Genetics and the Origin of Species*. New York: Columbia University Press. (Die genetischen Grundlagen der Artbildung. Jena: G. Fischer, 1939.)

– 1950. Mendelian populations and their evolution. In: *Amer. Nat.* 84, S. 401–418.

– 1951. Mendelian populations and their evolution. In: Dunn, L. C., Hrsg. *Genetics in the 20th Century*, S. 573–589. New York: Macmillan.

– 1956. What is an adaptive trait? In: *Amer. Nat.* 90, S. 337–347.

– 1968. Adaptedness and fitness. In: Lewontin, R. C., Hrsg. *Population Biology and Evolution*. New York: Syracuse University Press.

– und E. Mayr. 1944. Experiments on sexual isolation in Drosophila. I. Geographic strains of *Drosophila willistoni*. In: *Proc. Nat. Acad. Sci.* 30 (9), S. 238–244.

Dohrn, A. 1875. *Der Ursprung der Wirbelthiere und das Princip des Functionswechsels*. Leipzig: Engelmann.

Dominey, W. J. 1984. Effects of sexual selection and life history on speciation: species flocks in African cichlids and Hawaiian *Drosophila*. In: Echelle und Kornfield (1984, S. 231–250).

Doolittle, W. F. 1986. Some broader evolutionary issues which emerge from contemporary molecular biological data. In: *PSA 1984* 2, S. 129–144.

Dover, G. 1982. Molecular drive: a cohesive mode of species evolution. In: *Nature* 299, S. 111–117.

Drake, E. T., Hrsg. 1972. *Evolution and Environment*. New Haven: Yale University Press.

Driesch, H. 1909. *Philosophie des Organischen*. Leipzig: Quelle u. Meyer.

Dubois, A. und R. Günther. 1982. Klepton and synklepton: two new evolutionary systematics categories. In: *Zool. Jahrb. Syst.* 109, S. 290–305.

Eberhard, W. G. 1985. *Sexual Selection and Animal Genitalia*. Cambridge, Mass.: Harvard University Press.

Ebling, F. J., Hrsg. 1969. *Biology and Ethics*. Symposia Institute of Biology, No. 18. New York: Academic.

Echelle, A. A. und I. Kornfield. 1984. *Evolution of Fish Species Flocks*. Orono, Maine: University of Maine at Orono Press.

Ehrlich, P. R. 1961. Has the biological species concept outlived its usefulness? In: *Syst. Zool.* 10, S. 167–176.

– 1980. Colorado checkerspot butterflies: isolation, neutrality, and the biospecies. In: *Amer. Nat.* 115, S. 328–341.

– und R. W. Holm. 1962. Patterns and populations. In: *Science*. 137, S. 652–657.

– und P. Raven, 1969. Differentiation of populations. *Science*. 165, S. 1228–1232.

– und A. Ehrlich. 1981. *Extinction: The Causes and Consequences of the Disappearance of Species*. New York: Random House.

– und D. D. Murphy. 1982. Butterflies and superspecies. In: *J. Res. Lepidoptera* 21, S. 219–225.

Eldredge, N. 1971. The allopatric model and phylogeny in Paleozoic invertebrates. In: *Evolution* 25, S. 156–167.

– 1979. Alternative approaches to evolutionary theory. In: *Bull. Carnegie Mus. Nat. Hist.* 13, S. 7–19.

– 1985. *Unfinished Synthesis: Biological Hierarchies and Modern Evolutionary Thought*. New York: Oxford University Press.

– und S. J. Gould. 1972. Punctuated equilibria: an alternative to phyletic gradualism. In: Schopf, T. J. M., Hrsg. *Models in Paleobiology*, S. 305–332. San Francisco: Freeman, Cooper.

– und S. N. Salthe. 1984. Hierarchy and evolution. *Oxford Surveys in Evol. Biol.* 1, S. 184–208.

– und S. M. Stanley, Hrsg. 1984. *Living Fossils*. New York: Springer.

Emerson, A. E. 1945. Taxonomic categories and population genetics. In: *Ent. News.* 56, S. 14–19.

Endler, J. A. 1982. Pleistocene forest refuges: fact or fancy? In: Prance, G. T., Hrsg. *Biological Diversification in the Tropics*, S. 641–657. New York: Columbia University Press.

- 1986. *Natural Selection in the Wild*. Princeton: Princeton University Press.

Ferguson, A. 1976. Can evolutionary theory predict? In: *Amer. Nat.* 110, S. 1101–1104.

Fink, W. L. 1981. Individuality and comparative biology. In: *Behav. and Brain Sci.* 4, S. 288.

Fisher, R. A. 1930. *The Genetical Theory of Natural Selection*. Oxford: Clarendon Press.

Ford, E. B. 1964. *Ecological Genetics*. London: Methuen.

Franklin, J. und R. C. Lewontin. 1970. Is the gene the unit of selection? In: *Genetics* 65, S. 707–734.

Fryer, G. und T. D. Iles. 1972. *The Cichlid Fishes of the Great Lakes of Africa: Their Biology and Evolution*. Edinburgh: Oliver and Boyd.

Futuyma, D. J. 1979. *Evolutionary Biology*. Sunderland, Mass.: Sinauer.

- und G. C. Mayer. 1980. Non-allopatric speciation in animals. In: *Syst. Zool.* 29, S. 254–271.

Garcia, J. D. 1971. *The Moral Society*. New York: Julian Press.

Geoffroy St. Hilaire, E. 1818. *Philosophie anatomique*. Paris.

Ghiselin, M T. 1966. On psychologism in the logic of taxonomic controversies. In: *Syst. Zool.* 15, S. 207–215.

- 1974a. A radical solution to the species problem. In: *Syst. Zool.* 23, S. 536–544.

- 1974b. *The Economy of Nature and the Evolution of Sex*. Berkeley: University of California Press.

- 1980. Natural kinds and literary accomplishments. In: *Mich. Quart. Rev.* 19, S. 73–88.

- 1981. Categories, life and thinking. In: *Behav. and Brain Sci.* 4, S. 269–283.

- 1984. »Definition«, »character«, and other equivocal terms. In: *Syst. Zool.* 33, S. 104–110.

- 1987. Species concept, individuality, and objectivity. In: *Biol. and Phil.* 2, S. 127–143.

Giddings, Luther Val, K. Y. Kaneshiro, Wyatt A. Anderson, Hrsg. 1989. *Genetics, Speciation, and the Founder Principle*. New York: Oxford University Press.

Gilinsky, N. L. 1986. Species selection as a causal process. In: *Evol. Biol.* 20, S. 249–281.

Gillespie, J. H. 1986. Rates of molecular evolution. In: *Ann. Rev. Ecol. Syst.* 17, S. 637–655.

Gillespie, N. C. 1979. *Charles Darwin and the Problem of Creation*. Chicago: University of Chicago Press.

Gilmour, J. S. L. 1940. Taxonomy and philosophy. In: Huxley, J., Hrsg. *The New Systematics*, S. 461–474. London: Clarendon Press.

Gingerich, P. D. 1976. Paleontology and phylogeny: patterns of evolution at the species level in early Tertiary mammals. In: *Amer. J. Sci.* 276, S. 1-28.

– 1977. Patterns of evolution in the mammalian fossil record. In: Hallam, A., Hrsg. *Patterns of Evolution*, S. 469–500. Amsterdam: Elsevier.

Glass, B. 1965. *Science and Ethical Values*. Chapel Hill: University of North Carolina Press.

Goldschmidt, R. B. 1940. *The Material Basis of Evolution*. New Haven: Yale University Press.

– 1952. Evolution, as viewed by one geneticist. In: *Amer. Sci.* 40, S. 84–98.

Goodman, M., M. L. Weiss und J. Czelusniak. 1982. Molecular evolution above the species level. In: *Syst. Zool.* 31, S. 376–399.

Goodnight, C. J. 1987. On the effect of founder events on epistatic genetic variance. In: *Evolution* 41, S. 80–91.

Gotthelf, A. 1976. Aristotle's conception of final causality. In: *Rev. Metaphysics* 30, S. 226–254.

Gould, S. J. 1977. The return of hopeful monsters. In: *Natur. Hist.* 86, S. 22–30.

– 1980. Is a new and general theory of evolution emerging? In: *Paleobiology* 6, S. 119–130.

– 1982a. The meaning of punctuated equilibrium and its role in validating a hierarchical approach to macroevolution. In: Milkman, R., Hrsg. *Perspectives in Evolution*, S. 83–104. Sunderland, Mass.: Sinauer.

– 1982b. Darwinism and the expansion of evolutionary theory. In: *Science* 216, S. 380–387.

– 1983. [Answer to Schopf and Hoffman]. In: *Science* 219, S. 439–440.

– 1986. Punctuated equilibrium: empirical response. In: *Science* 232, S. 439.

– und N. Eldredge. 1977. Punctuated equilibria: the tempo and mode of evolution reconsidered. In: *Paleobiology* 3, S. 115–151.

– und R. C. Lewontin. 1979. The spandrels of San Marco and the Panglossian paradigm. In: *Proc. Roy. Soc. London* B 205, S. 581–598.

– und C. B. Calloway. 1980. Clams versus brachiopods. In: *Paleobiology* 6, S. 394.

– und N. Eldredge. 1986. Punctuated equilibrium at the third stage. In: *Syst. Zool.* 35, S. 143–148.

Grant, P. R. 1986. *Ecology and Evolution of Darwin's Finches.* Princeton: Princeton University Press.

Grant, V. 1957. The plant species in theory and practice. In: Mayr, E., Hrsg. *The Species Problem.* Washington, D. C.: AAAS, publication 50.

– 1982. Punctuated equilibria: a critique. In: *Biol. Zbl.* 101, S. 175–184.

– 1983. The synthetic theory strikes back. In: *Biol. Zbl.* 102, S. 149–158.

– 1985. *The Evolutionary Process: A Critical Review of Evolutionary Theory.* New York: Columbia University Press.

Greene, J. C. 1981. From Huxley to Huxley: transformations of the Darwinian credo. In: *Science, Ideology, and World View*, S. 158–193. Berkeley: University of California Press.

Greenwood, P. H. 1951. Evolution of the African cichlid fishes: the haplochromine species flock in Lake Victoria. In: *Nature* 167, S. 19–20.

– 1965. The cichlid fishes of Lake Nabugabo, Uganda. In: *Bull. Brit. Mus. Nat. Hist. (Zool.)* 12, S. 315–357.

– 1974. The cichlid fishes of Lake Victoria, East Africa: the biology and evolution of a species flock. In: *Bull. Brit. Mus. Nat. Hist. (Zool.)* Suppl. 6, S. 1–134.

– 1979. Macroevolution – myth or reality. In: *Biol. J. Linn. Soc.* 12, S. 293–304.

– 1984*a*. African cichlids and revolutionary theories. In: Echelle und Kornfield (1984, S. 141–154).

– 1984*b*. What is a species flock? In: Echelle und Kornfield (1984, S. 13–20).

Gregg, J. R. 1950. Taxonomy, language, and reality. In: *Amer. Nat.* 84, S. 421–433.

– 1954. *The Language of Taxonomy.* New York: Columbia University Press.

Grene, M. 1983. *Dimensions of Darwinism.* Cambridge: Cambridge University Press.

Grünbaum, A. 1963. *Induction: Some Current Issues.* Middletown, Connecticut: Wesleyan University Press.

Gruber, H. E. 1974. *Darwin on Man.* New York: Dutton.

Gulick, J. T. 1873. On diversity of evolution under one set of external conditions. In: *Linn. Soc. J. Zool.* 11, S. 496–505.

Haeckel, E. 1866. *Generelle Morphologie,* Bd. 2, S. 30. Berlin: Georg Reimer.

Haffer, J. 1969. Speciation in Amazonian forestbirds. In: *Science* 165, S. 131–137.

– 1974. *Avian Speciation in Tropical South America.* Cambridge, Mass.: Nuttall Ornithological Club Publ. No. 14.

– 1986. Superspecies and species limits in vertebrates. In: *Z. f. zool. Systematik u. Evolutionsforschung* 24, S. 169–190.

Hagedoorn, A. L. und A. C. Hagedoorn. 1921. *The Relative Value of the Processes Causing Evolution.* Den Haag: Martinus Nijhoff.

Haldane, J. B. S. 1957. The cost of natural selection. In: *J. Genet.* 55, S. 511–524.

Hammen, L. v. d. 1981. Typeconcept, higher classification, and evolution. In: *Acta biotheoretica* 30, S. 3–48.

Hart, M. H. und B. Zuckerman, Hrsg. 1980. *Extraterrestrials: Where are they?* New York: Pergamon.

Hastings, J. W. 1983. Biological diversity, chemical mechanisms, and the evolutionary origin of bioluminescent systems. In: *J. Molec. Evol.* 19, S. 309–321.

Hedrick, P. W. und J. F. McDonald. 1980. Regulatory gene adaptation: an evolutionary model. In: *Heredity* 45 (1), S. 83–97.

Hennig, W. 1950. *Grundzüge einer Theorie der phylogenetischen Systematik.* Berlin: Deutscher Zentralverlag.

Hilu, K. W. 1983. The role of single-gene mutations in the evolution of flowering plants. In: *Evol. Biol.* 16, S. 97–128.

Hinde, R. A., Hrsg. 1972. *Non-Verbal Communication.* Cambridge: Cambridge University Press.

– und J. G. Stevenson. 1970. Goals and response controls. In: Aronson, L. R. et al., Hrsg. *Development and Evolution of Behavior.* San Francisco: Freeman.

Ho, M.-W. und P. T. Saunders. 1984. *Beyond Neo-Darwinism: An Introduction to the New Evolutionary Paradigm.* London: Academic.

Hodge, J. 1983. The development of Darwin's general biological theorizing. In: Bendall, D. S., Hrsg. *Evolution from Molecules to Men,* S. 43–62. Cambridge: Cambridge University Press.

Hoffman, A. 1982. Punctuated versus gradual mode of evolution: a reconsideration. In: *Evol. Biol.* 15, S. 411–436.

– und M. K. Hecht. 1986. Species selection as a causal process: a reply. In: *Evol. Biol.* 20, S. 275–281.

Holsinger, K. E. 1984. The nature of biological species. In: *Phil. Sci.* 51, S. 293–307.

Holton, G. 1973. *Thematic Origins of Scientific Thought: Kepler to Einstein.* Cambridge, Mass.: Harvard University Press (Thematische Analyse der Wissenschaft. Frankfurt/M: Suhrkamp, 1981.)

Hull, D. L. 1967. Metaphysics of evolution. In: *Brit. J. Hist. Sci.* 3, S. 309–337.

- 1968. The operational imperative – sense and nonsense in operationism. In: *Syst. Zool.* 17, S: 438–457.
- 1971. Contemporary systematic philosophies. In: *Ann. Rev. Ecol. Syst.* 1, S. 19–54.
- 1974. *Philosophy of Biological Science.* Englewood Cliffs, N. J.: Prentice-Hall.
- 1976. Are species really individuals? In: *Syst. Zool.* 25, S. 174–191.
- 1978. A matter of individuality. In: *Phil. Sci.* 45, S. 335–360.
- 1980. Individuality and selection. In: *Ann. Rev. Ecol. and Syst.* 11, S. 311–332.
- 1981. Metaphysics and common usage. In: *Behav. and Brain Sci.* 4, S. 290–291.
- 1984. Can Kripke alone save essentialism? A reply to Kitts. In: *Syst. Zool.* 33, S. 110–112.

Humphries, J. M. 1984. Genetics of speciation in pupfish from Laguna Chichancanab, Mexico. In: Echelle und Kornfield (1984, S. 129–140).

Hunt, W. G. und R. K. Selander. 1973. Biochemical genetics of hybridization in European house mice. In: *Heredity* 31, S. 11–33.

Huxley, A. 1982. Anniversary Address. In: *Proc. Roy. Soc. London* A 379, S. IX–XVII.

Huxley, J. 1942. *Evolution: The Modern Synthesis.* London: Allen and Unwin.
- 1947. *Evolution and Ethics 1893–1943.* London: Pilot Press.
- 1960. The openbill's open bill: a teleonomic enquiry. In: *Zool. Jahrb. Abt. Anat. u. Ontog. Tiere.* 88, S. 9–30.

Huxley, T. H. 1893. *Evolution and Ethics.* Romanes Lecture. London: Oxford University Press. Nachdruck: New York: Appleton, 1898.

Iltis, H. H. 1983. From teosinte to maize: the catastrophic sexual transmutation. In: *Science* 222, S. 886–894.

Jablonski, D. 1986. Larval ecology and macroevolution in marine invertebrates. In: *Bull. Marine Sci.* 39, S. 565–587.
- und R. A. Lutz. 1983. Larval ecology of marine benthic invertebrates: Paleobiological implications. In: *Biol. Rev.* 58, S. 21–89.

Jackson, J. F. und J. A. Pounds. 1981 a. Comments on assessing the dedifferentiating effect of gene flow. In: *Syst. Zool.* 28, S. 78–85.
- und –. 1981 b. Riverine barriers to gene flow and the differentiation of fence lizard populations. In: *Evolution* 35, S. 516–528.

Jacob, F. 1977. Evolution and tinkering. In: *Science* 196, S. 1161–1166.

Jevons, W. S. 1877. *Principles of Science.* London: Macmillan.

John, B. 1981. Chromosome change and evolutionary change: a critique. In: Atchley and Woodruff 1981, S. 23–51.

Jordan, K. 1905. Der Gegensatz zwischen geographischer und nichtgeographischer Variation. In: *Z. wiss. Zool.* 83, S. 151–210.

Kant, I. 1790. *Kritik der Urteilskraft.* Zweiter Teil.

Karlin, S. und E. Nevo, Hrsg. 1986. *Evolutionary Processes and Theory.* New York: Academic.

Kay, L. E. 1985. Conceptual models and analytical tools: the biology of the physicist Max Delbrück: In: *J. Hist. Biol.* 18, S. 207–246.

Kellogg, D. 1975. The role of phyletic change in the evolution of *Eudocubus vema* (Radiolaria). In: *Paleobiology* I, S. 359–370.

– 1983. Phenology of morphologic change in radiolarian lineages from deep-sea cores: implications for macroevolution. In: *Paleobiology* 9, S. 355–362.

Key, K. 1968. The concept of stasipatric speciation. In: *Syst. Zool.* 17, S. 14–22.

– 1981. Species, parapatry and the morabine grasshoppers. In: *Syst. Zool.* 30, S. 425–458.

Kimura, M. 1983. *The Neutral Theory of Molecular Evolution.* Cambridge: Cambridge University Press. (Die Neutralitätstheorie der molekularen Evolution. Berlin: Parey, 1987.)

Kinsey, A. C. 1937. An evolutionary analysis of insular and continental species. In: *Proc. Nat. Acad. Sci.* 23, S. 5–11.

Kitcher, P. 1984*a*. Species. In: *Phil. Sci.* 51, S. 308–333.

– 1984*b*. Against the monism of the moment: a reply to Elliott Sober. In: *Phil. Sci.* 51, S. 616–630.

– 1984*c*. 1953 and all that: a tale of two sciences. In: *Phil. Rev.* 93, S. 335–374.

Kitts, D. B. 1983. Can baptism alone save a species? In: *Syst. Zool.* 32, S. 27–33.

– 1984. The names of species: a reply to Hull. In: *Syst. Zool.* 33, S. 112–115.

– und D. J. Kitts. 1979. Biological species as natural kinds. In: *Phil. Sci.* 46, S. 613–622.

Kleinenberg, N. 1886. Über die Entwicklung durch Substitution von Organen. In: *Zeitschr. wiss. Zoologie,* S. 212–224. Leipzig: Engelmann.

Koch, L. F. 1957. Vitalistic-mechanistic controversy. In: *Sci. Monthly* 85 (5), S. 245–255.

Kondrashov, A. S. und M. V. Mina. 1986. Sympatric speciation: when is it possible? In: *Biol. J. Linn. Soc.* London 27, S. 201–223.

Kornfield, I. und K. Carpenter. 1984. Cyprinids of Lake Lanao, Philippines: Taxonomic validity, evolutionary rates and speciation scenarios. In: Echelle und Kornfield (1984, S. 203–216).

Krimbas, C. B. 1984. On adaptation, neo-Darwinian tautology and population fitness. In: *Evol. Biol.* 17, S. 1–57.

Küppers, B. O. 1983. *Molecular Theory of Evolution.* New York: Springer.

Lack, D. 1947. *Darwin's Finches.* Cambridge: Cambridge University Press.

– 1966. *Population Studies of Birds.* Oxford: Clarendon Press.

– 1968. *Ecological Adaptations for Breeding in Birds.* London: Methuen.

Lagerspetz, K. 1959. Teleological explanations and terms in biology. In: *Ann. Zool. Soc. Vanamo* 19, S. 1–73.

Lande, R. 1979. Effective deme sizes during long term evolution estimated from rates of chromosomal rearrangements. In: *Evolution* 33, S. 234–251.

– 1985. Expected time for random genetic drift of a population between stable phenotype states. In: *Proc. Nat. Acad. Sci.* 82, S. 7641.

– 1986. The dynamics of peak shifts and the pattern of morphological evolution. In: *Paleobiology* 12, S: 343–354.

Laporte, L. F. 1983. Simpson's *Tempo and Mode in Evolution* revisited. In: *Proc. Amer. Phil. Soc.* 127, S. 365–417.

Lehman, H. 1965. Functional explanation in biology. In: *Phil. Sci.* 32, S. 1-20.

Leisler, B. 1975. Die Bedeutung der Fußmorphologie für die ökologische Sonderung mitteleuropäischer Rohrsänger *(Acrocephalus)* and Schwirle *(Locustella).* In: *J. Orn.* 116, S. 117–153.

– 1977. Ökomorphologische Aspekte von Speziation und adaptiver Radiation bei Vögeln. In: *Vogelwarte* 29 (Sonderheft), S. 136–153.

Lerner, I. M. 1954. *Genetic Homeostasis.* Edinburgh: Oliver and Boyd.

Levin, B. R. und W. L. Kilmer. 1974. Interdemic selection and the evolution of altruism: a computer simulation study. In: *Evolution* 28, S. 527–545.

Levinton, J. S. 1983. Stasis in progress: the empirical basis of macroevolution. In: *Ann. Rev. Ecol. Syst.* 14, S. 103–137.

Lewis, D. S. C. 1982. A revision of the genus *Labidochromis* from Lake Malawi. In: *Zool. J. Linn. Soc.* 71, S. 253–264.

Lewis, H. 1962. Catastrophic selection as a factor in speciation. In: *Evolution* 16, S. 257–271.

Lewontin, R. C. 1972. Testing the theory of natural selection. In: *Nature* 236, S. 181–182.

– 1978. Adaption. In: *Sci. Amer.* 239, S. 156–169.

- 1979. Sociobiology as an adaptationist program. In: *Behav. Sci.* 24, S. 5–14.
- 1983*a*. [Optimization and perfectionist natural selection.] In: *N. Y. Rev. Bks.*, 16. Juni 1983, S. 21–27.
- 1983*b*. The organism as the subject and object of evolution. In: *Scientia* 118, S. 63–82.
- 1984. Adaptation. In: Sober, E., Hrsg., *Conceptual Issues in Evolutionary Biology*, S. 235–251. Cambridge, Mass.: MIT Press.

Liem, J. F. und L. Kaufman. 1984. Intraspecific macroevolution: functional biology of the polymorphic cichlid species *Cichlasoma minckleyi*. In: Echelle und Kornfield (1984, S. 203–216).

Löw, R. 1980. *Philosophie des Lebendigen. Der Begriff des Organischen bei Kant*. Frankfurt: Suhrkamp.

Loeb, J. 1916. *The Organism as a Whole*. New York: Putnam.

Lovejoy, A. O. 1936. *The Great Chain of Being*. Cambridge, Mass.: Harvard University Press. (Die große Kette der Wesen. Frankfurt/M.: Suhrkamp, 1985.)

Mackie, J. L. 1977. *Ethics: Inventing Right and Wrong*. New York: Penguin. (Ethik. Stuttgart: Reclam, 1981.)

MacLeod, R. B. 1957. Teleology and theory of human behavior. In: *Science* 125, S. 477–480.

Mainx, F. 1955. *Foundations of Biology*. In: *Int. Encycl. Unified Sci.* I (9), S. 1–86.

Malmgren, B. A., W. A. Berggren und G. P. Lohmann. 1984. Species formation through punctuated gradualism in planctonic Foraminifera. In: *Science* 225, S. 317–319.

Maltove, E. F., et al. 1978. *A Bibliography on the Search for Extraterrestrial Intelligence*. NASA Reference Publication 1021.

Marsh, A. C., A. J. Ribbink und B. A. Marsh. 1981. Sibling species complexes in sympatric populations of *Petrotilapia* Trewavas (Cichlidae, Lake Malawi). In: *Zool. J. Linn. Soc.* 71, S. 253–264.

Maynard Smith, J. 1964. Group selection and kin selection. In: *Nature* 201, S. 1145–1147.
- 1966. Sympatric speciation. In: *Amer. Nat.* 100, S. 637–650.
- 1972. *On Evolution*. Edinburgh: Edinburgh University Press.
- 1983. Current controversies in evolutionary biology. In: Grene, M., Hrsg., *Dimensions of Darwinism* (1983, S. 273–286).
- 1984*a*. Palaeontology at the high table. In: *Nature* 309, S. 401–402.
- 1984*b*. The genetics of stasis and punctuation. In: *Ann. Rev. Genet.* 17, S. 11–25.

Mayo, O. 1983. *Natural Selection and Its Constraints*. New York: Academic.

Mayr, E. 1942. *Systematics and the Origin of Species*. New York: Columbia University Press.

– 1945. Symposium on age of the distribution pattern of gene arrangements in *Drosophila pseudoobscura*. In: *Lloydia* 8, S. 69–83.

– 1946 a. Experiments on sexual isolation in Drosophila. VI. Isolation between *Drosophila pseudoobscura* and *Drosophila persimilis*. In: *Proc. Nat. Acad. Sci.* 32 (5), S. 128–137.

– 1946 b. Experiments on sexual isolation in Drosophila. VII. The nature of the isolating mechanisms between *Drosophila pseudoobscura* and *Drosophila persimilis*. In: *Proc. Nat. Acad. Sci.* 32 (5), S. 128–137.

– 1947. Ecological factors in speciation. In: *Evolution* 1, S. 263–288.

– 1949. Speciation and systematics. In: Jepsen, G. L., E. Mayr und G. G. Simpson. *Genetics, Paleontology, and Evolution*. Princeton, N. J.: Princeton University Press, S. 281–298.

– 1950. The role of the antennae in the mating behavior of female *Drosophila*. In: *Evolution* IV (2), S. 149–154.

– 1954. Change of genetic environment and evolution. In: Huxley, J., A. Hardy und E. B. Ford. Hrsg. *Evolution as a Process*, S. 157–180. London: Allen and Unwin.

– 1957 a. Species concepts and definition. In: *The Species Problem*. Washington, D. C.: Amer. Assoc. Adv. Sci., Publ. No. 50.

– 1957 b. Difficulties and importance of the biological species concept. In: *The Species Problem*, S. 371–388. Washington, D. C.: Amer. Assoc. Adv. Sci., Publ. No. 50.

– 1958. Behavior and systematics. In: Roe, A. and G. G. Simpson, Hrsg. *Behavior and Evolution*, S. 341–362. New Haven: Yale University Press.

– 1959 a. Where are we? In: *Cold Spring Harbor Symp. Quant. Biol.* 24, S. 409–440.

– 1960. The emergence of evolutionary novelties. In: Tax, S., Hrsg. *The Evolution of Life*. Chicago: University of Chicago Press.

– 1962. Accident or design, the paradox of evolution. In: *The Evolution of Living Organisms: A Symposium of the Royal Society of Victoria Held in Melbourne, December 1959*. Melbourne: Melbourne University Press.

– 1963 a. *Animal Species and Evolution*. Cambridge, Mass.: Harvard University Press. (Artbegriff und Evolution. Hamburg: Parey, 1967.)

– 1963 b. The role of ornithological research in biology. In: *Proc. XIII Intern. Orn. Congr. Ithaca*, 1962, S. 27–38.

– 1964. The evolution of living systems. In: *Proc. Nat. Acad. of Sci.* 51, S. 934–941.
– 1965*a*. Selektion und die gerichtete Evolution. In: *Naturwissenschaften* 52, S. 173–180.
– 1965*b*. Avifauna: turnover on islands. In: *Science* 150, S. 1587–1588.
– 1967*a*. Evolutionary challenges to the mathematical interpretation of evolution. In: Moorhead, P. S. und M. M. Kaplan, Hrsg. *Mathematical Challenges to the Neo-Darwinian Interpretation of Evolution*. Wistar Institute Symposium, Monograph 5. Philadelphia: Wistar Institute Press. (Nachdruck in: Mayr 1976a, S. 53–63.)
– 1967*b*. In: Blair, F., Hrsg. 1967. *Vertebrate Speciation*. Austin: University of Texas Press.
– 1969*a*. *Principles of Systematic Zoology*. New York: McGraw-Hill. (Grundlagen der zoologischen Systematik. Hamburg: Parey, 1975.)
– 1969*b*. Discussion: footnotes on the philosophy of biology. In: *Phil. Soc.* 36 (2), S. 197–202.
– 1969*c*. The biological meaning of species. In: *Biol. J. Linn. Soc.* 1, S. 311–320.
– 1970. *Populations, Species, and Evolution*. Cambridge, Mass.: Harvard University Press.
– 1972. Lamarck revisited. In: *J. Hist. Biol.* 5, S. 55–94 (siehe auch Mayr 1976, S. 222–250).
– 1973. [Comments in a panel on population and behavior.] In: *Ethical Issues in Biology and Medicine: A Symposium on the Identity and Dignity of Man*, S. 115–118. Cambridge, Mass.: Schenkman.
– 1974. Behavior programs and evolutionary strategies. In: *Amer. Sci.* 62, S. 650–659. (Nachdruck: in: Mayr 1976a, S. 694–711.)
– 1976*a*. *Evolution and the Diversity of Life*. Cambridge, Mass.: Harvard University Press. (Evolution und die Vielfalt des Lebens. Berlin: Springer, 1979.)
– 1976*b*. Is the species a class or an individual? In: *Syst. Zool.* 25, S. 192.
– 1977. The study of evolution historically viewed. In: Goulden, C. E., Hrsg. *The Changing Scenes in Natural Sciences 1776–1976*, S. 39–58. Philadelphia: Acad. Nat. Sci., Special Publ. 12.
– 1982. *The Growth of Biological Thought*. Cambridge, Mass.: Harvard University Press. (Die Entwicklung der biologischen Gedankenwelt. Berlin: Springer, 1984.)
– 1983. Comments on David Hull's paper on exemplars and type-specimens. In: *PSA 1982* 2, S. 504–511.
– 1984*a*. Evolution of fish flock species: A commentary. In: Echelle,

A. A. und I. Kornfeld, Hrsg. *Evolution of Fish Species Flocks*. Orono, Me.: University of Maine at Orono Press, S. 3–11.

– 1984*b*. The triumph of the evolutionary synthesis. In: *Times Literary Supplement* 257 (4), S. 1261–1262.

– 1985. How biology differs from the physical sciences. In: Depew, D. J. und B. H. Weber, Hrsg. *Evolution at a Crossroads: The New Biology and the New Philosophy of Science*, S. 43–63. Cambridge, Mass.: MIT Press.

– 1986. The species as category, taxon and population. *Histoire du Concept d'espèce dans les sciences de la vie*. Colloque international (Mai 1985) veranstaltet von der Fondation Singer-Polignac. Paris: Fondation Singer-Polignac, S. 303–320.

– 1988. *Toward a New Philosophy of Biology*. Cambridge, Mass.: Harvard University Press.

– und J. Diamond. 1990. *Birds of Northern Melanesia*. (Ms.)

– und Th. Dobzhansky. 1945. Experiments on sexual isolation in Drosophila. IV. Modification of the degree of isolation between *Drosophila pseudoobscura* and *Drosophila persimilis* and of sexual preferences in *Drosophila prosaltans*. In: *Proc. Nat. Acad. Sci.* 31 (2), S. 75–82.

– und R. J. O'Hara. 1986. The biogeographic evidence supporting the Pleistocene forest refuge hypothesis. In: *Evolution* 40, S. 55–67.

– und L. Short. 1970. *Species Taxa of North American Birds: A Contribution to Comparative Systematics*. Cambridge, Mass.: Nuttall Orn. Club Publ. No. 9.

– und C. Wood. (unveröffentlicht) Species delimitation in the plants of Concord township.

McFarland, J. D. 1970. *Kant's Concept of Teleology*. Edinburgh: University of Edinburgh Press.

McKaye, K. R. und W. N. Gray. 1984. Extrinsic barriers to gene flow in rockdwelling cichlids of Lake Malawi: macrohabitat heterogeneity and reef colonization. In: Echelle und Kornfield (1984, S. 169–184).

McKaye, K. R., T. Kocher, P. Reimtal und I. Kornfield. 1982. A sympatric sibling species complex of *Petrotilapia* Trewavas from Lake Malawi analyzed by enzyme electrophoresis (Pisces, Cichlidae). In: *Zool. J. Linn. Soc.* 76, S. 91–96.

Meglitsch, P. A. 1954. On the nature of the species. In: *Syst. Zool.* 3, S. 49–65.

Meise, W. 1928*a*. Rassenkreuzungen an den Arealgrenzen. In: *Verh. Deutsch. Zool. Ges.*, S. 96–105.

– 1928*b*. Die Verbreitung der Aaskrähe (Formenkreis Corvus corone L.). In: *J. Orn.* 76, S. 1–203.

Menzel, D. H. 1965. Life in the universe. In: *Grad. J.* 7, S. 195–219.

Michod, R. E. 1986. On fitness and adaptedness and their role in evolutionary explanation. In: *J. Hist. Biol.* 19, S. 289–302.

Miller, A. H. 1949. Some ecologic and morphologic considerations in the evolution of higher taxonomic categories. In: Mayr, E. und E. Schüz, Hrsg. *Ornithologie biol. Wiss.*, S. 84–88. Heidelberg: Carl Winter.

Mills, S. und J. Beatty. 1979. The propensity interpretation of fitness. In: *Phil. Sci.* 46, S. 263–288.

Monod, J. 1971. *Chance and Necessity.* New York: Knopf. (Zufall und Notwendigkeit. München: Piper, 1970.)

Moore, J. R. 1979. *The Post-Darwinian Controversies: A Study of the Protestant Struggle to Come to Terms with Darwin in Great Britain and America, 1870–1900.* Cambridge: Cambridge University Press.

Morgan, T. H. 1932. *The Scientific Basis of Evolution.* New York: Norton.

Muller, H. J. 1942. Isolating mechanisms, evolution and temperature. In: *Biol. Symp.* 6, S. 71–125.

– et al. 1949. Natural selection and adaptation. In: *Proc. Amer. Phil. Soc.* 93, S. 459–519.

Munson, R. 1971. Biological adaptation. In: *Phil. Sci.* 38, S. 200–215.

– 1975. Is biology a provincial science? In: *Phil. Sci.* 42, S. 428–447.

Nagel, E. 1961. *The Structure of Science.* New York: Harcourt, Brace and World.

– 1977. Teleology revisited: goal directed processes in biology. In: *J. Phil.* 74, S. 261–301.

Naylor, B. G. und P. Handford. 1985. In defense of Darwin's theory. In: *BioScience* 35, S. 478–484.

Nei, M. und R. K. Koehn, Hrsg. 1983. *Evolution of Genes and Proteins.* Sunderland, Mass.: Sinauer.

–, T. Mayurama und R. Chakraborty. 1975. The bottleneck effect and the genetic variability in populations. In: *Evolution* 29, S. 1–10.

Nelson, G. und N. Platnick. 1981. *Systematics and Biogeography.* New York: Columbia University Press.

Nevo, E. 1983. Adaptive significance of protein variation. In: Oxford, G. S und D. Rollinson, Hrsg. *Protein Polymorphisms: Adaptive and Taxonomic Significance.* New York: Academic Press, S. 239–282.

–, J. K. Yung, C. R. Shaw und C. S. Thaeler, Jr. 1974. Genetic variation, selection and speciation in *Thomomys talpoides* pocket gophers. In: *Evolution* 28, S. 1–23.

Newman, C. M., J. E. Cohen und C. Kipnis. 1985. Neo-Darwinian evolution implies punctuated equilibria. In: *Nature* 315, S. 400–401.

Nitecky, M. H., Hrsg., 1984. *Extinctions*. Chicago: Chicago University Press.

Nussbaum, M. C. 1978. *Aristotle's De Motu Animalium*. Princeton: Princeton University Press.

O'Brien, S. J., B. Wallace und R. J. Macintyre. 1972. The x-Glycerophosphate cycle in *Drosophila melanogaster* III. In: *Amer. Nat.* 106, S. 767–771.

Oliver, C. G. 1979. Genetic differentiation and hybrid viability within and between lepidopterous species. In: *Amer. Nat.* 114, S. 681–694.

Osborn, H. F. 1894. *From the Greeks to Darwin*. New York: Columbia University Press.

Osche, G. Hrsg. 1984. Phylogenetisches Symposium über den Artbegriff und Artbildung. In: *Zeitschr. zool. Syst. Evol. Forschung* 22 (3), S. 161–288 (mit Beiträgen von G. Osche, D. Sperlich, W. Sudhaus, H. Zwölfer, G. L. Bush, F. Ehrendorfer und W. E. Reif).

Ospovat, D. A. 1982. *The Development of Darwin's Theory: Natural History, Natural Theology, and Natural Selection, 1838–1859*. Cambridge: Cambridge University Press.

Otte, Daniel und John A. Endler, Hrsg. 1989. *Speciation and its Consequences*. Sunderland, Mass.: Sinauer.

Owen, R. B., et al. 1990. Major low levels of Lake Malawi and their implications for speciation rates in cichlid fishes. In: *Proc. R. Soc. London* B 240, S. 519–553.

Palmgren, P. 1936. Bemerkungen über die ökologische Bedeutung der biologischen Anatomie des Fußes bei einigen Kleinvogelarten. In: *Ornis Fenn.* 13, S. 53–58.

Parenti, L. R. 1984. The species flock concept as it relates to the phylogeny and biogeography of the Andean killifish *Orestias*. In: Echelle und Kornfield (1984, S. 85–92.)

Park, T. 1954. Experimental studies of interspecies competition II. In: *Physiol. Zool.* 27, S. 177–238.

Paterson, H. E. 1973. Animal species studies. In: *J. Roy. Soc. Western Australia* 36, S. 31–36.

– 1976. Symposium address. 15th International Congress of Entomology. Washington, D. C.

– 1978. More evidence against speciation by reinforcement. In: *S. Afri. J. Sci.* 74, S. 369–371.

– 1980. A comment on ›mate recognition systems‹. In: *Evolution* 34, S. 330–331.

– 1981. The continuing search for the unknown and unknowable: a critique of contemporary ideas on speciation. In: *South Afri. J. Sci.* 77, S. 113–119.

– 1982. Perspective on speciation by reinforcement. In: *S. Afri. J. Sci.* 78, S. 53–57.

– 1985. The recognition concept of species. In: Vrba, E. S., Hrsg. *Species and Speciation.* Transvaal Museum Monograph 4, S. 21–29.

– 1986. Environment and species. In: *S. Afri. J. Sci.* 82, S. 62–65.

– und M. Macnamara. 1984. The recognition concept of species. In: *S. Afri. J. Sci.* 80, S. 312–318.

Patterson, J. T. und W. S. Stone. 1952. *Evolution in the Genus Drosophila.* New York: Macmillan.

Patton, J. L. 1973. Patterns of geographic variation in karyotype in the pocket gopher, *Thomomys bottae.* In: *Evolution* 26, S. 574–586.

– und S. Y. Young. 1977. Genetic variation in *Thomomys bottae* pocket gophers: macrogeographic patterns. In: *Evolution* 31, S. 697–720.

Penny, D. 1983. Charles Darwin, gradualism and punctuated equilibria. In: *Syst. Zool.* 32, S. 72–74.

Peters, D. S. 1985. Mechanical constraints canalizing the evolutionary transformation of tetrapod limbs. In: *Acta Biotheoretica* 34, S. 157–164.

Pittendrigh, C. S. 1958. Adaptation, natural selection and behavior. In: Roe und Simpson (1958, S. 390–416).

Plate, L. 1914. Prinzipien der Systematik mit besonderer Berücksichtigung des Systems der Tiere. In: *Die Kultur der Gegenwart,* III (IV, 4), S. 92–164.

Popper, K. R. 1974. Scientific reduction and the essential incompleteness of all science. In: Ayala und Dobzhansky (1974, S. 259–284).

Poulton, E. B. 1896. *Charles Darwin and the Theory of Natural Selection.* London: Cassell.

– 1903. What is a species? In: *Proc. Entomol. Soc. London,* S. LXXVI–CXVI.

– 1908. *Essays on Evolution, 1889–1907.* Oxford: Clarendon Press.

Prakash, S. 1972. Origin of reproductive isolation in the absence of apparent genic differentiation in a geographic isolate of *Drosophila pseudoobscura.* In: *Genetics* 72, S. 143–155.

– und R. C. Lewontin. 1968. Direct evidence of coadaptation in gene arrangements of Drosophila. In: *Proc. Nat. Acad. Sci.* 59, S. 398–405.

Quine, W. V. 1969. Natural kinds. In: *Ontological Relativity and Other Essays.* New York: Columbia University Press. (Ontologische Relativität und andere Schriften. Stuttgart: Reclam, 1975.)

Raubenheimer, D. und T. M. Crowe. 1987. The recognition concept: is it really an alternative? In: *S. Afri. J. Sci.* 83, S. 530–534.

Raven, C. P. 1960. The formaliziation of finality. In: *Folia Biotheoretica* 5, S. 1–27.

Raven, P. 1977 a. The systematics and evolution of higher plants. In: Goulden, C. E., Hrsg. *Changing Scenes in Natural Sciences, 1776–1976.* Philadelphia: Academy of Natural Sciences.

– 1977 b. Systematics and plant population biology. In: *Syst. Bot.* 1, S. 284–316.

Regal, P. 1975. The evolutionary origin of feathers. In: *Quart. Rev. Biol.* 50, S. 35–66.

Regis, E., Jr., Hrsg. 1985. *Extraterrestrials: Science and Alien Intelligence.* Cambridge: Cambridge University Press.

Reif, W.-E. 1983. Evolutionary theory in German paleontology. In: Grene (1983, S. 173–203).

– , R. D. K. Thomas und M. F. Fischer. 1985. Constructive morphology: the analysis of constraints in evolution. In: *Acta Biotheoretica* 34, S. 233–248.

Remane, J. 1983. Selektion und Evolutionstheorie. In: *Paläontol. Zeitschr.* 57, S. 205–212.

Rensch, B. 1933. Zoologische Systematik und Artbildungsproblem. In: *Verh. Deutsch Zool. Ges.*, S. 19–83.

– 1947. *Neuere Probleme der Abstammungslehre.* Stuttgart: Enke.

Rhodes, F. H. T. 1983. Gradualism, punctuated equilibrium and the *Origin of Species.* In: *Nature* 305, S. 269–272.

– 1984. [Reply to Gingerich.] In: *Nature* 309, S. 116.

Richards, R. J. 1986. A defense of evolutionary ethics. In: *Biol. and Phil.* I, S. 265–354.

Riddiford, A. und D. Penny. 1984. The scientific status of modern evolutionary theory. In: Pollard, J. W., Hrsg. *Evolutionary Theory: Paths into the Future.* London: Wiley.

Ridley, M. 1985. [Review of Ho and Sounders (1984).] In: *Nature* 313, S. 823–824.

Roe, A. und G. G. Simpson, Hrsg. 1958. *Behavior and Evolution.* New Haven: Yale University Press. (Evolution und Verhalten. Frankfurt/M.: Suhrkamp, 1969.)

Rose, K. D. und T. M. Brown. 1984. Gradual phyletic evolution at the generic level in early Eocene Omomyid primates. In: *Nature* 308, S. 250–252.

Rose, M. R. und W. F. Doolittle. 1983. Molecular biological mechanism of speciation. In: *Science,* 220, S. 157–162.

Rosen, D. 1978. Vicariant patterns and historical explanation in biogeography. In: *Syst. Zool.* 27, S. 159–188.

– 1979. Fishes from the upland intermontane basins of Guatemala. In: *Bull. Amer. Mus. Nat. Hist.* 162, S. 269–375.

Rosenberg, A. 1985. *The Structure of Biological Science.* Cambridge: Cambridge University Press.

Rosenblueth, H. N. Wiener und J. Bigelow. 1943. Behavior, purpose, and teleology. In: *Phil. Sci.* 10, S. 18–24. (Auch in: Canfield 1966, S. 6–16.)

Roux, W. 1881. *Kampf der Theile im Organismus.* Leipzig.

– 1883. *Über die Bedeutung der Kerntheilungsfiguren. Eine hypothetische Erörterung.* Leipzig.

Ruse, M. 1973. *The Philosophy of Biology.* London: Hutchinson.

– 1984. The morality of the gene. In: *Monist* 67, 167–199.

– 1986. *Taking Darwin Seriously.* New York: Basil Blackwell.

Sage, R. D., P. Loiselle, P. Basaibwaki und A. C. Wilson. 1984. Molecular versus morphological change among cichlid fishes of Lake Victoria. In: Echelle und Kornfield (1984, S. 185–202).

– und R. K. Selander. 1975. Trophic radiation through polymorphism in cichlid fishes. In: *Proc. Nat. Acad. Sci.* 72, S. 4669–4673.

Salthe, S. N. 1981. The world represented as a hierarchy of nature may not require »Species«. In: *Behav. and Brain Sci.* 4, S. 300–301.

– 1985. *Evolving Hierarchical Systems.* New York: Columbia University Press.

Salvini-Plawen, L. v. und E. Mayr. 1977. On the evolution of photoreceptors and eyes. In: *Evol. Biol.* 10, S. 207–263.

Sammons, V. O. 1982. *Extraterrestrial Life.* Library of Congress Science Tracer Bulletin TB 82–4. Washington, D. C.: Library of Congress.

Sattler, R. 1986. *Biophilosophy.* New York: Springer.

Schaffner, K. 1967a. Approaches to reduction. In: *Phil. Sci.* 34, S. 137–147.

– 1967b. Antireductionism and molecular biology. In: *Science* 130, S. 477–482.

Schindewolf, O. H. 1950. *Grundfragen der Paläontologie.* Stuttgart: Schweizerbart.

– 1969. Über den ›Typus‹ in der morphologischen und phylogenetischen Biologie. In: *Abh. Akad. Wiss. Lit., Mainz, Math.-Nat. Kl.* 4, S. 58–131.

Schopf, T. J. M. 1982. A critical assessment of punctuated equilibria. I. Duration of taxa. In: *Evolution* 36, S. 1144–1157.

– und A. Hoffman. 1983. Punctuated equilibrium and the fossil record. In: *Science* 219, S. 438–439.

Schwartz, S. P. 1981. Natural kinds. In: *Behav. and Brain Sci.*, 4, S. 301–302.

Scott, W. B. 1894. On variations and mutations. In: *Amer. J. Sci.* 48, S. 355–374.

Scriven, M. 1959. Explanation and prediction in evolutionary theory. In: *Science* 130, S. 477–482.

Sedgwick, A. 1859. [Review of Darwin's *Origin.*] In: Hull, D. L., Hrsg. *Darwin and his Critics,* S. 155–170. Cambridge, Mass.: Harvard University Press, 1973.

Severtzov, A. N. 1931. *Morphologische Gesetzmäßigkeiten der Evolution.* Jena: Gustav Fischer.

Shapiro, A. M. 1982. Taxonomic uncertainty, the biological species concept, and the Nearctic butterflies: a reappraisal after twenty years. In: *J. Res. Lepidoptera* 21, S. 212–218.

Shapiro, J. A. 1983. [Letter.] In: *Nature* 303, S. 196.

Sherman, P. W. und W. G. Holmes. 1985. Kin recognition: issues and evidence. In: *Fortschr. Zool.* 31, S. 437–460.

Sigwart, C. 1881. *Der Kampf gegen den Zweck.* Kleine Schriften. 2. Freiburg: Mohr.

Simpson, G. G. 1944. *Tempo and Mode in Evolution.* New York: Columbia University Press.

– 1949. *The Meaning of Evolution: A Study of the History of Life and of Its Significance for Man.* New Haven: Yale University Press.

– 1950. Evolutionary determinism and the fossil record. In: *Sci. Monthly* 71 (4), S. 262–267.

– 1953. *The Major Features of Evolution.* New York: Columbia University Press.

– 1960. The world into which Darwin led us. In: *Science* 131, S. 966–974.

– 1961. *Principles of Animal Taxonomy.* New York: Columbia University Press.

– 1964. The nonprevalence of humanoids. In: *This View of Life.* New York: Harcourt, Brace and World.

– 1969. Biology and ethics. In: Simpson, G. G. *Biology and Man,* S. 130–148. New York: Harcourt, Brace and World. (Biologie und Mensch. Frankfurt/M.: Suhrkamp, 1972.)

Singer, P. 1981. *The Expanding Circle.* New York: Farrar, Straus and Giroux.

Slatkin, M. 1985. Gene flow in natural populations. In: *Ann. Rev. Ecol. Syst.* 16, S. 393–430.

Sloan, P. R. 1986. From logical universals to historical individuals: Buffon's idea of biological species. In: Roger, J. und J.-L. Fischer, Hrsg. *Histoire du concept d'espèce dans les sciences de la vie.* Paris: Fondation Singer-Polignac.

Smith, C. U. M. 1976. *The Problem of Life.* London: Macmillan.

Smith, G. R. und T. N. Todd. 1984. Evolution of species flocks of fishes in north-temperate lakes. In: Echelle und Kornfield (1984, S. 47–68).

Smith, W. J. 1969. Messages of vertebrate communication. In: *Science* 165, S. 145–150.

Snow, C. P. 1959. *The Two Cultures and the Scientific Revolution.* Cambridge: Cambridge University Press. (Die zwei Kulturen. Stuttgart: Klett, 1967.)

Sober, E. 1984. *The Nature of Selection.* Cambridge, Mass.: MIT Press.

Sokal, R. R. 1973. The species problem reconsidered. In: *Syst. Zool.* 22, S. 360–374.

– und T. J. Crovello. 1970. The biological species concept: a critical evaluation. In: *Amer. Nat.* 104, S. 127–153.

Sommerhoff, G. 1950. *Analytical Biology.* London: Oxford University Press.

Sorabji, R. 1980. *Necessity, Cause, and Blame: Perspectives on Aristotle's Theory.* Ithaca: Cornell University Press.

Spieth, H. T. 1982. Behavioral biology and evolution of the Hawaiian picture-winged species group of Drosophila. In: *Evol. Biol.* 14, S. 351–437.

Spencer, H. G., B. H. McArdle und D. M. Lambert. 1986. A theoretical investigation of speciation by reinforcement. In: *Amer. Nat.* 128, S. 241–262.

Spurway, H. 1955. The sub-human capacities for species recognition and their correlation with reproductive isolation. In: *Acta XI Congr. Int. Orn.*, S. 340–349. Basel, 1954.

Stadler, H. 1874. *Kant's Teleologie und ihre erkenntnistheoretische Bedeutung.* F. Dümmler.

Stanley, S. M. 1975. A theory of evolution above the species level. In: *Proc. Nat. Acad. Sci.* 72, S. 646–650.

– 1979. *Macroevolution: Pattern and Process.* San Francisco: Freeman.

– 1982. Gastropod torsion: predation and the opercular imperative. In: *Neu. Jahrb. Geologie und Paläontologie. Abh.* 164, S. 95–107.

Stebbins, G. L. 1977a. *Processes of Organic Evolution.* Englewood Cliffs, N. J.: Prentice-Hall.

– 1977b. In defense of evolution: tautology or theory? In: *Amer. Nat.* 111, S. 386–390.

- 1982. Plant speciation. In: Barigozzi, C., Hrsg. *Mechanisms of Speciation*, S. 21–39. New York: Alan R. Liss.
- und F. J. Ayala. 1981. Is a new evolutionary synthesis necessary? In: *Science* 213, S. 967–971.

Stern, J. T. 1970. The meaning of »adaptation« and its relation to the phenomenon of natural selection. In: *Evol. Biol.* 4, S. 39–66.

Stresemann, E. 1975. *Ornithology: From Aristotle to the Present.* Cambridge, Mass.: Harvard University Press.

Sturtevant, A. H. 1944. Book Review. *Drosophila pseudoobscura.* In: *Ecology* 25, S. 476.

Tarter, J. 1985. Searching for extraterrestrials. In: Regis (1985, S. 167–190).

Tax, S., Hrsg. 1960. *The Evolution of Life.* Chicago: University of Chicago Press.

Taylor, R. 1950. Comments on a mechanistic conception of purposefulness. In: *Phil. Sci.* 17, S. 310–317.

Teilhard de Chardin, P. 1955. *Le Phénomène Humain.* Paris: Editions de Seuil. (Der Mensch im Kosmos. München: Beck, 1959.)

Theiler, W. 1925. *Zur Geschichte der Teleologischen Naturbetrachtung bis Aristoteles.* Zürich und Leipzig.

Thiselton-Dyer, W. 1883. Deductive biology. In: *Nature* 27, S. 554–555.

Thompson, P. und J. W. Sites. 1986. Comparison of population structure in chromosomally polytypic and monotypic species of *Sceloporus* in relation to chromosomally-mediated speciation. In: *Evolution* 40, S. 303–314.

Thornhill, R. und J. Alcock. 1983. *The Evolution of Insect Mating Systems.* Cambridge, Mass.: Harvard University Press.

Traub, R. 1980. Some adaptive modifications in fleas. In: Traub, R. und H. Starcke, Hrsg. *Fleas.* Rotterdam: A. A. Baldema.

Trivers, R. 1985. *Social Evolution.* Menlo Park: Benjamin/Cummings.

Tuomi, J. 1981. Structure and dynamics of Darwinian evolutionary theory. In: *Syst. Zool.* 30, S. 22–31.
- und E. Hankioja. 1979. Predictability of the theory of natural selection: an analysis of the structure of the Darwinian theory. In: *Savonia* 3, S. 1–8.

Turner, J. R. G. 1977. Butterfly mimicry: the generical evolution of adaptation. In: *Evol. Biol.* 10, S. 163–206.
- 1983. Mimetic butterflies and punctuated equilibria: some old light on a new paradigm. In: *Biol. J. Linn. Soc.* 20, S. 277–300.
- 1984. Darwin's coffin and Doctor Pangloss: Do adaptationist models

explain mimicry? In: Shorrocks, B., Hrsg. *Evolutionary Ecology*, S. 313–361. Oxford: Blackwell Scientific Publications.

Ungerer, E. 1922. *Die Teleologie Kants und ihre Bedeutung für die Logik der Biologie*. Berlin: Bornträger.

Valentine, J. W., Hrsg. 1985. *Phanerozoic Diversity Patterns: Profiles in Macroevolution*. Princeton: Princeton University Press.

Van Valen, L. M. 1973. A new evolutionary law. *Evol. Theory* 1, S. 1–30.

– 1976. Ecological species, multispecies, and oaks. In: *Taxon* 25, S. 233–239.

– 1982. Integration of species: stasis and biogeography. In: *Evol. Theory* 6, S. 99–112.

Vogel, C. 1985. Evolution und Moral. In: Maier-Leibnitz, Hrsg. *Zeugen des Wissens*, S. 467–507. Mainz: Hase und Koehler.

Vrba, E. S. 1984. Patterns in the fossil record and evolutionary processes. In: Ho, M. W. und P. T. Saunders, Hrsg. *Beyond Neo-Darwinism: An Introduction to the New Evolutionary Pradigm*. New York: Academic.

Waddington, C. H. 1957. *The Strategy of the Genes*. London: Allen and Unwin.

– 1960. *The Ethical Animal*. London: Allen and Unwin.

– 1968. *Towards a Theoretical Biology*. I. Edinburgh: Edinburgh University Press.

Wade, M. J. 1977. An experimental study of group selection. In: *Evolution* 31, S. 134–153.

Wake, D. B. 1982. Functional and developmental constraints and opportunities in the evolution of feeding systems in urodeles. In: Mossakowski und Roth, Hrsg. *Environmental Adaptation and Evolution*, S. 51–66. Stuttgart and New York: Gustav Fischer.

Wallace, B. 1968. *Topics in Population Genetics*. New York: Norton.

– 1984. Adaptation, neo-Darwinian tautology, and population fitness: a reply. In: *Evol. Biol.* 17, S. 59–71.

– 1985. Reflections on the still-»hopeful monster«. In: *Quart. Rev. Biol.* 60, S. 31–42.

Watt, W. B. 1985. Allelic isozymes and the mechanistic study of evolution. In: *Isozymes: Current Topics in Biological and Medical Research* 12, S. 89–132.

Webster, T. P. 1973. Adaptive linkage disequilibrium between two esterase loci of a salamander. In: *Proc. Nat. Acad. Sci.* 70, S. 1156–1160.

Weismann, A. 1909. The selection theory. In: Seward, A. C., Hrsg. *Darwin and Modern Science*. Cambridge: Cambridge University Press.

West-Eberhard, M. J. 1983. Sexual selection, social competition, and speciation. In: *Quart. Rev. Biol.* 58, S. 155–183.

White, M. J. D. 1968. Models of Speciation. In: *Science* 159, S. 1065–1070.

– 1973. *Animal Cytology and Evolution*. 3. Aufl., London: Cambridge University Press.

– 1978. *Modes of Speciation*. San Francisco: Freeman.

– 1980. The genetic system of the parthenogenetic grasshopper *Warramaba* (formerly *Moraba*) *virgo* and its sexual relatives. In: Blackman, R. L., G. M. Hewitt und M. Ashburner, Hrsg. *Insect Cytogenetics*, S. 119. Symposium 10, Royal Entomological Society of London. London: Blackwell.

– 1981. Tales of long ago. In: *Paleobiology* 7, S. 287–291.

Wiley, E. O. 1980. Is the evolutionary species fiction? A consideration of classes, individuals, and historical entities. In: *Syst. Zool.* 29, S. 76–80.

– 1981*a. Phylogenetics.* New York: Wiley.

– 1981*b.* The metaphysics of individuality and its consequences for systematic biology. In: *Behav. and Brain Sci.* 4, S. 302–303.

Williams, G. C. 1966. *Adaptation and Natural Selection*. Princeton: Princeton University Press.

Williams, M. B. 1973. The logical status of the theory of natural selection and other evolutionary controversies. In: Bunge, M., Hrsg. *The Methodological Unity of Science*, S. 84–102. Dordrecht: Holland.

Willis, J. C. 1940. *The Course of Evolution by Differentiation or Divergent Mutation rather than by Selection*. Cambridge: Cambridge University Press.

Willmann, R. 1985. *Die Art in Raum und Zeit*. Berlin und Hamburg: Parey.

Wilson, A. C., V. M. Sarich und L. R. Maxson. 1974. The importance of gene arrangement in evolution: evidence from studies on rates of chromosomal, protein, and anatomical evolution. In: *Proc. Nat. Acad. Sci.* 71, S. 3028–3030.

Wilson, D. S. 1983. The group selection controversy: history and current status. In: *Ann. Rev. Ecol. Syst.* 14, S. 159–187.

Wilson, E. O. 1975. *Sociobiology*. Cambridge: Harvard University Press.

Wimsatt, W. C. 1972. Teleology and the logical structure of function statements. In: *Stud. Hist. Phil. Sci.* 3, S. 1–80.

Witte, F. 1984. Ecological differentiation in Lake Victoria haplochromines: comparison of cichlid species flocks in African lakes. In: Echelle und Kornfield (1984, S. 155–168).

Woltereck, R. 1931. Beobachtungen und Versuche zum Fragenkomplex der Artbildung I. In: *Biol. Zentralblatt* 51, S. 231–253.

455

Wright, S. 1931. Evolution in Mendelian populations. In: *Genetics* 16, S. 97–159.

– 1932. The roles of mutation, inbreeding, crossbreeding, and selection in evolution. In: *Proc. VI. Intern. Congr. Genet.* 1, S. 356–366.

– 1949. Adaptation and selection. In: Jepsen, G., E. Mayr und G. G. Simpson, Hrsg. *Genetics, Paleontology and Evolution*. Princeton: Princeton University Press.

– 1977. *Evolution and the Genetics of Populations*. Bd. 3. Chicago: University of Chicago Press.

Wynne-Edwards, V. C. 1962. *Animal Dispersion in Relation to Social Behavior*. Edinburgh: Oliver and Boyd.

– 1986. *Evolution through Group Selection*. Oxford: Blackwell Scientific.

Zuckerkandl, E. 1983. Topological and quantitative relationships in evolving genomes. In: Hélène, C., Hrsg. *Structure, Dynamics, Interactions and Evolution of Biological Macromolecules*, S. 395–412.

NAMENREGISTER

Agassiz, L. 11, 141, 328, 372
Alatolo, R. V. 164
Alcock, J. 309
Alexander, R. D. 104, 108, 152
Allard, R. W. 355
Anderson, W. W. 352, 358
Aristoteles 10, 23, 42, 43, 51, 53, 56, 64, 73, 75, 76, 77, 80, 81, 83, 105, 197, 202, 233
Arnheim, N. 327
Atchley, W. R. 269
Ayala, F. J. 16, 19, 57, 75, 101, 176, 323, 324, 325, 357, 358, 396

Bacon, F. 17, 52
Baer, K. E. v. 10, 11, 141, 234, 243, 388
Baker, R. J. 270
Balme, D. M. 77, 80
Barbour, C. 305
Barel, C. D. N. 317
Barigozzi, C. 269, 299, 301, 311
Barton, N. H. 270
Bates, H. W. 171, 172, 189
Bateson, P. 100, 138, 275, 290, 331, 340, 366, 388, 391
Beatty, J. 120, 123, 124, 143, 145, 148, 161, 237
Beck, L. W. 97
Beckner, M. 21, 51, 52, 75
Belyaev, D. K. 141
Beniger, J. R. 11, 82
Berg, P. 10, 388
Bergmann, C. 123, 163
Bergson, H. 36, 53

Bernard, C. 393
Bernstein, H. 161
Bertalanffy, L. v. 24
Bickham, J. W. 270
Bigelow 86
Birch, Ch. 23
Blair, F. 265
Blumenbach, J. F. 177
Boag, P. T. 193
Bock, W. 32, 149, 161, 164, 167, 168, 188, 196, 198, 326, 332, 334, 345, 387
Bohr, N. 23
Böker, H. 164
Braithwaite, R. B. 52, 54
Brandon, R. 15, 120, 123, 124, 129, 145, 148, 149, 150, 161, 168, 198
Bretsky, S. S. 340
Britten, R. J. 350
Brooks, J. L. 303, 304, 307
Brown, T. M. 404
Bryant, E. H. 422
Buch, L. v. 278, 392
Buffon, G. L. 233, 234, 237, 243, 388
Bunge, M. 43, 248, 250
Burian, R. M. 120, 129, 149, 150, 161, 198
Burma, B. 205
Bush, G. L. 270, 277, 293, 294, 295, 299, 370
Buzas, M. A. 404

Cain, A. J. 163, 236, 250, 253, 254

Calloway, C. B. 186, 400
Camp, W. H. 250
Campbell, D. 26, 327
Canfield, J. V. 52
Caplan, A. 145, 230, 245
Carpenter, K. 303, 305
Carson, H. L. 116, 280, 292, 293,
    326, 360, 368, 373, 379, 381,
    384, 408, 412, 419, 421, 424
Chaline, J. 340, 404
Charlesworth 409
Cheetham, A. H. 410
Chernoff, D. B. 305
Chetverikov, S. S. 138, 163, 348,
    349, 380, 384, 386, 408, 409
Cheverud, J. M. 145
Clarke, B. C. 194, 299, 371
Clegg, M. T. 355
Cole, B. J. 145
Cracraft, J. 225, 278, 372
Craig, W. 61
Crick, F. 23
Cronquist, A. 218, 230, 252
Crovello, T. J. 210, 211, 220
Crowe, M. 97, 260, 262, 263
Cuénot, L. 331
Culver, S. J. 404
Cuvier, G. 136, 141, 177, 210, 234,
    243, 328

Darlington, C. D. 126
Darwin, Ch. 10, 11, 13, 14, 22, 26,
    31, 45, 52, 58, 72, 73, 74, 79, 82,
    98, 100, 105, 106, 108, 111, 117,
    121, 122, 124, 125, 126, 127,
    128, 129, 133, 134, 135, 136,
    138, 141, 144, 145, 147, 148,
    149, 150, 154, 155, 159, 162,
    166, 167, 170, 171, 173, 176,
    177, 178, 179, 183, 184, 185,
    190, 192, 193, 195, 197, 206,

210, 219, 250, 255, 256, 257,
262, 263, 264, 265, 266, 267,
268, 272, 278, 279, 283, 291,
300, 308, 309, 311, 316, 317,
319, 320, 321, 322, 329, 331,
332, 335, 336, 337, 338, 339,
340, 343, 344, 348, 349, 355,
356, 361, 363, 366, 367, 368,
372, 380, 381, 383, 384, 386,
388, 389, 390, 391, 392, 393,
395, 397, 398, 399, 401, 402,
403, 408, 409, 413, 414, 415,
420, 425, 426
Davenport, C. B. 331
Davidson, E. H. 350
Davis, D. D. 164
Davis, D. D. 65
Dawkins, R. 145
de Jong, R. 211
de la Mettrie 36
de Ricqles, A. 403
de Vries, H. 138, 166, 187, 275,
    290, 291, 338, 340, 366, 388, 391
Delbrück, M. 23, 28, 38, 40, 64,
    76, 77, 80
Descartes, R. 7, 17, 36, 52
Desmond, A. 328
Diamond, J. M. 271, 298, 343, 423
Dick, S. 97
Diehl, S. R. 270
Dobzhansky, Th. 127, 129, 130,
    138, 163, 168, 170, 173, 175,
    191, 196, 198, 210, 234, 235,
    236, 250, 255, 258, 259, 262,
    264, 265, 266, 272, 286, 308,
    351, 352, 367, 391, 393, 411,
    424
Dohrn, A. 333
Dominey, W. J. 309, 310, 313
Doolittle, W. F. 327
Drake, E. T. 299

Driesch, H. 36, 53
Dubois, A. 223

Eberhard, W. G. 164
Echelle, A. A. 301, 305, 306, 317
Echelle, A. F. 305, 306
Ehrlich, P. R. 205, 210, 222, 343
Eigen, M. 88
Eimer, T. 10
Eldredge, N. 166, 214, 217, 235,
    321, 341, 344, 345, 382, 383,
    391, 392, 393, 395, 396, 398,
    399, 403, 408, 417
Elsässer 47
Emerson, A. 210
Endler, J. 123, 189, 269, 270, 271,
    371
Epling 173

Falconer, D. S. 336
Ferguson, A. 123
Feyerabend, P. 21
Fink, W. L. 254
Fischer, L. 225
Fisher, R. A. 128, 160, 263, 338,
    354, 389, 393, 409, 420
Fisher-Wright 422
Ford, E. B. 138
Franklin, J. 354
Freud, S. 115
Fryer, G. 303, 306
Futuyma, D. J. 299

Galen 73
Galilei, G. 7, 17, 54
Galton, F. 281, 290
Geoffroy St. Hilaire, E. 348
Ghiselin, M. 134, 149, 157, 210,
    211, 212, 220, 230, 232, 236,
    237, 238, 240, 244, 247, 248,
    253, 254

Gillespie, J. H. 131
Gilley, C. L. 250
Gilmour, J. S. L. 205
Gingerich, P. D. 214, 390, 423
Gloger, C. L. 234
Goldschmidt, R. B. 61, 128, 166,
    275, 281, 290, 326, 331, 332, 336
    337, 338, 340, 366, 368, 381,
    383, 388, 397, 398, 399, 400,
    402, 412
Goodnight, C. J. 422
Gotthelf, A. 77, 80
Gould, S. J. 136, 145, 155, 156,
    163, 185, 186, 187, 189, 190,
    191, 192, 194, 195, 196, 197,
    217, 320, 321, 338, 341, 345,
    382, 383, 391, 392, 393, 395,
    396, 397, 398, 399, 400, 402,
    403, 408, 417, 418, 424, 425
Grant, V. 123, 189, 193, 251, 332,
    336, 396, 404, 410, 415, 420
Gray, W. N. 307, 372
Greenwood, P. H. 300, 301, 303,
    305, 306, 312, 313, 314, 315,
    316, 331
Gregg, J. 235, 236
Gruber, H. E. 366
Grünbaum, A. 50
Gulick, J. T. 175
Günther, R. 223

Haagedorn, A. C. 175
Haagedorn, A. L. 175
Haeckel, E. 244, 245
Haecker, V. 128
Haffer, J. 282, 284, 395
Haldane, J. B. S. 85, 99, 128, 180,
    389, 421
Hamilton, W. D. 99, 150
Hammen, L. v. d. 329
Handford, P. 123

Hankioja, E. 123
Hardin, G. 116
Hardy, A. 23
Harris, H. 138
Harvey, W. 74, 163
Hastings, J. W. 334
Hayek, F. A. v. 116
Heberer, G. 413
Hecht, M. K. 415
Hedrick, P. W. 289
Heisenberg, W. 23
Helmholtz, H. L. F. v. 40
Hennig, W. 215, 216, 219
Herschel, J. 12, 125
Hewitt, G. M. 270
Hilu, K. W. 339
Hinde, R. A. 68, 74
Ho, M.-W. 397
Hodge, J. 145
Hoffmann, A. 415
Holbach 36
Holm, R. W. 205
Holsinger, K. E. 237
Holton, G. 30
Howard, D. J. 270, 299
Hull, D. L. 15, 51, 52, 61, 210,
    211, 219, 220, 232, 236, 237,
    245, 254
Humphries, J. M. 302
Hunt, W. G. 351
Hutchinson, G. E. 168
Huxley, A. 392
Huxley, J. 114, 117, 127, 320, 391
Huxley, T. H. 290, 335, 366, 388

Iles, T. D. 303, 306
Iltis, H. H. 339

Jablonski, D. 271, 334
Jackson, J. F. 298
Jacob, F. 139, 188, 192

Jaenike, J. 299
Jesus 107
Jevons, W. S. 230
John, B. 270
Jukes, T. 176

Kant, I. 10, 17, 78, 79, 86, 105
Karlin, S. 299
Kaufman, L. 316
Keast, J. A. 283
Kellogg, D. 340
Kettlewell, H. B. D. 171
Key, K. 282, 284, 287, 296, 297
Kilmer, W. L. 152
Kimura, M. 131, 138, 176
King, M. L. 115, 176
Kinsey, A. C. 359
Kitcher, P. 21, 32, 148, 205, 230,
    231, 232, 236, 247, 248, 252
Kitts, D. B. 230, 241, 245
Kitts, D. J. 230, 245
Kleinenberg, N. 84
Koehn, R. K. 327
Kohlberg, L. 111
Kölliker, A. 290
Kondrashov, A. S. 270
Kornfield, I. 301, 303, 305, 317
Krimbas, K. 162
Kuhn, Th. 21
Küppers, B. O. 88

Lack, D. 150, 163, 172, 179, 196,
    332
Lagerspetz, K. 55, 57
Lamarck, J.-B. 177, 343, 366, 388,
    413
Lande, R. 271, 329, 421, 422
Laplace, J.-P. 12
Laporte, L. F. 336
Laurin, B. 340, 404
Lavoisier, A. L. 17

Lecomte du Noüy 36
Leibniz, G. W. v. 191
Leisler, B. 165
Lennox 77
Leopold, A. 116
Lerner, I. M. 129, 130, 342, 348, 380, 381, 384, 386, 408, 409, 411, 424
Levin, B. R. 152
Levinton, J. S. 393, 397, 403, 404
Lewis, D. S. C. 216, 305
Lewis, H. 281, 282, 307, 359, 360
Lewontin, R. C. 26, 29, 123, 136, 138, 145, 149, 152, 161, 163, 167, 168, 176, 180, 181, 186, 187, 189, 190, 191, 192, 194, 195, 196, 197, 198, 247, 354, 357, 388
Liem, J. F. 316
Linné, C. v. 199, 202, 203, 205, 229, 233, 234, 337
Locke, J. 17
Loeb, J. 18, 42
Löw, R. 10
Ludwig, C. 18
Lundberg, A. 164
Lutz, R. A. 271
Lyell, Ch. 155, 178, 203, 335, 343, 414

MacLeod, R. B. 52
Mainx, F. 21
Marsh, A. C. 315
Mather, K. 380, 384, 408, 409, 411, 424
Mayer, G. C. 299
Maynard Smith, J. 124, 151, 156, 270, 329, 330, 399, 402, 415, 417, 419, 424
Mayr, E. 7, 19, 20, 21, 22, 30, 32, 33, 39, 50, 60, 64, 65, 66, 81, 82, 84, 87, 89, 94, 119, 121, 122, 126, 129, 130, 134, 139, 143, 145, 146, 150, 153, 155, 156, 157, 163, 167, 171, 173, 181, 182, 187, 188, 196, 197, 199, 204, 207, 208, 209, 210, 212, 216, 222, 223, 224, 228, 229, 233, 234, 235, 250, 256, 257, 258, 259, 260, 261, 262, 263, 264, 265, 266, 267, 270, 271, 272, 277, 278, 279, 280, 282, 289, 292, 293, 294, 295, 296, 298, 300, 301, 303, 304, 306, 307, 308, 309, 313, 314, 321, 325, 326, 333, 341, 342, 343, 345, 348, 353, 359, 361, 368, 370, 372, 373, 377, 380, 381, 382, 383, 384, 386, 391, 392, 393, 395, 399, 400, 403, 407, 408, 409, 410, 411, 413, 414, 417, 418, 419, 421, 423, 425
McDonald, J. F. 289
McFarland, J. D. 79
McKaye, K. R. 307
Meglitsch, P. A. 213
Meise, W. 272, 299, 351
Mendel, J. 125, 126, 128, 138, 234, 235, 250, 290, 331, 337, 338, 347, 359, 377, 379
Menzel, D. 87, 89, 90
Michod, R. E. 161
Milkman 327
Mill, J. S. 230
Miller, A. H. 332
Mills, S. 120, 124, 145, 161
Mina, M. V. 270
Monod, J. 10, 57, 72
Moreau-Hall 284
Morgan, T. H. 9, 126, 128, 275
Moses 107
Muller, H. J. 128, 138, 160, 168,

198, 210, 257, 263, 265, 266, 267, 272, 286, 300, 308
Müller, J. 23
Munson, R. 31, 70, 71
Murray 299

Nagel, E. 21, 29, 36, 51, 52, 81, 82, 83, 84
Naylor, B. G. 123
Nei, M. 313, 327
Nelson, G. 230, 253
Neumann, J. v. 85
Nevo, E. 131, 299
Newman, C. M. 421, 422
Newton, I. 17, 54, 77, 78, 79
Nitecky, M. H. 343
Nussbaum, M. C. 77, 80

O'Brien, S. J. 353
O'Hara, R. J. 271
Oken, L. 234, 328
Oliver, C. G. 289
Osborn, H. F. 10, 388
Ospovat, D. A. 366
Otte 269, 270
Owen, R. 141, 328

Palmgren, P. 165
Parenti, L. R. 304, 305
Paterson, H. E. 209, 256, 257, 259, 260, 261, 263, 265, 266, 267, 268, 299
Patterson, J. T. 230, 260, 264
Patton, J. L. 298
Pauli, W. 23
Penny, D. 145, 392
Peters, D. S. 145
Peterson, W. 259
Pittendrigh, C. 52, 62, 64, 65, 83, 85, 86
Plate, L. v. 234, 259, 260

Platnick, N. 253
Plato 26, 76, 125, 203, 228, 233, 234, 241, 242
Popper, K. 21, 31
Poulton, E. 170, 234, 263, 264, 425
Pounds, J. A. 298
Powell 176
Prakash, S. 357, 360

Quine, W. 229, 230

Raubenheimer, D. 260, 262, 263
Raven, P. 65, 210, 211, 222
Ray, J. 205, 210, 233, 234
Regal, P. 333
Regis jr, E. 96, 97
Reif, W.-E. 145, 163
Remane, J. 130, 407
Rensch, B. 130, 303, 304, 306, 320, 334, 381, 382, 391, 425
Rhodes, F. H. T. 336, 390, 392, 398, 424
Richmond 176
Riddiford, A. 145
Roe, S. 85
Roger, J. 225
Rose, K. D. 404
Rosen, D. 216, 219, 224, 252
Rosenberg, A. 15, 16, 236, 239
Rosenblueth, H. 62, 69
Roux, W. 74, 163
Ruse, M. 15, 16, 19, 108, 145
Russell, B. 106
Rutherford, E. 18

Sachs, J. 18
Sage, R. D. 303, 313
Salthe, S. N. 248, 344
Salvini-Plawen, L. 94, 333
Sattler, R. 15

Saunders, P. T. 397
Schaffner, K. 19
Schindewolf, O. A. 166, 290, 326, 329, 336, 337, 340, 366, 368, 388, 397, 400
Schmalhausen, I. I. 39, 129, 130, 380
Schopf, T. J. M. 404
Schroedinger, E. 23
Schwartz, S. P. 230, 240
Scott, W. B. 366
Scriven, M. 32, 43, 50
Sedgwick, A. 10, 11, 13
Selander, R. K. 303, 351, 371
Severtsov, A. N. 332, 333
Shapiro, A. M. 207, 327
Sheppard, P. M. 163
Short, L. L. 207
Sigwart, C. 72, 73
Simpson, G. G. 34, 57, 65, 85, 96, 97, 101, 113, 127, 168, 175, 180, 213, 214, 217, 221, 227, 251, 320, 333, 334, 336, 345, 367, 368, 381, 390, 392, 393
Singer, P. 114
Sites, J. W. 270
Slatkin, M. 421
Sloan, P. 233, 243
Smith, C. U. M. 15
Smith, G. R. 305, 306, 309, 310, 311
Smith, W. J. 74
Snow, C. P. 35
Sober, E. 15, 120, 130, 146, 147, 148, 149, 150, 152, 154, 155, 157, 158, 230, 236, 237, 247, 248, 421
Sokal, R. R. 210, 211, 220
Somin 404
Sorabji, R. 80
Spassky 352

Spencer, H. G. 272
Spinoza, B. 105
Spurway, H. 209
Stadler, H. 79
Stanley, S. M. 155, 214, 217, 341, 343, 366, 402, 403, 408, 414
Stebbins, G. L. 145, 248, 251, 323, 324, 325, 391, 396
Stenseth 423
Stern, C. 168, 198
Stevenson, J. G. 68
Stone, W. S. 264
Stresemann, E. 219
Sturtevant, A. H. 128, 203, 263
Swift, J. 125

Taylor, R. 59
Teilhard de Chardin 10, 57, 388
Templeton, A. R. 412
Thiselton-Dyer, W. 170
Thompson, P. 270
Thornhill, R. 309
Todd, T. N. 305, 306, 309, 310, 311
Traub, R. 193, 194
Trivers, R. 103, 134
Tuomi, J. 120, 123
Turner, J. R. G. 282, 284, 338, 383, 412, 423

Ungerer, E. 79

Valentine, J. W. 343
van Valen, L. 181, 212, 403
Vanzolini 282, 284
Voigt 234
Voltaire 190, 191
Vrba, E. 210

Waddington, C. H. 14, 58, 59, 62, 110, 111, 112, 130, 339, 381
Wade, M. J. 153

Wagner, M. 278
Wahlert, G. v. 161, 168, 198
Wake, D. B. 145
Wallace, A. R. 262, 263, 264, 265,
    266, 268, 272, 308, 351, 409,
    411, 424
Wallace, B. 149, 162, 210
Webster, T. P. 355
Weischedel, W. 86
Weismann, A. 57, 126, 136, 145,
    159, 263
West-Eberhard, M. J. 309
White, M. J. D. 126, 211, 223,
    252, 269, 270, 271, 275, 277,
    279, 283, 284, 286, 287, 288,
    290, 294, 295, 296, 354, 360,
    370, 371, 372, 379
Whitman, C. O. 145
Wiener, N. 86
Wiley, E. O. 211, 213, 214, 215,
    251, 254

Williams, G. C. 150, 198
Williams, M. B. 145, 236, 282, 284
Williams, W. 148, 149
Willis, J. C. 336, 366, 368, 388
Willmann, R. 211, 213, 214, 215,
    390
Wilson, A. C. 110
Witte, F. 307, 315
Woltereck, R. 128, 304
Wood, C. 207
Woodfield 51
Woodruff, D. 269
Wright, S. 23, 151, 175, 197, 198,
    374, 389, 393, 420, 421
Wynne-Edwards, V. C. 104, 149,
    150, 154, 178

Yoon, J. S. 326
Young, S. Y. 298

Zuckerkandl, E. 342

SACHREGISTER

A-posteriori-Kausalität 36, 102
A-posteriori-Prozeß 122, 186
Abstammung 121
Ad-hoc-Selektion 143
Adaptation 38 f., 53, 57, 62, 64,
    70 f., 78, 135, 139, 147 f., 159 ff.,
    166 ff., 182 ff., 252, 315 f., 324 f.,
    330, 333 f., 345, 357, 362, 366 f.,
    381, 389, 399, 405, 423
adaptationistisches Programm
    160, 163 f., 185 ff.
Agamospezies 253 f.
Allel 131 f., 160, 170, 177, 347,
    351 ff., 363, 375 f., 399
allopatrisch 216, 224, 252, 268,
    271, 278 ff., 287 ff., 300, 304,
    307 f., 370 ff., 392 f., 425
Altruismus 13 f., 98 ff., 151
Anpassung, adaptiv 70 f., 78, 82,
    84, 119, 122, 137, 141, 145,
    147 f., 159 ff., 166 ff., 180 ff.,
    185 ff., 265, 273, 314, 321, 365
Anthropomorphismus 11, 54 f., 84
Antigen 261
Aristogenese 10, 166
Artenschwärme 300 ff.
Arterkennung 259 ff.
Artselektion 132, 141, 153 ff.,
    177 ff.
Atomistik 130, 141, 143, 187, 192,
    194 ff., 329, 347, 380, 384, 407,
    409
Aussterben 343 ff.
Autonomie (der Biologie) 8, 16,
    19, 24, 33, 35

Bauplan 140 ff., 328 ff., 362, 405
Behaviorismus 109
biologisches Spezieskonzept
    259 ff.
Biolumineszenz 334

Chiasmen 126, 143,, 355
Chordaten 90, 92
Chromosomen 74, 126, 143, 171,
    223, 263, 273, 277. 294 f., 351 f.,
    359, 377, 383, 399 f.
Chronospezies 214 f., 217, 253
Cichliden 303 ff.
Code, codiert 8 f., 11, 65
Crossing-over 46, 126, 139, 143,
    288, 354, 424
Cyprinodontiden 303 f.

Darwin-Muller-Mayr-Theorie
    263 ff.
Deme 151 ff., 210, 250, 271, 295,
    334, 374, 376, 389, 421
Determinismus, deterministisch
    11 f., 17, 21, 24, 32, 34, 85, 89 f.,
    119 f., 139, 143 f., 148, 315
dichopatrisch 215, 222, 225, 278,
    372
disruptive Selektion 370 f.
DNA 10 f., 27 f., 37, 39, 42, 46, 49,
    54, 57, 65 f., 77, 82, 84, 121, 129,
    131 f., 142, 176 f., 281, 288 f.,
    377 ff., 412
Drepanididae 140
Dualismus, dual 8 f., 34
dumbbell s. Eieruhr-Modell

Egozentrik 115
eidos 76f., 81, 233, 241f.
Eieruhr-Modell 278f., 372
Einheit des Genotyps 347ff.
Elektrophorese 131, 138, 176, 223, 287, 289, 301, 327, 352, 378, 405
Entelechie 22, 36, 53
Entwicklungsbiologie 26f., 67f., 84
Enzymgene 131, 138, 176f., 273, 287, 289, 358, 378, 405
epistatische Balance 411f., 422
Erkennungskonzept 259ff.
Essentialismus 24, 26, 34, 129, 144, 148, 199, 205, 228, 240f., 248, 252, 328, 335ff., 347, 368, 388, 390, 401, 407
Ethik 14, 98ff., 105, 116ff.
Eugenik 106
Eukaryonten 8, 90f., 330, 364, 378
Evolution, Evolutionisten 13, 18, 29ff., 64, 86, 89f., 93, 95, 98, 101f., 104, 113, 117, 120, 128ff., 138ff., 158, 160, 324ff.
evolutionäre Trends 363
evolutionäres »Rauschen« 139
Evolutionsbiologie 8, 18, 29f., 37ff., 81, 83, 96, 119, 122, 134, 146, 158, 177, 186, 199, 324
Evolutionsraten 363, 382, 392f., 397, 406, 420f.
Evolutionstheorien 10, 22, 26f., 52, 56ff., 106, 123, 129, 146, 185, 188ff., 210f., 319, 424ff.
experimentelle Methode 28ff.
extraterrestrische Intelligenz 12f., 87ff.

Finalismus, Finalität 11, 49, 51f., 59, 86

Fitness (Eignung) 14, 57, 124, 139, 147, 151, 154, 160f., 164, 167f., 270, 281, 348, 350, 352ff., 361, 389
Fossilienüberlieferung 341ff., 384, 390, 395, 401, 403, 413, 417, 421
funktionale Biologie 29, 37ff.

Gameten 143
Gastrulation 30
Gen, Genetik, genetisch 8, 11, 14, 27, 37, 67, 79, 108, 110, 118, 120f., 127ff., 136, 142ff., 147, 150, 155, 159f., 167, 182ff., 256ff., 275, 280f., 298, 319, 321, 347ff.
generische Theorie 123
genetische Drift 175, 184, 374f.
genetische Revolution 281f., 290, 341, 358f., 374, 376f, 385, 393, 411, 418f.
genetisches Milieu 380f., 386, 408
genetisches Programm 8, 22f., 27ff., 39, 61, 76f., 79, 81f., 84, 233, 257, 314
Genkomplex 413f.
Genom 223, 303, 385
Genotyp 8f., 28, 32, 59, 74f., 83, 93, 108, 126ff., 136ff., 144, 151, 159f., 168, 182, 185, 187f., 191f., 195f., 207ff., 239, 241f., 244, 256, 273, 281, 290, 300, 305, 321, 323ff., 339, 361, 378ff., 406, 415, 424
Genpool 67, 124, 127, 133f., 138, 143, 175, 178, 201, 235, 239, 249, 251, 254, 256, 262, 264f., 271, 273, 275, 278, 355, 373, 382, 388, 394, 419
Genselektion 157f., 171f.

466

geographische Speziation 278ff., 358, 370, 387, 399f.
Gesamteignung 99ff., 148f., 177
Gradualismus 177, 183, 311, 331f., 335ff., 366ff., 390ff., 403f., 409, 413, 423, 426
graduelle Transformation 215, 217, 417
Gründerpopulationen 141, 144, 155, 182f., 188, 363, 373ff., 384f., 394f., 409, 411, 422
Gruppe 120, 146ff., 230, 252
Gruppenselektion 146ff., 154, 158, 177, 246

Hamilton-Gruppe 150f.
Haplochrominen 305, 307, 313ff., 364
Heurismus 73f., 78, 123
hierarchische Organisation 25, 35, 344f., 421
Histon 364
historische Gruppen 254
hoffnungsvolle Monster 187, 290, 331, 337, 381, 383, 398ff.
Holismus 56, 194ff., 348, 380, 408f.
holophyletische Gruppen 254
Hominiden 90, 97, 105, 112
Homo sapiens 90, 93, 98, 103
Homöostase 24, 47, 62, 72, 281, 342, 349, 376, 380, 384, 395, 408f., 411
Hybridisierung 208f., 223f., 239, 244, 256, 260, 270, 272, 285, 291, 350f

individuelle Selektion 177f.
Individuum 117, 120, 137, 152, 228, 235, 237ff., 298, 309, 324f., 337

Intergradation 305
Intraspezifische Genetik 324
Introgression 350ff.
Intron 131
Isolationskonzept 259
Isolationsmechanismen 209, 212, 216, 220, 223f., 240f., 255ff., 270ff., 278, 284ff., 300f., 308f., 313, 350, 358, 375, 379, 405, 412
Isozyme 288, 378

Kausalität 36, 40ff., 51f., 54f., 64, 77, 80, 86, 102
kladistisches Prinzip 219, 230, 252, 305
Klasse 26, 46f., 56, 59, 70, 79, 164, 176, 199, 203, 220, 226ff., 288, 298, 377f.
Klon 153, 251, 253
Kohäsion 139, 141, 239, 246, 250, 254, 341, 350, 352ff., 360, 380, 385, 412, 424
komparative Methode 28ff.
komplexe Systeme/Organisation 24f., 27, 32, 35, 47, 49
Konspezifität 221f.
Koppelung 354f.
kosmische Teleologie 10f., 77, 81f., 388
Kreationismus 401

Locus 352ff., 376f., 380, 406

Makroevolution 319ff., 345, 361ff., 366ff., 380ff., 391ff., 419ff.
Makromutation 61, 166, 275, 291, 400, 411f.
Mayr-Gruppen 153f.
Mechanisten, mechanistisch 8f., 18, 22, 36, 52, 72, 80

Mehrfachlösungen 139, 196
Meiose 30, 126, 132, 223, 288, 291
Merkmalsdivergenz 179, 193
Metamerismus 330
Mikroevolution 323ff., 381ff.
Mitose 74, 163
Molekularbiologie 13, 16, 21,
131f., 176, 320
moralische Normen 106ff.
Morphokline 312
Morphologie 136, 164, 204,
220, 311, 325, 328f., 376, 405,
413
Morphospezies 214, 219, 371
Mutation 46, 79, 123, 126, 131f.,
138, 142, 155, 175f., 183, 187,
230, 243, 253, 270, 295, 325f.,
331, 338f., 359, 367, 383, 399,
407

natürliche Auslese 12, 26, 33,
58f., 61, 63ff., 72f., 80, 82, 84,
86, 121ff., 137f., 140f., 146ff.,
158f., 161f., 166ff., 177ff., 185,
187ff., 208, 256, 262ff., 302,
308, 315, 329f., 334f., 344,
348f., 365, 380, 406, 408
Naturtheologie 14, 53, 57, 159,
166, 177, 190, 196
Neospezies 284
Nische 162, 169, 183, 200, 207,
212ff., 224, 253, 273, 277, 281,
293, 301f., 309, 314f., 331, 333,
376, 394, 413
Nominalismus 204f., 252
Nomogenese 10, 166

Ökologie, ökologisch 18, 22, 41,
162, 199, 277, 298, 385
Omega-Prinzip 10
Ontogenese 8, 23, 60, 62, 77, 81,
130, 139f., 142, 247, 329, 339,
349, 356, 361, 363, 383
Ontologie 226ff., 247, 251f.
Orthogenese 10, 56ff., 166, 187,
363, 386, 388

parapatrisch 153, 212, 270f., 282,
285ff., 371
Pathogene 343
peripatrisch 155, 182, 222, 225,
265, 271, 273, 278, 282, 290,
294f., 307, 312f., 341, 371ff.,
386, 388, 393, 397f., 410f., 418,
425
Phäne 200, 203, 230
Phänotyp 8f., 28, 32, 74f., 125,
128f., 132, 137, 140f., 152,
159f., 163, 168, 171, 185, 193f.,
221, 284, 311f., 317, 323ff., 332,
345, 352, 356, 371, 380, 385f.,
400, 402f.
Philopatrie 309f.
Philosophie (der Wissenschaft)
7f., 14f., 16, 18f., 33ff., 146ff.
phyletische Speziation 214ff., 304,
336, 369, 371, 392, 398, 410, 425
Phylogenese 141, 247, 332, 334,
338
Physikalismus, Physikalisten 7, 11,
18, 22, 24, 29
Pleiotropie 143, 150, 174, 263,
347, 380
Polymorphismus 173, 176, 212,
218, 220, 224, 289, 301, 311ff.,
332, 338f., 383, 385, 402
Polyploidie 275f., 290
polytypisch 212, 216, 219, 238, 326
Population(sgenetik) 18, 26f.,
128f., 133f., 137f., 147, 151,
163, 174, 177f., 180f., 184,
200ff., 212f., 220ff., 230, 239,

248 ff., 269 ff., 275 ff., 300, 315,
321 ff., 337, 342, 349, 359 ff.,
400, 410, 415
Positivismus, Positivisten 7
Primaten 90, 92, 100, 102 f.
Prinzip des Funktionswandels 333
Programm 61, 63 ff, 80, 82 ff.,
111 f.
Progressionismus 56 ff.
Prokaryonten 90 f., 251, 364, 379
punktierte Gleichgewichte 321,
336, 341, 346, 369, 382 ff.,
388 ff., 391 ff., 409, 418
Punktualismus 217, 243, 341, 371,
384, 388, 390, 398, 400 ff., 413,
422 ff.

Radiation 314 ff., 331, 367
Reduktion(ismus), Reduktionisten 19 ff., 56, 81, 91, 128, 130,
142 f., 147, 187, 194, 196, 345,
384 f., 397, 406, 420, 424 f.
Regulationsgene 142 f., 316, 339,
353, 379
Rekombination 28, 46, 79, 123,
126 f., 210, 239, 243, 257, 352 f.,
406 f., 420
Reproduktionserfolg/-gemein-
schaft 134, 232 ff., 256, 258 f.,
277, 291
reproduktive Isolation 370

Saltation 281, 321, 326, 331,
335 ff., 366 f., 381 ff., 388, 391,
397, 402 f., 410, 425
Selektion(sdruck) 13, 46, 58, 61,
64, 66 f., 74, 79, 93, 100, 103 ff.,
112, 117, 119 f.,122 f., 125 ff.,
137 f., 143, 147 ff., 153, 166 ff.,
185 ff., 252, 255, 269, 283, 301,
332, 349 f., 363, 376, 386, 406

Selektionseinheit 129 ff., 134, 146,
157 f.
Selektionsziele 133 ff., 147, 149,
152, 157, 159 f., 174, 184, 197,
419
sets 230 ff., 247 f., 252 f.
sexuelle Auslese (Selektion)
134 f., 147 f., 164, 300, 309, 412
sexueller Dimorphismus 9
Soziobiologie 14, 103 ff.
Speziation 162, 181 f., 202, 206 f.,
214 ff., 230, 242, 249, 253,
269 ff., 275 ff., 289, 300 ff.,
320, 345, 358 ff., 366 ff., 401,
419 ff.
Speziationsevolution 388 ff.,
409 ff., 425 f.
Speziator(selektion) 155 f., 417
Spezies 14, 27 f., 67, 120, 124, 127,
137, 151 f., 154, 162 f., 168, 172,
177 ff., 199 ff., 208 ff., 226 ff.,
255 ff., 269 ff., 301, 325 f., 347
Speziesbegriffe 202 ff.
Speziesselektion (Artenaustausch) 413 ff.
sprunghafte Evolution 388
Stase 328, 385, 390, 395 ff., 403 ff.,
417
stasipatrisch 270, 277, 283 f.,
294 ff.
stochastische Prozesse 21, 34, 144,
175 f., 180, 184, 188, 197, 297,
325, 357, 374, 376, 386, 422
strukturelle Biologie 37
Substratlokalisation 307
Supergene 354
sympatrisch 153, 180, 212, 221 f.,
227, 269 f., 282 f., 292 ff., 301,
304, 341, 370 f., 390 ff.
synthetische Theorie 119, 130,
166, 187, 234, 264, 319, 321,

323, 335, 366 ff., 382, 386 f.,
   391, 397, 420
Syntopie 315, 317
Systemmutation 398 ff., 425

Taxon 136, 140, 163, 200, 203,
   210 f., 220 ff., 226 ff., 303,
   319 ff., 345, 367, 381, 402, 418
Taxonomie 47, 134, 203 f., 228 ff.
Teleologie, teleologisch 9 f., 24,
   33, 36, 42 f., 49, 51 ff., 69 ff.,
   119, 122, 135, 143, 159, 185,
   190, 247, 252, 255 f., 334, 398
teleomatisch 10, 27, 29, 59 f., 69,
   80
Teleonomie, teleonomisch 11, 28,
   34, 51 ff., 60 ff.
transformationelle Evolution
   388 f., 413
Transposon 142, 385, 406
typologisch 219, 229 f., 232 ff.,
   252, 414
Typus 328 ff., 337 f., 405

Umweltfaktoren 42, 123
uniparental 251 f., 257, 269, 291

Variation 26 f., 125 f., 132, 136,
   138, 157, 175, 189, 212, 231,
   247, 292, 319, 321, 324, 357,
   359, 367, 389, 423 f.
Variationsevolution 388 f., 413,
   426
Verhaltensbiologie 22, 30, 68, 84,
   199, 209
Verstärkungstheorie s. Wallace-
   Dobzhansky-Theorie
Vertebraten 90, 92, 94, 362 f.
Vitalismus, Vitalisten 8, 18, 22 ff.,
   34, 36, 49, 52, 56, 80, 82
Voraussagen 32 f., 43 ff.

Wallace-Dobzhansky-Theorie
   262 ff., 272
Wright-Gruppe 151 ff.

Zufall 143 ff., 155, 159, 166 f.,
   175 f., 187 ff., 197
Zwei-Stufen-Prozeß 124 ff., 188
Zygote 39, 46, 127, 130, 132,
   138 f., 143 f., 159, 176, 209, 223,
   227, 257, 270, 273, 281, 283,
   286 ff., 312 f., 351 ff., 361, 375,
   379, 407

Grégoire Nicolis / Ilya Prigogine
Die Erforschung des Komplexen

Auf dem Weg zu einem neuen Verständnis der Naturwissenschaften
Aus dem Engl. von Eckhard Rebhan und Rainer Feistel.
384 Seiten mit 110 Abbildungen. Kt.

Die beiden Autoren lassen die Leser teilhaben an aufregenden Entwicklungen in der
modernen Naturwissenschaft. Sie sind davon überzeugt, daß Wissenschaft mit der
interdisziplinären Erforschung des Komplexen den Menschen dazu verhelfen wird,
ihre gesamte Umwelt besser zu verstehen und damit Lösungen für drängende
Probleme zu finden.

Ilya Prigogine
Vom Sein zum Werden

Zeit und Komplexität in den Naturwissenschaften
Aus dem Engl. von Friedrich Griese. 304 Seiten. Kt.

Prigogine fand bei seinen Untersuchungen, die 1977 mit dem Nobelpreis für Chemie
ausgezeichnet wurden, daß auch bei irreversiblen Prozessen geordnete Strukturen
entstehen können. Für die Evolutionstheorie bedeutete diese Erkenntnis einen
großen Schritt nach vorn. Sie hat nämlich insbesondere die Grundlagen dafür
geschaffen, daß man nunmehr in der Lage ist, auch den Übergang von toter zu
lebender Materie rational zu erfassen. Die neuen Vorstellungen sind nicht nur auf
Probleme der Physik, Chemie und Biologie anwendbar, sondern eignen sich auch zur
Beschreibung des Verhaltens sozialer Systeme.

Ilya Prigogine / Isabelle Stengers
Dialog mit der Natur

Neue Wege naturwissenschaftlichen Denkens
Aus dem Engl. und Franz. von Friedrich Griese.
347 Seiten mit 11 Abbildungen auf Tafeln und 28 Zeichnungen. Serie Piper 1181.

»Der ›Dialog mit der Natur‹, blendend geschrieben und hervorragend übersetzt, wird
sich vermutlich als eines der wichtigsten Werke unserer Zeit erweisen.«
Bild der Wissenschaft

Bernd-Olaf Küppers

Der Ursprung biologischer Information
Zur Naturphilosophie der Lebensentstehung
Vorwort von Carl Friedrich von Weizsäcker.
319 Seiten mit 26 Abbildungen und 5 Tabellen. Serie Piper 1313

Zu den faszinierendsten, zugleich aber kompliziertesten Problemen der modernen
Naturwissenschaften gehört die Frage nach dem Ursprung des Lebens.
Die Behandlung dieses Problemkreises stellt höchste Ansprüche an eine
interdisziplinäre Forschungstätigkeit. Physik und Chemie, Molekularbiologie
und Populationsgenetik, Informations- und Spieltheorie – das sind
Wissenschaftszweige, aus denen Methoden und Begriffe in die moderne Theorie
der Lebensentstehung einfließen.

Bernd-Olaf Küppers (Hrsg.)
Ordnung aus dem Chaos
Prinzipien der Selbstorganisation und Evolution des Lebens
Mit Beiträgen von A. Dress, H. Haken, B. Hess, B.-O. Küppers,
Ch. v. d. Malsburg, M. Markus, H. Meinhardt, D. Pörschke,
P. H. Richter, H.-J. Scholz, K. Schulten und P. Schuster.
284 Seiten. Serie Piper 743   .

Die Ergebnisse der molekularen Biologie vermitteln uns inzwischen einen tiefen
Einblick in den materiellen Aufbau lebender Systeme, deren Entstehung und
Evolution. Das Lebendige muß heute nicht mehr als das Resultat geheimnisvoller
immaterieller Kräfte angesehen werden, sondern vielmehr als Ergebnis eines
gigantischen Selbstorganisationsprozesses der Materie, in dessen Verlauf sich
auch das Leben allmählich aus einem molekularen Chaos heraus entwickelt hat.

Leben = Physik + Chemie?
Das Lebendige aus der Sicht bedeutender Physiker. Ein Lesebuch,
herausgegeben und eingeleitet von Bernd-Olaf Küppers.
256 Seiten. Serie Piper 599

Die Frage, ob und inwieweit sich die Lebenserscheinungen physikalisch
erklären lassen, gehört zu den grundlegenden Fragen der modernen
Naturwissenschaften. Sie besitzt einen praktischen Aspekt insofern, als sich
die Molekularbiologen anschicken, das Erbmaterial mit Hilfe
physikalisch-chemischer Techniken zu manipulieren und die Evolution
im Reagenzglas nachzuvollziehen. Zum anderen trägt sie bei zur Klärung
eines uralten Problems, des Zusammenhangs von Geist und Materie.

Piper 53/2b

PIPER

Alfred Gierer

Die Physik, das Leben und die Seele
Anspruch und Grenzen der Naturwissenschaft
310 Seiten mit 19 Abbildungen. Geb.
(Auch in der Serie Piper 927 lieferbar)

In diesem Buch zeigt der Physiker und Biologe Alfred Gierer die Reichweite, aber auch die prinzipiellen Grenzen naturwissenschaftlichen Denkens auf. Beides wird besonders deutlich im Verhältnis der Biologie zur Physik. Hier stellen sich die Fragen, was Leben ist, wie es entstand und sich bis zur Höhe des Menschen entwickelte, wie der Reichtum der Formen zu verstehen ist und in welcher Beziehung das Bewußtsein, die »Seele«, zu einem wissenschaftlichen Verhältnis der Lebensvorgänge steht.

»Gierers Buch war überfällig. Er überläßt die Diskussion um die unüberschaubare Komplexität der Wirklichkeit nicht länger den Philosophen, Theologen und Mystikern.«   Die Zeit

»Gierer hat hier zweifelsohne ein sehr lesenswertes – im übrigen auch gut lesbares – Buch vorgelegt, das für jeden an den Grundproblemen eines naturwissenschaftlichen Weltbildes interessierten Leser einiges an Perspektiven bietet.«   Spektrum der Wissenschaft

»Ein vorzügliches Buch, das die wissenschaftlichen Erkenntnisse von Logik, Erkenntnistheorie, Physik und Biologie auf dem neuesten Stand diskutiert.«
                         Frankfurter Allgemeine Zeitung

PIPER